한달 만에 정복

스마트한
TOEIC
750⁺ LC

English& 북스

한달 만에 정복
스파르타
TOEIC 750+ LC

초판 1쇄 발행 2018년 2월 28일
초판 2쇄 발행 2019년 1월 2일

저　자　　김수현
펴낸이　　박성호
펴낸곳　　잉글리쉬앤 (주)

총　괄　　이용선
편　집　　박고우니, 원민경, 박혜리
디자인　　디자인팀

주소　서울특별시 관악구 쑥고개로 67-1
대표전화　(02) 879-1945
출판등록　2002년 3월 3일 제 320-2002-00045호

ISBN 978-89-6715-112-6 13740

저작권자 2019 잉글리쉬앤(주)
이 책은 잉글리쉬앤(주)에 의해 출간되었으므로
저자와 출판사의 서면에 의한 허락 없이 글과 그림의 인용, 복제, 발췌를 금합니다.

* 가격은 표지에 있습니다. 잘못된 책은 바꾸어 드립니다.
   www.english.co.kr

Preface

토익은 취업, 승진, 졸업, 편입 등 많은 이들이 꼭 거쳐야 할 영어 능력 평가 시험이다. 오랜 기간 동안 토익 LC 강의를 하면서 많은 학생들에게서 받은 질문이 있다.

"전 영어 울렁증이 있는데 높은 토익 점수를 받을 수 있을까요?"
"단기간에 토익 점수를 올릴 수 있을까요?"

그러면 나는 성실성이 있다면 충분히 높은 점수를 받을 수 있다고 말한다.

다년간 토익 강의를 하면서 학생들이 공통적으로 어려워하는 부분을 찾아냈고, 그 내용을 이 책 한 권에 담았다. 꼭 필요한 전략들이 들어 있고, 최근 토익에 나오는 빈출 문제 유형을 변형한 많은 문제들이 수록되어 있다. 기초부터 실전까지 모두 잡을 수 있는 중급 수준의 토익 교재이다.

토익은 고시 시험이 아니다. 시험 공부하는 데 너무 오래 시간을 지체하면 결국 본인이 원하는 점수에 도달하기 전에 지치게 된다. 따라서 단기간에 집중적으로 공부하고 끝내야 한다.

토익 LC는 무조건 열심히 듣거나 문제를 많이 푼다고 해서 성적이 오르는 시험이 아니다. 어떤 포인트로 접근해야 하는지 해당 문제에 대한 정확한 문제 풀이 전략을 가지고 있어야 한다.

토익 LC는 또한, 무조건 듣기만 한다고 문제가 풀리는 게 아니라 스크립트를 보고 따라 말하면서 훈련해야 한다. 입이 트여야 귀가 들린다.

하나씩 하나씩 해 나간다면 꼭 원하는 토익 점수를 얻을 것이고 이 책이 여러분들께 큰 도움이 될 것이다. 절대로 토익 점수 때문에 본인이 원하는 바를 이루지 못하는 안타까운 상황을 만들지 않았으면 한다.

마지막으로 이 책을 쓰는 데 도움을 주신 영원한 파트너, 업토익 RC 최영근 선생님과 잉글리쉬앤 모든 관계자분들께 감사 드립니다.

저자 **김수현**
스파르타 신토익 실전 1000제 LC vol 2. 공동 저자
호주. The University of Sydney 학사
(전) 파고다 어학원 서면/대연 토익 LC 강사
(현) 영단기 부산학원 토익 LC 강사

목차

이 책의 구성 ··· 06
Introduction 파트별 문제 접근법 ·· 08

PART 1

DAY **01** **1** 1인 중심 사진 ·· 14
            2 2인 이상 중심 사진 ·· 18

DAY **02** **1** 사물/풍경 사진 ··· 22
            2 혼합 사진 ··· 26

SPARTA 빈출 표현: **혼동되는 표현** ··································· 30
SPARTA 빈출 표현: **상황별 표현** ·· 31

PART 2

DAY **03** **1** Who 의문문 ·· 36
            2 When 의문문 ·· 40
            3 Where 의문문 ··· 43

DAY **04** **1** What/Which 의문문 ·· 46
            2 How 의문문 ··· 49
            3 Why 의문문 ··· 52

DAY **05** **1** 긍정 의문문 ··· 55
            2 부정 의문문 ··· 58

DAY **06** **1** 제안/제공/요청 ··· 61

DAY **07** **1** 선택 의문문 ··· 64
            2 부가 의문문 ··· 67
            3 평서문 ·· 70

SPARTA 빈출 어휘: **유사 발음 어휘** ·································· 73

PART 3

DAY **08** **1** 주제/목적 ·· 76
            2 장소/직업 ·· 79

DAY **09** **1** 이유/원인 ·· 82
            2 문제점 ·· 85

DAY 10	1	제안/제공/요청	88
	2	미래/유추	91
DAY 11	1	방법/시간	94
	2	특정 세부	97
DAY 12	1	3인 대화	100
	2	의도 파악	103
	3	시각 자료	106

SPARTA 빈출 어휘: **상황별 어휘** ·············· 110

PART 4

DAY 13	1	주제/목적	118
	2	장소/직업	121
DAY 14	1	이유/원인	124
	2	문제점	127
DAY 15	1	제안/제공/요청	130
	2	미래/유추	133
DAY 16	1	방법/시간	136
	2	특정 세부	139
DAY 17	1	의도 파악	142
	2	시각 자료	145

SPARTA **패러프레이징 표현** ·············· 150

PART 2 심화 학습

DAY 18	1	선택 의문문	156
	2	평서문	158

PART 3 심화 학습

DAY 19	1	의도 파악	160
	2	시각 자료	164

PART 4 심화 학습

DAY 20	1	의도 파악	168
	2	시각 자료	172

실전 모의고사 ·············· 180

정답 및 해설 ·············· 194

※ 온라인 제공: 실전 모의고사 해설 PDF

이 책의 구성

❶ SPARTA 유형 파악

각 Day에서 다루고자 하는 학습 유형을 간략하게 확인한다.

❷ SPARTA 출제 포인트

PART 별 유형 특징과 전략을 학습한다.

❸ SPARTA 빈출 문제

빈출 문제의 예문들을 접해 보고 토익 문제에 익숙해진다. 여러 번 읽고 외워 둔다면 실력도 자연스레 Up!

❹ SPARTA 문제 풀이 비법

LC 전문 강사인 저자가 다년간 쌓아온 문제 풀이 비법을 학습한다.

❺ SPARTA Check-UP

앞서 학습한 LC 전략을 문제 풀이에 적용하여 풀이 감각을 익히고, 같은 음원을 한 번 더 들어서 리스닝 실력도 키운다.

❻ SPARTA Actual Test

LC 전문 강사인 저자가 제안하는 문제 풀이 전략을 이용해서 실전 문제 풀이 감각을 익힌다. 영어 수준도, 실력도, 자연스레 Level up!

❼ SPARTA 빈출 표현 및 빈출 어휘

PART 별로 익혀 둬야 할 필수 빈출 표현 및 어휘를 학습하여 토익 LC 기본 기틀을 다진다.

❽ 실전 모의고사

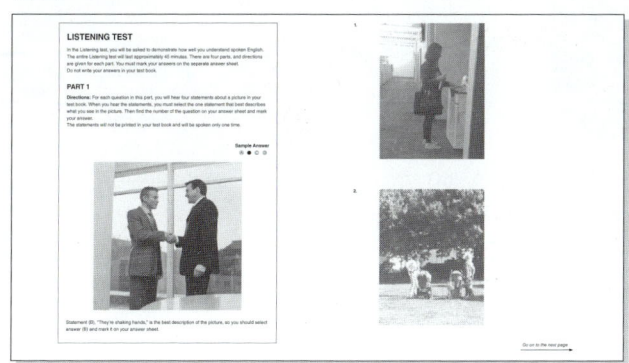

실전 모의고사를 풀면서 앞서 학습한 내용을 점검하고 복습한다.

※ 부가 서비스
실전 모의고사 해설 PDF 온라인 제공(http://books.english.co.kr)

파트별 문제 접근법

 사진 묘사

PART 1은 (A), (B), (C), (D) 4개의 보기 중 사진과 가장 잘 맞는 것을 고르는 문제로 상황 분석 능력을 테스트하는 PART이다.

📝 문제 풀이 전략

1. 고득점으로 가기 위해서 6문제 중 한 문제도 틀려서는 안 된다. 실제 6문항으로 줄어들면서 이전에 나왔던 난이도 높은 문제들로 구성되어 있다.
2. 듣기 전에 사진을 관찰하면서 빈출 표현을 연상하는 연습을 해야 한다. 사진은 크게 두 가지로, 사람 중심의 사진과 사물 중심의 사진이 있다. 사진에 따라 자주 출제되는 표현을 외워 두면 예상 표현이 나왔을 때 정답 선택이 훨씬 쉬워진다.
3. 눈은 사진에 집중한 상태에서 오답을 가려서 그림에 가장 적절한 정답을 찾아야 한다. 혹시 보기 중 답으로 선택하기에는 애매한 보기가 있다면 보류하고 끝까지 듣도록 하자. 나머지 보기가 명확한 오답이라면 애매한 보기가 정답이 될 수도 있다.
4. 현재형과 현재 진행 수동형(be + being + p.p)을 꼭 익히자! 사람이 있는 사진에서는 사람의 동작을 표현하지만 사물 사진에서는 가장 많이 나오는 오답 중에 하나이다.

💡 오답 유형

- 사진 속에 보이지 않는 사물이 나온 오답.
- 사람의 동작과 맞지 않는 오답.
- 추상적인 표현의 오답.
- 사물의 상태나 위치를 잘못 나타낸 오답.
- 사물 사진에서 현재 진행 수동형(be + being + p.p.)은 대부분 오답.
- 유사 발음과 혼동하기 쉬운 어휘가 포함된 오답.

1.

(A) Passengers are using the ramp to board a ship. (X) 배에 타려는 승객 없음.
(B) Some people are holding the railings. (O) 난간을 잡고 있는 사람 있음.
(C) Some people are tying up a boat at the dock. (X) 배는 이미 묶여 있는 상태.
(D) A boat is sailing on the water. (X) 배는 이미 정박해 있음.

PART 2 질의 응답

PART 2는 25개로 구성되어 있다. 짧은 질문을 듣고 3개의 보기 중에 맞는 대답을 고르는 문제로 상황 대처 능력을 보는 PART이다. 앞뒤 상황 없이 짧은 질문이 나오고 답변이 이어지므로 빠른 판단력과 집중력이 요구되며, 순간적으로 오답을 가릴 수 있는 순발력도 필요하다.

문제 풀이 전략

1. 의문사 의문문을 먼저 공략하자!(25문제 중 11-13문제 출제) 의문사와 동사를 듣는 연습을 해야 하며 질문에 따라 나오는 전형적인 답변들도 외워 두도록 하자. 특히 난이도가 높은 How/Why 의문문의 답변을 숙지하자.
2. 일반 의문문은 첫 단어를 듣고 질문의 유형을 파악할 수 있다. 앞에 나온 동사를 듣고 시제 판단을 할 수 있고, 뒤에 나오는 동사를 듣고 묻고자 하는 내용을 알 수 있다.
3. 고득점으로 가기 위해 평서문을 공략하자. 대부분 평서문은 사실 전달에 목적을 두기 때문에 전형적인 답의 패턴이 없다. 꾸준히 어휘를 습득하고 다양한 평서문을 접하면서 대비해야 한다.
4. 질문을 파악하고 오답을 가려야 한다. 정답인지 확신이 안 되는 보기는 우선 보류하자. 나머지가 명확한 오답일 때 정답이 될 수 있다. 전형적인 답변이 나올 수도 있지만 난이도가 높은 문제는 제 3의 답변, 반문 등이 정답으로 나오기 때문에 꼭 소거한 후에 정답을 선택해야 한다.

오답 유형

- 질문에 나온 유사 발음 표현을 사용한 오답.
- 질문에 등장한 단어를 반복한 오답(단, 선택 의문문 같은 경우 정답이 될 수 있다.)
- 질문과 시제 불일치로 인한 오답.
- 질문의 일부 내용을 연상하게 하는 오답.
- 의문사 의문문의 경우, Y/N 답변은 오답.

---

7. Why did the company cancel the product launch?

(A) When is the lunch break? (X) launch-lunch 유사 발음을 이용한 함정.

(B) To release the product. (X) 질문에 나온 product를 넣은 오답.

(C) Actually, they just moved it up a week. (O) 이유를 묻는 질문에 적절한 대답의 정답.

PART 3　짧은 대화

PART 3는 두세 사람의 남녀가 주고 받는 짧은 13개 대화문으로, 각 대화당 3문제씩 총 39문제가 나오기 때문에 가장 높은 점수 비중을 차지한다. 대화를 잘 듣고 필요한 정보를 잘 잡아내는 능력을 판별한다.

문제 풀이 전략

1. 대화를 듣기 전에 반드시 문제를 완벽히 분석한다. 주어진 시간은 30초 이내로 질문과 보기를 키워드 중심으로 확인한다. 시각 자료가 있는 경우, 항상 문제를 먼저 보고 문제에 따라 시각 자료를 파악해야 한다.

2. 대화의 초반을 반드시 집중해서 듣는다. 보통 대화 초반에서 70% 이상 문제가 출제된다. 또한 대화의 흐름을 알기 위해 대화 초반을 반드시 들어야 한다. 대화 초반을 못 들었다면 상황을 빨리 이해해야 하는데, 그러다 보면 자칫 대화의 중후반에 언급되는 표현을 정답으로 고를 수도 있다.

3. 많은 문제들이 남자, 여자 목소리에 중점을 두고 풀어야 하는 문제들이다. 따라서 문제에서 지시하는 성별을 확인하고 그 문제에 맞는 성별이 나올 때 집중해서 들어야 한다.

4. 대화를 들으면서, 문제의 키워드 중심으로 읽고 3문제에 대한 정답을 바로바로 선택해야 한다. 아직까지 대부분 답들이 문제 순서대로 나오지만 고득점으로 가기 위해서는 3문제 전체를 잘 기억해야 한다.

5. 문제를 읽어줄 때 그 다음 문제들을 분석하면서 준비한다. 명심해야 할 것은 한 번 흐름이 끊기면 LC는 풀 수 있는 문제도 놓칠 수 있기 때문에 순발력과 판단력 훈련이 무엇보다 중요하다.

6. 고득점으로 가기 위해서 의도 파악 문제를 잡아야 한다. 화자들의 상황에 따라 그 말을 하는 의도를 묻기 때문에 대화 앞뒤 내용이 중요하다. 사전적인 의미를 찾기보다 다양한 상황에 맞는 대화를 들으면서 훈련해야 한다. 그리고 만약 그 의도가 해석되지 않는다면 그 문제를 포기하고 다음 문제에 집중하는 자세도 필요하다.

Questions 32-34 refer to the following conversation.

W: You've reached Dook's Grill. What can I do for you?

M: Hello. **I'd like to make a dinner reservation for 10 to 12 people.** ← 정답에 해당되는 내용

W: Sure. We can accommodate the number of people you want. But, we have an extra service charge for groups of 10 or more. Is that okay?

---

32. What are the speakers (mainly discussing)? ← 질문의 키워드 체크.
    (A) An itinerary
    (B) A room schedule
    (C) A dinner recipe
    (D) A dining reservation

PART 4 짧은 담화

PART 4는 각기 다른 10개의 담화에 각각 3문제씩 30문제가 출제된다. 담화를 잘 듣고 PART 3와 동일한 방법으로 필요한 정보를 잘 잡아내는 능력을 판별한다. PART 3 보다 흐름을 파악하기 쉽지만 한 사람이 끊김 없이 말하기 때문에 속도에 주의해야 한다.

문제 풀이 전략

1. 담화를 듣기 전에 반드시 문제를 완벽히 분석한다. PART 3와 같이 주어진 시간은 30초 이내로 키워드 중심으로 문제를 확인한다. 시각 자료가 있는 경우, 항상 문제를 먼저 보고 문제에 따라 시각 자료를 파악해야 한다.

2. 담화의 초반을 반드시 집중해서 듣는다. 보통 담화 초반에서 70% 이상 문제가 출제된다. 또한 담화의 흐름을 알기 위해 담화 초반을 반드시 들어야 한다. 담화 초반을 못 들었다면 상황을 빨리 이해해야 하는데, 그러다 보면 자칫 담화의 중후반에 언급되는 표현을 정답으로 고를 수도 있다.

3. 담화를 들으면서, 문제의 키워드 중심으로 읽고 3문제에 대한 정답을 바로바로 선택해야 한다. 아직까지 대부분 답들이 문제 순서대로 나오지만 고득점으로 가기 위해서는 3문제 전체를 잘 기억해야 한다.

4. 문제를 읽어줄 때 그 다음 문제들을 분석하면서 준비한다. 명심해야 할 것은 한번 흐름이 끊기면 LC는 풀 수 있는 문제도 놓칠 수 있기 때문에 순발력과 판단력 훈련이 무엇보다 중요하다.

5. 담화는 특히 전화 메시지를 제외하고 청자가 다수일 것을 가정한다. 또한 장소에 따라 내용은 다르지만 내용의 순서는 대부분 일치한다고 봐야 한다. [인사말 – 소개 – 주제/목적 – 내용 언급 – 요청/당부 – 미래] 순으로 진행된다. 이 순서를 파악한다면 문제를 읽을 때 어디쯤에서 정답 내용이 나올지 감을 잡을 수 있다.

6. PART 4 역시 고득점으로 가기 위해서 의도 파악 문제를 잡아야 한다. 상황에 따라 그 말을 하는 의도를 묻기 때문에 말의 앞뒤 내용이 중요하다. 사전적인 의미를 찾기보다 다양한 상황에 맞는 담화를 들으면서 훈련해야 한다. 오히려 PART 3보다 의도 파악 문제가 더 까다롭다.

Questions 71-73 refer to the following excerpt from a meeting.

The last agenda point at today's meeting is the free wireless Internet service that we are now offering at Qwanta Airlines. Most of our competitors offer an Internet service, but it's not free. They charge passengers to use it.

정답에 해당되는 내용

71. What is being *discussed?*
    (A) Luggage restrictions
    (B) Food quality
    (C) A free service
    (D) An Internet provider

질문의 키워드 체크.

스파르타 토익
750⁺
LC

PART 1
LISTENING COMPREHENSION

DAY 1

1 1인 중심 사진

SPARTA 유형 파악

PART 1의 1인 사진 문제는 주로 한 인물의 동작이나 상태를 묘사한다. 따라서 be + V-ing (~하는 중이다) 형태인 현재 진행 시제가 많이 출제되고 있다. 특히 V-ing 부분을 집중적으로 들어야 한다. 또한 오답으로 주변의 사물이나 배경을 잘 다루기 때문에 듣기 전에 사진을 잘 이해하고 있어야 한다.

SPARTA 출제 포인트

- 보기의 주어는 동일하게 나온다. 그래서 동사의 목적어와 전치사구를 주의 깊게 듣자.
- 사람의 동작과 상태(옷차림)을 먼저 꼼꼼히 살피고 주변의 배경을 확인하자.
- 오답을 제거하면서 소거법으로 정답을 찾아야 한다.
- 현재 동작이나 상태를 뜻하는 현재 진행형을 꼭 익히자.(현재 진행형의 형태: be + V-ing/의미: ~하고 있다)

    Ex) He **is reaching** for a book on the shelf. 그는 선반 위에 있는 책을 향해 손을 뻗고 있다.
        The woman **is wearing** a hat. 그 여자는 모자를 쓰고 있다.

- SPARTA 빈출 표현을 암기하자.

SPARTA 문제 풀이 비법

🎧 Day01_01_01

(A) He's decorating some artwork on the wall.
(B) He's sitting on the floor.
(C) He's working in the workshop.
(D) He's making the item outdoors

비법

남자는 그의 작업실에서 앉아서 일하고 있다. 먼저 남자의 동작을 살펴 보고 주변 배경을 본다.

(A) 그는 벽에 예술품들을 장식하고 있다. (X)
   → 장식하는 동작이 아니다.

(B) 그는 바닥에 앉아 있다. (X)
   → 앉아 있는 곳은 바닥이 아니다.

(C) 그는 작업 공간에서 일하고 있다. (O)
   → 남자의 동작과 맞는 내용으로 정답이다.

(D) 그는 야외에서 물건을 만들고 있다. (X)
   → 배경이 야외가 아니다.

SPARTA Check-UP

Day01_01_02 해설 p.194

사진을 보고 소거법으로 풀어보세요. 그리고 두 번째 음성을 듣고 빈칸을 채우세요.
(음성은 두 번씩 들려줍니다.)

1.

(A) He's _____ a cup of coffee.
(B) He's wearing _____.
(C) He's seated _____.
(D) He's _____ at the plane.

2.

(A) The man is _____ some glasses.
(B) The man is _____ the candle.
(C) Heavy machinery is _____.
(D) The man is _____.

3.

(A) She's _____ outdoors.
(B) She's _____.
(C) She's _____ in her hand.
(D) She's _____ some flowers.

4.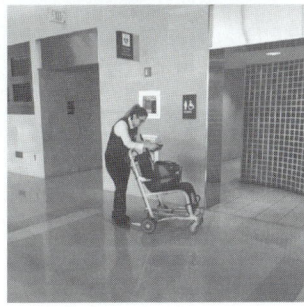

(A) The woman is _____.
(B) The woman is _____.
(C) The woman is _____.
(D) The woman is _____.

PART 1

DAY 1 | 1 1인 중심 사진 | 15

SPARTA Actual Test

1.

2.

3.

4.

5.

6.

7.

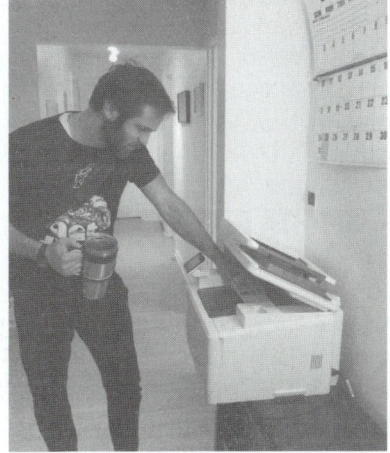

8.

9.

10.

2 2인 이상 중심 사진

SPARTA 유형 파악

음성이 나오기 전에 사진에 나온 인물들의 공통점과 차이점을 정확히 파악하고 있어야 한다. 특히 특정 인물의 행동이 부각되어 보인다면 꼭 미리 잘 살펴보자. 주로 현재 동작을 나타내는 현재 진행형(be + V-ing)으로 묘사되지만 현재 진행 수동형(be + being + p.p.) 또는 현재 완료형(have + p.p.) 등 여러 가지 형태가 나올 수 있다.

SPARTA 출제 포인트

- 처음 들리는 보기들의 주어부터 서로 다르다. 그래서 주어를 먼저 파악하고 동사를 잘 들어야 한다.
- 사람들의 동작과 상태(옷차림)를 먼저 꼼꼼히 살피고, 그 사람들의 개별 행동과 공통 행동 그리고 상태까지 파악한 다음 배경을 살펴보자.
- 동작을 표현하는 현재 진행형(be + V-ing)과 현재 진행 수동형(be + being + p.p.)을 같이 익히자.

    Ex) They**'re moving** the furniture. 그들은 가구를 옮기고 있다.
    → The furniture **is being moved**. 가구는 옮겨지고 있다.

SPARTA 문제 풀이 비법

🎧 Day01_02_01

(A) They're looking at a performer.
(B) A woman is pointing to the chart.
(C) A man is giving a presentation.
(D) They're having a meeting outside.

비법
여러 사람들이 회의하는 모습이다. 한 남자가 앞에 서서 발표하고 있다. 나머지 사람들은 그의 말을 듣고 있다. 미리 차이점을 인식하고 주어부터 잘 듣자.

(A) 그들은 공연자를 보고 있다. (X)
→ 공연자가 아니라 발표자를 보고 있다.

(B) 여자는 차트를 가리키고 있다. (X)
→ 여자는 아무것도 가리키고 있지 않다.

(C) 남자는 발표하고 있다. (O)
→ 사진과 일치한 내용이다.

(D) 그들은 밖에서 회의하고 있다. (X)
→ 배경은 내부로 오답이다.

SPARTA Check-UP

Day01_02_02 해설 p.196

사진을 보고 소거법으로 풀어보세요. 그리고 두 번째 음성을 듣고 빈칸을 채우세요.
(음성은 두 번씩 들려줍니다.)

1.

(A) They're _____ the aircraft.
(B) They're _____.
(C) They're _____ the stairs.
(D) They're _____ into the truck.

2.

(A) A woman is _____.
(B) People are _____.
(C) One of the men is _____ a milk carton.
(D) One of the men is _____ into a cup.

3.

(A) They're _____.
(B) They're _____ in the kitchen.
(C) They're _____.
(D) They're _____ on a plate.

4.

(A) The man is _____.
(B) The woman is _____.
(C) They're _____ outdoors.
(D) The woman is _____.

SPARTA Actual Test

1.

2.

3.

4.

5.

6.

7.

8.

9.

10.

DAY 2

1 사물/풍경 사진

SPARTA 유형 파악

사람이 없는 사진은 매회 2개 정도 출제되며 전반적으로 난이도가 높은 유형이다. 사물/풍경의 위치와 상태를 미리 잘 파악하고 주어부터 잘 들어야 한다. 동사 시제에는 수동형(be + p.p.)와 현재 완료 수동형(have + been + p.p.)이 주로 사용되며, 사람과 관련된 표현이나 현재 진행 수동형(be + being + p.p.)의 표현은 오답으로 주로 출제된다.

SPARTA 출제 포인트

- 사물과 풍경을 정확히 파악하자. 처음 들리는 주어부터 사진에 없는 것이면, 바로 오답 처리한다.

    Ex) The customers are browsing in the store. 손님들은 가게를 둘러보고 있다. (사진에 사람이 없다면 바로 오답 처리)

- 주로 진행형(be + V-ing)이나 수동형(be + p.p.) 또는 현재 완료 수동형(have + been + p.p.)이 쓰이고, 현재 진행 수동형(be + being + p.p.)은 대부분 오답이다.

    Ex) A clock **is hung**./A clock **has been hung**./A clock **is hanging**. 시계가 걸려 있다. (정답)
    A clock **is being hung**. 시계가 걸려지고 있다. (누군가 시계를 걸고 있어야 하므로 오답)

- be being displayed는 현재 진행 수동형임에도 상태를 나타내기 때문에 사물 묘사 유형에서 정답으로 꾸준히 나오고 있다. 따라서 항상 be + being + p.p.를 듣는 훈련을 하자.

SPARTA 문제 풀이 비법

Day02_01_01

(A) Pedestrians are walking on the sidewalk.
(B) The sign is being replaced.
(C) Buses are lined up in rows.
(D) There are vehicles on one side of the road.

비법

먼저 사물들의 위치를 빨리 파악하고 관련 표현을 예상하자. 여기서 함정은 (C)이다. 단수(in a row)와 복수(in rows)가 맞지 않는다. 사진에서 버스는 일렬로 서 있으며 여러 줄로 서 있지 않다. 길 한 쪽에 있으므로 정답은 (D)이다.

(A) 보행자들이 인도를 걷고 있다. (X)
→ 보행자들이 없으므로 오답이다.

(B) 표지판이 교체되고 있다. (X)
→ 표지판은 있지만 교체되는 상황이 아니다.

(C) 버스들이 여러 줄로 줄지어 있다. (X)
→ 버스는 일렬로 서 있다.

(D) 차량들이 길 한 쪽에 있다. (O)
→ 왼쪽에만 차량들이 있다.

SPARTA Check-UP

🎧 Day02_01_02 해설 p.199

사진을 보고 소거법으로 풀어보세요. 그리고 두 번째 음성을 듣고 빈칸을 채우세요.
(음성은 두 번씩 들려줍니다.)

1.

(A) Glasses are _____.
(B) _____ beside the cutlery.
(C) _____ in the restaurant.
(D) _____ neatly.

2.

(A) The bookshelf is _____.
(B) _____ on the windowsill.
(C) _____ on the shelves.
(D) Some shelves are _____.

3.

(A) _____ on the water.
(B) _____ is in front of the building.
(C) Some sculptures are _____.
(D) There are some _____.

4.

(A) _____ behind the boxes.
(B) _____ beside the road.
(C) Some _____ onto a truck.
(D) _____ a wheelbarrow.

SPARTA   Actual Test

1.

2.

3.

4.

5.

6.

7.

8.

9.
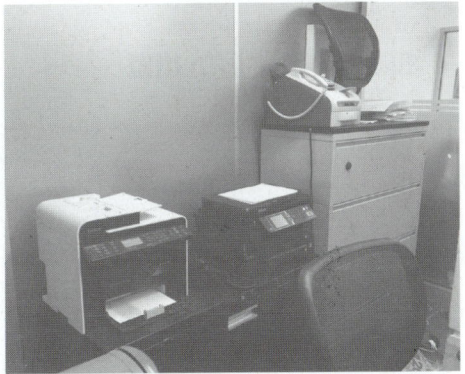

10.

2 혼합 사진

SPARTA 유형 파악

평균적으로 2개 이상 출제되며 사람과 배경을 동시에 묘사한다. 먼저 사람들의 공통되는 모습을 먼저 파악하고, 그 중에서 개별적인 행동이 있는지 확인하자. 그러고 나서 배경을 잘 살펴봐야 한다. 다양한 형태의 현재 시제가 쓰이며 주어부터 잘 들어야 한다. 전반적으로 난이도가 높은 편이기 때문에 먼저 인물 중심 사진과 사물 중심 사진을 충분히 훈련하고 혼합 사진을 훈련하자.

SPARTA 출제 포인트

- 사진 속 인물들의 공통점과 차이점을 정확히 파악하자. 주어부터 다양하게 나오므로 소거법으로 풀어야 한다.
- 묘사할 요소가 다양하기 때문에 특정한 정답을 정해 놓고, 그 답이 나오길 기다리는 것이 아니라 바로바로 오답 처리해야 한다.
- 사람의 행동보다 배경 요소가 정답으로 나오는 경우가 많다.
- 사람들의 동작을 나타내는 현재 진행형(be + V-ing)과 현재 진행 수동형(be + being + p.p.)을 같이 익히자.

Ex) A man **is sweeping** the pavement. 남자는 포장도로를 쓸고 있다.
→ The pavement **is being swept**. 포장도로는 쓸려지고 있다.

SPARTA 문제 풀이 비법

🎧 Day02_02_01

(A) A pedestrian is in the middle of the street.
(B) Some people are waiting to cross the street.
(C) Different kinds of vehicles are sharing the road.
(D) A horse is pulling a carriage through a field.

비법

사람들이 길을 건너기 위해 신호를 기다리고 있다. 그 옆에는 마차와 말이 서 있다. 특별히 개별적인 행동은 없다.

(A) 한 보행자는 길 중간에 있다. (X)
→ 길 한가운데는 아무도 없으므로 오답이다.

(B) 사람들은 길을 건너기 위해 기다리고 있다. (O)
→ 횡단보도 건너편에 사람들이 서 있다.

(C) 다른 종류의 차량들이 도로에 있다. (X)
→ 도로에는 차량이 없기 때문에 주어부터 오답이다.

(D) 말이 마차를 끌고 있다. (X)
→ 말은 정지된 상태이므로 오답이다.

SPARTA Check-UP

사진을 보고 소거법으로 풀어보세요. 그리고 두 번째 음성을 듣고 빈칸을 채우세요.
(음성은 두 번씩 들려줍니다.)

1.
   (A) Some people are _____.
   (B) A ship is _____.
   (C) Some men are _____ along the waterway.
   (D) Buildings are _____.

2.
   (A) Shelves are _____.
   (B) _____ on a bed.
   (C) Customers are _____.
   (D) An armchair is _____.

3.
   (A) There are _____ at the outdoor open market.
   (B) A woman is _____ on the board.
   (C) A vendor is _____.
   (D) A _____ is taking place.

4.
   (A) The artworks are _____.
   (B) A man is _____.
   (C) A boat is _____.
   (D) An umbrella is _____.

SPARTA Actual Test

1.

2.

3.

4.

5.

6.

7.

8.

9.

10.

SPARTA

빈출 표현 : 혼동되는 표현

1. wear과 put on/try on을 정확히 구분하자.

사진에 나오는 인물들은 옷이나 장신구를 착용하고 있기 때문에 '입고 있는 상태'를 나타내는 wear은 정답일 확률이 높다. 하지만 '입고 있는 동작'을 나타내는 put on과 try on은 특정 행동을 보여 줘야 하기 때문에 자주 오답으로 나온다.

EX) A woman is wearing her coat. 여자는 코트를 입고 있다. (상태)
    A woman is putting on her coat. 여자는 코트를 입으려고 하고 있다. (동작)

2. get on과 ride를 정확히 구분하자.

배경에 차량이나 배, 비행기와 같은 탈것들이 자주 등장한다. 교통 수단 안에 사람들이 타고 있는지 아니면 타려고 하는지 정확히 구분해야 한다. 교통 수단에 타려고 한다면 get on, get into 또는 enter를 동사로 쓰며, 이미 타고 있다면 ride를 쓰면 된다.

Ex) A man is getting on a boat. 남자는 보트에 타려 하고 있다. (동작)
    A man is riding a bicycle. 남자는 자전거를 타고 있다. (상태)

3. 자주 등장하는 유사 발음 어휘나 혼동되는 어휘를 조심하자.

train 열차	training 훈련
write 쓰다	ride 타다
walk 걷다	work 일하다
copy 복사	coffee 커피
swing 그네	swim 수영
bus stop 버스 정류장	stop sign 멈춤 표지판
glass 유리잔	grass 잔디밭
ladder 사다리	letter 편지
microphone 마이크	microscope 현미경

4. 위치를 나타내는 표현을 꼭 외우자.

사물/풍경 사진이나 2인 이상의 사람들이 등장하는 사진은 각자의 위치를 정확하게 표현한 보기가 정답일 확률이 높다. 따라서 미리 위치를 나타내는 빈출 표현을 익혀 두는 게 좋다.

to the right	오른쪽으로	to the left	왼쪽으로
around	~주위에	against	~에 기대어
in front of	~의 앞에	behind/at the rear of	~의 뒤에
over/above	~의 위에 (사물에 닿지 않게)	under	~의 아래에
inside/indoors	안에서	outside/outdoors	밖에서
alongside	~옆에, 나란히	at the bottom of	~의 밑에
into	~안으로	along	~을 따라
near	~의 가까이	in/into the distance	저 멀리
next to/by/beside	~의 옆에	between	사이에

SPARTA
빈출 표현 : 상황별 표현

PART 1의 표현들은 주로 be + V-ing 형태로 제시된다. 따라서 -ing 형태 동사에 익숙해지는 연습을 하자!

[작업실/사무실]

	organizing/arranging papers	서류를 정리하고 있다
	working in the workshop	작업실에서 일하고 있다
	looking at a document	서류를 보고 있다
	sitting/seated at a desk	책상에 앉아 있다
	talking on the telephone	전화하고 있다
	writing in a notebook	공책에 쓰고 있다
	copying some materials	자료를 복사하고 있다
be	holding a book	책을 들고 있다
	facing a computer	컴퓨터와 마주하고 있다
	pointing at a screen	스크린을 가리키고 있다
	leaning against a wall	벽에 기대어 있다
	having a meeting	회의를 하고 있다
	shaking hands	악수하고 있다
	reaching into a drawer	서랍 안으로 손을 뻗고 있다
	typing on a keyboard	키보드에 타이핑하고 있다
	distributing a handout	유인물을 나눠 주고 있다

[식당/주방]

	wiping a table	테이블을 닦고 있다
	pouring some water	물을 따르고 있다
	preparing/cooking some food	음식을 준비하고 있다
	drinking/sipping some coffee	커피를 마시고 있다
	serving food on a plate	접시에 음식을 제공하고 있다
be	examining the menu	메뉴를 보고 있다
	taking an order	주문을 받고 있다
	using a utensil	조리 기구를 이용하고 있다
	standing behind the counter	카운터 뒤에 서 있다
	setting the table	식탁을 차리고 있다
	slicing some bread	빵을 썰고 있다
	eating at a restaurant	식당에서 먹고 있다

[정원/공원]

	riding a bicycle	자전거를 타고 있다
	mowing the grass/lawn	잔디를 깎고 있다
	trimming a bush	관목을 다듬고 있다
	sitting on a bench	벤치에 앉아있다
	strolling down a path	오솔길을 거닐고 있다
be	pushing a wheelbarrow	짐수레를 밀고 있다
	raking the leaves	낙엽들을 갈퀴로 모으고 있다
	planting a tree	나무를 심고 있다
	installing a ladder	사다리를 설치하고 있다
	riding a carriage	마차를 타고 있다

[쇼핑]

	paying for/buying/purchasing a shirt	셔츠를 구입하고 있다
	trying on glasses	안경을 착용하려 하고 있다
	organizing some clothes	옷을 정리하고 있다
	browsing some items	물건들을 둘러보고 있다
	removing a jacket	재킷을 벗고 있다
be	standing at a cash register	계산대에 서 있다
	assisting a customer	고객을 돕고 있다
	shopping for jewelry	보석을 쇼핑하고 있다
	reaching for an item	물건에 손을 뻗고 있다
	putting an item into a cart	카트에 물건을 넣고 있다
	pushing a cart	카트를 밀고 있다

[해변/강가]

	rowing a boat	노를 젓고 있다
	swimming in the water	물에서 수영하다
	getting into a boat	보트를 타려고 하고 있다
	jogging along the shore	물가를 따라 조깅하고 있다
be	tying a boat to a pier	부두에 배를 묶고 있다
	folding a net at a dock	부두에서 그물을 접고 있다
	using some fishing gear	낚시 장비를 사용하고 있다
	taking a walk on the riverbank	강둑에서 산책하고 있다
	resting on a beach	해변에서 쉬고 있다
	disembarking from a ship	배에서 내리고 있다

[연설장/공연장/강의실]

	giving a speech on a podium	연단에서 연설하고 있다
	speaking into a microphone	마이크에 말하고 있다
	seated in a circle	동그랗게 앉아 있다
	performing on a stage	무대에서 공연하고 있다
	playing some instruments	악기를 연주하고 있다
be	greeting an audience	청중에게 인사하고 있다
	concentrating on something	어떤 일에 집중하고 있다
	handing out some brochures	책자를 나눠 주고 있다
	stepping down from a stage	무대에서 내려오고 있다
	listening to a lecturer	강연자의 강연을 듣고 있다
	sitting in rows	여러 줄로 앉아 있다

[승강장/공항/정거장]

	loading the luggage into the vehicle	차량에 짐을 싣고 있다
	waiting at a platform	승강장에서 기다리고 있다
	boarding a plane	비행기에 탑승하고 있다
	showing a ticket to an attendant	승무원에게 티켓을 보여주고 있다
be	sitting in a waiting area	대기실에서 기다리고 있다
	exiting a train	기차에서 나오고 있다
	lined up in a row at a bus stop	버스 정류장에서 한 줄로 서 있다
	descending some stairs	계단을 내려오고 있다
	packing a suitcase	여행 가방을 싸고 있다

[실내]

A rug has been rolled up.	깔개가 돌돌 말려 있다.
Some drawers have been left open.	몇 개의 서랍들이 열려 있다.
Some ceiling lights have been turned off.	천장에 전등들이 꺼져 있다.
All the seats are unoccupied/not occupied.	모든 좌석들이 비어 있다.
The boxes are stacked on a road.	박스들이 길 위에 쌓여 있다.
Chairs are piled around the table.	의자들이 테이블 주위에 쌓여 있다.
The bookcase is full of/filled with/packed with books.	책꽂이가 책으로 가득 차 있다.
A sofa is placed by/next to/beside the bed.	소파가 침대 옆에 있다.
The picture is hanging on the wall.	벽에 그림이 걸려 있다.
Potted plants have been arranged in rows.	화분들이 여러 줄로 배열되어 있다.
The shelves are stocked with items.	선반에 물건들로 채워 있다.
There's a lamp between the beds.	침대들 사이에 램프가 있다.
Documents are scattered on a desk.	책상 위에 서류들이 널려 있다.
A laptop computer is on a desk.	노트북이 책상 위에 있다.

[실외]

A ladder is propped against the wall.	사다리가 벽에 기대어 있다.
There are signs blocking a road.	길을 막고 있는 표지판들이 있다.
The cars/vehicles/automobiles are parked along the road.	차들이 길을 따라 주차되어 있다.
The boats are tied/docked to the dock/pier.	배들이 부두에 묶여 있다.
The roof is covered with snow.	지붕이 눈으로 덮여 있다.
The buildings overlook the river.	빌딩들이 강을 내려다보고 있다.
A staircase leads to a balcony.	계단이 발코니로 이어져 있다.
The bridge crosses/spans the river.	다리가 강 위에 가로질러 가고 있다.
The cars are moving in the same direction.	차들이 같은 방향으로 움직이고 있다.
A boat is passing under a bridge.	배가 다리 아래를 지나가고 있다.
There are some trees along the path.	오솔길을 따라 나무들이 있다.
The scenery is reflected in the water.	풍경이 물에 비춰져 있다.
Vehicles are parked in a construction site.	차량들이 공사장에 주차되어 있다.
A sculpture is on display outside.	야외에 한 조각상이 전시되어 있다.
A fountain is in the middle of a lake.	호수 한가운데 분수대가 있다.

[빈출 오답 표현 (be + being + p.p.)]

The water is being poured into a glass.	물을 유리잔에 따르고 있다.
The railing is being installed on the deck.	난간이 갑판 위에 설치되고 있다.
The luggage/baggage is being loaded onto a truck.	짐이 트럭에 실리고 있다.
The road is being (re)paved/(re)surfaced.	도로가 (재)포장되고 있다.
The tree is being planted along the path.	오솔길을 따라 나무를 심고 있다.
The pavement is being swept.	포장도로가 쓸리고 있다.
The bridge is being built/constructed over the water.	다리가 물 위에 세워지고 있다.
Some cartons are being packed.	종이 상자 몇 개가 포장되고 있다.
A mug is being filled with coffee.	머그잔이 커피로 채워지고 있다.
Furniture is being removed from a room.	방에서 가구를 치우고 있다.
Some products are being put into a cart.	물건들을 카트에 넣고 있다.
Lines are being painted on a crosswalk.	횡단보도에 차선을 그리고 있다.
Some shelves are being assembled.	선반들이 조립되고 있다.

스파르타 토익
750⁺
LC

PART 2
LISTENING COMPREHENSION

DAY 3

1 Who 의문문

SPARTA 유형 파악

Who 의문문은 행위의 주체나 대상이 누구인지 묻는 의문문이다. 평균 2문제 정도 출제되는데 업무 담당자, 연설자, 직장 상사, 특정 부서 등 행위의 주체나 특정 대상이 정답이 된다. 하지만 보기에 나오는 특정 이름이나 직책을 무조건 정답으로 생각하면 안 된다. 끝까지 유심히 듣고 오답을 제거하면서 정답을 찾아야 한다.

SPARTA 출제 포인트

- 질문은 들을 때 'Who + 동사/명사'에 무게를 두고 어떤 Who를 묻는지 파악해야 한다. 난이도가 높은 문제는 보기에 사람 이름이나 직책 등이 다수 등장한다.
- 고유 명사인 사람 이름, 회사명, 조직명, 부서명, 직책명, 직업명 등이 정답이 될 수 있다.
- 주어 자리에 나오는 어휘 발음이 낯설다면 고유 명사로 의심하자.
- 질문에 언급되지 않은 he/she가 보기에 나온다면 구체적으로 누구인지 모르기 때문에 오답이다. (You/We/I는 정답 가능)
- PART 2 질문의 대답으로 우회적/회피성 답변이 자주 정답으로 출제된다. 아래 표현들을 꼭 외워 두자.

1. 몰라요.	2. 아직 결정되지 않았어요.
I don't know./I have no idea. I'm not sure/certain. I wish I knew./I could tell you. I haven't checked. Nobody knows. Who knows?	I haven't decided yet. = I'm still deciding. I haven't made up my mind. They haven't decided yet. = They're still deciding. It hasn't been decided (yet). = It's still being decided. Let me think about it. It hasn't been confirmed yet. It hasn't been announced yet.

3. ~가 알아요.	4. 전혀 못 들었어요.
Why don't you ask ~? ~ knows it better than I do. ~ might/should know. It depends on ~. Go to the reception desk. It's not my decision. Ask someone else.	I haven't heard about it. I haven't been told yet. That's news to me. I wasn't notified(=informed). He/She/They didn't tell me.

5. 확인해 볼게요.	6. 기억나지 않아요.
Let me check./I'll check it again. Let me ask someone./I'll find out. I'll let you know later./I'll ask and let you know. I'll get back to you.	I forgot. I can't remember. It slipped my mind. It's on the tip of my tongue.

7. 저는 책임자가 아니에요.	
I'm not in charge. I can't decide.	It's up to the board. It's not up to me.

SPARTA 빈출 문제

Q: **Who will volunteer** for the fundraising event? 누가 기금 모금 행사에 자원할 건가요?
A: I'd be happy to./I can do it./I'll take care of it. 제가 할게요. (1인칭)
A: Patty has the list. Patty가 목록을 가지고 있어요. (몰라요 답변)

Q: **Who organized** the advertising campaign? 누가 광고를 준비했나요?
A: Let me check. 확인해 볼게요. (몰라요 답변)
A: Rachel in the marketing department. 마케팅부의 Rachel이요. (이름, 부서)

Q: **Who should I talk to** about the computer problem? 컴퓨터 문제에 대해 누구와 말해야 해요?
A: Someone from the tech support team. 기술지원팀 사람이요. (부서)
A: Call the technician. 기술자에게 연락하세요. (직업)

Q: **Who's in charge of revising** the report? 보고서 수정은 누구 담당인가요?
A: Min-Hee is responsible for that. 민희가 그 일을 책임지고 있어요. (이름)
A: My assistant is working on it. 조수가 그것을 작업하고 있어요. (직책)

Q: **Who is going to arrange** the interview? 누가 인터뷰 일정을 잡을 건가요?
A: Ask the personnel manager. 인사 부장에게 물어보세요. (직책)
A: It's your turn. 당신 차례예요. (2인칭)

Q: **Who has the copy** of the sales report? 판매 보고서 사본은 누가 가지고 있어요?
A: It's on my desk. 제 책상 위에 있어요. (예외적인 답: 장소)

SPARTA 문제 풀이 비법

🎧 Day03_01_01

Who's organizing the company retreat?
(A) I heard it was Jimmy.
(B) I'll accompany you.
(C) At Hyde Park.

비법

질문의 키워드는 Who/organizing으로 '누가 준비하는지' 묻고 있다.

누가 회사 야유회를 준비하나요?

(A) Jimmy라고 들었어요. (O) → 사람 이름이 나왔으니 정답이다.
(B) 당신과 함께 갈게요. (X) → company-accompany 유사 발음 오답.
(C) 하이드 공원에서요. (X) → 장소의 오답이다.

SPARTA Check-UP

Day03_01_02 해설 p.205

음성을 듣고 소거법으로 풀어보세요. 그리고 두 번째 음성을 듣고 빈칸을 채우세요.
(음성은 두 번씩 들려줍니다.)

1. (A)   (B)   (C)

    _____ the employee handbook?

    (A) _____ ?
    (B) It's _____ to use.
    (C) I don't know _____.

2. (A)   (B)   (C)

    _____ some of our operational costs?

    (A) I'm not _____ it at all.
    (B) _____, I'm afraid she hasn't.
    (C) Belinda Martinez.

3. (A)   (B)   (C)

    _____ these flowers?

    (A) _____ these flowers.
    (B) On the third floor.
    (C) _____.

4. (A)   (B)   (C)

    _____ with the annual fundraiser?

    (A) It's on Friday.
    (B) Louise _____.
    (C) Lucy is _____.

SPARTA Actual Test

Day03_01_03 해설 p.205

1. Mark your answer on your answer sheet.   (A)   (B)   (C)
2. Mark your answer on your answer sheet.   (A)   (B)   (C)
3. Mark your answer on your answer sheet.   (A)   (B)   (C)
4. Mark your answer on your answer sheet.   (A)   (B)   (C)
5. Mark your answer on your answer sheet.   (A)   (B)   (C)
6. Mark your answer on your answer sheet.   (A)   (B)   (C)
7. Mark your answer on your answer sheet.   (A)   (B)   (C)
8. Mark your answer on your answer sheet.   (A)   (B)   (C)
9. Mark your answer on your answer sheet.   (A)   (B)   (C)
10. Mark your answer on your answer sheet.   (A)   (B)   (C)
11. Mark your answer on your answer sheet.   (A)   (B)   (C)
12. Mark your answer on your answer sheet.   (A)   (B)   (C)
13. Mark your answer on your answer sheet.   (A)   (B)   (C)
14. Mark your answer on your answer sheet.   (A)   (B)   (C)
15. Mark your answer on your answer sheet.   (A)   (B)   (C)
16. Mark your answer on your answer sheet.   (A)   (B)   (C)
17. Mark your answer on your answer sheet.   (A)   (B)   (C)
18. Mark your answer on your answer sheet.   (A)   (B)   (C)
19. Mark your answer on your answer sheet.   (A)   (B)   (C)
20. Mark your answer on your answer sheet.   (A)   (B)   (C)

2 When 의문문

SPARTA 유형 파악

시점을 묻는 질문으로 과거, 현재, 미래 시제를 정확히 판단하고 들어야 한다. 보통 2~3문제가 출제되며 기본적으로 시작/끝나는 시점, 이용할 수 있는 시점, 업무 완료 시점 등을 많이 묻고, 과거 보다 미래 시점이 더 많이 출제되고 있다.

SPARTA 출제 포인트

- 질문은 들을 때는 'When + 동사 시제'를 먼저 판단하고, 뒤에 나오는 동사를 들어야 한다.
  Ex) When did you finish the proposal? 제안서를 언제 끝냈어요? (과거)
  　　When will you finish the proposal? 제안서를 언제 끝낼 거예요? (미래)
- 자칫하면 Where로 들리기 때문에 오답으로 가장 많이 나오는 장소 대답을 조심해야 한다.
- 오답으로 기간을 나타내는 표현이 많이 나온다. Ex) For 2 hours. 2시간 동안이요. since last year. 작년부터요.
- 답변으로 When이 나올 수도 있다. 동일한 발음이 들린다고 무조건 오답으로 처리하면 안 되고 끝까지 듣고 판단해야 한다.

SPARTA 빈출 문제

Q: **When will the awards ceremony begin?** 언제 시상식이 시작하나요?
A: Within an hour. 한 시간 내로요. (미래)
A: As soon as the microphone arrives. 마이크가 도착하자마자요. (미래)

Q: **When did you send** the package to the Paris office? 언제 파리 사무실로 소포를 보냈나요?
A: I believe it was last Wednesday. 지난주 수요일에 보냈던 거 같아요. (과거)
A: I don't remember the exact date. 정확한 날짜가 기억 안 나요. (모른다 답변)

Q: **When is the deadline** of the sales report? 판매 보고서의 마감일이 언제인가요?
A: By the end of the week. 이번 주까지요. (미래)

Q: **When is a dental appointment available?** 언제 치과 예약이 가능한가요?
A: Sorry, Dr. Kim is busy this week. 죄송합니다. 김 선생님은 이번 주에 바쁩니다. (예외적인 답: 예약 불가)

Q: **When should we notify** the new employees? 언제 신입 사원들에게 공지해야 하나요?
A: Why don't we ask our supervisor? 상사에게 물어보는 게 어때요? (모른다 답변)
A: Not until Thursday. 목요일이 되어야 해요. (시간 관용 표현: Not until 대답은 시제에 상관없이 When 질문에 답이 된다)

Q: **When can I get the reimbursement check** for my business trip? 언제 출장 경비를 상환 받을 수 있나요?
A: When did you claim it? 언제 청구했어요? (예외적인 답: 반문)
A: When/Once the manager approves it. 매니저가 승인할 때요. (시간 관용 표현)

SPARTA 문제 풀이 비법

🎧 Day03_02_01

When will I receive my store membership card by post?

(A) Yes, you will.
(B) The receipt is given after the purchase.
(C) By the end of the month at the latest.

비법

질문의 키워드는 When will/receive로 '언제 받을지' 묻고 있다.

제가 우편으로 언제 가게 회원 카드를 받을까요?
(A) 네, 당신이 할 거예요. (X) → Yes/No 의문문은 오답이다.
(B) 구매 후에 영수증을 받아요. (X) → receive-receipt 유사 발음 오답.
(C) 적어도 이달 말까지요. (O) → 미래 시점으로 정답이다.

SPARTA Check-UP

음성을 듣고 소거법으로 풀어보세요. 그리고 두 번째 음성을 듣고 빈칸을 채우세요.
(음성은 두 번씩 들려줍니다.)

1. (A)   (B)   (C)

   _____ the sales report _____?
   (A) _____.
   (B) It was a nice proposal.
   (C) To _____.

2. (A)   (B)   (C)

   _____ of the Lagos shoe factory take place?
   (A) Absolutely.
   (B) _____, I think.
   (C) ____, that's a fact.

3. (A)   (B)   (C)

   _____ the survey result going to _____?
   (A) _____.
   (B) I'm honored to make a speech.
   (C) To _____.

4. (A)   (B)   (C)

   _____ the last time you _____?
   (A) _____.
   (B) _____.
   (C) I played the piano last week.

Actual Test

1. Mark your answer on your answer sheet. (A) (B) (C)
2. Mark your answer on your answer sheet. (A) (B) (C)
3. Mark your answer on your answer sheet. (A) (B) (C)
4. Mark your answer on your answer sheet. (A) (B) (C)
5. Mark your answer on your answer sheet. (A) (B) (C)
6. Mark your answer on your answer sheet. (A) (B) (C)
7. Mark your answer on your answer sheet. (A) (B) (C)
8. Mark your answer on your answer sheet. (A) (B) (C)
9. Mark your answer on your answer sheet. (A) (B) (C)
10. Mark your answer on your answer sheet. (A) (B) (C)
11. Mark your answer on your answer sheet. (A) (B) (C)
12. Mark your answer on your answer sheet. (A) (B) (C)
13. Mark your answer on your answer sheet. (A) (B) (C)
14. Mark your answer on your answer sheet. (A) (B) (C)
15. Mark your answer on your answer sheet. (A) (B) (C)
16. Mark your answer on your answer sheet. (A) (B) (C)
17. Mark your answer on your answer sheet. (A) (B) (C)
18. Mark your answer on your answer sheet. (A) (B) (C)
19. Mark your answer on your answer sheet. (A) (B) (C)
20. Mark your answer on your answer sheet. (A) (B) (C)

3 Where 의문문

SPARTA 유형 파악

장소를 묻는 질문으로 보통 2~3문제가 출제되는데 행사 장소, 특정 대상의 위치 등을 묻는다. 특히 Where은 미국 발음과 영국 발음이 다르기 때문에 많은 훈련이 필요하다. 또한 장소뿐만 아니라 출처를 묻기도 해서 사람의 이름이나 직급 등이 답으로 나올 수 있다. 따라서 항상 질문의 포인트를 잘 알고 정답을 가려내야 한다.

SPARTA 출제 포인트

- 장소(Where)와 시점(When)은 가장 많이 혼동될 수 있다. 특히 영국 발음 Where[웨]와 When 발음이 비슷하게 들린다.
- 질문은 들을 때 'Where + 동사/명사'를 잘 듣고 어떤 장소를 묻는지 정확히 파악해야 한다. 난이도가 있는 문제는 보기에 여러 장소가 등장하기도 한다.

  Ex) Q: Where did you put your coat? 코트 어디에 두셨어요?
  Q: Where did you buy your coat? 코트 어디서 사셨어요?

SPARTA 빈출 문제

Q: **Where did you leave** the agenda? 회의 안건을 어디에 두었나요?
A: In the drawer. 서랍 안에요. (장소)
A: Marian might know. Marian이 알아요. (모른다 답변)

Q: **Where can I find** a hotel nearby? 인근에 호텔이 어디에 있나요?
A: There's one across the street. 길 건너편에 하나 있어요. (위치)
A: I'm not familiar with this area. 저도 여기는 잘 몰라요. (난이도 있는 모른다 답변)

Q: **Where did you pick** up that book? 저 책을 어디서 얻었어요?
A: It's a present. 그건 선물이에요. (예외적인 답: 출처)
A: Marco gave it to me. Marco가 줬어요. (출처가 사람인 답변)

Q: **Where is the product specification** you were working on? 당신이 작업하던 제품 설명서는 어디에 있어요?
A: The vice president has it. 부사장님이 가지고 있어요. (출처가 사람인 답변)
A: I'm still compiling it. 여전히 편집 중이에요. (예외적인 답)

Q: **Where will the orientation** be held this year? 올해 오리엔테이션 어디서 열리나요?
A: Check the company Web site. 회사 홈페이지를 확인해 보세요. (정보 출처)
A: On the 10th floor. 10층에서요. (장소)

Q: **Where are you going** after work? 일 끝나고 어디 가세요?
A: I have to meet our client. 고객을 만나야 해요. (예외적인 답: 목적)
A: Woodberry shopping mall. Woodberry 쇼핑몰이요. (장소가 고유 명사인 답)

SPARTA 문제 풀이 비법

🎧 Day03_03_01

Where can I see the list of performances?

(A) It's posted on the homepage.
(B) Probably around 3 P.M.
(C) I didn't see anyone.

비법

질문의 키워드는 Where/the list of performances로 '공연 목록이 있는 위치'를 묻고 있다.

공연 목록을 어디서 볼 수 있어요?

(A) 그건 홈페이지에 게시되어 있어요. (O) → 위치를 말하므로 정답이다.
(B) 아마도 3시 정도요. (X) → 시간을 나타내는 오답이다.
(C) 아무도 못 봤어요. (X) → 질문에 나온 단어 see를 이용한 함정이다.

SPARTA Check-UP

음성을 듣고 소거법으로 풀어보세요. 그리고 두 번째 음성을 듣고 빈칸을 채우세요.
(음성은 두 번씩 들려줍니다.)

1. (A)   (B)   (C)

   _____ a good venue for the _____?

   (A) It's good to hear.
   (B) _____.
   (C) The exposition will be _____.

2. (A)   (B)   (C)

   _____ for the copier?

   (A) _____.
   (B) _____.
   (C) It's not mine.

3. (A)   (B)   (C)

   _____ clients for lunch?

   (A) _____.
   (B) To Red Rose _____.
   (C) Seafood.

4. (A)   (B)   (C)

   _____ Ms. Suzuki _____ when she first started here?

   (A) For almost seven years.
   (B) Is it _____?
   (C) _____.

SPARTA Actual Test

1. Mark your answer on your answer sheet.   (A)   (B)   (C)
2. Mark your answer on your answer sheet.   (A)   (B)   (C)
3. Mark your answer on your answer sheet.   (A)   (B)   (C)
4. Mark your answer on your answer sheet.   (A)   (B)   (C)
5. Mark your answer on your answer sheet.   (A)   (B)   (C)
6. Mark your answer on your answer sheet.   (A)   (B)   (C)
7. Mark your answer on your answer sheet.   (A)   (B)   (C)
8. Mark your answer on your answer sheet.   (A)   (B)   (C)
9. Mark your answer on your answer sheet.   (A)   (B)   (C)
10. Mark your answer on your answer sheet.   (A)   (B)   (C)
11. Mark your answer on your answer sheet.   (A)   (B)   (C)
12. Mark your answer on your answer sheet.   (A)   (B)   (C)
13. Mark your answer on your answer sheet.   (A)   (B)   (C)
14. Mark your answer on your answer sheet.   (A)   (B)   (C)
15. Mark your answer on your answer sheet.   (A)   (B)   (C)
16. Mark your answer on your answer sheet.   (A)   (B)   (C)
17. Mark your answer on your answer sheet.   (A)   (B)   (C)
18. Mark your answer on your answer sheet.   (A)   (B)   (C)
19. Mark your answer on your answer sheet.   (A)   (B)   (C)
20. Mark your answer on your answer sheet.   (A)   (B)   (C)

DAY 4

1 What/Which 의문문

SPARTA 유형 파악

What/Which 의문문은 평균 1~2문제 정도 출제된다. What은 '무엇'을 뜻하고 Which는 '어느/어떤'이란 의미로, 두 유형을 같은 유형으로 볼 수 있다. 그래서 의문사 중에서 가장 다양한 답변을 기대할 수 있다.

SPARTA 출제 포인트

- What/Which 뒤에 나오는 명사와 동사를 반드시 듣자. 대상, 직업, 행위, 의견, 시간, 날씨, 비용, 상태, 이유 등 다양한 질문이 가능하기 때문에 많이 나오는 표현을 외워 두는 것이 좋다.
- 대답이 the one ~/this one ~/either one ~으로 시작한다면 90% 이상의 확률로 정답이다.
- What/Which에 차이는 'Which + 직업'이 나오면 사람을 물어볼 수 있지만, 'What + 직업'은 불가능하다.
  Ex) Which employee ~? 어느 직원이 ~? (사람의 이름이 정답으로 출제된다.)

SPARTA 빈출 문제

Q: What time is the seminar supposed to begin? 세미나는 몇 시에 시작하기로 했나요?
A: Let me check the schedule. 제가 일정을 확인해 볼게요. (몰라요 답변)

Q: What is the topic/subject/theme of the meeting? 미팅의 주제는 뭔가요?
A: Leadership skills. 리더십 스킬이요. (주제)

Q: What kind/sort/type of shoes are you looking for? 어떤 종류 신발을 찾고 있나요?
A: Something comfortable to walk in. 걷기에 편한 거요. (종류)
A: Can you recommend something for me? 저를 위해 추천해 주겠어요? (예외적인 답: 요청)

Q: What do you think of that candidate? 저 지원자에 대해 어떻게 생각하나요?
A: She's highly qualified. 그녀는 정말 자격을 갖추었어요. (의견)

Q: What is the matter/problem with the printer? 프린터에 무슨 문제가 있나요? (문제점)
A: It's out of ink. 잉크가 없어요. (문제점)   A: Not again! 또요! (예외적인 답: 고장이에요!)

Q: What are you going to do after work? 일 끝나고 뭐할 거예요?
A: Go to a movie. 영화 보러 가요. (행위)   A: I haven't decided yet. 아직 결정 못 했어요. (몰라요 답변)

Q: Which resort did you choose for your holiday? 휴일에 어떤 리조트로 가기로 했어요?
A: I'm still waiting for the list of popular places. 여전히 인기 있는 장소 목록을 기다리고 있어요. (예외적인 답)
A: The one I went to last year. 작년에 간 곳이요. (The one ~으로 시작해서 정답)

Q: Which of you approved the business loan? 당신들 중에 누가 사업 대출을 승인했나요?
A: Sam authorized it. Sam이 허가했어요. (사람)

SPARTA 문제 풀이 비법

🎧 Day04_01_01

What did the vice president think about our proposal?

(A) The marketing director.
(B) Not that I know of.
(C) I haven't met him yet.

비법

질문의 키워드는 What/think/proposal로 '부사장의 의견'을 묻는 질문이다.

제안서에 대해 부사장은 어떻게 생각했어요?
(A) 마케팅 부장이요. (X) → 직위를 말하므로 오답이다.
(B) 제가 알기론 아니에요. (X) → Wh-Q에 Yes/No는 답변이 될 수 없다.
(C) 아직 부사장님을 만나지 않았어요. (O) → 모른다 답변으로 정답이다.

SPARTA Check-UP

Day04_01_02 해설 p.215

음성을 듣고 소거법으로 풀어보세요. 그리고 두 번째 음성을 듣고 빈칸을 채우세요.
(음성은 두 번씩 들려줍니다.)

1. (A)   (B)   (C)

   Which _____ should host the company banquet?

   (A) In the banquet hall.

   (B) _____ downtown.

   (C) I'm still waiting _____.

2. (A)   (B)   (C)

   What _____ for my article?

   (A) He's a photographer.

   (B) _____ on the phone.

   (C) _____.

3. (A)   (B)   (C)

   _____ last week?

   (A) It's been _____.

   (B) _____.

   (C) It was _____.

4. (A)   (B)   (C)

   _____ on the news today?

   (A) I enjoy _____.

   (B) _____ the business news.

   (C) _____.

DAY 4 | 1 What/Which 의문문

SPARTA Actual Test

Day04_01_03 해설 p.216

1. Mark your answer on your answer sheet. (A) (B) (C)
2. Mark your answer on your answer sheet. (A) (B) (C)
3. Mark your answer on your answer sheet. (A) (B) (C)
4. Mark your answer on your answer sheet. (A) (B) (C)
5. Mark your answer on your answer sheet. (A) (B) (C)
6. Mark your answer on your answer sheet. (A) (B) (C)
7. Mark your answer on your answer sheet. (A) (B) (C)
8. Mark your answer on your answer sheet. (A) (B) (C)
9. Mark your answer on your answer sheet. (A) (B) (C)
10. Mark your answer on your answer sheet. (A) (B) (C)
11. Mark your answer on your answer sheet. (A) (B) (C)
12. Mark your answer on your answer sheet. (A) (B) (C)
13. Mark your answer on your answer sheet. (A) (B) (C)
14. Mark your answer on your answer sheet. (A) (B) (C)
15. Mark your answer on your answer sheet. (A) (B) (C)
16. Mark your answer on your answer sheet. (A) (B) (C)
17. Mark your answer on your answer sheet. (A) (B) (C)
18. Mark your answer on your answer sheet. (A) (B) (C)
19. Mark your answer on your answer sheet. (A) (B) (C)
20. Mark your answer on your answer sheet. (A) (B) (C)

2 How 의문문

SPARTA 유형 파악

평균적으로 2개 정도 출제되는 How 의문문은, 뒤에 오는 말에 따라 방법, 상태, 의견, 횟수, 개수 등을 묻는다. 따라서 How만 듣는 게 아니라 뒤에 나오는 표현을 잘 들어야 한다.

SPARTA 출제 포인트

- 방법은 'How + 동사'를 잘 들어야 한다. 동사에 따라 묻는 내용이 달라지기 때문이다.
  Ex) How should I submit ~? 어떻게 제출해야 하나요? (제출 방법)   How should I write ~? 어떻게 적어야 하나요? (적는 방법)
- 어떤 방법을 물은 답이 될 수 있는 답변들을 외워 두자.
  Ex) I'll show you./Let me show you. 보여 줄게요.   Look at the manual/instructions. 설명서를 보세요.
- 동사가 같더라도 주어가 다르면 묻는 내용이 다른 것이다. 이러한 관용 표현을 외워 두자.
  Ex) How did you go ~? 어떻게 갔어요? (방법)   How did it go ~? 어땠어요? (상태)
     How do you like ~? 어떻게 생각해요? (의견)   How would you like ~? 어떻게 해 드릴까요? (취향)
- 'How + 형용사/부사'의 관용 표현도 외워 두자.

How many + 가산 명사 ~?	몇 개, 몇 사람 ~?	How much + 불가산 명사 ~?	얼마나 많이 ~?
How often ~?	얼마나 자주 ~?	How long ~?	얼마 동안 ~?
How far ~?	얼마나 멀리 ~?	How soon/early ~?	얼마나 일찍 ~?
How late ~?	얼마나 늦게 ~?	How well ~?	얼마나 잘 ~?

- How 의문문에 대해 How로 되묻는 응답이 오답으로 자주 출제된다.

SPARTA 빈출 문제

Q: **How can we get** to the hotel? 우리 호텔로 어떻게 가야 할까요?
A: Go two blocks and turn right. 두 블록 가서 우회전하세요. (위치 설명)

Q: **How do the employees like** this new system? 직원들은 이 새 시스템에 대해 어떻게 생각해요?
A: It is much easier than the previous one. 이전보다 훨씬 쉽대요. (의견)
A: I haven't asked them yet. 그들에게 아직 물어보지 않았어요. (모른다 답변)

Q: **How did your interview go**?/**How was your interview**? 인터뷰는 어땠어요?
A: It went well. 잘했어요. (상태)   A: I canceled it. 취소했어요. (예외적인 답: 인터뷰를 안 했다)

Q: **Have many customers registered** for our membership card? 몇 명의 고객들이 회원 카드를 등록했나요?
A: Over 1000 already. 벌써 1000명 넘어요. (개수)   A: Pam has the list. Pam이 목록을 가지고 있어요. (모른다 답변)

Q: **How long will it take** to finish the report? 보고서를 끝내는 데 얼마나 걸려요?
A: I think it'll take at least five hours. 적어도 5시간은 걸릴 것 같아요. (기간)
A: I've just started. 지금 막 시작했어요. (예외적인 답: 방금 시작했다)

SPARTA 문제 풀이 비법

🎧 Day04_02_01

How will the city committee chairman be chosen?

(A) Members vote on it.
(B) I selected that chair.
(C) Is it on the third floor?

비법

질문의 키워드는 How/chairman/chosen이다. '의장 선출 방법'을 묻고 있다.

어떻게 시 위원회 의장이 선출됐나요?

(A) 구성원들이 투표했어요. (O) → 방법을 말하므로 정답이다.
(B) 제가 저 의자를 선택했어요. (X) → chairman/chair을 이용한 함정.
(C) 그것은 3층에 있어요? (X) → 위치를 말하므로 오답이다.

SPARTA Check-UP

Day04_02_02 해설 p.218

음성을 듣고 소거법으로 풀어보세요. 그리고 두 번째 음성을 듣고 빈칸을 채우세요.
(음성은 두 번씩 들려줍니다.)

1. (A)　(B)　(C)

   _____ the convention center?

   (A) It's Tuesday.
   (B) _____.
   (C) _____.

2. (A)　(B)　(C)

   _____ in this office?

   (A) _____ the air conditioner.
   (B) Just about _____.
   (C) _____?

3. (A)　(B)　(C)

   _____ at Canton Electronics Store?

   (A) Please _____.
   (B) Do you think so?
   (C) _____.

4. (A)　(B)　(C)

   Excuse me. _____ my watch?

   (A) _____?
   (B) _____ an hour.
   (C) I can _____ it.

SPARTA Actual Test

Day04_02_03 해설 p.219

1. Mark your answer on your answer sheet. (A) (B) (C)
2. Mark your answer on your answer sheet. (A) (B) (C)
3. Mark your answer on your answer sheet. (A) (B) (C)
4. Mark your answer on your answer sheet. (A) (B) (C)
5. Mark your answer on your answer sheet. (A) (B) (C)
6. Mark your answer on your answer sheet. (A) (B) (C)
7. Mark your answer on your answer sheet. (A) (B) (C)
8. Mark your answer on your answer sheet. (A) (B) (C)
9. Mark your answer on your answer sheet. (A) (B) (C)
10. Mark your answer on your answer sheet. (A) (B) (C)
11. Mark your answer on your answer sheet. (A) (B) (C)
12. Mark your answer on your answer sheet. (A) (B) (C)
13. Mark your answer on your answer sheet. (A) (B) (C)
14. Mark your answer on your answer sheet. (A) (B) (C)
15. Mark your answer on your answer sheet. (A) (B) (C)
16. Mark your answer on your answer sheet. (A) (B) (C)
17. Mark your answer on your answer sheet. (A) (B) (C)
18. Mark your answer on your answer sheet. (A) (B) (C)
19. Mark your answer on your answer sheet. (A) (B) (C)
20. Mark your answer on your answer sheet. (A) (B) (C)

3 Why 의문문

SPARTA 유형 파악

Why 의문문은 이유를 묻는 질문으로 평균 2개 정도 출제된다. 행사/워크숍/회의 등이 지연되는 이유, 기기 고장의 이유, 가게가 문 닫는 이유 등을 주로 묻는다.

SPARTA 출제 포인트

- Why로 시작한다고 다 이유를 묻는 게 아니다. 제안을 뜻하는 Why don't ~?(~이 어때요?) 표현이 있으며 대답은 승낙과 거절이 올 수 있다. 따라서 Why don't you/we/I ~? 발음에 먼저 익숙해야 한다.
  Ex) Why don't you bring ~? ~을 가져오는 게 어때요? (제안)   Why didn't you bring ~? 왜 ~을 안 가지고 왔어요? (이유)
- 오답으로 Yes/No 답변이 자주 출제된다. 제안일 때 승낙과 거절이 가능하기 때문에 이유인지 제안인지 확실히 판단해야 한다.
- Because가 생략된 대답에 익숙해지자.
- Because로 시작하는 답변이라도 뒤에 나오는 내용이 질문과 연계가 되는지 파악해야 한다.
- 그 외 'To/In order to + 동사(~하기 위해서)', 'For + 명사(~ 위해)', 'Because of/due to + 명사(~ 때문에)' 표현을 익혀 두고, 뒤에 나오는 동사/명사를 잘 들어서 질문과 연계가 되는 답을 찾아야 한다.

SPARTA 빈출 문제

Q: **Why has the meeting been canceled**? 왜 회의가 취소됐나요?
A: Mr. Kim couldn't come. 김 씨가 안 왔어요. (이유: 특정 인물의 부재)
A: I didn't think it has. 취소된 줄 몰랐어요. (예외적인 답)

Q: **Why are you leaving** the office early today? 오늘 왜 일찍 퇴근하나요?
A: I have a dental appointment. 치과 예약이 있어요. (이유: Because 생략)
A: To meet with clients. 고객을 만나려고요. (이유: To + 동사)

Q: **Why has this display case been left unlocked**? 왜 진열대가 안 잠긴 채로 있나요?
A: Because we lost the key. 열쇠를 잃어버려서요. (이유: Because 답변)
A: I'm sorry, that's my fault. 죄송해요, 제 잘못이에요. (예외적인 답: 본인이 고장 냈다)

Q: **Why didn't you submit** the annual sales report this morning? 왜 오늘 아침에 연례 판매 보고서를 제출 안 했나요?
A: Is today the deadline? 오늘이 마감일이에요? (예외적인 답: 몰라요 답변)

Q: **Why isn't the copier working**? 왜 복사기가 작동하지 않나요?
A: Call the technician. 기술자에게 연락하세요. (예외적인 답)
A: Have you pressed the start button? 시작 버튼을 눌렀나요? (예외적인 답: 고장 났는지 확인)

Q: **Why don't we share** a taxi to the airport? 공항까지 같이 택시 타는 게 어때요?
A: Sorry, I already have a ride. 죄송해요, 이미 탈 게 있어요. (거절)

SPARTA 문제 풀이 비법

🎧 Day04_03_01

Why did Michael leave early today?

(A) From ten to noon.
(B) To pick overseas clients up from the airport.
(C) Because I have a dentist appointment.

비법

키워드는 Why/leave early이다. '그가 일찍 나가는 이유'를 묻고 있다.

왜 Michael은 오늘 일찍 나갔나요?

(A) 10시부터 정오까지요. (X) → 시간을 나타내므로 오답이다.
(B) 공항에서 해외 고객들을 마중 나가려고요. (O) → 질문과 맞는 정답.
(C) 제가 치과 예약이 있어서요. (X) → Because 뒤의 설명이 질문과 다르다.

SPARTA Check-UP

Day04_03_02 해설 p.222

음성을 듣고 소거법으로 풀어보세요. 그리고 두 번째 음성을 듣고 빈칸을 채우세요.
(음성은 두 번씩 들려줍니다.)

1. (A)   (B)   (C)

   _____ with the clients _____?

   (A) _____, I heard that, too.
   (B) _____ at noon.
   (C) _____.

2. (A)   (B)   (C)

   _____ is the stockroom _____?

   (A) _____.
   (B) I don't recall _____.
   (C) It's right _____.

3. (A)   (B)   (C)

   _____ is the self-assessment _____?

   (A) Help yourself.
   (B) Because _____ the annual report.
   (C) _____?

4. (A)   (B)   (C)

   _____ with us?

   (A) _____.
   (B) _____.
   (C) In the conference hall.

SPARTA Actual Test

1. Mark your answer on your answer sheet. (A) (B) (C)
2. Mark your answer on your answer sheet. (A) (B) (C)
3. Mark your answer on your answer sheet. (A) (B) (C)
4. Mark your answer on your answer sheet. (A) (B) (C)
5. Mark your answer on your answer sheet. (A) (B) (C)
6. Mark your answer on your answer sheet. (A) (B) (C)
7. Mark your answer on your answer sheet. (A) (B) (C)
8. Mark your answer on your answer sheet. (A) (B) (C)
9. Mark your answer on your answer sheet. (A) (B) (C)
10. Mark your answer on your answer sheet. (A) (B) (C)
11. Mark your answer on your answer sheet. (A) (B) (C)
12. Mark your answer on your answer sheet. (A) (B) (C)
13. Mark your answer on your answer sheet. (A) (B) (C)
14. Mark your answer on your answer sheet. (A) (B) (C)
15. Mark your answer on your answer sheet. (A) (B) (C)
16. Mark your answer on your answer sheet. (A) (B) (C)
17. Mark your answer on your answer sheet. (A) (B) (C)
18. Mark your answer on your answer sheet. (A) (B) (C)
19. Mark your answer on your answer sheet. (A) (B) (C)
20. Mark your answer on your answer sheet. (A) (B) (C)

DAY 5

1 긍정 의문문

SPARTA 유형 파악

출제 빈도가 가장 높은 의문문으로 보통 3~5개 출제된다. Yes/No로 대답해야 하는 질문이지만, 생략되기도 해서 Yes/No 없이 답을 찾는 훈련이 필요하다. 또한 'Yes, 긍정적 표현'과 'No, 부정적 표현'이 질문과 연결되어야 한다.

SPARTA 출제 포인트

- 처음으로 들리는 동사 형태에 따라 시제를 먼저 판단하자. 질문과 답변의 시제 불일치가 함정인 오답이 많이 나온다.
  • 형태: Do/Does ~?, Did ~?, Is/Are ~?, Was/Were ~?
- 'Have + p.p.' 형태는 과거부터 현재까지 있었던 경험과 완료된 일을 많이 묻는다. 꼭 과거 분사(p.p.)까지 챙겨 들어야 한다.
- 간접 의문문의 핵심은 동사 뒤에 이어지는 부분이다. 난이도 있는 문제는 'if/whether S + V'로 나오기도 한다.
  Ex) Do you think we should buy new computers? 우리가 새 컴퓨터를 사야 한다고 생각해요? (think 뒤가 핵심)

SPARTA 빈출 문제

Q: **Were there a lot of people** at the product demonstration? 제품 시연회에 많은 사람들이 있었어요?
A: I didn't attend. 저는 참석하지 않았어요. (예외적인 답: 모른다)

Q: **Is the printer working** now? 지금 프린터가 작동돼요?
A: Not yet, but the technician is coming soon. 아직이요. 그런데 기술자가 곧 올 거예요. (No 생략 답변)

Q: **Did you apply** for the editor position? 편집자 직책에 지원했어요?
A: I did it 2 days ago. 이틀 전에 했어요. (Yes 생략 답변)   A: I'm still considering it. 여전히 고려 중이에요. (No 생략 답변)

Q: **Do you have to work** this weekend? 당신 이번 주말에 일해야 하나요?
A: Let me check the schedule. 일정을 확인해 볼게요. (모른다 답변)

Q: **Have you completed** the report I asked you to revise? 제가 수정하라고 요청한 보고서를 끝냈어요?
A: I'm almost done. 거의 다했어요. (Yes 생략 답변)
A: Sorry, I'm very busy nowadays. 죄송해요, 요즘 정말 바빠요. (No 답변)

Q: **Has Jane been promoted** to marketing manager? Jane이 마케팅 매니저로 승진했나요?
A: I think she has. 그럴 걸요. (예외적인 답: Yes)
A: Sure, she really deserves it. 물론이죠, 그녀는 정말 그럴 만해요. (Yes 답변)

Q: Can you tell me **who's coming to the party tonight**? 오늘밤 누가 파티에 오는지 알아요?
A: Everyone in our department except James. James를 제외한 우리 부서 모든 사람이요. (Yes 생략 답변)
A: Here is the attendance list. 여기 참석자 명단이요. (예외적인 답)

Q: Do you think **we should purchase more chairs for the workshop?** 워크숍에 의자를 더 구매해야 한다고 생각해요?
A: Have you checked the budget? 예산을 확인했어요? (예외적인 답: 반문)

SPARTA 문제 풀이 비법

🎧 Day05_01_01

Are you available for an interview next Monday?

(A) Let me check my schedule.
(B) A bit earlier next time.
(C) I think that candidate is highly qualified.

비법

질문의 키워드는 available/interview/next Monday로 '다음 주 월요일에 인터뷰가 가능한지' 묻는 Y/N 질문이다.

다음주 월요일에 인터뷰 가능한가요?

(A) 제가 일정을 확인해 볼게요. (O) → 모른다 답변으로 정답.
(B) 다음 번에 좀 더 일찍이요. (X) → 질문에 나온 단어 next를 넣은 함정.
(C) 내 생각에 저 지원자는 능력이 뛰어나요. (X)
   → interview의 연상 표현 candidate이 들어간 함정.

SPARTA Check-UP

음성을 듣고 소거법으로 풀어보세요. 그리고 두 번째 음성을 듣고 빈칸을 채우세요.
(음성은 두 번씩 들려줍니다.)

1. (A)　(B)　(C)

   Are you _____?

   (A) Would you like some more?

   (B) _____.

   (C) I'm not _____.

2. (A)　(B)　(C)

   Do you _____ I can use?

   (A) The pens come in several colors.

   (B) I thought _____.

   (C) _____?

3. (A)　(B)　(C)

   Has Ms. Han _____?

   (A) No, _____.

   (B) _____, I'm feeling much better.

   (C) Please _____.

4. (A)　(B)　(C)

   Do you know _____ in this building?

   (A) The courthouse is _____.

   (B) It's _____.

   (C) Let's _____.

SPARTA Actual Test

Day05_01_03 해설 p.226

1. Mark your answer on your answer sheet.　(A)　(B)　(C)
2. Mark your answer on your answer sheet.　(A)　(B)　(C)
3. Mark your answer on your answer sheet.　(A)　(B)　(C)
4. Mark your answer on your answer sheet.　(A)　(B)　(C)
5. Mark your answer on your answer sheet.　(A)　(B)　(C)
6. Mark your answer on your answer sheet.　(A)　(B)　(C)
7. Mark your answer on your answer sheet.　(A)　(B)　(C)
8. Mark your answer on your answer sheet.　(A)　(B)　(C)
9. Mark your answer on your answer sheet.　(A)　(B)　(C)
10. Mark your answer on your answer sheet.　(A)　(B)　(C)
11. Mark your answer on your answer sheet.　(A)　(B)　(C)
12. Mark your answer on your answer sheet.　(A)　(B)　(C)
13. Mark your answer on your answer sheet.　(A)　(B)　(C)
14. Mark your answer on your answer sheet.　(A)　(B)　(C)
15. Mark your answer on your answer sheet.　(A)　(B)　(C)
16. Mark your answer on your answer sheet.　(A)　(B)　(C)
17. Mark your answer on your answer sheet.　(A)　(B)　(C)
18. Mark your answer on your answer sheet.　(A)　(B)　(C)
19. Mark your answer on your answer sheet.　(A)　(B)　(C)
20. Mark your answer on your answer sheet.　(A)　(B)　(C)

2 부정 의문문

SPARTA 유형 파악

평균 2개정도 출제되며, 보통 특정 사실을 확인하거나 의견을 물을 때 또는 자신의 의견에 동의를 구할 때 많이 쓴다. 영어에서 부정 의문문과 긍정 의문문의 대답은 동일하기 때문에 처음 들리는 부정 표현에 신경 쓰지 말고 긍정의문문과 같은 포인트를 잡고 풀어야 한다. 대답은 동의하면 'Yes, 긍정적인 부연 설명'이고 반대하면 'No, 부정적인 부연 설명'으로 나온다.

SPARTA 출제 포인트

- 처음으로 들리는 동사 형태 따라 시제 판단을 먼저 하자. 시제 불일치가 함정인 오답이 많이 나온다.
  - 형태: Don't/Doesn't ~?, Didn't ~?, Isn't/Aren't ~?, Wasn't/Weren't ~?
- '현재 완료 형태(Haven't + 주어 + p.p.)로 시작하는 질문은 과거 분사(p.p.)를 잘 들어야 한다.
- 부정 간접 의문문에서 묻고자 하는 핵심은 본동사 뒤에 이어지는 부분이다.
  - 형태: Don't you know ~?, Can't you tell me ~?, Don't you think~?

SPARTA 빈출 문제

Q: **Isn't Mark coming** to the farewell party tonight? Mark는 오늘밤 송별회에 안 올 건가요?
A: No, he has another plan. 아니요, 그는 다른 계획이 있어요. (No 답변)
A: Why don't you ask him? 그에게 물어보는 게 어때요? (모른다 답변)

Q: **Weren't the office chairs delivered** last week? 사무실 의자가 지난주에 배달되는 거 아니었어요?
A: The shipment has been delayed. 배송이 지연되었어요. (예외적인 답: Yes, but 생략 답변)
A: I'll contact the supplier. 공급 업체에 연락해 볼게요. (모른다 답변)

Q: **Didn't you fill out** the reimbursement request form? 상환 신청서를 작성 안 했어요?
A: I forgot. 잊어버렸어요. (No 생략 답변)   A: Do you have a pen? 펜 있어요? (예외적인 답)

Q: Don't you remember **how much your laptop computer cost**? 노트북 컴퓨터 얼마였는지 기억 안 나요?
A: I think it was a little more than $500. 500달러 좀 넘었던 것 같아요. (Yes 생략 답변)
A: Sorry, I bought it a long time ago. 미안해요, 오래전에 샀어요. (No 생략 답변)

Q: **Haven't you sent the parcels** to the clients yet? 고객에게 아직 소포를 안 보냈나요?
A: No, because they said they might change the order. 아니요, 그들이 주문을 바꿀 것 같다고 말해서요. (No 답변)
A: I asked Rachel to do it. Rachel에게 해 달라고 부탁했어요. (Yes 생략 답변)

Q: Don't you think **Steve's presentation was really persuasive**? Steve의 발표가 정말로 설득력 있다고 생각 안 해요?
A: Yeah, he explained the complicated concept well. 네, 그는 복잡한 개념을 잘 설명했어요. (Yes 답변)
A: I don't think so. 저는 그렇게 생각 안 해요. (No 생략 답변)

SPARTA 문제 풀이 비법

🎧 Day05_02_01

Weren't the room carpets cleaned over the weekend?

(A) Yes, I wiped the floor.
(B) Saturday would be good.
(C) There are a few stains left.

비법

질문의 키워드는 carpets/cleaned로 '카펫을 청소했는지' 확인하는 부정 의문문이다.

주말에 방 카펫 청소하지 않았나요?
(A) 네, 제가 바닥을 닦았어요. (X) → 질문과 맞지 않는 대답이다.
(B) 토요일이 좋아요. (X) → 주말 연상 단어 Saturday 함정이다.
(C) 약간의 얼룩은 남아 있어요. (O) → Yes, but이 생략된 정답이다.

SPARTA Check-UP

음성을 듣고 소거법으로 풀어보세요. 그리고 두 번째 음성을 듣고 빈칸을 채우세요.
(음성은 두 번씩 들려줍니다.)

1. (A)   (B)   (C)

   Weren't the _____?

   (A) The _____.

   (B) Ms. Fernandez does.

   (C) I prefer _____.

2. (A)   (B)   (C)

   Hasn't the _____ yet?

   (A) Delivery is _____.

   (B) Sure, they'll download that program.

   (C) Some _____.

3. (A)   (B)   (C)

   Didn't you say _____?

   (A) I'd like to _____.

   (B) Yes, but _____.

   (C) I guess she didn't order enough.

4. (A)   (B)   (C)

   Don't you think _____?

   (A) _____.

   (B) A box of _____.

   (C) It increased by 20 percent.

Actual Test

1. Mark your answer on your answer sheet. (A) (B) (C)
2. Mark your answer on your answer sheet. (A) (B) (C)
3. Mark your answer on your answer sheet. (A) (B) (C)
4. Mark your answer on your answer sheet. (A) (B) (C)
5. Mark your answer on your answer sheet. (A) (B) (C)
6. Mark your answer on your answer sheet. (A) (B) (C)
7. Mark your answer on your answer sheet. (A) (B) (C)
8. Mark your answer on your answer sheet. (A) (B) (C)
9. Mark your answer on your answer sheet. (A) (B) (C)
10. Mark your answer on your answer sheet. (A) (B) (C)
11. Mark your answer on your answer sheet. (A) (B) (C)
12. Mark your answer on your answer sheet. (A) (B) (C)
13. Mark your answer on your answer sheet. (A) (B) (C)
14. Mark your answer on your answer sheet. (A) (B) (C)
15. Mark your answer on your answer sheet. (A) (B) (C)
16. Mark your answer on your answer sheet. (A) (B) (C)
17. Mark your answer on your answer sheet. (A) (B) (C)
18. Mark your answer on your answer sheet. (A) (B) (C)
19. Mark your answer on your answer sheet. (A) (B) (C)
20. Mark your answer on your answer sheet. (A) (B) (C)

DAY 6

1 제안/제공/요청

SPARTA 유형 파악

제안/제공/요청은 기본 질문의 패턴들을 익혀야 한다. 또한 의문문이 아니더라도 평서문과 명령문, 부정 의문문으로도 출제된다. 보통 2~3문제가 출제되며 정답으로는 수락과 거절 그 외 예외적인 답들이 다양하게 나온다.

SPARTA 출제 포인트

- 질문의 형태를 외우자. 핵심은 주어 뒤에 나오는 동사에 있다.
  - 제안: Why don't you/we ~?, How/What about ~?, Would you like ~?, Shall/Should we ~?
  - 제공: Would you like me to ~?, Don't you want me to ~?, Can/Should I ~?
  - 요청: Could/Can/Would you ~?, Would you mind ~?, Can/May I ~?, I'd like you to ~?
- 행동하는 주체를 잘 판단하자. Ex) Would you like~? 당신이 ~하겠어요?   Would you like me to ~? 제가 ~할까요?
- 전형적인 수락과 거절 답변들을 외우자.

수락	거절
I'd be happy/honored/glad/pleased to. 기꺼이 할게요.	No, thanks. 고맙지만 사양할게요.
No problem. 문제 없어요.	Sorry, not this time 죄송한데 이번에는 안 돼요.
That's a good/great idea. 좋은 생각이에요.	I have an appointment. 약속 있어요.
That would be great/good/interesting. 좋아요.	I have other plans. 다른 계획 있어요.
I'd love/like to. 그러고 싶어요.	I'm afraid I won't have the time. 시간이 없을 것 같네요.

- 정중한 요청을 나타내는 Would/Do you mind ~? 질문의 답을 따로 외워 두자. Yes는 거절이 되고, No는 수락이 된다. 하지만 최근에는 Sure(수락), Sorry(거절)를 이용한 답변도 나오니 주의하자.

SPARTA 빈출 문제

Q: **Why don't you order more sandwiches** for the guests? 손님들 위해 샌드위치를 좀 더 주문해 줄래요?
A: How many do you need? 얼마나 필요하세요? (예외적인 답: 구체적으로 물어봄)

Q: **Could you give me a hand** moving these boxes? 박스 옮기는 것을 도와주겠어요?
A: Sure, I'll be there. 물론이죠, 거기로 갈게요. (수락)

Q: **Would you like me to drive you** to the seminar? 제가 세미나까지 운전해서 데려다줄까요?
A: I'd really appreciate it. 정말 고마워요. (수락)

Q: **Would you like some cake** for dessert? 디저트로 케이크를 먹을래요?
A: What kind of cake do you have? 어떤 종류 케이크가 있어요? (예외적인 답으로 다시 구체적인 것을 물어봄)

Q: **Would you mind trading my shift** tomorrow? 내일 제 근무를 바꿔주는 거 꺼리세요?
A: Not at all. 전혀 아니에요.   Of course not. 물론 아니죠.   Go ahead. 그렇게 하세요. (수락)
A: Actually, I have an important appointment then. 사실 저는 그때 중요한 약속이 있어요. (거절)

SPARTA 문제 풀이 비법

🎧 Day06_01_01

Could I borrow that novel after you're finished with it?

(A) Lucy asked me first.
(B) At the public library.
(C) To check out the book.

비법

질문의 키워드는 Could I borrow로 요청 의문문이다.

당신이 다 읽은 후에 제가 소설을 빌려도 될까요?

(A) 루시가 먼저 저에게 요청했어요. (O) → 거절의 내용으로 정답.
(B) 공공 도서관에서요. (X) → book-library 연상 표현을 이용한 함정.
(C) 책을 대출받으려고요. (X) → borrow-check out 연상 표현을 이용한 함정.

SPARTA Check-UP

음성을 듣고 소거법으로 풀어보세요. 그리고 두 번째 음성을 듣고 빈칸을 채우세요.
(음성은 두 번씩 들려줍니다.)

1. (A) (B) (C)

   Do you want _____ the request form?

   (A) It's _____.

   (B) Stand in two lines.

   (C) _____.

2. (A) (B) (C)

   Could you _____?

   (A) I'm afraid _____.

   (B) On my desk.

   (C) I think _____.

3. (A) (B) (C)

   Should we _____ in the new Italian restaurant?

   (A) Sorry, _____.

   (B) You're right. _____.

   (C) Our new product is _____.

4. (A) (B) (C)

   Would you _____?

   (A) Office supplies will be _____.

   (B) The banquet room is _____.

   (C) No, _____, too.

SPARTA | Actual Test

1. Mark your answer on your answer sheet. (A) (B) (C)
2. Mark your answer on your answer sheet. (A) (B) (C)
3. Mark your answer on your answer sheet. (A) (B) (C)
4. Mark your answer on your answer sheet. (A) (B) (C)
5. Mark your answer on your answer sheet. (A) (B) (C)
6. Mark your answer on your answer sheet. (A) (B) (C)
7. Mark your answer on your answer sheet. (A) (B) (C)
8. Mark your answer on your answer sheet. (A) (B) (C)
9. Mark your answer on your answer sheet. (A) (B) (C)
10. Mark your answer on your answer sheet. (A) (B) (C)
11. Mark your answer on your answer sheet. (A) (B) (C)
12. Mark your answer on your answer sheet. (A) (B) (C)
13. Mark your answer on your answer sheet. (A) (B) (C)
14. Mark your answer on your answer sheet. (A) (B) (C)
15. Mark your answer on your answer sheet. (A) (B) (C)
16. Mark your answer on your answer sheet. (A) (B) (C)
17. Mark your answer on your answer sheet. (A) (B) (C)
18. Mark your answer on your answer sheet. (A) (B) (C)
19. Mark your answer on your answer sheet. (A) (B) (C)
20. Mark your answer on your answer sheet. (A) (B) (C)

DAY 7

1 선택 의문문

SPARTA 유형 파악

'A or B 형태'로 둘 중에 하나를 선택하라고 하는 의문문이다. 평균 2개정도 출제되며, 수단, 시간, 장소 등을 선택하라는 내용이기 때문에 대답이 Yes/No로 나오면 대부분 오답이다.

SPARTA 출제 포인트

- 'A or B 형태'로는 단어와 단어, 구와 구, 의문문과 의문문 형태로 출제되며 A/B가 무엇을 말하는지 정확히 판단해야 한다.
- A와 B 둘 중에 하나를 선택했을 때 동일한 어휘가 그대로 정답으로 나올 수 있다. 하지만 패러프레이징(paraphrasing) 즉, 어휘 교체 표현도 많이 답으로 나온다.
- A와 B 둘 다 부정할 때 동질성의 답변 C가 정답이 된다.
  Ex) Q: Would you like some coffee or tea? 커피 드실래요? 아니면 차 드실래요?
  　　A: Do you have some juice? 주스 있어요? (다른 음료 C 선택)
- 선택 의문문에서 자주 나오는 빈출 답변을 외워 두자.

아무거나 좋다	
Either will be fine. 아무거나 좋아요.	It doesn't matter. 상관없어요.
I have no preference. 저는 선호하는 게 없어요.	It doesn't make any difference. 차이가 없어요.
I don't care. 신경 쓰지 않아요.	Whichever you recommend. 당신이 추천하는 것이라면 뭐든지요.
A, B 둘 다 좋아요.	
I use/like both. 둘 다 써요./좋아요.	Can I have both? 둘 다 가져도 돼요?
A, B 둘 다 싫어요.	
Neither/None of them. 둘 다 아니에요.	I don't like either of them. 어느 쪽도 아니에요.
C가 좋아요. (동질성의 답변)	
I want something else. 다른 걸 원해요.	Do you have something else? 그 밖에 다른 거 있어요?

SPARTA 빈출 문제

Q: Would you like **a hand, or will you do it alone**? 도와드릴까요? 아니면 혼자 할 건가요?
A: I'd appreciate some help. 도와주면 고마워요. (A선택)　　A: I can do it myself. 혼자 할 수 있어요. (B선택)

Q: Are you going to **a concert or a movie** tonight? 오늘밤에 콘서트를 볼래요? 아니면 영화를 볼래요?
A: Neither, I will stay at home. 둘 다 아니에요, 집에 있을게요. (C선택)

Q: **Are you going to stay here, or are you going to the U.S.**? 여기에 머물 거에요? 아니면 미국에 갈 거에요?
A: That's a very difficult question. 너무 어려운 질문이네요. (제 3의 답변)

SPARTA 문제 풀이 비법

🎧 Day07_01_01

Do you work in marketing or research and development?

(A) I'd like to go to the market.
(B) I don't like the new policies.
(C) Actually, in the sales department.

비법

질문의 키워드는 in marketing or research and development로 '둘 중 어느 부서에서 일하는지' 묻고 있다.

마케팅 분야에서 일하세요? 아니면 연구개발 분야에서 일하세요?
(A) 시장에 가고 싶어요. (X) ➔ marketing/market을 이용한 오답.
(B) 새로운 정책을 안 좋아해요. (X) ➔ 질문과 상관없다.
(C) 사실, 판매 부서예요. (O) ➔ C를 선택한 정답이다.

SPARTA Check-UP

음성을 듣고 소거법으로 풀어보세요. 그리고 두 번째 음성을 듣고 빈칸을 채우세요.
(음성은 두 번씩 들려줍니다.)

1. (A)   (B)   (C)

   Should we _____ to the presentation or _____?

   (A) _____.
   (B) _____ in the lobby.
   (C) The revised agenda topics.

2. (A)   (B)   (C)

   Have we been _____ or _____?

   (A) About _____.
   (B) I'll _____.
   (C) With milk.

3. (A)   (B)   (C)

   Would you like to _____ or _____?

   (A) It's a very _____.
   (B) _____?
   (C) Table for three, please.

4. (A)   (B)   (C)

   Did you sign up for _____ or _____?

   (A) Then _____.
   (B) It lasted for three hours.
   (C) _____.

SPARTA Actual Test

1. Mark your answer on your answer sheet. (A) (B) (C)
2. Mark your answer on your answer sheet. (A) (B) (C)
3. Mark your answer on your answer sheet. (A) (B) (C)
4. Mark your answer on your answer sheet. (A) (B) (C)
5. Mark your answer on your answer sheet. (A) (B) (C)
6. Mark your answer on your answer sheet. (A) (B) (C)
7. Mark your answer on your answer sheet. (A) (B) (C)
8. Mark your answer on your answer sheet. (A) (B) (C)
9. Mark your answer on your answer sheet. (A) (B) (C)
10. Mark your answer on your answer sheet. (A) (B) (C)
11. Mark your answer on your answer sheet. (A) (B) (C)
12. Mark your answer on your answer sheet. (A) (B) (C)
13. Mark your answer on your answer sheet. (A) (B) (C)
14. Mark your answer on your answer sheet. (A) (B) (C)
15. Mark your answer on your answer sheet. (A) (B) (C)
16. Mark your answer on your answer sheet. (A) (B) (C)
17. Mark your answer on your answer sheet. (A) (B) (C)
18. Mark your answer on your answer sheet. (A) (B) (C)
19. Mark your answer on your answer sheet. (A) (B) (C)
20. Mark your answer on your answer sheet. (A) (B) (C)

2 부가 의문문

SPARTA 유형 파악

부가 의문문은 평균 2~3개 정도 출제되며, 상대방의 동의나 확인을 구할 때 쓰는 Yes/No의문문이다. 형태는 평서문이 오고 그 뒤에 '그렇죠?'를 붙여서 부가적으로 묻는다.

SPARTA 출제 포인트

- 처음 들리는 표현이 평서문이기 때문에 평서문부터 이해하는 것이 중요하다.
- 부가 의문문은 부정이든 긍정이든 대답은 같다. 그래서 평서문에 긍정하면 Yes로, 부정하면 No로 대답한다. 하지만 뒤에 나오는 부연 설명을 잘 들어야 한다. Yes/No가 생략된 부연 설명도 나온다.
  Ex) You will attend ~, won't you? / You won't attend ~, will you? (답변은 참석하면 Yes/못 하면 No)
- 평서문이 나오고 뒤에 right?/okay?로 묻기도 한다.

SPARTA 빈출 문제

Q: You went to the employment fair last month, didn't you? 지난달 직업 박람회에 갔죠, 그렇죠?
A: Yes, it was very informative. 네, 매우 유익했어요. (Yes긍정 답변)
A: No, Timmy went there. 아니요, Timmy가 갔어요. (No부정 답변)

Q: You haven't been to the new branch in Paris, have you? 파리에 새로운 지점에 가 본 적 없죠, 그렇죠?
A: I'm going there next week. 다음 주에 거기로 갈 거예요. (No, but 생략 답변)
A: When did it open? 언제 열었어요? (예외적인 답변: 구체적 내용을 되물음)

Q: Jordan transferred to the sales department, right? Jordan은 판매 부서로 전근 갔죠, 그렇죠?
A: He moved to the marketing division. 그는 마케팅 부서로 갔어요. (No 생략 답변)
A: I haven't heard about it. 그것에 대해 듣지 못 했어요. (몰라요 답변)

Q: The copy machine will be repaired by the end of day, won't it? 복사기 오늘까지 수리될 거죠, 그렇죠?
A: I really hope so. 정말 그러길 바라요. (긍정적인 대답)
A: Yes, the technician is coming this afternoon. 네, 기술자가 오후에 올 거예요. (Yes 답변)

Q: The conference room is too hot, isn't it? 회의장이 너무 덥죠, 그렇죠?
A: Could you lower the temperature? 온도를 낮춰 줄래요? (Yes 생략하고 구체적 요청)
A: Let's open the window. 창문을 엽시다. (Yes 생략 답변)

Q: You didn't apply for the position, did you? 구직 신청을 안 했죠, 그렇죠?
A: It was already filled. 이미 다 채워졌어요. (No 생략 답변)
A: Yes, I'm waiting for the interview. 네, 인터뷰를 기다리고 있어요. (Yes 긍정 답변)

SPARTA 문제 풀이 비법

🎧 Day07_02_01

The power at your company has been restored, hasn't it?

(A) Actually, we're still having issues.
(B) I like that store.
(C) The electricity went out.

비법

'정전이 해결됐는지' 확인을 하는 부가 의문문이다.

당신 회사 정전이 복구됐죠, 그렇죠?
(A) 사실은, 여전히 문제예요. (O) → No를 생략한 부정의 답변이다.
(B) 저 가게를 좋아해요. (X) → restore-store을 이용한 함정이다.
(C) 전기가 나갔어요. (X) → power-electricity 연상 표현을 이용한 함정이다.

SPARTA Check-UP

🎧 Day07_02_02 해설 p.240

음성을 듣고 소거법으로 풀어보세요. 그리고 두 번째 음성을 듣고 빈칸을 채우세요.
(음성은 두 번씩 들려줍니다.)

1. (A)   (B)   (C)

   You _____, right?

   (A) It's a good _____.
   (B) Thanks, it's a new model.
   (C) _____.

2. (A)   (B)   (C)

   _____, can you?

   (A) I reserved _____.
   (B) Yes, I can take a later one.
   (C) _____.

3. (A)   (B)   (C)

   _____, isn't it?

   (A) Yes, but Tom _____.
   (B) I restocked all the items in there.
   (C) Please _____.

4. (A)   (B)   (C)

   Melissa _____, doesn't she?

   (A) A yearly _____.
   (B) Let's _____.
   (C) It was a great success.

SPARTA Actual Test

Day07_02_03 해설 p.240

1. Mark your answer on your answer sheet. (A) (B) (C)
2. Mark your answer on your answer sheet. (A) (B) (C)
3. Mark your answer on your answer sheet. (A) (B) (C)
4. Mark your answer on your answer sheet. (A) (B) (C)
5. Mark your answer on your answer sheet. (A) (B) (C)
6. Mark your answer on your answer sheet. (A) (B) (C)
7. Mark your answer on your answer sheet. (A) (B) (C)
8. Mark your answer on your answer sheet. (A) (B) (C)
9. Mark your answer on your answer sheet. (A) (B) (C)
10. Mark your answer on your answer sheet. (A) (B) (C)
11. Mark your answer on your answer sheet. (A) (B) (C)
12. Mark your answer on your answer sheet. (A) (B) (C)
13. Mark your answer on your answer sheet. (A) (B) (C)
14. Mark your answer on your answer sheet. (A) (B) (C)
15. Mark your answer on your answer sheet. (A) (B) (C)
16. Mark your answer on your answer sheet. (A) (B) (C)
17. Mark your answer on your answer sheet. (A) (B) (C)
18. Mark your answer on your answer sheet. (A) (B) (C)
19. Mark your answer on your answer sheet. (A) (B) (C)
20. Mark your answer on your answer sheet. (A) (B) (C)

3 평서문

SPARTA 유형 파악

평서문은 문장 전체를 들어야 하므로 난이도가 높은 유형이다. 평균적으로 3~4개 정도 출제되며, 무엇을 말하는지 잘 파악해야 한다. 주로 사실/의견/문제를 전달하거나 어떤 일을 요청하거나 제안하는 내용으로 출제된다. 답변으로는 평서문에 따라 정보 제공, 동의나 반대, 수락이나 거절 등이 나온다.

SPARTA 출제 포인트

- 평서문은 어떤 특별한 포인트보다 문장 전체를 이해해야 한다. 그래서 문제를 끝까지 듣고, 오답을 제거하면서 정답을 찾아야 한다.
- Please ~/Let's ~로 시작하는 요청이나 제안 표현에 익숙해지자.
- 평서문에 대한 답변으로 Yes/No 형태의 부정과 긍정 대답이 나오기도 한다.

SPARTA 빈출 문제

Q: The air conditioner on this floor isn't working properly. 이 층 에어컨이 잘 작동하지 않아요. (문제 상황)
A: I have already called a repair person. 이미 수리공을 불렀어요. (해결 제시)
A: Oh, no. This is the third time. 오, 안 돼요. 이번이 세 번째예요. (감정 표현)

Q: Nancy will be promoted to branch manager. Nancy는 지점장으로 곧 승진될 거예요. (사실 전달)
A: Who told you that? 누가 말했어요? (추가 정보 반문)
A: Really? She deserves it. 정말요? 그녀는 그럴 만해요. (동의)

Q: Please join us for a discussion after the presentation. 발표 후 토론을 같이 하죠. (요청)
A: Thanks for inviting me. 초대해 주셔서 고맙습니다. (수락)
A: Sorry, I'm meeting with some important clients. 죄송하지만, 중요한 고객들을 만나야 해요. (거절)

Q: Let's get together tomorrow morning. 내일 아침에 만나자. (제안)
A: Okay, see you then. 좋아요, 그날 만나요. (수락)
A: I'm afraid I have a dental appointment. 유감이지만 치과 예약이 있어요. (거절)

Q: I think that show was very great. 쇼가 정말 멋졌던 것 같아요. (의견)
A: Yes, I'd like to see it again later. 네, 나중에 또 보고 싶어요. (동의)
A: But some parts were a little bit boring. 하지만 어떤 부분은 약간 지루했어요. (반대)

Q: I can replace the damaged part at no charge. 제가 무료로 손상된 부품을 교체해 줄게요. (제안)
A: That's good to hear. 반가운 소식이네요. (감정 표현)   A: I really appreciate it. 정말로 감사해요. (감사)

SPARTA 문제 풀이 비법

🎧 Day07_03_01

We need to hire experienced technicians to upgrade this equipment.

(A) Okay, I will post a job opening on the Web site.
(B) It is working fine.
(C) It'll pass the inspection, no problem.

비법

'경험 있는 기술자들을 고용해야 한다'는 의견을 표현한 평서문이다.

우리는 이 장비를 개선하기 위해 경험 있는 기술자들을 고용해야 합니다.
(A) 좋아요, 제가 웹 사이트에 채용 공고를 낼게요. (O)
→ 동의하면서 부연 설명으로 본인이 한다고 말한다.
(B) 작동이 잘 돼요. (X) → upgrade this equipment을 이용한 함정.
(C) 점검을 통과할 거예요, 문제 없어요. (X) → 질문과 무관한 답이다.

SPARTA Check-UP

음성을 듣고 소거법으로 풀어보세요. 그리고 두 번째 음성을 듣고 빈칸을 채우세요.
(음성은 두 번씩 들려줍니다.)

1. (A)   (B)   (C)

   _____ with Mr. Martin's address yesterday.

   (A) Please give the presents to him.
   (B) Here's his _____.
   (C) I think _____.

2. (A)   (B)   (C)

   Let's _____ rather than room B.

   (A) But _____.
   (B) Somewhere around the Chicago Hotel.
   (C) An annual _____.

3. (A)   (B)   (C)

   _____ in this document.

   (A) The first page, I think.
   (B) Ms. Sato _____.
   (C) Yes, I made _____.

4. (A)   (B)   (C)

   _____.

   (A) I have _____.
   (B) _____ the air conditioner.
   (C) _____ you could borrow.

SPARTA Actual Test

Day07_03_03 해설 p.244

1. Mark your answer on your answer sheet. (A) (B) (C)
2. Mark your answer on your answer sheet. (A) (B) (C)
3. Mark your answer on your answer sheet. (A) (B) (C)
4. Mark your answer on your answer sheet. (A) (B) (C)
5. Mark your answer on your answer sheet. (A) (B) (C)
6. Mark your answer on your answer sheet. (A) (B) (C)
7. Mark your answer on your answer sheet. (A) (B) (C)
8. Mark your answer on your answer sheet. (A) (B) (C)
9. Mark your answer on your answer sheet. (A) (B) (C)
10. Mark your answer on your answer sheet. (A) (B) (C)
11. Mark your answer on your answer sheet. (A) (B) (C)
12. Mark your answer on your answer sheet. (A) (B) (C)
13. Mark your answer on your answer sheet. (A) (B) (C)
14. Mark your answer on your answer sheet. (A) (B) (C)
15. Mark your answer on your answer sheet. (A) (B) (C)
16. Mark your answer on your answer sheet. (A) (B) (C)
17. Mark your answer on your answer sheet. (A) (B) (C)
18. Mark your answer on your answer sheet. (A) (B) (C)
19. Mark your answer on your answer sheet. (A) (B) (C)
20. Mark your answer on your answer sheet. (A) (B) (C)

SPARTA
빈출 어휘 : 유사 발음 어휘

PART 2에서는 유사 발음을 이용한 오답이 함정으로 많이 나온다. 유사 발음 어휘들을 연습해서 오답을 가릴 때 활용하자.

selection – election 선택 – 선거	charge – change 부과하다 – 변화하다	expect – inspect 예상하다 – 점검하다	walk – work 걷다 – 일하다
launch – lunch 출시하다 – 점심	presentation – present 발표 – 현재, 선물	annual – manual 연례의 – 설명서	company – accompany 회사 – 동반하다
introduce – produce 소개하다 – 생산하다	send – spend 보내다 – 쓰다	directory – directly 안내 책자 – 곧장	apartment – department 아파트 – 부서
accept – except 받아들이다 – 외에는	ladder – letter 사다리 – 편지	computer – commuter 컴퓨터 – 통근하는 사람	meant(과거형) – mental 의미했다 – 정신의
receive – receipt 받다 – 영수증	hear – here 듣다 – 여기에	winter – winner 겨울 – 승리자	pile – file 더미 – 서류
price – prize 가격 – 상	contact – contract 연락하다 – 계약하다	surprise – supplies 놀라다 – 물품	best – vest 최고의 – 조끼
learn – run 배우다 – 달리다	already – ready 이미 – 준비된	clock – clerk 시계 – 점원	boat – vote 보트 – 투표하다
permission – submission 허락 – 제출	responsible – response 책임 있는 – 반응	hire – higher 고용하다 – 더 높은	fare – fair 요금 – 공평한
construction – instruction 공사 – 설명	passion – fashion 열정 – 패션	lane – rain 길 – 비	collect – correct 모으다 – 수정하다
crowd – cloudy 군중 – 흐린	lock – rock 잠그다 – 바위	rate – late 비율 – 늦은, 늦게	fill – feel 채우다 – 느끼다
lead – read 이끌다 – 읽다	loan – lawn 대출 – 잔디	live – leave 살다 – 떠나다	pass – path 통과하다 – 길
read(과거형) – red 읽었다 – 빨간 색	past – fast 과거 – 빠른	plan – plant 계획하다 – 초목, 공장	called – cold ~라고 불리는 – 추운
hold – fold 잡다 – 접다	market – marketing 시장 – 마케팅	account – count 계좌, 설명 – 세다	bank – banquet 은행 – 파산
fix – fax 고치다 – 팩스를 보내다	taxi – tax 택시 – 세금	card – car 카드 – 차	sit – seat 앉다 – 앉히다
appointment – disappoint 약속하다 – 실망시키다	down – town 아래로 – 마을	glass – class 유리 – 강의	approve – improve 승인하다 – 개선되다
flavor – favor 맛 – 호의	deliver – river 배달하다 – 강	patio – radio 테라스, 파티오 – 라디오	subscribe – describe 구독하다 – 묘사하다
colleague – college 동료 – 대학	sale – sail 판매 – 항해하다	often – open 종종 – 열다	subscription – description 구독 – 묘사
write – right – light – ride 쓰다 – 옳은 – 가벼운 – 타다		sign – assign – design – resign 서명하다 – 할당하다 – 디자인하다 – 사임하다	
copy – coffee – copier 복사 – 커피 – 복사기		experience – experiment – equipment 경험 – 실험 – 장비	
repair – pair – prepare 고치다 – 한 쌍 – 준비하다		apply – supply – reply 신청하다 – 공급하다 – 대답하다	
review – view – interview 논평 – 견해 – 인터뷰하다		retire – tired – tire 은퇴하다 – 피곤한 – 피곤하게 하다	
direction – director – directory 방향 – 감독관 – 안내 책자		train – training – rain 기차 – 교육 – 비	
waiter – wait – weigh 웨이터 – 기다리다 – 무게		form – firm – farm 서식 – 회사 – 농장	

스파르타 토익
750⁺
LC

PART 3
LISTENING COMPREHENSION

DAY 8

1 주제/목적

SPARTA 유형 파악

주제/목적을 묻는 문제는 주로 대화 초반부에 출제되지만 난이도 있는 문제는 전체적인 내용을 듣고 판단해야 한다. 전형적인 문제로 "화자들은 무엇을 이야기하는가?"라고 묻기도 하지만, 때로는 첫 질문으로 "여자는 무엇을 준비하고 있는가?"와 같은 내용으로 주제를 묻기도 한다.

SPARTA 출제 포인트

- 대화 초반부에 나오는 키워드를 중심으로 판단하자. 보통 첫 질문이 대화의 주제/목적일 가능성이 크다.
  Ex) M: Linda, have you used the new payroll software we provided?
  린다, 우리가 제공하는 급여 소프트웨어를 사용해 봤어요? (주제를 묻는 경우 정답은 new program)
- 주제를 파악하면 문제를 푸는 흐름이나 속도가 좋아진다.
- 간혹 초반부에 주제/목적이 안 나온다면 대화를 전체적으로 듣고 풀어도 된다.

SPARTA 빈출 문제 * 1초 파악: 질문을 보자마자 주제/목적을 묻는다는 것을 파악하자!

What are the speakers discussing? 화자들은 무엇을 토론하는가?
What are the speakers talking about? 화자들은 무엇에 대해 이야기하는가?
What is the conversation mainly about? 대화는 주로 무엇에 관한 것인가?
What is the purpose of the conversation? 대화의 목적은 무엇인가?
What is the purpose of the man's call? 남자가 전화한 목적은 무엇인가?
Why is the man calling the woman? 남자는 왜 여자에게 전화하는가?
Why is the woman calling? 여자는 왜 전화하는가?

SPARTA 문제 풀이 비법

🎧 Day08_01_01

What are the speakers mainly **talking about**?	화자들은 무엇에 대해 이야기하고 있는가?
(A) A new position	(A) 새로운 직위
(B) A company policy	(B) 회사 정책
(C) A candidate	(C) 지원자
(D) A feature article	(D) 특집 기사

W: Hey, Jin-Su. I just heard that the features department is looking for a new editor, and I'm interested in applying for the job.
M: It's a really good opportunity for you. Actually, you always wanted that position. Also, the article you wrote last month about the improvement of the workplace environment received praise from our readers.

W: 진수, 방금 특집 기사부에서 새로운 편집자를 찾고 있다고 들었어요. 제가 거기에 지원하려고요.
M: 당신에게 정말 좋은 기회예요. 사실, 그 자리를 항상 원했잖아요. 그리고 지난달에 당신이 적은 직장 환경 개선에 관한 기사가 독자들에게 칭찬도 받았고요.

> **비법** 여자의 첫 대사에서 새로운 편집자 자리에 관심이 있다고 나온다. 따라서 정답은 (A)이다. 주제/목적을 묻는 문제는 대화 초반 내용에 집중하면 된다.

SPARTA Check-UP

Day08_01_02 해설 p.247

질문과 보기를 미리 읽고 음성을 들으면서 답을 표시하세요. 두 번째 음성을 듣고 빈칸을 채우세요.
(음성은 두 번씩 들려줍니다.)

1~3

1. What are the speakers mainly discussing?
 (A) A color problem
 (B) A training manual
 (C) A hiring interview
 (D) Some building materials

2. According to the man, what is the problem?
 (A) The printer needs to be repaired.
 (B) The manual's color doesn't match.
 (C) The device has been used for a long time.
 (D) His vest is outdated.

3. What will the woman do next?
 (A) Plan a health insurance policy
 (B) Send information electronically
 (C) Update the employee benefit section
 (D) Organize a chart

4~6

4. Why is the woman calling the man?
 (A) To remind him about an appointment
 (B) To tell him about an exclusive deal
 (C) To inform him that some photographs are ready
 (D) To notify him about a cancellation

5. What problem does the man mention?
 (A) His photos are not ready.
 (B) He plans to return later.
 (C) He has difficulty arranging a schedule.
 (D) He will be a little late.

6. What does the woman say about MD Studio?
 (A) It is far from the man's workplace.
 (B) It does not require any appointments.
 (C) It has a good location.
 (D) It has longer hours.

Questions 1-3 refer to the following conversation.

W: Mark, when I went over the materials you worked on for next month's _____, I noticed that we should make them more visually appealing. The manuals should be clearer. They're a little blurry. What do you think?

M: Oh, I've already tried that several times, _____ _____. So that was the best I could do.

W: Okay, I see. I also want to include more information about our employee benefits, like the health insurance plan we offer. _____ _____. Could you update that section?

Questions 4-6 refer to the following conversation.

W: Hi, Mr. Collins. This is Lucy calling from Watson's Photography Studio. Unfortunately, we have to _____ with us this afternoon to have your picture taken. Our ceiling is leaking after heavy rain this morning. So, we're not open today, as we're working on fixing it. I'm really sorry.

M: Actually, _____ the appointment anytime soon because I'm really busy nowadays. It was hard to make this appointment. So, could you recommend other places that could take me today?

W: Give me a second. Yes, I know a studio that ___ _____ at all: MD Studio nearby. If you go there now, you might have to wait a bit, but it shouldn't take too long.

DAY 8 | 1 주제/목적 | 77

SPARTA Actual Test

1. What are the speakers talking about?
   (A) Public transportation
   (B) A design contest
   (C) Fashion styles
   (D) Travel arrangements

2. According to the woman, why has she been busy lately?
   (A) She is finishing some work.
   (B) She is designing a building.
   (C) She is starting a new position.
   (D) She is negotiating an agreement.

3. What does the man say he will do for the woman?
   (A) Revise a first draft
   (B) Reserve a ticket
   (C) Reimburse a trip
   (D) Confirm an e-mail

4. Why is the woman calling?
   (A) To request a service
   (B) To offer a job
   (C) To reschedule an interview
   (D) To change a position

5. What is the man concerned about?
   (A) He is interested in a job at another company.
   (B) He would have to relocate to an overseas country.
   (C) He is concerned that he is not qualified.
   (D) He would have to take many trips.

6. What part of the job is the woman willing to negotiate?
   (A) The amount of paid time off
   (B) The location
   (C) The salary
   (D) The job title

7. What is the main topic of the conversation?
   (A) A new manager
   (B) A sales document
   (C) An office atmosphere
   (D) A project deadline

8. What does the man request?
   (A) Some opinions
   (B) Sales tax
   (C) Customers' feedback
   (D) A sample document

9. What does the woman suggest the man do?
   (A) Speak with a coworker
   (B) Organize some files
   (C) Record the information
   (D) Send a memo

10. Why is the woman calling?
    (A) To order a mobile phone
    (B) To confirm a registration
    (C) To close an account
    (D) To complain about a bill

11. What did the woman do last month?
    (A) She went on a business trip.
    (B) She traveled abroad.
    (C) She entered a photo contest.
    (D) She purchased a device.

12. According to the man, what was the woman asked to do?
    (A) Switch off a device feature
    (B) Take many pictures
    (C) Rewrite a policy
    (D) Sign some documents

2 장소/직업

SPARTA 유형 파악

대화 장소와 인물 직업은 주로 첫 문제에 출제되며 대화 초반부에 힌트가 나온다. 직접적으로 장소나 직업을 언급하는 것도 있지만 대부분 초반에 나오는 키워드를 중심으로 판단해야 한다.

SPARTA 출제 포인트

- 초반부에 나오는 대화 키워드를 중심으로 판단하자. 보통 첫 대사에 장소/직업의 힌트가 나온다.

  Ex) W: Excuse me, I'd like to exchange this skirt I bought yesterday for my daughter's present.
  실례합니다. 딸 생일 선물로 어제 산 스커트를 교환하고 싶은데요.
  장소: At a clothing store   여자 직업: A customer   남자 직업: A sales clerk

- 종종 특정 성별의 직업을 물을 때 보기에 모든 등장 인물의 직업이 나오는 경우가 있으므로 정확히 누구의 직업을 묻는지 알고 풀어야 한다.
- 직업과 관련 없는 대화 장소도 있으므로 잘 판단해야 한다. 예를 들어 주차장을 찾고 있는 상황이라면 대화 장소가 차 안이지 주차장이 아니다.

  Ex) M: I'm looking forward to this art exhibit we're going to. But, I cannot find the parking lot around here.
  저는 우리가 가고 있는 전시회를 아주 기대하고 있어요. 하지만 여기 근처에 주차장을 찾을 수 없네요.
  장소: In a car

SPARTA 빈출 문제

* 1초 파악: 질문을 보자마자 장소/직업을 묻는다는 것을 파악하자!

Where is the conversation taking place? 대화는 어디에서 일어나는가?
Where most likely are the speakers? 화자들은 어디에 있는 것 같은가?
Where are the speakers? 화자들은 어디에 있는가?
Who is the woman? 여자는 누구인가?
Who most likely is the man? 남자는 누구일 것 같은가?
Who is the woman talking to? 여자는 누구와 말하는가?
What is the man's occupation/job/profession? 남자의 직업은 무엇인가?
What type of business does the man work for? 남자는 어떤 회사에서 일하는가?

SPARTA 문제 풀이 비법

🎧 Day08_02_01

Who most likely is the **woman**?
(A) A shareholder
(B) A new hire
(C) An office assistant
(D) A department head

여자는 누구일 것 같은가?
(A) 주주
(B) 신입 사원
(C) 사무 비서
(D) 부장

M: Are the minutes for the meeting ready yet, Sarah? I need to go over them as soon as possible before I meet Benjamin Smith in finance.
W: I'm almost done, yes. Right now, I'm making copies for all the department heads. Could you wait a moment?

M: 회의록이 준비됐나요, Sarah? 재정팀의 Benjamin Smith를 만나기 전에 가능한 한 빨리 그것들은 검토해야 돼요.
W: 거의 다했어요. 지금 당장 모든 부장님들에게 드리려고 복사하고 있어요. 조금만 기다려 주겠어요?

비법 첫 대사에서 남자가 여자에게 회의록이 준비됐는지 물어보고 있다. 여자는 남자의 비서임을 짐작할 수 있다. 따라서 정답은 (C)이다.

SPARTA Check-UP

질문과 보기를 미리 읽고 음성을 들으면서 답을 표시하세요. 두 번째 음성을 듣고 빈칸을 채우세요.
(음성은 두 번씩 들려줍니다.)

1~3

1. Who most likely is the man?
   (A) A dancer
   (B) A musician
   (C) A stage director
   (D) An audience member

2. What does the woman ask about?
   (A) An instrument arrangement
   (B) A guest list
   (C) Some seating assignments
   (D) Some lights

3. What will the woman do next?
   (A) Conclude a task
   (B) Have lunch
   (C) Adjust the lighting
   (D) Start the rehearsal

Questions 1-3 refer to the following conversation.

M: Ms. Larson, _____ with the instrument arrangement _____? Is everything in the right place?

W: Yes, it looks good. However, can you make sure _____? I want all the members of my band to be visible.

M: No problem. Let me know when the rehearsal starts with your band so I can adjust the lighting to be certain.

W: All right. _____ and then we're coming back to the stage to rehearse.

4~6

4. Where do the speakers most likely work?
   (A) At a local hotel
   (B) At recruiting agency
   (C) At a clothing manufacturer
   (D) At a laundry service

5. What problem does the man mention?
   (A) A machine is malfunctioning.
   (B) A completion date is not realistic.
   (C) An item is poorly made.
   (D) A supplier went out of business.

6. How will the speakers address the problem?
   (A) By hiring more staff
   (B) By working extra hours
   (C) By updating the Web site
   (D) By negotiating with a business

Questions 4-6 refer to the following conversation.

M: Mr. Lee just called. He wants _____ _____ for his employees.

W: That's good to hear. When do we have to complete the order? Has the deadline changed also?

M: No. Actually, there's no way _____ _____ that quickly.

W: So, why don't we add temporary employees to help with this extra work?

M: That's a good idea. Can you put up _____ _____ Web site?

SPARTA Actual Test

1. Where does the man most likely work?
   (A) At a paint store
   (B) At a moving company
   (C) At a dental clinic
   (D) At a construction company

2. Why is the woman unavailable on Friday?
   (A) She will go to medical office.
   (B) She will paint her house.
   (C) She will have a lot of work.
   (D) She will have an appointment with her friend.

3. What does the woman recommend for the man?
   (A) What to bring
   (B) Where to park
   (C) When to deliver
   (D) Where to paint

4. What type of business does the man work for?
   (A) A beauty parlor
   (B) A real estate agency
   (C) An advertising agency
   (D) An equipment rental service

5. What is the man worried about?
   (A) Customers' complaints
   (B) An expensive location
   (C) An increase in competition
   (D) A shortage of funds

6. What does the man emphasize about the company?
   (A) The affordable prices
   (B) The number of branch offices
   (C) The user-friendly Web site
   (D) The trendy fashion styles

7. Where are the speakers?
   (A) On a flight
   (B) In an airport
   (C) In an office
   (D) At a train station

8. What does the man offer to do for the woman?
   (A) Cancel her flight
   (B) Give her money back
   (C) Upgrade her plane seat
   (D) Check the possible flights

9. Why should the woman go to New York in a hurry?
   (A) To see her cousin
   (B) To tour the city
   (C) To meet some clients
   (D) To attend a workshop

10. Who most likely is the woman?
    (A) A journalist
    (B) A restaurant manager
    (C) A potential applicant
    (D) A chef

11. What is the main topic of the conversation?
    (A) New restaurant menus
    (B) The expansion of a business
    (C) An increase in sales
    (D) An article about food

12. According to the man, what will happen next year?
    (A) European trips will be available.
    (B) An advertising campaign will start.
    (C) Many branches will be opened nationwide.
    (D) Business will start in the European market.

DAY 9

1 이유/원인

SPARTA 유형 파악

이유/원인을 묻는 문제는 보통 Why로 시작하는 질문이 정답의 결정적인 단서일 수 있다. 일정이나 시간의 변경, 연기, 취소 또는 문제점을 묻는 문제가 주로 출제된다. 그리고 문제에 이미 많은 힌트들이 있으므로 대화를 듣기 전에 미리 어떤 내용이 나올지 파악할 수 있다. 따라서 미리 질문과 보기를 읽고 키워드에 집중하면서 들으면 쉽게 정답을 알아낼 수 있다.

SPARTA 출제 포인트

- 이유/원인을 묻는 문제는 보통 두 번째나 세 번째에 위치한다. 그래서 대화에서 힌트는 세부적인 상황이 나오는 중후반부에 출제된다.
- 문제의 키워드는 보기에서 to부정사, because/since, due to, so 등 뒤에 주로 언급된다. 이 외에도 부정적인 표현으로 언급되면서 이유가 제시되는 경우도 있다.
- Why뿐만 아니라 What has caused ~?, What caused ~?, What is the reason ~?도 이유를 묻는 표현이다.

SPARTA 빈출 문제

Why was the woman late? 왜 여자는 늦었는가?
Why does the woman apologize to the man? 왜 여자는 남자에게 사과하는가?
Why is the woman worried? 왜 여자는 걱정하는가?
Why did the man miss the workshop last week? 왜 남자는 지난주에 워크숍을 놓쳤는가?
Why is the woman unable to help the man? 왜 여자는 남자를 도와줄 수 없는가?
Why does the man decide to go to the trade show? 왜 남자는 무역 박람회에 가기로 결정했는가?
What caused the delay? 무엇이 지연을 야기했는가?

SPARTA 문제 풀이 비법

🎧 Day09_01_01

Why does the woman want more time?
(A) To finish her lunch
(B) To wait for a report
(C) To find a spreadsheet
(D) To verify a number

여자는 왜 더 많은 시간을 원하는가?
(A) 점심 식사를 끝내기 위해
(B) 보고서를 기다리기 위해
(C) 데이터를 찾기 위해
(D) 수치를 확인하기 위해

M: Do you know whether we have already met our financial target for this quarter?
W: I believe so. Our goal is to earn over 60 million dollars. Donna in accounting said our revenue was close to 63 million before taxes.
M: Oh… It's good to see our earnings have risen. I'm going to let Vice President Kang know the figure because he was worried about not reaching the target. Last quarter, we fell short of what we were supposed to earn by almost nine percent.
W: Well, please give me some time to check how much we made first. It shouldn't take me more than an hour to do it on this spreadsheet.

M: 이번 분기에 우리가 이미 재정적인 목표를 달성했는지 알아요?
W: 그렇다고 봐요. 우리의 목표는 6000만 달러를 버는 거예요. 회계부 Donna가 우리의 수익이 세금을 빼고 6300만에 가깝다고 했어요.
M: 아… 수익이 증가해서 좋네요. 강 부사장님께 이 수치를 알려야겠어요. 왜냐하면 그가 목표에 도달하지 못할까 봐 걱정했거든요. 지난 분기에 구 퍼센트 정도까지 수익을 얻기로 했는데 그만큼 미치지 못했어요.
W: 음, 먼저 우리가 얼마나 벌었는지 저에게 확인할 시간을 좀 주세요. 데이터 작업하는 것이 한 시간 이상 걸리지 않을 거예요.

비법 질문을 확인하면 여자의 대사에 집중해야 한다는 것을 알 수 있다. 따라서 여자가 후반에 정확한 수익을 확인하기 위해 시간을 달라고 말하고 있다. 정답은 (D)이다.

SPARTA Check-UP

Day09_01_02 해설 p.256

질문과 보기를 미리 읽고 음성을 들으면서 답을 표시하세요. 두 번째 음성을 듣고 빈칸을 채우세요.
(음성은 두 번씩 들려줍니다.)

1~3

1. Why did the woman miss a meeting?
   (A) She was not feeling well.
   (B) She forgot the meeting time.
   (C) She was talking to a client.
   (D) She did not receive the invitation.

2. What is the woman confused about?
   (A) The details of an assignment
   (B) A reimbursement process
   (C) The terms of a contract
   (D) A travel itinerary

3. According to the man, what should the woman do?
   (A) Restart a computer
   (B) Talk to the manager about the meeting
   (C) Refer to the electronic version of the data
   (D) Upgrade the Web site

4~6

4. What problem does the woman mention?
   (A) A meal is cold.
   (B) A bill is incorrect.
   (C) An order is not processed.
   (D) A menu item is no longer available.

5. What does the woman say she wants to do?
   (A) Speak to the chef
   (B) Fill out a comment card
   (C) Get some details about a service
   (D) Upgrade the catering order

6. Why is the woman asked to wait?
   (A) A special dish takes time to cook.
   (B) Some food is being packaged.
   (C) There are so many customers.
   (D) A staff member is busy.

Questions 1-3 refer to the following conversation.

W: Diego, were you at the sales meeting yesterday? I couldn't make it because I was _____ _____. Can you fill me in?

M: Okay, you got a copy of the meeting materials, right?

W: Yeah, but the part about _____ _____ was really complicated. Do you know if there's more documents on that?

M: Oh, you can look at them electronically. You'll see… there's _____ _____ where you can find more details on reimbursement procedures.

Questions 4-6 refer to the following conversation.

W: Excuse me, there is _____ _____. I was charged for two drinks, but I only ordered one.

M: Oh, I'm really sorry about that. I'll revise this right away and bring you a new bill.

W: Thank you. I have a question. _____ _____? I'm having a company retreat next month.

M: Sure, could you wait a few minutes? I'll bring over the catering manager for you. _____ _____.

SPARTA   Actual Test

1. According to the woman, what will happen next week?

   (A) She will move offices.
   (B) She will get a new device.
   (C) She will go to a workshop.
   (D) She will fix a computer.

2. What will the man do?

   (A) Join a sports competition
   (B) Write code for a computer program
   (C) Rearrange some computers
   (D) Transfer some electronic files

3. Why does the woman say she is concerned?

   (A) A work project is due.
   (B) A document is missing.
   (C) An employee is dissatisfied.
   (D) An assistant is taking time off.

4. What is the man unable to find?

   (A) An optical instrument
   (B) A hand tool
   (C) A protective device
   (D) Some cleaning gear

5. What did the man do last weekend?

   (A) He purchased a small vehicle.
   (B) He visited an art gallery.
   (C) He obtained an old object.
   (D) He worked in the garden.

6. Why most likely is the woman surprised?

   (A) She has met the man before.
   (B) She thought the item was too heavy.
   (C) She was not aware of the announcement.
   (D) She also knows the place the man said.

7. Who are the speakers?

   (A) Patients at a hearing clinic
   (B) Passengers on an airplane
   (C) Members of an audience
   (D) Participants in a game

8. What does the man say about the sound?

   (A) Confused
   (B) Disappointed
   (C) Delighted
   (D) Angry

9. Why does the man hesitate to shout to the woman with the microphone?

   (A) The woman is too far away to hear him.
   (B) It would be impolite.
   (C) It would not do any good.
   (D) The woman has just turned her microphone up.

10. What do the two speakers have in common?

    (A) Both are hungry.
    (B) Both are tired.
    (C) Both want to go to Spicoli's.
    (D) Both prefer home-style pancakes.

11. Why does the woman want to go to the Breakfast Nook?

    (A) It opens at 7 A.M.
    (B) She knows the owner.
    (C) She likes the food there.
    (D) It is cheaper than Spicoli's.

12. What are the speakers going to do next?

    (A) Continue reading the same pages
    (B) Get a bite to eat
    (C) Continue their discussion
    (D) Get some rest

2 문제점

SPARTA 유형 파악

보통 문제점을 묻는 문제는 대화의 전반부에 등장하는 경우가 많다. 하지만 문제에 순서에 따라 중후반부에 나올 수도 있다. 처음 나오는 문제점이 대화의 주제일 가능성이 높지만 두 번째, 세 번째에 나온 내용이면 세부적인 문제 상황을 묻는 것이다. 주로 화자가 겪고 있는 문제점을 묻는다.

SPARTA 출제 포인트

- 부정적인 표현에 집중하자. 대화에서 trouble/problem/issue, I'm afraid/sorry ~, unfortunately 등 부정적인 어휘들이 문제 있는 상황에서 자주 등장한다.
- 질문에서 화자의 걱정거리를 묻는 질문도 많이 출제된다. I'm concerned/worried about ~ 표현을 알아 두고, 그 뒤의 내용이 정답으로 나온다는 것도 파악해 두자.
- 질문에 나온 화자의 성별을 미리 파악하고, 그 성별의 화자가 해당 내용을 말할 때 정답을 바로 선택해야 한다.

SPARTA 빈출 문제

What is the woman's problem? 여자의 문제점은 무엇인가?
What problem are the speakers discussing? 화자들은 무슨 문제점을 토론하고 있는가?
What is the man concerned/worried about? 남자는 무엇에 대하여 걱정하는가?
What is the problem with the car? 차에 무슨 문제가 있는가?
What is the woman having trouble with? 여자는 무슨 문제를 가지고 있는가?
What problem does the man mention? 남자는 무슨 문제를 언급하는가?
What is the woman disappointed with? 여자는 무엇에 실망하는가?

SPARTA 문제 풀이 비법

🎧 Day09_02_01

What **problem** does the **woman** mention?
(A) There aren't any rooms on that day.
(B) The meeting was canceled.
(C) The restaurant is too small.
(D) The menu is limited.

여자는 무슨 문제를 언급하는가?
(A) 그날 방이 없다.
(B) 회의가 취소됐다.
(C) 레스토랑이 너무 작다.
(D) 메뉴가 한정적이다.

M: Hello, I'd like to book a table for ten next Friday at 7 P.M. Actually, I want a private room for the company dinner. Is it possible?
W: I'm really sorry, sir. We've already reserved all the rooms that day. How about the dining hall? There are just a few tables left. Otherwise, we do have vacancies on Saturday.
M: Okay, I'll have to talk to my coworkers, and then I'll call you soon.
W: All right, but remember, we are usually fully booked every Saturday so get back to me as soon as possible.

M: 안녕하세요, 다음 주 금요일 저녁 7시에 10명 좌석을 예약하려고 하는데요. 사실 회사 회식이라서 전용룸을 원하는데 가능하나요?
W: 정말 미안합니다. 이미 그날은 예약이 다 찼어요. 외부 홀은 어때요? 현재 몇 테이블만 남았거든요. 아니면 토요일에 빈 방들이 몇 개 있어요.
M: 알았어요, 동료들과 이야기하고 나서 연락 드릴게요.
W: 네, 그러나 토요일마다 예약이 다 차기 때문에 가능한 한 빨리 연락 주세요.

비법 질문에 여자에 대해 묻고 있으므로 여자 대사에 집중하면 된다. "We've already reserved all the rooms that day." 이미 방 예약이 다 차서 안 된다고 말하는 것을 알 수 있다. 그래서 정답은 (A)이다.

SPARTA Check-UP

Day09_02_02 해설 p.260

질문과 보기를 미리 읽고 음성을 들으면서 답을 표시하세요. 두 번째 음성을 듣고 빈칸을 채우세요.
(음성은 두 번씩 들려줍니다.)

1~3

1. What is the man's final destination?
   (A) Cairo
   (B) Auckland
   (C) New Delhi
   (D) Singapore

2. What is the man concerned about?
   (A) Menu options
   (B) Arrival times
   (C) Baggage limits
   (D) Window seats

3. What does the woman ask the man to do?
   (A) Submit additional documents
   (B) Pay another fee for heavy luggage
   (C) Talk to the aircraft cabin crew
   (D) Wait for security personnel to arrive

4~6

4. What problem does the woman mention?
   (A) A painting is blurry.
   (B) A restroom is dirty.
   (C) A job is incomplete.
   (D) A ceiling is damaged.

5. What does the man ask the woman about?
   (A) A crew member's name
   (B) A start time
   (C) A completion date
   (D) Inexperienced workers

6. What does the man say he will do right away?
   (A) Check the work number
   (B) Contact the supplier
   (C) Finish some work
   (D) Adjust a schedule

Questions 1-3 refer to the following conversation.

M: I've reserved a business class seat for the 2:15 _____. Here's my passport and visa.

W: Thank you. On the way there you'll have stopovers in New Delhi and Singapore. Your seat will be 37-A, near the window. Do you have any bags you'd like to check?

M: No, just my laptop and a carry-on bag. I'm taking it on as carry-on luggage. Oh, and I forgot to _____ for this trip. Are there any still available?

W: Just _____ _____ after you board and are seated. They'll take care of that for you. Okay, all your documents have been processed. Please proceed to your left to pass through security.

Questions 4-6 refer to the following conversation.

W: Thanks for visiting, Mr. Flynn. Your work crew did a good job painting the hallway of our building. It goes well with our other rooms. So could I ask a favor? As you can see, the restroom on the 10th floor also needs to be painted _____ _____. I know you are so busy.

M: Hmm… Actually, my team is fully scheduled this week. Is it urgent?_____ _____ the work?

W: To be honest, I hope you'll be able to take care of this soon.

M: All right. I'll check _____ again and let you know by the end of the day.

SPARTA Actual Test

1. What problem does the man mention?
   (A) Some defective items
   (B) The shortage of a product
   (C) A broken truck
   (D) A delivery error

2. What does the woman say is planned in three days?
   (A) A product launch
   (B) An inspection
   (C) A cooking class
   (D) A product demonstration

3. What does the man say he will do?
   (A) Call a supervisor
   (B) Install a device
   (C) Extend a warranty
   (D) Contact the woman's manager

4. What does the man ask the women about?
   (A) The training of new hires
   (B) The interview schedule of applicants
   (C) The status of manual materials
   (D) The location of an orientation

5. According to the man, what was the problem with the employee handbook last year?
   (A) Some sections were missing.
   (B) Some information was not clear.
   (C) The printing was blurry.
   (D) It was sent to the wrong place.

6. What does the man say he is pleased about?
   (A) The flexible schedule
   (B) The favorable progress
   (C) The deadline extension
   (D) The approval process

7. What is the woman's problem?
   (A) There is a scheduling conflict.
   (B) There are no projectors available.
   (C) A contract is incorrect.
   (D) A deadline has been moved up to Friday.

8. What does the woman inquire about?
   (A) Negotiating the prices
   (B) Winning the contract
   (C) Putting off a training session
   (D) Arranging a teleconference

9. What does the man say he will do?
   (A) Forward some documents
   (B) Review the materials
   (C) Speak with a supervisor
   (D) Contact a client

10. Where do the speakers most likely work?
    (A) At a furniture warehouse
    (B) At a retail store
    (C) At a supermarket
    (D) At a restaurant

11. What is the problem?
    (A) Some merchandise is broken.
    (B) A receipt is missing.
    (C) The information on some labels is incorrect.
    (D) An order has not arrived.

12. What will the speakers probably do next?
    (A) Mail a discount voucher
    (B) Inspect some labels
    (C) Talk to a store owner
    (D) Change a dinner appointment

DAY 10

1 제안/제공/요청

SPARTA 유형 파악

제안/제공/요청을 묻는 질문은 항상 전형적으로 많이 나오는 문제이다. 보통 두 번째, 세 번째 문제로 많이 나온다. 질문 속에 큰 힌트가 없기 때문에 제안/제공/요청을 나타내는 표현들을 미리 익혀 두면 답을 찾는 데 도움이 된다.

SPARTA 출제 포인트

- 질문에 화자의 성별이 항상 등장하므로 화자의 성별에 맞게 귀를 기울이자.
- 제안/요청은 대화에서 명령문/요청문/권유문의 표현으로 나온다. 아래 표현들을 외워 두자.
  • 제안: Why don't you/we ~?, How/what about ~?, I suggest/recommend ~, You should ~, You'd better ~
  • 제공: I will/can ~, Would you like me to ~?, Do you want me to ~, Let me ~,
       I'd be happy/glad/honored/pleased to ~, Why don't I ~(주로 1인칭 중심의 표현)
  • 요청: Can/Could/Would you ~?, I'd like you to ~?, I ask/require/request/advise you ~, Please ~
  • 상기하라고 요구(What does the woman remind?): Don't forget ~, Remember ~, Keep in mind ~,
       I'd like to remind you ~

SPARTA 빈출 문제

What does the woman suggest/recommend/encourage? 여자는 무엇을 제안하는가?
What does the woman ask for/about? 여자는 무엇을 요청하는가?
What does the woman ask the man to do? 여자는 남자에게 무엇을 하라고 요청하는가?
What is the man asked to do? 남자는 무엇을 하라고 요청 받는가? (단, 이 질문은 남자 목소리에 집중하면 안 된다)
What does the man want the woman to do? 남자는 여자가 무엇을 하라고 하는가?
What does the woman offer to do? 여자는 무엇을 해 주는가?
What information does the man request? 남자는 무슨 정보를 요청하는가?

SPARTA 문제 풀이 비법

🎧 Day10_01_01

What does the **man ask** about?
(A) The date of an appointment
(B) The cost of a service
(C) The experience of a coworker
(D) The location of a machine

남자는 무엇에 대하여 묻는가?
(A) 약속 날짜
(B) 서비스 비용
(C) 동료의 경험
(D) 기계 위치

W: Sam, remember when we discussed contracting with a phone service? Well, I found a company that will provide health care information for our patients who call when the office is closed.
M: Great! But, do you think we can afford it? We can't go beyond the amount we've budgeted this year.
W: Don't worry. Their price is reasonable, and it sounds like the service we're looking for. They hire trained nurses to answer our patients' medical questions over the phone.

W: Sam, 전화 서비스 계약에 대해 토론했던 거 기억해요? 음, 병원이 문을 닫았을 때 전화하는 환자들을 위해 의료 서비스 제공할 회사를 찾았어요.
M: 좋네요! 근데 우리가 그것을 할 만한 여유가 있다고 생각해요? 올해 예산 금액을 초과할 수 없어요.
W: 걱정하지 마요. 가격이 합리적이고 우리가 찾고 있는 서비스 같아요. 그들은 전화로 환자들의 의학적인 질문들에 답하기 위해 잘 숙련된 간호사들을 고용해요.

비법 먼저 남자 대사를 집중해서 들으면 남자가 "do you think we can afford it?" 금전적으로 여유가 있는지 묻는 내용을 알 수 있다. 그래서 정답은 (B)이다.

SPARTA Check-UP

Day10_01_02 해설 p.265

질문과 보기를 미리 읽고 음성을 들으면서 답을 표시하세요. 두 번째 음성을 듣고 빈칸을 채우세요.
(음성은 두 번씩 들려줍니다.)

1~3

1. Where does the man most likely work?
   (A) At an electronics store
   (B) At a clothing distributor
   (C) At a manufacturing plant
   (D) At a computer manufacturer

2. What does the woman ask about?
   (A) The size of an order
   (B) The price quote
   (C) Customer survey results
   (D) Testers' feedback

3. What does the man recommend regarding the order?
   (A) Changing the pattern
   (B) Limiting pattern options
   (C) Calling a different supplier
   (D) Completing the form first

4~6

4. What does the woman need help with?
   (A) Making travel arrangements
   (B) Reserving a hotel
   (C) Locating an airport
   (D) Checking the travel budget

5. What does the man ask the woman for information about?
   (A) An itinerary
   (B) A deadline
   (C) A flight schedule
   (D) A cost

6. What does the man say is provided?
   (A) A free taxi ride
   (B) A meal voucher
   (C) Airport directions
   (D) Travel insurance

Questions 1-3 refer to the following conversation.

M: Hi, Ms. Rartez. I'm calling about your laptop computer case design you sent over last week. I wanted to let you know that we should _____ them here at our plastics factory next week.

W: Okay, I'm glad to hear that. To begin, we'd like to start with 1,000 cases and then hand them out to some field testers to get their feedback. Can you tell me _____ for that?

M: _____, it'll be cheaper for you. Also we'll be able to complete them faster.

Questions 4-6 refer to the following conversation.

W: Marco, this is my first time meeting a client overseas, and I'm not sure _____ _____. Would you mind helping me out?

M: Sure, how much is your travel budget for the business trip? I need to know about that because there's a limit on _____ _____. After you check that, I'll be happy to show you the booking process.

W: Okay, One more thing... What about transportation to the airport?

M: Actually, they _____ _____ if you leave from the office.

SPARTA Actual Test

1. What does the woman say about the man's job performance?
   (A) He is a competent employee.
   (B) He always meets his deadlines.
   (C) He always has creative ideas for new projects.
   (D) He has increased company profits.

2. What does the woman ask the man to do?
   (A) Attend a trade show
   (B) Join a leadership council
   (C) Meet the client in Tokyo
   (D) Accept a new position

3. What is the company planning to do next year?
   (A) Open a new overseas office
   (B) Expand the business hours
   (C) Meet the staff's family
   (D) Get feedback from employees

4. What does the man recommend?
   (A) Advertising on television
   (B) Switching the day of an event
   (C) Conducting a survey
   (D) Entertaining people in the area

5. What does the woman ask the man to do?
   (A) Communicate with employees
   (B) Reduce expenses
   (C) Attend a board meeting
   (D) Send a plan

6. What does the man say will start on Monday?
   (A) A clearance sale
   (B) An important project
   (C) A special offer
   (D) A television show

7. Who is the woman?
   (A) A Web designer
   (B) A salesperson
   (C) A department manager
   (D) The head of the sales department

8. What has the woman been assigned to do?
   (A) Develop more efficient processes
   (B) Review online materials
   (C) Upgrade the computers
   (D) Reach financial goals

9. What does the man want the woman to do?
   (A) Share her comments
   (B) Select a group
   (C) Change the meeting time
   (D) Get familiar with other people

10. Why is the man calling?
    (A) To inquire about a product
    (B) To cancel an appointment
    (C) To confirm a client's schedule
    (D) To book a hotel

11. What does the woman offer to do?
    (A) Schedule a repair
    (B) Provide a replacement
    (C) Waive a service fee
    (D) Place an advertisement online

12. What will the man most likely do next?
    (A) Print a receipt
    (B) Purchase a magazine
    (C) Make a telephone call
    (D) Visit a store

2 미래/유추

SPARTA 유형 파악

미래/유추에 대한 문제는 3개의 문제 중 보통 마지막에 위치한다. 따라서 대화 후반에 단서가 나온다. 화자의 미래 행동과 미래에 일어날 일을 묻는 문제는 첫 번째나 두 번째 문제로 출제되기도 한다. 먼저 문제를 잘 기억하고 대화에서 미래를 나타내는 키워드를 잘 파악하면 된다.

SPARTA 출제 포인트

- 특히 대화의 후반에 제안/요청(I'll ~, Let me ~, Why don't you ~?, I'm going/planning to ~, Let's ~ 등)의 표현이 나오면 화자가 대화를 끝내고 미래에 할 일을 말하는 것이다.
- 미래를 나타내는 표현 tomorrow, next week, later, right now 등이 나오면 키워드로 활용하자.
- '화자가 다음에 무엇을 할 것 같은지'(What will the man probably do next?) 묻는 문제는 후반부에 나오는 남자 대사뿐만 아니라 상대방의 대사도 귀를 기울여야 한다.

SPARTA 빈출 문제

What will the man probably do next? 남자는 아마도 다음에 무엇을 할 것인가?
What does the woman say she will do next? 여자는 다음에 무엇을 할 것이라고 말하는가?
What does the woman plan to do this afternoon? 여자는 오늘 오후에 무엇을 할 계획인가?
What will happen this summer? 이번 여름에 무슨 일이 일어날 것인가?
What are the speakers going/planning to do later? 화자들은 나중에 무엇을 할 계획인가?
What is the marketing department planning to do? 마케팅부는 무엇을 계획하는가?
What will take place next week? 다음 주에 무슨 일이 일어날 것인가?
What will the man do when they meet? 그들이 만나면 남자는 무엇을 할 것인가?
What does the woman expect to happen? 여자는 무슨 일이 일어날 것을 예상하는가?

SPARTA 문제 풀이 비법

🎧 Day10_02_01

What will the **woman do next**?
(A) Update the schedule
(B) Submit her medical records
(C) Go to the market
(D) Prepare for a sales meeting

여자는 다음에 무엇을 할 것인가?
(A) 일정을 갱신하다
(B) 의료 기록들을 제출하다
(C) 시장에 가다
(D) 영업 회의를 준비하다

W: Hi, Mr. Collins, I'm calling from Bright Dentistry. Your appointment with Dr. Erickson is at 2 P.M. this Friday. But, on that day, he has to attend a medical conference. I was wondering if you'd be able to move your appointment forward to Thursday. Is it alright?
M: Well, I have a sales meeting scheduled that morning, but I think that afternoon would be alright.
W: Great. Thank you so much. Would you like me to make an appointment at 2 P.M., or do you want another time?
M: I think 3 P.M. would be better.
W: Okay, I'll mark down your appointment in the schedule right now.

W: 안녕하세요, Collins 씨. Bright 치과에서 연락 드립니다. Erickson 박사와 금요일 오후 2시에 예약하셨네요. 그러나 그날에, 그가 의학회에 참석해야 해요. 혹시 예약을 목요일로 앞당길 수 있는지 알고 싶어요. 괜찮나요?
M: 음, 제가 그날 아침에는 영업 회의가 있지만 오후에는 괜찮을 것 같아요.
W: 좋아요. 정말 고맙습니다. 제가 오후 2시로 잡아 드릴까요? 아니면 다른 시간을 원하세요?
M: 제 생각에는 오후 3시가 더 나아요.
W: 알겠어요, 지금 당장 일정에 예약을 표시해 놓을게요.

비법 여자가 다음에 할 일을 묻는 미래형 질문으로, 대화 후반에 "I'll mark down your appointment in schedule right now." 예약을 표시한다고 했으므로 (A)가 정답이다.

SPARTA Check-UP

Day10_02_02 해설 p.269

질문과 보기를 미리 읽고 음성을 들으면서 답을 표시하세요. 두 번째 음성을 듣고 빈칸을 채우세요.
(음성은 두 번씩 들려줍니다.)

1~3

1. Where do the speakers work?
   (A) At a hotel
   (B) At a concert hall
   (C) At a phone company
   (D) At a playhouse

2. What is the man concerned about?
   (A) No rooms are available at the hotel.
   (B) Tickets are sold out.
   (C) Ticket agents have never answered the phone.
   (D) Guests canceled their reservations.

3. What will the man do after lunch?
   (A) Stop by the ticket office
   (B) Send the pamphlet
   (C) Buy some tickets
   (D) Visit the woman's office

4~6

4. What are the speakers discussing?
   (A) A payroll software error
   (B) A department reorganization
   (C) A new program
   (D) Clients' contracts

5. What does the woman say about customers' comments?
   (A) The software speed needs to be faster.
   (B) A company should develop a new product.
   (C) Employees want more training.
   (D) Clients were satisfied.

6. What will happen next month?
   (A) Directors will meet with clients.
   (B) A new version will be delayed.
   (C) A product will be released.
   (D) A final payment will be made.

Questions 1-3 refer to the following conversation.

M: Jenny, _____
_____ if we could get tickets for the opera performance tomorrow night. So, I've contacted the ticket office several times, _____
_____.
I just got a recording.

W: Well, I've got a pamphlet about another musical performance happening tomorrow night at a different venue. You could ask them if they'd be interested in seeing that show instead. It also received good reviews.

M: Great! I'll ask them. If they want to go there, ____
_____ after lunch to get more information.

Questions 4-6 refer to the following conversation.

M: Linda, _____
_____ we created? We sent the latest version to some of our clients so they could try it. If you have time, could you review their opinions about it?

W: I already gathered their feedback. Many clients weren't _____.
They thought it was too slow to navigate some links. So I'm looking for what the problems are.

M: All right. However, the director asked me when he can see the final version of the program.

W: Don't worry. We'll finish the work on time. We could _____ next month.

SPARTA Actual Test

Day10_02_03 해설 p.271

1. What are the speakers mainly discussing?
   (A) An itinerary
   (B) A room schedule
   (C) A dinner recipe
   (D) A dining reservation

2. What does the woman notify the man about?
   (A) An extra fee
   (B) A long wait
   (C) A lack of space
   (D) A limited menu

3. According to the woman, what is scheduled for Friday evening?
   (A) A play
   (B) A musical performance
   (C) A movie screening
   (D) A cooking demonstration

4. What are the speakers discussing?
   (A) Product prices
   (B) Stock of an item
   (C) Business hours
   (D) Account data

5. What is the problem?
   (A) An e-book reader is not functioning.
   (B) A delivery did not come.
   (C) An e-mail address is incorrect.
   (D) A phone call was not made.

6. What will the man receive?
   (A) A status update
   (B) An order form
   (C) A phone number confirmation
   (D) An inventory inspection

7. What are the speakers talking about?
   (A) A performance time
   (B) A seat assignment
   (C) A ticket price
   (D) A theater location

8. What is the man's problem?
   (A) He was confused about the seat area.
   (B) He had the wrong ticket.
   (C) He doesn't know the woman well.
   (D) He lost his bags.

9. What does the man say he will do?
   (A) Arrange the chairs
   (B) Collect his possessions
   (C) Refund the ticket
   (D) Speak with an organizer

10. What type of business is the woman calling?
    (A) An Internet provider
    (B) A computer store
    (C) An accounting company
    (D) A phone company

11. What does the man mention about the company?
    (A) They replaced their ID cards.
    (B) They had some system problems.
    (C) They moved last month.
    (D) They updated their Web site.

12. What will the man probably do next?
    (A) Change the phone number
    (B) Update the account
    (C) Give contact information
    (D) Go to the convenience store

DAY 11

1 방법/시간

SPARTA 유형 파악

방법을 묻는 문제는 해결 방법이나 이용 수단에 관한 내용이 주로 출제된다. 또한 'How + 형용사/부사' 형태에 따라 기간, 개수, 빈도, 금액을 묻는 문제도 자주 출제된다. 시간을 묻는 문제는 When ~?, What time ~?으로 시작한다.

SPARTA 출제 포인트

- 교통/통신 수단을 묻는 문제는 보기에 여러 수단이 나온다. 따라서 함정에 빠지지 않도록 조심해야 한다.
- 기간은 How long ~?, 빈도는 How often ~?, 수량은 How many ~?, 금액은 How much ~?로 키워드를 잡고 듣자.
- 시간은 항상 보기에 나오는 시간이 대화에 대부분 등장한다. 그래서 섣불리 순간적으로 들리는 시간을 답으로 선택하면 안 된다.
- 보기에 나오는 시간들이 바꿔 쓰기(paraphrasing) 표현들로 나올 수도 있으므로 아래 표현들을 미리 외워 두자.

For a week = For 7 days	A month = 4 weeks
May 1st = in/at the beginning of May	A decade = 10 years
Next Sunday = Next weekend	At 12 P.M. = At noon / At 12 A.M.= At midnight
The day after tomorrow = 2 days from now = In 2 days	The day before yesterday = 2 days ago
A month ago = last month / In a month = next month	For a day = For 24 hours

SPARTA 빈출 문제

When will the meeting start? 회의는 언제 시작할 것인가?
When is the train arriving? 기차는 언제 도착하는가?
When does the shopping mall close? 쇼핑몰이 언제 문을 닫는가?
What time will the man leave work? 남자는 몇 시에 퇴근할 것인가?
How long will the speakers stay in New York? 화자들은 뉴욕에서 얼마나 머물 것인가?
How does the man help the woman? 남자는 여자를 어떻게 도울 것인가?
How did the speakers get to work? 화자들은 일하러 어떻게 갔는가?
How will the woman solve/address the problem? 여자는 문제를 어떻게 해결할 것인가?

SPARTA 문제 풀이 비법

🎧 Day11_01_01

When is the woman's appointment?
(A) At 9:30   (C) At 10:20
(B) At 10:00   (D) At 10:30

여자의 약속은 언제인가?
(A) 9시 30분에   (C) 10시 20분에
(B) 10시에   (D) 10시 30분에

W: Hi, could someone tell me the fastest way to get to the Han Medical Clinic?
M: Sure. It's 9:30 now. It's only about 20 to 30 minutes across town by subway on the express line. It normally would be quicker by taxi, but the streets are busy because of rush hour.
W: Oh, of course. 30 minutes is enough time; my appointment isn't until 10:30. Do you know the name of the station I have to get off at?

W: 안녕하세요, 한 병원으로 가는 가장 빠른 방법을 알려줄 수 있는 사람이 있나요?
M: 물론이죠, 지금 9시 30분이죠. 지하철 급행으로 도시를 가로질러 20분에서 30분 정도 걸려요. 보통 택시로 가는 것이 더 빠르지만 혼잡 시간대라서 도로가 막혀요.
W: 아, 물론이죠. 30분이면 충분한 시간이고요. 제 약속이 10시 30분에 있어요. 제가 내려야 할 역 이름을 아세요?

비법 여자의 약속 시간을 묻는 질문이다. 여자가 "my appointment isn't until 10:30." 약속 시간이 10시 30분이라고 말하고 있다. 그래서 정답은 (D)이다.

SPARTA Check-UP

Day11_01_02 해설 p.274

질문과 보기를 미리 읽고 음성을 들으면서 답을 표시하세요. 두 번째 음성을 듣고 빈칸을 채우세요.
(음성은 두 번씩 들려줍니다.)

1~3

1. Who most likely are the speakers?
   (A) Former colleagues
   (B) Friends
   (C) Strangers
   (D) Neighbors

2. When is the conversation taking place?
   (A) Before 11:00
   (B) At 11:00
   (C) At 11:30
   (D) After 12:00

3. What does the man offer to do?
   (A) Point the right direction
   (B) Guide her
   (C) Take her to the convention center
   (D) Draw a detailed map

4~6

4. Who is the woman?
   (A) A delivery person
   (B) A new employee
   (C) A warehouse supervisor
   (D) A truck driver

5. What does the woman ask about?
   (A) Some delivery processes
   (B) A training schedule
   (C) Some manufacturing equipment
   (D) An inventory process

6. According to the man, how can the woman find additional information?
   (A) By contacting a supervisor
   (B) By checking a training manual
   (C) By visiting a Web site
   (D) By posting questions on a bulletin board

Questions 1-3 refer to the following conversation.

M: Excuse me, I couldn't help but _____ _____ on the phone. You're looking for the Moma Museum?

W: Yes, I am. I seem to have gotten off at the wrong stop. Could you help me, please? _____ _____ because I'll be attending a lecture at 11:30.

M: You've got the right stop. You just have the wrong exit. This is a big station with lots of exits. So, it's easy to get confused. _____. I'll take you to the right exit.

W: Oh, you don't have to go to all that trouble. Just point me in the right direction.

Questions 4-6 refer to the following conversation.

M: Hi, Melanie. Since it's your _____ at the warehouse and we're about to receive a shipment, do you have any questions?

W: I learned a lot at the training this morning. It was very helpful, but I'm not exactly sure about the inventory system. How do we _____ _____ we've unloaded?

M: You just use the scanner here to scan each package as you unload it from the truck. Then place the package in the offloading zone.

W: Okay. I used a similar process at my previous job.

M: Good. If you have any more questions after today, there's information _____ _____.

DAY 11 | 1 방법/시간 | 95

Actual Test

1. What is the conversation about?
   (A) Going on a holiday in the fall
   (B) Remodeling the office
   (C) Relocating to a new venue
   (D) Moving some office furniture

2. When does the woman want to move?
   (A) In early January
   (B) In late spring
   (C) Around the middle of next year
   (D) In late autumn

3. What does the woman expect?
   (A) More space
   (B) A shorter commute
   (C) Better plumbing
   (D) Advice from Danny

4. Why is the woman calling?
   (A) To sell a service
   (B) To ask about a job
   (C) To give business feedback
   (D) To complain about a Web site

5. How long has the woman been a supervisor?
   (A) For one year
   (B) For two years
   (C) For three years
   (D) For ten years

6. What does the woman say?
   (A) She is somewhat behind schedule.
   (B) She is prepared to make a purchase.
   (C) She likes motivating people.
   (D) She does not pressure her coworkers.

7. What are the speakers mainly discussing?
   (A) Creating a display
   (B) Fashion trends
   (C) Delivery dates
   (D) Designing a product

8. When does the man say an assignment can be finished?
   (A) By 5:00
   (B) By 9:00
   (C) By 11:30
   (D) By midnight

9. What does the woman agree to do?
   (A) Bring in more workers
   (B) Extend the store hours
   (C) Approve overtime
   (D) E-mail a supervisor

10. What are the speakers mainly discussing?
    (A) The functions of a new product
    (B) An annual charity event
    (C) Travel arrangements
    (D) A service schedule

11. Who most likely is the woman?
    (A) A lawyer
    (B) A train conductor
    (C) A customer
    (D) A telephone operator

12. How will the woman probably pay for the purchase?
    (A) By mailing a check
    (B) By paying cash
    (C) By using her credit card
    (D) By making a deposit

2 특정 세부

SPARTA 유형 파악

가장 많이 출제되는 유형으로 특정 인물/장소/시기 등을 구체적으로 묻는다. 보통 특정 세부 사항에 관련된 사실을 묻는 질문에는 화자 중 한 명이 자주 언급된다.

SPARTA 출제 포인트

- 질문에 따라 과거를 묻는 질문은 대화 초반에, 미래를 묻는 질문은 후반에 정답과 관련된 단서들이 출제된다.
- 특정 인물이나 장소를 묻는 질문은 그 발음을 생각하면서 풀자. 보통은 고유 명사 뒤에 단서가 많이 나오지만 항상 보기를 같이 보면서 풀어야 한다. 특히 특정 인물의 직업은 그 인물에 관한 내용 바로 앞이나 뒤에 단서가 나온다.

SPARTA 빈출 문제

Who is Jimmy Williams? Jimmy Williams는 누구인가?
What is Laura Shen talking about? Laura Shen은 무엇에 대하여 말하는가?
Where is Central Park located? 센트럴 파크는 어디에 위치해 있는가?
Who is going to meet Robert tomorrow? 누가 내일 Robert를 만날 것인가?
What can the woman receive if she spends over 500 dollars? 여자가 500달러 이상 산다면 무엇을 받을 수 있는가?
What does the man say about the new office? 남자는 새로운 사무실에 대해 뭐라고 하는가?
Where did Allen stay in London? Allen은 런던 어디에서 머물렀는가?
What kind of work has been assigned to the new employees? 신입 사원들은 어떤 종류의 일을 배정 받았는가?
According to the woman, what happened this morning? 여자에 따르면, 오늘 아침에 무슨 일이 일어났는가?
What has the Paris branch recently done? 파리 지점에 최근 무슨 일이 일어났는가?
What might the speakers do on Monday? 화자들은 월요일에 무엇을 할 것 같은가?

SPARTA 문제 풀이 비법

🎧 Day11_02_01

What does **the man say about Sherry**? (A) She is not very reliable. (B) She forgets things she promises. (C) She complains about work. (D) She already works too much.	남자는 Sherry에 대해 뭐라고 말하는가? **(A) 그녀는 매우 믿을 수 없다.** (B) 그녀는 약속한 것을 잊어버린다. (C) 그녀는 일에 대해 불평한다. (D) 그녀는 이미 너무 많이 일한다.
M: Hey, Lucia. Can you work for me this Friday? I need someone for the second half of my shift. W: Sorry, Pete. They've scheduled me for training on the new machines then. I had to give concert tickets away because of it. Anyway, ask Sherry. She may be able to trade shifts. M: Ah! I've never had any luck trading shifts with her. Last time she agreed to do it, but she changed her mind a day later. And the time before, she didn't make up her mind until the last minute.	M: Lucia, 이번 주 금요일에 저를 대신해서 일할 수 있어요? 제 근무 시간 후반에 일할 누군가가 필요해요. W: 미안해요, Pete. 그때는 회사에서 새 기계와 관련된 교육 일정이 있어요. 이 일 때문에 콘서트 티켓 다른 사람에게 줬어요. 어쨌든, Sherry에게 물어 봐요. 그녀가 근무 시간을 바꿔 줄 수 있을지도 몰라요. M: 아! 그녀와 근무를 바꾸는 운은 없었는데요. 지난번에 그녀에게 부탁했는데 다음 날에 마음을 바꾸더라고요. 지지난번에도 마지막 순간까지 결정을 못 했어요.

비법 남자 대사에 집중하면 "I've never had any luck trading shifts with her. Last time she agreed to do it, but she changed her mind a day later." 몇 번 부탁했는데 Sherry가 요청을 받아들였다가 거절했다고 이야기한다. 여기서 이미 남자는 Sherry에 대해 신뢰가 없다는 것을 알 수 있다. 정답은 (A)이다.

SPARTA Check-UP

질문과 보기를 미리 읽고 음성을 들으면서 답을 표시하세요. 두 번째 음성을 듣고 빈칸을 채우세요.
(음성은 두 번씩 들려줍니다.)

1~3

1. What does the man want to know?
   (A) How to get good deals on suits
   (B) What styles to wear to the office
   (C) Where to buy some clothes
   (D) When the latest fashions arrive in stores

2. What does the woman say about her J.K. Bell coupon?
   (A) It is for 30 percent off only on Saturday.
   (B) It can be used multiple times.
   (C) She plans on using it.
   (D) She doesn't want to use it anymore.

3. What will the man do on Monday?
   (A) Wear some new clothes
   (B) Return the coupon
   (C) Buy some items
   (D) Visit J.K. Bell again

4~6

4. Why is the man calling?
   (A) To place an order
   (B) To request a catalog
   (C) To get information
   (D) To make a payment

5. What is the man interested in?
   (A) Machine maintenance
   (B) Long warranties
   (C) Product discounts
   (D) The latest models

6. What does the man ask about?
   (A) Options
   (B) A meeting time
   (C) An e-mail address
   (D) A quote

Questions 1-3 refer to the following conversation.

M: Karen, I want to buy a present for my sister's birthday. Do you have _____ _____? I always like your fashion style.

W: Actually, Max, Branson's department store is having a great sale right now.

M: I went there, but I couldn't find anything for my sister and the things I like are expensive.

W: What about J.K. Bell? I've got a coupon for 30 percent off your whole purchase there valid from this Saturday.

M: I'd like to check it out. But won't you use the coupon?

W: You can _____ _____ during the one-week period. So just take it, and if I need it back, I'll let you know.

M: That's very kind of you! _____ on Monday after I make my purchases.

Questions 4-6 refer to the following conversation.

W: Hello, Rapido Machines Incorporated. How may I help you?

M: My company is interested in _____ _____ in our office downtown, _____ for a bulk purchase?

W: Yes, but only on orders of six machines or more. And there's a two-year warranty on most of our newer models. I can arrange for a representative to visit you to discuss your options if you would like.

M: I'd prefer to see some prices first. _____ me some information on prices, please? After we look them over, we'll decide whether we want to go forward with an in-person meeting.

SPARTA Actual Test

1. What kind of business do the speakers work for?
   (A) A catering company
   (B) A restaurant
   (C) A university
   (D) A laundry service

2. What did the woman forget to bring?
   (A) A mobile phone
   (B) A work apron
   (C) Some medicine
   (D) A wallet

3. What does the man mention about the event?
   (A) It is a charity fundraiser.
   (B) It has been catered several times.
   (C) It will be able to lead to more business.
   (D) Its attendees are well known.

4. What does the man want the woman to do?
   (A) Change a camera
   (B) Recommend a product
   (C) Explain a feature
   (D) Plan a backpacking trip

5. What does the man say he will do with the camera?
   (A) Document his trips
   (B) Teach a class
   (C) Record music
   (D) Make a commercial

6. What is a feature of the Dixcon 90?
   (A) It has a long battery life.
   (B) It is for experts.
   (C) It is a new model.
   (D) It is easy to operate.

7. What does the company most likely produce?
   (A) Television advertisements
   (B) TV news
   (C) Camera devices
   (D) Musical instruments

8. Who most likely is the man?
   (A) An HR manager
   (B) A new employee
   (C) An announcer
   (D) A marketing director

9. What does the man like about his work area?
   (A) It has a good location.
   (B) It is clean.
   (C) It is not noisy.
   (D) It is nicely decorated.

10. Why does the man call the woman?
    (A) To cancel a reservation
    (B) To sign up for a training session
    (C) To ask about the participants
    (D) To change his room booking

11. What time will the meeting begin?
    (A) 10:00 A.M.
    (B) 1:30 P.M.
    (C) 2:00 P.M.
    (D) 5:00 P.M.

12. What does the man say about the presentation?
    (A) Some people may arrive in advance.
    (B) He expects a large audience.
    (C) No admission fee will be charged.
    (D) He will give the presentation directly.

DAY 12

1 3인 대화

SPARTA 유형 파악

3인 대화는 전체 13개의 대화문 중 평균 1~2개 정도 출제된다. 전반적으로 다른 대화에 비해 길이가 길기 때문에 미리 질문과 보기를 정확히 파악해야 한다. 문제에서 미리 3인의 대화인 것을 짐작할 수 있지만 그렇지 않은 경우도 있다.

SPARTA 출제 포인트

- 3인 대화인 것을 짐작할 수 있는 문제는 질문에 'Who are 사람 이름 and 사람 이름?' 형태로 나온다. 또는 두 사람의 직업을 묻거나 질문 속에 men과 women이 보인다면 3인 대화인 것을 짐작할 수 있다.
- 질문에 men say ~?라고 나온다면 한 남자의 대사만 들어도 정답을 알 수 있다. 주로 men과 women이 있는 문제는 두 화자가 동의하거나 공통된 사항들을 묻는 문제이므로 남자 목소리와 여자 목소리만 잘 구분해도 된다.

SPARTA 빈출 문제

Who are Tom and Sarah? Tom과 Sarah는 누구인가?
What do the men say about the supermarket? 남자들은 슈퍼마켓에 대해 뭐라고 말하는가?
What will the men do next? 남자들은 다음에 무엇을 할 것인가?
What do the women mention about the presentation? 여자들은 발표에 대해 무엇을 말하는가?
What do the women ask the man to do? 여자들은 남자에게 무엇을 하라고 요청하는가?
What do the men say about Alice? 남자들은 Alice에 대해 뭐라고 하는가?

SPARTA 문제 풀이 비법

🎧 Day12_01_01

What do the **women ask** the man to do?	여자들은 남자에게 무엇을 하라고 요청하는가?
(A) Provide some comments	**(A) 의견을 제공하는 것**
(B) Finish the performance	(B) 공연을 끝내는 것
(C) Show a ticket	(C) 티켓을 보여 주는 것
(D) Change the sound system	(D) 음향 시스템을 바꾸는 것

W1: Marcus, thanks for watching us rehearse our performance for this new musical.	W1: Marcus, 우리의 새 뮤지컬 공연의 리허설을 봐 줘서 감사합니다.
W2: We really appreciate it. Now, that we've finished, do you have any feedback? We're showing it to our audience next month. So your opinions would be really helpful.	W2: 정말 고마워요. 지금 끝났는데 피드백이 있나요? 다음 달에 관객에게 공연할 예정이에요. 그래서 당신의 의견이 정말 도움이 될 것 같아요.
M: Well, your acting is very good. However, I'd emphasize improving the sound system to communicate with the audience. Some sound didn't reach to the back of the hall.	M: 음, 연기는 매우 좋았어요. 하지만 관객들과 소통을 하기 위해 음향 시스템을 개선했으면 해요. 어떤 소리는 홀 뒤에까지 잘 안 들리는 것 같네요.
W1: Actually, we know about that problem. We are planning to change the audio system.	W1: 사실 그 문제를 알아요. 우리는 오디오 시스템을 바꿀 예정입니다.
M: Great! Except for that, it is perfect. The audience will enjoy it.	M: 좋아요! 그것을 제외하면 완벽해요. 관객들이 공연을 즐길 거예요.
W2: Thank you. Are you available tomorrow? If you're free, I'd like to invite you to our excursion in Summerville Park.	W2: 고마워요. 내일 시간 있어요? 만약에 되시면 Summerville 공원에서 하는 우리 야유회에 당신을 초대하고 싶어요.

비법 질문에 복수형 women이 나오면 여자 목소리에 집중하면 된다. 여자가 "do you have any feedback?" 공연에 대한 의견을 묻는 것을 알 수 있다. 따라서 (A)가 정답이다.

SPARTA Check-UP

Day12_01_02 해설 p.283

질문과 보기를 미리 읽고 음성을 들으면서 답을 표시하세요. 두 번째 음성을 듣고 빈칸을 채우세요.
(음성은 두 번씩 들려줍니다.)

1~3

1. Who most likely are Orlen and Luisa?
   (A) Pharmacists
   (B) Head managers
   (C) new employees
   (D) Accountants

2. What does the man want to review with the women?
   (A) Recording procedures for working hours
   (B) Experiment results
   (C) Laboratory equipment
   (D) A time schedule

3. Why is Luisa unable to help Orlen?
   (A) A computer system is down.
   (B) A main laboratory has been closed.
   (C) Her project was rejected.
   (D) She has a meeting with her manager.

4~6

4. What is the conversation mainly about?
   (A) An auditorium reservation
   (B) A redecorated hall
   (C) A restaurant recommendation
   (D) A hotel location

5. What does the woman need to show?
   (A) A security badge
   (B) A revised schedule
   (C) A form of identification
   (D) A business address

6. What do the visitors ask for?
   (A) A reimbursement
   (B) Hall decorations
   (C) Maintenance
   (D) More items

Questions 1-3 refer to the following conversation with three speakers.

W1: Orlen and Luisa, I wanted to stop by and say hello. Welcome to Han Pharmaceuticals. Actually, we interviewed a lot of experienced candidates. But you are _____ for our company.

M: I really appreciate it. And while we're here, I'm wondering _____ on the Web site that the payroll department asked me to do by the end of today. Who can show me how?

W2: Sorry, I'm supposed to go to the main laboratory in a few minutes _____ _____.

W1: Oh, you don't need to do that today. It has been postponed to Friday because of some software system errors. What about meeting after lunch? I can give you a hand.

M: That's a relief. Okay, let's get together then.

M1: Hello, and welcome to the Ace Hotel. How can I help you?

W: Hi, I'm Jane Kennedy from Fran Development Corporation. _____ your large convention hall for this afternoon. My colleague and I want to get everything ready before the two o'clock start time.

M1: Ah, yes. I see your name right here on the list. _____.

W: All right. Here you are. That's it?

M2: Wait. We reserved 100 chairs, but _____ _____.

W: You're right. Would it be possible to have more chairs in the hall?

M1: Of course. I'll get in touch with maintenance and ask them to deliver the chairs right away.

SPARTA Actual Test

Day12_01_03 해설 p.284

1. Where most likely are the speakers?
   (A) At a medical office
   (B) At a bank
   (C) At an electronics store
   (D) At a phone company

2. According to the woman, why should Mr. Gupta open an account?
   (A) To view a presentation
   (B) To make an advance appointment
   (C) To cancel an appointment
   (D) To give some feedback

3. What does Tommy offer to give to Mr. Gupta?
   (A) A smartphone
   (B) A receipt
   (C) A registration fee
   (D) A set of instructions

4. What is the woman announcing?
   (A) A design has been repaired.
   (B) Some employees will be hired.
   (C) Some equipment will be set up.
   (D) A board meeting will take place soon.

5. What is being arranged for next week?
   (A) A board meeting
   (B) A device training
   (C) A company luncheon
   (D) A job interview

6. What does the woman say she will do?
   (A) Confirm a time
   (B) Check her e-mail
   (C) Visit MJ Technologies
   (D) Review a proposal

7. Where do the speakers work?
   (A) At a factory
   (B) At a tool rental shop
   (C) At a laundry service
   (D) At an auto-repair shop

8. What does the woman ask Tom about?
   (A) Extending operation hours
   (B) Hiring more workers
   (C) Setting up an inspection
   (D) Replacing some tools

9. What does the woman say she will do?
   (A) Distribute safety reminders
   (B) Send a notification electronically
   (C) Update an e-mail account
   (D) Inspect the factory

10. What department do the speakers work in?
    (A) Design
    (B) Public relations
    (C) Human resources
    (D) Marketing

11. What does the man suggest that the women do?
    (A) Look for a colleague
    (B) Drive to work together
    (C) Share a workspace
    (D) Move to a new neighborhood

12. What does Ms. Larson ask for?
    (A) A contract
    (B) A password
    (C) A business card
    (D) A telephone number

2 의도 파악

SPARTA 유형 파악

평균 2~3문제가 출제되는 의도 파악은 난이도가 높은 문제 유형이다. 단순히 특정 표현의 의미가 아니라 화자의 의도를 묻기 때문에 대화의 흐름을 잘 파악해야 한다.

SPARTA 출제 포인트

- 의도 파악 문제는 의도를 묻기 때문에 제시된 표현을 보기에서 그대로 고른다면 오답일 확률이 높다.
- 다른 문제에 비해 보기가 길다. 따라서 키워드 중심으로 보면서 문제를 풀어야 한다.
- 정답의 단서들은 관련된 표현 앞뒤에서 언급된다는 점을 유의하자.

SPARTA 빈출 문제

What does the man mean when he says, "Look at all these cars on the road"?
남자가 "길에 있는 모든 차들을 보세요"라고 말할 때 의도하는 것은 무엇인가?

What does the woman imply when she says, "I was just about to call you"?
여자가 "제가 막 당신에게 전화하려던 참이었어요"라고 말할 때 의도하는 것은 무엇인가?

Why does the man say, "you can try it at other stores"?
남자는 왜 "당신은 다른 가게에서 그것을 찾을 수 있어요"라고 말하는가?

SPARTA 문제 풀이 비법

🎧 Day12_02_01

What does the woman mean when she says, "**I'll have to check with my supervisor on that**"?
(A) A task is difficult to finish.
(B) She decides to prepare the food herself.
(C) She cannot make a quick decision.
(D) More employees will need to be hired.

여자가 "상사에게 확인해 봐야 할 것 같아요"라고 말할 때 의도하는 것은 무엇인가?
(A) 업무를 끝내기 어렵다.
(B) 그녀는 음식을 직접 준비하는 것을 결정한다.
(C) 그녀는 빠른 결정을 내릴 수 없다.
(D) 더 많은 직원들을 고용할 필요가 있다.

W: Hi, there. I'm planning a reception at my office, and I want your company to handle the catering for the event. I think there are 20 in our group. We would like Italian cuisine.
M: Excellent choice. We have a group special for 40 dollars per person, and it includes a full meal, a nice glass of wine, and a chocolate dessert.
W: Hmm… I'll have to check with my supervisor on that.
M: Okay. How about this? If you can pay in cash, I can offer a 10 percent discount on your total order.
W: Much better. Thanks!

W: 안녕하세요. 제 사무실에서 환영회를 계획하고 있는데요. 이벤트를 위해 음식 공급을 당신의 회사가 맡아 주었으면 합니다. 우리 그룹은 20명이에요. 이탈리아 요리를 원해요.
M: 좋은 선택입니다. 우리는 사람당 40달러로 특별 그룹 요금이 있어요. 거기에 풀 코스 요리와 근사한 와인 한 잔 그리고 초콜릿 디저트가 포함되죠.
W: 음… 상사에게 확인해야 할 것 같아요.
M: 좋아요. 이것은 어때요? 만약에 현금으로 내시면 전체 주문에 10 퍼센트 할인을 제공해 드릴 수 있어요.
W: 훨씬 좋네요. 고마워요!

비법 대화에서 남자가 가격과 메뉴에 대해 이야기하고 여자가 상사에게 확인해 본다는 말로 망설이는 내용을 확인할 수 있다. 생각보다 가격이 있어서 바로 결정을 내리지 못하는 것을 추측할 수 있을 것이다. 그래서 정답은 (C)이다.

SPARTA Check-UP

질문과 보기를 미리 읽고 음성을 들으면서 답을 표시하세요. 두 번째 음성을 듣고 빈칸을 채우세요.
(음성은 두 번씩 들려줍니다.)

1~3

1. Why is the man upset about the meeting?
   (A) The boss rescheduled it.
   (B) It was canceled suddenly.
   (C) It took place without him.
   (D) Several people did not attend.

2. What does the man mean when he says, "Do you know what's up"?
   (A) He has some news to share.
   (B) He is asking how the woman is today.
   (C) He wonders about the state of the finance company.
   (D) He wants to hear an explanation.

3. What does the woman suggest about Mr. Lee?
   (A) He was very busy.
   (B) He could be out sick.
   (C) He is away seeing clients.
   (D) He went on vacation last Friday.

4~6

4. What is the woman doing on Tuesday?
   (A) Training new hires
   (B) Distributing legal documents
   (C) Moving to a new department
   (D) Going on vacation

5. Why does the woman say, "you are the most experienced lawyer in our firm"?
   (A) To praise the man's ability
   (B) To revise a mistake
   (C) To remind a colleague of a new procedure
   (D) To explain a request

6. What will the man do on Monday?
   (A) Send some forms
   (B) Travel on company business
   (C) Participate in some negotiations
   (D) Attend the next class

Questions 1-3 refer to the following conversation.

M: Ellen, I just read the e-mail about the meeting. I can't believe it. _____ _____ several important things with the group!

W: Yeah, and Mr. Lee _____ without setting a new date.

M: Do you know what's up?

W: No. But I haven't seen Mr. Lee at the office since last Friday, and I know he's not scheduled for any business trips right now. I just hope _____.

Questions 4-6 refer to the following conversation.

M: Alice, I just heard that you will lead _____ _____ in the legal department. It's a good opportunity for you.

W: It is. I'm doing it _____. Can I ask a favor? I was wondering if you might sit in on this first class and give me some feedback afterward, because you are the most experienced lawyer in our firm.

M: Oh, I'm really sorry. I'm going to go _____ _____ on Monday. I won't be back until Wednesday. But maybe I can participate in your next class. When's the second class?

W: Thank you. Next Tuesday.

SPARTA Actual Test

1. Why hasn't the woman seen the man lately?
   (A) He is busy with projects.
   (B) He started a new position.
   (C) He is training a coworker.
   (D) He traveled to many countries.

2. What does the woman mean when she says, "Oh, that's right"?
   (A) She is looking forward to working with the man.
   (B) She agrees with the man's situation.
   (C) She remembers her time working in sales.
   (D) She failed to finish her assignment on time.

3. What doesn't the man like about his job?
   (A) Staying in hotels
   (B) Working with his coworkers
   (C) Getting to know clients
   (D) Learning new things

4. What did the man recently do?
   (A) He wrote an article.
   (B) He started a business.
   (C) He won an award.
   (D) He published a book.

5. What is the man looking forward to?
   (A) Some baked goods
   (B) A cash prize
   (C) A radio interview
   (D) A magazine article

6. Why does the man say, "you can try it at our store"?
   (A) To give an assignment
   (B) To suggest a different time
   (C) To extend an invitation
   (D) To express dissatisfaction

7. Where do the speakers most likely work?
   (A) At an architecture firm
   (B) At a catering company
   (C) At a supermarket
   (D) At a medical clinic

8. Why does the man say, "This is the third time this has happened"?
   (A) He is very disappointed with a vendor.
   (B) He does not agree with an idea.
   (C) He knows when the items are delivered.
   (D) He is satisfied with a supplier.

9. What will the man most likely do next?
   (A) Call the architecture firm
   (B) Speak with a manager
   (C) Stop by the store
   (D) Call off the order

10. What are the speakers talking about?
    (A) Training materials
    (B) A job interview
    (C) New employees
    (D) Sales figures

11. What does the man imply when he says, "I've already completed my work"?
    (A) He wants comments on an assignment.
    (B) He wants to offer assistance.
    (C) He would like to leave for the day.
    (D) He wants to train new hires.

12. What will the man most likely do next?
    (A) Call the security office
    (B) Take care of the request
    (C) Contact the new hires
    (D) Make name tags

3 시각 자료

SPARTA 유형 파악

시각 자료의 문제는 보통 매회 2~3문제가 출제되며 표, 그래프, 지도, 티켓, 쿠폰 등이 나온다. 이 유형은 관련 있는 질문과 보기를 먼저 읽고 시각 자료를 파악해야 한다.

SPARTA 출제 포인트

- 시각 자료의 문제는 항상 Look at the graphic. 질문이 먼저 나온다. 그 뒤의 내용에 따라 표를 파악하는 훈련이 필요하다.
- 질문과 보기를 먼저 읽은 뒤에 보기에 제시되지 않은 내용을 시각 자료에서 미리 파악해야 한다.
  • 그래프/차트/표: 분기 매출 실적, 회의/세미나/공연 일정표, 가격이나 건물 안내표 등
  • 지도: 상점이나 행사장으로 가는 약도, 버스/지하철 노선, 거리 약도 등
  • 그 외 문서: 티켓, 영수증, 쿠폰, 주문서 등
- 그래프나 차트는 가장 큰 순서대로 미리 정리해 놓고 푼다. the highest(가장 높은), the lowest(가장 낮은), the second (두 번째) 등의 표현을 알아 두자.
- 시각 자료만 보고 정답을 알 수 없다. 때로는 순서를 바꿔서 제시하기도 한다. 따라서 switch, trade, swap, change 표현 주변에 바뀐 내용이 언급되므로 주의해서 듣자.
- 지도, 약도 문제는 위치를 나타내는 전치사 between(~사이에), across(~건너편), in front of(~앞에), by/next to/beside (~옆에), toward(~쪽으로) 등의 표현이 언급된다.
- 남자/여자 목소리에 포커스를 두지 말자. 전체 내용을 이해해야 한다.

SPARTA 문제 풀이 비법

🎧 Day12_03_01

Reservation - Room 105	
Monday, July 2	GDI Company
Tuesday, July 3	M&M Association
Wednesday, July 4	Alpha Moto
Thursday, July 5	Sam Brothers

예약 - 방 105	
월요일, 7월 2일	GDI Company
화요일, 7월 3일	M&M Association
수요일, 7월 4일	Alpha Moto
목요일, 7월 5일	Sam Brothers

Look at the graphic. Which company does the man work for?
(A) GDI Company
(B) M&M Association
(C) Alpha Moto
(D) Sam Brothers

도표를 보시오. 남자는 어느 회사에서 일하는가?
(A) GDI 회사
(B) M&M 협회
(C) Alpha Moto
(D) Sam Brothers

M: Excuse me, I'd like to change my reservation date to July 4 instead of July 2, which we booked. Also, more people registered than we expected. I want a larger room.
W: Let me check. The only room I have left is Room 110. It seats over 50 people.
M: That should be enough. Thank you.

M: 실례합니다. 우리는 예약한 7월 2일 대신에 7월 4일로 예약 날짜를 바꾸고 싶어요. 또한 예상보다 더 많은 사람들이 등록해서 더 큰방을 원합니다.
W: 확인해 볼게요. 110방이 단지 남아 있네요. 50명 이상 좌석들이 있어요.
M: 충분해요. 감사합니다.

비법 항상 질문과 보기를 먼저 보고 표를 보자. 보기에는 회사를 언급하고 있고 표에는 요일, 날짜가 표기되어 있다. 회사와 날짜를 중심으로 들으면 남자가 일하는 회사를 알 수 있다. 첫 대사에서 남자가 원래 예약한 날짜 7월 2일을 4일로 바꾸고 싶어 한다고 한다. 남자의 회사는 (A)임을 알 수 있다.

SPARTA Check-UP

Day12_03_02 해설 p.292

질문과 보기를 미리 읽고 음성을 들으면서 답을 표시하세요. 두 번째 음성을 듣고 빈칸을 채우세요.
(음성은 두 번씩 들려줍니다.)

1~3

Model	Price
Candon	$7500
Zester	$6500
Promo	$5900
Santa	$9900

1. Why does the woman want to buy a car?
   (A) To drive to the train station
   (B) To save money
   (C) To enjoy her weekends
   (D) To get a driver's license

2. Look at the graphic. What vehicle is the woman most interested in?
   (A) Candon
   (B) Zester
   (C) Promo
   (D) Santa

3. What will the woman do later?
   (A) Look on another Web site
   (B) Borrow some money
   (C) Contact the car dealer
   (D) Consult her spouse

Questions 1-3 refer to the following conversation and price list.

M: Hi, Tina. It's lunchtime. Why are you still working?

W: I'm not working. I'm looking for a used car on this Web site. Train ticket fares have gone up again, and a car actually _____ in the long run.

M: I see. Well, how about this one? It's only three years old.

W: It's almost six thousand dollars! This one here looks good enough, and it's _____ so far.

M: So, are you going to call the dealer? Someone else might get it before you.

W: I'll need to _____. He knows exactly how much we can afford to spend.

SPARTA Check-UP

4~6

Aunt Sally's

Join us for Happy Hour.
and get 1/2 off drinks!

* Happy Hour is 2-4 P.M.
Monday - Thursday

Expires 5/15

4. Look at the graphic. Why is the man questioning the validity of his coupon?
   (A) It is a Friday.
   (B) It is only for drinks.
   (C) It is just before 4 P.M.
   (D) It is May 14.

5. What will the woman do for the man?
   (A) Apply a discount to all drinks
   (B) Bring a free appetizer
   (C) Give him another coupon
   (D) Make the orange juice without ice

6. What does the man need to do his work?
   (A) A bigger table
   (B) A code
   (C) A private room
   (D) A computer

Questions 4-6 refer to the following conversation and coupon.

W: Hi there. My name is Amy, and I'll be your server for today. Can I start you off with a drink right away?

M: Did I make it _____?

W: Sure, there's _____. And if _____ now, the coupon will work for all of them.

M: That's great. Thanks! So I'll be here for a while. I want to order an orange juice, an iced tea, and a coffee. I'll take the orange juice first.

W: Of course. Any appetizers?

M: Before I order, I'd like to use your free Wi-Fi for my work, but I don't have _____.

W: Oh, give me just a second, and I'll come right back with that information and your drink.

Actual Test

Day12_03_03 해설 p.294

Annual Sales Agent Awards Ceremony	
Time	Presenter
6:00 P.M.	Chris Watana
7:00 P.M.	Megan Drummond
8:00 P.M.	Jamal Megumi
9:00 P.M.	Garcia Pierre

45th Science Conference Golan Towers 1st Floor	
Time	Presenter
8:00 A.M.–8:50 A.M.	Lucy Hynam
9:00 A.M.–9:50 A.M.	Derrick West
10:00 A.M.–10:50 A.M.	Paula Collins
11:00 A.M.–11:50 A.M.	Samantha Smith

1. What does the man want to know?
   (A) If a presentation will be delayed
   (B) If a budget list has been printed
   (C) If the woman will receive an award
   (D) If a desk will be purchased

2. Look at the graphic. Which CEO is the man referring to?
   (A) Chris Watana
   (B) Megan Drummond
   (C) Jamal Megumi
   (D) Garcia Pierre

3. What will the woman do next?
   (A) Make a meal
   (B) Try on a dress
   (C) Go back to work
   (D) Leave a message

4. Why is the woman concerned?
   (A) She thinks a printer is broken.
   (B) She didn't send her résumé.
   (C) She lost the draft for a speech.
   (D) She forgot about an appointment.

5. What did the man do last night?
   (A) Went over his talk
   (B) Checked his flight schedule
   (C) Went to a store
   (D) Wrote an e-mail

6. Look at the graphic. What time will the woman probably give her presentation?
   (A) 8:00 A.M.
   (B) 9:00 A.M.
   (C) 10:00 A.M.
   (D) 11:00 A.M.

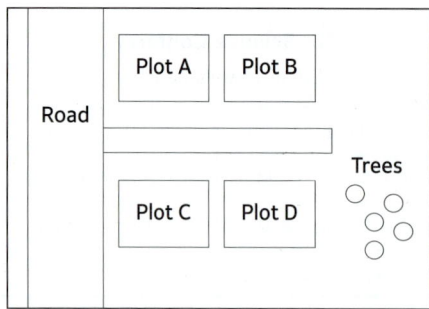
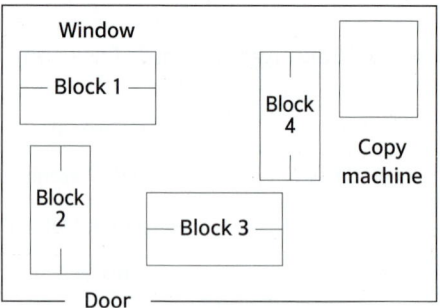

7. Where did the man learn about the land for sale?
   (A) On the Internet
   (B) On the radio
   (C) In the shop window
   (D) From a colleague

8. Look at the graphic. Which plot is the man interested in?
   (A) Plot A
   (B) Plot B
   (C) Plot C
   (D) Plot D

9. What is the woman surprised by?
   (A) The speed of a decision
   (B) The occupation of the man
   (C) The opinion of the man's colleague
   (D) The location of a car

10. What has the man been asked to do?
    (A) Assign new projects
    (B) Schedule a window cleaner
    (C) Research new computers
    (D) Rearrange the office layout

11. What is the B Team's problem with their current desk location?
    (A) They dislike the breeze.
    (B) They are bored with it.
    (C) The sunlight bothers them.
    (D) The view outside is distracting.

12. Look at the graphic. Where does the woman finally think the B Team should be put?
    (A) In Block 1
    (B) In Block 2
    (C) In Block 3
    (D) In Block 4

SPARTA
빈출 어휘 : 상황별 어휘

[회사 조직]

company/firm/corporation	회사	management	경영진; 경영, 관리
board of directors	이사회	CEO (Chief Executive Officer)	최고경영자
president	사장	vice president	부사장
director	이사, 중역	executive	중역, 간부
shareholder	주주	headquarters/main office/head office	본사
branch/office	지사, 지점	branch manager	지점(지사)장
supervisor	감독자, 상사	department head	부서장
staff/employee/personnel	직원	clerk	점원
colleague/coworker	직장 동료	secretary	비서
assistant	조수	personnel department / human resources (HR)	인사과
new recruit, new employee	신입 사원		
sales department	영업부서	marketing department	마케팅부서
accounting department	회계부서	maintenance department	관리부서
planning department	기획부서	security office	보안(경비)부서
audit	(회계)감사	R&D (research and development)	연구개발
technical support team	기술지원부서	public relations/publicity	홍보(부)
payroll division	경리부서	cafeteria	구내 매점
management	경영진	wing	별관

[인사 및 급여]

applicant/candidate	지원자	application	지원서
job	일자리	post/position	지위
job opening/job vacancy	일자리	qualified	자격 있는
job seeker	구직자	résumé	이력서
degree	학위	hire	고용하다
recruit	모집하다	transfer	전근 가다
promotion	승진; 홍보	lay off	일시(정리)해고 하다
retire	은퇴하다	retiree	은퇴자
work overtime/work late/ work extra hours	시간외 근무하다	pay raise	임금 인상
		dedication	헌신
paycheck	급여	payroll	급여 지급 명부
pension	연금	replacement	교체물, 후임자
in charge of/responsible for	~에 책임을 지는	reputation	명성
reference	추천서	career	경력
evaluate/assess	평가하다	experienced	경험이 많은
incentive	장려금; 자극책	resign	사임하다
go on strike	파업하다	supervisor	관리자, 상사

[업무, 회의]

account	계좌; 거래처(client)	shipment	선적; 발송
ship	선적(발송)하다	deliver	배달(전달)하다
budget	예산	profit	이익; 수익
revenue/earnings	수입, 수익	client	고객(customer), 거래처
expense	경비, 비용	invest	투자하다
investment	투자	appointment	약속; 예약
reschedule	일정을 변경하다	renovate/remodel	보수하다; 개조하다
copier/photocopier/copy machine	복사기	maintenance	보수, 관리(유지)
warehouse	창고	transport	운송하다
equipment	장비; 기계	fund	자금
office supplies	사무 용품	consult	상담하다
take ~ off	휴가를 내다, 근무를 쉬다	task	일, 과제
duty	직무(임무)	performance	실적, 성과
competitor	경쟁자(업체)	merger	합병
acquisition	인수	deal	거래; 협정
law firm	법률 회사	presentation	발표, 설명
training session	교육	launch	출시하다; (일 등을) 착수하다
business trip	출장	strike	파업
operation	운영, 경영	oversee/supervise/superintend	감독하다
finance	재정; 금융	market share	시장 점유율
reward	보상, 보상하다	advertisement(=ad)	광고
advertising campaign	광고 캠페인	response	반응
out of the office	사무실에 없는	form	용지, 양식
fill out a form	양식을 기입(작성)하다	ID/identification	신분증
bulletin board/notice board	게시판	approval/permission/authorization	승인, 허가
estimate/quote	견적	compensate	보상하다
finish/complete/conclude/finalize	마치다, 마무리 짓다	regulation	규정
employee handbook	직원 안내서	projector	영사기
disturb/bother	방해하다	terms	조항
priority	우선 사항	survey	설문조사
questionnaire	설문지	improve	개선하다
satisfaction	만족	dissatisfaction	불만족
share	공유하다	results	결과
feedback/comment/idea/opinion	의견	sufficient/enough	충분한
insufficient	불충분한	sales figure	판매 수치
profit	수익	statistics	통계
task	일	workshop	워크숍
competitor	경쟁자	issue/problem	문제
budge/fund	예산	submit/hand in/turn in	제출하다
urgent business	급한 업무	address	처리하다
understaffed/short-staffed	인원이 부족한	shortage/lack	부족
training session	교육 연수	expense/expenditure	지출
reimbursement	상환	time sheet/timecard	근무 시간표

[병원, 건강]

gain weight	체중이 늘다	lose weight	체중을 줄이다
work out/exercise	운동하다	gym	체육관
prescribe	약을 처방하다	prescription	처방(전)
medical test(exam)/ physical check-up	검사, 검진	run a test	검사를 실시하다
		patient	환자
make an appointment	예약하다	pain	통증
feel well	컨디션이 좋다	feel better	증상이 호전되다
headache	두통	stomachache	위통
allergy	알레르기	wrist	손목
ankle	발목	medicine	의학, 의약품
medical conference	의학 학회	operation/surgery	수술
physician	(내과) 의사	surgeon	외과 의사
patient	환자	eye doctor	안과 의사
vision test	시력 검사	reduce stress	스트레스를 줄이다
side effect	부작용	hurt	아프다; 아프게 하다
illness/disease	질병	high blood pressure	고혈압
pregnant	임신한	dentist	치과 의사
health insurance	건강 보험	pharmacy	약국
pharmacist	약사	pharmaceutical company	제약 회사
injury	부상	nutrition	영양
emergency room	응급실	surgery	수술

[문화 생활]

theater/playhouse	극장	movie theater/cinema	영화관
movie/film	영화	ticket	입장권
box office/ticket booth	매표소	balcony seat	발코니 좌석
aisle seat	통로 쪽 좌석	play	연극
concert	콘서트	live performance	라이브 공연
part	배역(역할)	switch seats	자리를 바꾸다
audience	관객	performer	공연자, 연주자
perform	공연(연주)하다	curtain	(연극) 막
stage	무대	intermission	중간 휴식
opera	오페라	refreshments	다과
museum	박물관	art gallery	미술관
artwork	공예품(미술품)	painting	그림
sculpture/statue	조각	unique	독특한
player	연주자	solo	독주; 독창
(musical) instrument	악기	critic	평론가
clap/applaud	박수 치다	conductor	지휘자
favorable review	호평	exhibit/exhibition	전시회

[행사]

welcoming party	환영회	farewell party	송별회
award ceremony	시상식	race	경기
reception dinner	환영 만찬	banquet	연회
company retreat/picnic/outing	회사 야유회	opening ceremony	개막식
caterer	출장 연회업자	host	진행자
recipient/winner	수상자	great turnout	많은 참가자 수
present an award	상을 수여하다	employee of the year	올해의 직원상
nominate	후보자로 지명하다	famous/well-known	유명한
outstanding	뛰어난	contribute to	~에 기여하다
honor	영예를 주다	win/receive an award	상을 받다
educational background	학력	give a prize	상품을 주다
giveaway	경품	raffle prize	추첨 경품
prestigious	명망 높은	recognize/acknowledge	인정하다
dedicated	헌신적인	rule	규칙
cancel/call off	취소하다	crowd	군중

[여행과 교통]

land	착륙하다(↔ take off 이륙하다)	overhead compartment	(좌석 위의) 짐 넣는 선반
cabin	객실	pillow	베개
blanket	담요	fasten seat belts	안전벨트를 매다
captain	기장	pilot	조종사
passenger	승객	flight attendant	비행기 승무원
turbulence	난기류	fare	운임
direct flight	직항편	flight	항공편
processing	탑승수속	check the luggage/bag/suitcase	가방을 화물칸에 싣다
check-in	탑승 수속하다	seat assignment	좌석 배정
boarding gate	탑승구	board	탑승하다
connecting flight	연결 항공편	security check points	보안 검색대
miss the flight	비행기를 놓치다	inclement weather	악천후
boarding pass	탑승권	abroad	탑승한
disembark	(기차, 배, 비행기 등에서) 내리다	departure	출발
arrival	도착	destination	목적지
stopover/layover	경유	exit	출구
travel agency	여행사	travel agent	여행사 직원
itinerary/travel plan/schedule	여행 일정	confirm	확인하다
book	예약하다(=reserve)	resort	휴양지
rent a car	차를 빌리다	ferry	여객선
dock	부두(=pier)	harbor	항구(=port)
on board	(배, 비행기, 기차 등의) 탑승하여	gas station	주유소
highway/expressway	고속도로	downtown	시내
vehicle	차량	fix/repair	수리하다
part	부품	brake	브레이크
flat tire	펑크 난 타이어	behind schedule	예정보다 늦은

on schedule	예정대로	transfer	환승하다
public transportation	대중 교통	platform	역, 승강장
train conductor	(열차) 차장	block	막다
souvenir	기념품	sightseeing	관광
lighthouse	등대	scenery/landscape/view	경치
accommodations	숙박 시설	spectator	관중
pedestrian/walker	보행자	fasten one's seatbelt	안전벨트를 매다
shortcut	지름길	collision	충돌
fuel efficiency	연비	mechanic	수리공
parking lot/garage	주차장	tow	견인하다
van	승합차	waiting list	대기자 명단
convenience	편리 (↔ inconvenience 불편)	on time	제시간에
accident	사고	commuter	통근자
driver/motorist	운전자	lane	차선
intersection	교차로	sidewalk/walkway	보도

[쇼핑과 예약]

expensive/costly	비싼	loose	헐렁한, 느슨한
sleeve	소매	suit	정장, 옷
attire/dress/clothes	복장, 의상	dry cleaner	세탁소
fit/suit	꼭 맞다	grocery store/supermarket	식료품점
clerk	(가게) 점원	bargain	흥정(하다)
negotiate	협상하다	courier	배달원, 택배회사
import	수입하다	export	수출하다
department	매장	reasonable/affordable price	저렴한 가격
display	진열(하다)	front window	앞쪽 진열창
shelf	진열대, 선반	rack	(옷, 모자 등의) 걸이, 선반
check-out/register counter	계산대	warranty	보증(서)
guarantee	보증(보장)하다, 보증	exchange the defective product	불량품을 교환하다
refund	환불, 환불하다	full refund	전액 환불
free of charge	무료인	be out of stock/be sold out	재고가 떨어지다
take inventory	재고 조사하다	on sale	세일 중인
for sale	판매 중인	try on/put on	입어(신어) 보다
a pair	한 벌(켤레)	aisle	통로
suite	특실	double bedroom	2인용 객실
single bedroom	1인용 객실	lobby	로비
receptionist	접수원	conference room	회의실
check-in	입실 수속하다	check-out	퇴실 수속하다
stay	숙박하다	book/reserve	예약하다
accommodate	수용하다	bill/check	계산서
facility	시설(=establishment); 설비	patron	단골 고객(=customer)
business hours	영업 시간	hours of operation	운영시간
refund	환불하다	bill statement	대금 청구서
cashier	출납원	label	라벨
price tag	가격표	vendor	행상인, 판매회사

스파르타 토익
750+
LC

PART 4
LISTENING COMPREHENSION

DAY 13

1 주제/목적

SPARTA 유형 파악

보통 주제/목적을 묻는 문제는 주로 담화 초반부에 출제되지만 간혹 난이도 있는 문제는 전체적으로 듣고 판단해야 한다. 질문의 초반부에 보통 화자가 자기 소개한 다음에 주제/목적을 말한다.

SPARTA 출제 포인트

- 초반에 나오는 질문의 키워드 중심으로 판단하자. 담화 초반에서 I'd like to announce/inform/notify ~, I'd like to let you know ~, I'm sorry to tell ~, I regret to inform ~, I'm calling to inform/remind ~ 등의 표현 뒤에 주제/목적이 나온다.
- 간혹 초반부에 주제/목적 안 나오더라도 당황하지 말고 대화를 끝까지 다 듣고 풀어도 된다.
- 주제를 잘 파악하면 문제를 더 원활하게 풀 수 있다. 전체적으로 문제 푸는 흐름과 속도가 좋아진다.

SPARTA 빈출 문제   * 1초 파악: 질문을 보자마자 주제/목적을 묻는다는 것을 파악하자!

What is the speaker mainly talking about/discussing? 화자는 주로 무엇에 대해 말하고 있는가?
What is the main topic of the talk? 담화의 주제는 무엇인가?
What is being announced? 무엇이 발표되고 있는가?
What is being advertised? 무엇이 광고되고 있는가?
At what event is the announcement being made? 무슨 행사를 발표하고 있는가?
What product is the speaker discussing? 화자는 무슨 제품을 논하고 있는가?
What is the main purpose of this message? 이 메시지의 주요 목적은 무엇인가?
Why most likely is the announcement being made? 왜 안내되고 있는 것 같은가?
Why is the speaker calling? 왜 화자는 전화하는가?

SPARTA 문제 풀이 비법   🎧 Day13_01_01

What is the **main topic** of the talk?	담화의 주제는 무엇인가?
(A) Technology sales	(A) 기술 판매
(B) Business results	(B) 사업 결과
(C) Medical subjects	(C) 의학 주제
(D) Insurance regulations	(D) 보험 규제

| Hello, everyone. I'm happy to announce that the Annual Healthcare Convention has more participants this year than last year. There are currently many exciting medical developments to discuss. For example, new types of equipment can quickly and painlessly test eyes, blood, and skin. Also, computers are helping doctors and others in the field make accurate decisions about patients' conditions. Later on today, Professor Rhonda Collins from Gordon University will talk about how such technology is affecting surgery. To begin with, I will show you a video that explains the various seminars and exhibitions you'll have the opportunity to attend. | 안녕하세요, 여러분. 이번 연례 의료 컨벤션에 작년보다 더 많은 참석자들이 왔다는 것을 알리게 되어 기쁩니다. 최근에 토론할 만한 흥미로운 의학 개발들이 있습니다. 예를 들어, 새로운 형태 장비는 빠르게 고통 없이 눈, 혈액, 피부를 검사할 수 있습니다. 또한 환자의 상태를 정확히 진단해야 하는 이 분야의 의사들과 관계자들을 도와주고 있습니다. 오늘 나중에, Gordon 대학 Rhonda Collins 교수가 어떻게 그런 기술이 수술에 영향을 미치는지 말할 겁니다. 우선, 여러분들이 참석할 기회가 있는 다양한 세미나들과 전시회들을 설명하는 비디오를 보여 드리겠습니다. |

비법 주제를 들으려면 첫 대사를 집중해서 들으면 된다. "I'm happy to announce that the Annual Healthcare Convention ~." '의료 컨벤션'에 관한 내용이므로 정답은 (C) 의학 주제이다.

SPARTA Check-UP

🎧 Day13_01_02 해설 p.298

질문과 보기를 미리 읽고 음성을 들으면서 답을 표시하세요. 두 번째 음성을 듣고 빈칸을 채우세요.
(음성은 두 번씩 들려줍니다.)

1~3

1. What is the main subject of the talk?
   (A) A product launch
   (B) An itinerary
   (C) Research results
   (D) A new facility

2. According to the speaker, why is a change being made?
   (A) There were few customers.
   (B) Orders have not been met.
   (C) Equipment was damaged.
   (D) The budget was limited.

3. What does the speaker say about some employees?
   (A) They will probably meet engineers.
   (B) They will delay the construction.
   (C) They will be transferred to the engineering department.
   (D) They will be promoted soon.

4~6

4. What is being advertised?
   (A) A medical clinic
   (B) A bookstore
   (C) A bed
   (D) A sports center

5. According to the speaker, what special option is available?
   (A) An online cancellation system
   (B) Complimentary training
   (C) Daytime appointments
   (D) Reduced fees

6. How can the listeners get more information?
   (A) By attending the training
   (B) By visiting the homepage
   (C) By contacting the service center
   (D) By looking at the manual

Questions 1-3 refer to the following excerpt from a meeting.

There's some important news about yesterday's meeting in Washington. Board members voted in favor of investing 32 million dollars from this year's budget _____ in New York. As you know, we have been unable to _____ for several months. The new factory, which will operate with the latest equipment, will enable us to meet all orders. I want to reassure those of you working here at our headquarters that your jobs will mainly be unchanged. When the factory construction work goes forward, however, some of you may have to _____.

Questions 4-6 refer to the following advertisement.

Are you having trouble sleeping? Then come to the renowned _____ from our professional experts. You'll spend the night at our clinic, and our medical staff will monitor your sleep patterns with the latest equipment in the sleep laboratory. The data we collect from these sessions can help improve your sleep. However, if you don't want to stay overnight in a sleep lab, don't worry. We have a day program _____ _____. All you need is an appointment for four hours. _____ _____, www.cypresssleepcenter.or.kr. Don't lose another night's sleep again. To make an appointment, please call our center at 777-9191 or visit our Web site. Thank you.

SPARTA Actual Test

1. What does the speaker announce?
   (A) A new contract
   (B) A new play
   (C) A renewed agreement
   (D) A company merger

2. According to the speaker, what has Broadway Theater requested?
   (A) Extra seats
   (B) Colorful lights
   (C) A nice-looking interior
   (D) Clothing design

3. What will the listeners do next?
   (A) Update their schedule
   (B) Distribute an expense report
   (C) Discuss a project plan
   (D) Call some clients

4. What is the main purpose of this message?
   (A) To get a schedule
   (B) To receive an update
   (C) To request a visit
   (D) To ask about a product

5. What is Sofia asked to do?
   (A) Provide a signature
   (B) Call a delivery person
   (C) Meet Stephen Wong
   (D) E-mail Sun Talk Corporation

6. According to the speaker, how long will James remain at the front desk?
   (A) For 10 minutes
   (B) For 15 minutes
   (C) For 30 minutes
   (D) For 35 minutes

7. At what event is the announcement being made?
   (A) A book signing
   (B) A product launch
   (C) A professional conference
   (D) A charity fundraiser

8. What does the speaker suggest that some listeners do tomorrow?
   (A) Go on a tour
   (B) Attend an opening ceremony
   (C) Participate in a focus group
   (D) Make a list

9. What are the listeners instructed to do?
   (A) Use a different entrance
   (B) Sign up early
   (C) Complete a questionnaire
   (D) Sit in a designated seat

10. What product is the reporter discussing?
    (A) A laptop computer
    (B) A mobile phone
    (C) A radio
    (D) An automobile

11. What is unique about the product?
    (A) Its logo design
    (B) Its reasonable price
    (C) Its material
    (D) Its size

12. What does the speaker suggest some listeners do?
    (A) Call a customer service number
    (B) Replace older parts
    (C) Stop by a sales booth
    (D) Visit a Web site

2 장소/직업

SPARTA 유형 파악

장소/직업을 묻는 문제는 주로 첫 문제에 출제되며 담화 초반부에 힌트가 나온다. 직접적으로 장소나 직업을 언급하는 경우도 있지만 대부분 초반에 단서를 제시하는 방법으로 출제된다. 따라서 초반을 놓치지 않고 들어야 한다.

SPARTA 출제 포인트

- 연설/안내 장소를 묻는 문제는 첫 대사 Welcome to ~, Thank you for coming/joining ~ 뒤에 단서가 나온다. 그리고 자동 응답 메시지는 You've reached ~, Thank you for calling ~ 뒤에 기관명이 나온다.
- 화자의 직업은 초반에 이름 뒤에 언급된다. My name is ~, I'm ~(전화상으로는 This is ~) 뒤에 '이름 + 직책/직업/부서' 등이 소개된다.
- 청자의 직업은 음성 메시지인 경우를 제외하고 보기에 복수 형태의 직업으로 나온다. 청자 정보 역시 초반에 언급된다.
- 보기에 나오는 직업 표현으로, 'As + 단수 명사' 형태이면 화자의 직업이고 'As + 복수 명사' 형태이면 청자의 직업이다.

SPARTA 빈출 문제   *1초 파악: 질문을 보자마자 장소/직업을 묻는다는 것을 파악하자!

Who is the speaker? 화자는 누구인가?
Which department/company does the speaker work in? 화자는 어느 부서/회사에서 일하는가?
Who is making this broadcast? 누가 방송하고 있는가?
Who most likely is the audience of this event? 이 행사의 청중은 누구일 것 같은가?
Who is the speech most likely for? 연설은 누구를 위한 것 같은가?
Where is the talk taking place? 담화는 어디에서 일어나는가?
Where is this announcement being made? 어디에서 안내하고 있는가?
What type of business has the listener called? 청자는 어떤 회사에 전화했는가?
Where would the speech most likely be heard? 연설을 어디에서 듣고 있는 것 같은가?

SPARTA 문제 풀이 비법   🎧 Day13_02_01

Who most likely is **the speaker**?
(A) A car salesperson
(B) A real estate agent
(C) A software developer
(D) A chef

화자는 누구일 것 같은가?
(A) 차량 판매원
(B) 부동산 중개업자
(C) 소프트웨어 개발자
(D) 주방장

Hello, Mr. Thompson. This is Pauline Campbell from Campbell Realty. I want you to know that your house was listed in the Available Properties section of our Web site. We received inquiries within twenty minutes of posting, so I don't think we will have a lot of trouble selling your beautiful house. There is just one thing I need to confirm. When you decided to sell the property, you said you might include your vehicle as part of the sale package. If that is still true, please call me immediately, as I may be able to get a much better price if a car is part of the deal.

안녕하세요, Thompson 씨. 저는 Campbell 부동산의 Pauline Campbell입니다. 저희 웹 사이트에 가능한 부동산 섹션에 당신의 집을 올려 놓은 일에 대해 알려 드리고자 합니다. 우리는 게시하고 20분 내로 많은 문의를 받았습니다. 그래서, 당신의 아름다운 집을 팔기에는 큰 문제가 없을 듯 합니다. 단지 제가 확인해야 할 한 가지가 있습니다. 당신이 집을 팔 때, 당신의 차를 같이 포함하고 싶다고 말했습니다. 만약 그게 여전히 사실이라면, 즉시 제게 전화하세요. 차를 거래에 포함하면 더 나은 가격을 받을 수 있을 것 같습니다.

비법 전화 메시지인 경우 초반 화자가 자기소개를 'This is + 이름 + 소속'의 순서대로 말한다. 여기에서도 "This is Pauline Campbell from Campbell Realty." Campbell 부동산이라고 소개한다. 그래서 정답은 (B)이다

SPARTA Check-UP

Day13_02_02 해설 p.302

질문과 보기를 미리 읽고 음성을 들으면서 답을 표시하세요. 두 번째 음성을 듣고 빈칸을 채우세요.
(음성은 두 번씩 들려줍니다.)

1~3

1. Where is the talk most likely taking place?
   (A) In a school
   (B) In a conference room
   (C) In a fitness center
   (D) In a department store

2. What does the speaker plan to do?
   (A) Organize an event
   (B) Hire employees
   (C) Make a manual
   (D) Conduct a survey

3. What does the speaker ask the listeners to do?
   (A) Apply for a job
   (B) Register for a seminar
   (C) Share their suggestions
   (D) Leave the office early

4~6

4. Who is this talk most likely for?
   (A) University students
   (B) City officials
   (C) Reporters
   (D) Company employees

5. What subject will Mariko Angelo talk about?
   (A) Managing radio stations
   (B) Planning events
   (C) Solving operational problems
   (D) Writing business strategy books

6. What are listeners asked to do next?
   (A) Pick up brochures
   (B) Ask questions
   (C) Send strategies
   (D) Have refreshments

Questions 1-3 refer to the following talk.

Good morning to all board members, and thank you for _____.
As you know, our residential project has been delayed, but we need to complete it within two months. To speed up the process, we're thinking of _____.
We will post an advertisement online and in the newspapers with a list of requirements. Construction experience, willingness to work in a team, and customer service skills are the qualifications we need. _____ about other requirements that are essential for our job, please _____.

Questions 4-6 refer to the following excerpt from a meeting.

Please come in and have a seat. _____ at the monthly departmental meeting. Mariko has already become quite popular as a special business broadcaster on the radio station ANZ. Some of you may also have read his book, *The Development of Quality Manufacturing*. Mariko will give a speech about some of the challenges car producers like ours are facing. He will be speaking about business strategies, managing the performance of personnel, and _____.
This information is in the handout that you received before coming in. At the end of his presentation, you'll have time to ask any questions. To start, _____ at the back of the room.

SPARTA   Actual Test

1. Who is the speaker?
   (A) A Delft businessman
   (B) A potter
   (C) A tour guide
   (D) A tourist visiting Delft for the first time

2. What did the visitors see yesterday?
   (A) A work of art
   (B) New Church
   (C) A shopping center
   (D) A pottery shop

3. At the end of the talk, what does the speaker distribute?
   (A) A history of Delft
   (B) Shopping tips
   (C) A small piece of pottery
   (D) Discount coupons for pottery

4. Who most likely is the speaker?
   (A) A city official
   (B) A school founder
   (C) A salesperson
   (D) A hotel staff member

5. What is mentioned about the management seminar?
   (A) It serves complimentary beverages.
   (B) It will last for one day.
   (C) It has some speakers invited from overseas.
   (D) It will start tomorrow afternoon.

6. What does the speaker suggest the listeners do?
   (A) Arrive at the academy early
   (B) Submit a form
   (C) Review a schedule for an event
   (D) Access a company's Web site

7. Where is the talk taking place?
   (A) At a university
   (B) At a stadium
   (C) At an office
   (D) At a library

8. What change does the speaker mention?
   (A) The location of a booth
   (B) The form of employment
   (C) The date of an interview
   (D) The way to submit a report

9. What does the speaker ask listeners to do?
   (A) Provide some personal information
   (B) Send an application form by mail
   (C) Write a reference letter
   (D) Bring a discount coupon

10. What type of business has the listener called?
    (A) A news organization
    (B) A transportation company
    (C) A recruitment agency
    (D) A utilities center

11. How can the listener get information on prices?
    (A) By dialing another number
    (B) By pressing two
    (C) By pressing four
    (D) By visiting a Web site

12. Why is this message being heard?
    (A) Customer service representatives are busy.
    (B) The Web site address has changed.
    (C) The office is currently closed.
    (D) Office hours have been extended.

DAY 14

1 이유/원인

SPARTA 유형 파악

이유/원인을 묻는 질문에 이미 많은 힌트들이 있기 때문에 대화를 듣기 전에 미리 어떤 내용이 나올지 파악할 수 있다. 따라서 미리 문제를 파악하고 그 부분에 집중하면 쉽게 정답을 알아낼 수 있다. 일정 변경/연기/취소, 문제점 등을 많이 물어본다.

SPARTA 출제 포인트

- 문제의 순서는 보통 두 번째나 세 번째에 위치한다. 그래서 세부적인 상황이 나오는 지문의 중후반부에 단서가 나온다.
- 이유/원인에 관한 내용은 질문에 나온 키워드 앞뒤로 to부정사, because/since, due to, so 등의 표현으로 주로 언급된다. 이 외에도 부정적인 표현으로 언급되면서 이유가 제시되는 경우도 있다.
- Why뿐만 아니라 What has caused ~?, What caused ~?, What is the reason ~? 형태로도 이유를 물을 수 있다.

SPARTA 빈출 문제

Why is the speaker going to be late? 화자는 왜 늦을 것인가?
Why was the flight delayed? 왜 비행기가 지연됐는가?
Why was the workshop rescheduled? 왜 워크숍 일정이 변경됐는가?
Why does the speaker ask the listener to return the call? 왜 화자는 전화를 다시 해 달라고 하는가?
Why was the change made? 왜 변화가 생겼는가?
Why is the construction behind schedule? 왜 공사가 예정보다 늦어지는가?
Why was the project rejected? 왜 프로젝트가 거절되었는가?
According to the advertisement, why should customers visit the Web site?
   광고에 따르면, 왜 고객들은 웹 사이트를 방문해야 하는가?
What caused the problem on the system? 시스템에 야기된 문제는 무엇인가?

SPARTA 문제 풀이 비법

🎧 Day14_01_01

Why is the listener asked to visit an office?
(A) To return a key
(B) To collect a parcel
(C) To give approval
(D) To sign a contract

왜 청자는 사무실로 방문하는 것을 요청 받는가?
(A) 열쇠를 돌려주기 위해
(B) 소포를 가지러 가기 위해
(C) 승인을 하기 위해
(D) 계약서에 서명하기 위해

Hi, Martin, this is James from the management office of Century Apartments. I received your message about your air conditioner on the ceiling not working properly, so I've called a repairperson to come and fix it on Wednesday morning at 10 o'clock. I think you'll probably be at work at that time, so could you please stop by the management office before then? You'll need to sign a form giving permission for the repairperson to enter your house. If you won't, please call me as soon as possible.

안녕하세요, Martin 씨. Century 아파트 관리사무소의 James입니다. 저는 당신 집에 천장에 에어컨이 작동이 잘 안 된다는 메시지를 받았습니다. 그래서 저는 수리공에게 연락을 해서 수요일 오전 10시에 고쳐달라고 했어요. 그 시간에 당신은 일하고 있을 것 같은데요. 그래서 그전에 관리소에 잠깐 들러 주시겠어요? 수리공이 당신 집에 들어갈 수 있도록 허락하는 서류에 사인하셔야 해요. 만약에 못 할 것 같으면 가능한 한 빨리 전화 주세요.

 듣기 전에 질문을 먼저 읽으면 후반에 청자에게 사무실로 오라고 요청할 것을 알 수 있다. "You'll need to sign a form giving permission for the repairperson to enter your house." 요청하는 이유는 수리공이 청자의 집에 들어가는 것을 허락 받기 위한 것이다. 여기서 permission과 approval이 대체되는 단어임을 꼭 기억하자. 정답은 (C)이다.

SPARTA Check-UP

Day14_01_02 해설 p.307

질문과 보기를 미리 읽고 음성을 들으면서 답을 표시하세요. 두 번째 음성을 듣고 빈칸을 채우세요.
(음성은 두 번씩 들려줍니다.)

1~3

1. What event took place last weekend?
   (A) An art exhibit
   (B) An opening ceremony
   (C) An outdoor flea market
   (D) A live performance

2. Why is the city raising money?
   (A) To construct a library
   (B) To build a new city hall
   (C) To reopen a museum
   (D) To create a monument

3. Why was the event rescheduled?
   (A) Expensive tickets
   (B) An inconvenient location
   (C) Inclement weather
   (D) Low attendance

Questions 1-3 refer to the following broadcast.

Good morning, you're listening to local news from WZA Radio. City officials have reported _____ _____ at Riverside Park was a huge success. More than $30,000 was raised _____ _____ downtown. Even though the original event was rescheduled _____ _____, attendance was higher than expected. However, the city still needs to raise another $20,000 before construction can begin on the new facility. For more information, or to make a donation, please visit the city's library donation Web site.

4~6

4. Why has the tour bus stopped?
   (A) To let the tourists go to a shopping spot
   (B) To put gas in the bus
   (C) To pay a toll
   (D) To see a view that the guide pointed out

5. According to the speaker, why is Winsor historically important?
   (A) A famous author lived there.
   (B) It is the oldest town in the country.
   (C) An important battle took place there.
   (D) It used to be a center of trade.

6. What will the tour group do next?
   (A) Take a tour
   (B) Take a group picture
   (C) Get on the bus
   (D) Watch a documentary

Questions 4-6 refer to the following tour information.

Now, we'll stop at this spot for about five hours. The _____ _____ of the mountain is one of my favorites in the area. Also, you can see the beautiful village of Winsor and try local cuisine, which is popular with tourists. Winsor used to be an important port town where _____. Merchants used to stop in Winsor to buy and sell their goods as they traveled along the sea. Okay, _____.

SPARTA Actual Test

1. Why does the speaker congratulate Ms. Matsuda?
   (A) She started a publishing company.
   (B) She finished the research project.
   (C) She won the Best Author prize.
   (D) Her novel is very popular.

2. What does the speaker want to have happen at the end of this year?
   (A) A television show will begin.
   (B) A book signing will take place.
   (C) A new film will be introduced.
   (D) A new edition will be published.

3. Why is the listener asked to return the call?
   (A) To discuss more particulars
   (B) To talk about the grand opening
   (C) To schedule an interview
   (D) To confirm an itinerary

---

4. According to the report, what are some companies doing to save money?
   (A) Hiring fewer personnel
   (B) Reorganizing departments
   (C) Holding smaller business luncheons
   (D) Reducing some space

5. What does the speaker state employees appreciate?
   (A) Work facilities
   (B) Business travel
   (C) Personnel training
   (D) Restaurant meals

6. Why does the speaker mention technology companies?
   (A) To cite a highly productive place
   (B) To explain why IT investment is expensive
   (C) To show how science improves foods
   (D) To explain how technology can be used in dining areas

7. Why does the speaker apologize to the listeners?
   (A) He was confused about a meeting time.
   (B) He chose an inconvenient date.
   (C) He forgot to attend the meeting.
   (D) He made a last-minute change.

8. What is the purpose of the meeting?
   (A) To organize a department outing
   (B) To change the agenda
   (C) To prepare a questionnaire
   (D) To agree on a commission

9. Why does the speaker want the meeting to be short?
   (A) He has to leave for a business trip.
   (B) He wants to have enough time for a presentation.
   (C) The meeting room is only available for a limited time.
   (D) A buyer requested a prompt response.

---

10. Why does the speaker call Ms. Denby?
    (A) She has applied for a job.
    (B) Her proposal has been approved.
    (C) Her interview was successful.
    (D) The position has already been filled.

11. Who is Milton Reynolds?
    (A) A newspaper writer
    (B) A personnel director
    (C) A candidate
    (D) A vice president

12. Why does the speaker ask Ms. Denby to return the call?
    (A) To correct some information
    (B) To schedule an interview
    (C) To conduct a survey
    (D) To give some directions

2 문제점

SPARTA 유형 파악

보통 문제점은 담화의 전반부에 등장하고 후반부에는 해결 방안이 제시되는 경우가 많다. 그래서 3개의 문제 중에서 첫 문제에서 문제점을 물으면 주제를 묻는 문제일 가능성이 높다. 그리고 두 번째, 세 번째 문제에서 문제점을 묻는다면 세부적인 문제 상황을 묻는 문제일 확률이 높다. 하지만 문제 순서가 달라질 수도 있으며 절대적인 것은 아니다.

SPARTA 출제 포인트

- 부정적인 표현에 집중하자. 문제 상황에서 trouble/problem/issue, I'm afraid/sorry ~, unfortunately 등 부정적인 어휘들이 문제 상황에서 자주 등장한다.
- 지문 초반에 I'm sorry to inform/notify ~, I regret to announce ~라는 표현들이 들리면 주제가 문제점인 것이다.
- 보통 문제점의 내용으로 매출 감소나 배송/행사/비행기/열차 지연, 기기 고장 등이 주로 나온다. 해결 방안은 후반에 제시된다.

SPARTA 빈출 문제

According to the speaker, what is the problem? 화자에 따르면, 문제점이 무엇인가?
What problem does the speaker mention? 화자는 무슨 문제를 언급하는가?
What is the speaker concerned/worried about? 화자는 무엇에 대해 염려하는가?
What is the problem with the product? 상품의 문제점은 무엇인가?
What is the company having trouble with? 회사는 무슨 문제점을 가지고 있는가?
What is the speaker upset about? 화자는 무엇에 화났는가?

SPARTA 문제 풀이 비법

🎧 Day14_02_01

What **problem** does the speaker mention?
(A) A road has been constructed.
(B) A bridge is closed.
(C) A transportation service is unavailable.
(D) A subway station is crowded.

화자는 무슨 문제를 언급하는가?
(A) 도로가 공사되었다.
(B) 다리가 차단되었다.
(C) 교통 서비스를 이용할 수 없다.
(D) 지하철 역이 붐비다.

Hi, Mr. Smith. This is Melanie. I know we were supposed to meet in the conference room at ten in the morning to discuss the renovation to the lobby. However, I'm calling to let you know that I'm having a problem with the public transportation. When I was on the subway, it suddenly stopped due to some mechanical problem. So, I got off the subway and took a taxi. I'm on the way to the office, but it may take a while. I won't make it on time. Why don't we meet at two after lunch instead? I hope this will work for you because I want to share some ideas for the project. I'm sorry about that.

안녕하세요, Smith 씨. 저는 Melanie입니다. 우리가 로비 보수를 토론하기 위해 오전 10시에 회의실에서 만나기로 했던 것으로 알고 있습니다. 그러나 제가 이용하는 대중 교통에 문제가 있어서 연락 드려요. 지하철을 타고 있는데 갑자기 기계적인 문제로 멈췄어요. 그래서 지하철에서 내려서 택시를 탔습니다. 지금 사무실로 가고 있는데 시간이 걸릴 것 같네요. 제시간에 못 갈 거예요. 대신에 점심 이후 2시에 만나는 게 어때요? 제가 프로젝트에 대한 생각들을 공유하고 싶기 때문에 이 일이 당신에게 도움이 됐으면 하네요. 죄송합니다.

비법 초반에 화자가 회의하러 가고 있는데, "I'm having a problem with the public transportation." 갑작스런 대중 교통 문제로 제때 못 갈 것 같다고 말하고 있다. 따라서 정답은 (C)이다.

SPARTA Check-UP

질문과 보기를 미리 읽고 음성을 들으면서 답을 표시하세요. 두 번째 음성을 듣고 빈칸을 채우세요.
(음성은 두 번씩 들려줍니다.)

1~3

1. What problem does the speaker mention?
   (A) A renovation will be delayed.
   (B) The shipment has not arrived.
   (C) The elevator is broken again.
   (D) The elevator isn't set up.

2. What does the speaker say about the gift shop?
   (A) It is on the 6th floor.
   (B) It is completed.
   (C) It is not stocked with items.
   (D) It is having an opening event.

3. Who does the speaker welcome as special guests?
   (A) Athletes
   (B) Sports magazine reporters
   (C) Stadium architects
   (D) Financial experts

Questions 1-3 refer to the following announcement.

Good afternoon, and thanks for waiting for me. I work on the 6th floor at the stadium; unfortunately, the elevator near my office _____ yet. Okay, let's begin the tour. Once the renovation is completely finished, this basketball arena will be the largest one in the country. The court and the locker rooms are completed, so we'll see those areas. Also, there is a gift shop on the second level, but _____ any merchandise in it right now, so there isn't much to see there. Now, I'd like to give _____ _____ from Sky Financial Institute who are here with us today. They made investments to bring a professional basketball team to Belmont.

4~6

4. Where does the caller probably work?
   (A) At a retail store
   (B) At a bed factory
   (C) At an Internet provider
   (D) At a shipping company

5. What problem is mentioned about the order?
   (A) The Web site is currently unavailable.
   (B) The payment has not been completed.
   (C) An item is out of stock.
   (D) A table was damaged in transit.

6. Why does the caller ask the listener to call him later?
   (A) To talk about the shipping method
   (B) To renew the contract
   (C) To cancel the order
   (D) To inform him of her preference

Questions 4-6 refer to the following telephone message.

Hello, this is Anand Patel _____. This message is for Ms. Jiang. I'm calling regarding the order we received from you at our online shop last Friday. We will be able to deliver the bed and frame you ordered this afternoon. Unfortunately, we currently _____ bedside table in stock. If you would prefer that the bedside table be shipped with other furniture together, you should wait for about a week. Please call me back directly at extension 550 to_____ _____. Sorry for the inconvenience.

SPARTA Actual Test

Day14_02_03 해설 p.313

1. What area does the speaker work in?
   (A) Information technology
   (B) Human resources
   (C) Purchasing
   (D) Accounting

2. What problem does the speaker mention?
   (A) A deadline has not been met.
   (B) An employee has been absent.
   (C) A business trip is over budget.
   (D) A contract has been canceled.

3. What does the speaker offer to do?
   (A) Explain a procedure
   (B) Review a budget for next month
   (C) Contact a director
   (D) Reimburse an expense

4. What is the speaker calling about?
   (A) Canceling an order
   (B) Reporting a problem
   (C) Designing some furniture
   (D) Recycling a sofa

5. What problem does the speaker mention?
   (A) Some leather was damaged.
   (B) A supplier has relocated.
   (C) A shipment is delayed.
   (D) A material was discontinued.

6. What does the speaker offer to do?
   (A) Refund a purchase
   (B) Waive a shipping fee
   (C) Send some product samples
   (D) Meet with a customer

7. Where does the speaker most likely work?
   (A) In a medical clinic
   (B) At a hotel
   (C) In a plant
   (D) At a dining establishment

8. What problem does the speaker report?
   (A) A menu has been changed on short notice.
   (B) A reservation has been overbooked.
   (C) Some equipment is malfunctioning.
   (D) A business is short staffed.

9. What will the speaker allow the listener to do?
   (A) Leave work early
   (B) Take a day off
   (C) Request reimbursement
   (D) Trade a shift next time

10. Who most likely are the listeners?
    (A) Executives
    (B) Visitors
    (C) Maintenance workers
    (D) Sales personnel

11. What problem does the man mention?
    (A) The insufficient information for employee training
    (B) The difficulty of attracting more visitors
    (C) The high cost of maintaining equipment
    (D) The complaints about an advertisement

12. According to the speaker, what happened last month?
    (A) Some clients toured an audio manufacturer.
    (B) Some additional financing was secured.
    (C) A security system was installed.
    (D) A new audio delivery method was tested.

DAY 15

1 제안/제공/요청

SPARTA 유형 파악

제안/제공/요청을 묻는 질문은 항상 전형적으로 많이 나오는 문제이다. 보통 3개의 문제 중 2~3번째에 위치한다. 질문 속에 큰 힌트가 없기 때문에 제안/제공/요청의 표현들을 미리 익혀 두면 답을 쉽게 찾을 수 있다.

SPARTA 출제 포인트

- 제안/제공/요청은 담화에서 명령문/요청문/권유문으로 나오며, 주로 후반에 언급된다. 아래 형태를 알아 두자.
  - 제안: Why don't you/we ~?, I suggest/recommend ~, You should ~, You'd better ~
  - 제공: I will/can ~, Would you like me to ~?, Do you want me to ~?, Let me ~,
    I'd be happy/glad/honored/pleased to ~, Why don't I ~? (주로 1인칭 중심의 표현)
  - 요청: Can/Could/Would you ~?, I'd like you to ~, I ask/require/request/advise you ~, Please ~
  - 상기하라고 요구(What does the woman remind?): Don't forget ~, Remember ~, Keep in mind ~,
    I'd like to remind you ~

SPARTA 빈출 문제

What does the speaker suggest/recommend? 화자는 무엇을 제안/추천하는가?
What does the speaker request that listeners do? 화자는 청자들에게 무엇을 하라고 요청하는가?
What are employees asked to do? 직원들은 무엇을 하라고 요청 받는가?
What are customers advised to do? 고객들은 무엇을 하라고 조언 받는가?
What does the speaker remind the listener about? 화자는 청자에게 무엇에 대해 기억하도록 알려 주는가?
What does the speaker offer to do? 화자는 무엇을 제공하는가?
What does the caller require Mr. Kim to do? 전화 건 사람은 김 씨에게 무엇을 하라고 요구하는가?

SPARTA 문제 풀이 비법

🎧 Day15_01_01

What are the **listeners asked** to do?	청자들은 무엇을 하도록 요청 받는가?
(A) Send an e-mail to colleagues	(A) 동료들에게 이메일을 보내기
(B) Volunteer to give a free talk	(B) 자유 토론에 지원하기
(C) Suggest lecture topics	(C) 강의 주제들을 제안하기
(D) Notify team members of an event	(D) 팀원들에게 공지하기

| The last agenda today relates to our weekly Lunch Talk. These talks are an excellent opportunity for employees to expand their professional knowledge. Experts from various departments give lectures on their area of specialization during lunchtime. In past months, they have been very popular with 50 or more participants every week. Unfortunately, this month is lower with only 30 people. From now, I'll forward an e-mail to all staff. Please be sure to mention Lunch Talk to your team members. Thank you. | 오늘 마지막 회의 안건은 매주 런치 토크에 관한 겁니다. 이들의 대화들은 전문적인 지식을 확대하기 위한 직원들에게 훌륭한 기회입니다. 다양한 부서들에서 온 전문가들이 점심 시간 동안 그들의 전문 분야에 대한 강의를 합니다. 지난 몇 달 동안 매주 50명 이상의 참석자들에게 매우 인기가 있었어요. 불행히도, 이번 달은 단 30명의 사람들로 적었습니다. 지금부터 모든 직원들에게 이메일을 보낼 것입니다. 팀원들에게 런치 토크를 반드시 언급하세요. 감사합니다. |

비법 담화 후반에 "Please be sure to mention Lunch Talk to your team members." 팀원들에게 런치 토크에 대해 공지하라고 요청하고 있으므로 정답은 (D)이다.

SPARTA Check-UP

질문과 보기를 미리 읽고 음성을 들으면서 답을 표시하세요. 두 번째 음성을 듣고 빈칸을 채우세요.
(음성은 두 번씩 들려줍니다.)

1~3

1. What field does Sophie Moore work in?
   (A) Event planning
   (B) Accounting
   (C) Tourism
   (D) Financial loans

2. What has Sophie Moore recently done?
   (A) Started her own business
   (B) Worked from home
   (C) Wrote a book
   (D) Published an article

3. What does the speaker request that listeners do?
   (A) Take a handout before they leave
   (B) Submit their questions in writing
   (C) Put their hands up for inquiries
   (D) Divide into small discussion groups

4~6

4. Who most likely is the speaker?
   (A) A customer
   (B) A waiter
   (C) A food critic
   (D) A restaurant manager

5. According to the speaker, what will happen next week?
   (A) A new oven will be installed.
   (B) The headquarters will be relocated.
   (C) New menu items will be upgraded.
   (D) Seasonal dishes will be removed.

6. What does the speaker instruct listeners about?
   (A) Taking orders carefully
   (B) Cleaning the dining hall
   (C) Setting the table neatly
   (D) Taking inventory daily

Questions 1-3 refer to the following introduction.

Thank you for attending the Local Business Seminar. I'm happy to introduce our first guest speaker, Sophie Moore. She's _____ _____. Her company specializes in tax preparation and has many branches nationwide. Recently, _____ *How to Manage Your Tax Wisely*, which is a best-seller. Today she'll share some tips on the strategies she used when she started her firm ten years ago working from her home. As you know, if you have questions for our speaker, _____ _____ after the speech. She'll answer any questions you have. Without further delay, please help me welcome Sophie Moore.

Questions 4-6 refer to the following announcement.

Before we open our restaurant today, I want to _____. I just heard from the corporate headquarters that there will be _____ _____ starting next week. One of the new drinks is called "Healthy Nuts Delight". I've got some samples of it here for everyone to try. Now, a number of different syrup flavors such as peanut or hazelnut can be added to this drink, so I'd like to ask you to be extra careful _____ _____. We want to make sure they get exactly what they want.

SPARTA Actual Test

1. What is the purpose of the message?
   (A) To repair an oven
   (B) To ask for directions
   (C) To change an additional order
   (D) To complain about a late delivery

2. Why does the speaker mention a Web site?
   (A) It is currently inaccessible.
   (B) It has incorrect information.
   (C) It is confusing to find the information.
   (D) It needs to be upgraded.

3. What is the listener asked to do?
   (A) Call the woman back
   (B) Revise a manual
   (C) Confirm the number
   (D) Print some information

4. What is the topic of the workshop?
   (A) Interview strategies
   (B) Speaking techniques
   (C) Leadership skills
   (D) Writing practice

5. What can participants do after the workshop?
   (A) Receive a free meal coupon
   (B) Meet capable lecturers
   (C) Register for another workshop
   (D) Attend an awards banquet

6. What does the speaker encourage the listeners to do?
   (A) Refer a friend
   (B) Call the radio station
   (C) Register ahead of time
   (D) Process a payment

7. Why does the speaker call Ms. Larson?
   (A) To offer her a membership card
   (B) To ask her to return some reading materials
   (C) To invite her to a book club
   (D) To notify her that a book is available

8. What can Ms. Larson request?
   (A) A free voucher
   (B) A receipt
   (C) A discounted price
   (D) A little extra time

9. What does the speaker remind the listener about?
   (A) An e-mail address
   (B) Opening hours
   (C) Reduced operating hours
   (D) Parking permission

10. What is being discussed?
    (A) Luggage restrictions
    (B) Food quality
    (C) A free service
    (D) An Internet provider

11. What does Qwanta Airlines want to do in the future?
    (A) Reduce ticket prices
    (B) Expand the passenger base
    (C) Add international destinations
    (D) Upgrade a computer system

12. What are the listeners asked to review?
    (A) A marketing video
    (B) An employee survey
    (C) A budget report
    (D) A contract

2 미래/유추

SPARTA 유형 파악

미래/유추를 묻는 문제는 첫 번째, 두 번째 문제로 나오지만 주로 마지막 문제에 많이 출제된다. 그래서 담화 후반에 단서들이 많이 언급되니 후반부를 주의해서 듣도록 하자.

SPARTA 출제 포인트

- 담화 후반에 Up next, Next, Now, Stay tuned 등의 표현이 나오면 앞으로 일어날 일이 소개하는 것으로 보면 된다.
- 담화에서 후반이 아니더라도 미래를 나타내는 시간 표현 tomorrow, next week, later, right now 등이 나오면 키워드로 활용하자.
- 후반에 요청이나 제안으로 끝나는 경우 그 내용이 정답의 단서가 될 수 있다.
  • 미래 행동을 나타내는 형태: I'll ~, I would like to ~, Why don't we ~?, Let's ~, I'm planning to ~, Let me ~

SPARTA 빈출 문제

What will the speaker probably do next? 화자는 아마도 다음에 무엇을 할 것인가?
What will the listeners do later? 청자들은 나중에 무엇을 할 것인가?
What will the audience members probably do next? 관객들은 아마도 다음에 무엇을 할 것인가?
What will the company do beginning next month? 회사는 다음 달 초에 무엇을 할 것인가?
According to the speaker, what will happen next? 화자에 따르면, 다음에 무슨 일이 일어날 것인가?
What is the sales department planning to do? 판매부는 무엇을 계획하고 있는가?
What will happen in four weeks? 4주 뒤에 무슨 일이 일어날 것인가?
What will the listeners hear next? 청자들은 다음에 무엇을 들을 것인가?

SPARTA 문제 풀이 비법

🎧 Day15_02_01

What most likely will **the listeners do next**?
(A) Film an advertisement
(B) Put on their attire
(C) Read a script
(D) Clean the dressing room

청자들은 다음에 무엇을 할 것 같은가?
(A) 광고 찍기
(B) 복장을 착용하기
(C) 대본을 읽기
(D) 탈의실을 청소하기

I want to thank our flight attendants for agreeing to be a part of the flight safety video we're making for our new DC-362 airplanes. The video you will be in will highlight the safety features and flight regulations of our new airplanes. It'll be played at the beginning of every flight, so we want to make sure that it's very informative. Although the version is only going to be five minutes long, we'll film that all day, so we need to get started as soon as possible. Since the film crew's still getting ready, can you flight attendants put your uniforms on now? There are dressing rooms over there, next to the entrance. Thank you for your cooperation.

저는 이번에 새로운 DC-362 비행기를 위해 비행 안전 비디오 촬영에 참여해 주기로 한 승무원들에게 감사를 드립니다. 여러분이 참여할 비디오는 새 비행기를 위한 안전 장치와 비행 규정을 강조할 거예요. 모든 비행 초반에 상영될 것이라서 매우 유익하길 바랍니다. 비록 단 5분 길이지만 우리는 하루 종일 찍을 거예요. 그래서 가능한 한 빨리 시작해야 합니다. 촬영 제작진들이 여전히 준비 중이기 때문에 지금 승무원인 여러분이 유니폼을 입을 수 있을까요? 저쪽 입구 옆에 탈의실들이 있어요. 협조해 주셔서 감사합니다.

비법 비디오 촬영에 대해 말하면서 후반에 화자가 청자에게 "Can you flight attendants put your uniforms on now?" 유니폼을 입어 달라고 요청하고 있다. try on은 put on으로 대체되므로 정답은 (B)이다.

SPARTA Check-UP

질문과 보기를 미리 읽고 음성을 들으면서 답을 표시하세요. 두 번째 음성을 듣고 빈칸을 채우세요.
(음성은 두 번씩 들려줍니다.)

1~3

1. Why is the event being held?
   (A) To show gratitude to a company executive
   (B) To introduce a new president
   (C) To attract more customers
   (D) To launch a new product

2. What did Jane Kennedy achieve?
   (A) She developed a product.
   (B) She won a big contract.
   (C) She accomplished more efficient processes.
   (D) She expanded a company internationally.

3. What will most likely happen next?
   (A) A plaque will be presented.
   (B) A short video will play.
   (C) A short speech will be given.
   (D) Refreshments will be served.

4~6

4. Who is the intended audience for the talk?
   (A) Theater audience members
   (B) Garment makers
   (C) Ticket agents
   (D) Stage actors

5. What does the speaker mention about the performance?
   (A) It lasts very long.
   (B) It already has everything set.
   (C) It has been delayed.
   (D) There are various characters.

6. What will happen in a month?
   (A) A concert
   (B) A dress rehearsal
   (C) A fashion show
   (D) A first musical opening

Questions 1-3 refer to the following introduction.

Thank you for coming to this retirement ceremony for our president, Jane Kennedy. I'd like to _____ _____ to Jane for her 30 years of dedication to this company. She has accomplished so much during her time here. Most of all, she played a key role in our company's international growth. When she started working here, we were a very small company that had only a few offices in Australia. Since then, she _____ _____ to over 10 overseas countries and managed them. Now, we'd like to invite Jane to the stage. _____ _____ to express our appreciation.

Questions 4-6 refer to the following talk.

Welcome to Gershwin Theater. Thank you for _____ _____ for our next production, *Witches*. Because this musical has so _____, we'll have to work hard to get ready for opening night on May 2. The characters each have different outfits, so there will be a lot of work for all of us. The dress rehearsal in complete costume is _____ _____, so we'll need everything done by then. But if you have something come up during this time, don't hesitate to tell me in advance. Let's start now.

SPARTA Actual Test

1. What type of facility is the message about?
   (A) A shipping company
   (B) A law firm
   (C) A university
   (D) A library

2. What will the company do beginning on September 1?
   (A) Win the contract
   (B) Provide service to a new country
   (C) Offer free shipping
   (D) Hire more employees

3. What does the speaker indicate about the call?
   (A) It will be transferred to a different department.
   (B) It will be recorded for future use.
   (C) It will take several minutes until a representative answers.
   (D) It will be answered promptly.

---

4. Who is the speaker congratulating?
   (A) Advertisers
   (B) A new business partner
   (C) Marketing personnel
   (D) Food scientists

5. According to the speaker, what do customers like about the commercial?
   (A) The scene with families
   (B) The various flavors
   (C) The celebrities
   (D) The background music

6. What most likely will listeners do by Friday?
   (A) Meet candidates
   (B) Send the products
   (C) Check some sales figures
   (D) Forward some ideas

7. What is the speaker doing?
   (A) Introducing a weekend event
   (B) Interviewing writers
   (C) Reviewing best-selling books
   (D) Providing book rankings

8. What did Vince Rathbone do earlier this year?
   (A) Won an award
   (B) Founded an organization
   (C) Started a festival
   (D) Published a book

9. What will listeners hear next?
   (A) A traffic update
   (B) An advertisement
   (C) An author interview
   (D) A poetry reading

---

10. Why is the announcement being made?
    (A) To distribute a program to the audience
    (B) To award a prize to some speakers
    (C) To close the presentation session
    (D) To notify the audience of some schedule changes

11. What have the attendees received?
    (A) Postcards
    (B) Business cards
    (C) Printed invitations
    (D) Meal vouchers

12. What will the listeners probably do next?
    (A) Ask questions about the presentation
    (B) Get some refreshments
    (C) Sign their names on a sheet
    (D) Make some cake

DAY 16

1 방법/시간

SPARTA 유형 파악

방법을 묻는 문제는 해결 방법이나, 수단 이용에 관한 내용이 주로 출제된다. 또한 'How + 형용사/부사' 형태를 이용해서 기간, 개수, 빈도, 금액을 묻는 문제도 자주 출제된다. 질문과 보기에 있는 숫자나 명칭이 적어도 2개 이상 담화에 등장하므로 문제를 정확히 파악하고 정답이 들리는 순간을 놓치지 않아야 한다.

SPARTA 출제 포인트

- 방법/시간을 묻는 문제는 질문과 보기에 단서들이 있어서 문제를 잘 읽으면 담화에 나올 이야기를 추측할 수 있다.
- 방법/시간을 묻는 문제의 단서들은 담화 중후반에 주로 나온다. 특히 시간을 묻는 문제는 혼란을 주기 위해 시간 표현들이 다양하게 등장한다. 그래서 어떤 시간을 묻는지 정확히 파악해야 한다.
- 방법을 묻는 문제의 보기는 주로 By ~ing(~함으로써)의 형태로 등장한다.

SPARTA 빈출 문제

What time is the workshop scheduled to begin? 몇 시에 워크숍 일정이 시작되는가?
When is the road construction completed? 언제 도로 공사가 완공되는가?
When is the deadline for a proposal? 계획안 마감일이 언제인가?
When was the factory built? 공장은 언제 세워졌는가?
How long has this business been operated? 얼마나 오랫동안 이 사업을 운영했는가?
How can listeners get more information? 청자들은 어떻게 정보를 얻을 수 있는가?
How does the speaker address the problem? 화자는 문제를 어떻게 처리하는가?
How long will the event last? 얼마나 오랫동안 행사를 지속할 것인가?

SPARTA 문제 풀이 비법

🎧 Day16_01_01

According to the speaker, **how long will the offers last**? | 화자에 따르면, 할인들이 얼마나 지속되는가?
(A) For five days | (A) 5일 동안
(B) For six days | (B) 6일 동안
(C) For one week | (C) 일주일 동안
(D) For two weeks | (D) 2주 동안

Would you like to look great and not have to spend a lot of money? At Rainbow Planet, we've got some exciting new offers—just in time for summer. Our stylish cotton jeans are now marked down ten percent. Why not pair them with a pretty blouse? There's also 25 percent off a variety of swimwear from leading brands. Our top fashion item this season is the ladies' summer pantsuit. Pick one up for half price! Rainbow Planet members can get an additional five percent off each purchase. You should hurry because these offers are only available for another seven days!

많은 돈을 쓰지 않고 멋지게 보이고 싶으세요? 저희 Rainbow Plane에서 오직 여름을 위한 흥미로운 새 할인들을 제공합니다. 멋진 면바지를 10 퍼센트 할인합니다. 그 바지와 어울리는 예쁜 블라우스는 어떤가요? 선두하는 브랜드들에서 만든 다양한 수영복도 25 퍼센트 할인합니다. 이번 시즌의 톱 패션 아이템은 여성들의 여름 팬츠 슈트입니다. 반 가격에 가져가세요! Rainbow Planet 회원들은 각 구매품에 5 퍼센트 추가 할인을 받을 수 있어요. 서두르세요. 이 할인들은 단 7일 동안 가능합니다.

> **비법** 할인이 지속되는 기간을 묻는 질문에, 광고 후반부에 "You should hurry because these offers are only available for another seven days!" 이 할인들은 7일 동안만 가능하다고 한다. 따라서 정답은 (C)이다.

SPARTA Check-UP

Day16_01_02 해설 p.325

질문과 보기를 미리 읽고 음성을 들으면서 답을 표시하세요. 두 번째 음성을 듣고 빈칸을 채우세요.
(음성은 두 번씩 들려줍니다.)

1~3

1. What happened half a year ago on the site?
   (A) The museum was renovated.
   (B) Construction began.
   (C) The Arts City Center was demolished.
   (D) A ballet was performed.

2. What will the first visitors to the new center be able to enjoy?
   (A) Dancing
   (B) Singing
   (C) A play
   (D) A magic show

3. How did local citizens view the center?
   (A) By managing the facility regularly
   (B) By doubting its success
   (C) By supporting it enthusiastically
   (D) By showing indifference

4~6

4. What is the main topic of the report?
   (A) The opening of a new assembly plant
   (B) Production cuts at a local factory
   (C) An increase in the number of jobs
   (A) A merger of two corporations

5. When was the plant built?
   (A) Three years ago
   (B) Five years ago
   (C) Seven years ago
   (D) Ten years ago

6. How many units are now produced each day at the factory?
   (A) 10
   (B) 15
   (C) 20
   (D) 40

Questions 1-3 refer to the following speech.

Just a short six months ago, _____ _____ on this site. Now here we are on this beautiful fall day about to make history. The Arts City Center will officially open its doors this Saturday _____ _____. Today, though, we're here to honor those who made this center possible. To all the workers who worked so many hours to complete this construction, I'm really grateful to you. To the residents and the city council who _____ from the start, I also give my heartfelt thanks. Now, could I have the scissors, please, to cut this ribbon and declare the Arts City Center open?

Questions 4-6 refer to the following report.

A spokesperson for Nickson Automotive company made an announcement at a press conference this morning. The company _____ at its engine plant in Potland City. The factory provides more than 300 jobs to local residents. However, declines in market demand have led to a partial closure of the plant. Since the plant's foundation _____, it has had a maximum capacity of 40 units per day. Unfortunately, it has never operated at full capacity, and production was continuously decreased to 20 and _____ _____. A spokesperson said production will be reduced to 10 each day from next month.

SPARTA Actual Test

1. Who is the speaker?
   (A) A landlord
   (B) A tenant
   (C) A building manager
   (D) A hotel receptionist

2. Why does the speaker prefer to work with Cindy Guard?
   (A) She is a celebrity.
   (B) She wants to have a longer contract.
   (C) She does not want to reduce the rent.
   (D) She is familiar with the area.

3. When is the deadline for Cindy Guard to make a decision?
   (A) This morning
   (B) This evening
   (C) Tomorrow morning
   (D) Tomorrow evening

4. How long will the training program last?
   (A) One day
   (B) Two days
   (C) Four days
   (D) Seven days

5. Who will the speaker give specialized training to?
   (A) Travel agents
   (B) Personnel executives
   (C) Visitors
   (D) Office clerks

6. What will happen next?
   (A) The listeners will tour the office.
   (B) Handouts will be distributed.
   (C) A slide show will be presented.
   (D) The listeners will visit a Web site.

7. How long is the tour?
   (A) Three hours
   (B) Four hours
   (C) Six hours
   (D) Eight hours

8. What can the listeners enjoy at Ayers Rock?
   (A) Fishing
   (B) Sunbathing
   (C) Snorkeling
   (D) Boating

9. How long is the afternoon cruise?
   (A) 30 minutes
   (B) 60 minutes
   (C) 90 minutes
   (D) 120 minutes

10. What is the workshop about?
    (A) Doing business ethically
    (B) Managing time efficiently
    (C) Presenting information clearly
    (D) Thinking strategically

11. What is the listener asked to do?
    (A) Change the workshop time
    (B) Attend a meeting
    (C) Make some additional copies
    (D) Submit a list of participants

12. When is the workshop scheduled to begin?
    (A) 9:30 A.M.
    (B) 10:00 A.M.
    (C) 10:15 A.M.
    (D) 10:30 A.M.

2 특정 세부

SPARTA 유형 파악

많이 출제되는 유형으로 특정 인물, 장소, 시기 등을 구체적으로 묻는 문제이다. 질문에 따라 나오는 표현이 다양하기 때문에 항상 질문의 키워드 중심으로 기억하면서 문제를 풀자.

SPARTA 출제 포인트

- 담화에서 과거에 관한 내용은 초반에 나오고, 미래에 관련된 내용은 후반에 단서들이 출제된다.
- 특정 인물의 직업은 해당 인물의 바로 앞뒤에서 단서가 나온다. 하지만 회사 간부나 시장을 소개할 때는 이름 앞에 직업이 나온다. 누군가를 소개하는 담화에서는 소개하는 인물의 직업을 묻는 문제가 많이 출제된다.
- 특정 장소를 묻는 문제는 연회장이나 연설 장소가 답으로 나오는 경우가 많다.

SPARTA 빈출 문제

Who is Vincent Butterfield? Vincent Butterfield는 누구인가?
What is Dr. Lee's specialty? 이 박사의 전문 분야는 무엇인가?
Where is the main laboratory? 주요 실험실은 어디에 있는가?
According to the speaker, what is special about a new product? 화자에 따르면 신제품은 무엇이 특별한가?
According to the broadcast, what happened this morning? 방송에 따르면, 오늘 아침에 무슨 일이 일어났는가?
What does the speaker say is the advantage of the item? 화자는 물건의 장점이 무엇이라고 말하는가?
What will Laura Shen do from today? Laura Shen은 오늘부터 무엇을 할 것인가?
What is available on the Web site? 웹 사이트에서 무엇이 가능한가?

SPARTA 문제 풀이 비법

🎧 Day16_02_01

What does the speaker say is **the advantage of the packaging**?
(A) It can be released soon.
(B) It is easy to hold.
(C) It can stand upright.
(D) It is recyclable.

화자는 포장지의 장점을 뭐라고 말하는가?
(A) 곧 출시될 것이다.
(B) 잡기 쉽다.
(C) 바로 세울 수 있다.
(D) 재활용할 수 있다.

Thank you for your time to discuss packaging options for your company's new fruit juice. Your drinks are certainly pleasurable, and I want to help you pick the packaging that is just as great as the product. At the beginning, I'd like to start the presentation today by showing you several types of packages. I think your company will really love them. When you see them, you'll select the best design of these new packages, which allow them to be gripped well and easily carried.

당신 회사의 새 과일 주스를 위한 포장 옵션을 토론하기 위해 시간을 내 주셔서 고맙습니다. 음료들이 확실히 유쾌하게 하네요. 그리고 좋은 제품만큼 좋은 포장지 선택을 도와 드리려고 합니다. 처음에는, 몇 가지 종류의 포장지를 보여줌으로써 오늘의 발표를 시작하겠습니다. 당신 회사에서 그것들을 매우 좋아하실 것 같아요. 이것들을 보면 새 포장지의 가장 좋은 디자인을 선택하실 거예요. 그것들은 잘 움켜질 수 있고 쉽게 가지고 다닐 수 있죠.

> **비법** 담화 후반에 화자가 상품을 소개하면서 "~, which allow them to be gripped well and easily carried." 잘 움켜질 수 있어서 들고 다니기 쉽다고 말한다. gripped은 hold로 대체될 수 있으므로 정답은 (B)이다.

SPARTA Check-UP

Day16_02_02 해설 p.329

질문과 보기를 미리 읽고 음성을 들으면서 답을 표시하세요. 두 번째 음성을 듣고 빈칸을 채우세요.
(음성은 두 번씩 들려줍니다.)

1~3

1. What product will listeners learn about on the tour?
   (A) Mobile phones
   (B) Batteries
   (C) Pottery
   (D) Computers

2. Who is Jamal Megumi?
   (A) A tour guide
   (B) A news reporter
   (C) A scientist
   (D) A plant supervisor

3. What are the listeners told about the tour?
   (A) Oversized bags are prohibited.
   (B) The size of a group is limited.
   (C) Pre-registration is required.
   (D) Taking pictures is not allowed.

Questions 1-3 refer to the following tour information.

During this special tour of Sanwa _____ _____, I'll show you exactly how our scientists and engineers develop our laptop computers, as well as how our production team manufactures the final products. Sanwa has become one of the leading companies in the electronics industry, and we always try our best to create innovative and state-of-the-art products. When we finish the tour, you'll have the opportunity to hear from Jamal Megumi, _____ _____ here at Sanwa. Dr. Megumi will talk about some of our newest research and products. Please remember that _____ _____ during the tour, as it bothers our workers. Now let's get started!

4~6

4. Who most likely is the speaker?
   (A) A health trainer
   (B) A research assistant
   (C) A renowned nutritionist
   (D) A radio show host

5. What is Dr. Collins's specialty?
   (A) Workouts
   (B) Sports broadcasting
   (C) Health food
   (D) Food distribution

6. What is the advantage of the exercise mentioned?
   (A) It is easy to follow
   (B) It can help your diet.
   (C) It can make you sleep well.
   (D) It gains muscle tissue.

Questions 4-6 refer to the following announcement.

Good evening, and welcome to *Better Life in Health*, _____ _____ up to date on the latest health trends. Today's guest speaker is Dr. Rhonda Collins, _____ _____ nationwide. I'm eager for you to hear about her recent research study on the beneficial effects of exercise like walking and cycling. Did you know that walking and cycling have certain _____ _____? Dr. Collins will be explaining this benefit, and a lot more, in detail. But first, we'll hear a short commercial.

SPARTA Actual Test

1. What type of business is being discussed?
   (A) A repair shop
   (B) An auto parts manufacturer
   (C) A car manufacturer
   (D) An advertising agency

2. According to the speaker, what is special about a new product?
   (A) It is made of recycled materials.
   (B) It has various models.
   (C) It was introduced a decade ago.
   (D) It is made to last longer.

3. According to the speaker, what will take place in September?
   (A) An industry trade show
   (B) An advertising campaign
   (C) An opening ceremony
   (D) A 10th anniversary party

4. Where is the announcement being made?
   (A) At a department store
   (B) At a clothing store
   (C) At an appliance store
   (D) At a cookware store

5. What can customers find on the 10th floor?
   (A) A cooking demonstration
   (B) Christmas trees
   (C) Refreshments
   (D) Products on sale

6. What are listeners encouraged to do by November 30?
   (A) Design women's clothing
   (B) Enter a contest
   (C) Make a 1000-dollar contribution
   (D) Fill out surveys

7. Where do the listeners most likely work?
   (A) At a magazine publisher
   (B) At a culinary school
   (C) At a restaurant
   (D) At a hotel

8. What does Steve Suh specialize in?
   (A) Hosting cooking demonstrations
   (B) Excellent customer service
   (C) Publishing many recipes
   (D) Innovative cooking skills

9. What will Steve Suh do from today?
   (A) Open another restaurant
   (B) Finalize a certificate program
   (C) Write an article
   (D) Train for a position

10. What kind of business do the listeners most likely work for?
    (A) An accounting firm
    (B) An advertising agency
    (C) An appliance store
    (D) A radio station

11. According to the speaker, what does the director want to do?
    (A) Sign a contract
    (B) Have a meeting
    (C) Begin work immediately
    (D) Hold a celebration

12. What should the listeners do by the end of the day?
    (A) Express their time preferences
    (B) Change the dinner menu
    (C) Design a room layout
    (D) Request a vacation

DAY 17

1 의도 파악

SPARTA 유형 파악

PART 4에서 평균 2~3문제가 출제되는 의도 파악은 난이도가 높은 문제 유형이다. 단순히 특정 표현의 의미가 아니라 화자의 의도가 무엇인지 묻는 문제이기 때문에 담화의 흐름을 잘 파악해야 한다. 대체로 사전적인 의미만으로 답을 찾을 수 없고 담화의 앞뒤 상황에서 정답의 단서들을 찾아야 한다.

SPARTA 출제 포인트

- 먼저 질문에 나온 표현과 보기를 잘 살펴 봐야 한다. 담화에 제시된 사전적인 표현들을 제시하는 보기는 오답일 확률이 크다.
- 다른 문제에 비해 보기가 길기 때문에 보기를 볼 때 키워드 중심으로 기억하면서 문제를 풀어야 한다.
- 질문에 등장한 인용 표현을 잘 기억하자. 담화에서 인용 표현 앞뒤에 정답이 언급된다.

SPARTA 빈출 문제

What does the speaker mean when he says, "By the way"?
화자가 "그런데"라고 말할 때 의도하는 것은 무엇인가?

What does the speaker imply when she says, "I have an important project this month"?
화자가 "이번 달에 중요한 프로젝트가 있어요"라고 말할 때 의도하는 것은 무엇인가?

Why does the speaker say, "Let me say"?
왜 화자는 "제가 말할게요"라고 말하는가?

SPARTA 문제 풀이 비법

🎧 Day17_01_01

What does the speaker mean when she says, "Unfortunately, he has an urgent matter"?
(A) He will be late to another meeting.
(B) He cannot get some money back.
(C) He cannot train Cindy.
(D) A project has already been delayed.

화자가 "불행히도, 그에게 급한 일이 생겼어요"라고 말할 때 의도하는 것은 무엇인가?
(A) 그는 다른 회의에 늦을 것이다.
(B) 그는 돈을 돌려줄 수 없다.
(C) 그는 Cindy를 교육할 수 없다.
(D) 프로젝트가 이미 연기됐다.

Hi, this is Sue. I'm calling to let you know about the change in personnel because tomorrow is Jonathan's last day in the office. As you know, Cindy will be taking over his job responsibilities. I had asked Jonathan to train her to deal with the reimbursement process today. Unfortunately, he has an urgent matter. I also have an important client meeting. So, could you train her today since you did that work before? If you can, please tell me as soon as possible. Thank you.

안녕하세요, 저는 Sue입니다. 내일 Jonathan의 마지막 날이기 때문에 인사 이동에 대해 알려 드리고자 연락 드려요. 알다시피, Cindy가 그의 일을 인수 받을 거예요. 저는 Jonathan에게 오늘 상환 과정을 처리하는 일에 관해 그녀를 교육하라고 요청했어요. 불행히도, 그에게 긴급한 문제가 생겼어요. 저도 중요한 고객 회의가 있고요. 그래서 전에 당신이 이 일을 해 보셨으니 그녀를 오늘 교육하실 수 있어요? 만약에 하실 수 있다면 가능한 한 빨리 말해 주세요. 고맙습니다.

 화자는 Jonathan이 그만둬서 Cindy가 대신 그의 일을 맡았고, 인수 인계 과정에서 그녀를 교육할 Jonathan에게 급한 문제가 생겼다고 말하고 있다. 따라서 Cindy를 교육할 수 없다는 내용으로 정답은 (C)이다.

SPARTA Check-UP

Day17_01_02 해설 p.334

질문과 보기를 미리 읽고 음성을 들으면서 답을 표시하세요. 두 번째 음성을 듣고 빈칸을 채우세요.
(음성은 두 번씩 들려줍니다.)

1~3

1. What is the talk about?
   (A) Sales goals
   (B) A new device
   (C) A camera prototype
   (D) An advertising campaign

2. Why does the speaker say, "Few people are capable of such innovative design"?
   (A) She wants to design the product with her colleagues.
   (B) She agrees with her supervisor.
   (C) She acknowledges employees' hard work.
   (D) She wants to delay a project.

3. What does the speaker instruct listeners to do next?
   (A) Submit a sales report
   (B) Send a request
   (C) Travel to Indonesia
   (D) Fill out a survey

Questions 1-3 refer to the following excerpt from a meeting.

Welcome to this company all-staff meeting. I'd like to announce that we've finally completed _____ _____, the AXZ model. I'm very proud of all of you, especially the product development team. _____ _____ night and day. Few people are capable of such innovative design. Since we are now ready to present it to the market, we'll bring it to the International Electronic Expo in Indonesia next April. If you're planning on going to that show, please be sure to _____ _____.

4~6

4. What is available at the back of the room?
   (A) A list of ingredients
   (B) Protective clothing
   (C) Refreshments
   (D) Cookware

5. What does the speaker imply when she says, "room is limited"?
   (A) A class will meet in a bigger room.
   (B) A building will be renovated.
   (C) Students should correct mistakes.
   (D) Students should make a decision quickly.

6. What will the listeners do next?
   (A) View sample cooking
   (B) Watch a demonstration
   (C) Pay a tuition fee
   (D) Meet a famous chef

Questions 4-6 refer to the following instructions.

Good morning. I'm Susan Kim, and I'll be your instructor for today's cooking class. It's easy to get your clothes dirty while cooking, so please_____ _____. You can find some in the closet at the back of the room. This introductory class runs for two weeks. Then you can move up to an intermediate class if you really enjoy cooking. But room is limited. So let me know if you think _____ _____. Okay, please prepare and check all the ingredients and cookware. Now, let's take a look at some of _____ _____.

SPARTA Actual Test

1. What kind of product does Mojo produce?
   (A) Jewelry
   (B) Clothing
   (C) Art supplies
   (D) Shoes

2. Why does the speaker say, "Please look at the color selection in these samples"?
   (A) To support a decision
   (B) To assign a task
   (C) To come up with the design
   (D) To introduce a new skill

3. What will You-Jin do?
   (A) Present competitor data
   (B) Conduct a survey
   (C) Introduce an advertising technique
   (D) Show financial information

4. What is the speaker talking about?
   (A) Refurbishing an office
   (B) Designing a company logo
   (C) Delaying a construction schedule
   (D) Remodel a restaurant

5. Why does the speaker say, "but I've had a lot of assignments this week"?
   (A) To complain about his project
   (B) To ask for help
   (C) To make an excuse
   (D) To thank colleagues

6. What does the speaker think the marketing staff will like?
   (A) The design of a work area
   (B) The type of lighting
   (C) The variety of computer programs
   (D) The size of an office

7. What is the Health Monitor?
   (A) A television program
   (B) A wearable device
   (C) A medical Web site
   (D) A fitness center

8. What does the speaker mean when she says, "Who wants to do that"?
   (A) A task is inconvenient.
   (B) A project requires more volunteers.
   (C) An event is no longer popular.
   (D) An application period has begun.

9. Why are listeners encouraged to order now?
   (A) Some stores are closing.
   (B) Tickets are almost sold out.
   (C) A product is temporarily discounted.
   (D) A deadline has been changed.

10. Who is the advertisement aimed at?
    (A) People who dislike treadmill exercises
    (B) People who cannot train too hard
    (C) Professional body builders
    (D) Judges of sports game

11. What does the woman mean when she says, "Here's how it works"?
    (A) She will explain her job.
    (B) She has found what she was looking for.
    (C) She has bad knees.
    (D) She will demonstrate a product.

12. What does the woman emphasize about this product?
    (A) It can help with weight loss.
    (B) It can be used anywhere.
    (C) It can gain the user body fat.
    (D) It is durable.

2 시각 자료

SPARTA 유형 파악

시각자료 문제는 30문제 중에 꾸준히 2~3문제가 출제된다. 이 유형은 관련 있는 질문과 보기를 먼저 읽고 시각 자료를 파악해야 한다.

SPARTA 출제 포인트

- 질문은 항상 Look at the graphic.으로 시작한다. 질문과 보기를 읽고 담화 내용을 짐작할 수 있다.
- 질문과 보기를 읽은 다음, 시각 자료를 파악해야 한다. 시각 자료를 통해 질문에 제시되지 않은 단서들을 알 수 있다.
  - 표: 일정표, 가격표, 시간표 등
  - 지도: 회사, 가게, 행사장으로 가는 약도, 사무실, 공연장 약도 등
  - 그래프/차트: 분기별 매출 실적, 날씨 변화 등
  - 그 외 문서: 영수증, 티켓, 쿠폰, 탑승권 등
- 그래프나 차트는 가장 높은 순으로 순서를 미리 정하고 푼다. the highest(가장 높은), the lowest(가장 낮은), the second (두 번째) 등의 표현도 알아 두자.
- 시각 자료만 보고 정답을 알 수 없다. 때로는 순서를 바꿔서 제시하기도 한다. 따라서 switch, trade, swap, change 등의 단어를 주의 깊게 듣고 바뀐 내용을 확인하자.
- 지도, 약도 문제는 위치와 방향을 나타내는 전치사 between(~의 사이에), across(~의 건너편에), in front of(~의 앞에), by/ next to/beside(~의 옆에), toward(~ 쪽으로) 등이 언급된다.
- 시간을 묻는 질문일 때 시각 자료로 쿠폰이나, 티켓, 탑승권 등이 주로 나온다. 자료에 나오는 시간에 집중해서 들으면 된다.

SPARTA 문제 풀이 비법

🎧 Day17_02_01

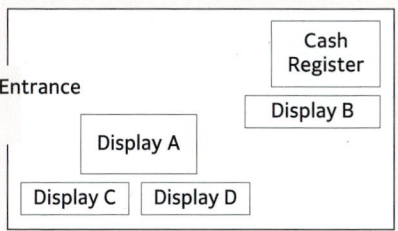

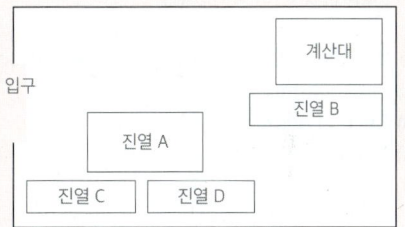

Look at the graphic. **Where** does the man suggest **putting the makeup stand**?
(A) Display A   (C) Display C
(B) Display B   (D) Display D

시각 자료를 보시오. 남자는 메이크업 대를 어디에 놓자고 제안하는가?
(A) 진열 A   (C) 진열 C
(B) 진열 B   (D) 진열 D

Hi, everyone. As you know, we always try different ways to attract customers to our department store. Because we stock various goods, we want to try some new displays. I'd like you to review the main layout in the folder in front of you. You will note that the fragrance department is next to the handbag display. And the shoe department will be located across from the cash register. However, our main feature will be the makeup stand in the center of the room. Since about 70 percent of our customers are women, we thought this was the best way to catch their attention. If you have more ideas, I would appreciate hearing them at the end of the meeting.

안녕하세요, 여러분. 알다시피, 저희는 항상 백화점에 고객을 끌어들이기 위해 다양한 방법들을 시도하고 있습니다. 다양한 상품을 가지고 있기 때문에 새로운 진열을 시도하고자 합니다. 여러분 앞에 있는 폴더에 주요 레이아웃을 검토하려고 해요. 향수 매장은 핸드백 진열 옆에 있다는 것을 주목하세요. 그리고 신발 매장은 계산대 건너편에 위치할 것입니다. 그러나 주요 특징은 메이크업 대가 한가운데 있을 거라는 거죠. 고객의 약 70 퍼센트 이상이 여성들이기 때문에 이 방법이 그들의 주의를 끌기 위한 가장 최고의 방법인 것 같아요. 여러분들의 의견이 있다면 회의 끝날 쯤에 말씀해 주시면 감사히 듣겠습니다.

> **비법** 음원을 듣기 전에 먼저 질문과 시각 자료를 확인하면 메이크업 대 위치에 관해 말할 것을 알 수 있다. "~ our main feature will be the makeup stand in the center of the room." 공간 한가운데 메이크업 대가 설치될 것이라고 말한다. 그래서 정답은 (A)이다.

SPARTA Check-UP

질문과 보기를 미리 읽고 음성을 들으면서 답을 표시하세요. 두 번째 음성을 듣고 빈칸을 채우세요.
(음성은 두 번씩 들려줍니다.)

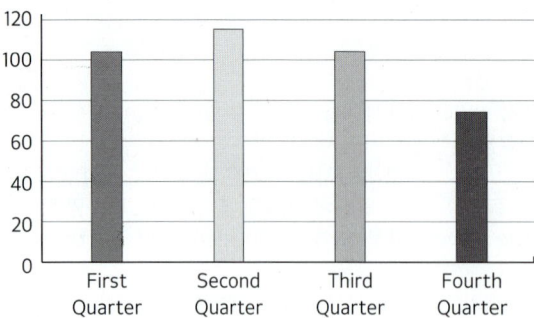

1~3

1. What is the purpose of the meeting?
   (A) To introduce a new accountant
   (B) To arrange a meeting date
   (C) To review financial information
   (D) To prepare for a merger

2. Look at the graphic. What quarter will the speaker talk about first?
   (A) First quarter
   (B) Second quarter
   (C) Third quarter
   (D) Fourth quarter

3. What will the speaker most likely do next?
   (A) Leave the office
   (B) Share customers' opinions
   (C) Ask questions
   (D) Give his ideas

Questions 1-3 refer to the following excerpt from a meeting and chart.

Thank you for staying late today. We're going to talk about _____. The graph shows our sales output as percentages of the quarterly goals that were set before the first quarter. As you can see, the first through the third quarters were above 100 percent, which is great. However, the fourth-quarter sales were below 80 percent. We need to find out the cause of this in order to recover sales in the next quarter. But before doing this, I want to discuss_____. I think we should share ideas about what factors contributed to the sales output during that quarter. Let me say _____, and after that I will welcome any questions you may have.

4~6

4. Why is the speaker calling?
   (A) To share a decision
   (B) To set up an appointment
   (C) To request some information
   (D) To hire the listener

5. Look at the graphic. Where does the speaker plan to put her new laundry room?
   (A) Room 1
   (B) Room 2
   (C) Room 3
   (D) Room 4

6. What will the speaker and the listener do on Friday?
   (A) Draw up a blueprint again
   (B) Talk about a schedule
   (C) Choose materials for a project
   (D) Discuss an estimate for a job

Questions 4-6 refer to the following telephone message and blueprint.

Hi, Heidi. This is Jake Vincent. I've been thinking about _____.
I know you suggested that we put the new laundry room next to the dining room, but I'd really like to have it _____. So if you wouldn't mind figuring that into the plans, I'd appreciate it. Anyway… um… I just wanted to tell you that. I look forward to meeting with you on Friday _____
and how things will proceed from one part of the project to the next.

SPARTA Actual Test

Registration	Fee
Early-bird registration	$469
Regular registration	$519
Late registration	$619
Registration at the door	$800

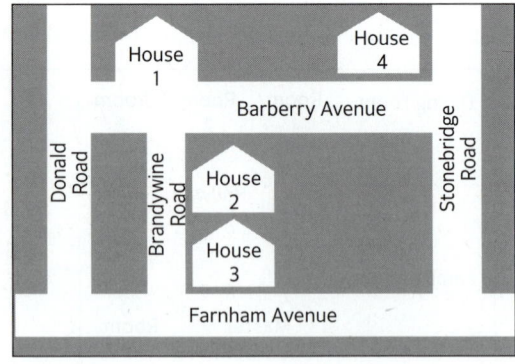

1. Look at the graphic. During which registration period should the listener sign up?
   (A) Early-bird registration
   (B) Regular registration
   (C) Late registration
   (D) Registration at the door

2. Why does the speaker want the listener to attend the symposium?
   (A) To represent their company
   (B) To learn about giving presentations
   (C) To hear talks related to her work
   (D) To check out the venue

3. What does the speaker suggest the listener do at the symposium?
   (A) Check out products offered by various businesses
   (B) Invite some of the presenters to dinner
   (C) Host one of the optional events
   (D) Join the symposium committee

4. What is indicated about the speaker?
   (A) She does not own a GPS.
   (B) She is a very private person.
   (C) She is a member at Gray's Fitness.
   (D) She lives in a newly constructed area.

5. Look at the graphic. Where does the speaker live?
   (A) In House 1
   (B) In House 2
   (C) In House 3
   (D) In House 4

6. What type of business is the speaker calling?
   (A) A plant nursery
   (B) A fitness club
   (C) A repair shop
   (D) An electronics store

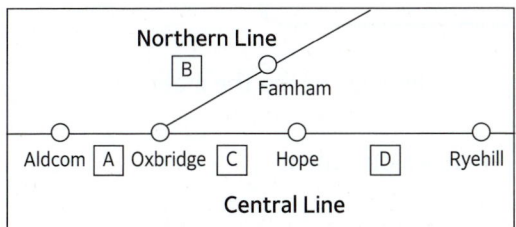

Medicine	Dosage
Aspirin	2
Tydol	3
Vitamin B12	4
Fantex	6

7. According to the speaker, what was the cause of the incident?
   (A) Bad weather
   (B) An employee error
   (C) An electrical fault
   (D) An animal

8. Look at the graphic. Where did the incident occur?
   (A) Position A
   (B) Position B
   (C) Position C
   (D) Position D

9. What should passengers bound for Ryehill do?
   (A) Wait on the platform
   (B) Take a bus
   (C) Go to the information desk
   (D) Use an alternative train line

10. Who most likely is the caller?
    (A) A doctor
    (B) A patient
    (C) A clinic receptionist
    (D) A pharmaceutical sales representative

11. Look at the graphic. Which quantity is no longer accurate?
    (A) 2
    (B) 3
    (C) 4
    (D) 6

12. What is the listener asked to do?
    (A) Contact the caller
    (B) Wait at home
    (C) Visit a client
    (D) Send some medicine

SPARTA
패러프레이징 표현

delay/postpone/put off/push back the meeting 회의를 연기하다	→ reschedule/change the meeting 회의 일정을 다시 잡다
take a look at a copy of my report 보고서를 보다	→ view a document 서류를 보다
meet the deadline 마감일을 맞추다	→ due date, completion date 예정일, 완성일
set up the new computers 새로운 컴퓨터를 설치하다	→ install the new equipment 새로운 장비를 설치하다
adjust my own working hours 자신의 근무 시간을 조절하다	→ work flexible hours 자유 근무 시간으로 일하다
bring it right away 바로 갖다 주다	→ be back in a second 곧 돌아오다
mop the floor 바닥을 대걸레로 닦다	→ wipe the floor 바닥을 닦다
chop the vegetables 야채를 썰다	→ cut the ingredients 재료를 썰다
stop by to get the packet 소포를 가지러 들르다	→ collect the packet in person 직접 소포를 가져가다
stop/drop/come by your desk 책상에 들르다	→ visit the office 사무실을 방문하다
review/go over/look over the annual report 연례 보고서를 검토하다	→ review a document 서류를 검토하다
finalize the design 디자인을 마무리하다	→ complete the design 디자인을 끝내다
finish the construction 공사를 끝내다	→ complete the project 프로젝트를 끝내다
teach the new assistant 새로운 보조들을 가르치다	→ train a new staff member 신입 사원들을 교육하다
repaving the pavement 포장 도로를 재포장하다	→ maintenance work/road work 보수 공사/도로 공사
move the desk 책상을 옮기다	→ carry office furniture 사무 가구를 나르다
participate in the jazz festival 재즈 페스티벌에 참석하다	→ go to the music event 음악 행사에 가다
get high ratings from our patrons 고객들에게 높은 평가를 받다	→ a good reputation 좋은 평판
a small tear, cracked 약간 찢어짐, 금이 간	→ a damaged/defective item 손상된/결함이 있는 물건

highlight the group 그룹을 강조하다	→ emphasize the team 팀을 강조하다
reorganize the merchandise on the shelves 선반 위에 상품을 새로 진열하다	→ rearrange the items 물건들은 다시 진열하다
pass out/hand out/give out many flyers 전단을 나눠주다	→ distribute the leaflets 전단을 배포하다
the accounting training next month 다음 달 회계 교육	→ a training session the following month 다가오는 달에 교육
sign up for the seminar 세미나에 등록하다	→ register for/enroll in the seminar 세미나에 등록하다
upgrade a membership 회원 자격을 업그레이드하다	→ change the account 회원 계정을 바꾸다
move to a new location 새로운 장소로 옮기다	→ change to a new venue 새로운 장소로 바꾸다
help oneself to coffee, tea, and snacks 커피, 차, 스낵들을 마음껏 먹다	→ eat a variety of refreshments 다양한 다과를 먹다
wash a car 세차하다	→ clean a vehicle 차량을 청소하다
give an address and phone number 주소와 전화 번호를 주다	→ provide contact information 연락 정보를 제공하다
pay by cash or credit card 현금 아니면 신용카드로 지불하다	→ payment method 지불 방법
construct a factory 공장을 건설하다	→ build a plant 공장을 짓다
go on sale 판매하다	→ be available 구매 가능하다
bring the drill 드릴을 가져오다	→ get the equipment/tool 장비/도구를 가져오다
search for a place to live 거주할 장소를 찾다	→ find a house 집을 찾다
select blue or red 파란색이나 빨간색을 선택하다	→ choose a color 색깔을 고르다
cost of purchase 구매 비용	→ total amount/the sum total 총액
enjoy a fascinating movie 흥미진진한 영화를 즐기다	→ like an interesting film 흥미로운 영화를 좋아하다
what you like the most 가장 좋아하는 것	→ preference 선호도
show the clients how to use the printer 프린터 사용하는 방법을 고객에게 보여주다	→ product demonstration 제품 시연회
remodel the restaurant 레스토랑을 보수 공사하다	→ renovate/refurbish the eating establishment 식당을 보수 공사하다

send by express mail 특급 우편으로 보내다	→	expedited delivery 특급 배송
work from home 재택 근무하다	→	telecommuting 재택 근무
revise some mistakes 실수를 수정하다	→	correct some errors 오류를 수정하다
modify the manuscript 원고를 수정하다	→	proofread the document 문서를 교정하다
not easy to understand/figure out 이해하기 쉽지 않은	→	confusing/complicated/difficult 혼란스러운, 복잡한, 어려운
take a different road/an alternate route 우회하다	→	take a detour 우회하다
at no charge/cost 무료로	→	for free 무료로
be stuck in traffic 차가 막히다	→	traffic congestion/jam/delay 교통 혼잡/체증/지연
transfer to the personnel division 인사과로 전근 가다	→	move to the human resources(HR) department 인사과로 옮기다
join the book club 북 클럽에 가입하다	→	become a member 회원이 되다
get together at 3 P.M. 오후 3시에 모이다	→	meet in the afternoon 오후에 만나다
deal with a matter 문제를 처리하다	→	solve/handle a problem 문제를 해결하다
take place in the banquet hall 연회장에서 열리다	→	be held in the ballroom 대연회장에서 개최되다
get off work before 6 P.M. 오후 6시 전에 퇴근하다	→	leave work early 일찍 퇴근하다
offer a deal 저렴하게 제공하다	→	reduce a price 할인하다
will not be valid 유효하지 않을 것이다	→	will expire 만료될 것이다
be not enough room 충분한 공간이 없다	→	limited space, small 제한된 공간, 작은
put together a bookshelf 책장을 조립하다	→	assemble a bookcase 책장을 조립하다
take time off 휴가를 내다	→	go on holiday/vacation 휴가를 가다
previous customers to write reviews 후기를 적은 이전 고객들	→	customer feedback 고객 의견
The schedule is pretty full. 일정이 가득 찼다.	→	a busy/hectic schedule 바쁜 일정

conduct it department by department 부서별로 실시하다	→ take turns 교대로 하다
find out about pricing information 가격 정보를 알아보다	→ research some prices 가격을 조사하다
ask how much it would cost 얼마나 많은 비용이 드는지 묻다	→ estimate/quote 견적
not a permanent position 정규직이 아닌	→ a temporary worker 임시직
cut the budget 예산을 삭감하다	→ reduce the funding 자금을 줄이다
want to find out when I'll receive payment 언제 지불을 받을 수 있는지 알고 싶다	→ ask about a payment date 지불 날짜를 문의하다
The meeting room/table is already booked. 회의실/테이블이 예약되었다.	→ It's not available/unavailable. 그것을 이용 할 수 없다.
The table you ordered stopped being produced. 주문한 테이블 생산이 중단됐다.	→ The item was discontinued. 그 물건이 중단됐다.
Books are sold out. 책이 다 팔렸다.	→ out of stock 품절
How many people will be attending ~? 몇 명의 사람들이 ~에 참석할 것인가?	→ the number of attendees 참석자 수
attract/increase/bring in more customers 더 많은 고객들을 끌다	→ expand the customer base 고객층을 확장하다
energy-saving feature 에너지 절약 기능	→ save energy 에너지를 절약하다
relocate the headquarters 본사를 이전하다	→ move the main/head office 본사를 옮기다
thunderstorm, storm, heavy rain, foggy 폭풍우, 폭우, 안개가 낀	→ inclement/severe/bad/poor weather 나쁜 날씨
collect one's belongings 소지품을 챙기다	→ pack personal items 개인 물품을 챙기다
give an address 연설하다	→ make a speech 연설하다
less expensive/inexpensive 저렴한	→ affordable/reasonable prices 합리적인 가격
collaborative effort 공동 노력	→ work together 함께 일하다
put up a sign on the wall 벽에 간판을 게시하다	→ hang a sign 간판을 걸다
run out of paper 종이가 떨어지다	→ Office supplies are not available. 사무 용품을 이용할 수 없다.
mayor 시장	→ a city official/a local politician 시 공무원/지역 정치가

complimentary coffee 무료 커피	→ free drink/beverage 무료 음료
do not go too far 너무 멀리 가지 않다	→ stay in the area 그 지역에 머무르다
water-protective coating 방수 코팅	→ water resistance/waterproof 방수
a lot less noisy 훨씬 소음이 적은	→ quiet 조용한
medical clinic/center 의료 센터	→ hospital 병원
e-mail you a brochure and application 브로셔와 신청서를 이메일로 보내다	→ send the information electronically 컴퓨터로 정보를 보내다
mail a package 소포를 우편으로 보내다	→ forward/send a parcel by post/mail 우편으로 소포를 보내다
a corporate luncheon 회사 오찬	→ a company lunch 회사 점심
be short on chairs 의자가 부족하다	→ will not be enough seats 좌석이 충분하지 않다
gas and electric company/water company 가스 전기 공사/상수도 회사	→ utility company (가스, 전기, 수도 등의)공익 기업
open a new office abroad 해외에 지점을 열다	→ expand the business 사업을 확장하다
hold a trade show in New York 뉴욕에서 무역 박람회를 열리다	→ open an international trade fair 국제 무역 박람회를 열다
stay for an extra day 하루 더 머물다	→ extend my stay 숙박을 연장하다
can't make it 참석할 수 없다	→ be unable to attend 참석할 수 없다
not accept one's offer 제안을 받아들이지 않다	→ reject/refuse/decline/turn down 거절하다
good for the environment/non-polluting 환경에 좋은/오염되지 않은	→ environmentally friendly 친환경적인
use the rear/back doors to the building 건물 후문을 이용하다	→ use a different entrance 다른 출입구를 이용하다
take a look at the notice board 게시판을 보다	→ check a bulletin board 게시판을 확인하다
go up nearly 30% in sales 거의 30퍼센트 매출이 올랐다	→ increase/grow sales 매출이 증가하다
get/keep in touch with a boss 상사와 연락하다	→ contact a supervisor 상사에게 연락하다
prohibit taking pictures 사진 촬영을 금하다	→ refrain from photography 사진 촬영을 삼가다/피하다

send to the wrong address 잘못된 주소로 보내다	→ send incorrectly 잘못 보내다
fill out a form 양식을 작성하다	→ complete the paperwork 문서에 작성하다
run 24 hours a day, 7 days a week 하루 24시간, 1주일 내내 작동되다	→ operate continuously 계속 작동되다
someone to take care of the problem 문제를 해결할 사람	→ a repairperson/technician 수리기사/기술자
power/electricity went/was out 전기가 나갔다	→ a power outage/failure, blackout 정전
make your workplace more efficient 효율적으로 작업장을 만들다	→ organize a workspace 작업 공간을 정리하다
computer is not working/down 컴퓨터가 작동하지 않는다	→ it's out of order/broken 고장 나다
work overtime 시간 외로 일하다	→ work extra hours 잔업을 하다
extend our hours of operation 영업 시간을 연장하다	→ stay open longer 더 오래 열다
need to hire more employees 더 많은 직원들을 고용해야 한다	→ understaffed/short-staffed 직원이 부족한
leave the company 회사를 떠나다	→ retire, quit a job 은퇴하다, 직장을 그만두다
The product development is behind schedule. 제품 개발이 예정보다 늦어지고 있다.	→ It is delayed. 지연되다.
book a flight and a hotel 비행기와 호텔을 예약하다	→ make travel arrangements 여행 준비
share a ride to work 직장으로 같이 타고 가다	→ carpool 카풀
The unit has already been leased to another party. 그 집이 다른 사람에게 임대되어 있다.	→ It is no longer available. 더 이상 이용할 수 없다
provide food and drink for the company events 회사 이벤트를 위해 음식과 음료를 제공하다	→ catering service 출장 연회 서비스
go to a concert this Saturday 이번 토요일에 콘서트에 가다	→ enjoy a live performance on the weekend 주말에 라이브 공연을 즐기다
duplicate the report 보고서를 복사하다	→ make a copy 복사하다
need a reference from your current manager 현재 매니저로부터 추천서가 필요하다	→ ask for a recommendation 추천서를 요청하다
order a lot 많이 주문하다	→ order in bulk 대량으로 주문하다
be reimbursed for one's business trip 출장 경비를 상환 받다	→ get the money back/get a refund 돈을 돌려받다, 환불 받다

DAY 18 PART 2 심화 학습

1 선택 의문문

PART 2에서 가장 많이 틀리는 유형 중에 하나가 선택 의문문이다. A or B 둘 중 하나를 선택하라고 요구하는 의문문으로 평균적으로 질문이 다른 의문문에 비해 긴 편이다. 기본적으로 A를 알아야 그것을 단서로 자연스레 B도 알아들을 수 있다. 다양한 유형의 선택 의문문을 풀면서 실력을 다져보자.

SPARTA 문제 풀이 비법 ❶ A or B에서 A를 선택한 답변 　🎧 Day18_01_01

Do you think we should paint the lobby white or blue?
(A) I like blue, too.
(B) I prefer white.
(C) At the paint store.

우리가 로비를 흰색으로 칠해야 한다고 생각해요? 아니면 파란색을 칠해야 한다고 생각해요?
(A) 저도 파란색을 좋아해요.
(B) 흰색이 좋아요.
(C) 페인트 가게에서요.

비법 질문은 white or blue 흰색인지 파란색인지 묻고 있다. (A)가 I like blue.라면 정답이 될 수 있지만, 문장 끝에 too라는 표현이 들어갔기 때문에 "저도 파란색을 좋아해요."라고 해석되어 오답이 되었다. 그래서 A를 선택한 (B)가 정답이다.

SPARTA 문제 풀이 비법 ❷ 전형적인 빈출 답변 　🎧 Day18_01_02

Should we purchase the movie tickets before or after lunch?
(A) I don't have a preference.
(B) Before he joined our company.
(C) At the ticket office.

영화 티켓을 점심 전에 사야 되나요? 아니면 후에 사야 하나요?
(A) 저는 선호하는 게 없어요.
(B) 그가 회사에 입사하기 전에요.
(C) 매표소에서요.

비법 질문은 before or after lunch 점심 전일지 후일지 선택하라고 한다. (B) 질문에 나온 before을 넣은 함정으로 뒤에 시제가 맞지 않다. 그리고 (C) 질문이 장소를 묻는 게 아니므로 오답이다. (A) 선택 의문문의 전형적인 회피성 답변으로 특별히 선호하는 바가 없어서 아무 때나 괜찮다는 뜻의 정답이다.

SPARTA 문제 풀이 비법 ❸ 동질성 선택 답변 　🎧 Day18_01_03

Do you want to see a romantic film or something in the horror genre?
(A) Yes, it was interesting.
(B) I'd prefer a comedy.
(C) At the cinema downtown.

로맨틱 영화를 보고 싶어요? 아니면 다른 공포물을 원하세요?
(A) 네, 재미있었어요.
(B) 코미디가 좋아요.
(C) 시내에 있는 영화관에서요.

비법 보고 싶은 영화로 로맨틱과 공포물 중(romantic film or something in the horror genre) 선택하라는 질문이다. 선택 의문문에서 (A)와 같은 Yes/No 답변은 오답이다. 영화 보는 장소를 선택하는 게 아니므로 (C)도 오답이다. 정답은 A도 B도 아닌 제 3의 답안으로 다른 영화 종류를 말한 (B)이다.

SPARTA 문제 풀이 비법 ❹ A or B에서 선택했지만 어휘 교체 답변 　🎧 Day18_01_04

Do you want to load this shipment into the truck or wait for more staff to arrive?
(A) Yes, the ships have arrived.
(B) Let's start now.
(C) Good job!

트럭에 선적을 실을까요? 아니면 더 많은 직원이 도착할 때까지 기다릴까요?
(A) 네, 배가 도착했습니다.
(B) 지금 시작합시다.
(C) 잘했어요!

비법 일을 시작할지 아니면 기다릴지(load this shipment or wait) 묻는 선택 의문문이다. (A) Yes/No 답변이므로 오답이고 (C) 질문과 관계 없는 답변이다. (B) 지금 시작하자는 말은 결국 A or B 중 A를 선택했다는 의미가 된다.

SPARTA   Actual Test

Day18_01_05 해설 p.344

1. Mark your answer on your answer sheet.   (A)   (B)   (C)
2. Mark your answer on your answer sheet.   (A)   (B)   (C)
3. Mark your answer on your answer sheet.   (A)   (B)   (C)
4. Mark your answer on your answer sheet.   (A)   (B)   (C)
5. Mark your answer on your answer sheet.   (A)   (B)   (C)
6. Mark your answer on your answer sheet.   (A)   (B)   (C)
7. Mark your answer on your answer sheet.   (A)   (B)   (C)
8. Mark your answer on your answer sheet.   (A)   (B)   (C)
9. Mark your answer on your answer sheet.   (A)   (B)   (C)
10. Mark your answer on your answer sheet.   (A)   (B)   (C)
11. Mark your answer on your answer sheet.   (A)   (B)   (C)
12. Mark your answer on your answer sheet.   (A)   (B)   (C)
13. Mark your answer on your answer sheet.   (A)   (B)   (C)
14. Mark your answer on your answer sheet.   (A)   (B)   (C)
15. Mark your answer on your answer sheet.   (A)   (B)   (C)

2 평서문

고득점을 가기 위해 PART 2의 평서문 문제를 맞춰야 한다. 다른 의문문처럼 키워드 중심으로 푸는 것이 아니라 문장 전체 내용을 이해해야 한다. 무엇보다 꾸준한 어휘 습득을 해야 하고 다양한 평서문을 풀어봐야 한다.

SPARTA 문제 풀이 비법 ❶ 의견 전달

🎧 Day18_02_01

We need to add temporary workers during the peak season.
(A) Okay, we can hire some part-time staff.
(B) Well, it was a valuable experience.
(C) They are very capable.

우리는 성수기 동안 임시 직원들을 추가할 필요가 있어요.
(A) 좋아요, 파트 타임으로 몇 명 고용해요.
(B) 소중한 경험이었어요.
(C) 그들은 매우 유능해요.

> **비법** 임시 직원들을 더 고용하자는 의견의 평서문이다. (B) 관련 없는 대답이고, (C) 아직 직원들을 뽑지 않았으므로 오답이다. (A) 질문에 동의한 응답으로 정답이다.(temporary workers=part-time staff)

SPARTA 문제 풀이 비법 ❷ 정보 제공

🎧 Day18_02_02

Our vice president's flight has been delayed due to heavy rain.
(A) Yes, the weather is nice, isn't it?
(B) Do you know when she'll arrive here?
(C) It's too heavy to carry.

부사장님의 비행기가 폭우로 지연되었어요.
(A) 네, 날씨가 좋아요, 그렇죠?
(B) 언제 그녀가 도착하는지 아세요?
(C) 너무 무거워서 들 수 없어요.

> **비법** 부사장이 탄 비행기가 지연됐다는 정보를 제공한 평서문이다. (A)는 질문의 heavy rain과 관련된 weather을 사용한 오답이고, (C)는 질문에 나온 heavy를 사용한 오답이다. 그래서 부사장이 언제 도착하는지 묻는 (B)가 정답이다.

SPARTA 문제 풀이 비법 ❸ 문제점 언급

🎧 Day18_02_03

The elevator in this building is malfunctioning.
(A) Someone's already called the repair company.
(B) The equipment is purchased online.
(C) It's next to the elevator.

빌딩에 엘리베이터가 고장 났어요.
(A) 누가 이미 수리 회사에 전화했어요.
(B) 장비는 온라인에서 구매됩니다.
(C) 그것은 엘리베이터 옆에 있어요.

> **비법** 엘리베이터 고장의 문제점을 언급한 평서문이다. (B)는 malfunctioning과 관련된 equipment를 사용한 오답이고, (C)는 질문에 나온 elevator를 반복한 오답이다. (A)는 이미 수리 회사에 연락했다는 내용으로 정답이다.

SPARTA 문제 풀이 비법 ❹ 제안/요청

🎧 Day18_02_04

I'd like you to stop by Jin Seok's office to pick up your ID card.
(A) I'll do it immediately.
(B) Okay, I'll pick you up at the airport.
(C) You will need your passport.

저는 당신이 신분증을 가져가려고 진석 씨의 사무실을 들르길 바라요.
(A) 바로 할게요.
(B) 좋아요, 공항에 당신을 데리러 갈게요.
(C) 당신의 여권이 필요할 거예요.

> **비법** 신분증을 챙겨가라는 내용의 평서문이다. (B)는 질문에 나온 pick up을 반복한 오답이다. (C)는 ID card와 관련된 passport를 이용한 오답이고 (A)는 요청에 바로 응답한 정답이다.

SPARTA — Actual Test

Day18_02_05 해설 p.346

1. Mark your answer on your answer sheet.   (A)   (B)   (C)
2. Mark your answer on your answer sheet.   (A)   (B)   (C)
3. Mark your answer on your answer sheet.   (A)   (B)   (C)
4. Mark your answer on your answer sheet.   (A)   (B)   (C)
5. Mark your answer on your answer sheet.   (A)   (B)   (C)
6. Mark your answer on your answer sheet.   (A)   (B)   (C)
7. Mark your answer on your answer sheet.   (A)   (B)   (C)
8. Mark your answer on your answer sheet.   (A)   (B)   (C)
9. Mark your answer on your answer sheet.   (A)   (B)   (C)
10. Mark your answer on your answer sheet.   (A)   (B)   (C)
11. Mark your answer on your answer sheet.   (A)   (B)   (C)
12. Mark your answer on your answer sheet.   (A)   (B)   (C)
13. Mark your answer on your answer sheet.   (A)   (B)   (C)
14. Mark your answer on your answer sheet.   (A)   (B)   (C)
15. Mark your answer on your answer sheet.   (A)   (B)   (C)

DAY 19 PART 3 심화 학습

1 의도 파악

의도 파악 문제는 질문에 나온 인용어구가 담화의 어떤 상황에서 나오는지 알아야 한다. 또한 기본적으로 인용어구 의미도 이해해야 한다. 난이도가 있는 문제이기 때문에 의도 파악 문제를 많이 풀어서 문제에 익숙해져야 한다.

SPARTA 문제 풀이 비법 ① 의도 파악 & 3인 대화

🎧 Day19_01_01

1. What does the **man offer** to do?
   (A) Change the phone number
   (B) Go to Germany
   (C) Contact a client later
   (D) Call a colleague

2. What is **Todd needed for**?
   (A) To send the letter by tomorrow
   (B) To prepare for a trip overseas
   (C) To translate a document
   (D) To meet the client

3. Why does the man say, "You-Jin lived in Germany for about seven years"?
   (A) To correct some mistaken information
   (B) To suggest that You-Jin can help with a task
   (C) To emphasize that You-Jin lived in Germany
   (D) To propose the meeting time

1. 남자는 무엇을 하겠다고 제안하는가?
   (A) 전화 번호 바꾸기
   (B) 독일에 가기
   (C) 고객에게 나중에 연락하기
   (D) 동료에게 전화하기

2. 왜 Todd를 필요로 하는가?
   (A) 내일까지 편지를 보내기 위해
   (B) 해외 여행을 준비하기 위해
   (C) 문서를 번역하기 위해
   (D) 고객을 만나기 위해

3. 왜 남자는 "유진이 약 7년간 독일에서 살았잖아요"라고 말하는가?
   (A) 잘못된 정보를 수정하기 위해
   (B) 유진이 일을 도와줄 수 있다는 것을 제안하기 위해
   (C) 유진이 독일에서 살았다는 것을 강조하기 위해
   (D) 회의 시간을 제안하기 위해

W1: Hi, You-Jin and Andrew. Have either of you seen Todd today? I haven't seen him anywhere today. I have an urgent matter.
M: Um, no. But I have his phone number. Can I contact him right away? What's the problem?
W1: Actually, I heard that Todd can speak German fluently, and I need him to translate this letter I got from a client in Berlin. It needs to be translated by tomorrow.
M: You know, You-Jin lived in Germany for about seven years.
W2: That's right. And, I have some time this afternoon if you'd like me to give you a hand.
W1: Really? Thank you so much. How about meeting at three?

W1: 안녕하세요, 유진과 앤드류. 오늘 Todd를 본 사람이 있어요? 오늘 어디에도 그가 보이지 않네요. 제가 급한 일이 있어요.
M: 음, 아니오. 근데 그의 전화 번호를 알아요. 제가 바로 연락할까요? 무슨 문제예요?
W1: 사실, Todd가 독일어를 유창하게 한다고 들었거든요. 그래서 베를린 고객에서 온 이 편지를 그가 번역했으면 해요. 내일까지 해야 하거든요.
M: 당신도 알 거예요, 유진이 약 7년간 독일에서 살았잖아요.
W2: 맞아요. 그리고 제 도움이 필요하면 오늘 오후에 시간 있어요.
W1: 정말요? 진짜 고마워요. 3시에 만날 수 있어요?

비법
1. 여자 1이 문제가 생겨서 Todd를 찾고 있는데 남자가 "I have his phone number. Can I contact him right away?" 그의 번호가 있으니 바로 연락한다고 하므로 정답은 (D)이다.
2. 여자 1이 Todd가 독일어를 잘하기 때문에 독일에서 온 고객 편지를 번역해 주길 바란다고 한다. 여기서 담화의 letter가 보기에서는 document로 바꿔서 나왔다.
3. 여자 1이 독일어 번역을 요청하려고 사람을 찾는 상황에서 남자가 유진이 독일에서 7년 동안 살았다고 말한다. 유진이 그 번역을 도울 수 있다는 의도로 언급했음을 추측할 수 있다.

SPARTA 문제 풀이 비법 ❷ 질문 대답에 대한 의도 파악   🎧 Day19_01_02

1. What has the **woman forgotten to bring**?
(A) A receipt
(B) A membership card
(C) Discount coupons
(D) Some groceries

2. What **problem** does the **man** mention?
(A) Information is missing.
(B) A product is out of stock.
(C) A system is not working.
(D) A discounted price is incorrect.

3. What does the man imply when he says, "**No problem**"?
(A) He can make a new card for the woman.
(B) He will keep the items until the woman comes back.
(C) He can buy some groceries with the card.
(D) The item has been put on the wrong shelf.

1. 여자는 무엇을 가져오는 것을 잊어버렸는가?
(A) 영수증
(B) 회원 카드
(C) 할인 쿠폰
(D) 식료품들

2. 남자는 무슨 문제를 언급하는가?
(A) 정보가 빠졌다.
(B) 물건이 품절이다.
(C) 시스템이 작동되지 않는다.
(D) 할인된 가격이 정확하지 않다.

3. 남자가 "당연하죠"라고 말하는 의도는 무엇인가?
(A) 그는 그녀를 위해 새로운 카드를 만들 수 있다.
(B) 그는 그녀가 돌아올 때까지 물건을 보관할 것이다.
(C) 그는 카드로 식료품을 몇 개 살 수 있다.
(D) 물건이 다른 선반 위에 놓여 있다.

M: Hello, ma'am. Thanks for shopping at Fresh grocery store. Do you have our membership card?
W: Yes, but I left it at home.
M: Sorry, the member database is not operating now. I can't find your information. You can only pay for the items. So I can't give you a discount today.
W: Oh no, you don't need to. It only takes five minutes on foot to my house. If you put aside these items I want to buy, I'll be back to bring my card. Is that okay?
M: <u>No problem</u>. Sorry for the inconvenience. I'll hold them for you.

M: 안녕하세요. Fresh 식료품점에서 쇼핑해주셔서 감사합니다. 멤버십 카드를 가지고 있으세요?
W: 네, 그런데 집에 두고 왔어요.
M: 미안하지만, 지금 회원 고객 데이터베이스가 제대로 작동되지 않습니다. 당신의 정보를 찾을 수 없네요. 계산만 할 수 있어요. 그래서 오늘 할인해 드릴 수 없습니다.
W: 아니요, 그럴 필요 없어요. 집까지 걸어서 딱 5분 걸려요. 제가 살 물건을 따로 맡아 준다면 카드를 가지고 바로 올게요. 괜찮죠?
M: 당연하죠. 불편을 드려 죄송해요. 당신을 위해 그것들을 가지고 있을게요.

비법
1. 남자의 첫 대사에서 회원 카드가 있는지 묻고 있다. 여자가 "Yes, but I left it at home." 집에 두고 왔다고 대답하므로 정답은 (B)이다.

2. 중반부에서 남자가 회원 고객 데이터베이스가 작동되지 않아서 여자의 정보를 볼 수 없다고 말하고 있다. 따라서 (C)가 정답이다.

3. No problem이라고 말한 의도를 묻는 문제로, 인용어구 앞의 내용을 잘 파악해야 한다. 여자가 후반에 물건을 남자가 맡아 줄 수 있는지 묻고 있다. 그에 따른 대답으로 정답은 (B)이다. 여기에서 '보관하다'라는 뜻을 가진 put/set aside=hold=keep 단어들을 기억해 두자.

SPARTA Actual Test

1. Where is the conversation taking place?
   (A) At a shopping mall
   (B) On the platform
   (C) In a baseball stadium
   (D) On a train

2. Why does the woman say, "It seems to be the baseball championship this afternoon"?
   (A) To extend an invitation
   (B) To see the baseball game
   (C) To give an explanation
   (D) To sit in an empty seat

3. What is the man concerned about?
   (A) Tickets
   (B) Clothes
   (C) A lecture
   (D) Family

4. What are the speakers mainly discussing?
   (A) A job opening
   (B) A new product
   (C) A medical clinic location
   (D) Some survey results

5. According to the man, what is the problem?
   (A) Meetings time with the doctors are short.
   (B) Doctors need to have more experience.
   (C) Patients wait for a long time to see the doctors.
   (D) It is hard to make an appointment.

6. What does the woman imply when she says, "That would require important changes to our scheduling process"?
   (A) She doubts a change will be implemented.
   (B) She thinks more employees should be hired.
   (C) She needs more time to decide.
   (D) She believes some data is incorrect.

7. What does the man say will take place in seven days?
   (A) An awards ceremony
   (B) A staff meeting
   (C) A grand opening celebration
   (D) A professional conference

8. What does the woman say she is concerned about?
   (A) Public transportation
   (B) A missed deadline
   (C) A parking fee
   (D) A connecting flight

9. Why does the man say, "It costs only 30 dollars"?
   (A) To make a suggestion
   (B) To express appreciation
   (C) To complain about a price
   (D) To save time

10. What are the speakers mainly discussing?
    (A) A restaurant reservation
    (B) A café opening
    (C) A mall trip
    (D) Shopping items

11. Why does the woman say, "He has a van"?
    (A) To offer the man a ride
    (B) To confirm that a delivery can be made
    (C) To explain a parking rule
    (D) To identify that her husband is a good driver

12. What does the woman say she will do?
    (A) Buy discount tickets
    (B) Contact a dining establishment
    (C) Cancel a reservation
    (D) Change the number of people

13. What is the conversation mainly about?

    (A) Creating a brochure
    (B) Preparing for a meeting
    (C) Installing some speakers
    (D) Upgrading a room

14. What did the man receive complaints about?

    (A) A space was small.
    (B) A meeting started late.
    (C) Equipment had poor visual quality.
    (D) A projector was out of order.

15. What does the man imply when he says, "I haven't forwarded the agenda yet"?

    (A) He has been too busy to finish an assignment.
    (B) He made a big mistake.
    (C) An agenda needs to be approved.
    (D) A change is still possible.

16. Where most likely are the speakers?

    (A) At a café
    (B) At a gift shop
    (C) At a supermarket
    (D) At a fitness club

17. What does the woman mean when she says, "I've never made them before"?

    (A) She is surprised that the recipe was easy.
    (B) She is apologizing for making a mistake.
    (C) She doesn't know how to find the section.
    (D) She is hoping to receive instructions.

18. Where will the speakers most likely go next?

    (A) To a customer service desk
    (B) To a checkout counter
    (C) To a reception desk
    (D) To a parking lot

2 시각 자료

PART 3의 시각 자료를 볼 때는 항상 질문과 보기를 먼저 파악한 다음, 시각 자료를 확인해야 한다. 따라서 시각 자료 문제는 기존 유형의 문제를 훈련한 다음에 접근해야 요점 파악이 쉬워진다.

SPARTA 문제 풀이 비법 ❶ 도표 시각 자료

🎧 Day19_02_01

Available Offices	Monthly Rent
80 square meters	$1500
100 square meters	$2000
150 square meters	$2300
230 square meters	$3000

1. What do the speakers say about **the Hemilton Tower**?
   (A) It is located downtown.
   (B) It has been built recently.
   (C) It is the cheapest among its competitors.
   (D) It is the tallest building in the city.

2. Look at the graphic. **How much** will the company most likely **pay in rent per month**?
   (A) $1500
   (B) $2000
   (C) $2300
   (D) $3000

M: We have to make a decision about our new offices.
W: I think we should definitely move into one of the offices in the Hemilton Tower. It's newer than any of the other office buildings in town, and I think it's important for a legal office to keep up appearances.
M: I think so, but do they have a few for us to choose from?
W: Yes, I have the list they already sent to me. Look at this list of what they still have available.
M: I like this one with 150 square meters. We can expand the size later if we need to.
W: Good point. Let's go there this afternoon to sign the contract.

구매 가능한 사무실들	월 임대료
80 평방미터	1500달러
100 평방미터	2000달러
150 평방미터	2300달러
230 평방미터	3000달러

1. 화자들은 Hemilton Tower에 대해 뭐라고 말하는가?
   (A) 시내에 위치해 있다.
   (B) 최근에 지어졌다.
   (C) 경쟁사들 중에 제일 싸다.
   (D) 시에서 가장 높다.

2. 도표를 보시오. 회사는 매달 얼마를 임대료로 지불할 것인가?
   (A) 1500달러
   (B) 2000달러
   (C) 2300달러
   (D) 3000달러

M: 우리 새 사무실에 관해 결정해야 해요.
W: 우리가 확실히 Hemilton Tower에 있는 사무실 중 한 곳으로 옮겨야 한다고 생각해요. 그곳은 도시에서 다른 어떤 사무실보다 최신 건물이에요. 그리고 저는 법률 사무소 외관도 중요하다고 생각하거든요.
M: 저도 그렇게 생각해요. 그런데 그들은 우리가 선택할 수 있는 다른 대안들을 가지고 있나요?
W: 네, 그들이 이미 보내 준 목록을 가지고 있어요. 구매 가능한 건물들의 목록을 봐요.
M: 150 평방미터가 좋은데요. 나중에 우리가 공간을 확장할 수도 있고요.
W: 좋아요. 오후에 계약서에 사인하러 갑시다.

비법
1. 대화 초반에 여자가 Hemilton Tower로 사무실을 이전하자고 하면서 그 이유로 "It's newer than any of the other office buildings in town." 건물이 최신 건물이라고 말하고 있다. 그래서 정답은 (B)이다.
2. 사무실 임대 목록을 보면서 "I like this one with 150 square meters." 남자가 150 평방미터 건물이 좋다고 말하고 있다. 다른 화자도 거기에 동의한다. 그래서 표에서 150 평방미터인 (C) 2300달러가 정답이다.

SPARTA 문제 풀이 비법 ❷ 차트 시각 자료

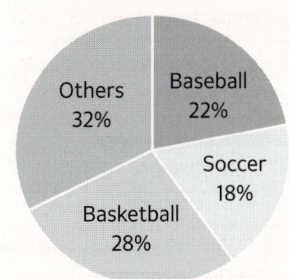

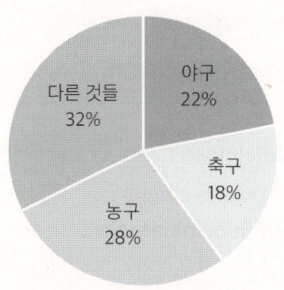

1. **Where** most likely do the speakers work?
   (A) At a fitness center
   (B) At a stadium
   (C) At a sports shop
   (D) At a shoe store

2. Look at the graphic. **Which section's size** will be **reduced**?
   (A) Soccer
   (B) Baseball
   (C) Basketball
   (D) Others

1. 화자들은 어디에서 일할 것 같은가?
   (A) 헬스장에서
   (B) 경기장에서
   (C) 스포츠 용품 가게에서
   (D) 신발 가게에서

2. 차트를 보시오. 어느 구역의 사이즈를 줄일 것인가?
   (A) 축구
   (B) 야구
   (C) 농구
   (D) 기타

M: Sandy, we need to make more space for our baseball goods. They're our biggest seller, but we've only allocated 22 percent of the store to that section.
W: I agree. This section here has 28 percent of the floor space, but we rarely sell much of this equipment nowadays.
M: Okay, so, let's reassign about 40 percent of that space to baseball for now.
W: I'll start making more room for the baseball section now.

M: Sandy, 우리는 야구 용품을 위해 더 많은 공간을 만들 필요가 있어요. 그것들이 가장 잘 팔리는 상품들인데, 단지 가게의 22퍼센트만 그 구역에 할당되고 있잖아요.
W: 맞아요. 이 구역은 매장 면적의 28퍼센트를 차지하고 있는데 요즘에는 이 장비들을 거의 많이 팔지 못 해요.
M: 좋아요, 그러면 지금 야구 공간을 40퍼센트로 다시 정리합시다.
W: 제가 지금 야구 구역을 위해 더 큰 공간을 만들게요.

비법
1. 첫 대화에서 남자가 "~ we need to make more space for our baseball goods." 야구 용품을 놓기 위해 더 많은 공간을 만들 필요가 있다고 하므로 스포츠 용품 가게에서 일한다는 것을 알 수 있다. 정답은 (C)이다.

2. 여자가 "This section here has 28 percent of the floor space, but we rarely sell much of this equipment nowadays." 28퍼센트 공간을 차지하는 용품이 요즘에는 잘 안 팔린다고 말한다. 화자들은 28퍼센트인 농구 구역을 줄일 것을 알 수 있다. 따라서 정답은 (C)이다.

SPARTA Actual Test

Order Form - Morning' Stationery	
A4 Copy Paper (500 sheets)	$4.00
A3 Copy Paper (500 sheets)	$7.00
Printer Black Ink	$5.00
Plastic Folders (20 pack)	$3.00

Sales Marketing – Theodore Grant	11:00 A.M. - Noon
Lunch	Noon - 1:00 P.M.
Running an Online Business – Samuel Ferguson	1:00 P.M. - 2:00 P.M.
Time Management – Steve Kim	2:00 P.M. - 4:00 P.M.
Using Social Networks – Tom James	4:00 P.M. - 5:00 P.M.

1. What does the man say he has done?

   (A) Made a copy
   (B) Sent information
   (C) Fixed a copy machine
   (D) Ordered some office supplies

2. Look at the graphic. Which item will they order more of?

   (A) A4 Copy Paper
   (B) A3 Copy Paper
   (C) Printer Black Ink
   (D) Plastic Folders

3. What does the man mention about the purchase form?

   (A) It needs approval.
   (B) It should be sent to the supplier.
   (C) It is easy to fill out.
   (D) It needs to be done together.

4. What does the woman say about the presentations?

   (A) There may not be enough time.
   (B) There are no tickets left.
   (C) They are being held on a weekend.
   (D) They have been rated highly.

5. What does the man say the speakers will do after the event?

   (A) Reserve a hotel room
   (B) Meet a client
   (C) Take a flight
   (D) Give a speech

6. Look at the graphic. Who will most likely speak last?

   (A) Theodore Grant
   (B) Samuel Ferguson
   (C) Steve Kim
   (D) Tom James

Ashifield Community Festival

October from the 9th to the 16th
For 8 days
Enjoy local food and shopping!

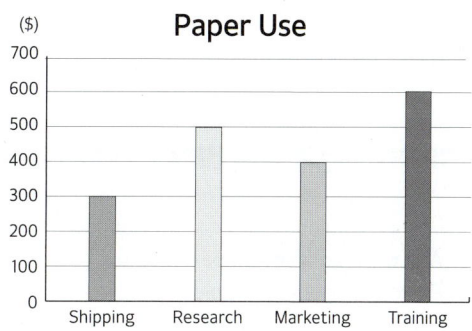

7. What does the man say about the festival?

   (A) It can be delayed because of the weather.
   (B) It will be moved to a bigger location.
   (C) It is a good chance to attract many people.
   (D) His restaurant will not attend.

8. Look at the graphic. When will the man work at the festival?

   (A) On October 7
   (B) On October 8
   (C) On October 9
   (D) On October 16

9. What does the woman say she will do?

   (A) Post an ad on the Web site
   (B) Help her relative
   (C) Prepare some food
   (D) Deliver some flowers

10. What are the speakers talking about?

    (A) A waste of stationery items
    (B) A billing problem
    (C) Moving to another department
    (D) A staff training event

11. Look at the graphic. Which department does the woman suggest giving the tablet computers to?

    (A) Shipping
    (B) Research
    (C) Marketing
    (D) Training

12. What is the man asked to do?

    (A) Check a price
    (B) Explain a process
    (C) Purchase the tablet computers
    (D) Contact a colleague

DAY 20 PART 4 심화 학습

1 의도 파악

PART 4 의도 파악은 질문에서 제시한 인용어구가 담화의 어떤 상황에서 나오는지 파악해야 한다. 좀 더 많은 담화를 풀어보고 의도 파악 문제에 접근해야 한다.

SPARTA 문제 풀이 비법 ❶ 문장의 의도 파악   🎧 Day20_01_01

1. What is mentioned about **Medi Dailycare Center**?
   (A) It will hold an event next month.
   (B) No rooms are available.
   (C) It will be relocated soon.
   (D) It was refurbished last year.

2. What does the **speaker suggest** the listener do?
   (A) Change the phone number
   (B) Contact another company
   (C) Make a reservation online
   (D) Visit the Plaza Mall

3. What does the speaker mean when he says, "**He will not be able to give you the same response even in two days**"?
   (A) He will be out of town.
   (B) The openings will not be available for long.
   (C) The listener is ready to work.
   (D) He cannot answer the phone.

1. Medi Dailycare Center에 대해 뭐라고 언급하는가?
   (A) 다음 달에 행사가 열릴 것이다.
   (B) 이용할 수 있는 방이 없다.
   (C) 곧 이전할 것이다.
   (D) 작년에 재단장했다.

2. 화자는 청자에게 무엇을 하라고 말하는가?
   (A) 휴대폰 번호 바꾸기
   (B) 다른 회사에 연락하기
   (C) 온라인으로 예약하기
   (D) Plaza Mall을 방문하기

3. 화자가 "그는 이틀 뒤에 같은 대답을 줄 수 없을 거예요"라고 말할 때, 의도하는 것은 무엇인가?
   (A) 그는 출장을 갈 것이다.
   (B) 빈자리가 오랫동안 있지 않을 것이다.
   (C) 청자는 일할 준비가 되었다.
   (D) 그는 전화를 받을 수 없다.

Hello, Ms. Carter. This is Nick at Medi Dailycare Center. We received your message this morning inquiring about possible rooms. I'm sorry to say that we are completely booked for the next month. However, we can recommend another company that you might like to try. Please contact Ron Weis at 550-6767. I called him this morning, and he said he has a couple of vacancies available now. But if you are interested, contact him right away. He will not be able to give you the same response even in two days. His company has been in business for over ten years and has a very good reputation. It is located on Burwood Road, next to the Plaza Mall. If you still want to use our facility, I'll keep you on our waiting list here and let you know when we have an opening.

안녕하세요, Carter 씨. 저는 Medi Dailycare Center의 Nick입니다. 오늘 아침에 이용 가능한 방이 있는지 문의하셨는데요. 죄송하게도 다음 달의 예약이 다 찼습니다. 그러나 당신이 연락해 볼 만한 다른 회사를 추천해 드릴게요. 550-6767으로 Ron Weis에게 연락하세요. 제가 오전에 전화했는데 지금 빈 방이 2개 정도 있다고 하더라고요. 그런데 원하시면 지금 당장 연락하셔야 해요. 그는 이틀 뒤에 같은 대답을 줄 수 없을 거예요. 그의 회사는 10년 이상 운영되었고 좋은 명성을 가지고 있거든요. 그곳은 Plaza Mall 옆에 있는 Burwood Road에 있습니다. 혹시 여전히 우리 시설물을 사용하고 싶으시다면 제가 여기 대기자 명단에 넣어 놓겠습니다. 그리고 빈 방이 날 때 알려 드릴게요.

1. 초반에 화자가 일하는 곳이 Medi Dailycare Center라고 하면서 "I'm sorry to say that we are completely booked for the next month." 다음 달의 예약이 다 차서 방이 없다고 한다. 정답은 (B)이다.

2. 화자의 회사에 예약이 불가능하니 "~ we can recommend another company that you might like to try." 다른 회사를 추천해 준다고 말하고 있다. 그래서 정답은 (B)이다.

3. 화자는 청자에게 다른 회사를 추천하면서 "His company has been in business for over ten years and has a very good reputation." 회사의 명성이 좋기 때문에 지금 있는 빈 자리가 이틀 뒤에는 없어질 것이라고 말하고 있다. 따라서 정답은 (B)이다.

SPARTA 문제 풀이 비법 ❷ 문장 발췌의 의도 파악

🎧 Day20_01_02

1. What kind of **company** do the **listeners** most likely **work** for?
   (A) A software developer
   (B) An investment firm
   (C) A research institute
   (D) An advertising agency

2. What does the speaker **say about Ms. Butrah**?
   (A) She has taken a new position.
   (B) She will make an announcement.
   (C) She is running late.
   (D) She is taking a trip.

3. Why does the speaker say, "**how hard she worked on this**"?
   (A) To emphasize an employee's effort for a project
   (B) To request assistance with a project
   (C) To inform listeners of a coworker's promotion
   (D) To explain the location of a meeting

1. 청자들은 어떤 회사에서 일할 것 같은가?
   (A) 소프트웨어 개발 회사
   (B) 투자사
   (C) 연구소
   (D) 광고 회사

2. 화자는 Butrah 씨에 대해 뭐라고 말하는가?
   (A) 그녀는 새로운 직책을 맡았다.
   (B) 그녀는 발표할 것이다.
   (C) 그녀는 늦을 것이다.
   (D) 그녀는 여행을 갈 것이다.

3. 왜 화자는 "그녀가 얼마나 열심히 이 일을 했는지"라고 말하는가?
   (A) 프로젝트에 대한 그녀의 노력을 강조하기 위해
   (B) 프로젝트 도움을 요청하기 위해
   (C) 동료의 승진을 청자들에게 알리기 위해
   (D) 회의의 위치를 설명하기 위해

Good morning, everyone. I know you really hope to have a successful product launch. We invested a lot of time and effort in the development of the new software. So, our expectations are very high. Ms. Butrah just called me about an hour ago. She will be a little bit late because of a personal problem, but she'll be here in a few minutes. Her division was in charge of publicity and advertising. So I think it is best that we wait for her before we start the meeting about the sales figures for the first week. We all know <u>how hard she worked on this</u>, so be sure to congratulate her when you see her.

안녕하세요, 여러분. 저는 여러분이 성공적인 제품 출시를 매우 기다리는 것으로 알고 있습니다. 저희는 새 소프트웨어 개발에 많은 시간과 노력을 투자했습니다. 그래서 우리의 기대가 매우 높습니다. Butrah 씨에게서 1시간 전에 전화가 왔습니다. 그녀는 개인적인 문제로 약간 늦을 거예요. 하지만 여기 몇 분 뒤에 올 것입니다. 그녀의 부서는 홍보와 광고를 담당하였습니다. 그래서 저는 첫 주 판매 수치에 대한 회의를 시작하기 전에 그녀를 기다리는 게 최선이라고 생각합니다. 우리 모두는 그녀가 얼마나 열심히 일했는지 알고 있습니다. 그래서 그녀가 도착할 때 축하합시다.

비법
1. 담화 초반에 화자가 성공적인 제품 출시를 바라면서 "We invested a lot of time and effort in the development of the new software." 새로운 소프트웨어 개발에 많은 시간과 노력을 투자했다고 한다. 따라서 청자의 회사가 소프트웨어 개발 회사임을 알 수 있다. 따라서 정답은 (A)이다.

2. 화자는 Butrah 씨에게서 전화가 왔는데 "She will be a little bit late because of a personal problem." 그녀가 개인적인 일로 약간 늦을 것이라고 한다. 정답은 (C)이다.

3. 화자는 Butrah 씨가 오면 회의를 시작하자고 한다. 담화 후반부에 "We all know how hard she worked on this, so be sure to congratulate her when you see her." 그녀가 열심히 이 일을 했으니 도착하면 환영해 주자고 한다. 그녀의 노력을 강조하려는 의도이므로 정답은 (A)이다.

SPARTA   Actual Test

1. Where does the speaker most likely work?
   (A) At a clothing store
   (B) At a dry-cleaning shop
   (C) At a fashion design studio
   (D) At a railroad company

2. What does the speaker mean when he says, "there was nothing we could do"?
   (A) He did not have enough information.
   (B) The problem was too complicated.
   (C) The situation was out of his control.
   (D) He did not act quickly enough.

3. What will the listener receive?
   (A) A refund
   (B) A discount voucher
   (C) A new item
   (D) An explanation

4. What does the speaker thank organizers for?
   (A) Publicizing a product launch
   (B) Obtaining corporate sponsorship
   (C) Evaluating a performance
   (D) Reviewing a proposal

5. What kind of event will be provided next year?
   (A) A boat competition
   (B) A theatrical production
   (C) A clearance sale
   (D) A marathon race

6. What does the speaker mean when she says, "we won't have another opportunity next time"?
   (A) They should request a policy change.
   (B) Another team will be in charge next year.
   (C) The project's budget is limited.
   (D) The event's success is very important.

7. What is the purpose of Mr. Banks's visit?
   (A) He is enjoying a vacation.
   (B) He is visiting relatives.
   (C) He is inspecting a factory.
   (D) He is negotiating a deal.

8. What does the speaker mean when she says, "you'll know him when you see him"?
   (A) Mr. Banks is very friendly.
   (B) Mr. Banks is very easy to recognize.
   (C) Mr. Banks should be familiar to the employees.
   (D) Mr. Banks is very wellknown.

9. What are listeners instructed to do?
   (A) Use only the back elevator
   (B) Refrain from bothering the company president
   (C) Try out a new line of briefcases
   (D) Discuss marketing ideas

10. Why is the speaker calling?
    (A) To sign up for a fashion show
    (B) To request help for a project
    (C) To book a ticket
    (D) To travel to Beijing

11. Why does the speaker say, "So, it wasn't my idea"?
    (A) She acknowledges a colleague deserves to be promoted.
    (B) She would like to listen to others' opinions.
    (C) She wants to introduce the design team.
    (D) She understands a change is inconvenient.

12. What is the listener asked to do?
    (A) Contact the company president
    (B) Organize a show
    (C) Change a location
    (D) Reserve a booth

13. What industry does the speaker work in?

    (A) Renewable energy
    (B) Computer technology
    (C) Publishing
    (D) Real estate

14. What does the speaker imply when he says, "many other areas have already signed up"?

    (A) He is worried about the limited seats.
    (B) He expects an industry to start changing.
    (C) The listeners should select his company.
    (D) The listeners should hurry to register.

15. What will the listeners do next?

    (A) See a recent movie
    (B) Ask questions
    (C) Join a product demonstration
    (D) Watch a video

16. Which department does the speaker work for?

    (A) Human resources
    (B) Publicity
    (C) Accounting
    (D) Sales

17. What does the speaker ask the listener to do?

    (A) Pay for a business trip
    (B) Send an employee to her office
    (C) Check the receipts
    (D) Lead an orientation

18. What does speaker mean when she says, "This form is only one page"?

    (A) A task should not take long.
    (B) A policy has been changed.
    (C) A form should be shortened.
    (D) Some information is missing.

2 시각 자료

PART 4 시각 자료 문제는 항상 문제와 보기를 먼저 파악한 다음, 시각 자료를 확인해야 한다. 문제 순서에 따라 어떤 내용이 어떤 순서로 나올지 짐작할 수 있다. 특히 회의 상황의 도표나 차트가 자주 출제된다.

SPARTA 문제 풀이 비법 ① 지도 시각 자료

Day20_02_01

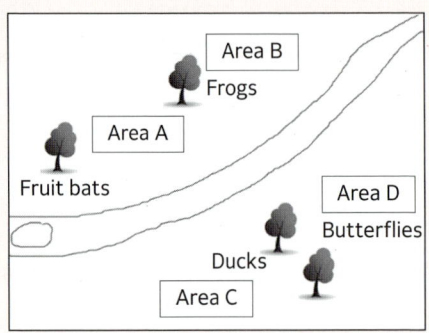
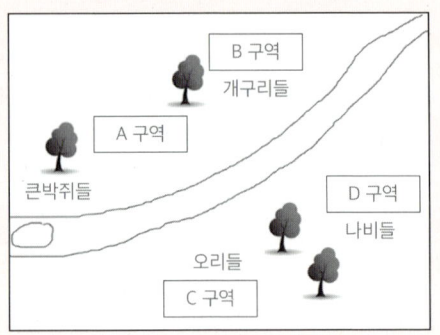

1. What kind of facility is to be constructed **in Highline Park**?
(A) A zoo
(B) A parking lot
(C) A stadium
(D) A recreation center

2. Look at the graphic. Where will the facility most likely **be placed**?
(A) Area A
(B) Area B
(C) Area C
(D) Area D

1. Highline 공원에는 어떤 종류의 시설이 건설될 것인가?
(A) 동물원
(B) 주차장
(C) 경기장
(D) 레크리에이션 센터

2. 시각 자료를 보시오. 어디에 그 시설물을 만들 것 같은가?
(A) A 구역
(B) B 구역
(C) C 구역
(D) D 구역

Welcome to the Highline Park planning committee meeting. I'd like to announce that the committee directors have decided the location of the new recreation center. As you know, we have to build it somewhere in Highline Park. However, when you look at the map, you can see that there are various wild animals whose homes we do not want to disturb. While Area B was the most favorable position, we couldn't use it because of endangered frogs. There are also other protected animals in areas A, C, and D. But we recently heard that the fruit bat will be moved to Central Park, so we'll use that location. Now, Dr. Sam Erickson from the Wildlife Protection Agency will explain more details about the situation.

Highline 공원 기획 위원회에 오신 것을 환영합니다. 저는 위원회 이사진들이 새 레크리에이션 센터 위치를 결정했다는 소식을 알려 드리려고 합니다. 알다시피, Highline 공원 어딘가에 그것을 건설해야 합니다. 그러나 지도를 보시면 우리가 방해하지 않아야 할 다양한 야생 동물의 서식지가 있습니다. B 구역이 가장 유리한 위치이지만 멸종 위기에 처한 개구리들 때문에 그곳을 사용할 수가 없어요. 역시 A, C, D 구역에도 보호 받아야 할 동물들이 있어요. 그러나 최근에 큰박쥐들이 Central 공원으로 이동할 것이라고 들었습니다. 그래서 그 장소를 사용할 것입니다. 자, 야생동물 보호 기관에서 오신 Sam Erickson 박사님이 그 상황에 대하여 더 구체적인 세부 사항들을 설명할 겁니다.

비법
1. 담화 초반에 화자가 "~ the committee directors have decided the location of the new recreation center." 위원회가 새 레크리에이션 센터 위치를 결정했다고 한다. 따라서 정답은 (D)이다.
2. 초반에 B 구역이 가장 유리한 위치이지만 멸종위기에 처한 개구리 때문에 안 된다고 하면서 "But we recently heard that the fruit bat will be moved to Central Park, so we'll use that location." 큰박쥐들이 다른 공원으로 이동하기 때문에 큰박쥐가 있던 A구역에 센터를 짓기로 했다고 한다. 정답은 (A)이다.

SPARTA 문제 풀이 비법 ❷ 그래프 시각 자료

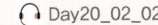 Day20_02_02

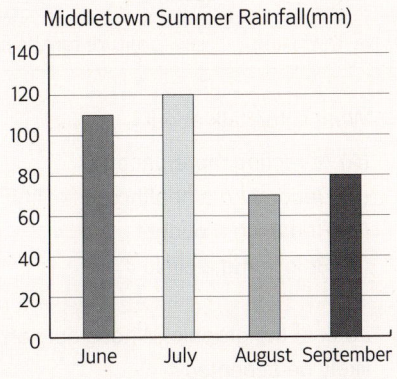

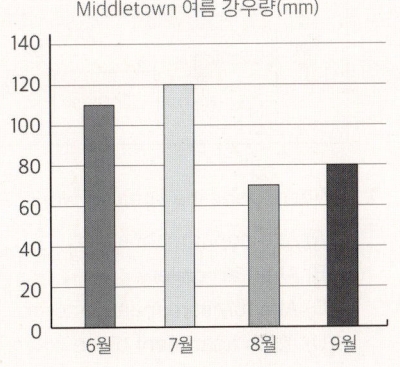

1. Who most likely is the **audience** for the talk?
(A) Construction workers
(B) Athletes
(C) Fitness club members
(D) City officials

2. Look at the graphic. **When will the construction begin?**
(A) June
(B) July
(C) August
(D) September

1. 담화를 위한 청중은 누구일 것 같은가?
(A) 공사 인부들
(B) 운동선수들
(C) 피트니스 클럽 회원들
(D) 공무원들

2. 그래프를 보시오. 언제 공사가 시작될 것인가?
(A) 6월
(B) 7월
(C) 8월
(D) 9월

Thank you for coming, members of the Middletown City Council. I'd like to make some brief comments before we start our discussion. Construction of the outdoor ice rink at Taft Sports Park needs to be started at a time of minimal rainfall. The company we hired for the project said they can finish the work in time. Please look at the graph regarding rainfall. I suggest that we avoid July, which has highest rate. So, let's start this month here, when the rainfall is at its lowest. It means we can open the ice rink this winter. Do you have any questions about this? If not, I'd like to move on to the next topic.

Middletown 시 의회에 와 주신 모든 의원님들께 감사 드립니다. 회의에 앞서 간단히 드릴 말씀이 있습니다. 최소 강우량일 때 Taft 스포츠 공원의 야외 스케이트장 건설을 시작할 필요가 있습니다. 프로젝트를 위해 고용한 회사는 제때 공사를 끝낼 수 있다고 말했습니다. 강우량의 그래프를 보세요. 우리가 7월은 가장 강우량이 높으므로 피했으면 합니다. 그래서 강우량이 가장 적은 이달에 시작합시다. 그러면 우리가 이번 겨울에 스케이트장을 개장할 수 있겠죠. 이것에 대해 질문 있으세요? 그렇지 않으면 다음 주제로 넘어갈게요.

---

 1. 화자가 담화 초반에 "Thank you for coming, members of the Middletown City Council." 시 의회에 와 준 의원들에게 감사하다고 한다. 화자의 직업이 공무원임을 알 수 있다. 정답은 (D)이다.

2. 화자는 "~ let's start this month here, when the rainfall is at its lowest." 강우량이 가장 적은 달에 시작하자고 한다. 도표에서 강우량이 가장 적은 달은 8월이므로 정답은 (C)이다.

SPARTA Actual Test

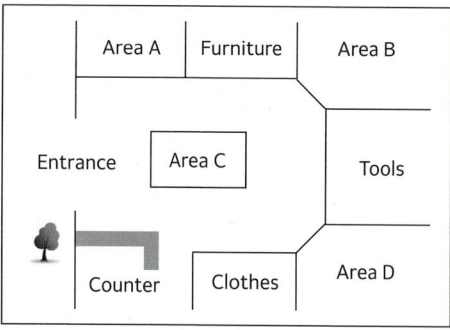

1. Where does the speaker work?

    (A) At a department store
    (B) At an art gallery
    (C) At a furniture manufacturer
    (D) At an apartment office

2. Which item is popular at the store?

    (A) Clothes
    (B) Artwork
    (C) Jewelry
    (D) Furniture

3. Look at the graphic. Where should artwork be displayed?

    (A) In Area A
    (B) In Area B
    (C) In Area C
    (D) In Area D

Joan Winter	New wallpaper in the lobby
Clem Roger	New carpet in the waiting area
Steve Jone	New lighting in the examination room
Dave Townsend	New furniture for the office

4. What is the talk about?

    (A) Attracting more patients
    (B) Decorating a healthcare facility
    (C) Reducing a budget
    (D) Relocating a clinic

5. Look at the graphic. Whose opinion will most likely be accepted?

    (A) Joan Winter's
    (B) Clem Roger's
    (C) Steve Jone's
    (D) Dave Townsend's

6. What does the speaker ask the listeners to do?

    (A) Make some samples
    (B) Provide some opinions
    (C) Measure a waiting area
    (D) Wear suits

November 5th	Presenter
Session 1	Sam Black
Session 2	Greta Grimes
Session 3	Olly Whitfield
Session 2	Helen Chang

7. Who most likely is the audience of this event?
   (A) Photojournalists
   (B) Mobile phone sellers
   (C) Graphic designers
   (D) Mobile game developers

8. Look at the graphic. Which session has been changed?
   (A) Session 1
   (B) Session 2
   (C) Session 3
   (D) Session 4

9. How can listeners enter a contest?
   (A) By submitting a work sample
   (B) By giving some feedback
   (C) By making a deposit
   (D) By moderating a session

Mon	Photo shoot for new album
Tue	
Wed	Interview for *Time Magazine*
Thu	
Fri	Concert
Sat	
Sun	Fan meeting

10. Look at the graphic. On which day does the speaker want to schedule a radio show?
    (A) Tuesday
    (B) Thursday
    (C) Saturday
    (D) Sunday

11. What will the speaker send to the listener?
    (A) Some music programs
    (B) A flight schedule
    (C) An itinerary
    (D) A list of questions

12. What does the speaker offer to do?
    (A) Delay a flight
    (B) Give the listener a break
    (C) Change the interview
    (D) Give the listener a concert ticket

books.english.co.kr

books.english.co.kr

스파르타 토익 750+
LC

실전 모의고사

PART 1~4

LISTENING TEST

In the Listening test, you will be asked to demonstrate how well you understand spoken English. The entire Listening test will last approximately 45 minutes. There are four parts, and directions are given for each part. You must mark your answers on the separate answer sheet.
Do not write your answers in your test book.

PART 1

Directions: For each question in this part, you will hear four statements about a picture in your test book. When you hear the statements, you must select the one statement that best describes what you see in the picture. Then find the number of the question on your answer sheet and mark your answer.
The statements will not be printed in your test book and will be spoken only one time.

Sample Answer
Ⓐ ● Ⓒ Ⓓ

Statement (B), "They're shaking hands," is the best description of the picture, so you should select answer (B) and mark it on your answer sheet.

1.

2.

3.

4.

5.

6.

Go on to the next page

PART 2

Directions: You will hear a question or statement and three responses spoken in English. They will not be printed in your test book and will be spoken only one time. Select the best response to the question or statement and mark the letter (A), (B), or (C) on your answer sheet.

7. Mark your answer on your answer sheet.
8. Mark your answer on your answer sheet.
9. Mark your answer on your answer sheet.
10. Mark your answer on your answer sheet.
11. Mark your answer on your answer sheet.
12. Mark your answer on your answer sheet.
13. Mark your answer on your answer sheet.
14. Mark your answer on your answer sheet.
15. Mark your answer on your answer sheet.
16. Mark your answer on your answer sheet.
17. Mark your answer on your answer sheet.
18. Mark your answer on your answer sheet.
19. Mark your answer on your answer sheet.
20. Mark your answer on your answer sheet.
21. Mark your answer on your answer sheet.
22. Mark your answer on your answer sheet.
23. Mark your answer on your answer sheet.
24. Mark your answer on your answer sheet.
25. Mark your answer on your answer sheet.
26. Mark your answer on your answer sheet.
27. Mark your answer on your answer sheet.
28. Mark your answer on your answer sheet.
29. Mark your answer on your answer sheet.
30. Mark your answer on your answer sheet.
31. Mark your answer on your answer sheet.

PART 3

Directions: You will hear some conversations between two or more people. You will be asked to answer three questions about what the speakers say in each conversation. Select the best response to each question and mark the letter (A), (B), (C), or (D) on your answer sheet. The conversations will not be printed in your test book and will be spoken only one time.

32. Where most likely are the speakers?
    (A) In a presentation hall
    (B) In a hallway
    (C) In a security office
    (D) In a supply room

33. What are the speakers concerned about?
    (A) Preparing for a presentation
    (B) Forgetting a password
    (C) Changing the security code
    (D) Being late for work

34. What does the woman suggest they do?
    (A) Post a notice
    (B) Contact their supervisor
    (C) Ask someone for help
    (D) Lock all the doors

35. What are the speakers talking about?
    (A) A new system
    (B) Taking inventory
    (C) Tracking an order
    (D) A store's rules

36. What problem does the woman mention?
    (A) There has been a shortage of parts.
    (B) Some software is not operating properly.
    (C) System testing has been delayed.
    (D) Costs have been higher than she expected.

37. What does the man ask the woman to do?
    (A) Submit a report
    (B) Launch a marketing campaign
    (C) Compile some design specifications
    (D) Assemble a device

38. Where does the man most likely work?
    (A) At an optician's
    (B) At a medical clinic
    (C) At an auto mechanic
    (D) At a bookstore

39. Why is the woman visiting the shop?
    (A) She wants to have a vision test.
    (B) She wants to buy a frame.
    (C) Her item does not fit right.
    (D) Her item is damaged.

40. What does the man offer to do?
    (A) Change to a new product
    (B) Test the woman's eyes
    (C) Extend warranty
    (D) Order some parts

41. What is the conversation mainly about?
    (A) A reservation for a hotel room
    (B) Alternative transportation to a meeting place
    (C) Different types of negotiations
    (D) Some information on a flyer

42. Who most likely is Mr. Renquist?
    (A) A mechanic
    (B) A train conductor
    (C) A job candidate
    (D) A client

43. What will the man do next?
    (A) Talk to a presenter
    (B) Cancel the meeting
    (C) Call for a taxi
    (D) Review the document

Go on to the next page

44. Where most likely are the speakers?
    (A) At a restaurant
    (B) On the road
    (C) In an office kitchen
    (D) In a coffee shop

45. What does the woman imply when she says, "Have you finished your newspaper"?
    (A) She would like to leave.
    (B) She would like to borrow the man's newspaper.
    (C) She is interested in the man's opinion.
    (D) She wants to drink another coffee.

46. What will the man do next?
    (A) Buy some food
    (B) Wait for the woman
    (C) Go to his workplace
    (D) Make a phone call

47. What does the woman ask the man to do?
    (A) Go to the printers together
    (B) Authorize her work
    (C) Print some documents
    (D) Give her some advice

48. Why does the man ask to meet again tomorrow?
    (A) He has no time right now.
    (B) He needs the woman to meet a deadline.
    (C) He wants to learn how to use new equipment.
    (D) He is waiting for a document to arrive.

49. What does the man say about the company?
    (A) It made a deal.
    (B) It reduced working time.
    (C) It hired more staff.
    (D) It helped with a summer promotion.

50. What problem does the man mention?
    (A) He broke tiles at a store.
    (B) He is unable to locate a product.
    (C) He forgot the product number.
    (D) He lost an invoice.

51. What does the woman mean when she says, "Please do"?
    (A) She will cancel a purchase.
    (B) She plans to double an order.
    (C) She wants to get a piece of information.
    (D) She thinks the man will participate in an event.

52. What will the man probably do next?
    (A) Place a special order
    (B) Visit another store
    (C) Pay for an order
    (D) Exchange his cash

53. Where most likely are the speakers?
    (A) At a convention
    (B) At a plant
    (C) At a laboratory
    (D) At a fashion show

54. What do the women imply about their company?
    (A) It only focuses on large firms.
    (B) It specializes in international law.
    (C) It helps reduce IT budgets.
    (D) It works with state-of-the-art technologies.

55. What will the man probably do next?
    (A) Order some business cards
    (B) Set up an appointment
    (C) Find out more information at another place
    (D) Sign a contract with women's company

56. Why did the man travel to Venice?
    (A) To make some deliveries
    (B) To visit relatives
    (C) To make a deal
    (D) To open a café

57. What is the man's problem?
    (A) He sent the wrong address.
    (B) He had trouble remembering some information.
    (C) He could not meet the clients.
    (D) He could not purchase the items he wanted.

58. According to the woman, what will be included in a handbook?
    (A) Easy recipes
    (B) Travel information
    (C) Sales strategies
    (D) Product descriptions

59. What are the speakers working on?
    (A) An interior design project
    (B) A menu upgrade
    (C) An interview
    (D) A lecture series

60. Why are the speakers concerned?
    (A) They need to expand a team.
    (B) A client doesn't want to change the deadline.
    (C) Some information is incomplete.
    (D) They didn't attend the meeting.

61. What does the woman say she will do next?
    (A) Contact a client
    (B) Call off the project
    (C) Cancel her meetings
    (D) Review some documents

Current Price List - Brochure

Number	Price
500	$110
1000	$140
2000	$180
3000	$210

62. What does the woman notice?
    (A) A modification to a company's product prices
    (B) A greater need for advertisement distribution
    (C) A mistake on some newly printed brochures
    (D) A change in a printing company's ownership

63. Look at the graphic. How much did the company pay for brochures the last time?
    (A) $55
    (B) $70
    (C) $90
    (D) $105

64. What does the man want the woman to do in the future?
    (A) Restock certain items earlier
    (B) Make their brochure more effective
    (C) Try to negotiate a discounted price
    (D) Find a more suitable printing company

Go on to the next page

Bestsellers Section		
	Title	Author
1	Matilda	John Hopkins
2	Two Lovers	Luise Secker
3	The Giver	Royald Dal
4	Wonder	Jess Kini

European Jazz Festival

7-11 March

Millennium Park

Tickets £20

65. Where do the speakers most likely work?

   (A) At a publishing company
   (B) At a library
   (C) At a shoe store
   (D) At a bookstore

66. Look at the graphic. Who does the man want to invite to an event?

   (A) John Hopkins
   (B) Luise Secker
   (C) Royald Dal
   (D) Jess Kini

67. What does the woman ask the man to do?

   (A) Contact the writer
   (B) Delay a book signing event
   (C) Get in touch with the publisher
   (D) Consult with an expert

68. What project will the speakers be working on?

   (A) Restoring some artworks
   (B) Creating a park
   (C) Designing a building
   (D) Writing some lyrics

69. Look at the graphic. Which date will the woman attend the festival?

   (A) On March 7
   (B) On March 8
   (C) On March 9
   (D) On March 11

70. Who is Switzerland Basel?

   (A) A conductor
   (B) An event organizer
   (C) A singer
   (D) A music critic

PART 4

Directions: You will hear some talks given by a single speaker. You will be asked to answer three questions about what the speaker says in each talk. Select the best response to each question and mark the letter (A), (B), (C), or (D) on your answer sheet. The talks will not be printed in your test book and will be spoken only one time.

71. Where is the announcement taking place?
    (A) In a bus
    (B) At an airport
    (C) In a train
    (D) At an electricity firm

72. What caused the problem?
    (A) A train failure
    (B) A blackout
    (C) Traffic congestion
    (D) A car accident

73. What is the company going to provide for some inconvenienced passengers?
    (A) Taxi coupons
    (B) Free snacks at Town Hall Station
    (C) Discount tickets
    (D) Another form of transportation

74. What is the purpose of the announcement?
    (A) To announce a job opening
    (B) To report a personnel change
    (C) To welcome a new director
    (D) To report sales results

75. How long has Megan Drummond worked as a sales director?
    (A) For three years
    (B) For five years
    (C) For seven years
    (D) For ten years

76. Why would some employees contact the speaker?
    (A) To apply for a position
    (B) To participate in a party
    (C) To give him some money
    (D) To receive a gift

77. Who is the speaker?
    (A) An accountant
    (B) A human resources director
    (C) The factory supervisor
    (D) An assembly line employee

78. According to the speaker, what should the listeners do with the security cards?
    (A) Carry them the whole time
    (B) Return them to the receptionist
    (C) Insert them into the card reader
    (D) Enter the card number

79. What will the listeners hear about later?
    (A) Production quotas
    (B) Sales figures
    (C) Strategic plans
    (D) Computer programs

80. Why has the meeting been held at the last minute?
    (A) To introduce the new dishware
    (B) To announce a new policy
    (C) To provide the contents of a contract
    (D) To inform employees of an error

81. Why does the speaker say, "It's been a week"?
    (A) To express a concern about a delay
    (B) To praise a team's performance
    (C) To ship the boxes themselves
    (D) To change the business strategies

82. What is Min asked to do?
    (A) Call a shipping company
    (B) Verify some addresses
    (C) Inform some staff about the change
    (D) Give a speech

Go on to the next page

83. Which department does the listener most likely work in?

(A) Research & development
(B) Sales
(C) Public relations
(D) Human resources

84. What does the speaker mean when she says, "we've already received 100 candidates"?

(A) An application period should be extended.
(B) Some application materials should be shortened.
(C) Some candidates have already been selected.
(D) A job advertisement has been successful.

85. What does the speaker ask Miyaki to do?

(A) Submit an application
(B) Arrange workspaces
(C) Look over a document
(D) Fill out a questionnaire

86. What does Briton Company plan to do in March?

(A) Hold a press conference
(B) Expand overseas branches
(C) Construct a facility
(D) Donate books to the library

87. Who is Rachel Kim?

(A) A city official
(B) A professional entertainer
(C) A building manager
(D) A company worker

88. What are the listeners asked to do next?

(A) Look at the materials
(B) Hand out some brochures
(C) Set up the equipment
(D) Attend the welcoming party

89. Who is the talk for?

(A) Conference participants
(B) Authors
(C) New employees
(D) Event volunteers

90. What will the listeners probably do first?

(A) Go to the security office
(B) Take a tour
(C) Set up their laptops
(D) Proofread a report

91. What does the speaker say has recently changed?

(A) A work shift
(B) An employment directory
(C) A meeting schedule
(D) An office layout

92. What is Ted's known for?

(A) Used-car sales
(B) Automotive items
(C) Office supplies
(D) Vehicle rentals

93. What service has Ted's recently added?

(A) On-site maintenance
(B) Reasonable vehicle inspection
(C) Online appointments
(D) Free tow assistance

94. According to the advertisement, what can the listeners do on the Web site?

(A) Make an appointment in advance
(B) Get discount information
(C) Check an available product
(D) See the store location

Summer Jazz Sessions	
Theodore Grant	July 3rd
Sam James	July 10th
Melinda Thames	July 20th
Maria Garcia	August 4th

95. What problem does the speaker mention?

    (A) Some maintenance work will occur.
    (B) Inclement weather is predicted.
    (C) Some instruments have been lost.
    (D) A stage has been damaged.

96. Look at the graphic. Which musician's performance will be rescheduled?

    (A) Theodore Grant
    (B) Sam James
    (C) Melinda Thames
    (D) Maria Garcia

97. What is available on the Web site?

    (A) A performance schedule
    (B) Weather information
    (C) Park directions
    (D) Concert locations

Queens department store Directory
1st Floor: Footwear & Jewelry
2nd Floor: Women's Clothing
3rd Floor: Men's Clothing
4th Floor: Electronic Appliances
5th Floor: Cafe & Dining Bar

98. Why is the announcement being held?

    (A) To inform shoppers of special event
    (B) To clear out old merchandise
    (C) To announce a 10th anniversary party
    (D) To welcome a celebrity

99. Look at the graphic. Which floor is the sale on this week?

    (A) The second floor
    (B) The third floor
    (C) The fourth floor
    (D) The fifth floor

100. According to the speaker, what is available near the elevators?

    (A) A free sample
    (B) A flyer
    (C) A discount coupon
    (D) A membership card

스파르타 토익
750⁺
LC

정답 및 해설

PART 1~4

정답 & 해설

DAY 1

1. 1인 중심 사진

SPARTA Check-UP　　　　p.15

1. (C)　2. (D)　3. (A)　4. (B)

1. (A) He's sipping a cup of coffee.
   (B) He's wearing a watch.
   (C) He's seated on a stool.
   (D) He's pointing at the plane.

   (A) 그는 커피를 조금씩 마시고 있다.
   (B) 그는 시계를 착용하고 있다.
   (C) 그는 의자에 앉아 있다.
   (D) 그는 비행기를 가리키고 있다.

   [해설] 남자 한 명이 공항 라운지에서 태블릿 피시를 보고 있는 모습이다. (A) 마시는 동작이 아니고 (B) 시계가 안 보여서 오답이다. (D) 그가 가리키는 것은 태블릿 피시이다.

   [어휘] sip 조금씩 마시다　stool (등받이 없는) 의자　point 가리키다

2. (A) The man is putting on some glasses.
   (B) The man is lighting the candle.
   (C) Heavy machinery is being used.
   (D) The man is resting in the workshop.

   (A) 남자는 안경을 쓰려고 한다.
   (B) 남자는 초에 불을 붙이고 있다.
   (C) 중장비가 사용되고 있다.
   (D) 남자는 작업 공간에서 쉬고 있다.

   [해설] 남자 한 명이 자신의 작업 공간에서 쉬고 있는 장면이다. 주변에는 기계들이 있고 옆에는 기계에 불이 켜져 있다. (A)는 안경을 쓰려고 하지 않아서 틀렸고, (B)와 (C)는 동작이 불일치하다.

   [어휘] light (불을) 붙이다　candle 초　heavy machinery 중장비　workshop 작업 공간

3. **(A) She's having a meal outdoors.**
   (B) She's talking on the phone.
   (C) She's holding a bag in her hand.
   (D) She's planting some flowers.

   (A) 그녀는 밖에서 식사하고 있다.
   (B) 그녀는 전화하고 있다.
   (C) 그녀는 손에 가방을 들고 있다.
   (D) 그녀는 꽃을 심고 있다.

   [해설] 이 사진은 여자가 밖에 앉아서 무언가를 먹고 있는 사진이다. 여자 옆에는 가방이 놓여 있다. (B)는 전화기가 안 보여서 틀렸고, (C)는 가방은 그녀 옆에 놓여 있다. (D)는 동작이 불일치하다.

   [어휘] meal 식사　plant (식물을) 심다

4. (A) The woman is pulling a suitcase.
   (B) The woman is leaning forward.
   (C) The woman is entering the restroom.
   (D) The woman is pushing a wheelchair.

   (A) 여자는 여행 가방을 끌고 가고 있다.
   (B) 여자는 앞으로 기대고 있다.
   (C) 여자는 화장실에 들어가고 있다.
   (D) 여자는 휠체어를 밀고 있다.

   [해설] 여자가 화장실 앞에서 휠체어에 기대어 무언가를 만지고 있는 모습이다. 휠체어 위에는 가방이 놓여 있다. (A)와 (C), (D)는 동작의 불일치로 오답이다.

   [어휘] lean 기대다　forward 앞으로　enter 들어가다　restroom 화장실

SPARTA Actual Test　　　　pp.16-17

1. (B)　2. (B)　3. (C)　4. (C)　5. (C)　6. (A)
7. (A)　8. (D)　9. (C)　10. (D)

1. (A) He's folding the net with other people.
   (B) He's holding a fishing pole.
   (C) He's ready for diving.
   (D) He's boarding a boat.

   (A) 그는 다른 사람들과 그물을 접고 있다.
   (B) 그는 낚싯대를 들고 있다.
   (C) 그는 다이빙을 준비하고 있다.
   (D) 그는 배에 탑승하고 있다.

   [해설] 한 남자가 낚시를 하고 있는 모습이다. (A)는 그물이 없고 사람 한 명만 보이므로 틀렸다. (C)는 다이빙을 준비하는 동작이 아니기 때문에 오답이고, (D)는 배도 보이지 않고 타려는 행동도 하지 않으므로 오답이다.

   [어휘] net 그물　fishing pole 낚싯대　be ready for ~를 준비하다　board 탑승하다

2. (A) She's jogging on the street.
   (B) She's carrying a bag on her shoulder.
   (C) She's opening the store's door to enter.
   (D) She's trying on a jacket.

   (A) 그녀는 거리에서 조깅하고 있다.
   (B) 그녀는 어깨에 가방을 들고 있다.
   (C) 그녀는 들어가려고 가게 문을 열고 있다.
   (D) 그녀는 재킷을 입으려고 하고 있다.

   해설 여자가 어깨에 가방을 멘 채 화장품을 들여다 보고 있다. (A)는 jogging 동작이 아니므로 오답. (C)는 가게 문을 여는 행동이 아니므로 오답이다. (D) 재킷이 보이지 않으므로 오답이다.

   어휘 shoulder 어깨 enter 들어가다

3. (A) A man is holding a publication.
   (B) A man is standing next to a cash register.
   (C) A man is wearing a suit.
   (D) A man is pouring some coffee into a cup.

   (A) 남자는 출판물을 들고 있다.
   (B) 남자는 계산대 옆에 서 있다.
   (C) 남자는 정장을 입고 있다.
   (D) 남자는 컵에 커피를 붓고 있다.

   해설 남자가 커피숍에서 커피를 마시고 있으며, 정장을 입은 상태이다. (A) 남자가 출판물이 아니라 컵을 들고 있어서 틀렸고, (B) 계산대가 보이지 않아서 오답이다. (C) 커피를 붓는 동작이 아니어서 틀렸다.

   어휘 publication 출판물 cash register 계산대 suit 정장 pour 붓다

4. (A) He's stacking the boxes on top of each other.
   (B) He's organizing the items in the store.
   (C) He's bending over.
   (D) He's putting on a hat.

   (A) 그는 각각의 박스 위에 박스를 쌓고 있다.
   (B) 그는 가게 안에서 물건들을 정리하고 있다.
   (C) 그는 몸을 구부리고 있다.
   (D) 그는 모자를 쓰려고 하고 있다.

   해설 남자가 가게 밖에서 몸을 구부려서 물건들을 정리하고 있고, 주변에는 물건들과 박스들이 쌓여 있다. (A)는 동작의 불일치. (B)는 장소가 틀려서 오답이다. (D)는 모자를 쓴 상태이다.

   어휘 stack 쌓다 organize 정리하다 bend 굽히다

5. (A) She's arranging the flowers in a vase.
   (B) She's decorating inside.
   (C) She's leaning over the table.
   (D) The lights are turned off.

   (A) 그녀는 꽃병에 꽃꽂이를 하고 있다.
   (B) 그녀는 실내를 장식하고 있다.
   (C) 그녀는 테이블 쪽으로 기대고 있다.
   (D) 전등들이 꺼져 있다.

   해설 여자가 뒷모습을 보이며 백화점 안 테이블 쪽으로 기대고 있다. (A)는 주변 배경에 꽃꽂이 장식이 보이지만 동작이 불일치하다. (B)는 장식하는 동작이 아니므로 틀렸다. (D)는 주변 배경에 전등들이 켜져 있어서 오답이다.

   어휘 vase 꽃병 decorate 장식하다 lean 기대다

6. **(A) The woman is using a device.**
   (B) The woman is getting off the subway.
   (C) The woman is holding a phone to her ear.
   (D) The woman is looking at the route on the wall.

   (A) 여자는 장치를 사용하고 있다.
   (B) 여자는 지하철에서 내리고 있다.
   (C) 여자는 휴대폰을 귀에 대고 있다.
   (D) 여자는 벽에 노선을 보고 있다.

   해설 여자는 버스 안에 앉아서 휴대폰을 보고 있다. (B)는 내리는 동작이 아니라서 틀렸고, (C)는 휴대폰을 귀에 대고 있는 것이 아니기 때문에 오답이다. (D)는 노선표를 보는 동작이 불일치하다. phone이 device에 해당하므로 (A)가 정답이다.

   어휘 device 장치 get off 내리다 route 노선

7. **(A) He's using an office machine.**
   (B) He's making some coffee.
   (C) He's staring at the calendar.
   (D) He's filing some documents.

   (A) 그는 사무용 기계를 사용하고 있다.
   (B) 그는 커피를 만들고 있다.
   (C) 그는 달력을 응시하고 있다.
   (D) 그는 서류를 정리하고 있다.

   해설 남자는 한 손에 컵을 들고 한 손으로 팩스를 사용하고 있다. 벽에는 달력이 걸려 있다. (B)는 copy-coffee을 이용한 유사 발음의 함정이다. (C)는 달력을 보고 있지 않아서 동작이 불일치하다. (D)는 서류 정리하는 동작이 아니므로 정답은 사무용 기계를 사용한다는 내용의 (A)이다.

   어휘 stare 응시하다 calendar 달력 file (문서들을) 정리하다

8. (A) He's feeding an animal.
   (B) He's throwing trash away in a bin.
   (C) A horse is resting in a barn.
   (D) He's driving a carriage.

   (A) 그는 동물에게 먹이를 주고 있다.
   (B) 그는 쓰레기통에 쓰레기를 버리고 있다.
   (C) 말은 헛간에서 쉬고 있다.
   (D) 그는 마차를 몰고 있다.

   해설 남자는 공원에서 마차를 몰고 있고 주변에는 쓰레기통들이 나란히 놓여 있다. (A) feed 동작의 불일치. (B) 쓰레기 통은 있지만 버리는 동작이 아니다. (C) 말은 쉬고 있지 않으며 장소도 일치하지 않는다.

   어휘 feed (먹이를) 주다 trash 쓰레기 throw away 버리다 bin 쓰레기통 rest 쉬다 barn 헛간 carriage 마차

9. (A) The woman is going up the stairs.
   (B) The woman is holding a dog's leash.
   (C) The dog is tied to the post.
   (D) The woman is patting an animal.

   (A) 여자는 계단을 올라가고 있다.
   (B) 여자는 개 끈을 잡고 있다.
   (C) 개는 기둥에 묶여 있다.
   (D) 여자는 동물을 쓰다듬고 있다.

   해설 여자는 계단에 앉아서 전화하고 있고, 여자 옆에는 개가 기둥에 묶인 채 쉬고 있다. (A)는 동작이 불일치하며 (B)는 여자가 들고 있는 것은 휴대폰이라서 틀렸다. (D)는 여자가 쓰다듬는 동작을 하지 않아서 틀렸다. 여기서 여자만 보는 게 아니라 주변에 모습도 같이 미리 파악해야 한다 정답은 개 모습을 묘사한 (C)이다.

   어휘 stair 계단 lash 가죽 끈 tie 묶다 post 기둥 pat 쓰다듬다

10. (A) The man is taking off a hard hat.
    (B) The heavy machinery is being operated.
    (C) The man is using a shovel.
    (D) The man is grabbing the sign.

    (A) 남자는 헬멧을 벗고 있다.
    (B) 중장비가 작동되고 있다.
    (C) 남자는 삽을 사용하고 있다.
    (D) 남자는 표지판을 움켜 쥐고 있다.

    해설 도로에 남자가 안전 장비를 착용하고 한 손에는 표지판을 들고 있다. (A)는 헬멧을 착용하고 있어서 틀렸고 (B)는 중장비가 보이지 않아서 오답이다. (C)는 삽이 없어서 틀렸다.

    어휘 take off 벗다 heavy machinery 중장비 operate 작동하다 shovel 삽 grab 움켜 쥐다

2. 2인 이상 중심 사진

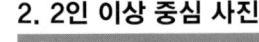 p.19

1. (C)   2. (C)   3. (C)   4. (D)

1. (A) They're getting out of the aircraft.
   (B) They're facing each other.
   (C) They're climbing up the stairs.
   (D) They're loading their luggage into the truck.

   (A) 그들은 비행기에서 내리고 있다.
   (B) 그들은 서로 마주보고 있다.
   (C) 그들은 계단을 오르고 있다.
   (D) 그들은 트럭에 짐을 싣고 있다.

   해설 승객 두 명이 비행기에 탑승하려는 사진이다. 사진에서 마지막으로 계단을 오르는 남자가 가방을 메고 있다. (A)는 내리는 동작이 아니어서 오답. (B)는 마주 보고 있지 않아서 틀렸다. (D)는 짐과 트럭이 보이지 않는다.

   어휘 get out of 내리다 face 마주하다 climb 오르다 load 짐을 싣다

2. (A) A woman is holding a bag.
   (B) People are standing in a row to board a bus.
   (C) One of the men is picking up a milk carton.
   (D) One of the men is pouring tea into a cup.

   (A) 여자는 가방을 들고 있다.
   (B) 사람들은 버스를 타기 위해 한 줄로 서 있다.
   (C) 남자 한 명이 우유팩을 집어 올리고 있다.
   (D) 남자 한 명이 컵에 차를 따르고 있다.

   해설 야외에서 각자 다른 행동을 하고 있어서 개별 행동을 잘 봐야 한다. 여자는 컵을 들고 있고, 한 남자는 우유팩을 집어 올리고 있다. 배경에는 테이블 위에 박스와 보온병 등이 놓여 있고 뒤에는 버스가 주차되어 있다. (A) 여자가 컵을 들고 있어서 오답이다. (B) 버스를 타려는 사람이 없어서 오답이다. (D) 차를 따르는 남자가 안 보여서 오답이다.

   어휘 in a row 줄로 pick up 집어 올리다 carton 종이 상자 pour 따르다

3. (A) They're tying the aprons.
   (B) They're cutting some vegetables in the kitchen.
   (C) They're wearing the uniforms.
   (D) They're serving food on a plate.

(A) 그들은 앞치마를 묶고 있다.
(B) 그들은 주방에서 야채를 자르고 있다.
(C) **그들은 유니폼을 입고 있다.**
(D) 그들은 접시에 음식을 제공하고 있다.

해설 사람들이 유니폼을 입고 주방에서 일하고 있다. 주변에 주방 도구들이 놓여 있다. (A)는 앞치마를 착용하고 있어서 동작이 불일치하다. (B)는 자르는 동작이 아니어서 틀렸다. (D)는 요리된 음식이 보이지 않아서 오답이다.

어휘 tie 묶다 apron 앞치마 plate 접시

4. (A) The man is having his picture taken.
   (B) The woman is using a camera.
   (C) They're having a meal outdoors.
   (D) The woman is posing for a photograph.

(A) 남자는 그의 사진을 찍게 하고 있다.
(B) 여자는 카메라를 사용하고 있다.
(C) 그들은 밖에서 밥을 먹고 있다.
(D) 여자는 사진을 위해 포즈를 취하고 있다.

해설 남자가 사진을 찍고 있고 여자는 포즈를 취하고 있다. 남자와 여자의 동작 차이를 정확히 파악해야 한다. (A)는 남자가 여자를 찍어 주고 있어서 틀렸고, (B)는 남자가 카메라를 사용해서 오답이다. (C)는 밥을 먹는 게 아니므로 오답이다.

어휘 picture/photograph 사진 pose 포즈를 취하다

SPARTA Actual Test   pp.20-21

1. (C) 2. (B) 3. (A) 4. (D) 5. (C) 6. (A)
7. (D) 8. (B) 9. (C) 10. (A)

1. (A) They're sitting beneath the tree.
   (B) The birds are being fed.
   (C) The animals are on the men's shoulders.
   (D) They're climbing the tree.

(A) 그들은 나무 아래에 앉아 있다.
(B) 새들이 모이를 먹고 있다.
(C) 동물들은 남자들의 어깨에 있다.
(D) 그들은 나무에 오르고 있다.

해설 나무 아래에 남자들이 있고, 그들의 어깨 위에 새들이 앉아 있다. 나무에도 새들이 앉아 있다. (A)는 남자들이 서 있으므로 동작이 불일치하다. (B)는 먹이를 주고 있는 게 아니므로 오답. (D)는 오르는 동작이 없으므로 오답이다.

어휘 beneath 아래에 climb 오르다

2. (A) A woman is paying for some food.
   (B) A woman is ordering something.
   (C) People are eating hamburgers together.
   (D) A man is using the utensil in the kitchen.

(A) 여자는 음식 값을 지불하고 있다.
(B) 여자는 무언가를 주문하고 있다.
(C) 사람들은 함께 햄버거를 먹고 있다.
(D) 한 남자는 주방에서 조리도구를 사용하고 있다.

해설 개별 행동을 보면 여자는 음식을 주문하는 있고, 남자는 주문을 받고 있다. (A)는 지불하는 듯해 보이지만 돈이나 카드를 주는 장면이 없으므로 오답이다. (C)는 동작이 틀렸다. (D)는 주방 모습이 보이지 않아서 오답.

어휘 pay for 지불하다 utensil 조리도구

3. **(A) They're waiting for their baggage.**
   (B) One of the women is picking up her bag.
   (C) Luggage is being unloaded from the carousel.
   (D) One of the men is pulling his suitcase.

(A) 그들은 짐들을 기다리고 있다.
(B) 여자들 중 한 명이 가방을 들어 올리고 있다.
(C) 짐은 수화물 찾는 곳에서 내려지고 있다.
(D) 남자들 중 한 명이 그의 여행 가방을 끌고 있다.

해설 사람들이 수화물 찾는 곳에서 짐을 기다리고 있는 모습이다. 컨베이어 벨트에 짐들이 놓여 있다. (B)는 한 여자가 가방을 집어 올리는 동작이 아니어서 오답이다. (C)는 짐이 컨베이어 벨트 위에 놓여 있어서 오답. (D)는 여행 가방을 끄는 남자가 안 보인다.

어휘 unload 짐을 내리다 carousel 수화물 찾는 곳

4. (A) A man is passing by the restaurant.
   (B) They're lined up in a row.
   (C) They're carrying the potted plant.
   (D) They've gathered in front of the diner.

(A) 한 남자는 레스토랑을 지나가고 있다.
(B) 그들은 일렬로 서 있다.
(C) 그들은 화분을 들고 가고 있다.
(D) 그들은 식당 앞에 모여 있다.

해설 식당 앞에 사람들이 모여 있고, 식당 앞에는 화분들이 놓여 있다. 사람들이 식사하고 있는 모습도 보인다. (A)는 지나가는 남자가 보이지 않아서 오답. (B)는 사람들이 줄 서 있지 않아서 틀렸고, (C)는 화분이 놓여 있어서 오답이다.

어휘 pass by ~를 지나가다   gather 모이다   diner (작은) 식당

5. (A) They're buying baked goods in the bakery.
   (B) Some people are crossing the street.
   (C) Some people are holding hands.
   (D) They're looking at the window display.

   (A) 그들은 빵집에서 빵을 사고 있다.
   (B) 어떤 사람들은 길을 건너고 있다.
   (C) 어떤 사람들은 손을 잡고 있다.
   (D) 그들은 창 진열대를 보고 있다.

해설 빵집 앞에서 사람들이 서 있고 한 여자가 아이와 손을 잡고 있다. (A)는 장소가 빵집 밖이고 동작도 불일치하다. (B)는 건너는 동작이 아니어서 오답. (D)는 배경에 창 진열대가 보이지만 그것을 보는 동작이 없어서 오답이다.

어휘 bake 굽다   cross 건너다

6. **(A) They're moving in both directions.**
   (B) One of the women is going down the staircase.
   (C) They're using the moving walkway.
   (D) They're standing side by side.

   (A) 그들은 양쪽 방향으로 이동하고 있다.
   (B) 여자들 중 한 명이 계단을 내려오고 있다.
   (C) 그들은 무빙워크를 사용하고 있다.
   (D) 그들은 나란히 서 있다.

해설 양쪽 방향으로 움직이는 에스컬레이터를 사람들이 타고 가는 모습이다. (B)는 내려오는 여자가 안 보여서 틀렸다. (C)는 무빙워크가 아니라 에스컬레이터를 이용해서 오답. (D)는 한 줄로 서 있어서 오답이다.

어휘 both directions 양 방향   moving walkway 무빙 워크, 이동식 보도   side by side 나란히

7. (A) The men are mowing the grass.
   (B) One man is handing a phone to the other.
   (C) The men are sitting on the lawn.
   (D) The men have parked their bicycles.

(A) 남자들은 잔디를 깎고 있다.
(B) 한 남자는 다른 사람에게 핸드폰을 건네주고 있다.
(C) 남자들은 잔디에 앉아 있다.
(D) 남자들은 길에 그들의 자전거를 주차했다.

해설 남자들이 앉아서 쉬고 있고 그 앞에는 자전거가 주차되어 있다. 한 남자는 전화를 보고 있다. (A) 동작의 불일치로 오답. (B)는 한 남자가 전화를 건네는 동작이 아니어서 오답이다. (C) 남자들이 앉은 곳은 잔디 위가 아니다.

어휘 mow the grass/lawn 잔디를 깎다   hand 건네다

8. (A) Passengers are grabbing the pole.
   (B) Passengers are trying on some glasses.
   (C) Passengers are using devices.
   (D) Passengers are having a conversation.

   (A) 승객들은 기둥을 잡고 있다.
   (B) 승객들은 그들의 안경을 착용하려 하고 있다.
   (C) 승객들은 장치를 사용하고 있다.
   (D) 승객들은 대화하고 있다.

해설 두 사람은 지하철 안에 앉아서 휴대폰을 보고 있고 안경도 착용하고 있다. (A)는 잡고 있는 것은 기둥이 아니므로 오답이다. (B)는 안경을 착용한 상태여서 틀렸다. (D)는 대화하는 동작이 아니므로 오답이다.

어휘 grab 붙잡다   pole 기둥   conversation 대화

9. (A) Performers are leaving the stage.
   (B) The audience is clapping to a presenter.
   (C) The audience is seated in rows.
   (D) People have gathered on the stage.

   (A) 공연자들은 무대를 떠나고 있다.
   (B) 관객은 발표자에게 박수를 치고 있다.
   (C) 관객은 여러 줄에 앉아 있다.
   (D) 사람들은 무대에 모여 있다.

해설 무대 위에는 아무도 없고 사람들이 객석에 앉아 있는 모습이다. (A)는 주어부터 불일치해서 오답이다. (B)는 동작이 불일치한 오답이다. (D)는 무대도 없고 모인 사람도 안 보이므로 틀렸다.

어휘 stage 무대   clap 박수 치다   in rows 여러 줄

10. (A) Pedestrians are going across at a crosswalk.
(B) Some people are carrying bags on their back.
(C) People are working in front of buildings.
(D) Some women are wearing hats.

(A) 보행자들은 횡단보도를 건너고 있다.
(B) 어떤 사람들은 등에 가방을 멘 채 이동하고 있다.
(C) 사람들은 건물 앞에서 일하고 있다.
(D) 어떤 여자들은 모자를 쓰고 있다.

해설 사람들이 길을 건너고 있는 모습이다. (B)는 가방을 어깨에 메고 있어서 오답. (C)는 동작이 불일치해서 오답이다. (D)는 모자가 사진에서 안 보여서 틀렸다.

어휘 go across 건너가다 crosswalk 횡단보도

DAY 2
1. 사물/풍경 사진

SPARTA Check-UP p.23

1. (D)   2. (A)   3. (D)   4. (B)

1. (A) Glasses are being filled with water.
(B) A napkin is unfolded beside the cutlery.
(C) Diners are having a meal in the restaurant.
(D) The table has been set neatly.

(A) 유리잔에 물이 채워지고 있다.
(B) 냅킨이 식기 도구 옆에 펼쳐져 있다.
(C) 손님들이 식당에서 식사하고 있다.
(D) 식탁이 깔끔하게 차려져 있다.

해설 레스토랑에서 음식 나오기 전에 식탁이 깔끔하게 준비되어 있는 사진이다. 포크와 나이프 사이에 냅킨이 놓여 있고 바구니에는 빵이 있다. 와인 잔 안은 채워져 있다. (A)는 사람이 없으므로 채워지는 동작을 확인하기 어렵고 이미 잔 안에는 와인이 채워져 있다. (B)는 냅킨이 접혀 있으므로 오답. (C)는 식사하는 사람들이 없으므로 틀렸다.

어휘 glass 유리잔 fill 채우다 unfold 펼치다 cutlery (수저와 같은) 식기구 diner 식사하는 손님

2. (A) The bookshelf is filled with reading materials.
(B) Potted plants are arranged on the windowsill.
(C) Books are being placed on the shelves.
(D) Some shelves are being assembled.

(A) 책꽂이가 읽을 거리로 가득 차 있다.
(B) 화분들이 창틀에 배열되어 있다.
(C) 책이 선반에 놓여 지고 있다.
(D) 선반들이 조립되고 있다.

해설 실내 사진에 책꽂이에 책들이 가득 차 있다. 창틀과 책상 위에는 아무것도 없다. (B)는 화분은 없어서 오답이다. (C) 행동하는 사람이 없고 책도 이미 놓여져 있다. (D)는 조립되고 있는 것이 아니기 때문에 오답이다.

어휘 be filled with ~로 가득 차다 reading materials 읽을 거리 windowsill 창틀 assemble 조립하다

3. (A) The ship is floating on the water.
(B) A fountain is in front of the building.
(C) Some sculptures are being carved.
(D) There are some clouds in the sky.

(A) 배가 물 위에 떠 있다.
(B) 분수대가 건물 앞에 있다.
(C) 몇 개의 조각품들이 조각되고 있다.
(D) 하늘에 구름들이 있다.

해설 배 형태의 호텔과 그 앞에 조각품들이 물 안에 있는 사진이다. 하늘에는 구름들이 있다. (A)는 물 위에 떠 있는 배가 아니므로 오답. (B)는 분수대가 없어서 오답이다. (C)는 조각하는 사람이 없으므로 틀렸다.

어휘 float 뜨다 fountain 분수대 sculpture 조각품 carve 조각하다 cloud 구름

4. (A) A van is being parked behind the boxes.
   (B) **Containers have been stacked beside the road.**
   (C) Some cartons are being loaded onto a truck.
   (D) A worker is pushing a wheelbarrow.

(A) 승합차가 박스들 뒤에 주차되고 있다.
(B) **용기들이 길 옆에 쌓여 있다.**
(C) 종이 박스들이 트럭에 실리고 있다.
(D) 한 노동자가 짐 수레를 밀고 있다.

해설 길가에 박스들이 쌓여 있고 그 뒤에는 승합차가 주차되어 있다. (A)는 승합차가 이미 주차되었으므로 오답. (C)는 행동을 하는 사람이 없고 트럭도 없다. (D)는 노동자가 없으므로 틀렸다. (B)는 작은 박스는 물론이고 큰 화물까지 container라고 할 수 있으므로 정답이다.

어휘 stack 쌓다 carton 종이 상자 wheelbarrow 짐수레

SPARTA Actual Test pp.24-25

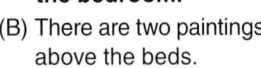

1. (A) 2. (B) 3. (B) 4. (B) 5. (D) 6. (C)
7. (C) 8. (B) 9. (A) 10. (C)

1. (A) **The lamps have been turned on in the bedroom.**
   (B) There are two paintings above the beds.
   (C) The curtains have been pulled shut.
   (D) The beds are being made in the room.

(A) **램프들이 침실에 켜져 있다.**
(B) 침대 위에 두 개의 그림이 있다.
(C) 커튼이 닫혀져 있다.
(D) 침구가 방에서 정리되고 있다.

해설 침대 두 개가 나란히 있고 그 사이에는 램프가 켜져 있다. 창문 앞에 소파가 있고 커튼은 열려 있다. (B)는 그림이 보이지 않아서 틀렸다. (C)는 커튼이 열려 있어서 오답이고 (D)는 사람이 없어서 오답이다.

어휘 turn on 켜다 pull shut 당겨서 닫다

2. (A) Umbrellas are unfolded on the patio.
   (B) **All the chairs are unoccupied outdoors.**
   (C) The railing is being installed around the restaurant.
   (D) Tables are being moved into the shop.

(A) 우산들이 파티오에 펼쳐져 있다.
(B) **야외에 모든 의자들이 비어 있다.**
(C) 난간이 레스토랑 주위에 설치되고 있다.
(D) 테이블들이 가게 안으로 옮겨지고 있다.

해설 식당 야외 좌석에 사람은 없고 우산은 접혀 있다. (A)는 우산이 펴져 있지 않아서 오답이다. (C)는 난간이 안 보여서 틀렸고 (D)는 be being p.p. 형태로 행동을 보여주지 못 해서 오답이다. (B)는 의자에 앉아 있는 사람이 없어서 정답이다.

어휘 unfold 펴다 patio 파티오, 테라스 unoccupied 빈 install 설치하다

3. (A) Some documents are spread out on the desk.
   (B) **Some chairs are arranged around the table.**
   (C) The monitor is mounted on the wall.
   (D) Chairs are occupied indoors.

(A) 서류가 책상 위에 펼쳐 있다.
(B) **몇 개 의자들이 테이블 주위에 배열되어 있다.**
(C) 모니터가 벽에 고정되어 있다.
(D) 의자들이 실내에서 사용되고 있다.

해설 작은 회의실에 테이블 주위에 의자들이 정리되어 있고 테이블 위에는 종이가 놓여 있다. 모니터가 한쪽 벽 쪽에 있다. (A)는 테이블 위에 서류가 보이지 않아서 오답이다. (C)는 모니터가 벽 쪽에 있어서 틀렸다. (D)는 의자에 사람이 없어서 오답이다. occupied는 사람이 있을 때 쓸 수 있고 unoccupied는 사람이 없을 때 쓸 수 있다.

어휘 spread 펼치다 mount 고정시키다 occupied 사용되는

4. (A) Cars are being parked in the parking lot.
   (B) **Vehicles are on multiple stories.**
   (C) There is heavy traffic at the intersection.
   (D) Cars are entering a garage.

(A) 차들이 주차장에 주차되고 있다.
(B) **차량들이 여러 층에 있다.**
(C) 교차로에 교통 혼잡이 있다.
(D) 차들이 차고로 들어가고 있다.

해설 층으로 구성된 주차장에 차들이 주차되어 있다. (A)는 be being p.p. 형태로 행동이 보이지 않아 오답이다. (C)는 교통 정체가 보이지 않아서 장소의 오답이다. (D)는 차가 들어가는 모습이 아니다.

어휘 multiple stories 여러 층   heavy traffic 극심한 교통량   intersection 교차로

5. (A) Many boats are tied up at a harbor.
    (B) Some people are swimming in the water.
    (C) The bridge is being built over the river.
    (D) There are some tall buildings in the distance.

(A) 많은 배들이 항구에 묶여 있다.
(B) 어떤 사람들은 물에서 수영하고 있다.
(C) 다리가 강 위에 세워지고 있다.
(D) 저 멀리 고층 빌딩들이 있다.

해설 다리가 있고 그 아래 배가 지나간다. 저 멀리 빌딩들이 있다. (A) 항구의 모습이 아니라서 오답. (B) 사람들이 보이지 않아서 오답이다. (C) 다리는 이미 세워져 있어서 틀렸다.

어휘 harbor 항구   bridge 다리   in the distance 저 멀리

6. (A) Cyclists are parking on the bicycle rack.
    (B) Vehicles are stopped at the traffic signal.
    (C) Bicycles are parked in a line.
    (D) Tires have been removed from the bikes.

(A) 자전거 이용자들이 자전거 보관대에 주차하고 있다.
(B) 차량들이 교통 신호에 멈춰 있다.
(C) 자전거들이 일렬로 주차되어 있다.
(D) 타이어들이 자전거에서 제거되었다.

해설 길에 일렬로 자전거들이 주차되어 있다. (A) 사람이 없어서 오답. (B) 교통 신호가 없어서 오답. (D) 타이어가 자전거에서 제거되지 않아서 오답이다.

어휘 rack 선반, 걸이   traffic signal 교통 신호   remove 제거하다

7. (A) A passenger is waiting at the bus stop.
    (B) A bus has been stopped at a gas station.
    (C) There are some pictures attached to the side of a vehicle.
    (D) Some people are getting off the bus.

(A) 승객이 버스 정류장에서 기다리고 있다.
(B) 버스가 주유소에 멈춰 있다.
(C) 차량 옆에 붙여진 사진들이 있다.
(D) 어떤 사람들이 버스에서 내리고 있다.

해설 버스 정류장에 버스 한 대가 서 있고 버스 옆면에 광고용 사진들이 붙어 있다. (A)와 (D)는 사람이 없어서 오답이다. (B)는 장소 불일치로 오답이다.

어휘 gas station 주유소   attach 붙이다

8. **(A) A carving is positioned behind the fence.**
    (B) The grass is being cut.
    (C) Trees are being planted in the park.
    (D) There are some lampposts along the road.

(A) 조각품이 울타리 뒤에 놓여 있다.
(B) 잔디가 깎이고 있다.
(C) 공원에서 나무를 심고 있다.
(D) 길을 따라 가로등들이 있다.

해설 공원에 울타리 뒤에 조각상이 하나 있고 주변에 나무들이 있다. 그 옆에는 가로등이 하나 있다. (B)와 (C)는 be being p.p. 형태의 오답. (D)는 사진에 가로등이 하나라서 오답.

어휘 carving 조각품   fence 울타리   lamppost 가로등

9. **(A) Fax machines are placed side by side.**
    (B) A cabinet drawer has been left open in the office.
    (C) A clock is hanging on the wall.
    (D) There is a copier in the corner of the room.

(A) 팩스기가 나란히 놓여 있다.
(B) 사무실에 서랍이 열려 있다.
(C) 시계가 벽에 걸려 있다.
(D) 방 모퉁이에 복사기가 있다.

해설 팩스기가 나란히 놓여 있고 서랍의 문은 다 닫혀 있다. (B)는 서랍이 닫혀 있어서 오답이다. (C)는 시계가 없어서 오답이고 (D)는 복사기가 없어서 틀렸다.

어휘 drawer 서랍   clock 시계   hang 걸다

10. (A) Coffee is being poured into cups.
    (B) A loaf of bread is being sliced.
    (C) Refreshments are placed on the tray.
    (D) There is a bottle of juice beside the food.

(A) 커피를 컵에 따르고 있다.
(B) 빵이 썰리고 있다.
(C) 다과가 쟁반에 놓여 있다.
(D) 음식 옆에 주스 한 병이 있다.

해설 쟁반 위에 접시가 있고 그 위에 빵이 놓여 있다. 옆에 커피가 두 잔 있다. (A)와 (B)는 행동하는 사람이 없어서 being이 들어간 오답. (D)는 주스가 보이지 않기 때문에 오답이다. (C)는 커피와 빵을 refreshment로 대체해서 묘사했으므로 정답이다.

어휘 refreshment 다과 tray 쟁반

2. 혼합 사진

SPARTA Check-UP p.27

1. (C)   2. (A)   3. (A)   4. (D)

1. (A) Some people are getting on a boat.
(B) A ship is approaching a pier.
(C) Some men are paddling boats along the waterway.
(D) Buildings are overlooking the pool.

(A) 어떤 사람들이 배에 올라타려 한다.
(B) 배는 선착장으로 접근하고 있다.
(C) 남자들이 수로를 따라서 카누를 젓고 있다.
(D) 빌딩들은 수영장을 내려다보고 있다.

해설 건물 사이에 있는 수로를 따라 카누가 떠 가고 있다. 각 카누에 한 사람씩 서서 노를 젓고 있다. 그리고 배경에 양쪽으로 건물들이 있다. (A)는 이미 사람들이 배를 타고 있어서 오답. (B)는 배가 수로를 따라 가고 있어서 오답. (D)는 빌딩이 수로를 내려다보고 있지만 대상이 수영장이 아니기 때문에 오답이다.

어휘 get on 올라타다 approach 접근하다 pier 선착장 paddle 젓다 waterway 수로 overlook 내려다보다

2. **(A) Shelves are stocked with bedding.**
(B) A man is lying on a bed.
(C) Customers are purchasing some goods at the cash register.
(D) An armchair is being positioned by a drawer.

(A) 선반들이 침구류로 채워져 있다.
(B) 한 남자는 침대에 누워 있다.
(C) 고객들은 계산대에서 물건들을 구입하고 있다.
(D) 팔걸이 의자가 서랍장 옆에 놓여 지고 있다.

해설 가재 도구 가게에서 물건들이 잔뜩 진열되어 있고 사람들이 둘러보고 있다. 그중 한 남자가 침대 위에 몸을 굽혀 침대를 정리하고 있다. (B)는 남자가 침대 옆에서 몸을 구부리고(bend over) 있다. (C)는 고객들은 물건을 둘러보고 있고 계산대도 보이지 않아서 오답. purchase/buy/pay for라는 표현이 들린다면 물건을 구매하는 사진이어야 정답이 될 수 있다. (D)는 앞에 의자가 이미 놓여 있어서 행동을 나타내는 be being p.p.의 형태는 답이 될 수 없다.

어휘 bedding 침구류 stock 채우다 lie 눕다 cash register 계산대 armchair 팔걸이, 안락 의자 drawer 서랍

3. **(A) There are many people at the outdoor open market.**
(B) A woman is writing something on the board.
(C) A vendor is putting on an apron.
(D) A cooking demonstration is taking place.

(A) 야외 시장에는 많은 사람들이 있다.
(B) 여자는 게시판에 무언가 적고 있다.
(C) 노점 상인은 앞치마를 착용하려 하고 있다.
(D) 요리 시연회가 열리고 있다.

해설 야외 시장의 모습이다. 주변에 사람들이 많이 있고 한 여자는 무언가 잡으려고 손을 뻗고 있다. 여기서 앞에 여성의 모습을 잘 관찰하자. (B)는 여자의 행동이 무언가를 잡으려고 하는 모습이어서 행동의 불일치로 오답이다. (C)는 상인은 앞치마를 이미 착용하고(wear) 있어서 오답. (D)는 요리 시연회의 모습이 아니어서 오답.

어휘 open market 공개 시장 on the board 게시판에 apron 앞치마 demonstration 시범, 시연회

4. (A) The artworks are being displayed in the gallery.
(B) A man is painting the landscape.
(C) A boat is passing under the bridge.
(D) An umbrella is shading some pictures.

(A) 예술품들이 미술관에 진열되고 있다.
(B) 한 남자는 풍경을 그리고 있다.
(C) 배는 다리 아래를 지나가고 있다.
(D) 우산이 그림들을 그늘지게 하고 있다.

해설 야외 해안가에 그림들이 진열되어 있고 사람들은 각자 다른 행동을 하고 있다. 왼쪽 끝에 있는 남자는 앉아 있고 가운데에 모자 쓴 남자는 서 있다. 오른쪽의 사람들이 그림을 보고 있다. 그리고 우산이 그림들 위로 펼쳐져서 햇볕을 가려주고 있다. (A)는 장소 불일치로 오답. (B)는 그림을 그리는 남자가 없어서 틀렸다. (C)는 저 멀리 배들은 보여도 다리는 안 보여서 오답이다.

어휘 artwork 예술품 landscape 풍경 pass 지나가다 shade 그늘, 그늘지게 하다

SPARTA Actual Test   pp.28-29

1. (D)   2. (B)   3. (C)   4. (B)   5. (C)   6. (C)
7. (A)   8. (A)   9. (B)   10. (A)

1. (A) A customer is paying for the bread.
    (B) Some people are baking some bread in the oven.
    (C) People are waiting in the lobby.
    (D) The lights are hanging from the ceiling.

(A) 고객이 빵 값을 지불하고 있다.
(B) 어떤 사람들이 오븐에 빵을 굽고 있다.
(C) 사람들이 로비에서 기다리고 있다.
(D) 전등들이 천장에 매달려 있다.

해설 빵집 안에서 사람들이 빵을 보고 있거나 기다리는 모습이다. 배경에 표지판이 세워져 있고 천장에는 전등들이 매달려 있다. (A)는 고객이 돈을 지불하고 있지 않아서 오답. (B) 빵을 굽는 장면이 아니어서 오답. (C) 장소의 불일치로 오답이다.

어휘 oven 오븐 hang 걸다, 매달리다 ceiling 천장

2. (A) Some flags are being lowered.
    (B) Lines are painted on the street.
    (C) A man is parking a motorcycle next to the pole.
    (D) The road is filled with vehicles.

(A) 깃발들을 내리고 있다.
(B) 도로에 차선이 칠해져 있다.
(C) 한 남자가 기둥 옆에 오토바이를 주차하고 있다.
(D) 길은 차량들로 가득 차 있다.

해설 도로에 사람들이 길을 걷고 있고 뒤에 큰 건물이 보인다. 도로에 차선이 칠해져 있다. (A) 깃발을 내리고 있지 않아서 오답. (C) 오토바이는 보이지 않는다. (D) 도로에 차량들이 거의 없다.

어휘 flag 깃발 lower 낮추다 pole 기둥 be filled with ~로 가득 차다

3. (A) All the people are walking in the same direction.
    (B) The alley is being swept.
    (C) Signs are hung on both sides of the buildings.
    (D) Handrails are being installed on the balcony.

(A) 모든 사람들이 같은 방향으로 걸어가고 있다.
(B) 골목이 쓸리고 있다.
(C) 간판들이 건물 양쪽에 걸려 있다.
(D) 난간들이 발코니에 설치되고 있다.

해설 골목에 사람들이 걸어가고 있거나 야외 테이블에 앉아 있다. 각 건물에는 가게 간판들이 걸려 있고 그 위 발코니에 난간이 설치되어 있다. (A)는 모든 사람들이 같은 방향으로 가는게 아니라서 오답. (B)는 쓸고 있는 사람이 보이지 않아서 틀렸다. (D)는 건물 난간이 설치되고 있지 않아서 오답이다.

어휘 alley 골목 sweep 쓸다 handrail 난간 install 설치하다

4. (A) Passengers are using the ramp to board a ship.
    (B) Some people are holding the railings.
    (C) Some people are tying up a boat at the dock.
    (D) A boat is sailing on the water.

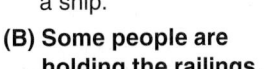

(A) 승객들은 배를 타기 위해 건널판을 이용하고 있다.
(B) 어떤 사람들은 난간을 잡고 있다.
(C) 어떤 사람들은 선착장에 배를 묶고 있다.
(D) 배가 물 위에서 항해하고 있다.

해설 배가 정박되어 있고 선원들이 난간을 잡고 있다. (A)는 배를 타려는 승객들의 모습이 보이지 않아서 틀렸다. (C)는 배가 이미 묶여 있어서 오답. (D)는 배가 정박되어서 오답.

어휘 ramp 건널판 dock 선착장 sail 항해하다

5. (A) Waiters are serving food to customers.
    (B) Some people are trying on their uniforms.
    (C) Tablecloths are draped on the tables.
    (D) The lamps are being attached to the wall.

(A) 종업원들은 손님들에게 음식을 제공하고 있다.
(B) 몇몇 사람들이 유니폼을 입으려 하고 있다.
(C) 식탁보가 테이블 위에 씌여 있다.
(D) 램프를 벽에 붙이고 있다.

해설 레스토랑에서 손님 맞을 준비를 하는 모습이다. 테이블은 이미 세팅되어 있고 종업원들은 유니폼을 입고 서 있다. (A)는 음식을 제공하고 하고 있지 않아서 오답이다. (B)는 유니폼을 이미 착용하고 있어서 틀렸다. (D)는 램프가 벽에 붙여 있기 때문에 be being p.p 형태의 오답이다.

어휘 serve 제공하다 tablecloth 식탁보 drape 씌우다

6. (A) A man is adjusting a music stand.
   (B) They're performing on the stage.
   (C) A man is playing an instrument.
   (D) There is a sculpture behind the performers.

   (A) 남자는 악보 받침대를 조절하고 있다.
   (B) 그들은 무대에서 공연하고 있다.
   (C) 남자는 악기를 연주하고 있다.
   (D) 공연자들 뒤에 조각품이 있다.

   해설 공원에서 공연하는 남자와 여자의 모습이다. 여자는 마이크를 들고 있고 남자는 첼로를 연주하고 있다. 남자 앞에는 악보 받침대가 놓여 있고 한 아이가 공연을 보고 있다. (A)는 악보 받침대가 조절되는 동작이 안 보여서 오답이다. (B)는 무대라는 장소의 불일치이며 (D)는 조각품이 안 보여서 오답.

   어휘 adjust 조절하다 music stand 악보 받침대

7. (A) All the people are having a conversation.
   (B) Some people are seated behind the counter.
   (C) A suitcase is being pulled through the hallway.
   (D) One man is handing a drink to another.

   (A) 모든 사람들이 대화하고 있다.
   (B) 어떤 사람들이 카운터 뒤에 앉아 있다.
   (C) 여행 가방을 복도에서 끌고 가고 있다.
   (D) 남자는 다른 사람에게 음료를 건네고 있다.

   해설 창구에서 상담 중인 사람이 있으며 뒤에서 기다리는 두 사람은 마주보며 대화 중이다. 사람들 옆에 여행 가방이 세워져 있다. (B) 앉아 있는 사람은 없기 때문에 오답이다. (C) 여행 가방은 세워져 있으며 행동도 불일치하다. (D) 음료를 건네는 행동을 하는 남자는 보이지 않는다.

   어휘 conversation 대화 hallway 복도 hand 건네다

8. (A) Clothing is arranged on racks.
   (B) Items are spread out on the floor.
   (C) A clerk is folding a coat on a display stand.
   (D) One of the women is looking at the mirror.

   (A) 옷이 걸이에 정리되어 있다.
   (B) 물건들이 바닥에 펼쳐져 있다.
   (C) 점원이 진열대에서 코트를 접고 있다.
   (D) 여자 중 한 명이 거울을 보고 있다.

   해설 한 여자가 옷을 선반에서 꺼내거나 넣으려는 행동을 하고 있다. 배경에 옷이 걸이 걸려 있거나 선반 위에 정리되어 있다. (B) 바닥에 어떤 물건이 있는지 알 수 없다. (C) 행동의 불일치로 오답이다. (D) 거울은 보이지 않으며 행동도 일치하지 않는다.

   어휘 rack 선반, 걸이 clerk 점원 display stand 진열대 mirror 거울

9. (A) Garbage has fallen on the floor.
   (B) The plane is full of the passengers.
   (C) A flight attendant is serving a drink to a passenger.
   (D) One of the women is reaching for the overhead compartment.

   (A) 쓰레기가 바닥에 떨어져 있다.
   (B) 비행기에 승객들이 가득 차 있다.
   (C) 승무원이 승객에게 음료를 제공하고 있다.
   (D) 여자들 중 한 명이 짐칸에 손을 뻗고 있다.

   해설 승무원이 쓰레기를 수집하고 있고 비행기 안에 승객들이 가득 차 있다. (A)는 바닥에 쓰레기가 없어서 오답이다. (C) 승무원이 음료수를 제공하고 있지 않다. (D) 손 뻗은 여자의 모습은 안 보인다.

   어휘 garbage 쓰레기 be full of ~로 가득 차다 flight attendant 승무원 overhead compartment 짐칸

10. (A) They're wearing safety gear.
    (B) Heavy machinery is being operated at a construction site.
    (C) Workers are digging the soil with a shovel.
    (D) The road is being repaved.

    (A) 그들은 안전 장비를 착용하고 있다.
    (B) 중장비가 공사장에서 작동되고 있다.
    (C) 노동자들이 삽으로 땅을 파고 있다.
    (D) 도로가 재포장되고 있다.

    해설 땅이 꺼져 있는 도로에서 공사하고 있는 모습이다. 인부들은 다 안전 장비를 착용하고 있다. 도로에 차량들이 이동하고 있다. (B) 중장비는 보이지 않는다. (C) 도로에 인부들이 있지만 삽은 안 보인다. (D) 도로를 포장하는 모습이 아니다.

    어휘 safety gear 안전 장비 heavy machinery 중장비 construction site 공사장 dig 파다 shovel 삽

DAY 3

1. Who 의문문

SPARTA Check-UP   p.38

1. (A)   2. (C)   3. (C)   4. (B)

1. Who's responsible for updating the employee handbook?
   (A) What needs to be changed?
   (B) It's handy to use.
   (C) I don't know who's coming.

   누가 직원 안내서를 담당하고 있나요?
   (A) 무엇을 바꿔야 되나요?
   (B) 그것은 사용하기에 유용해요.
   (C) 누가 오는지 몰라요.

   해설 업데이트 책임자를 묻는 질문에 (B)는 handy-handbook 유사 발음을 이용한 함정이고 (C)는 모른다 답변으로 보이지만 누가 올지 모른다는 내용으로 질문과 맞지 않다. 특히 (C)를 선택하지 않도록 조심해야 한다. 모른다 답변이 나온다고 바로 정답으로 체크하지 말고 끝까지 내용을 잘 들어야 한다. 따라서 (A)가 정답이 된다.

   어휘 responsible for 책임을 지는 employee handbook 직원 안내서 handy 유용한, 편리한

2. Who's supposed to go over some of our operational costs?
   (A) I'm not opposed to it at all.
   (B) No, I'm afraid she hasn't.
   (C) Belinda Martinez.

   누가 운영비 일부를 검토하기로 했나요?
   (A) 저는 전혀 그것을 반대하지 않아요.
   (B) 아니요, 유감스럽지만 그녀가 안 했어요.
   (C) Belinda Martinez예요.

   해설 검토하는 사람을 물어보는 질문이다. Who 의문문에 (C)에서 사람 이름이 나와서 정답이 된다. 고유 명사가 우리가 흔히 아는 이름일 수도 있지만 (C)처럼 익숙하지 않은 이름으로 들릴 수도 있다. 이렇게 어색한 이름이 들릴 때는 고유명사로 판단하고 푸는 게 유리하다. 그리고 소거법으로 풀어도 (A)는 동사가 맞지 않고 (B)는 No로 대답해서 오답이다.

   어휘 go over 검토하다 be opposed to ~반대하다 operational costs 운영비

3. Who sent me these flowers?
   (A) Sue will plant these flowers.
   (B) On the third floor.
   (C) Let me check.

   누가 이 꽃들을 보냈나요?
   (A) Sue가 꽃들을 심을 거예요.
   (B) 3층에 있어요.
   (C) 확인해 볼게요.

   해설 보낸 사람을 묻는 질문이다. (A) Sue라는 이름 함정을 조심해야 한다. 심는 사람을 묻는 게 아니어서 오답이다. (B)는 위치를 나타내서 오답이다. 그리고 (C)는 전형적인 모른다 답변으로 정답이다.

   어휘 plant 심다, 식물, 공장

4. Who's going to help us with the annual fundraiser?
   (A) It's on Friday.
   (B) Louise volunteered to do it.
   (C) Lucy is the best driver.

   누가 연례 모금 행사에 우리를 도와줄 겁니까?
   (A) 금요일이에요.
   (B) Louise가 자원했어요.
   (C) Lucy는 모범 운전사예요.

   해설 도와줄 수 있는 사람을 묻는 질문이다. (A) 시간의 오답. (C)는 Lusy라는 이름이 들리겠지만 모범 운전사라는 것이 질문과 다른 내용이다. (B) Louise가 도울 것이라는 내용으로 질문에 적합한 대답이다.

   어휘 annual 연례의 fundraiser 모금 행사 volunteer 자원하다

SPARTA Actual Test   p.39

1. (A)	2. (C)	3. (A)	4. (C)	5. (B)	6. (B)
7. (A)	8. (B)	9. (C)	10. (A)	11. (B)	12. (B)
13. (A)	14. (A)	15. (C)	16. (A)	17. (B)	18. (A)
19. (A)	20. (B)				

1. Who should I contact about the broken air conditioner?
   (A) Someone from the maintenance department.
   (B) Try not to turn it on.
   (C) To sign the contract.

   고장 난 에어컨에 대해 누구에게 연락해야 하나요?
   (A) 관리부에 있는 사람이요.
   (B) 그것을 켜는 것을 시도하지 마세요.
   (C) 계약서에 사인하려고요.

   해설 에어컨을 고칠 수 있는 사람을 묻는 질문이다. (B)는 질문에 있는 에어컨을 연상해서 이미 고장 난 에어컨을 켜지 말라는 대답으로 상황과 맞지 않다. 그리고 (C) contact-contract 유사 발음을 이용한 함정이고 (A)는 고칠 수 있는 부서를 언급해서 정답이다.

   어휘 maintenance department 관리부 turn on 켜다 contract 계약서

2. Who's leading the design workshop?
   (A) I can lead you there.
   (B) Susan likes to read.
   (C) We're still deciding.

205

누가 디자인 워크숍을 이끌 건가요?
(A) 제가 당신을 거기로 데리고 갈게요.
(B) Susan은 독서를 좋아해요.
(C) 우리는 여전히 결정하는 중이에요.

해설 워크숍을 이끄는 사람을 묻는 질문으로 (A)는 질문에 나온 단어 lead를 이용한 함정. (B) 역시 leading-reading을 이용한 함정으로 사람 이름이 들리더라도 질문의 의미와 연결해서 풀어야 한다. 정답 (C)는 모른다 답변으로 대표적인 우회적인 답변이다.

어휘 decide 결정하다

3. Who's in charge of booking Mr. Kim's hotel?
   (A) Sarah will make the arrangements.
   (B) Yes, it's on the calendar.
   (C) I booked the room for my vacation.

누가 Kim 씨의 호텔 예약을 담당하고 있나요?
(A) Sarah가 준비할 겁니다.
(B) 네, 달력에 실려 있어요.
(C) 저는 휴가를 위해 방을 예약했어요.

해설 호텔 예약 담당자를 묻는 질문으로, Who's in charge of~ 형태는 Who 의문문에서 꾸준히 나오는 질문이다. 여기서도 (B)는 Yes를 이용한 오답. (C)는 book을 이용한 함정. (A)는 Sarah가 할 것이라는 내용으로 정답이다.

어휘 in charge of ~을 담당하는 calendar 달력

4. Who's picking up the newspaper on the way?
   (A) I can pick up the phone.
   (B) Thanks. I'd appreciate that.
   (C) It's John's turn.

누가 오는 길에 신문을 찾아 올 건가요?
(A) 제가 전화를 받을게요.
(B) 고맙습니다.
(C) John의 차례예요.

해설 신문을 누가 가져오는지 묻는 질문으로 (A) pick up을 이용한 함정이다. (B) 고맙다는 말은 질문과 맞지 않으며 고마움은 도움을 준다고 할 때 대답해야 한다. (C)는 John의 차례라는 말로 John이 가지고 온다는 의미를 나타낸다.

어휘 pick up 찾아오다 on the way 도중에 turn 차례

5. Who's appearing in our new running shoe commercial?
   (A) The advertisement will be successful.
   (B) We're still looking for a model.
   (C) They'll be aired during sporting events.

누가 우리 새 운동화 광고에 출연할 건가요?
(A) 광고는 성공적일 거예요.
(B) 우리는 여전히 모델을 찾고 있어요.
(C) 스포츠 행사 동안에 방송될 거예요.

해설 광고에 누가 출연할지 묻는 질문으로 (A)는 commercial-advertisement을 이용한 함정이고, (C)는 commercial과 running을 연상하게 하는 함정으로 질문과도 맞지 않다. (B)는 아직도 찾고 있다는 말로 결정되지 않았다는 뜻의 정답이다.

어휘 commercial 상업 광고 be aired 방송되다

6. Who do you recommend for accounting services?
   (A) It's increased by about 20 percent.
   (B) I need to find someone as well.
   (C) Elizabeth can count them.

회계 서비스에 누구를 추천하겠어요?
(A) 약 20퍼센트까지 증가했네요.
(B) 저 역시 누군가를 찾아야 해요.
(C) Elizabeth가 그것들을 셀 수 있어요.

해설 추천인을 묻는 질문에 (A)는 accounting의 연상 함정으로 질문과 전혀 다른 대답이다. (C)는 accounting-count을 이용한 유사 발음의 오답으로 Elizabeth라는 이름이 들린다고 해서 답으로 생각하면 안 된다. (B)는 본인도 찾고 있어서 추천해 줄 수 없다는 의미로 정답이다.

어휘 accounting 회계 increase 증가하다 count 세다

7. Who was the announcer at the charity auction?
   (A) Ms. Garcia from the planning committee.
   (B) I think it's on March 5.
   (C) She does a lot of work for charity.

자선 경매에서 누가 아나운서였나요?
(A) 기획 위원회의 Garcia 씨요.
(B) 저는 3월 5일이라고 생각해요.
(C) 그녀는 자선 단체를 위해 많은 일을 해요.

해설 행사 아나운서가 누구인지 묻는 질문으로 (B)는 날짜를 대답해서 오답이다. (C) 누구인지 묻는 질문에 she/he로 된 대답은 오답이다. 구체적인 이름이 언급되어야 한다. (A)는 전형적인 소속과 이름을 대답해서 정답이다.

어휘 charity 자선단체 auction 경매 committee 위원회

8. Who's going to be the new manager for the planning department?
   (A) It's on the 10th floor.
   (B) They're still interviewing candidates.
   (C) Sam likes living in the new apartment.

기획부에 누가 새 부장님이 될 건가요?
(A) 10층에 있어요.
(B) 그들은 여전히 후보자들을 인터뷰 중이에요.
(C) Sam은 새 아파트에서 사는 것을 좋아해요.

해설 새 부장님을 묻는 질문에 (A)는 위치의 오답. (C)는 department-apartment 유사 발음의 함정. (B)는 아직도 지원자들을 인터뷰 중이라서 결정되지 않았다는 내용으로 정답이다.

어휘 candidate 후보자

9. Who are we interviewing next for the editor position?
   (A) Where can I find the media room?
   (B) To publish next month's issue.
   (C) That was the final applicant.

   우리가 편집장 직책을 위해 다음 면접할 사람은 누구인가요?
   (A) 미디어 룸이 어디에 있나요?
   (B) 다음 달 호를 발행하기 위해서요.
   (C) 마지막 지원자였어요.

   해설 인터뷰하는 사람을 묻는 질문으로 (A)는 위치를 묻는 질문에 맞는 대답으로 오답이다. (B)는 질문에 나온 editor를 연상한 함정으로 이 대답이 답이라면 Why 질문으로 물어야 한다. (C)는 마지막 지원자였다는 내용으로 이제 인터뷰를 다했다는 의미로 정답이다.

   어휘 editor 편집장 publish 발행하다 issue 호 final 마지막

10. Who recorded the music for the employee appreciation banquet?
    (A) One of the interns.
    (B) I will play the violin.
    (C) Yes, I did most of it.

    직원 감사회의 음악을 누가 녹음했나요?
    (A) 인턴 중에 한 명이요.
    (B) 제가 바이올린을 연주할 거예요.
    (C) 네, 제가 거의 다했어요.

    해설 녹음한 사람을 묻는 질문으로 (B) music에 대한 연상 함정이며 시제도 맞지 않다. (C) Yes 대답으로 오답이다. (A) 인턴 중에 한 명이 했다고 하므로 정답이다.

    어휘 record 녹음하다 appreciation 감사

11. Who processed this purchase order?
    (A) The training is required.
    (B) I guess Camilla did.
    (C) Are you ready to order?

    누가 이 구매 주문을 처리했나요?
    (A) 교육이 요구됩니다.
    (B) Camilla가 한 것 같아요.
    (C) 주문하시겠어요?

    해설 주문을 진행한 사람을 묻는 질문에, (A) 질문과 답이 전혀 맞지 않고 (C) 질문에 나온 ready를 쓴 함정이다. (B)는 Camilla가 한 것 같다는 내용으로 전형적인 사람 이름 정답이다.

    어휘 process 처리하다 require 요구하다

12. Who's in charge of your human resources department?
    (A) It's Mr. Martin's idea.
    (B) Sophie Marceau is.
    (C) It's free of charge.

    누가 인사과를 담당하고 있나요?
    (A) 그것은 Martin 씨의 생각이에요.
    (B) Sophie Marceau요.
    (C) 무료예요.

    해설 인사과 담당자를 묻는 질문에 (A) Who에서 가장 위험한 함정으로 사람 이름이 들리겠지만, Martin's idea는 Martin의 생각이라는 의미라서 오답이다. (C)는 charge라는 질문에 나온 단어를 써서 함정이다. (B) 사람 이름이 나온 정답이다.

    어휘 free of charge 무료로

13. Whose turn is it to take inventory?
    (A) I did it last time.
    (B) Turn right on Main Street.
    (C) Let's take a rest.

    재고 조사하는 일은 누구 차례인가요?
    (A) 지난번에는 제가 했어요.
    (B) Main Street에서 우회전하세요.
    (C) 쉽시다.

    해설 질문에 가끔 Whose(누구의)가 나오더라도 당황하지 말자. 그래도 사람을 묻는 질문이기 때문에 오답을 가리고 정답을 찾으면 된다. 누구의 순서인지 묻는 질문으로, (B)는 위치를 나타내는 오답이고 (C)는 쉬자는 내용으로 질문과 맞지 않다. (A) 지난번에 했다는 말은 이번에 자기 순서가 아니라는 것을 의미하므로 정답이다.

    어휘 take inventory 재고 조사하다 take a rest 쉬다

14. Who can I talk to about submitting an article to your magazine?
    (A) I'll send you some guidelines.
    (B) Send it by e-mail.
    (C) For next month's issue.

    잡지사에 기사를 제출하는 것에 대해 누구와 말할 수 있나요?
    (A) 제가 지침서를 보내 줄게요.
    (B) 메일로 보내세요.
    (C) 다음달 호를 위해서요.

    해설 기사를 제출하기 위해 말할 대상을 묻는 질문으로 Who can I talk to ~?라고 물을 때는 항상 뒤에 상황을 들어야 한다. 뒤에 나오는 상황에 따라 말하는 대상이 다르기 때문이다. (B)는 방법을 묻는 How 의문문에 대답이며 (C)는 article/magazine에 대한 연계 단어 issue가 함정인 오답이다. (A)는 지침서를 보내 준다는 내용으로 지침서를 참고하면 된다고 뜻을 나타낸다.

    어휘 submit 제출하다 article 기사 guidelines 설명서, 지침서

15. Who left this message?
    (A) Okay, I'll find the message for you.
    (B) They have to be finished by tonight.
    (C) Dr. Hawkins left it when he came by.

    누가 메시지를 남겼나요?
    (A) 좋아요. 제가 메시지를 찾을게요.
    (B) 그들은 오늘밤까지 끝내야 해요.
    (C) Hawkins 박사가 들렀을 때 남겼어요.

해설 메시지 남기는 사람이 누구인지 묻는 질문으로, leave는 뒤에 어떤 단어가 나오는지에 따라 '남겨두다' 또는 '떠나다' 둘 중에 하나의 의미로 쓰인다. (A)는 Okay가 들어간 오답이다. (B)는 주어부터 they로 시작하므로 질문에 맞지 않는 오답이다. (C)는 Hawkins 박사가 남겼다는 의미로 정답이다.

어휘 come by 들르다

16. Who's the head manager here?
 (A) It's me.
 (B) We don't charge.
 (C) The department store is across the street.

 누가 여기 지점장이에요?
 (A) 전데요.
 (B) 저희는 요금을 청구하지 않아요.
 (C) 백화점은 길 건너에 있어요.

해설 지점장을 묻는 질문으로, (B)는 질문과 전혀 다른 오답. (C)는 위치를 묻는 질문에 대한 응답이다. (A)는 1인칭 답변으로 정답이다.

어휘 charge (요금을) 청구하다 department store 백화점 across 건너편에

17. Whose desk is this?
 (A) The supervisor doesn't like this.
 (B) **Susan occupies it at the moment.**
 (C) Joan prefers this chair.

 이것은 누구의 책상인가요?
 (A) 상사는 이것을 좋아하지 않아요.
 (B) **Susan이 현재 사용하고 있어요.**
 (C) Joan은 이 의자를 선호해요.

해설 책상 주인을 묻는 질문으로, 모든 보기가 Who 의문문에 답할 수 있는 응답들이다. 보기에서 이름이 들린다고 바로 답으로 선택하지 않고 끝까지 들어야 한다. (A)는 like을 이용한 오답이고 (C)는 desk와 chair를 연상한 함정이다. (B)는 Susan이 사용하고 있다는 말로 Susan의 것이라는 의미의 정답이다.

어휘 supervisor 감독관 occupy 차지하다 prefer 선호하다

18. Who will take over for Francesco?
 (A) **It depends on our supervisor.**
 (B) No, it didn't go as planned.
 (C) Fran also felt the same.

 누가 Francesco 일을 인계 받을 건가요?
 (A) **상사에 의해 결정돼요.**
 (B) 아니요, 계획대로 진행되지 않았어요.
 (C) Fran 역시 같은 것을 느꼈어요.

해설 일을 인계 받을 사람을 묻는 질문으로, (B)는 No가 들어간 오답이고 (C)는 질문과 맞지 않은 답이다. (A)는 전형적인 우회적인 답변인 모른다 답변으로 상사에 의해 결정된다는 의미이다.

어휘 take over 인계 받다 depend on ~에 달려 있다

19. Who should I talk to about my paycheck?
 (A) **I can take you to his office.**
 (B) One hundred euros every month.
 (C) Just sign on the form.

 급여에 대해 누구에게 말해야 되나요?
 (A) **제가 당신을 그의 사무실로 데려가줄게요.**
 (B) 매달 100유로입니다.
 (C) 단지 서식에 사인하세요.

해설 급여를 관해 누구에게 물어야 하는지 묻는 질문으로, (B)는 paycheck 연상해서 금액이 나오는 함정이다. (C)는 방법을 묻는 질문에 적합하며 (A)는 직접 담당자의 사무실로 데리고 간다는 내용으로 정답이다.

어휘 paycheck 급여 form 서식

20. Who's the advertising director for this campaign?
 (A) It was successful.
 (B) **Lauren might know.**
 (C) Jackson knows the direction.

 이 캠페인의 광고 감독은 누구인가요?
 (A) 그것은 성공적이었어요.
 (B) **Lauren은 알지도 몰라요.**
 (C) Jackson이 그 방향을 알아요.

해설 광고 감독을 묻는 질문으로, (A)는 광고가 어땠는지 묻는 질문에 대한 답변으로 오답이다. (C)는 director-direction 유사 발음의 함정이다. (B) Lauren이 안다는 내용으로 정답이다.

어휘 successful 성공적인 direction 방향

2. When 의문문

SPARTA Check-UP p.41

1. (A) 2. (B) 3. (A) 4. (B)

1. When is the sales report due?
 (A) **By the end of today.**
 (B) It was a nice proposal.
 (C) To the marketing department.

 판매 보고서 마감이 언제인가요?
 (A) **오늘까지예요.**
 (B) 멋진 제안이었어요.
 (C) 마케팅 부서로요.

해설 보고서 마감 예정일을 묻는 질문이다. (B) 질문과 전혀 다른 대답이고 (C)는 장소를 나타내는 답으로 오답이다.

어휘 due ~하기로 되어 있는 proposal 제안

2. When will the official opening of the Lagos shoe factory take place?
 (A) Absolutely.
 (B) **Sometime in July, I think.**
 (C) Yes, that's a fact.

Lagos 신발 공장의 공식적인 개관식이 언제인가요?
(A) 물론이죠.
(B) 7월 언젠가라고 생각해요.
(C) 네, 그것은 사실이에요.

해설 공장의 개관식이 언제인지 묻는 질문이다. (A)와 (C)는 Yes 답변으로 오답이다. (B)는 시점을 나타내므로 정답이다.

어휘 official 공식적인 opening 개관식 take place 일어나다

3. When is the survey result going to be announced?
   (A) At the next weekly meeting.
   (B) I'm honored to make a speech.
   (C) To the research division.

   언제 설문조사 결과가 발표되나요?
   (A) 다음 주간 회의에서요.
   (B) 연설하게 되어 영광입니다.
   (C) 연구부서요.

   해설 결과 발표가 언제인지 묻는 질문이다. (B) 질문과 전혀 맞지 않는 오답이다. (C)는 장소를 말하므로 오답이다. (A)가 다음 주에 있을 미팅에서 발표된다는 뜻으로 정답이 된다. 여기에서 주의해야 할 것은 이 답변이 Where 의문문의 답이 될 수도 있다. 이런 예외적인 답이 있으므로 항상 오답을 가리면서 찾아야 한다.

   어휘 survey 설문조사 result 결과 weekly 매주

4. When was the last time you played tennis?
   (A) For a long time.
   (B) A week ago.
   (C) I played the piano last week.

   테니스를 마지막으로 친 게 언제였나요?
   (A) 오랫동안이요.
   (B) 일주일 전이요.
   (C) 지난주에 피아노를 쳤어요.

   해설 테니스를 친 마지막 시점을 묻는 질문이다. (A)는 when 질문에서 자주 나오는 오답으로 기간을 나타낸다. (C)는 질문과 맞지 않는 오답으로 자칫 last week만 듣는다면 함정에 빠질 수 있다. (B) 일주일 전에 테니스를 했다는 말로 질문에 적절한 정답이 된다.

SPARTA Actual Test   p.42

1. (A)	2. (A)	3. (B)	4. (B)	5. (A)	6. (C)
7. (C)	8. (C)	9. (A)	10. (A)	11. (C)	12. (B)
13. (C)	14. (A)	15. (A)	16. (A)	17. (A)	18. (C)
19. (A)	20. (A)				

1. When can I expect Mr. Brown to be back?
   (A) By the end of this week.
   (B) Yes, I'll be back.
   (C) To my office.

   Brown 씨는 언제 돌아오나요?
   (A) 이번 주말쯤에요.
   (B) 네, 돌아올게요.
   (C) 제 사무실로요.

   해설 Brown 씨가 언제 오는지 묻고 있다. (B)는 Yes 대답으로 오답이다. (C)는 장소의 오답이다. (A)는 주말쯤에 온다는 답변으로 정답이다.

   어휘 expect 예상하다

2. When is the engineering conference scheduled for?
   (A) Check your calendar.
   (B) To start a conference call.
   (C) In the banquet hall.

   엔지니어링 학회는 언제로 일정이 잡혀 있나요?
   (A) 달력을 확인해 보세요.
   (B) 전화 회담을 시작하기 위해서요.
   (C) 연회장에서요.

   해설 학회가 시작하는 시점을 묻는 질문으로, (B)는 이유를 묻는 질문에 대한 답변이며 (C)는 장소의 오답이다. (A)는 달력을 확인해 보라는 우회적인 답변으로 정답이다.

   어휘 conference 회의 banquet 연회

3. When is the completion date?
   (A) Please forward it by express mail.
   (B) I completed it yesterday.
   (C) The new apartment.

   언제 완성일인가요?
   (A) 급행 우편으로 보내주세요.
   (B) 저는 어제 완성했어요.
   (C) 새 아파트요.

   해설 완성 날짜를 묻는 질문으로, (A)는 보내는 방법을 묻는 질문에 맞는 답변이고 (C)는 정답과 관련이 없는 답변이다. (B)는 이미 어제 완성했다는 내용으로 정답이다.

   어휘 completion 완성 forward 보내다

4. When did Joanne ask for new software?
   (A) In an hour.
   (B) Sometime last week.
   (C) I knew that.

   언제 Joanne이 새 소프트웨어를 요청했나요?
   (A) 한 시간 뒤에요.
   (B) 지난주 언젠가요.
   (C) 그것을 알고 있었어요.

   해설 과거 시점을 묻는 질문으로, (A)는 미래 시간을 말하므로 오답이고 (C)는 new-knew 유사 발음의 함정이다. (B)는 과거 시점을 말하므로 정답이다

5. When is the new secretary's first day?
   (A) My manager might know.
   (B) She was the first to submit her application.
   (C) She started at nine o'clock.

새 비서의 첫 출근일이 언제인가요?
(A) 부장님이 알지도 몰라요.
(B) 그녀가 지원서를 제출한 첫 번째 사람이었어요.
(C) 그녀는 9시에 시작했어요.

해설 비서가 일을 시작하는 날을 묻는 질문으로, (B)는 질문에 나온 어휘 first를 이용한 함정이고 (C)는 과거 시제로 질문과 시제가 맞지 않는다. (A)는 부장님이 알 수도 있으니 부장님에게 물어보라는 내용으로 정답이다.

어휘 secretary 비서 submit 제출하다 application 지원서

6. When will the negotiation be finalized?
   (A) At our headquarters.
   (B) I finally made it yesterday.
   (C) Probably next July.

협상은 언제 마무리될 건가요?
(A) 본사에서요.
(B) 제가 어제 끝냈어요.
(C) 아마도 다음 7월이요.

해설 협상 마무리 되는 시점을 묻는 질문이다. (A)는 장소의 오답. (B)는 finalize-finally 유사 발음 함정이며 시제도 맞지 않는다. (C)는 미래 시점을 나타내서 정답이다.

어휘 negotiation 협상 finalize 마무리짓다 headquarters 본사

7. When did we pass the safety inspection?
   (A) At the factory.
   (B) I will pass the document.
   (C) A month ago.

언제 안전 검사를 통과했나요?
(A) 공장에서요.
(B) 서류를 건넬게요.
(C) 한 달 전이요.

해설 검사 통과한 과거 시점을 묻는 질문이다. (A)는 장소의 오답이고 (B)는 동일한 단어 pass를 이용한 함정이다. (C)는 과거를 나타내므로 정답이다.

어휘 safety 안전 inspection 검사

8. When do you leave the office today?
   (A) Does Yukiko also work there?
   (B) I put it on the shelf.
   (C) I still have a lot of assignments to do.

오늘 언제 퇴근할 건가요?
(A) Yukiko도 역시 거기에서 일하나요?
(B) 그것을 선반에 뒀어요.
(C) 저는 여전히 해야 할 업무가 많아요.

해설 퇴근하는 시점을 묻는 질문에, (A) 질문과 맞지 않는 응답이고 (B)는 leave(두다)-put 의미를 이용한 함정이다. (C)는 해야 할 일이 많아서 언제 퇴근할지 모른다는 뜻으로 정답이다.

어휘 assignments 업무

9. When will construction on the Harbors Bridge be done?
   (A) Not until December.
   (B) It's in a harbor city.
   (C) On Graham Street.

Harbors 다리 공사는 언제 완공될 건가요?
(A) 12월이 되면요.
(B) 그곳은 항구 도시에 있어요.
(C) Graham 도로에서요.

해설 공사가 완공되는 시점을 묻는 질문으로 (B)와 (C)는 장소의 오답이고 (A)는 12월 시기를 말하므로 정답이다. 시간을 나타내는 표현으로 not until(~되어서야)을 외워 두자. When으로 물을 때 not until이 들어간 보기가 정답으로 나온다.

어휘 construction 공사 bridge 다리 harbor 항구

10. When can we meet again?
    (A) How about the day after tomorrow?
    (B) Nice to meet you, too.
    (C) Why not?

우리는 언제 다시 만날 수 있죠?
(A) 모레는 어때요?
(B) 저 역시 만나서 반가워요.
(C) 좋아요.

해설 다시 만나는 시간을 묻는 질문에, (B) meet을 이용한 함정이고 (C)는 수락의 답변으로 오답이다. (A) 만나는 시간을 제안하는 내용으로 정답이다.

어휘 the day after tomorrow 모레

11. When was the last time you worked out?
    (A) I go to work five days a week.
    (B) We like walking.
    (C) Two days ago.

운동했던 마지막 시간이 언제였어요?
(A) 저는 일주일에 5일 일해요.
(B) 우리는 걷는 것을 좋아해요.
(C) 이틀 전이요.

해설 운동했던 때를 묻는 질문이다. (A)는 일하는 기간에 대한 대답이고 (B)는 work-walk의 함정이다. (C) 과거 시점을 나타내므로 질문에 맞는 정답이다.

어휘 work out 운동하다

12. When are those books due back?
    (A) Yes, they must be returned.
    (B) Today! Thanks for reminding me.
    (C) I think they already come back.

저 책들을 언제까지 돌려줘야 하나요?
(A) 네, 그들은 돌아와야 합니다.
(B) 오늘이요! 상기시켜 줘서 고마워요.
(C) 지금 그들이 이미 돌아왔다고 생각해요.

해설 책 반납일을 묻는 질문으로, (A) Yes가 들어간 오답이다. (C)는 질문에 나온 단어 back이 들어간 함정이다. (B) 오늘 돌려줘야 한다는 내용으로 정답이다.

어휘 be due ~할 예정이다

13. When did you return from your business trip?
(A) I turned right at the corner.
(B) I will be out of town for a while.
(C) Last Tuesday night.

언제 출장에서 돌아왔나요?
(A) 모퉁이에서 우회전했어요.
(B) 잠시 동안 출장 갈 거예요.
(C) 지난주 화요일 밤에요.

해설 돌아온 과거 시간을 묻는 질문에, (A)는 return-turn을 이용한 유사 발음 함정이며 장소의 오답이고 (B)는 out of town-business trip을 이용한 함정으로 기간의 오답이다. (C) 과거 시점을 나타내므로 정답이다.

어휘 for a while 잠시 동안

14. When did you learn how to submit your timesheet?
(A) In this morning's training session.
(B) I leave at five o'clock.
(C) Make sure to finish by Friday.

근무시간 기록표를 제출하는 방법을 언제 배웠나요?
(A) 아침 교육시간에요.
(B) 5시에 떠나요.
(C) 금요일까지 반드시 끝내세요.

해설 과거 시점을 묻는 질문으로, (B) 와 (C) 둘 다 시간과 때를 말하지만 질문과 맞지 않고 (A)는 오전 교육시간에 배웠다는 내용으로 정답이다.

어휘 timesheet 근무시간 기록표 make sure 반드시 하다

15. When should we finish the sales figures?
(A) I already submitted them.
(B) Yes, it's on sale.
(C) In the conference room on the 10th floor.

언제 판매 합계를 끝내야 하나요?
(A) 이미 그것을 제출했어요.
(B) 네, 그것은 할인 중이에요.
(C) 10층 회의실에서요.

해설 끝내야 되는 때를 묻는 질문에, (B)는 Yes 오답이고 (C)는 장소를 나타내서 오답이다. (A)는 이미 끝내고 제출했다는 내용으로 정답이다.

어휘 sales figures 판매 합계[액] on sale 할인 중인

16. When would be convenient for you?
(A) Only one room is available.
(B) You'll see a convenience store.
(C) Any day from Monday to Wednesday.

언제가 편해요?
(A) 방 하나만 가능해요.
(B) 당신은 편의점을 볼 거예요.
(C) 월요일부터 수요일까지 언제든지요.

해설 가능한 시간을 묻는 질문에, (A)는 질문과 맞지 않고 (B)는 convenient-convenience을 이용한 유사 발음 함정이다. (C)는 월요일부터 수요일까지 기간 중에 언제든지 시간이 된다는 내용으로 정답이다.

어휘 convenient 편리한 from A to B A에서 B까지

17. When will this recreational area be open to the public?
(A) The first week of August.
(B) At the public park.
(C) A playground and a bike path.

언제 휴양 단지가 일반인에게 공개될 건가요?
(A) 8월 첫째 주요.
(B) 공원에서요.
(C) 운동장과 자전거 도로요.

해설 휴양지가 공개되는 때를 묻는 질문에, (B)는 장소를 대답해서 오답이고 (C)는 recreational area을 연상하는 함정이다. (A)는 때를 나타내는 정답이다.

어휘 recreational area 휴양 단지 public 대중

18. When can we deliver this order?
(A) Delivery is free.
(B) In alphabetical order.
(C) The customer just canceled it.

언제 이 주문을 배달할 수 있나요?
(A) 배송은 무료예요.
(A) 알파벳 순서로요.
(C) 고객이 방금 취소했어요.

해설 배달하는 때를 묻는 질문에, (A)는 배송료를 묻는 질문에 대한 대답이며 deliver-delivery 유사 발음 함정이다. (B)는 방법을 물어야 정답이 된다. (C)는 고객이 취소해서 배송을 못한다는 의미로 정답이다.

어휘 deliver 배달하다 alphabetical 알파벳 순의

19. When was this group photo taken?
(A) At our last gathering.
(B) Use the camera on your phone.
(C) In a month.

언제 이 단체 사진을 찍었나요?
(A) 지난 모임에서요.
(B) 휴대폰 카메라를 사용하세요.
(C) 한 달 뒤에요.

해설 사진을 찍었던 때를 묻는 질문에, (B)는 방법의 답이고 (C)는 미래를 말하므로 오답이다. (A)는 과거 때를 나타내서 정답이다.

어휘 gathering 모임

20. When are you going to New York?
    (A) At the end of the year.
    (B) For a couple of months.
    (C) To get a new job.

    언제 뉴욕으로 갈 건가요?
    (A) 올해 말에요.
    (B) 2달 동안이요.
    (C) 새 직장을 얻기 위해서요.

    해설 뉴욕으로 가는 날은 묻는 질문에, (B)는 기간을 대답하므로 오답이다. (C)는 이유를 말해서 오답이다. (A)는 미래 시점을 나타내는 정답이다.

    어휘 a couple of 둘의

3. Where 의문문

SPARTA Check-UP   p.44

1. (B)   2. (A)   3. (B)   4. (C)

1. Where's a good venue for the International Expo?
   (A) It's good to hear.
   (B) I wish I could tell you.
   (C) The exposition will be in October.

   국제 박람회를 할 좋은 장소가 어디예요?
   (A) 기쁜 소식이네요.
   (B) 제가 말해줄 수 있었으면 좋을 텐데요.
   (C) 박람회가 10월에 있을 거예요.

   해설 박람회 장소를 묻는 질문으로 (A)는 질문에 나온 단어 good이 함정이고 내용도 맞지 않다. (C)는 When 의문문 답변이므로 오답이고 (B)는 모른다 답변으로 정답이다.

   어휘 venue 장소   Expo(Exposition) 박람회   international 국제적인

2. Where is the paper for the copier?
   (A) We've run out.
   (B) Every Tuesday.
   (C) It's not mine.

   복사용 종이는 어디에 있나요?
   (A) 다 썼어요.
   (B) 화요일마다요.
   (C) 제 것이 아니에요.

   해설 종이 위치를 묻는 질문으로, (B)는 When 의문문의 답변이고 (C)는 질문과 전혀 다른 답이다. 그래서 (A) 다 써서 종이가 없다는 내용으로 정답이다.

   어휘 run out 다 쓰다   mine 나의 것

3. Where do you usually bring clients for lunch?
   (A) Either would be fine.
   (B) To Red Rose Café.
   (C) Seafood.

   보통 점심 먹으러 고객들을 어디로 데려가나요?
   (A) 어느 쪽이든 괜찮아요.
   (B) Red Rose 카페로요.
   (C) 해산물이요.

   해설 점심 먹으러 가는 장소를 묻고 있다. (A)는 선택 의문문에 맞는 응답으로 오답이다. 그리고 (C)는 lunch를 이용한 연상 함정이고 (B)는 장소를 말해서 정답이다.

   어휘 usually 보통   bring 데려오다   seafood 해산물

4. Where did Ms. Suzuki work when she first started here?
   (A) For almost seven years.
   (B) Is it near the lobby?
   (C) In the public relations office.

   Suzuki 씨는 여기에서 처음 일을 시작했을 때 어디에서 일했나요?
   (A) 거의 7년 동안이요.
   (B) 로비 근처에 있나요?
   (C) 홍보부에서요

   해설 과거에 일한 곳을 묻는 질문으로, (A)는 기간을 묻는 질문에 대한 답이고 (B)는 일하는 장소를 말하는 것이 아니다. 전형적인 Where 의문문의 대답으로 부서를 나타내는 (C)가 답이다.

   어휘 almost 거의   public relations 홍보부

SPARTA Actual Test   p.45

1. (A)   2. (A)   3. (B)   4. (A)   5. (B)   6. (C)
7. (C)   8. (A)   9. (A)   10. (B) 11. (B) 12. (A)
13. (C) 14. (B) 15. (C) 16. (A) 17. (B) 18. (C)
19. (A) 20. (C)

1. Where did you leave the file folders?
   (A) In your drawer.
   (B) To London.
   (C) No, I live nearby.

   파일 폴더를 어디에 두었나요?
   (A) 당신 서랍에요.
   (B) 런던으로요.
   (C) 아니요, 저는 인근에 살아요.

   해설 폴더를 둔 위치를 묻는 질문에, (B)는 질문과 맞지 않는 장소로 정답이 되려면 어디로 가는지 묻는 질문이어야 한다. (C)는 No의 오답. (A)는 폴더의 위치가 서랍이라는 내용으로 정답이다.

   어휘 leave 남겨두다   drawer 서랍   nearby 인근의

2. Where can I find a complete list of job openings?
   (A) You should visit our Web site.
   (B) To apply for a position.
   (C) A hundred candidates so far.

   완성된 채용 공고 목록은 어디에 있나요?
   (A) 우리 웹 사이트를 방문하면 돼요.
   (B) 구직을 신청하기 위해서요.
   (C) 지금까지 100명 후보자들이에요.

해설 일자리 채용 목록이 어디에 있는지 묻는 질문에, (B)는 지원하는 이유에 대한 응답이며 (C)는 지원자 수를 묻는 질문에 대한 답으로 오답이다. (A) 웹 사이트에 있다는 내용으로 정답이다. 요즘 정보의 위치나 티켓 구매 장소로 웹 사이트가 자주 정답으로 출제된다.

어휘 job openings 채용 모집 apply for ~을 신청하다 candidate 후보자 so far 지금까지

3. Where are the new fax machines being made?
   (A) Mr. Cruz fixed them already.
   (B) In Sydney.
   (C) Tomorrow will be fine.

   어디에서 새 팩스기들을 만드나요?
   (A) Cruz 씨가 이미 그것들을 고쳤어요.
   (B) 시드니에서요.
   (C) 내일이 좋을 것 같네요.

   해설 팩스기를 만드는 장소를 묻는 질문에, (A) fix-fax 유사 발음의 함정으로 고치는 사람을 묻는 질문의 응답으로 적절하다. (C)는 시간의 오답이다. (B)는 장소의 정답이다.

   어휘 fax machine 팩스기 fix 고치다 already 이미

4. Where will the overseas clients be staying?
   (A) We won't know until September.
   (B) She oversees the Tokyo branch.
   (C) For three days.

   해외 고객들은 어디에 머물 거예요?
   (A) 9월이 되어야 알아요.
   (B) 그녀는 도쿄 지점을 감독해요.
   (C) 3일 동안이요.

   해설 고객이 머무는 장소를 묻는 질문으로, (B)는 주어와 장소의 불일치로 오답이다. (C)는 기간을 묻는 질문의 대답이다. (A)는 9월이 되어야 안다는 말로 현재 모른다는 의미의 정답이다.

   어휘 oversee 감독하다 client 고객 branch 지점

5. Where did Susan put the annual report?
   (A) The reporter will be here soon.
   (B) Why don't you ask her?
   (C) At the annual conference.

   Susan은 어디에 연례 보고서를 두었나요?
   (A) 기자가 곧 여기에 올 거예요.
   (B) 그녀에게 물어보는 게 어때요?
   (C) 연례 회의에서요.

   해설 보고서의 위치를 묻는 질문에, (A)는 report-reporter 유사 발음을 이용한 함정이고 soon 미래를 나타내서 시간의 오답이다. (C) 질문에 나온 단어 annual을 이용한 함정이며 장소의 오답이다. (B)는 직접 물어보라는 의미로 정답이다.

   어휘 soon 곧 annual 연례의

6. Where will your booth be at the trade show?
   (A) The show starts at nine.
   (B) After the awards ceremony.
   (C) In aisle five.

   무역 박람회에서 당신의 부스는 어디에 있나요?
   (A) 쇼는 9시에 시작해요.
   (B) 시상식 끝난 후예요.
   (C) 5번 통로예요.

   해설 부스의 위치를 묻는 질문에, (A)와 (B)는 시간의 함정으로 오답이고 (C)는 위치를 나타내는 정답이다.

   어휘 booth 부스 trade show 무역 박람회 award ceremony 시상식 aisle 통로

7. Where's the Sunset Conference Room?
   (A) I need more room in my office.
   (B) Steve's presentation is before mine.
   (C) There's a map near the front desk.

   Sunset 회의실은 어디에 있나요?
   (A) 제 사무실에 더 많은 공간이 필요해요.
   (B) Steve 발표는 제 발표 전이에요.
   (C) 안내 데스크에 지도가 있어요.

   해설 회의실 위치를 묻는 질문에, (A) 질문에 나온 단어 room을 이용한 함정이고 (B)는 때를 나타내서 오답이다. (C)는 지도를 보라는 뜻의 정답이다.

   어휘 presentation 발표 map 지도 front desk 안내 데스크

8. Where should I put these utensils for the cooking demonstration?
   (A) On the counter by the door.
   (B) Just pens and some bowls.
   (C) Almost everyone registered.

   요리 시범을 위한 조리 기구는 어디에 둬야 하나요?
   (A) 문 옆 카운터 위에요.
   (B) 단지 펜과 그릇들이요.
   (C) 대부분 모든 사람들이 등록했어요.

   해설 조리 기구를 두는 위치를 묻는 질문에, (B) utensil 연상의 함정이고 (C)는 demonstration 연상의 함정이다. (A) 위치를 나타내므로 정답이다.

   어휘 utensil 조리 기구 cooking demonstration 요리 시범 bowl 그릇 register 등록하다

9. Where will the international trade fair be held this year?
   (A) In Milan as usual.
   (B) It's fair.
   (C) Around the end of May.

   올해에는 국제 무역 박람회가 어디에서 열리나요?
   (A) 늘 그렇듯 밀라노에서요.
   (B) 공평해요.
   (C) 5월 말 정도예요.

   해설 박람회가 열리는 장소를 묻는 질문에, (B) fair을 이용한 함정으로 오답이고 (C) 때를 나타내서 오답이다. (A) 장소를 나타내서 정답이다.

   어휘 international 국제적인 as usual 늘 그렇듯이 fair 공평한

10. Where can I store this manual until the orientation?
 (A) No, I don't think so.
 (B) In the cabinet over there.
 (C) To hire new employees.

오리엔테이션까지 이 설명서를 어디에 저장할까요?
 (A) 아니요, 그렇게 생각하지 않아요.
 (B) 저기 있는 서랍장에요.
 (C) 새로운 직원들을 고용하기 위해서요.

해설 설명서를 저장하는 장소를 묻는 질문에, (A)는 No로 시작하는 오답이고 (C)는 이유를 묻는 질문의 대답이다. (B)는 장소의 정답이다. 사무실에서 보통 물건을 두는 장소로 크게 3가지 drawer(서랍), cabinet(캐비닛), supply closet(비품 창고)이 많이 출제된다.

어휘 manual 설명서 over there 저쪽에 hire 고용하다

11. Where should I put these documents?
 (A) I haven't seen them.
 (B) Just leave them on my desk.
 (C) Because your boss wants to see them.

이 서류들을 어디에 둬야 하나요?
 (A) 그것들을 보지 못 했어요.
 (B) 그냥 제 책상 위에 두세요.
 (C) 왜냐하면 당신의 사장님이 그들은 보고 싶어 해서요.

해설 서류를 두는 위치를 묻는 질문에, (A)는 서류가 어디에 있는지 묻는 질문의 답이며 (C) why 이유의 대답으로 적절하다. (B)는 책상 위에 두라는 내용으로 정답이다.

어휘 document 서류 leave 두다

12. Where did Jamal begin working here?
 (A) In customer service.
 (B) She usually takes the bus.
 (C) A couple of years ago.

Jamal은 여기 어디에서 일을 시작했나요?
 (A) 고객 서비스에서요.
 (B) 그녀는 보통 버스를 타요.
 (C) 2년 전이요.

해설 일을 시작했던 곳을 묻는 질문에, (B)는 How 방법을 묻는 질문의 나오는 답이며 (C)는 시작하는 때를 말해서 오답이다. (A) 고객 서비스에서 일을 시작했다는 내용으로 정답이다.

어휘 begin 시작하다 ago 전에

13. Where are the reimbursement request forms?
 (A) To get the money back.
 (B) By Thursday afternoon.
 (C) Ms. Rartez can help you.

상환 신청서는 어디에 있나요?
 (A) 돈을 돌려받기 위해서요.
 (B) 목요일 오후까지요.
 (C) Rartez 씨가 도와줄 거예요.

해설 신청서 위치를 묻는 질문에, (A) reimbursement을 이용한 연상의 함정으로 이유를 묻는 질문에 적합하고 (B)는 시간의 답변으로 오답이다. (C)는 Rartez 씨가 도와준다는 말로 그 사람에게 물어보라는 의미로 정답이다.

어휘 reimbursement 상환 request form 신청서

14. Where can I get my staff identification badge?
 (A) Right before the demonstration.
 (B) Go to the personnel department.
 (C) From 9 to 12.

제 사원증을 어디에서 가져올 수 있나요?
 (A) 시연회 바로 전에요.
 (B) 인사부로 가세요.
 (C) 9에서 12까지요.

해설 사원증을 어디에서 가져와야 하는지 묻는 질문에, (A) 시점의 오답이고 (C)는 질문과 관련 없는 내용이다. (B) 장소를 가르쳐 주기 때문에 정답이다.

어휘 identification badge 사원증 personnel department 인사부

15. Where can I buy children's toys?
 (A) You can look in to the box.
 (B) By the end of May.
 (C) On the 5th floor.

아이들의 장난감은 어디에서 살 수 있나요?
 (A) 박스 안을 보세요.
 (B) 5월 말까지요.
 (C) 5층이요.

해설 장난감 파는 곳을 묻는 질문에 (A)는 박스 안은 물건을 파는 장소가 될 수 없으므로 조심해야 하는 답의 유형이다. (B)는 때를 나타내는 오답. (C)는 장난감이 있는 곳이므로 정답이다.

어휘 toy 장난감

16. Where can I see today's schedule of events?
 (A) It's posted on the door.
 (B) Probably around 2 P.M.
 (C) I don't have time to attend.

오늘의 행사 일정을 어디에서 볼 수 있나요?
 (A) 그것은 문에 게시되어 있어요.
 (B) 아마도 오후 2시 정도요.
 (C) 참석할 시간이 없어요.

해설 일정을 볼 수 있는 곳을 묻는 질문에, (B) 시간의 오답이고 (C) 질문과 관련성이 없는 오답이다. (A)는 장소의 정답이다.

어휘 post 게시하다 attend 참석하다

17. Where can I purchase an interesting novel?
 (A) I thought it was really suspenseful.
 (B) Springford bookstore has a good selection.
 (C) The story is very funny.

흥미로운 소설을 어디에서 살 수 있나요?
(A) 그것은 정말 긴장감이 넘쳤다고 생각했어요.
(B) Springford 서점이 좋은 물건들을 가지고 있어요.
(C) 그 이야기는 매우 재미있어요.

해설 소설을 살 수 있는 곳을 묻는 질문에, (A)와 (C)는 novel 연상 함정으로 오답. (A) 서점을 추천해 줘서 정답이다.

어휘 novel 소설 suspenseful 긴장감이 넘치는 selection (선택할 수 있는) 물건들 funny 재미있는

18. Where should I move these boxes of paper?
    (A) It is too heavy to carry.
    (B) On Friday morning.
    (C) Andrew will organize all the supplies.

이 종이 상자들을 어디로 옮겨야 되나요?
(A) 그것은 너무 무거워서 들 수가 없어요.
(B) 금요일 아침이요.
(C) Andrew가 모든 물건들을 정리할 거예요.

해설 박스들을 옮길 장소를 묻는 질문에, (A)는 boxes을 they가 아닌 It으로 대답해서 주어 불일치의 오답이다. (B)는 때의 오답. (C) Andrew가 정리할 거라서 굳이 옮길 필요가 없다는 내용으로 정답이다.

어휘 heavy 무거운 organize 정리하다 supplies 보급품

19. Where's the user manual for our new software?
    (A) It's only available online.
    (B) His laptop computer is on the desk.
    (C) A week from today.

새 소프트웨어 사용 설명서는 어디에 있나요?
(A) 그것은 온라인에서만 가능해요.
(B) 그의 노트북은 책상 위에 있어요.
(C) 오늘부터 일주일 뒤에요.

해설 설명서의 위치를 묻는 질문에 (B) 컴퓨터의 위치로 오답이고 (C) 때의 오답이다. (A) 온라인에 설명서가 있다는 내용으로 정답이다.

어휘 user manual 사용 설명서

20. Where did you park the car?
    (A) The park is close by.
    (B) This morning before work.
    (C) Just in front of the building.

차는 어디에 주차했어요?
(A) 공원은 근처에 있어요.
(B) 출근 전 아침이요.
(C) 건물 바로 앞이요.

해설 차를 주차한 곳을 묻는 질문에, (A) park(공원)을 이용한 함정이고 (B) 때의 오답이다. (C) 주차 장소를 말해서 정답이다.

어휘 close by 가까이에

DAY 4

1. What/Which 의문문

SPARTA Check-UP p.47

1. (C) 2. (C) 3. (B) 4. (C)

1. Which hotel did you decide should host the company banquet?
   (A) In the banquet hall.
   (B) It's been chosen as the best hotel downtown.
   (C) I'm still waiting for some price quotes.

어느 호텔에서 회사 연회를 열어야 한다고 결정했나요?
(A) 연회장에서요.
(B) 시내에 최고의 호텔로 선택되었어요.
(C) 아직 가격 견적을 기다리고 있어요.

해설 연회 장소로 어느 호텔을 결정했는지 묻는 질문이다. (A)는 질문에 나온 banquet을 사용한 오답이고 (B)는 질문에 나온 단어 hotel을 써서 질문과 맞지 않는 오답이다. 그래서 정답은 아직 호텔 가격 견적을 기다리고 있어서 정하지 못 했다는 우회적인 답변 (C)이다.

어휘 banquet 연회 quote 견적

2. What photo should I use for my article?
   (A) He's a photographer.
   (B) Use the camera on the phone.
   (C) Whichever you want.

내 기사에 어떤 사진을 사용해야 하나요?
(A) 그는 사진사예요.
(B) 휴대폰에 있는 카메라를 사용하세요.
(C) 당신이 원하는 것을 하세요.

해설 기사에 어울리는 사진을 묻는 질문이다. (A)는 주어부터 he로 시작해서 틀렸고 photo를 이용한 photographer 함정도 있다. (B)는 photo에 camera 연상으로 함정이고, 이 답은 방법을 물어야 맞는 답변이다. (C)는 상대방이 원하는 대로 선택하라고 했으므로 정답이다.

어휘 article 기사 whichever 어느 쪽이든

3. What happened at the product seminar last week?
   (A) It's been working well.
   (B) I also couldn't attend it.
   (C) It was informative.

지난주에 제품 세미나에서 무슨 일이 일어났나요?
(A) 잘 작동하고 있네요.
(B) 저 역시 참석 못 했어요.
(C) 유익했어요.

해설 세미나에서 일어난 일을 묻는 질문이다. (A) 질문과 전혀 다른 답이고 (C)는 세미나가 어땠냐고 물어야 성립되는 대답이다. (B)는 참석을 못해서 모른다는 내용으로 정답이다.

어휘 attend 참석하다 informative 유익한

4. Which movie star will be interviewed on the news today?
   (A) I enjoy seeing the film.
   (B) After the business news.
   (C) The one who won the Best Actor award.

   오늘 뉴스에서 어떤 영화 배우를 인터뷰하게 될 건가요?
   (A) 영화 보는 것을 좋아해요.
   (B) 비즈니스 뉴스 이후에요.
   (C) 최고의 배우상을 받은 사람이요.

   해설 인터뷰할 영화 배우를 묻는 질문으로 사람을 묻는 것이다. (A)는 같은 단어 movie를 넣은 함정이다. (B)는 때를 묻는 질문에 대한 답이며 news의 함정 답변이다. Which 의문문은 the one으로 시작하는 답변이 정답일 확률이 높다. 그래서 (C)가 답이다.

   어휘 enjoy 즐기다 actor 배우 award 상

SPARTA Actual Test   p.48

1. (A)	2. (A)	3. (C)	4. (C)	5. (C)	6. (A)
7. (A)	8. (B)	9. (C)	10. (B)	11. (B)	12. (A)
13. (B)	14. (C)	15. (A)	16. (C)	17. (B)	18. (B)
19. (A)	20. (A)				

1. What is your opinion about that presenter?
   (A) I wish she could train my team.
   (B) I think he's a good president.
   (C) About twice a week.

   발표자에 대해 어떻게 생각하세요?
   (A) 그녀가 저의 팀의 교육을 담당했으면 좋겠어요.
   (B) 그는 좋은 사장님이에요.
   (C) 대략 일주일에 두 번이요.

   해설 발표자에 대한 생각을 묻는 질문에, (B)는 질문과 다른 답변이고 (C)는 횟수를 묻는 질문(How often ~?)의 답이다. (A)는 발표자에 대한 생각을 말하므로 정답이다.

   어휘 opinion 의견 presenter 발표자 president 사장

2. What floor is the seminar on?
   (A) I haven't checked it yet.
   (B) About marketing strategies.
   (C) At ten.

   세미나는 몇 층에서 하나요?
   (A) 아직 확인 안 했어요.
   (B) 마케팅 전략에 대해서요.
   (C) 10시에요.

   해설 세미나하는 층을 묻는 질문에, (B)는 주제를 묻는 질문의 답변이고 (C)는 시간을 묻는 질문(What time ~?)의 답이다. (A)는 아직 확인하지 못했다는 내용으로 모른다 답변에 해당하므로 정답이다.

   어휘 floor 층 strategy 전략

3. What do you think of the revised travel policy?
   (A) I will update it.
   (B) I had a good time.
   (C) I like the flexible schedule.

   변경된 여행 방침에 대해 어떻게 생각하세요?
   (A) 제가 업데이트할게요.
   (B) 좋은 시간을 가졌어요.
   (C) 융통성 있는 일정이 좋아요.

   해설 의견을 묻는 질문에, (A)는 Who 의문문의 답변이고 (B)는 travel을 이용한 연상 함정이다. (C)는 자신의 생각을 말해서 정답이다.

   어휘 revise 수정하다 policy 방침 update 업데이트하다 flexible 융통성 있는

4. Which carton should we use to ship these parts?
   (A) About four days.
   (B) You'd be better off.
   (C) The smallest one.

   이 부품들을 배송하기 위해 어느 상자를 사용해야 하나요?
   (A) 약 4일이요.
   (B) 더 나을 거예요.
   (C) 가장 작은 것이요.

   해설 사용해야 할 상자를 묻는 질문에 (A)는 기간을 묻는 질문의 대답이며 (B)는 질문과 맞지 않는 답이다. (C) 가장 작은 박스를 사용하라는 which 질문으로 the one이 들리면 정답이다.

   어휘 part 부품 carton 상자 be better off ~이 더 낫다

5. What was yesterday's workshop about?
   (A) In the main hall of the Chicago Hotel.
   (B) A lot of attendees.
   (C) I was busy all day.

   어제 워크숍은 무엇에 대한 내용이었나요?
   (A) 시카고 호텔의 대강당에서요.
   (B) 많은 참석자들이요.
   (C) 하루 종일 바빴어요.

   해설 워크숍의 주제를 물어보는 질문에, (A)는 장소의 오답이고 (B)는 workshop-attendee을 이용한 연상 함정이다. (C)는 하루 종일 바빠서 참석 못 했다는 내용으로 정답이다.

   어휘 main hall 대강당 attendee 참석자 all day 하루 종일

6. What's the date on the invoice?
   (A) Let me ask my secretary.
   (B) I can't hear your voice.
   (C) The total is five dollars.

   청구서 날짜는 무엇인가요?
   (A) 제가 비서에게 물어볼게요.
   (B) 당신의 목소리를 들을 수 없어요.
   (C) 총 5달러입니다.

   해설 날짜를 물어보는 질문에 (B) invoice-voice 유사 발음의 함정이고 (C) invoice을 이용한 연상 함정이다. (A)는 비서에게 물어본다는 내용으로 정답이다.

   어휘 invoice 청구서 secretary 비서

7. Which restaurant should we take our clients to this evening?
   (A) **I thought we were having dinner catered.**
   (B) They're waiting in the lobby.
   (C) The food is really good.

   오늘 저녁에 우리 고객들을 어느 레스토랑으로 데리고 가야 하나요?
   (A) **출장 연회 업체를 부를 거라고 생각했어요.**
   (B) 그들은 로비에서 기다리고 있어요.
   (C) 음식이 정말 맛있어요.

   해설 고객을 데리고 갈 레스토랑을 묻는 질문에 (B)는 장소지만 질문과 맞지 않은 대답으로 오답이다. (C)는 레스토랑과 음식을 이용한 연상 함정이고 (A)는 레스토랑에 가지 않고 출장 연회 업체를 부를 거라는 내용으로 가장 적절한 정답이다.

   어휘 cater (음식을) 공급하다.

8. What time is the new employee orientation?
   (A) Room 303.
   (B) **It hasn't been decided yet.**
   (C) It finishes at 6 P.M.

   신입 사원 오리엔테이션은 몇 시에 있나요?
   (A) 303호실이요.
   (B) **아직 결정되지 않았어요.**
   (C) 저녁 6시에 끝나요.

   해설 행사 시작 시간을 묻는 질문에 (A)는 방 번호를 묻는 질문의 답변이며 (C)는 끝나는 시간을 말해서 오답이다. (B)는 아직 결정되지 않았다는 내용으로 정답이다.

   어휘 decide 결정하다 new employee orientation 신입 사원 오리엔테이션

9. What should I include in my grant proposal?
   (A) I was out of town.
   (B) We haven't found any yet.
   (C) **I think Joseph can help you.**

   저의 보조금 지원서에 무엇을 포함해야 하나요?
   (A) 저는 출장 중이었어요.
   (B) 아직 우리는 아무것도 발견하지 못 했어요.
   (C) **Joseph가 도와줄 수 있을 것 같아요.**

   해설 무엇을 포함해야 되는지 묻는 질문에 (A)와 (B)는 질문과 관련이 없고 (C) Joseph에게 물어보라는 말로 정답이다.

   어휘 grant 보조금 out of town 출장 중인

10. In which room is Angela staying at the hotel?
    (A) I'll stay for another hour.
    (B) **Let's call her.**
    (C) For three days.

    Angela는 호텔 어느 방에 머물고 있어요?
    (A) 한 시간 더 머물 거예요.
    (B) **그녀에게 전화합시다.**
    (C) 3일 동안이요.

    해설 어느 방에 머무는지 묻는 질문에 (A)와 (C)는 머무는 기간을 말하고 있어서 정답으로 적합하지 못하다. (B)는 직접 전화해서 물어보자는 내용의 정답이다.

    어휘 stay 머물다

11. What do you think of the proposal Ms. Watson made?
    (A) I think she refused it.
    (B) **That is quite surprising.**
    (C) I thought so.

    Watson 씨가 만든 제안서에 대해 어떻게 생각해요?
    (A) 그녀가 거절했다고 생각해요.
    (B) **꽤 놀라웠어요.**
    (C) 저 역시 그렇게 생각했어요.

    해설 그의 제안서에 대한 의견을 묻는 질문에, (A)는 질문과 맞지 않는 대답이고 (C)는 think-thought을 이용한 함정이다. (B)는 제안서의 의견을 말해서 정답이다.

    어휘 proposal 제안 refuse 거절하다 quite 꽤 surprising 놀라운

12. Which dessert do you like at this restaurant?
    (A) **This is my first time here.**
    (B) I made chocolate cake.
    (C) The dessert shop on the corner.

    이 레스토랑에서 어떤 디저트를 원하세요?
    (A) **여기 처음 왔어요.**
    (B) 제가 초콜릿 케이크를 만들었어요.
    (C) 디저트 가게는 모퉁이에 있어요.

    해설 먹고 싶은 디저트를 묻는 질문에, (B)는 시제와 동사가 맞지 않으며 made가 아니라 want로 대체해서 말했다면 정답일 것이다. (C)는 디저트 가게의 위치를 말해서 오답이다. (A)는 처음 와서 잘 모른다는 내용으로 정답이다.

    어휘 dessert 디저트

13. What's the price of these comfortable shoes?
    (A) Great products.
    (B) **There may be a discount.**
    (C) They look nice.

    이 편안한 신발의 가격은 얼마죠?
    (A) 멋진 제품들이에요.
    (B) **할인가일 것 같아요.**
    (C) 그것들은 좋아 보여요.

    해설 신발 가격을 묻는 질문에, (A)와 (C)는 질문과 맞지 않은 대답이고 (B)는 신발 가격이 할인일 수도 있다는 내용으로 정답이다.

    어휘 comfortable 편안한 discount 할인

14. Which club did Mary say she belongs to?
    (A) She said she did.
    (B) It won't be long before she says so.
    (C) **She's a member of a tennis club.**

    Mary가 어느 클럽에 속하는지 말했나요?
    (A) 그녀가 했다고 말했어요.
    (B) 그녀가 그렇게 말하기 전에 오래 걸리지 않을 거예요.
    (C) **그녀는 테니스 클럽 회원이에요.**

    해설 그녀가 속하는 클럽을 묻는 질문에 (A)와 (B)는 질문의 대답으로 맞지 않고 (C)는 속하는 클럽을 말했으므로 정답이다.

    어휘 belong to ~에 속하다

15. What did Miyaki tell the clients about the delayed shipment?

(A) Weren't you going to e-mail them?
(B) Sorry for the inconvenience.
(C) A layover in Rome.

Miyaki는 배송의 지연에 대해 고객에게 뭐라고 말했나요?
(A) 당신이 그들에게 메일을 보내지 않았나요?
(B) 불편을 드려 죄송해요.
(C) 로마에서 경유요.

해설 배송 지연에 대해 고객에게 어떤 말을 했는지 묻는 질문에, (B) delay를 이용한 연상의 함정으로 질문과 맞지 않고 (C) 역시 질문과 맞지 않다. (A)는 질문에 다시 반문한 것으로 자신이 알던 것과 다른 사실을 확인하는 내용의 정답이다.

어휘 delay 지연 inconvenience 불편함 layover 경유

16. What time is your flight tomorrow?

(A) That's right.
(B) Which terminal?
(C) It departs at 8:10 P.M.

당신 비행기는 내일 몇 시인가요?
(A) 맞아요.
(B) 어느 터미널이요?
(C) 저녁 8시 10분에 출발해요.

해설 비행기 시간을 묻는 질문에, (A)는 질문에 맞지 않고 (B)는 장소의 오답이다. (C)는 출발 시간을 말해서 정답이다.

어휘 terminal 공항 터미널 depart 출발하다

17. What kind of car do you have?

(A) I'm the best driver.
(B) A four-door sedan.
(C) Sign up for a membership card.

어떤 종류의 차를 가지고 있나요?
(A) 저는 모범 운전사예요.
(B) 세단이요.
(C) 회원 카드에 등록하세요.

해설 차 종류를 묻는 질문에, (A)는 car 연상의 함정이고 (C)는 car-card 유사 발음의 함정이다.

어휘 sign up for 등록하다

18. What color do you think is good for the advertisement?

(A) Blue will suit you.
(B) I would choose black and white.
(C) That advertising display is the best.

무슨 색이 광고에 좋다고 생각하세요?
(A) 파란색이 당신에게 어울려요.
(B) 검정과 흰색을 선택할 거예요.
(C) 저 광고 진열이 가장 좋아요.

해설 광고에 좋은 색을 묻는 선택 의문문으로 (A)는 색을 말하지만 질문의 대답으로 적절하지 않다. (C)는 advertisement 유사 발음의 함정이고 (B)는 광고 색을 선택한 내용으로 정답이다.

어휘 suit 어울리다 display 진열

19. Which applicant did you hire?

(A) It's still under consideration.
(B) Ten people applied for the position.
(C) It is higher than expected.

어떤 지원자를 고용했나요?
(A) 여전히 고려 중이에요.
(B) 10명이 그 일자리에 지원했어요.
(C) 예상보다 더 높아요.

해설 고용한 지원자에 대해 묻는 질문에, (B) 지원자의 수를 묻는 질문의 대답이고 (C)는 hire-higher 유사 발음의 함정이다. (A)는 아직 결정하지 못했다는 내용으로 정답이다.

어휘 under consideration 고려 중인 apply for 지원하다 expect 기대하다

20. What did you want me to do with these old files?

(A) Recycle them.
(B) No, that's not what I wanted.
(C) As soon as the new office opens.

제가 예전 파일들로 무엇을 하기를 원했나요?
(A) 그것들을 재활용하세요.
(B) 아니요, 제가 원했던 것이 아니에요.
(C) 새 사무실을 열자마자요.

해설 행동에 대해 묻는 질문으로, (B)는 No 오답이고 (C)는 때를 나타내서 오답이다. (A)는 재활용하라고 말하는 내용으로 정답이다.

어휘 recycle 재활용하다 as soon as ~하자마자

2. How 의문문

SPARTA Check-UP p.50

1. (C) 2. (C) 3. (C) 4. (A)

1. How long will it take to get to the convention center?

(A) It's Tuesday.
(B) About an hour ago.
(C) 30 minutes by bus.

컨벤션 센터까지 얼마나 걸리나요?
(A) 화요일입니다.
(B) 약 한 시간 전에요.
(C) 버스로 30분 정도요.

해설 센터까지 걸리는 시간을 묻는 질문이다. (A)는 요일의 오답이고 특히 여기에서 (B)의 오답을 조심해야 한다. 자칫 ago를 듣지 않으면 답으로 생각할 확률이 높다. 'When + 과거 시점'으로 물어봐야 (B) 대답이 가능하다. (C)는 걸리는 시간을 말하기 때문에 정답이다.

어휘 get to ~에 도착하다 ago 전에

SPARTA Actual Test   p.51

1. (A)	2. (B)	3. (B)	4. (A)	5. (C)	6. (A)
7. (A)	8. (B)	9. (B)	10. (C)	11. (A)	12. (C)
13. (C)	14. (B)	15. (C)	16. (B)	17. (B)	18. (B)
19. (C)	20. (A)				

2. How can I turn on the heater in this office?
 (A) Turn off the air conditioner.
 (B) Just about 10 degrees.
 (C) Are you cold?

사무실에서 히터를 어떻게 켜나요?
(A) 에어컨을 꺼요.
(B) 약 10도예요.
(C) 추워요?

해설 히터 켜는 방법을 묻는 질문이다. (A) turn on과 turn off를 이용한 함정이다. (B) 온도의 함정이다. (C) 히터를 켤 정도로 추운지 반문하는 내용으로 정답이다.

어휘 turn off/on 끄다/켜다 degree 온도

1. How far is it from here to the airport?
 (A) About an hour by taxi.
 (B) Five dollars or so.
 (C) Yes, it's very far.

여기부터 공항까지 얼마나 먼가요?
(A) 택시 타고 약 한 시간 정도요.
(B) 5달러 정도요.
(C) 네, 매우 멀어요.

해설 걸리는 시간을 묻는 질문으로, (B)는 가격의 대답이고 (C)는 Yes의 오답이다. (A)는 택시를 타고 10분 정도 걸린다는 의미의 정답이다.

어휘 far 먼 airport 공항 or so ~ 정도

3. How's the repair service at Canton Electronics Store?
 (A) Please fix my laptop computer.
 (B) Do you think so?
 (C) I'm satisfied with it.

Canton 전자 매장의 수리 서비스는 어때요?
(A) 노트북을 고쳐주세요.
(B) 당신도 그렇게 생각해요?
(C) 만족해요.

해설 전자 매장의 수리 서비스에 대한 의견을 묻는 질문이다. (A)는 repair service 관련된 fix 함정 답변이다. (B)는 질문과 전혀 맞지 않고 (C)는 만족한다는 내용으로 정답이다.

어휘 electronics store 전자 매장 be satisfied with ~에 만족하다

2. How do I change my PIN?
 (A) I don't have any more.
 (B) Ask someone in the Tech Support team.
 (C) My password is incorrect.

제 비밀 번호를 어떻게 바꾸나요?
(A) 더 이상 없어요.
(B) 기술지원팀의 누군가에게 물어 보세요.
(C) 제 비밀번호는 정확하지 않아요.

해설 비밀 번호를 바꾸는 방법을 묻는 질문에, (A)는 질문과 맞지 않은 대답이고 (C) PIN=password 함정으로 질문과 맞지 않은 답변. (B) 기술지원팀에 물어 보라는 내용의 모른다 답변으로 정답이다.

어휘 pin/password 비밀 번호 Tech Support team 기술지원팀 incorrect 부정확한

4. Excuse me. How soon can you fix my watch?
 (A) Can I have a look at it?
 (B) Seven miles an hour.
 (C) I can repair it.

실례합니다. 시계를 얼마나 빨리 고칠 수 있나요?
(A) 제가 봐도 될까요?
(B) 한 시간에 7마일이에요.
(C) 고칠 수 있어요.

해설 얼마나 빨리 고칠 수 있는지 묻는 질문이다. (B)는 거리를 묻는 질문(How far ~?)의 답이며 (C)는 fix-repair를 이용한 오답이다. (A)는 시간을 말하기 전에 한번 보자는 뜻으로 예외적인 답이다.

어휘 how soon~ 얼마나 빨리~

3. How can I get some more paper for the copier?
 (A) There's storage space available.
 (B) Mr. Wang takes care of that.
 (C) Can I have a cup of coffee?

복사용 종이를 어떻게 더 얻을 수 있나요?
(A) 이용 가능한 저장 공간이 있어요.
(B) Wang 씨가 그 일을 맡고 있어요.
(C) 커피 한잔 먹어도 되나요?

해설 종이를 가져오는 방법을 묻는 질문에 (A)는 질문과 전혀 상관 없는 장소를 답했고 (C)는 copy-coffee 유사 발음의 오답이다. (B) Wang 씨가 그 일은 맡고 있으니 Wang 씨에게 물어 보라는 내용의 정답이다.

어휘 storage space 저장 공간 take care of ~ 돌보다

4. How often do I need to renew my driver's license?
   (A) **Probably every five years.**
   (B) It takes three hours.
   (C) Always keep it with you.

   제 운전 면허증을 얼마나 자주 갱신해야 하나요?
   (A) 아마도 5년마다요.
   (B) 3시간 걸려요.
   (C) 항상 가지고 다니세요.

   해설 횟수를 묻는 질문으로, (B)는 걸리는 기간을 묻는 질문(how long~)의 대답이며 (C)는 질문과 관계 없는 대답의 오답이다. (A)는 5년마다 갱신해야 한다는 내용으로 정답이다.

   어휘 renew 갱신하다 driver's license 운전 면허증 keep 유지하다 always 항상

5. How many positions will we have this year?
   (A) In the advertising field.
   (B) She said she really likes the job.
   (C) **It depends on the budget.**

   우리는 올해 몇 개의 일자리를 내야 할까요?
   (A) 광고 분야에서요.
   (B) 그녀는 그 일을 좋아한다고 말했어요.
   (C) 예산안에 따라 달라요.

   해설 일자리 개수를 묻는 질문에, (A) 분야를 대답해서 오답이고 (B)는 누구인지 알 수 없는 she 때문에 오답이다. (C)는 예산에 따라 달라진다는 내용으로 모른다 답변 유형의 정답이다.

   어휘 position 일자리 advertising 광고 field 분야 depend on ~에 달려 있다 budget 예산

6. How are we going to accommodate ten extra people?
   (A) **By adding more chairs in the back.**
   (B) The address is written on the invitation.
   (C) Patti has the guest list.

   어떻게 10명의 추가 인원을 수용할 건가요?
   (A) 뒤에 더 많은 의자들을 추가해요.
   (B) 주소는 초대장에 쓰여 있어요.
   (C) Patti가 고객 명단을 가지고 있어요.

   해설 추가 인원을 수용하는 방법을 묻는 질문에, (B)는 질문과 맞지 않고 (C)는 초대되는 인원수를 물어야 답이 될 수 있다. (A)는 의자를 더 추가하자는 내용으로 방법을 말해서 정답이다.

   어휘 accommodate 수용하다 extra 추가의 add 추가하다 invitation 초대장 guest list 고객 명단

7. How do I enter the convention center?
   (A) **I'll show you. Follow me.**
   (B) It lasted for two hours.
   (C) It can accommodate about 100 participants.

   컨벤션 센터에 어떻게 들어가요?
   (A) 보여 줄게요. 따라오세요.
   (B) 2시간 동안 지속됐어요.
   (C) 100명의 참석자들을 수용할 수 있어요.

   해설 장소에 들어가는 방법을 묻는 질문에, (B)는 걸리는 기간을 묻는 질문(how long~)에 대한 답변이고 (C)는 참석자 수를 묻는 질문(how many~)에 맞는 대답이다. (A)는 길을 안내해 준다는 내용으로 길을 물을 때 정답이 되는 전형적인 표현이다.

   어휘 enter 들어가다 last 지속되다 participant 참석자

8. How much will it cost to send these parcels?
   (A) Approximately three days.
   (B) The packaging is weak.
   (C) **When do you want them to arrive?**

   이 소포들을 보내는 데 비용이 얼마나 들까요?
   (A) 대략 3일이요.
   (B) 포장이 약해요.
   (C) 그것들이 언제 도착하길 바라요?

   해설 비용을 묻는 질문에, (A)는 걸리는 기간을 대답해서 오답이고 (B)는 parcel을 이용한 연상 함정이다. (C)는 반문으로 언제 도착하는지에 따라 드는 비용이 다를 것이라는 의미가 내포되어 있다.

   어휘 parcel 소포 approximately 대략 packaging 포장 weak 약한 arrive 도착하다

9. How much do I need to pay for international calls?
   (A) I bought it for 20 dollars.
   (B) **About 70 euros.**
   (C) Not very often.

   국제 통화에 얼마를 지불해야 하나요?
   (A) 저는 20달러에 그것을 샀어요.
   (B) 약 70 유로요.
   (C) 매우 자주는 아니에요.

   해설 국제 통화를 얼마나 지불해야 하는지 묻는 질문으로, (A)는 How much만 듣는다면 선택할 수 있지만 질문의 내용에 적절하지 않은 답변이다. (C)는 횟수를 묻는 질문(How often~)의 맞는 답변이다.

   어휘 pay for 대금을 지불하다 international call 국제 통화

10. How did you like the Steakware House?
    (A) On the corner of Main Street and 5th.
    (B) Medium rare.
    (C) **You were right. It wasn't crowded.**

    Steakware House는 어땠어요?
    (A) Main Street와 5번가의 모퉁이에 있어요.
    (B) 약간 덜 익혀요.
    (C) 당신 말이 맞았어요. 붐비지 않았어요.

해설 장소에 대한 의견을 묻는 질문에, (A)는 위치를 말해서 오답이고 (B)는 스테이크를 이용한 연상 함정이다. (C) 자신의 생각을 전달하는 내용으로 정답이다.

어휘 on the corner 모퉁이에 crowded 붐빈

11. How was the lecture about eating habits yesterday?
(A) Actually, I couldn't attend it.
(B) It depends on the weather.
(C) More than two years of managerial experience.

어제 식습관에 대한 강의는 어땠어요?
(A) 사실 참석할 수 없었어요.
(B) 날씨에 따라 달라요.
(C) 2년 이상의 경영 경험이요.

해설 강의에 대한 생각을 묻는 질문에, (B)와 (C)는 질문과 전혀 맞지 않는 답변이다. (A)는 강의에 참석하지 않았다는 답변으로 모른다 답변에 해당한다. 정답으로 이런 유형의 정답에 익숙해져야 한다.

어휘 lecture 강의 eating habits 식습관 attend 참석하다 weather 날씨 managerial 경영의 experience 경험

12. How long have you been with our company?
(A) This company was established five years ago.
(B) He's been here for two years.
(C) I've only just joined.

우리 회사에 얼마나 오랫동안 있었어요?
(A) 이 회사는 5년 전에 세워졌어요.
(B) 그는 여기 2년 동안 있었어요.
(C) 저는 막 합류했어요.

해설 회사에서 일한 기간을 묻는 질문에, (A) 과거 시점을 말하므로 질문과 맞지 않고 (B)는 주어의 불일치로 오답이다. (C)는 회사에 들어온 지 얼마 안 되었다는 의미로 정답이다.

어휘 establish 설립하다 only 단지, 막 join 합류하다

13. How was your flight to Toronto?
(A) I will arrive there this evening.
(B) No, it's from Vancouver.
(C) Actually, I was asleep for most of it.

토론토로 가는 비행은 어땠어요?
(A) 오늘 저녁에 거기에 도착할 거예요.
(B) 아니요, 그것은 밴쿠버에서 왔어요.
(C) 사실 저는 대부분의 시간 동안 잤어요.

해설 비행 상태를 묻는 질문에, (A)는 도착하는 시점을 말해서 오답이고 (B)는 No 오답이다. (C) 거의 잠만 잤다는 내용으로 정답이다.

어휘 arrive 도착하다 asleep 잠이 든 most of 대부분

14. How often do you visit Mexico?
(A) For a month.
(B) At least twice a year.
(C) Don't you move in March?

멕시코에 얼마나 자주 방문하세요?
(A) 한 달 동안이요.
(B) 적어도 일 년에 두 번이요.
(C) 3월에 이사하지 않나요?

해설 방문 횟수를 묻는 질문에, (A)는 기간을 묻는 질문의 답변이고 (C)는 질문과 전혀 맞지 않는 대답이다. (B)는 전형적인 횟수의 정답이다.

어휘 at least 적어도 twice 두 번

15. How much does the tennis club membership cost?
(A) Fill out an online registration form.
(B) Once a month.
(C) Wait a minute. Let me get my manager.

테니스 클럽 회원비는 얼마인가요?
(A) 온라인 신청서를 작성하세요.
(B) 한 달에 한 번이요.
(C) 기다리세요. 제가 매니저를 데리고 올게요.

해설 비용을 묻는 질문에, (A)는 등록하는 방법을 묻는 질문의 답변이고 (B)는 횟수를 묻는 질문(how often~)에 맞는 대답이다. (C) 매니저를 데리고 온다는 말은 매니저가 안다는 뜻이므로 정답이다.

어휘 membership 회원 registration form 신청서

16. How many interns will attend the upcoming seminar?
(A) At the Civic Center.
(B) I heard more than twenty.
(C) No, they couldn't access the Internet.

몇 명의 인턴들이 다가오는 세미나에 참석할 건가요?
(A) 시민회관에서요.
(B) 20명 이상이라고 들었어요.
(C) 아니요, 인터넷으로 접근할 수 없었어요.

해설 인턴들의 참석자 수를 묻는 질문에, (A)는 장소의 오답이고 (C) No의 오답이다. (B) 사람의 수를 말하므로 정답이다.

어휘 upcoming 다가오는 access 접근하다

17. How long do we have to wait for the lights to be fixed?
(A) Some damaged parts.
(B) It'll all be finished by noon.
(C) Yeah, we should contact him right away.

전등을 고치는 데 얼마나 기다려야 하나요?
(A) 몇 개 손상된 부품들이요.
(B) 정오까지는 끝낼 거예요.
(C) 네, 우리는 그에게 바로 연락해야 해요.

해설 기다리는 기간을 묻는 질문에, (A)는 고장 난 원인을 대답해서 질문과 맞지 않는다. (C)는 Yes의 오답이다. (B)는 정오까지 기다리라는 내용의 정답이다.

어휘 light 전등 damaged 손상된 part 부품 contact 연락하다

18. How's the response been to the fashion show?
   (A) It's our responsibility.
   (B) It was better than I expected.
   (C) The trade show has been postponed.

패션쇼 반응은 어때요?
(A) 그것은 우리의 책임이에요.
(B) 예상보다 더 좋았어요.
(C) 무역 박람회가 지연되었어요.

해설 패션쇼의 성공 여부를 묻는 질문에, (A)와 (C)는 질문과 전혀 다른 내용으로 오답이다. (B)는 예상보다 좋았다는 뜻의 정답이다.

어휘 response 반응 responsibility 책임 expect 예상하다 postpone 연기하다

19. How did your presentation go?
   (A) By bus.
   (B) I won't go actually.
   (C) It seemed all right.

당신의 발표는 어땠어요?
(A) 버스 타고요.
(B) 저는 사실 가지 않을 거예요.
(C) 괜찮았어요.

해설 발표에 대한 생각을 묻는 질문에, (A)는 교통 수단을 대답해서 오답. (B)는 시제 불일치로 오답이다. (C)는 괜찮았다는 내용으로 정답이다.

어휘 go (일의 진행이 어떻게) 되다

20. How did you read this book so quickly?
   (A) It was just very interesting.
   (B) Look at the user manual.
   (C) An author will sign this book.

어떻게 이 책을 그렇게 빨리 읽었나요?
(A) 그저 아주 재미있었어요.
(B) 사용 설명서를 보세요.
(C) 작가는 이 책에 사인할 거예요.

해설 책을 빨리 읽은 방법을 묻는 질문에 (B)는 사용하는 방법을 묻는 질문의 답변이고 (C) book의 연상의 함정. (A) 재미있어서 빨리 읽었다는 내용의 정답이다.

어휘 quickly 빠르게 author 작가

3. Why 의문문

SPARTA Check-UP p.53

1. (C)   2. (A)   3. (C)   4. (A)

1. Why was the meeting with the clients called off?
   (A) Yes, I heard that, too.
   (B) Next Friday at noon.
   (C) My partner couldn't come.

왜 고객과 하는 회의가 취소됐나요?
(A) 네, 저도 그것을 들었어요.
(B) 다음 주 금요일 정오예요.
(C) 제 파트너는 올 수 없었어요.

해설 전형적으로 많이 묻는 질문으로 회의가 취소된 이유를 묻는 질문이다. 먼저 (A)는 Yes라고 나온 순간 바로 오답이다. (B)는 시간을 묻는 질문에 맞는 대답이며 (C)는 파트너 때문에 취소됐다고 했으므로 이유에 맞는 전형적인 대답이다.

어휘 call off 취소하다

2. Why is the stockroom door locked?
   (A) I'm sure Robert can open it.
   (B) I don't recall when the store opens.
   (C) It's right around the corner.

왜 물품 창고 문을 잠갔나요?
(A) Robert가 확실히 열 수 있어요.
(B) 언제 가게가 문을 여는지 기억나지 않아요.
(C) 그것은 모퉁이 주위에 바로 있어요.

해설 문을 잠근 이유를 묻는 질문이다. (B)는 모른다는 답변이지만 뒤에 때를 나타냈으므로 질문과 맞지 않고 (C)는 위치에 대한 답이다. 그래서 이유를 말하지 않았어도 (A)가 답이다. Why 의문문이 들렸을 때 이유에 맞는 전형적인 대답을 기다리면 안 된다. 항상 이런 예외적인 답에 익숙해져야 한다.

어휘 lock 잠그다 stockroom 물품 창고

3. Why is the self-assessment still not finished?
   (A) Help yourself.
   (B) Because she completed the annual report.
   (C) You didn't receive it?

왜 자기 평가서를 여전히 끝내지 않았나요?
(A) 마음껏 먹어요.
(B) 왜냐하면 그녀가 연례 보고서를 끝냈기 때문이죠.
(C) 그것을 못 받았어요?

해설 자기 평가서를 끝내지 않는 이유를 묻는 질문으로, 현재 화자가 자기 평가서를 기다리고 있다는 것을 알 수 있다. (A) yourself 유사 발음의 함정으로 질문과 맞지 않는 답이다. (B)는 because를 이용한 함정으로 she가 누구인지 알 수 없다. (C)는 예외적인 답변으로 자기 평가서를 아직 못 받았는지 되묻는 질문이다. 이런 답변 형태가 난이도가 있는 문제로 나온다.

어휘 self-assessment 자기 평가 annual 연례의

4. Why don't you join the financial workshop with us?
   (A) Sorry, I don't have time to go.
   (B) For personal reasons.
   (C) In the conference hall.

   금융 워크숍에 함께 가는 게 어때요?
   (A) 미안해요, 갈 시간이 없네요.
   (B) 개인적인 문제로요.
   (C) 회의장에서요.

   해설 함께 워크숍에 가자는 권유를 나타내는 질문이다. 그래서 (B)는 이유를 나타내므로 오답이고 (C)는 장소의 오답이다. (A)는 워크숍에 갈 수 없는 거절을 표현하므로 정답이다. 이유와 제안을 확실히 구분할 수 있어야 한다.

   어휘 financial 금융의 personal 개인적인

SPARTA Actual Test   p.54

1. (C)	2. (B)	3. (A)	4. (C)	5. (A)	6. (A)
7. (B)	8. (C)	9. (A)	10. (B)	11. (C)	12. (A)
13. (A)	14. (C)	15. (A)	16. (C)	17. (C)	18. (B)
19. (C)	20. (B)				

1. Why did Angela leave work early yesterday?
   (A) Can you read it again?
   (B) Around 3 P.M.
   (C) She had an urgent matter.

   Angela는 어제 왜 일찍 퇴근했나요?
   (A) 그것을 다시 읽어 주겠어요?
   (B) 오후 3시 정도요.
   (C) 그녀는 급한 일이 있었어요.

   해설 일찍 퇴근한 이유를 묻는 질문에, (A)는 질문과 전혀 맞지 않는 대답이며 (B)는 시간의 오답이다. (C)는 떠난 이유를 말하므로 정답이다.

   어휘 leave work 퇴근하다 urgent 긴급한 matter 문제

2. Why don't we finish discussing this after lunch?
   (A) Because the discussion was successful.
   (B) Sure, I'll be back then.
   (C) Chicken soup, please.

   점심 후에 이 일에 대한 토론을 끝내는 것이 어때요?
   (A) 토론이 성공적이었기 때문이죠.
   (B) 그럼요, 그때 돌아올게요.
   (C) 치킨 수프를 주세요.

   해설 점심 시간 후에 마무리하자는 제안으로, (A)는 because로 시작해서 오답이고 (C)는 lunch를 이용한 연상의 함정이다. (B)는 제안을 수락하는 내용으로 정답이다.

   어휘 discussion 토론 successful 성공적인

3. Why have they blocked off Highway 15?
   (A) For the repaving work.
   (B) I'm caught in traffic.
   (C) Yes, I believe it's true.

   그들은 왜 15번 고속도로를 막았나요?
   (A) 재포장 공사를 위해서요.
   (B) 차가 막혔어요.
   (C) 네, 사실이라고 믿어요.

   해설 도로를 막은 이유를 묻는 질문에, (B)는 질문과 맞지 않는 오답이고 (C)는 Yes의 오답이다. (A)는 이유를 말해서 정답이다.

   어휘 blocked off 막다 highway 고속도로 repave 재포장하다

4. Why did the company cancel the product launch?
   (A) When is the lunch break?
   (B) To release the product.
   (C) Actually, they just moved it up a week.

   왜 회사는 제품 출시를 취소했나요?
   (A) 언제 점심 시간인가요?
   (B) 제품을 출시하기 위해서요.
   (C) 사실 그들은 딱 일주일을 앞당겼어요.

   해설 제품 출시를 취소한 이유를 묻는 질문에, (A) launch-lunch를 이용한 유사 발음의 함정이고 (B) 질문에 나온 단어 product를 이용한 함정으로 질문과 맞지 않는 이유를 말해서 오답이다. (C) 출시를 앞당겼다는 내용의 정답이다.

   어휘 launch 출시 release 출시하다 move up 앞당기다

5. Why did you return your new boots?
   (A) It's very cold this morning.
   (B) A heel cracked.
   (C) A shoe store on Main Street.

   왜 새로운 부츠를 환불했나요?
   (A) 아침에 너무 추워요.
   (B) 굽에 금이 갔어요.
   (C) Main Street에 있는 신발 가게요.

   해설 환불하는 이유를 묻는 질문에 (A) boots 연상의 함정이고 (C) 가게 위치의 오답이다. (B) 반납하는 이유를 말하므로 정답이다.

   어휘 return 환불하다 crack 금이 가다

6. Why can't I print this document?
   (A) You can just e-mail it to me.
   (B) A documentary film.
   (C) It is difficult to read.

   왜 이 서류를 인쇄할 수 없나요?
   (A) 저에게 그것을 그냥 메일로 보내주세요.
   (B) 다큐멘터리 영화요.
   (C) 읽기 어려워요.

   해설 서류를 인쇄할 수 없는 이유를 묻는 질문으로, (B) document-documentary 유사 발음 함정이고 (C) 질문과 맞지 않는 오답이다. (A) 그 서류를 메일로 보내준다는 내용으로 정답이다.

   어휘 print 인쇄하다 difficult 어려운

7. Why are you sending that package by courier instead of express mail?
   (A) Yes, to 19 Constance Road.
   (B) Mr. Blunt told me to.
   (C) Thanks a lot.

   왜 소포를 급행 우편 대신 택배로 보낼 건가요?
   (A) 네, 19번 Constance Road요.
   (B) Blunt 씨가 저에게 말했어요.
   (C) 정말 고마워요.

   해설 택배로 보내는 이유를 묻는 질문으로, (A)는 Yes 오답이고 (C)는 고맙다는 내용으로 질문에 적합하지 않다. (B)는 Blunt 씨가 부탁해서 보낼 것이라는 의미로 정답이다.

   어휘 courier 택배 회사 express mail 급행 우편

8. Why don't we stop discussing it and just go out for lunch?
   (A) Because we've talked enough.
   (B) I agree. Let's discuss it more.
   (C) Good idea!

   토론을 그만하고 그냥 점심 먹으러 나가는 게 어때요?
   (A) 우리는 충분한 이야기를 했기 때문이죠.
   (B) 동의해요. 그것을 더 토론합시다.
   (C) 좋은 생각이에요!

   해설 토론을 그만하고 점심 먹자는 제안으로, (A)는 because 함정이고 (B)는 I don't agree로 시작한다면 답이 될 수도 있었을 것이다. (C)는 승낙을 뜻하는 답변으로 정답이다.

   어휘 enough 충분한 agree 동의하다

9. Why don't we hand in the request form by the end of the day?
   (A) I already submitted it.
   (B) It was handy to use.
   (C) Sure, we did.

   우리 오늘까지 신청서를 제출하는 게 어때요?
   (A) 저는 이미 제출했어요.
   (B) 그것은 사용하기 편리해요.
   (C) 그럼요, 우리가 했죠.

   해설 오늘까지 신청서를 제출하자는 제안으로, (B)는 hand in-handy 유사 발음의 함정이고 (C)는 시제 불일치에 해당하는데 we did가 we can이었다면 정답이 된다. (A)는 이미 제출했다는 내용으로 정답이다.

   어휘 request form 신청서 submit/hand in 제출하다 handy 편리한

10. Why has the training session been extended?
    (A) Because the train departs at 7 A.M.
    (B) Have you seen all the agenda items?
    (C) Once the new employees arrive on Monday.

    왜 교육이 연장되었나요?
    (A) 기차가 오전 7시에 출발하기 때문이죠.
    (B) 모든 회의 안건 항목들을 봤나요?
    (C) 일단 신입 사원들이 월요일에 도착하면요.

    해설 교육이 연장되는 이유를 묻는 질문에, (A)는 질문에 맞는 이유도 아니고 training-train 유사 발음의 함정이다. (C)는 때를 나타내는 오답이다. (B)는 회의 안건이 많아서 자연스레 연장됐다는 의미로 정답이다. 이런 문제는 오답을 제거하면서 듣지 않으면 정답을 찾기 어려운 난이도 높은 문제이다.

    어휘 training session 교육 depart 출발하다 agenda 안건 arrive 도착하다

11. Why did Rick Studio cancel our appointment?
    (A) Yes, that's a good point.
    (B) Just tomorrow morning.
    (C) Due to a scheduling conflict.

    왜 Rick 스튜디오는 우리의 예약을 취소했나요?
    (A) 네, 좋은 지적이에요.
    (B) 그냥 내일 아침이요.
    (C) 일정이 겹쳐서요.

    해설 예약이 취소된 이유를 묻는 질문에, (A)는 Yes 오답이고 (B)는 시간의 오답이다. (C)는 일정이 겹쳐서라는 이유를 말하므로 정답이다.

    어휘 cancel 취소하다 point 요점 scheduling conflict 일정 겹침 due to ~때문에

12. Why don't we stop working for a moment?
    (A) This report is due tomorrow.
    (B) Yes, he's on the phone.
    (C) Because you're behind schedule.

    잠시 동안 일을 멈추는 게 어때요?
    (A) 이 보고서를 내일까지 해야 합니다.
    (B) 네, 그는 통화 중이에요.
    (C) 당신이 예정보다 늦어서요.

    해설 잠깐 쉬자는 제안으로, (B)는 주어 불일치로 오답이고 (C)는 이유를 묻는 질문의 답변으로 적합하기 때문에 오답이다. 오답이다. (A)는 보고서를 내일까지 해야 해서 쉬지 못하고 일을 계속해야 한다는 내용으로 제안을 거절한 답변이다.

    어휘 for a moment 잠시 동안 behind schedule 예정보다 늦게

13. Why didn't you make it to the party?
    (A) I couldn't finish work in time.
    (B) I took a taxi.
    (C) I came with my friends.

    왜 파티에 안 왔어요?
    (A) 일을 제때 끝낼 수 없었어요.
    (B) 택시를 탔어요.
    (C) 제 친구와 왔어요.

해설 파티에 안 왔던 이유를 묻는 질문에 (B)는 수단의 오답. (C) 질문과 맞지 않는 대답. (A) 일을 끝내지 못해서 못 갔다는 이유의 정답이다.

어휘 make it 참석하다 in time 제시간에

14. Why did Sylvia come to work late?
(A) I'm not sure how it works.
(B) I'm not late.
(C) She missed the bus.

Sylvia는 왜 지각했나요?
(A) 어떻게 그것을 작동하는지 몰라요.
(B) 저는 지각하지 않았어요.
(C) 그녀는 버스를 놓쳤어요.

해설 Sylvia가 늦은 이유를 묻는 질문에, (A)는 질문에 나온 단어 work를 이용한 함정이다. (B)는 주어 불일치와 late을 이용한 함정이다. (C)는 그녀가 버스를 놓쳐서 늦었다는 이유를 말하므로 정답이다.

어휘 miss 놓치다

15. Why is there a camera crew in the employee lounge?
(A) They're making a film for public relations.
(B) I'd like to see a more recent model please.
(C) Turn the screw harder.

왜 촬영진이 직원 라운지에 있나요?
(A) 그들은 홍보용 영상을 촬영하고 있어요.
(B) 더 최근 모델을 보고 싶어요.
(C) 나사를 더 단단히 돌리세요.

해설 촬영진이 있는 이유를 묻는 질문에, (A) camera 이용한 함정이고 (C) crew-screw 유사 발음의 함정이다. (A) 영상 촬영하러 왔다는 뜻으로 정답이다.

어휘 public relations 홍보 camera crew 촬영진 screw 나사

16. Why was our research proposal rejected?
(A) A large research laboratory.
(B) Tim will propose a possible solution.
(C) Because of the shortage of funding.

왜 우리의 연구 제안서가 거절되었나요?
(A) 큰 연구실이요.
(B) Tim이 가능한 해결책을 제안할 거예요.
(C) 자금 부족 때문이죠.

해설 제안서가 거절되는 이유를 묻는 질문에, (A)는 질문에 나온 단어 research를 쓴 장소의 오답이고 (B) proposal-propose 유사 발음의 함정이다. (C)는 예산 부족 때문에 거절됐다는 내용으로 정답이다.

어휘 research 연구 reject 거절하다 possible 가능한 solution 해결 shortage 부족 funding 자금

17. Why don't we share a taxi back to the office?
(A) It was a long trip.
(B) Don't touch that.
(C) Sorry, but I already have a ride.

우리 사무실로 돌아갈 때 택시 같이 타는 게 어때요?
(A) 오랜 여행이었어요.
(B) 저것을 만지지 마세요.
(C) 미안하지만 저는 이미 차가 있어요.

해설 택시를 같이 타고 가자는 제안으로 (A)와 (B)는 질문과 전혀 맞지 않는 대답이다. (C) 이미 타고 갈 차량이 있다는 내용으로 거절의 정답이다.

어휘 share 나누다 touch 만지다 a ride (타고 갈) 차량

18. Why was the television show discontinued?
(A) Earlier this year.
(B) It received negative comments.
(C) Yes, I'll watch it with you.

왜 텔레비전 쇼가 중단되었나요?
(A) 올해 더 일찍이요.
(B) 부정적인 비판들을 받았어요.
(C) 네, 저는 당신과 함께 그것을 볼 거예요.

해설 쇼가 중단된 이유를 묻는 질문에, (A)는 시점을 말해서 오답이고 (C)는 yes의 오답이다. (A)는 부정적인 비판 때문에 중단됐다는 뜻으로 정답이다.

어휘 discontinue 중단하다 receive 받다 negative 부정적인 comment 비판

19. Why haven't you completed printing the brochures?
(A) To finish the brochure's design.
(B) Just a few copies.
(C) We ran out of ink.

왜 브로셔 인쇄를 끝내지 않았나요?
(A) 브로셔 디자인을 끝내기 위해서요.
(B) 복사본 몇 장만요.
(C) 잉크가 다 떨어졌어요.

해설 일을 끝내지 않는 이유를 묻는 질문에, (A)는 질문에 나온 단어 design이 들어간 함정으로 질문에 적합한 이유도 아니다. (B)는 printing-copy 연상 함정이다. (C)는 잉크가 없어서 완성 못 했다는 내용으로 정답이다.

어휘 complete 완성하다 a few 몇 개 run out of ~을 써버리다

20. Why did you cancel the order for more paper?
(A) At a different work station.
(B) The project is being pushed back.
(C) Because we need more paper.

왜 추가 종이 주문을 취소했나요?
(A) 다른 작업실에서요.
(B) 프로젝트가 지연되었어요.
(C) 더 많은 종이가 필요해서요.

해설 주문을 취소한 이유를 묻는 질문으로, (A)는 장소의 오답이고 (C)는 주문한 이유를 묻는 질문에 맞는 대답이다. (B)는 프로젝트가 지연돼서 취소했다는 내용으로 정답이다.

어휘 cancel 취소하다 work station 작업실 push back 미루다

DAY 5
1. 긍정 의문문

SPARTA Check-UP   p.56

1. (B)   2. (C)   3. (A)   4. (B)

1. Are you using the fax machine?
   (A) Would you like some more?
   (B) You go ahead.
   (C) I'm not familiar with the copy machine.

   팩스기를 사용 중인가요?
   (A) 좀 더 먹겠어요?
   (B) 먼저 쓰세요.
   (C) 복사기가 익숙하지 않아요.

   해설 현재 팩스기를 사용 중인지 묻는 질문에, (A) 질문과 맞지 않는 답변이고 (C)는 machine을 이용한 오답이다. (B) 긍정적 승낙의 답변으로 정답이다.

   어휘 be familiar with ~에 친숙하다

2. Do you have some pens I can use?
   (A) The pens come in several colors.
   (B) I thought it was very useful.
   (C) How many do you need?

   제가 쓸 만한 펜을 가지고 있나요?
   (A) 펜들은 몇 가지 색깔이 있어요.
   (B) 그게 매우 유용하다고 생각했어요.
   (C) 몇 개 필요해요?

   해설 펜을 가지고 있는지 묻는 질문이다. (A)는 질문에 나온 단어 pen을 쓴 함정이다. (B)는 use-useful 함정이다. (C)는 먼저 펜을 주기 전에 몇 개 필요한지 묻는 질문으로 정답이다.

   어휘 several 몇몇 useful 유용한

3. Has Ms. Han left for the dentist?
   (A) No, her appointment isn't until 2 P.M.
   (B) Thanks, I'm feeling much better.
   (C) Please wait in the lobby.

   한 씨는 치과에 갔어요?
   (A) 아니요, 그녀의 예약은 오후 2시예요.
   (B) 고마워요, 훨씬 좋아졌어요.
   (C) 로비에서 기다리세요.

   해설 치과에 가 본 적 있는지 묻는 완료 형태의 질문이다. (B)는 치과에 관한 연상 표현으로 내용이 질문에 적합하지 않고 (C)는 장소의 오답이다. (A)는 not until을 이용한 대답으로 2시에 예약 되어 있다는 내용의 정답이다.

   어휘 dentist 치과, 치과의사 not until ~되어서야

4. Do you know where the food court is in this building?
   (A) The courthouse is around the corner.
   (B) It's in the basement.
   (C) Let's meet at noon.

   이 빌딩에 푸드코트가 어디에 있는지 알아요?
   (A) 법원은 모퉁이를 돌면 있어요.
   (B) 지하실에 있어요.
   (C) 정오에 만납시다.

   해설 푸드코트가 어디에 있는지 묻는 간접 의문문이다. 질문에서 Do you know 뒤에 나오는 where를 꼭 들어야 한다. 또한 'Y/N + 부연 설명' 대답에서 Yes/No를 생략한 답변에 익숙해져야 한다. (A) court=courthouse 유사 발음의 함정이고 질문도 법원 위치를 묻는 게 아니다. (C)는 때를 나타냈으므로 오답이다. (B)는 Yes가 생략된 답으로 장소가 나와서 질문에 적합한 정답이다.

   어휘 courthouse 법원 corner 모퉁이 basement 지하실

SPARTA Actual Test   p.57

1. (B)   2. (A)   3. (B)   4. (A)   5. (A)   6. (B)
7. (C)   8. (B)   9. (B)   10. (A) 11. (C) 12. (B)
13. (B) 14. (B) 15. (C) 16. (B) 17. (C) 18. (B)
19. (A) 20. (A)

1. Did William relocate his office to the 5th floor?
   (A) The bakery is on the first floor.
   (B) Yes, I saw him there a few minutes ago.
   (C) I can recommend a good moving company.

   William은 5층 사무실로 이전했나요?
   (A) 빵집은 1층에 있어요.
   (B) 네, 저는 몇 분전에 그를 거기에서 봤어요.
   (C) 좋은 이삿짐 회사를 추천해 줄게요.

   해설 사무실을 옮겼는지 묻는 질문에, (A) 질문에 나온 단어 floor를 사용한 함정이고 (C)는 연상 표현 relocate을 이용한 함정이다. (B)는 질문에 긍정하면서 그곳에서 직접 그를 봤다는 부연 설명까지 한 내용으로 정답이다.

   어휘 relocate 이전하다 bakery 빵집 moving company 이삿짐 회사

2. Has the maintenance crew repaired the water leak in apartment 10A?
   (A) The call came from apartment 9A.
   (B) Some plumbers.
   (C) How long does that take to fix?

   보수 작업반들이 아파트 10A동의 누수를 수리했나요?
   (A) 그 전화는 아파트 9A동에서 왔어요.
   (B) 몇 명의 배관공들이요.
   (C) 고치는 데 얼마나 걸려요?

   해설 10A동 누수를 수리했는지 묻는 질문에, (B) leak를 연상으로 plumber가 등장한 오답이고 (C) repair–fix을 이용한 함정이다. (A)는 수리 여부를 이야기하기 전에 누수가 있는 곳은 10A가 아니라 9A라고 알려주는 내용으로 정답이다. 이런 유형의 답들은 (B)와 (C)가 오답이라고 정확히 가릴 수 있어야 하는 난이도 높은 문제이다.

   어휘 maintenance crew 보수 작업 요원 leak 누수

3. Did you know about the new vacation policy?
   (A) I already knew her.
   (B) No, what is it?
   (C) To Miami.

   새로운 휴가 정책에 대해 알았어요?
   (A) 저는 이미 그녀를 알아요.
   (B) 아니요, 뭔데요?
   (C) 마이애미로요.

   해설 휴가 정책에 대해서 아는지 묻는 간접 의문으로, (A) her가 누군지 알 수 없어서 오답이고 (C)는 vacation을 연상으로 Miami 장소를 말한 함정이다. (B)는 모른다는 답변으로 정답이다.

   어휘 vacation 휴가 policy 정책

4. Can you tell me where Yukiko went?
   (A) Maybe to the archive department.
   (B) No, I don't know the way.
   (C) It was at eleven thirty.

   Yukiko가 어디에 갔는지 말해 주겠어요?
   (A) 아마도 기록 보관부에 갔을 거예요.
   (B) 아니요, 그 길을 몰라요.
   (C) 11시 30분이었어요.

   해설 Yukiko가 어디로 갔는지 장소를 묻는 간접 질문에 (B)는 the way로 혼동을 주는 오답이고 (C)는 시간의 오답이다. (A)는 장소를 말하므로 정답이다.

   어휘 archive department 기록 보관부

5. Is the room big enough for the product seminar?
   (A) Only five people have signed up for it.
   (B) Susan is one of the best presenters.
   (C) It'll be very informative.

   제품 세미나를 위해 그 방은 충분히 크나요?
   (A) 딱 5명만 그것에 등록했어요.
   (B) Susan은 최고의 발표자 중에 한 명이에요.
   (C) 매우 유익할 거예요.

   해설 세미나 방이 충분히 큰지 묻는 질문에 (B)와 (C)는 seminar를 이용한 연상 함정으로 오답이고 (A)는 5명밖에 등록을 안 해서 방 사이즈는 중요하지 않다는 뜻으로 정답이다.

   어휘 informative 유익한

6. Are you serious about quitting your job?
   (A) The monthly lecture series.
   (B) Yeah, I want to try something new.
   (C) Look for marketing consultants.

   일 그만두는 거 진심이에요?
   (A) 매달 연속 강의예요.
   (B) 네, 저는 새로운 무언가를 하고 싶어요.
   (C) 마케팅 상담가를 찾으세요.

   해설 일 그만두는 게 진심인지 묻는 질문에, (A) serious-series을 이용한 유사 발음의 함정이고 (C) quit one's job을 이용한 연상 함정이다. (B) 그만두는 이유에 대한 부연 설명이 들어가서 정답이다.

   어휘 serious 심각한 quit one's job 일을 그만두다 lecture series 연속 강의

7. Have you met Ms. Lee, the new executive director?
   (A) A board meeting next Tuesday.
   (B) The accounting department.
   (C) Oh, we were coworkers.

   새 이사인 이 씨를 만났어요?
   (A) 다음주 화요일 이사회 회의요.
   (B) 경리부요.
   (C) 오, 저희는 동료였어요.

   해설 새로 온 이사를 만났는지 묻는 질문에, (a) director-board meeting 연상의 함정으로 오답이고 (B) 질문에 적합하지 않은 대답이다. (C) 예전에 함께 일했다는 의미로 Yes를 뜻하는 정답이다.

   어휘 executive director 이사 coworker 동료

8. Is Mr. Parker's flight due to arrive on schedule this afternoon?
   (A) She prefers a non-stop flight.
   (B) It left on time from Mumbai.
   (C) At the airport.

   Parker 씨의 비행기는 오늘 오후에 도착할 예정인가요?
   (A) 그녀는 직항을 선호해요.
   (B) 뭄바이에서 정각에 떠났어요.
   (C) 공항에서요.

   해설 그의 비행기가 오후에 도착하는지 묻는 질문에, (A) 주어 불일치로 오답이고 (C) flight-airport을 이용한 연상의 함정이다. (B) 정각에 뭄바이에서 출발했다는 것은 질문에 긍정하는 부연 설명으로 정답이다.

   어휘 be due to ~할 예정이다 on time 정각에, 시간을 어기지 않고

9. Do you know who isn't coming to the banquet tonight?
   (A) I was invited to the celebration.
   (B) No, let me go check.
   (C) I'll be waiting, so please get ready.

   오늘밤 연회에 누가 안 오는지 알아요?
   (A) 저는 축하 행사에 초대 받았어요.
   (B) 아니요, 제가 확인할게요.
   (C) 기다릴 거예요. 그러니 준비하세요.

   해설 연회에 누가 오는지 묻는 질문에, (A)와 (C)는 banquet 연상의 함정으로 질문과 맞지 않으며 (B)는 모르지만 확인하겠다는 내용의 모른다 답변으로 정답이다.

   어휘 banquet 연회 be invited 초대 받다 celebration 축하 행사

10. Does anyone have time to help me move the desks?
(A) **Joseph just finished his break time.**
(B) Carry some chairs.
(C) In the supply closet.

이 책상들을 옮기는 것을 도와줄 사람 있어요?
(A) Joseph가 방금 휴식 시간을 끝냈어요.
(B) 몇 개 의자를 옮기세요.
(C) 비품 창고에서요.

해설 책상 옮기는 것을 도와줄 수 있는 사람이 있는지 묻는 질문에, (B) desk-chair 연상의 함정이고 (C) 장소의 오답이다. (A)는 Joseph가 휴식이 끝나서 도와줄 수 있을 것이라는 내용으로 정답이다.

어휘 supply closet 비품 창고

11. Are you planning to attend a conference in Melbourne?
(A) Go to Conference Room A or B.
(B) At least a few hundred people from Sydney.
(C) **I'm still waiting to find out who the speakers will be.**

멜버른에 있는 학회에 참석할 계획인가요?
(A) 회의실 A 아니면 B로 가세요.
(B) 적어도 시드니에서 온 몇 백 명의 사람이요.
(C) 누가 연설자인지 알려고 기다리고 있어요.

해설 학회에 참석 여부를 묻는 질문에, (A) conference 장소의 오답, (B)는 참석자 수의 오답, (C) 연설자 정보를 기다리고 있다는 말은 아직 참석 여부를 정하지 않았다는 내용으로 정답이다.

어휘 at least 적어도 find out 알아내다

12. Is there enough room in your car for my luggage?
(A) I'll bring my suitcase.
(B) **We're taking a taxi.**
(C) It's too heavy to carry.

제 짐을 당신 차에 넣을 공간이 충분히 있나요?
(A) 제 여행 가방을 가져갈게요.
(B) 우리는 택시를 탈 거예요.
(C) 너무 무거워서 들 수 없어요.

해설 짐을 차에 넣을 공간이 있는지 묻는 질문으로, (A)와 (C)는 luggage를 이용한 연상의 함정으로 질문과 맞지 않는 내용이다. (B)는 차가 없어서 택시를 탄다는 내용의 정답이다.

어휘 luggage 짐 suitcase 여행 가방 too ~ to … 너무 ~해서 …할 수 없다 heavy 무거운

13. Have you read the e-mail about the budget cut?
(A) I bought it at an affordable price.
(B) **I haven't checked.**
(C) I'll send the money soon.

예산 삭감에 대한 메일을 읽었나요?
(A) 저렴한 가격으로 샀어요.
(B) 확인 안 했어요.
(C) 곧 돈을 보내 줄게요.

해설 이메일을 읽었는지 묻는 질문에, (A)와 (C)는 budget의 연상의 함정으로 오답. (B)는 확인 못 했다는 내용으로 No가 생략된 정답이다.

어휘 budget cut 예산 삭감 affordable 알맞은

14. Do I need to use a microphone to make my presentation?
(A) Right after lunch is served.
(B) **The room is quite big.**
(C) You can use this microscope.

발표를 위해 마이크를 사용해야 하나요?
(A) 점심 후에 바로 제공돼요.
(B) 방이 꽤 커요.
(C) 이 현미경을 사용해도 돼요.

해설 마이크 사용 여부를 묻는 질문에, (A)는 질문과 상관 없는 대답으로 오답이고 (C)는 microphone-microscope 유사 발음을 이용한 함정이다. (B)는 방이 커서 마이크가 필요하다는 의미로 yes가 생략된 정답이다.

어휘 microphone 마이크 right after 바로 quite 꽤 microscope 현미경

15. Have you asked Mike to find some more toner cartridges?
(A) No, he hasn't asked me.
(B) The carts in aisle nine.
(C) **I'll do that now.**

Mike에게 더 많은 토너 카트리지를 찾으라고 요청했어요?
(A) 아니요, 그는 저에게 요청 안 했어요.
(B) 카트는 9번 통로에 있어요.
(C) 지금 할게요.

해설 Mike에게 물품을 더 요청했는지 묻는 질문에, (A)는 주어의 불일치로 오답이고 (B)는 cartridges-carts 유사 발음을 이용한 함정이다. (C)는 No, but 생략된 대답으로 정답이다.

어휘 aisle 통로

16. Have you made any progress on the business deal?
(A) The trade negotiation.
(B) **We need to meet again tomorrow.**
(C) To sign the contract.

사업 거래에 어떤 진전이 있었나요?
(A) 무역 협상이요.
(B) 우리는 내일 다시 만날 필요가 있어요.
(C) 계약서에 사인하기 위해서요.

해설 사업 거래의 진행 상황을 묻는 질문에, (A)와 (C)는 business deal을 연상하게 하는 함정으로 질문과 맞지 않는 대답이다.

(B)는 Yes, but 생략된 답변으로 내일 다시 만나서 진행한다는 내용의 정답이다.

어휘 progress 진행 business deal 사업 거래 negotiation 협상 contract 계약서

17. Is our department planning to purchase a 3D printer?
(A) The apartment is on George Street.
(B) No, I like those movies.
(C) We're getting one next week.

저희 부서는 3D 프린터를 살 계획인가요?
(A) 아파트는 George Street에 있어요.
(B) 아니요, 저는 저 영화들을 좋아해요.
(C) 다음 주에 하나 살 거예요.

해설 부서에서 3D 프린터를 살 것인지 묻는 질문에, (A) department-apartment을 이용한 유사 발음 함정이고 (B)는 3D-movie를 연상하게 하는 함정이다. (C)는 Yes가 생략된 정답이다.

18. Will fundraising volunteers be wearing special vests?
(A) Thanks, but we have plenty of help.
(B) Yes, I ordered enough of them.
(C) Oh, the large size.

모금 행사 자원 봉사자들이 특별한 조끼를 입을까요?
(A) 고마워요, 그러나 저희는 이미 많은 도움을 받았어요.
(B) 네, 많이 주문했어요.
(C) 오, 큰 사이즈요.

해설 자원 봉사자들이 조끼를 착용해야 하는지 묻는 질문에, (A) volunteers을 이용한 연상의 함정으로 오답이고 (C)는 vest와 large를 연결한 함정이다. (B)는 이미 조끼를 많이 주문했다는 내용으로 긍정을 뜻하는 정답이다.

어휘 fundraising 기금 모금 행사 volunteer 자원 봉사자 vest 조끼 plenty of 많은

19. Are we supposed to submit this report by tomorrow?
(A) Yes, to our immediate supervisor.
(B) I suppose the report is fine.
(C) Yes, keep it until next month.

내일까지 이 보고서를 제출하기로 했나요?
(A) 네, 저희 직속 상사에게요.
(B) 보고서가 괜찮다고 생각해요.
(C) 네, 다음 달까지 그것을 보관하세요.

해설 내일까지 보고서를 제출해야 하는지 묻는 질문으로, (B) 질문에 나온 단어 report-suppose를 쓴 함정이고 (C)는 질문과 맞지 않은 대답으로 오답이다. (A) 직속 상사에게 제출하라는 내용으로 정답이다.

어휘 immediate supervisor 직속 상사 suppose 생각하다 keep 보관하다

20. Is there anything I can do for you now?
(A) Help me with these documents.
(B) I can give you a hand.
(C) He will be here soon.

지금 도와야 할 일이 있어요?
(A) 이 서류들을 도와주세요.
(B) 제가 도와줄게요.
(C) 그는 곧 여기에 올 거예요.

해설 도움이 필요한지 묻는 질문에, (B)는 도와주는 사람이 질문한 사람이라서 오답이다. 항상 도와주는 주체가 누구인지 정확히 판단해야 한다. (C)는 주어 불일치로 오답이다. (A)는 서류 정리를 도와 달라는 Yes의 정답이다.

어휘 give a hand 도움을 주다

2. 부정 의문문

SPARTA Check-UP   p.59

1. (A)   2. (C)   3. (B)   4. (A)

1. Weren't the office desks shipped last week?
(A) The delivery's been pushed back.
(B) Ms. Fernandez does.
(C) I prefer a modern design.

지난주에 사무실 책상이 배송 안 됐나요?
(A) 배달이 지연되었어요.
(B) Fernandez 씨가 해요.
(C) 현대 디자인을 선호해요.

해설 사무실 책상 배달을 확인하는 질문에 (B)는 질문과 상관없는 오답이고 (C)는 가구의 연상으로 design을 이용한 함정이다. (A)는 배송이 지연되어서 아직 배달 안됐다는 No 생략 답변이다.

어휘 ship 발송하다 push back 미루다 modern 현대의

2. Hasn't the ship been loaded yet?
(A) Delivery is free of charge.
(B) Sure, they'll download that program.
(C) Some maintenance work is causing a delay.

배에 아직 짐을 안 실었나요?
(A) 배달비가 무료예요.
(B) 그럼요, 그들이 프로그램을 다운로드할 거예요.
(C) 몇 가지 정비 작업이 지연되고 있어요.

해설 배에 짐을 실었는지 묻는 질문에 (A) ship-delivery 연관을 시킨 함정이고 (B) load-download 발음을 이용한 함정이다. (C) No가 생략된 부연 설명으로 정답이다.

어휘 load (짐을) 싣다 free of charge 무료로 maintenance works 정비, 보수 작업 cause ~을 야기하다

3. Didn't you say your partner was going to be moving into this office?
(A) I'd like to see a movie.
(B) Yes, but not for a couple of weeks.
(C) I guess she didn't order enough.

동료가 이 사무실로 이사 올 거라고 말하지 않았어요?
(A) 영화 보고 싶어요.
(B) 네, 하지만 2주 동안은 안 옮겨요.
(C) 그녀가 충분히 주문 안 했다고 생각해요.

해설 동료가 사무실로 이사하는지 묻는 질문에, (A) moving-movie 쓴 함정이고 뜻도 관련성이 없다. (C)는 질문과 상관 없는 대답이고 (B) 동료가 2주 뒤에 온다는 내용으로 정답이다.

어휘 recommend 추천하다 a couple of 둘 이상의 order 주문하다

4. Don't you think our department should change the office supplier?
(A) I haven't heard any complaints.
(B) A box of stationery items.
(C) It increased by 20 percent.

부서가 사무 공급 업체를 바꿔야 한다고 생각하지 않나요?
(A) 어떠한 불평을 들어본 적이 없어요.
(B) 문구류 한 박스요.
(C) 20 퍼센트까지 증가했어요.

해설 간접 부정 의문문으로 think 뒤의 문장을 파악해야 한다. (B)는 office supplier-stationery 연상 관련 함정이고 (C)는 질문과 관련 없는 대답이다. (A)는 No가 생략된 답변으로 불만이 없어서 공급 업체를 바꾸지 않았다는 의미의 정답이다.

어휘 supplier 공급 업체 complaint 불평 stationery 문구류

SPARTA Actual Test p.60

1. (A)   2. (C)   3. (B)   4. (B)   5. (C)   6. (B)
7. (C)   8. (C)   9. (A)   10. (B) 11. (A) 12. (B)
13. (B) 14. (A) 15. (A) 16. (B) 17. (C) 18. (B)
19. (A) 20. (B)

1. Didn't we already fill an order for this?
(A) That was for last month.
(B) An overdue bill.
(C) Ten boxes or more.

이 일에 대한 주문을 이행 안 했나요?
(A) 지난달 거예요.
(B) 지불 기한이 지난 영수증이요.
(C) 열 상자 이상이요.

해설 주문량을 채웠는지 묻는 질문에, (B)와 (C) order의 연상으로 오답이다. (A) Yes가 생략된 답변으로 그 일은 지난달 것이라는 내용의 정답이다.

어휘 overdue 지불 기한이 지난

2. Won't you be at the staff meeting tomorrow?
(A) The conference schedule.
(B) Today is better.
(C) No, I'm leaving Tokyo tonight.

내일 직원 회의에 나오지 않을 건가요?
(A) 회의 일정이요.
(B) 오늘이 나아요.
(C) 아니요, 오늘밤 도쿄로 떠나요.

해설 내일 회의에 오는지 묻는 질문으로, (A) meeting-conference 동의어의 함정이고 (B) 시점과 상관없는 내용으로 오답이다. (C) 도쿄로 가야 해서 참석하지 못한다는 뜻으로 정답이다.

3. Isn't Nakamura coming to the opera with us?
(A) Sit in the front row.
(B) No, he doesn't have time.
(C) I'm looking forward to this performance.

Nakamura는 우리와 같이 오페라에 안 갈 건가요?
(A) 앞줄에 앉아요.
(B) 아니요, 그는 시간이 없어요.
(C) 이 공연을 기대하고 있어요.

해설 그가 오페라에 가는지 묻는 질문에, (A)와 (C)는 opera의 연상의 함정이고 (B) 그는 바빠서 못 간다는 내용으로 정답이다.

어휘 row 줄 look forward to ~을 기대하다

4. Don't you think Rita Parks is the most experienced candidate?
(A) A few more résumés.
(B) No, she just graduated from university.
(C) An opportunity in the marketing division.

Rita Parks가 가장 자격을 갖춘 후보자라고 생각 안 해요?
(A) 이력서 몇 개 더요.
(B) 아니요, 그녀는 단지 대학교만 졸업했어요.
(C) 마케팅 부에서 기회예요.

해설 Rita Parks가 후보자로 괜찮은지 묻는 질문에, (A)와 (C) candidate 연상 함정이고 (B) 그녀가 대학교만 졸업해서 질문에 동의하지 않는다는 내용으로 정답이다.

어휘 graduate 졸업하다

5. Isn't it nice to have natural wallpaper in the living room now?
(A) A painting on the wall.
(B) Yes, it's too dark.
(C) Yes, it's a nice atmosphere.

지금 거실을 천연 벽지로 하는 것이 좋지 않을까요?
(A) 벽에 있는 그림이요.
(B) 네, 너무 어두워요.
(C) 네, 좋은 분위기네요.

해설 벽지를 바꾸자는 의견에, (A)는 wall 유사 발음의 함정. (B)는 natural wallpaper을 이용한 연상의 함정이고 (C)는 분위기가 좋을 것이라는 뜻으로 긍정의 정답이다.

어휘 natural 자연의 wallpaper 벽지 atmosphere 분위기

6. Hasn't the managers meeting been delayed this week?
(A) I had a problem with it.
(B) Yes, it will be on Wednesday.
(C) Overqualified managers.

이번 주 부장 회의가 연기 안 됐나요?
(A) 저는 그것에 문제가 있어요.
(B) 네, 수요일에 할 거예요.
(C) 필요 이상으로 자격을 갖춘 부장들이요.

해설 회의가 연기됐는지 묻는 질문에, (A) 주어 불일치, (C) 질문에 나온 단어 manager의 함정, (B) 연기되어서 수요일에 할 것이라는 내용으로 정답이다.

어휘 overqualified 필요 이상으로 자격을 갖춘

7. Isn't your store closed for the holiday?
   (A) It can be stored here.
   (B) I'm going to Hawaii.
   (C) No, it's our busiest season.

   가게가 휴일에 문을 안 닫나요?
   (A) 그것은 여기에 저장될 수 있어요.
   (B) 하와이로 갈 거예요.
   (C) 아니요, 가장 바쁜 시즌이에요.

   해설 휴일에 가게 문을 닫는지 묻는 질문으로, (A) 질문에 나온 단어 store을 쓴 함정이고 (B) holiday을 이용한 연상의 함정이다. (C) 그때가 바쁜 시즌이라서 문을 안 닫는다는 내용으로 정답이다.

   어휘 store 가게, 저장하다 busiest 가장 바쁜

8. Wasn't Jimmy nominated for an award last year?
   (A) He will win the award.
   (B) Put it in the display case.
   (C) You're thinking of his business partner.

   Jimmy가 작년에 수상 후보로 추천 안 됐나요?
   (A) 그는 상을 받을 거예요.
   (B) 그것을 진열대 안에 둬요.
   (C) 당신은 그를 사업 파트너로 생각하고 있군요.

   해설 Jimmy라는 사람이 상의 후보자로 임명됐는지 묻는 질문으로, (A) award를 이용한 함정이고 (B) 질문과 전혀 맞지 않은 대답이다. (C) 질문의 맞는 전형적인 답에서 약간 벗어나지만 Jimmy에 대해 대화를 진행하고 있으므로 정답이다. 이런 문제를 풀 때는 오답을 제거하고 정답에 제일 가까운 것을 선택해야 한다. 듣자마자 바로 정답을 찾기 어렵기 때문에 난이도가 높은 문제에 해당한다.

   어휘 nominate 후보자로 추천하다

9. Isn't Bob getting married in a month or so?
   (A) I believe so.
   (B) Yes, he does.
   (C) Yes, it was last month.

   Bob은 한 달 정도 뒤에 결혼 안 할 건가요?
   (A) 그렇다고 생각해요.
   (B) 네, 맞아요.
   (C) 네, 지난달이었어요.

   해설 Bob의 미래 결혼 여부를 묻는 질문으로, (B)는 Yes, he is로 대답했다면 정답이었을 오답이다. (C)는 시제 불일치로 오답이다. (A)는 질문에 적합한 정답이다.

어휘 get married 결혼하다

10. Isn't the meeting with the investors tomorrow?
    (A) 40 chairs, please.
    (B) The schedule was put off.
    (C) Yes, it was very informative.

    내일 투자자들과 만나지 않을 건가요?
    (A) 40개 의자를 주세요.
    (B) 일정이 연기됐어요.
    (C) 네, 아주 유익했어요.

    해설 내일 회의가 있는지 묻는 질문에, (A)와 (C)는 meeting을 이용한 연상의 함정이고 (B)는 일정이 지연됐다는 내용으로 No를 생략한 정답이다.

    어휘 investor 투자자 put off 연기하다 informative 유익한

11. Haven't we received the order yet?
    (A) Yes, yesterday evening.
    (B) We're not ready to order yet.
    (C) No, the receptionist is on the phone.

    주문 아직 안 받았나요?
    (A) 네, 어제 저녁이에요.
    (B) 우리는 주문할 준비가 안 됐어요.
    (C) 아니요, 접수원이 통화 중이에요.

    해설 주문을 받았는지 묻는 질문에, (B) 질문에 나온 단어 ready를 쓴 함정이고 (C) received-receptionist을 이용한 유사 발음의 함정이다. (A)는 어제 주문을 받았다는 내용으로 정답이다.

    어휘 receptionist 접수 담당자

12. Didn't Ms. Miyaki leave me a message?
    (A) The leaves are falling to the ground.
    (B) No, she just said she would call you again.
    (C) You should leave it on my desk.

    Miyaki 씨는 저에게 메시지를 안 남겼나요?
    (A) 낙엽이 바닥에 떨어지고 있어요.
    (B) 아니요, 그녀는 다시 전화한다고 방금 말했어요.
    (C) 제 책상 위에 두세요.

    해설 그녀가 메시지를 남겼는지 묻는 질문에, (A)와 (C)는 leave을 이용한 함정이고 (B)는 질문의 내용에 적절한 대답으로 정답이다.

    어휘 leave 남겨두다, 떠나다 leaves 낙엽

13. Didn't you hear anything from Jackson?
    (A) Yes, you can use mine.
    (B) No, he didn't tell me.
    (C) Yes, he will be.

    Jackson에게 어떠한 소식도 못 들었나요?
    (A) 네, 제 것을 쓰세요.
    (B) 아니요, 그가 말 안 했어요.
    (C) 네, 그가 있을 거예요.

해설 그에게서 소식을 들었는지 묻는 질문으로, (A) 질문과 관계 없는 오답. (C) 시제 불일치로 오답이다. (B)는 그가 말하지 않아서 모른다는 내용으로 정답이다.

14. Don't you think Mr. Martin's presentation was really persuasive?
   (A) Yeah, he explained the complicated concept really well.
   (B) Yes, it was a great present.
   (C) No, let's pass it to him.

Martin 씨의 발표가 정말 설득력이 있다고 생각하지 않나요?
(A) 네, 그는 복잡한 개념을 정말 잘 설명했어요.
(B) 네, 그것은 멋진 선물이었어요.
(C) 아니요, 그에게 그것을 건네줍시다.

해설 그의 발표가 설득력이 있는지 묻는 질문에, (B) presentation-present을 이용한 유사 발음의 함정이고 (C) 질문과 전혀 맞지 않은 대답이다. (A) 그가 잘 설명해서 발표가 좋았다는 뜻으로 정답이다.

어휘 persuasive 설득력이 있는 complicated 복잡한 concept 개념 present 선물

15. Haven't they replaced the malfunctioning copier?
   (A) Not yet.
   (B) To the technicians.
   (C) I will make a copy.

그들은 고장 난 복사기를 교체 안 했나요?
(A) 아직 안 했어요.
(B) 기술자들에게요.
(C) 제가 복사할게요.

해설 고장 난 기계를 교체했는지 묻는 질문에, (A) malfunctioning을 이용한 연상의 함정이고 (C) copier-copy을 이용한 유사 발음의 함정이다. (A) 전형적인 No의 답변으로 정답이다.

어휘 replace 교체하다 malfunctioning 고장

16. Don't you know how to use the new fax machine?
   (A) Really? I didn't know that.
   (B) Yes, I'll show you.
   (C) No, he fixed the machine.

팩스기 사용하는 방법을 모르세요?
(A) 정말요? 몰랐어요.
(B) 네, 보여 드릴게요.
(C) 아니요, 그는 기계를 고쳤어요.

해설 기계 사용하는 방법을 아는지 묻는 질문에, (A)는 시제 불일치의 오답, (C)는 fax-fix의 유사 발음의 함정이다. (B)는 알려 주겠다는 뜻으로 질문에 적절한 내용의 정답이다.

어휘 how to ~하는 방법

17. Didn't you receive a leaflet about the new exhibition at the museum?
   (A) No, I've never been to a different exhibit.
   (B) Early paintings.
   (C) Yes, and I'm looking forward to going.

박물관의 새로운 전시회에 대한 안내 책자를 안 받았나요?
(A) 아니요, 다른 전시회에 간 적이 전혀 없어요.
(B) 초기 그림들이요.
(C) 네, 가는 것을 기대하고 있어요.

해설 박물관의 새 전시회 안내 책자를 받았는지 묻는 질문에, (A) 와 (B) exhibition-museum 연상의 함정으로 오답, (C) 질문에 긍정하는 내용의 정답이다.

어휘 exhibition/exhibit 전시회 leaflet 안내 책자 look forward to ~을 기대하다

18. Didn't you find out what was wrong with your car?
   (A) Yes, I found it difficult to convince him.
   (B) Yes, but it seems that it'll take a day or two.
   (C) I have to renew my car insurance.

당신 차에 무엇이 잘못됐는지 알아내지 않았나요?
(A) 네, 그를 설득하는 것이 어려울 줄 알았어요.
(B) 네, 근데 하루 이틀 정도 걸리는 것 같아요.
(C) 제 자동차 보험을 갱신해야 해요.

해설 차를 수리했는지 묻는 질문에, (A) find-found 유사 발음의 함정이고 (C) 질문에 나온 단어 car을 이용한 함정이다. (B) 고장 난 문제점을 알았지만 수리하느라 시간이 걸린다는 내용으로 정답이다.

어휘 find out 발견하다 convince 설득하다 broken 고장 난

19. Haven't you downloaded the updated software from the company Web site?
   (A) Yes, Frank did it for me.
   (B) I don't know where to set it down.
   (C) Yes, it moved up and down.

회사 웹 사이트에 업데이트 된 소프트웨어를 다운로드 안 했나요?
(A) 네, Frank가 저 대신 했어요.
(B) 어디에서 내려야 할지 모르겠어요.
(C) 네, 그것은 아래 위로 움직였어요.

해설 다운로드를 했는지 묻는 질문에, (B) software-where 유사 발음의 함정이고 (C) updated-up 유사 발음의 함정이다. (A) 다운로드는 했는데 Frank가 대신 했다는 내용으로 정답이다.

어휘 set down 내리다 up and down 아래위로

20. Shouldn't we print the report in color?
   (A) I like black, too.
   (B) That's probably best.
   (C) It's on page 12.

컬러로 보고서를 인쇄해야 하지 않나요?
(A) 저 역시 검은색을 좋아해요.
(B) 그게 아마도 최고일 것 같네요.
(C) 12페이지에 있어요.

해설 색을 넣고 인쇄를 하자는 질문에 (A)는 too가 들어간 오답이고 (C) report를 이용한 연상 오답이다. (B)는 질문에 동의하는 내용으로 정답이다.

어휘 in color 색깔을 넣은

DAY 6

1. 제안/제공/요청

SPARTA Check-UP   p.62

1. (A) 2. (A) 3. (A) 4. (C)

1. Do you want me to help you complete the request form?
   (A) It's quite straightforward.
   (B) Stand in two lines.
   (C) I'll give you a hand.

   제가 요청서를 작성하는 일을 도와줄까요?
   (A) 꽤 간단해요.
   (B) 두 줄로 서요.
   (C) 제가 도와줄게요.

   해설 도움을 주려는 제안문으로, (B)는 질문과 상관없는 답변이고 (C) 도움을 주는 주체가 전도된 오답이다. 도움을 주는 사람과 도움을 받는 사람을 헷갈리지 않아야 한다. (A)는 간단한 일이라서 도움이 필요없다는 내용으로 거절을 답한 정답이다.

   어휘 complete the form 양식을 작성하다 straightforward 간단한

2. Could you take a look at this revised document?
   (A) I'm afraid I am busy right now.
   (B) On my desk.
   (C) I think it has a beautiful view.

   수정된 보고서를 보겠어요?
   (A) 유감스럽지만 지금 너무 바빠요.
   (B) 제 책상 위에요.
   (C) 아름다운 전망인 것 같아요.

   해설 서류를 봐 달라는 요청문으로, (B)는 위치의 답변으로 오답이고 (C)는 look-view를 이용한 연상의 함정으로 질문과 관련이 없는 대답이다. (A)는 바쁘다는 뜻으로 전형적인 거절의 정답이다.

   어휘 revise 수정하다 right now 지금 당장

3. Should we eat out for lunch in the new Italian restaurant?
   (A) Sorry, I brought something from home today.
   (B) You're right. It was delicious.
   (C) Our new product is launching soon.

   새 이탈리아 식당에서 점심을 먹을까요?
   (A) 미안하지만, 오늘 집에서 음식을 싸 왔어요.
   (B) 당신 말이 맞네요. 맛있었어요
   (C) 우리의 신제품이 곧 출시됩니다.

   해설 점심을 나가서 먹자고 제안하고 있다. (B)는 lunch-delicious 연상 표현을 이용한 함정이고 (C)는 같은 단어 new를 이용한 오답이다. (A)는 집에서 점심을 싸 왔다는 뜻으로 거절의 정답이다.

   어휘 eat out 외식하다 launch 출시하다

4. Would you mind coming to our office?
   (A) Office supplies will be delivered soon.
   (B) The banquet room is available on that day.
   (C) No, that would be convenient for me, too.

   우리 사무실로 오는 것을 꺼리세요?
   (A) 사무 용품이 곧 배달될 거예요.
   (B) 연회장은 그날에 이용 가능합니다.
   (C) 아니요, 저도 역시 편해요.

   해설 사무실로 와 달라는 요청으로 Would you mind~로 시작하는 질문은 직역해서 정답을 찾는 것이 편하다. (A)는 질문에 나온 단어 office를 쓴 함정으로 질문과 관련 없는 대답이다. (B)도 질문과 관련 없는 답이고 (C)는 No라고 말했지만 mind(꺼리다)가 들어간 질문에서는 수락의 표현이 됨으로 정답이다.

   어휘 office supplies 사무 용품 available 이용할 수 있는 convenient 편리한

SPARTA Actual Test   p.63

1. (A)   2. (A)   3. (A)   4. (A)   5. (B)   6. (C)
7. (C)   8. (A)   9. (A)   10. (A) 11. (C) 12. (A)
13. (C) 14. (A) 15. (B) 16. (B) 17. (B) 18. (B)
19. (A) 20. (A)

1. Can we recruit more employees?
   (A) No, it's not in the budget this quarter.
   (B) I think it still has a vacancy.
   (C) Several new résumés.

   더 많은 직원들을 고용할 수 있나요?
   (A) 아니요, 이번 분기 예산이 안 돼요.
   (B) 여전히 비어 있다고 생각해요.
   (C) 몇 개의 새 이력서요.

   해설 직원을 더 고용할 수 있는지 묻는 요청문에, (B)와 (C) recruit을 이용한 연상의 함정으로 오답. (A) 예산이 부족해서 못한다는 내용으로 정답이다.

   어휘 recruit 채용하다 budget 예산 vacancy 공석 résumé 이력서

2. Could you work my day shift on Thursday?
   (A) Did you ask the supervisor first?
   (B) It shipped already.
   (C) I am busy on Friday.

   목요일에 저 대신 주간 근무 시간에 일해 줄 수 있나요?
   (A) 상사에게 먼저 물었어요?
   (B) 이미 배송 됐어요.
   (C) 금요일에는 바빠요.

   해설 대신 일해 줄 수 있는지 묻는 요청문에, (B) shift- shipped을 이용한 유사 발음의 함정이고 (C)는 금요일에 바쁘다는 대답은 논점과 맞지 않다. (A)는 먼저 상사에게 물어 보라는 내용으로 정답이다.

   어휘 shift 교대 근무

정답 & 해설 | 233

3. Would you like me to draft the contract now?
   (A) **That's so kind of you.**
   (B) She will write it up for you.
   (C) An e-mail address.

   제가 지금 계약서 초안을 작성해 줄까요?
   (A) 매우 친절하군요.
   (B) 그녀가 당신을 위해 적을 거예요.
   (C) 메일 주소요.

   해설 일을 대신 해준다는 제안에, (B) 주어 불일치이고 (C) 질문과 맞지 않는 대답이다. (A) 상대방을 위해 어떤 행동을 해 준다고 할 때 그에 대한 칭찬으로 정답이다. 이런 표현을 꼭 외워 두자.

   어휘 draft (초안을) 작성하다 write up 작성하다

4. Should I make some tea?
   (A) **That would be nice.**
   (B) It's really hot.
   (C) The dessert looks delicious.

   제가 차를 만들어 드릴까요?
   (A) 좋아요.
   (B) 그것은 너무 뜨거워요.
   (C) 그 디저트는 맛있어 보여요.

   해설 커피를 만들어 줄지 묻는 제안에, (B)와 (C)는 tea에 관한 연상의 함정으로 질문에 적절하지 않는 대답이다. (A) 승낙하는 표현으로 정답이다.

   어휘 delicious 맛있는

5. Could you work the night shift for me tomorrow evening?
   (A) Yes, I have an appointment then.
   (B) **I have a ticket to the jazz concert.**
   (C) A flexible working schedule.

   내일 저녁 저 대신 저녁 근무에 일해 줄 수 있어요?
   (A) 네, 그때 저는 약속이 있어요.
   (B) 재즈 콘서트 티켓이 있어요.
   (C) 융통성 있는 근무 일정이요.

   해설 내일 저녁에 일을 대신 해달라는 요청에, (A)는 부연 설명 내용이 거절이므로 Yes가 아니라 No라고 해야 정답이 된다. (C)는 shift를 이용한 연상의 함정이다. (B)는 재즈 콘서트에 간다는 내용의 거절을 뜻하므로 정답이다.

   어휘 flexible 융통성 있는

6. Would you be interested in giving a speech at the company's 10th anniversary ceremony?
   (A) I enjoyed your lecture very much.
   (B) I'd love to speak with the customers.
   (C) **When is it being held?**

   회사 10주년 창립 기념일에 연설하겠어요?
   (A) 당신의 강의가 진짜 좋았어요.
   (B) 고객들과 말하고 싶어요.
   (C) 언제 열리나요?

   해설 연설을 요청하는 질문에, (A)는 speech-lecture을 연상하게 하는 함정이고 (B)는 질문과 상관 없는 대답이다. (C)는 언제 열리는지 반문하는 내용으로 정답이다.

   어휘 be interested in ~에 관심이 있다 anniversary ceremony 창립 기념일 lecture 강의

7. Can you pass the scissors?
   (A) Why don't you cut it in half?
   (B) Some office supplies.
   (C) **Sure, here you are.**

   가위 좀 건네주겠어요?
   (A) 반으로 자르는 게 어때요?
   (B) 사무 용품이요.
   (C) 그럼요, 여기 있어요.

   해설 물건을 건네달라는 요청에, (A)와 (B)는 scissors를 이용한 연상의 함정이다. (C)는 물건을 달라고 요청 받을 때 나올 수 있는 전형적인 답변으로 정답이다.

   어휘 pass 건네주다 scissors 가위

8. Would you like to see the play with us tonight?
   (A) **No, thanks. Today is my mother's birthday.**
   (B) He will be late today.
   (C) Yes, it was already sold out.

   오늘밤에 저와 연극을 볼래요?
   (A) 아니요, 고마워요. 오늘 어머니 생신이에요.
   (B) 그는 오늘 늦을 거예요.
   (C) 네, 이미 다 매진됐어요.

   해설 연극을 같이 보자는 제안에, (B) 주어 불일치로 오답이고 (C) Yes의 부연 설명이 불일치한 함정이다. (A) 다른 일정 때문에 거절하는 내용으로 정답이다.

   어휘 play 연극 sold out 매진된

9. Could you please send those e-mails to human resources?
   (A) **Sure, when I return to my office.**
   (B) I haven't received anything.
   (C) To train new staff members.

   인사과로 메일들을 보내 주겠어요?
   (A) 당연하죠, 사무실로 돌아가서요.
   (B) 아무것도 받지 못했어요.
   (C) 신입 사원을 교육하기 위해서요.

   해설 메일을 보내달라는 요청으로, (B)는 send-receive를 이용한 연상 함정이고 (C) human resources 연상의 함정이다. (A) 긍정의 답변으로 정답이다.

   어휘 human resources 인사과 train 교육시키다

10. Would you mind if I opened the window?
    (A) **Not at all. Go ahead.**
    (B) Keep that in mind.
    (C) You can close the backdoor.

창문을 여는 걸 꺼리세요?
(A) 전혀요. 그렇게 하세요.
(B) 명심하세요.
(C) 뒷문을 닫으세요.

[해설] Would you mind~로 묻는 질문은 정중한 요청에 해당하는데 "~을 꺼리세요?"라고 해석해서 듣는 것이 요령이다. 창문 열어도 되는지 묻는 요청에, (B)는 질문에 나온 mind를 쓴 오답이며 (C) open-close 연상의 함정이다. (A) Would you mind~ 질문의 승낙이 되므로 잘 외워 두자.

[어휘] backdoor 뒷문

11. Can I talk to you for a minute?
(A) Here's your report.
(B) Ms. Kim will be in charge of that.
(C) My next meeting is about to start.

잠깐 이야기할 수 있을까요?
(A) 여기 당신의 보고서가 있어요.
(B) Kim 씨가 그것을 담당할 거예요.
(C) 다음 회의가 곧 시작돼요.

[해설] 잠깐 대화하자는 요청으로, (A)와 (B)는 질문과 관계 없는 답변으로 오답이다. (C)는 곧 회의가 있다는 말로 거절의 뜻을 나타내는 정답이다.

[어휘] be about to 막 ~하려는 참이다

12. Could you fix my laptop?
(A) I'd be delighted to.
(B) I can't remember the name.
(C) Fax me by this Friday.

제 노트북을 고쳐 주겠어요?
(A) 기꺼이 해 줄게요.
(B) 이름이 기억 안 나요.
(C) 이번 주 금요일까지 팩스로 보내 주세요.

[해설] 컴퓨터를 고쳐달라는 요청에, (B) 질문과 전혀 맞지 않는 오답이고 (C) fix-fax 유사 발음의 함정이다. (A) 승낙의 답변으로 정답이다.

[어휘] delighted 기뻐하는

13. Could you help me install the chairs for our meeting?
(A) How many handouts do you need?
(B) Yes, I met him earlier in the morning.
(C) Sorry, I'm not feeling good today.

회의에 의자를 설치하는 것을 도와주겠어요?
(A) 몇 장의 인쇄물이 필요하세요?
(B) 네, 아침 일찍 그를 만났어요.
(C) 죄송한데 오늘 몸이 안 좋아요.

[해설] 의자를 설치하는 일을 도와달라는 요청에, (A) 인쇄물 개수는 질문과 전혀 무관한 내용으로 오답이다. (B) Yes의 부연 설명도 질문과 관계 없는 오답이다. (C) 몸이 안 좋아서 거절하는 내용의 정답이다.

[어휘] install 설치하다

14. Can I make an announcement before the performance begins?
(A) Okay, but please keep it short.
(B) She'll start the work at four o'clock.
(C) The opening act was impressive.

공연을 시작하기 전에 제가 발표해도 될까요?
(A) 좋아요, 근데 짧게 해 주세요.
(B) 그녀는 4시에 일을 시작할 거예요.
(C) 개막 공연이 인상적이었어요.

[해설] 안내 방송을 해도 되는지 허락을 구하는 질문에, (B) 주어 불일치로 오답이고 (C) performance 연상의 함정이다. (A) 승낙은 했지만 대신 짧게 하라는 내용으로 정답이다.

[어휘] make an announcement 발표하다 impressive 인상적인

15. Could you please refrain from using any electronic devices before we take off?
(A) I thought I did.
(B) Oh, sorry. I didn't realize it was on.
(C) Okay, I did that.

이륙하기 전에 전자 기기 사용을 삼가 주시겠어요?
(A) 제가 했다고 생각했어요.
(B) 아, 미안해요. 켜져 있는지 몰랐어요.
(C) 좋아요, 제가 그것을 했어요.

[해설] 전자 기기를 꺼 달라는 요청으로, (A) 질문과 맞지 않는 오답이고 (C) 승낙을 했지만 부연 설명이 오답이다. (B) 승낙의 답변으로 켜져 있는지 몰랐다는 내용의 정답이다.

[어휘] refrain 삼가다 electronic device 전자 기기 take off 이륙하다

16. Should I call a repairperson?
(A) I'm returning your call.
(B) Let's take a look at the manual first.
(C) I want to buy a pair of shoes.

제가 수리공에게 전화할까요?
(A) 제에게 전화하셨다면서요.
(B) 설명서를 먼저 봅시다.
(C) 신발을 한 켤레 사고 싶어요.

[해설] 수리공에게 연락하자는 제안으로, (A) call을 이용한 함정이고 (C) repair-pair 유사 발음의 함정이다. (B) 전화하기 전에 설명서를 먼저 보자는 내용으로 정답이다.

[어휘] manual 설명서

17. Could you make some copies?
(A) I have two copies of today's paper.
(B) How many do you need?
(C) Sure, I'm busy now.

복사 좀 해 주겠어요?
(A) 오늘 신문을 두 개 가지고 있어요.
(B) 몇 장 필요하세요?
(C) 그럼요, 저는 지금 바빠요

해설 복사해 달라는 요청에, (A) copies를 이용한 함정이고 (C) 승낙한 다음 부연 설명이 거절의 뜻을 담고 있어 질문에 적절한 대답이 아니다. 여기서는 거절의 표현으로 Sure 대신 I'm sorry 표현이 들어가야 한다. (B) 승낙하는 뜻으로 몇 장 복사하길 원하는지 묻는 내용의 정답이다.

어휘 today's paper 오늘의 신문

18. Can Mr. Collins lead the new hires orientation?
(A) Yes, I can do it for you.
(B) No, he will be out of town.
(C) For new employees.

Collins 씨가 신입 사원 오리엔테이션을 이끌 건가요?
(A) 네, 제가 당신 대신 할게요.
(B) 아니요, 그는 출장 갈 예요.
(C) 신입 사원들을 위해서요.

해설 그가 오리엔테이션을 이끌 수 있는지 묻는 질문에, (A) 주어 불일치로 오답이고 (C) orientation을 이용한 연상 함정이다. (B)는 그는 출장 때문에 못 한다는 내용으로 정답이다.

어휘 new hire 신입 사원   be out of town 출장 가다

19. Should we take our clients to the restaurant in the Burwood Mall?
(A) It's always crowded in there.
(B) For an important business meeting.
(C) I'll have today's special.

Burwood Mall에 있는 레스토랑에 고객들을 데리고 갈까요?
(A) 거기는 항상 붐벼요.
(B) 중요한 비즈니스 회의예요.
(C) 오늘의 추천 요리를 먹을 거예요.

해설 고객들을 쇼핑몰 안에 있는 레스토랑에 데리고 가자는 제안에, (B) clients를 이용한 연상의 함정이고 (C)는 restaurant 연상의 함정이다. (A)는 사람이 많아서 다른 곳으로 가자는 의미로 정답이다.

어휘 crowded 붐빈   today's special 오늘의 추천요리

20. Would you mind signing for this package?
(A) No, I don't mind.
(B) To Singapore.
(C) Yes, we don't have any stamps.

소포에 사인하는 것을 꺼리세요?
(A) 아니요, 괜찮아요.
(B) 싱가포르로요.
(C) 네, 저희는 우표가 없어요.

해설 사인을 요청하는 질문으로 (B)와 (C)는 package 연상의 함정으로 오답이고 (A) mind(꺼리다)가 들어간 질문에 No 답변은 승낙을 뜻하므로 정답이다.

어휘 package 소포   stamp 우표

DAY 7

1. 선택 의문문

SPARTA Check-UP p.65

1. (A)   2. (A)   3. (B)   4. (C)

1. Should we invite everyone to the presentation or just the clients?
(A) The room is big enough.
(B) They are waiting in the lobby.
(C) The revised agenda topics.

모든 사람들을 프레젠테이션에 초대해야 하나요? 아니면 고객들만 초대할까요?
(A) 그 방은 충분히 커요.
(B) 그들은 로비에서 기다리고 있어요.
(C) 수정된 회의 안건이요.

해설 모든 사람을 초대할지 아니면 고객만 초대할지 묻는 선택 의문문이다. (B)는 장소를 말했지만 질문과 상관없는 내용으로 오답이고 (C)도 역시 질문과 관련이 없다. (A)는 방이 충분히 크다는 내용으로 모든 사람을 초대해도 된다는 뜻을 담고 있어서 정답이다.

어휘 invite 초대하다   revised 수정의

2. Have we been selling more raspberry pie or apple pie?
(A) About the same of both.
(B) I'll have some dessert.
(C) With milk.

라즈베리 파이를 더 팔고 있나요? 아니면 애플 파이를 더 팔고 있나요?
(A) 대략 둘 다 같아요.
(B) 약간의 디저트를 먹을게요.
(C) 우유랑요.

해설 어떤 파이를 더 많이 팔고 있는지 묻는 선택 의문문에, (B)와 (C)는 pie와 관련된 어휘를 쓴 오답이고 (A)는 둘 다 잘 팔린다는 뜻으로 정답이다.

어휘 sell 팔다

3. Would you like to sit indoors or outdoors?
(A) It's a very comfortable chair.
(B) Isn't it too windy outside?
(C) Table for three, please.

안에 앉을래요? 아니면 밖에 앉을래요?
(A) 매우 편안한 의자네요.
(B) 밖에 바람이 너무 불지 않나요?
(C) 3명 테이블로 주세요.

해설 앉을 장소를 선택하라는 질문이다. (A)는 sit-chair를 연상하게 하는 함정이고 (C)는 질문과 관련이 없는 대답이다. (B)는 밖에 바람이 불어서 앉기 어렵다는 뜻으로 A or B 중에서 A를 선택한 정답이다.

어휘 indoor 실내   outdoor 실외   comfortable 편안한   windy 바람이 부는

4. Did you sign up for Monday's panel discussion or Wednesday's?
   (A) Then I'll change my schedule.
   (B) It lasted for three hours.
   (C) **I'm still deciding.**

   월요일 공개 토론회에 등록했나요? 아니면 수요일에 했나요?
   (A) 그러면 저의 일정을 바꿀 거예요.
   (B) 3시간 동안 계속되었어요.
   (C) 여전히 결정 중이에요.

   해설 월요일과 수요일 중 언제 등록했는지 묻는 선택 의문문이다. (A)는 schedule을 이용한 함정이고 (B)는 기간을 대답해서 오답이다. (C) 아직 결정 중이라는 뜻으로 모른다 답변에 해당된다.

   어휘 panel discussion 공개 토론회 sign up for ~을 신청하다 last 계속하다

SPARTA Actual Test   p.66

1. (C)	2. (C)	3. (B)	4. (B)	5. (B)	6. (C)
7. (A)	8. (C)	9. (B)	10. (A)	11. (C)	12. (A)
13. (B)	14. (B)	15. (B)	16. (C)	17. (C)	18. (B)
19. (C)	20. (A)				

1. Will you book an earlier flight or a later one on Friday?
   (A) The shop is closed earlier.
   (B) It's already reserved.
   (C) **I'll need a few more days to prepare for the trip.**

   금요일에 일찍 출발하는 비행기를 예약할 건가요? 아니면 나중 것을 할 건가요?
   (A) 가게는 일찍 문을 닫아요.
   (B) 그것은 이미 예약되었어요.
   (C) 저는 여행을 준비할 며칠이 더 필요해요.

   해설 비행기를 언제 예약하는지 묻는 선택 의문문으로, (A)는 질문에 나온 단어인 earlier을 이용한 함정이고 (B)는 It이 무엇인지를 알 수 없어서 오답이다. (C)는 여행을 준비할 기간이 더 필요하다는 내용으로 정답이다.

   어휘 earlier 이른 prepare for ~을 준비하다

2. Are you reading this newspaper right now, or can I borrow it?
   (A) It costs about 70 cents.
   (B) As soon as I can.
   (C) **Go ahead and take it.**

   지금 신문을 읽을 건가요? 아니면 제가 빌려도 돼요?
   (A) 약 70 센트 정도 들어요.
   (B) 가능한 한 빨리요.
   (C) 그럼요. 가져가세요.

   해설 신문을 읽을 건지 아니면 빌려도 되는지 묻는 선택 의문문으로, (A) 가격을 말해서 오답이고 (B) right now을 이용한 연상의 함정이다. (C) A or B 중 B를 선택한 정답이다

   어휘 borrow 빌리다 as soon as ~하자마자

3. Are you sending this by regular mail or express delivery?
   (A) Sign on the bottom here.
   (B) **The expedited one, please.**
   (C) No, this is the correct address.

   이것을 일반 우편으로 보낼 거예요? 아니면 급속 우편으로 보낼 거예요?
   (A) 여기 아래에 사인하세요.
   (B) 신속한 것으로요.
   (C) 아니요, 이것은 정확한 주소예요.

   해설 어떤 우편으로 보낼 건지 묻는 선택 의문문에, (A) 질문과 전혀 관련 없는 대답이고 (C)는 No가 들어간 오답이다. (B) A or B 중 B를 선택한 정답이다.

   어휘 expedited 신속한 correct 정확한

4. Shall we order Chinese food for lunch, or do you prefer Italian food?
   (A) That sounds interesting.
   (B) **I want something else.**
   (C) China is my favorite country.

   점심으로 중국 음식을 주문할까요? 아니면 이탈리아 음식을 선호하세요?
   (A) 좋아요.
   (B) 다른 것을 원해요.
   (C) 중국은 제가 좋아하는 나라예요.

   해설 점심으로 어떤 음식을 선택할 건지 묻는 질문에, (A) 선택과 관련 없는 Yes의 오답이고 (C) Chinese food를 이용한 함정이다. (B) A와 B 둘 다 아닌 다른 것을 원한다는 내용으로 정답이다.

   어휘 something else 다른 것 favorite 좋아하는

5. Can I give a speech to the committee first or will you?
   (A) No, you won't.
   (B) **Why don't you start?**
   (C) Kevin is the committee chairman.

   위원회 연설을 제가 먼저 할까요? 아니면 당신이 할래요?
   (A) 아니요, 당신은 안 할 거예요.
   (B) 당신이 시작하는 게 어때요?
   (C) Kevin이 위원회 의장이에요.

   해설 연설 순서를 묻는 선택 의문문에, (A) No의 오답이고 (C) 질문에 나온 어휘 committee를 이용한 함정이다. (B) A or B 중 A를 선택한 정답이다.

   어휘 give a speech 연설하다 committee 위원회

6. Do you want to use shipping by air or by ground?
  (A) I will pick one myself.
  (B) Around the corner.
  (C) Express air, please.

항공 배송으로 이용하겠어요? 아니면 지상으로 하겠어요?
(A) 제가 직접 가져갈 거예요.
(B) 모퉁이 돌아서요.
(C) 항공 속달편으로 해 주세요.

해설 배송 선택을 묻는 질문에, (A)는 질문과 적합하지 않고 (B)는 around–ground를 이용한 유사 발음의 함정이다. (C)는 A or B 중 A를 선택한 정답이다.

어휘 pick up ~을 가져가다

7. Would you like the chicken or the beef?
  (A) What would you recommend?
  (B) It's delicious.
  (C) Yes, grilled, please.

치킨을 드릴까요? 아니면 소고기를 드릴까요?
(A) 무엇을 추천해 주겠어요?
(B) 그것은 맛있어요.
(C) 네, 구워서 주세요.

해설 음식을 선택하라는 질문에, (B)는 It이 무엇인지 알 수 없어서 오답이고 (C)는 Yes가 들어간 오답이다. (A)는 A나 B 중에 추천하는 것은 뭐든 괜찮다는 내용으로 정답이다.

어휘 recommend 추천하다

8. Would you like the two o'clock or the three o'clock appointment with Dr. Wong?
  (A) The nearby medical clinic.
  (B) Twice a week.
  (C) I'll check my schedule.

Wong 박사와 예약을 2시로 하실래요? 아니면 3시로 하실래요?
(A) 가까운 병원이요.
(B) 일주일에 두 번이요.
(C) 제 일정을 확인할게요.

해설 약속 시간을 선택하라는 질문에, (A) 의사를 연상하게 하는 장소의 오답. (B) 질문과 맞지 않는 오답. (C) 일정 확인 후에 말하겠다는 내용으로 정답이다.

어휘 appointment 예약 nearby 인근의

9. Shall we take a lunch break or keep working?
  (A) Let's move the desk later.
  (B) I'm not hungry yet.
  (C) It's a ten-minute walk from our office.

점심을 먹을까요? 아니면 계속 일할까요?
(A) 책상을 나중에 옮깁시다.
(B) 아직 안 배고파요.
(C) 사무실에서 걸어서 10분 걸려요.

해설 먹을 것인지 계속 일할 것인지 묻는 선택 의문문으로, (A) 질문과 맞지 않는 선택을 한 오답이고 (C) work–walk 유사 발음의 함정이다. (B) A or B 중 B를 선택한 대답으로 배가 안 고프니 계속 일하자는 의미로 정답이다.

어휘 keep 계속하다 a ten-minute walk 10분 걷기

10. Do you want to tell Marco about the funding cut, or should I?
  (A) Well, it certainly wasn't my idea.
  (B) Yes, he told everyone.
  (C) I want to cut my hair.

자금 삭감에 대하여 당신이 Marco에게 말하겠어요? 아니면 제가 할까요?
(A) 음, 확실히 제 생각은 아니에요.
(B) 네, 그는 모든 사람에게 말했어요.
(C) 머리를 자르고 싶어요.

해설 누가 말할 건지 묻는 선택 의문문에, (B) Yes와 부연 설명이 맞지 않아서 오답이고 (C)는 질문에 나온 단어인 cut이 들어간 함정이다. (A) 삭감에 대한 의견은 본인 생각이 아니라는 뜻으로 A or B 중 B를 선택한 정답이다.

어휘 funding cut 자금 삭감 certainly 분명히

11. Would you like a cup of coffee or a glass of water?
  (A) Not very often.
  (B) I liked it a lot.
  (C) I'm not thirsty.

커피 한 잔을 원하세요? 아니면 물 한 잔을 원하세요?
(A) 매우 자주는 아니에요.
(B) 저는 그것을 많이 좋아했어요.
(C) 목마르지 않아요.

해설 커피와 물 중 선택하라는 질문에, (A)는 질문과 상관 없는 오답이고 (B)는 질문에 나온 단어 like가 들어간 함정이다. (C)는 목이 마르지 않아서 둘 다 마시고 싶지 않다는 의미로 정답이다.

어휘 a lot 많이 thirsty 목마른

12. Can you meet with me this afternoon or tomorrow?
  (A) I'll have to check my schedule.
  (B) Not since last year.
  (C) She said tomorrow would be good.

저를 오늘 오후에 만날 건가요? 아니면 내일 만날 건가요?
(A) 제 일정을 확인해 봐야 해요.
(B) 작년 이후로 아니에요.
(C) 그녀는 내일이 좋다고 말했어요.

해설 언제 만날지 선택하라는 질문에, (B) 질문과 전혀 다른 시점을 말해서 오답이고 (C)는 주어 불일치이다. (A)는 일정 확인 후에 알려 주겠다는 내용으로 정답이다.

어휘 since ~이후로

13. Do you want Japanese or Thai food for lunch?
 (A) No, I haven't been there.
 (B) I brought food from home today.
 (C) I like traveling.

점심으로 일식을 원하세요? 아니면 태국 음식을 원하세요?
(A) 아니요, 거기에 가지 않았어요.
(B) 오늘은 집에서 음식을 가져왔어요.
(C) 저는 여행을 좋아해요.

해설 점심으로 뭘 먹을지 묻는 질문에, (A)는 No의 오답이고 (C)는 Japanese-Thai을 이용한 연상의 함정이다. (B)는 집에서 도시락을 가져와서 둘 다 원하지 않는다는 내용으로 정답이다.

어휘 travel 여행하다

14. Can I bring you the dessert menu or a bill?
 (A) 30 euros each.
 (B) Give me the receipt, please.
 (C) The cookies were great.

디저트 메뉴를 가져올까요? 아니면 영수증을 드릴까요?
(A) 각각 30유로예요.
(B) 영수증을 주세요.
(C) 쿠키가 매우 맛있었어요.

해설 디저트를 주문할 건지 아니면 계산할 건지 묻는 선택 질문에, (A) bill을 이용한 연상 함정이고 (C)는 dessert를 이용한 연상 함정이다. (B)는 영수증(bill=receipt)을 달라는 내용으로 A or B 중 B를 선택한 정답이다.

어휘 bill/receipt 영수증

15. Could you please schedule our team meeting for Thursday or Friday morning?
 (A) No, I don't have any plans.
 (B) When is everyone available?
 (C) It usually lasts about an hour.

팀 회의를 목요일에 할까요? 아니면 금요일 아침에 할까요?
(A) 아니요, 저는 계획이 없어요.
(B) 다들 언제 가능한가요?
(C) 보통 약 한 시간 정도 지속돼요.

해설 회의를 언제 할지 선택하라는 질문에, (A)는 No의 오답이고 (C) meeting을 이용한 연상 함정이다. (B)는 먼저 모든 사람들이 가능한 시간대를 듣겠다는 내용으로 질문에 적절한 정답이다.

어휘 usually 보통 last 지속되다

16. Would you like to come this afternoon or in the evening?
 (A) It's necessary.
 (B) For a week.
 (C) Sorry, I can't make it today.

오늘 오후에 오실 건가요? 아니면 저녁에 오실 건가요?
(A) 그것이 필요해요.
(B) 일주일 동안이요.
(C) 미안하지만 오늘은 갈 수 없어요.

해설 오늘 언제 올 수 있는지 묻는 선택 질문에, (A)와 (B)는 질문과 전혀 관련 없는 오답이고 (C)는 오늘 못 간다는 내용으로 A or B 중 둘 다 안 된다는 뜻의 정답이다.

어휘 necessary 필요한

17. Can you give me a hand counting the items, or are you too busy?
 (A) I used to work as an accountant.
 (B) I need some assistance.
 (C) Sorry, I'm tied up now.

물품들을 세는 것을 도와주겠어요? 아니면 많이 바쁘세요?
(A) 회계사로 일했어요.
(B) 저는 도움이 필요해요.
(C) 미안하지만, 지금 매우 바빠요.

해설 도와줄 수 있는지 아니면 바쁜지 묻는 선택 의문문에 (A)는 count-accountant을 이용한 유사 발음의 함정이고 (B)는 도움이 필요한 주체가 전도된 오답이다. (C)는 A or B 중 B를 선택한 정답이다.

어휘 count 세다 accountant 회계사 assistance 도움

18. Should I bring my driver's license or my passport?
 (A) No, we don't accept copies.
 (B) Either one would be fine.
 (C) It expired last month.

운전 면허증을 가져가야 하나요? 아니면 여권을 가져가야 하나요?
(A) 아니요, 저희는 복사본을 받지 않아요.
(B) 아무거나 좋아요.
(C) 그것은 지난달에 만료되었어요.

해설 면허증과 여권 중 무엇을 가져가야 할지 묻는 선택 의문문에, (A)는 No의 오답이고 (C)는 면허증과 여권을 이용한 연상의 함정이다. (B) 전형적인 선택 의문문의 정답이다.

어휘 accept 받아들이다 expire 만료되다

19. Should we meet inside the gallery or in front of it?
 (A) Yes, we've been busy.
 (B) I like this exhibit.
 (C) How about by the information desk?

갤러리 안에서 만날까요? 아니면 앞에서 만날까요?
(A) 네, 우리는 바빴어요.
(B) 저는 이 전시회가 좋아요.
(C) 안내 데스크 옆은 어때요?

해설 만날 장소 선택하라는 질문에, (A)는 Yes의 오답이고 (B)는 gallery를 이용한 연상의 함정이다. (C)는 A or B가 아닌 다른 장소를 선택한 정답이다.

어휘 exhibit 전시회

20. Is the Ace Hotel near here, or is it far away?
   (A) **It's just five miles down the road.**
   (B) A two bedroom please.
   (C) For three days.

   Ace 호텔은 여기 근처에 있나요? 아니면 멀리 떨어져 있나요?
   (A) 도로를 따라 딱 5마일이에요.
   (B) 2인용 방으로 주세요.
   (C) 3일 동안이요.

   해설 호텔의 위치를 묻는 선택 질문에, (B)와 (C)는 호텔을 연상하게 하는 함정으로 오답이다. (A) 5마일 떨어져 있다는 내용으로 A or B 중 A를 선택한 정답이다.

   어휘 far away 멀리 떨어진

2. 부가 의문문

SPARTA Check-UP   p.68

1. (C)   2. (C)   3. (A)   4. (B)

1. You <u>ordered more office supplies</u>, right?
   (A) It's a good <u>supplier</u>.
   (B) Thanks, it's a new model.
   (C) It slipped my mind.

   사무 용품들을 더 주문했어요, 그렇죠?
   (A) 좋은 공급 업체네요.
   (B) 고마워요, 새로운 모델이네요.
   (C) 깜빡 잊어버렸어요.

   해설 사무 용품을 주문했는지 확인하는 질문이다. (A) supplies-supplier를 이용한 유사 발음의 함정. (B) Thanks를 듣는 순간 질문과 맞지 않는 내용이라는 것을 알아야 한다. (C) 잊어버렸다는 내용의 우회적 답변으로 정답이다.

   어휘 office supplies 사무 용품   supplier 공급 업체

2. <u>I can't get an earlier flight</u>, can I?
   (A) I reserved <u>a window seat</u>.
   (B) Yes, I can take a later one.
   (C) All seats are fully booked.

   저는 더 이른 비행기를 탈 수 없어요, 그렇죠?
   (A) 저는 창가 좌석을 예약했어요.
   (B) 네, 저는 나중 것을 탈 수 있어요.
   (C) 예약이 다 찼어요.

   해설 부가 의문문의 평서문이 부정의 뜻을 가지고 있을 때 대답이 긍정이면 Yes가 되고 부정이면 No가 된다. (A) flight-window seat 연상의 함정이고 (B) Yes 뒤로 나오는 부연 설명이 질문과 맞지 않는다. (C)는 No가 생략된 답변으로 예약이 다 차서 거절하는 내용의 정답이다.

   어휘 earlier 더 이른   fully 완전히

3. The warehouse is locked, isn't it?
   (A) Yes, but Tom will give you the key.
   (B) I restocked all the items in there.
   (C) Please close it.

   창고를 잠갔죠, 그렇죠?
   (A) 네, 근데 Tom이 열쇠를 당신에게 줄 거예요.
   (B) 거기 안에 모든 물건들을 다 채웠어요.
   (C) 닫으세요.

   해설 창고가 닫혔는지 확인하는 질문이다. (B) 창고에 대한 연상 표현을 이용한 오답이고 (C) lock-close 연상 함정이다. (A)는 문을 잠갔고 톰에게 열쇠를 받으라는 내용으로 정답이다.

   어휘 lock 잠그다   restock 다시 채우다

4. Melissa <u>has the copies of the sales report</u>, doesn't she?
   (A) A yearly <u>salary increase</u>.
   (B) Let's <u>check on her desk</u>.
   (C) It was a great success.

   Melissa는 판매 보고서 사본들을 가지고 있어요, 그렇죠?
   (A) 연간 판매 증가요.
   (B) 그녀의 책상을 확인해 봅시다.
   (C) 좋은 성공이었어요.

   해설 그녀가 사본을 가지고 있는지 확인하는 질문이다. (A) 판매 보고서(sales report)에 대한 연상의 함정이고 (C)는 판매(sales)에 대한 연상으로 질문과 관련 없다. (B)는 사본이 있는지 책상을 확인하자는 내용으로 예외적인 답변의 정답이다.

   어휘 yearly 연간

SPARTA Actual Test   p.69

1. (B)   2. (B)   3. (A)   4. (B)   5. (C)   6. (C)
7. (C)   8. (C)   9. (C)   10. (B)   11. (C)   12. (C)
13. (B)   14. (B)   15. (A)   16. (A)   17. (B)   18. (B)
19. (A)   20. (B)

1. You looked over the new candidate's résumés, didn't you?
   (A) Professional work experience.
   (B) Not yet, but I'll do it soon.
   (C) The working hours are flexible.

   후보자들의 이력서를 검토했죠, 그렇죠?
   (A) 전문적인 경력이요.
   (B) 아직요. 근데 곧 할 거예요.
   (C) 근무 시간이 자유로워요.

   해설 이력서를 검토했는지를 묻는 질문에 (A)와 (C)는 candidate's résumés 연상 함정으로 오답이다. (B)는 아직 안 했지만 곧 할 것이라는 내용으로 정답이다.

   어휘 look over 검토하다   résumé 이력서   professional 전문적인

2. You're transferring to the Rome branch, right?
   (A) Refer to the user manual.
   (B) Actually, my request was denied.
   (C) By plane.

로마 지점으로 전근 갈 거예요, 그렇죠?
(A) 사용 설명서를 참고해요.
(B) 사실 제 요청은 거절 당했어요.
(C) 비행기로요.

해설 다른 지점으로 전근 갈 것인지 묻는 질문에, (A) transfer-refer를 이용한 유사 발음의 함정이고 (C) Rome을 연상하게 하는 오답이다. (B) 전근 요청이 거부 되어 못 간다는 내용으로 정답이다.

어휘 transfer 전근 가다 user manual 사용 설명서 deny 거부하다

3. You're not going to wear that suit to the company luncheon, are you?
   (A) You don't like it?
   (B) Yes, it suits you.
   (C) No, I don't know where she is.

당신은 회사 오찬에 저 정장을 입지 않을 거죠, 그렇죠?
(A) 마음에 안 들어요?
(B) 네, 그것은 당신에게 잘 어울려요.
(C) 아니요, 그녀가 어디에 있는지 몰라요.

해설 행사에 그 옷을 입을 건지 묻는 질문에, (B)는 주어 불일치한 오답이다. (C) wear-where을 이용한 유사 발음의 함정이고 (A) 질문의 의도를 알기 위해 마음에 안 드는지 반문하는 내용으로 정답이다.

어휘 luncheon 오찬 suit 정장, 어울리다

4. Yukiko already finished that project, didn't she?
   (A) The projector's all set up.
   (B) I don't think she did.
   (C) Okay, I'd be happy to.

Yukiko는 그 프로젝트를 이미 끝냈어요, 그렇죠?
(A) 프로젝터가 다 설치되었어요.
(B) 그녀가 끝낸 것 같지 않아요.
(C) 좋아요, 기꺼이 할게요.

해설 Yukiko가 일을 끝냈는지 묻는 질문에, (A) project-projector를 이용한 유사 발음의 함정이고 (C) 프로젝트를 하는 주체가 바뀐 오답이다. (B)는 끝내지 않은 것 같다는 내용으로 정답이다.

어휘 set up 설치하다

5. We're not receiving our bonuses this month, right?
   (A) I can't remember when it was.
   (B) My salary increased by ten percent.
   (C) I haven't heard that.

이번 달 보너스를 안 받죠, 그렇죠?
(A) 언제였는지 기억 안 나요.
(B) 제 월급은 10 퍼센트 증가했어요.
(C) 들어 본 적 없어요.

해설 보너스를 받는 지 묻는 질문에, (A) 질문의 시제와 맞지 않는 오답이고 (B) salary-bonus 연상의 함정이다. (C) 들어 본 적 없다는 내용으로 전형적인 우회적 답변이자 정답이다.

어휘 remember 기억하다 increase 증가하다 salary 월급

6. Ms. Debby has been working here quite a long time, hasn't she?
   (A) No, a managing director.
   (B) How much longer does she need?
   (C) Yes, for almost 15 years.

Debby 씨는 여기에서 꽤 오랫동안 일하고 있죠, 그렇죠?
(A) 아니요, 경영 이사예요.
(B) 그녀는 얼마나 더 필요한가요?
(C) 네, 거의 15년 동안이요.

해설 Debby 씨가 오래 일하고 있는지 묻는 질문에, (A) 전혀 관련 없는 답변으로 오답이고 (B) long-longer를 이용한 유사 발음의 함정이다. (C) 15년 동안 일하고 있다는 내용으로 정답이다.

어휘 almost 거의

7. You get your card statements online, don't you?
   (A) No, it was overcharged.
   (B) My computer is not working.
   (C) They are sent by post.

카드 명세서를 온라인으로 받죠, 그렇죠?
(A) 아니요, 요금이 많이 청구됐어요.
(B) 제 컴퓨터는 작동하지 않아요.
(C) 우편으로 보내집니다.

해설 카드 명세서를 온라인으로 받는지 묻는 질문에, (A)는 card statements을 이용한 연상의 함정이고 (B)는 online 연상의 함정이다. (C)는 No가 생략된 답변으로 온라인이 아니라 우편으로 받겠다는 내용의 정답이다.

어휘 card statement 카드 명세서 be overcharged 요금이 많이 나오다 by post 우편으로

8. We requested materials for all four days of the conference, didn't we?
   (A) Handouts are very useful.
   (B) No, the keynote speaker will be late.
   (C) Actually, the original order was only for three.

학회의 4일분 자료들을 요청했죠, 그렇죠?
(A) 인쇄물들이 매우 유용해요.
(B) 아니요, 기조 연설자가 늦을 거예요.
(C) 사실 원래 주문은 딱 3일분이었어요.

해설 4일 동안 쓸 자료를 요청했는지 묻는 질문에, (A) materials-handouts을 이용한 어휘 함정이고 (B) conference를 연상하게 하는 오답이다. (C) 4일이 아니라 3일을 위한 자료만 요청했다는 내용으로 정답이다.

어휘 material 자료 useful 유용한 original 본래의

9. There's no charge for refreshments on the flight, right?
   (A) Do you prefer a window or an aisle seat?
   (B) The flight is taking off.
   (C) I always bring my own.

비행기에서 다과는 무료예요, 그렇죠?
(A) 창가 쪽 좌석을 원하세요? 아니면 통로 쪽 좌석을 원하세요?
(B) 비행기가 이륙 중입니다.
(C) 저는 항상 제 것을 들고 다녀요.

해설 비행기에서 다과가 무료라는 질문에, (A)와 (B) flight를 이용한 연상의 함정으로 질문에 적합하지 않은 대답이다. (C)는 자신의 다과를 들고 다닌다는 내용으로 질문에 맞는 대답이다.

어휘 no charge 무료로 refreshments 다과 aisle 통로

10. The escalator on this floor hasn't been fixed yet, has it?
(A) To the next floor.
(B) Mr. Taya took care of that.
(C) By taking the escalator.

이 층의 에스컬레이터가 아직 안 고쳐졌죠, 그렇죠?
(A) 다음 층으로요.
(B) Taya 씨가 담당이에요.
(C) 에스컬레이터를 타고요.

해설 에스컬레이터가 고쳐졌는지 묻는 질문에, (A) escalator 연상의 함정이고 (C) 질문에 나온 단어인 escalator를 넣은 오답이다. (B)는 질문에 적합한 대답으로 정답이다.

어휘 take care of ~를 돌보다

11. The coffee machine's turned off in the break room, isn't it?
(A) That's the latest model.
(B) With cream and sugar.
(C) I'll check to make sure.

휴게실에 커피 머신이 꺼졌죠, 그렇죠?
(A) 그것은 최신모델이에요.
(B) 크림과 설탕이랑요.
(C) 확실하게 확인할게요.

해설 기계를 껐는지 묻는 질문에, (A) machine을 이용한 연상의 함정이고 (B) coffee 주문을 연상하게 하는 함정이다. (C) 확인해 보겠다는 내용으로 정답이다.

어휘 turn off 끄다 make sure 확실하게 하다

12. You saw the new movie, didn't you?
(A) Right, I'm moving next week.
(B) An entertainment magazine.
(C) Yes, but I'd like to see it again.

신작 영화 봤죠, 그렇죠?
(A) 맞아요, 다음 주에 이사해요.
(B) 연예 잡지요.
(C) 네, 근데 다시 보고 싶어요.

해설 영화를 봤는지 묻는 질문으로, (A) movie-move를 이용한 유사 발음의 함정이고 (B) movie를 연상하게 하는 오답이다. (C) 긍정하는 내용의 정답이다.

어휘 entertainment 오락

13. Simon hasn't filled out his time sheet, has he?
(A) I didn't have any time.
(B) He's back from vacation next week.
(C) John can work that day.

Simon은 근무 시간 기록표를 작성하지 않았어요, 그렇죠?
(A) 저는 시간이 없었어요.
(B) 그는 다음 주에 휴가에서 돌아와요.
(C) John이 그날에 일을 할 수 있어요.

해설 그가 근무 시간을 채웠는지 묻는 질문에, (A) 질문과 관련 없는 대답이고 (C)는 time sheet 연상의 함정이다. (B) 그는 휴가 중이라서 돌아와야 알 수 있다는 내용으로 정답이다.

어휘 fill out 작성하다 time sheet 근무 시간 기록표

14. Mr. Choi transferred to the marketing department, didn't he?
(A) His apartment is very spacious.
(B) He's in public relations now.
(C) An advertising agency.

최 씨는 마케팅 부로 전근 갔어요, 그렇죠?
(A) 그의 아파트는 매우 넓어요.
(B) 그는 현재 홍보부에 있어요.
(C) 광고 회사요.

해설 그가 마케팅부로 전근 갔는지 묻는 질문에, (A) department-apartment를 이용한 유사 발음의 함정이고 (C) marketing을 이용한 연상의 함정이다. (B)는 No가 생략된 답변으로 마케팅부가 아니라 홍보부로 갔다는 내용의 정답이다.

어휘 spacious 넓은

15. You'll be attending the product seminar, won't you?
(A) Yes, but I might be a little late.
(B) It was informative.
(C) It will be launched soon.

제품 세미나에 참석할 거죠, 그렇죠?
(A) 네, 그러나 좀 늦을 것 같아요.
(B) 유익했어요.
(C) 그것은 곧 출시될 거예요.

해설 세미나에 참석 여부를 묻는 질문에, (B) 시제 불일치로 오답이고 (C) product 연상의 함정이다. (A) 참석하지만 늦을 거라는 내용으로 정답이다.

어휘 attend 참석하다 informative 유익한 launch 출시하다

16. The shredding machine was repaired yesterday, wasn't it?
(A) No, a technician will come tomorrow.
(B) Several large devices.
(C) Yes, I have one.

파쇄기가 어제 수리되었죠, 그렇죠?
(A) 아니요, 기술자가 내일 올 거예요.
(B) 몇 개의 큰 기기들이요.
(C) 네, 가지고 있어요.

해설 기계가 고쳐졌는지 묻는 질문에, (B) machine을 이용한 연상 함정. (C) Yes와 부연 설명의 불일치로 오답이다. (A) 내일 고치러 온다는 내용의 정답이다.

어휘 shredding machine 파쇄기 several 몇몇의

17. You applied for the open editor position, didn't you?
(A) All of the bills are paid.
(B) No, it was already filled.
(C) He wants to work for a magazine.

공석인 편집장 직책에 지원했죠, 그렇죠?
(A) 모든 영수증이 지불되었어요.
(B) 아니요, 이미 채워졌어요.
(C) 그는 잡지사에 일하고 싶어 해요.

해설 일자리 지원 여부를 묻는 질문에, (A) 질문과 관련 없는 대답으로 오답이고 (C) 주어의 불일치와 editor-magazine을 이용한 연상의 함정. (B) 이미 그 일자리가 채워져서 지원을 못 했다는 내용의 정답이다.

어휘 apply for 지원하다 editor 편집장

18. I can drive through the path, right?
(A) I like hiking.
(B) No, that's prohibited.
(C) It's in the vehicle.

제가 이 길을 운전해도 되죠, 그렇죠?
(A) 저는 등산을 좋아해요.
(B) 아니요, 금지되었어요.
(C) 그것은 차 안에 있어요.

해설 운전할 수 있는지 허락을 묻는 질문에, (A) path를 이용한 연상의 함정, (C) drive 연상의 함정. (B) 금지되어서 안 된다는 내용으로 정답이다.

어휘 path 등산로, 오솔길 hiking 등산 prohibit 금하다

19. You bought the musical tickets, didn't you?
(A) I didn't think I could go.
(B) I'll play the piano.
(C) An action film.

뮤지컬 티켓을 구입했죠, 그렇죠?
(A) 못 가는 줄 알았어요.
(B) 피아노를 연주할 거예요.
(C) 액션 영화요.

해설 티켓 구입을 했는지 묻는 질문에, (B)와 (C)는 musical tickets 연상의 함정으로 오답. (A) No가 생략된 답변으로 안 샀다는 의미로 정답이다.

어휘 play 연주하다

20. The new supervisor is from Canberra, isn't he?
(A) No, he won't supervise.
(B) I wish I could tell you.
(C) No, it's from San Francisco to Chicago.

새로운 상사는 Canberra에서 왔죠, 그렇죠?
(A) 아니요, 그는 감독하지 않을 거예요.
(B) 알았으면 좋을 텐데요.
(C) 아니요, 샌프란시스코에서 시카고까지요.

해설 상사의 출신을 물어보는 질문에, (A) supervisor-supervise 유사 발음의 함정, (C) 도시 이름의 함정, (B) 모른다는 답변으로 정답이다.

어휘 supervise 감독하다

3. 평서문

SPARTA Check-UP   p.71

1. (C)   2. (A)   3. (B)   4. (C)

1. I was very impressed with Mr. Martin's address yesterday.
(A) Please give the presents to him.
(B) Here's his business card.
(C) I think he was really well prepared.

어제 Martin 씨의 연설로 매우 감동받았어요.
(A) 그에게 선물을 주세요.
(B) 여기 그의 명함입니다.
(C) 그가 정말 잘 준비한 것 같아요.

해설 연설이 매우 좋았다는 의견을 전달하는 평서문으로, (A)와 (B)는 평서문과 관련이 없는 대답이고 (C)는 질문에 동의하는 표현으로 정답이다.

어휘 impressed 감동을 받은 address 연설

2. Let's use meeting room A rather than room B.
(A) But five people will attend.
(B) Somewhere around the Chicago Hotel.
(C) An annual charity banquet.

B호실 대신 A호실을 사용합시다.
(A) 그러나 5명의 사람들이 참석할 거예요.
(B) 시카고 호텔 어딘가요.
(C) 연례 자선 연회요.

해설 B호실 대신 A호실을 쓰자는 제안문이다. (B) 장소는 질문과 관련이 없는 대답이 된다. (C) room에 대한 연상의 함정이다. (A)는 반대의 답변으로 그 장소가 좁을 것이라는 부연 설명의 정답이다.

어휘 attend 참석하다 annual 연례의

3. We should check for any errors in this document.
(A) The first page, I think.
(B) Ms. Sato looked it over carefully.
(C) Yes, I made a mistake.

우리는 이 서류의 어떠한 오류들을 검토해야 해요.
(A) 제 생각에는 첫 번째 페이지요.
(B) Sato 씨가 신중히 그것을 검토했어요
(C) 네, 제가 실수했어요.

해설 서류 검토를 해야 한다는 의견에, (A) document-page을 이용한 연상의 함정이고 (C)는 mistake=error 동의어를 쓴 함정이다. (A)는 이미 그녀가 다 검토했다는 상황을 전달함으로 정답이다.

어휘 check/look over 검토하다 carefully 신중히 mistake 실수

4. The office feels cold today.
   (A) I have a bad cold.
   (B) Turn on the air conditioner.
   (C) I have a jacket you could borrow.

사무실이 오늘 추운 것 같아요.
(A) 저는 독감에 걸렸어요.
(B) 에어컨을 켜요.
(C) 재킷을 빌려줄게요.

해설 사무실이 춥다는 의견을 전하는 평서문으로, (A)는 질문에 나온 cold를 쓴 함정이고 질문과도 관련 없다. (B)는 춥다는 말의 응답으로 에어컨을 꺼라(turn off) 한다는 대답이 적절하다. (C)는 재킷을 빌려주겠다는 응답으로 정답이다.

어휘 cold 감기, 추운 borrow 빌리다

SPARTA Actual Test   p.72

1. (C)	2. (C)	3. (B)	4. (B)	5. (B)	6. (C)
7. (C)	8. (C)	9. (B)	10. (C)	11. (B)	12. (C)
13. (B)	14. (C)	15. (C)	16. (A)	17. (A)	18. (C)
19. (A)	20. (C)				

1. I really need the revised annual sales report.
   (A) 20 percent off every department.
   (B) It wasn't reasonable.
   (C) I'll forward it soon.

수정된 연례 매출 보고서가 정말 필요해요.
(A) 모든 매장의 20 퍼센트 할인이요.
(B) 합리적이지 않아요.
(C) 곧 보내 줄게요.

해설 보고서가 필요하다는 요청에, (A)와 (B)는 sales 연상의 함정으로 오답이다. (C) 보고서를 보내 준다는 내용으로 정답이다.

어휘 revised 변경된 reasonable 합리적인 forward 보내다

2. The luncheon with the clients is Thursday.
   (A) Four steaks, please.
   (B) I'm not sure that he did.
   (C) That's not what I heard.

고객과 함께 하는 오찬은 목요일입니다.
(A) 스테이크 네 접시 주세요.
(B) 그가 했는지 확실치 않아요.
(C) 제가 들은 이야기와 다른데요.

해설 오찬이 목요일에 있다는 정보 제공에 (A) luncheon에 대한 음식의 함정. (B) he가 누구인지 알 수 없어서 오답. (C) 내가 아는 바와 다르다는 내용으로 정답이다.

어휘 luncheon 오찬

3. I'm going to take off my sweater.
   (A) The evening weather report.
   (B) I could turn the heater down.
   (C) They haven't decided yet.

저는 스웨터를 벗을 거예요.
(A) 저녁 일기예보예요.
(B) 제가 히터를 낮출게요.
(C) 그들은 아직 결정하지 않았어요.

해설 스웨터를 벗는다는 말에, (A) 날씨에 대한 연상의 함정이고 (C)는 결정하지 않아서 모른다는 내용으로 질문과 관계 없는 답변이다. 평서문에서는 우회적 답변이 무조건 정답이 되지 않는다. 더워서 스웨터를 벗는다는 의미로 볼 수 있기 때문에 (B) 히터를 낮춘다는 답변이 정답이 된다.

어휘 take off 벗다 turn down (온도를) 낮추다

4. This e-mail from Mohammad is rather complex.
   (A) Yesterday afternoon.
   (B) I didn't understand it either.
   (C) Please send it by mail.

Mohammad에서 온 메일이 꽤 복잡해요.
(A) 어제 오후요.
(B) 저도 이해 못 하겠어요.
(C) 그것을 우편으로 보내주세요.

해설 메일이 복잡하다는 말에, (A)는 질문과 전혀 상관 없는 대답이고 (C)는 email-mail을 이용한 유사 발음의 함정이다. (B)는 의견에 동의하는 내용으로 정답이다.

어휘 complex 복잡한 by mail 우편으로

5. I just received the monthly sales figures.
   (A) I prefer the department store on Peterson Street.
   (B) The numbers were quite surprising.
   (C) The manager is away on business.

월별 판매 수치를 방금 받았어요.
(A) Peterson Street에 있는 백화점을 선호해요.
(B) 그 수치는 꽤 놀라워요.
(C) 부장님은 업무로 자리를 비웠어요.

해설 월별 판매 수치를 받았다는 말에, (A) sales 연상의 함정으로 질문과 전혀 관련 없고 (C) 역시 전혀 상관 없는 대답이다. (B) 매출액 수치를 보고 놀라웠다는 내용으로 정답이다.

어휘 surprising 놀라운 on business 업무로

6. I don't think we should walk to the subway station.
   (A) I like that radio station, too.
   (B) It arrives every hour.
   (C) But it is within walking distance.

우리가 지하철역으로 걸어가지 않았으면 좋겠어요.
(A) 저도 그 라디오 방송국을 좋아해요.
(B) 그것은 매시간마다 도착해요.
(C) 근데 걸어갈 만한 거리예요.

해설 지하철역까지 걷지 말자는 의견에, (A) 질문에 나온 단어 station을 이용한 함정이고 (B) subway를 연상하게 하는 오답이다. (C)는 의견에 동의하지 않는 대답으로 걸어갈 만하다는 뜻의 정답이다.

어휘 walking distance 도보 거리

7. Frank will hang the banner at the top of the building.
   (A) The upstairs office.
   (B) To celebrate our company's 10-year anniversary.
   (C) I'll have to take a look at it later.

   Frank는 빌딩 위쪽에 현수막을 걸 거예요.
   (A) 위층 사무실이요.
   (B) 회사 10주년 창립 기념일은 축하하기 위해서요.
   (C) 제가 나중에 그것을 봐야 할 것 같아요.

   해설 Frank가 회사에 현수막을 건다는 소식에, (A) top-upstairs를 이용한 연상 함정이고 (B)는 현수막을 거는 이유를 묻는 질문에 맞는 대답으로 오답이다. (C) 나중에 현수막을 확인하겠다는 내용으로 정답이다.

   어휘 hang 걸다 banner 현수막 celebrate 축하하다

8. Let's move the paper closer to the copy machine.
   (A) I haven't used it for a long time.
   (B) The fax machine is out of order.
   (C) I'll take care of that.

   종이를 복사기와 더 가까운 곳으로 옮깁시다.
   (A) 오랫동안 그것을 사용하지 않았어요.
   (B) 팩스기가 고장이에요.
   (C) 제가 할게요.

   해설 종이를 옮기자는 제안에, (A)와 (B)는 질문과 관계 없는 대답으로 machine을 이용한 함정이다. (C)는 자신이 옮기겠다는 내용의 정답이다.

   어휘 out of order 고장 난

9. I'm not sure if I should take a professional business course.
   (A) October 15th and 17th.
   (B) In my case, it was very helpful.
   (C) The schedule on the bulletin board.

   전문적인 비즈니스 과정을 수강해야 할지 잘 모르겠어요.
   (A) 10월 15일과 17일이요.
   (B) 제 경우에는, 그것이 매우 도움이 되었어요.
   (C) 게시판에 있는 일정이요.

   해설 비즈니스 과정을 수강해야 할지 고민을 말하는 것으로, (A) 기간을 말하므로 질문과 상관 없고 (C) 게시판 일정도 질문과 관계 없는 오답이다. (B)는 고민을 듣고 자신의 경험을 말한 내용으로 정답이다.

   어휘 helpful 도움이 되는 bulletin board 게시판

10. Cindy wants us to complete the magazine editing by the end of the day.
    (A) For the next month's issue.
    (B) Yes, the article is very informative.
    (C) Sorry, I have a dental appointment.

    Cindy는 우리가 오늘까지 잡지 편집을 끝내기를 바라요.
    (A) 다음 달 발간 호를 위해서요.
    (B) 네, 기사가 매우 유익해요.
    (C) 미안해요, 치과 예약이 있어요.

    해설 오늘까지 해야 할 일이 있다는 말에 (A)와 (B)는 질문에 나온 magazine을 이용한 함정으로 오답이다. (C) 치과에 가야 하기 때문에 오늘 일을 못 한다는 뜻의 정답이다.

    어휘 issue 호 informative 유익한

11. Our company's president will retire at the end of the month.
    (A) For 20 years.
    (B) Is there a celebration plan?
    (C) I'm very tired this month.

    우리 회사 사장님이 이번 달 말에 은퇴하실 거예요.
    (A) 20년 동안이요.
    (B) 축하 계획이 있나요?
    (C) 이번 달은 매우 피곤해요.

    해설 사장님 은퇴 소식을 알리는 말에, (A) 질문에 나온 retire을 이용한 연상의 함정이고 (C) retire-tired 유사 발음의 함정이다. (B)는 은퇴를 위해 축하 계획이 있는지 묻는 내용으로 정답이다

    어휘 retire 은퇴하다 celebration 축하

12. I forgot to bring my umbrella today.
    (A) I bought it yesterday.
    (B) In the weather forecast.
    (C) It's not supposed to rain this afternoon.

    오늘 우산 가져오는 것을 잊어버렸어요.
    (A) 어제 그것을 샀어요.
    (B) 일기예보에서요.
    (C) 오후에 비가 안 온대요.

    해설 우산을 가져오지 않았다는 말에, (A) 질문과 시제 불일치로 오답이고 (B) umbrella를 이용한 연상 함정으로 오답이다. (C) 비가 안 와서 우산이 필요 없다는 내용으로 정답이다.

    어휘 weather forecast 일기 예보

13. Sales of our new laptop computer are higher than we expected.
    (A) Really? That's too bad.
    (B) I know it's very popular.
    (C) Adjust the screen higher.

    새 노트북의 판매가 예상보다 높았어요.
    (A) 정말요? 안 됐네요.
    (B) 그것이 매우 인기 있다는 것을 알아요.
    (C) 모니터를 더 높게 조절하세요.

해설 제품 판매 실적이 좋다는 정보를 전달하는 말에, (A)는 나쁜 소식을 들었을 때 나올 만한 대답으로 오답이고 (C)는 computer-screen을 이용한 연상 함정이다. (B) 이미 알고 있는 사실이라는 응답으로 정답이다.

어휘 expect 예상하다 popular 인기 있는 adjust 조절하다

14. Ms. Rartez wants everyone to be at the meeting at ten.
(A) She hasn't decided.
(B) Nine participants.
(C) I have an interview with a candidate then.

Rartez 씨는 모든 사람들이 10시 회의에 참석하길 원해요.
(A) 그녀는 결정 못 했어요.
(B) 9명의 참석자들이요.
(C) 저는 그때 후보자들과 면접이 있어요.

해설 모든 사람들이 회의 참석을 해야 한다는 말에, (A) 질문과 전혀 상관 없는 내용의 대답이고 (B) meeting 연상의 함정이고 (C) 그 시간에 다른 일정이 있어서 회의에 참석을 못 한다는 내용으로 정답이다.

어휘 participant 참석자

15. We should plan the event for 20th anniversary celebration.
(A) More than 50 people.
(B) Congratulations.
(C) Let's choose the venue first.

우리는 20주년 창립기념일을 위한 행사를 계획해야 해요.
(A) 50명 이상의 사람들이요.
(B) 축하해요.
(C) 장소부터 먼저 선택합시다.

해설 회사 기념일 행사를 계획해야 한다는 말에, (A)와 (B)는 질문에 나온 event를 이용한 연상의 함정이다. (C)는 동의하는 말로 우선 장소부터 먼저 찾자는 내용의 정답이다.

어휘 choose 고르다 venue 장소

16. I'd like to see Mr. Burner for my loan consultation.
(A) He is no longer at this bank.
(B) No, two o'clock is better.
(C) She can lend some money.

대출 상담을 위해 Burner 씨를 만나고 싶어요.
(A) 그는 더 이상 이 은행에 없어요.
(B) 아니요, 2시가 더 좋아요.
(C) 그녀는 약간의 돈을 빌려줄 수 있어요.

해설 대출 상담을 Burner 씨와 하고 싶다는 말에, (B)는 약속 시간을 제안 받았을 때 나오는 대답으로 오답이고 (C) She가 누구신지 알 수 없고 loan을 이용한 연상의 함정이다. (A) 현재 이 은행에서 일을 안 해서 만날 수 없다는 내용으로 정답이다.

17. I have no idea where John is.
(A) He's out to lunch.
(B) Where did he go?
(C) I know who he is.

John이 어디에 있는지 몰라요.
(A) 그는 점심 먹으러 갔어요.
(B) 그는 어디에 갔었나요?
(C) 저는 그가 누구인지 알아요.

해설 현재 John을 찾고 있다는 말에, (B)는 질문과 시제 불일치로 오답이고 (C)는 질문과 맞지 않은 대답이다. (A) 그가 점심 먹으러 나갔다는 내용으로 John의 행선지를 전하므로 정답이다.

18. I am scheduled to attend the budget conference this Friday.
(A) I am going to meet him, too.
(B) During this season.
(C) Have you received the handout that will be used there?

이번 주 금요일에 예산 회의에 참석하기로 했어요.
(A) 저도 그를 만날 거예요.
(B) 이번 시즌 동안이요.
(C) 거기에서 사용할 인쇄물을 받았어요?

해설 금요일 회의 일정이 있다는 말에, (A) him이 누구인지 알 수 없다. (B) 질문과 관계 없는 대답이고 (C)는 회의에 필요한 유인물을 받았는지 반문하는 내용으로 정답이다.

어휘 budget conference 예산 회의 during ~동안에

19. I didn't have time to check the bulletin board today.
(A) I can see you're busy.
(B) He's on the board of directors.
(C) That's nice of you to say.

오늘 게시판 확인할 시간이 없었어요.
(A) 당신이 바빠 보였어요.
(B) 그는 이사회에 있어요.
(C) 그렇게 말해 주니 좋네요.

해설 오늘 게시판을 확인할 시간이 없다는 말에, (B)는 질문에 나온 단어 board가 들어간 함정이고 (C) 질문과 맞지 않는 대답이다. (A) 자신이 봐도 게시판을 확인 못 할 만큼 바빠 보였다는 뜻으로 정답이다.

어휘 on the board of directors 이사회

20. I saw the accident on my way to work.
(A) I'm sorry. Did you get hurt?
(B) I'm not late.
(C) Oh, how bad was it?

일하러 가는 길에 사고를 봤어요.
(A) 유감이에요. 다쳤어요?
(B) 늦지 않았어요.
(C) 아, 얼마나 안 좋았어요?

해설 사고를 봤다는 말에, (A)와 (B)는 accident를 이용한 연상의 함정으로 오답이다. (C) 사고가 얼마나 심각했는지 반문하는 내용으로 정답이다.

어휘 accident 사고

DAY 8

1. 주제/목적

SPARTA Check-UP p.77

1. (B) 2. (C) 3. (B) 4. (D) 5. (C) 6. (B)

Questions 1-3 refer to the following conversation.

W: Mark, **when I went over the materials you worked on for next month's new hire orientation**, I noticed that we should make them more visually appealing. The manuals should be clearer. They're a little blurry. What do you think?

M: Oh, I've already tried that several times, **but our color printer is outdated**. So that was the best I could do.

W: Okay, I see. I also want to include more information about our employee benefits, like the health insurance plan we offer. **I'll email that information right away.** Could you update that section?

W: Mark, 당신이 작업했던 다음 달 신입 사원 오리엔테이션 자료를 제가 검토했을 때 저는 우리가 더 시각적으로 관심을 끌어야 한다는 것을 알았어요. 설명서가 더 명확해야 해요. 흐릿하거든요. 당신 생각은 어때요?

M: 아, 이미 여러 번 그 일을 시도했는데 컬러 프린터가 너무 낡았어요. 그래서 그게 최선이었어요.

W: 좋아요, 알았어요. 또한 직원 복지에 대해 정보를 더 넣었으면 하는데요. 우리가 제공하는 건강 보험 계획 같은 정보들이요. 제가 그 정보를 지금 당장 메일로 보낼게요. 그 부분을 업데이트해 줄 수 있어요?

어휘 go over 검토하다 material 자료 visually 시각적으로 clear 명확한 blurry 흐릿한 outdated 낡은 include 포함하다 employee benefits 직원 복지 health insurance 건강 보험

1. What are the speakers mainly discussing?
(A) A color problem
(B) A training manual
(C) A hiring interview
(D) Some building materials

화자들은 무엇에 대해 이야기하는가?
(A) 색 문제
(B) 교육 설명서
(C) 고용 면접
(D) 건축 자재

해설 주제 질문으로 첫 대사에서 "when I went over the materials you worked on for next month's new hire orientation ~." 신입 사원 오리엔테이션 자료를 검토했는데 명확하지 않다는 말로 대화를 시작함으로 교육 설명서에 대해 이야기하고 있음을 알 수 있다. (D)는 material을 이용한 함정이고 (A)는 색 문제를 지적하는 게 아니라 시각적으로 흐리다는 내용으로 오답이다.

2. According to the man, what is the problem?
(A) The printer needs to be repaired.
(B) The manual's color doesn't match.
(C) The device has been used a long time.
(D) His vest is outdated.

남자에 따르면, 무엇이 문제인가?
(A) 프린터를 수리해야 한다.
(B) 설명서 색이 맞지 않다.
(C) 기기가 오랫동안 사용되었다.
(D) 그의 조끼가 낡았다.

해설 남자가 말하는 문제점은 남자 대사에 집중해야 한다. 남자가 "but our color printer is outdated" 프린터가 낡았다고 말하므로 정답은 (C)이다. (A) 프린터가 고장 난 것이 아니고, (D) outdated을 이용한 함정이다.

3. What will the woman do next?
(A) Plan a health insurance policy
(B) Send information electronically
(C) Update the employee benefit section
(D) Organize a chart

여자는 다음에 무엇을 할 것인가?
(A) 건강 보험을 계획하기
(B) 컴퓨터로 정보 보내기
(C) 직원 복지 부분을 갱신하기
(D) 차트를 정리하기

해설 여자가 다음 할 일을 묻는 유추형 질문으로 후반 대화에 집중해야 한다. 마지막 여자 대사에 "I'll email that information right away." 이메일로 정보를 보낸다고 했으므로 (B)가 정답이다. 요즘 컴퓨터로 정보를 보낼 때 electronically라는 표현이 자주 나오니 꼭 외워 두자.

Questions 4-6 refer to the following conversation.

W: Hi, Mr. Collins. This is Lucy calling from Watson's Photography Studio. **Unfortunately, we have to cancel your appointment** with us this afternoon to have your picture taken. Our ceiling is leaking after heavy rain this morning. So, we're not open today, as we're working on fixing it. I'm really sorry.

M: Actually, **I can't reschedule the appointment anytime soon because I'm really busy nowadays.** It was hard to make this appointment. So, could you recommend other places that could take me today?

W: Give me a second. Yes, **I know a studio that doesn't require you to make an appointment at all: MD Studio nearby.** If you go there now, you might have to wait a bit, but it shouldn't take too long.

W: 안녕하세요, Collins 씨. Watson의 사진관에 Lucy입니다. 불행히도 오늘 오후에 당신 사진을 찍기로 한 예약을 취소해야 해요. 오늘 아침에 폭우로 저희 집 천장에 누수가 있네요. 그래서 오늘 수리해야 해서 문을 열지 않아요. 정말 미안합니다.
M: 사실 제가 요즘에 너무 바빠서 당장 예약을 다시 잡을 수 없어요. 이 예약도 잡기가 힘들었거든요. 그래서 오늘 사진 찍을 수 있는 다른 가게를 추천해 주실 수 있어요?
W: 잠깐만요. 네, 근처에 MD 사진관이 있는데, 예약 안 하셔도 됩니다. 지금 가면 약간만 기다리면 돼요. 오래 걸리지 않을 거예요.

어휘 unfortunately 불행히도

4. Why is the woman calling the man?
   (A) To remind him about an appointment
   (B) To tell him about an exclusive deal
   (C) To inform him that some photographs are ready
   (D) To notify him about a cancellation

   여자는 남자에게 왜 전화하는가?
   (A) 약속을 기억하게 하기 위해
   (B) 독점적인 계약에 대해 말하기 위해
   (C) 사진들이 준비된 것을 알리기 위해
   (D) 취소를 알리기 위해

   해설 여자가 전화한 목적을 묻는 질문으로 첫 여자 대사를 집중해서 들어야 한다. 여자가 "Unfortunately, we have to cancel your appointment ~."라고 하면서 예약을 취소해야 한다고 말하므로 정답은 (D)이다. 여기서 appointment라고 들린다고 (A)를 선택하면 안 된다. 이러한 함정을 항상 조심해야 한다.

5. What problem does the man mention?
   (A) His photos are not ready.
   (B) He plans to return later.
   (C) He has difficulty arranging a schedule.
   (D) He will be a little late.

   남자는 무슨 문제를 언급하는가?
   (A) 사진들이 준비 안 됐다.
   (B) 나중에 돌아올 계획이다.
   (C) 일정을 정하는 것이 어렵다.
   (D) 약간 늦을 것이다.

   해설 남자가 언급한 문제를 묻는 질문으로 남자 대사에 집중하자. "I can't reschedule the appointment anytime soon because I'm really busy nowadays." 남자가 바빠서 다시 예약을 잡는 것이 어렵다고 말하므로 정답은 (C)이다.

6. What does the woman say about MD Studio?
   (A) It is far from the man's workplace.
   (B) It does not require any appointments.
   (C) It has a good location.
   (D) It has longer hours.

   MD 스튜디오에 대해 여자는 뭐라고 말하는가?
   (A) 남자의 직장에서 멀다.
   (B) 어떤 예약도 요구하지 않는다.
   (C) 좋은 위치에 있다.
   (D) 오랫동안 있었다.

해설 미리 문제 읽고 여자가 MD 스튜디오를 언급할 것을 알고 여자 대사에 집중하자. 후반부에 여자가 "I know a studio that doesn't require you to make an appointment at all: MD Studio nearby." MD 스튜디오는 예약을 할 필요가 없다고 말하므로 (B)가 정답이다.

SPARTA Actual Test p.78

1. (D) 2. (A) 3. (B) 4. (D) 5. (D) 6. (C)
7. (B) 8. (A) 9. (A) 10. (D) 11. (B) 12. (A)

Questions 1-3 refer to the following conversation.

W: Allen, are you going to the Milan fashion show, too? **I have no idea how to get there. Are you taking a plane?**
M: No, I'm taking the train from Paris. It will only take two hours to get there through some routes.
W: Oh, good. Can I look into that? Nowadays, **I've been so busy designing new clothes for the next season. I have to finalize them before we leave.**
M: **Would you like me to book your train ticket for you?** The company will pay for our travel expenses anyway. I'll do it right now, and I'll send you confirmation by e-mail.

W: Allen, 밀란 패션쇼에 당신도 갈 거예요? 제가 거기 가는 방법을 몰라요. 비행기를 탈 거예요?
M: 아니요. 파리에서 기차를 타고 갈 거예요. 몇 개의 노선을 통해 거기까지 딱 2시간 걸려요
W: 아, 좋네요. 제가 그것을 봐도 될까요? 요즘 다음 시즌을 위한 새 옷을 디자인하느라 너무 바빠요. 떠나기 전에 그것을 마무리해야 해요.
M: 제가 기차표를 예매해 줄까요? 어쨌든 회사가 여행 경비를 지불해야 할 거예요. 지금 바로 제가 예매하고 확인 메일 보내 줄게요.

어휘 through ~을 통해 expense 비용

1. What are the speakers talking about?
   (A) Public transportation
   (B) A design contest
   (C) Fashion styles
   (D) Travel arrangements

   그들은 무엇에 대해 이야기하는가?
   (A) 대중 교통
   (B) 디자인 대회
   (C) 패션 스타일
   (D) 여행 준비

   해설 첫 대사에서 "I have no idea how to get there. Are you taking a plane?" 여자가 패션쇼에 가는지 물으면서 자신은 가는 방법을 모른다고 말한다. 여기에서 여행 준비에 대해 말하는 것을 알 수 있어서 정답은 (D)이다.

2. According to the woman, why has she been busy lately?
   (A) **She is finishing some work.**
   (B) She is designing a building.
   (C) She is starting a new position.
   (D) She is negotiating an agreement.

   여자에 따르면, 그녀는 왜 최근에 바쁜가?
   (A) 그녀는 일을 끝내고 있다.
   (B) 그녀는 빌딩을 디자인하고 있다.
   (C) 그녀는 새로운 일을 하고 있다.
   (D) 그녀는 계약을 협상하고 있다.

   해설 이미 질문에서 여자가 바쁘다는 것을 알 수 있다. 여자 대사에서 "I've been so busy designing new clothes for the next season. I have to finalize them before we leave." 현재 옷을 디자인하고 있고 그것을 떠나기 전에 마무리해야 한다고 하므로 정답은 (A)이다.

3. What does the man say he will do for the woman?
   (A) Revise a first draft
   (B) **Reserve a ticket**
   (C) Reimburse a trip
   (D) Confirm an e-mail

   남자는 여자를 위해 무엇을 할 것이라고 말하는가?
   (A) 첫 원고를 수정하기
   (B) 티켓을 예약하기
   (C) 여행을 변상하기
   (D) 메일을 확인하기

   해설 후반에 남자 대사에서 "Would you like me to book your train ticket for you?" 기차표를 예매해 준다고 하기 때문에 정답은 (B)이다.

Questions 4-6 refer to the following conversation.

W: Hi, George. It's Mariko from Sanwa Industries. I'm calling to let you know that I got a good impression of you at the interview last week. So, **I'd like to offer you the position** of field service engineer.

M: Thanks for calling. I'm very happy with the offer. However, to be honest, **I'm considering all the travelling I'd have to do.** I didn't realize I'd have to go on an overseas business trip at least once a month.

W: Yes, working in another country is mandatory in your field. If it helps, **I'd be willing to discuss a different pay scale** than what was initially offered. Perhaps that would make the job more attractive?

W: 안녕하세요, George. 산화 산업의 Mariko입니다. 저는 지난주 면접에서 당신에게 좋은 인상을 받았음을 알리고자 연락 드립니다. 그래서 현장 서비스 엔지니어 자리를 제의합니다.

M: 전화 주셔서 감사합니다. 그 제안에 매우 기뻐요. 그러나 솔직히 제가 할 모든 출장에 대하여 생각 중입니다. 적어도 한 달에 한 번 해외 출장을 가야 하는지 몰랐어요.

W: 네, 당신의 분야는 다른 나라에서 일하는 것이 의무적이에요. 선택에 도움이 된다면 제가 처음 제시한 급여보다 다른 급여 등급에 대해 이야기할게요. 아마 그게 더 마음에 끌리시겠죠?

어휘 impression 인상 mandatory 의무적인 pay scale 급여 등급 initially 처음에 attractive 마음을 끄는

4. Why is the woman calling?
   (A) To request a service
   (B) **To offer a job**
   (C) To reschedule an interview
   (D) To change a position

   여자는 왜 전화하는가?
   (A) 서비스를 요청하기 위해
   (B) 일자리를 제공하기 위해
   (C) 면접 일정을 다시 정하기 위해
   (D) 위치를 바꾸기 위해

   해설 여자가 전화한 이유는 첫 여자 대사에서 "I'd like to offer you the position ~." 일자리 제공이 목적임을 알 수 있으므로 정답은 (B)이다.

5. What is the man concerned about?
   (A) He is interested in a job at another company.
   (B) He would have to relocate to an overseas country.
   (C) He is concerned that he is not qualified.
   (D) **He would have to take many trips.**

   남자는 무엇에 대해 염려하는가?
   (A) 그는 다른 회사의 일자리에 관심이 있다.
   (B) 그는 해외로 이사해야 한다.
   (C) 그는 자격을 갖추지 못하는 것에 걱정하고 있다.
   (D) 그는 많은 출장을 가야 한다.

   해설 남자 대사에서 "I'm considering all the travelling I'd have to do." 해야 할 출장에 대해 고려 중인 것을 알 수 있으므로 정답은 (D)이다.

6. What part of the job is the woman willing to negotiate?
   (A) The amount of paid time off
   (B) The location
   (C) **The salary**
   (D) The job title

   여자는 직업의 어떤 부분을 기꺼이 협상하기를 원하는가?
   (A) 유급 휴가의 양
   (B) 장소
   (C) 급여
   (D) 새로운 직책

   해설 남자가 그 일자리는 바로 받아들이지 않아서 여자가 후반에 "I'd be willing to discuss a different pay scale" 다른 급여 등급에 대해 이야기하자고 하기 때문에 정답은 (C)이다.

Questions 7-9 refer to the following conversation.

M: Hello, Ms. Min. Thank you **for reviewing the sales report I worked on**. This is my first time preparing it. So, **I wanted to make sure that it is correct.**

W: No problem. It was organized clearly overall. The only issue is that you need to add more details about why the sales decreased last month, so we can come up with ways to increase sales at the next meeting.

M: Okay. I'll do that this afternoon. It would be helpful to analyze the sales figures from last month. **Do you have any feedback other than this?**

W: No. If you need more information, **you should talk to Noriko. She's worked on the sales report before.**

M: 안녕하세요, 민 씨. 고마워요. 제가 작성한 판매 보고서를 검토해 주었죠. 이번이 제가 처음으로 준비한 거예요. 그래서 그것이 정확한지 확실히 하고 싶었어요.
W: 문제 없어요. 전반적으로 잘 정리되어 있었어요. 단지 문제는 왜 지난달에 매출이 감소했는지 더 세부 사항들을 추가로 넣어야 한다는 거예요. 그러면 저희가 다음 달 회의에서 매출을 올릴 방법들을 생각할게요.
M: 좋아요. 오늘 오후에 할게요. 지난달 판매 수치를 분석한 것이 도움이 될 것 같네요. 이것을 제외하고 피드백 있으세요?
W: 아니요. 더 많은 정보가 필요하면 Noriko에게 말하세요. 그녀가 전에 판매 보고서를 작업했어요.

어휘 correct 정확한 clearly 분명히 overall 전반적으로 come up with 생각해 내다 analyze 분석하다

7. What is the main topic of the conversation?
   (A) A new manager
   (B) A sales document
   (C) An office atmosphere
   (D) A project deadline

   대화의 주제는 무엇인가?
   (A) 새로운 매니저
   (B) 판매 서류
   (C) 사무실 환경
   (D) 프로젝트 마감일

   해설 대화 초반의 남자 대사에서 "~ for reviewing the sales report I worked on."을 보면 판매 보고서에 대해 말하는 것을 알 수 있다.

8. What does the man request?
   (A) Some opinions
   (B) Sales tax
   (C) Customers' feedback
   (D) A sample document

   남자가 요청하는 것이 무엇인가?
   (A) 의견들
   (B) 판매 세금
   (C) 고객들의 후기
   (D) 견본 서류

   해설 남자의 대사에 집중하면 초반에서 "I wanted to make sure that it is correct." 의견이 정확한지 알고 싶어 하고, 중반에 "Do you have any feedback other than this?" 또 다른 의견이 있는지 묻기 때문에 정답은 (A)이다. 여기서 (C)의 오답을 조심하자.

9. What does the woman suggest the man do?
   (A) Speak with a coworker
   (B) Organize some files
   (C) Record the information
   (D) Send a memo

   여자는 남자에게 무엇을 하라고 제안하는가?
   (A) 동료와 말하기
   (B) 파일들을 정리하기
   (C) 정보를 기록하기
   (D) 메모를 보내기

   해설 후반에 여자 대사에 집중하면, 여자가 남자에게 더 많은 정보를 원하면 "~ you should talk to Noriko. She worked on the sales report before." 동료와 말하라는 내용으로 정답은 (A)이다.

Questions 10-12 refer to the following conversation.

W: Hi, I'm Janice Kang. **I'm calling about my mobile phone bill. It was much higher than usual.**
M: Okay, what is your account number?
W: My number is 346700.
M: Let me see… **You used a lot of international data in Japan. Did you travel there?**
W: **Yes, last month.** But I only used my phone to take photos.
M: Unfortunately, you're automatically charged when you use any data overseas. Before you went abroad, you should have read the policy carefully. **That's why we sent you a notification instructing you to turn off the data-receiving feature on your phone when traveling.**
W: Oh, I didn't see that. Is there something you can do to reduce these fees? I've been a loyal customer for many years.

W: 안녕하세요. 저는 Janice Kang 입니다. 휴대폰 요금 영수증에 관해 연락을 드려요. 요금이 평소보다 너무 많이 나왔어요.
M: 알겠습니다. 계정 번호가 어떻게 되죠?
W: 제 번호는 346700입니다.
M: 한번 볼게요… 일본에서 국제 데이터를 사용했네요. 거기에 가신 적 있으세요?

W: 네, 지난달에요. 그러나 저는 사진 찍는 것만 휴대폰을 썼어요.
M: 유감스럽게도 해외에서 데이터를 사용했을 때 자동적으로 요금이 부과되었어요. 해외 가기 전에 규정을 잘 봐야 해요. 그래서 저희가 여행할 때 핸드폰 데이터 받는 기능을 끄는 설명이 담긴 통지서를 보내드리고 있죠.
W: 아, 제가 그것을 안 봤네요. 요금을 줄일 수 있는 방법이 있나요? 제가 수년 동안 단골 고객이에요.

어휘 international 국제적인 automatically 자동적으로 overseas/abroad 해외의 notification 통보 feature 기능 reduce 줄이다 loyal customer 단골 고객

10. Why is the woman calling?
(A) To order a mobile phone
(B) To confirm a registration
(C) To close an account
(D) To complain about a bill

여자는 왜 전화하고 있는가?
(A) 휴대폰을 주문하기 위해
(B) 등록을 확인하기 위해
(C) 계정을 닫기 위해
(D) 영수증에 대해 항의하기 위해

해설 첫 여자 대사에서 "I'm calling about my mobile phone bill. It was much higher than usual." 휴대폰 요금 영수증이 많이 나왔다고 말하므로 정답은 (D)이다.

11. What did the woman do last month?
(A) She went on a business trip.
(B) She traveled abroad.
(C) She entered a photo contest.
(D) She purchased a device.

여자는 지난달에 무엇을 했는가?
(A) 그녀는 출장을 갔다.
(B) 그녀는 해외로 여행을 갔다.
(C) 그녀는 사진 대회에 참가했다.
(D) 그녀는 기기를 샀다.

해설 대화 중반에 남자가 여자에게 "You used a lot of international data in Japan. Did you travel there?" 일본에 갔는지 물으니 여자가 지난달에 갔다고 하므로 정답은 (B)이다.

12. According to the man, what was the woman asked to do?
(A) Switch off a device feature
(B) Take many pictures
(C) Rewrite a policy
(D) Sign some documents

남자에 따르면, 여자는 무엇을 하라고 요청 받았는가?
(A) 기기 기능 끄기
(B) 사진 많이 찍기
(C) 규정 다시 쓰기
(D) 서류에 사인하기

해설 남자가 여자에게 "That's why we sent you a notification instructing you to turn off the data-receiving feature on your phone when traveling." 여행할 때 휴대폰 데이터 받는 기능을 꺼야 한다고 말하므로 정답은 (A)이다.

2. 장소/직업

SPARTA Check-UP p.80
1. (C) 2. (D) 3. (B) 4. (C) 5. (B) 6. (A)

Questions 1-3 refer to the following conversation.

M: Ms. Larson, **are you satisfied with the instrument arrangement on the stage?** Is everything in the right place?
W: Yes, it looks good. However, **can you make sure there'll be enough background lights?** I want all the members of my band to be visible.
M: No problem. Let me know when the rehearsal starts with your band so I can adjust the lighting to be certain.
W: All right. **We'll get together for lunch and then we're coming back to the stage to rehearse.**

M: Larson 씨. 무대 악기 배열에 만족해요? 모든 것이 알맞은 장소에 있나요?
W: 네, 좋아 보여요. 그러나 충분한 배경 조명들이 있는지 확인했나요? 저는 밴드 모든 멤버들이 잘 보이길 원해요.
M: 문제 없죠. 언제 밴드가 리허설을 시작하는지 알려 주세요. 그러면 확실히 하기 위해 전등을 조절할 수 있겠죠.
W: 알았어요. 우리 점심 먹고 나서 리허설을 위해 무대로 다시 돌아올게요.

어휘 be satisfied with ~에 만족하다 instrument 악기 arrangement 배열 light 조명 기구 visible 눈에 보이는 rehearsal 리허설 adjust 조절하다 certain 확실한 get together 만나다

1. Who most likely is the man?
(A) A dancer
(B) A musician
(C) A stage director
(D) An audience member

남자는 누구일 것 같은가?
(A) 댄서
(B) 음악가
(C) 무대 감독
(D) 관중

해설 남자의 직업은 대화의 초반에 힌트가 나온다. 남자가 "are you satisfied with the instrument arrangement on the stage?" 무대 악기 배열에 마음에 드는지 여자에게 묻고 있기 때문에 남자의 직업은 무대 감독일 가능성이 높다. 그리고 여자의 직업은 (B) 음악가이다. 여자의 직업과 혼돈하지 않도록 주의하자.

2. What does the woman ask about?
   (A) An instrument arrangement
   (B) A guest list
   (C) Some seating assignments
   (D) Some lights

   여자는 무엇에 관해 묻는가?
   (A) 악기 배열
   (B) 초청자 명단
   (C) 좌석 배치
   (D) 전등

   해설 여자가 묻는 질문은 여자의 대사를 집중해서 들어야 한다. 여자가 대화 중반에 "can you make sure there'll be enough background lights?" 충분한 조명들이 있는지 묻고 있으므로 정답은 (D)이다.

3. What will the woman do next?
   (A) Conclude a task
   (B) Have lunch
   (C) Adjust the lighting
   (D) Start the rehearsal

   여자는 다음에 무엇을 할 것인가?
   (A) 일을 끝내다
   (B) 점심을 먹는다
   (C) 전등을 조절하다
   (D) 리허설을 시작하다

   해설 대화가 끝난 후 여자가 해야 할 일을 묻는 질문으로, 마지막에 여자가 "we'll get together for lunch and then we're coming back to the stage to rehearse." 점심을 먹고 리허설하러 온다고 했으므로 (D)는 함정이고 (B)가 정답이다.

Questions 4-6 refer to the following conversation.

M: **Mr. Lee just called. He wants to increase the number of T-shirts in the order for his employees.**

W: That's good to hear. When do we have to complete the order? Has the deadline changed also?

M: No. Actually, **there's no way we can make them on time that quickly**.

W: So, why don't we add temporary employees to help with this extra work?

M: That's a good idea. **Can you put up the job opening on the recruiting Web site?**

M: 이씨가 방금 그의 직원들을 위해 티셔츠 주문수를 늘리고 싶다고 연락했어요.
W: 좋네요. 언제 주문을 끝내야 하나요? 역시 마감일도 바뀌었죠?
M: 아니요. 사실 그렇게 빨리 제때 만들 수 있는 방법이 없어요.
W: 그럼 이 일을 위해 도와줄 임시 직원을 충원하는 게 어때요?
M: 좋은 생각이네요. 채용 웹 사이트에 일자리를 게시해 주겠어요?

어휘 increase 증가하다 complete the order 주문을 완성하다 deadline 마감일 temporary 임시의 job opening 일자리

4. Where do the speakers most likely work?
   (A) At a local hotel
   (B) At a recruiting agency
   (C) At a clothing manufacturer
   (D) At a laundry service

   화자들은 어디에서 일할 것 같은가?
   (A) 지역 호텔에서
   (B) 직업 소개서에서
   (C) 의류 제조업체에서
   (D) 세탁소에서

   해설 화자들이 일하는 장소는 초반 대사를 집중해서 들으면 "Mr. Lee just called. He wants to increase the number of T-shirts in the order for his employees." 고객이 티셔츠 주문을 늘리고 싶다고 말하는 내용이 나온다. 따라서 대화 장소가 옷 만드는 곳임을 알 수 있기 때문에 (C)가 정답이다.

5. What problem does the man mention?
   (A) A machine is malfunctioning.
   (B) A completion date is not realistic.
   (C) An item is poorly made.
   (D) A supplier went out of business.

   남자는 무슨 문제를 언급하는가?
   (A) 기계가 작동되지 않는다.
   (B) 완성 날짜가 현실적이지 않다.
   (C) 물건이 형편없이 만들어졌다.
   (D) 공급 업체가 폐업했다.

   해설 문제를 듣기 전에 남자가 문제점을 말할 것을 짐작하고 남자의 대사에 집중하자. 중반에서 남자가 "there's no way we can make them on time that quickly." 제때 주문 양을 완성할 방법이 없다고 말하므로 (B) 현실적으로 마감일은 맞추기 힘들다는 것이 정답이다.

6. How will the speakers address the problem?
   (A) By hiring more staff
   (B) By working extra hours
   (C) By updating the Web site
   (D) By negotiating with a business

   화자들은 어떻게 문제점을 처리할 것인가?
   (A) 직원들은 더 고용함으로써
   (B) 초과 근무를 함으로써
   (C) 웹 사이트를 업데이트함으로써
   (D) 사업체와 협상함으로써

   해설 마지막에 남자가 여자에게 "Can you put up the job opening on the recruiting Web site?" 채용 사이트에 일자리를 올려 달라고 하는 내용을 보면 직원을 더 채용할 것을 짐작할 수 있다. 따라서 (A)가 정답이다. (C) 웹 사이트는 함정이니 조심하자.

SPARTA Actual Test
p.81

1. (A) 2. (A) 3. (B) 4. (A) 5. (C) 6. (A)
7. (B) 8. (D) 9. (C) 10. (A) 11. (B) 12. (D)

Questions 1-3 refer to the following conversation.

M: Hello, **this is Robert from Glenside paint shop** and I'm calling to confirm the visit date to deliver your items. Will you be at your home this Friday morning? Is that a good time for you?

W: Sorry, no. **I have a dental appointment that morning.** Could I reschedule for Saturday instead?

M: Let me see… Okay, I can do that day at 9:30 in the morning. Does that work for you?

W: Yes, thanks. And **I suggest that you park on Cremond Avenue, which is right behind my house.** You cannot park in front of my house because the street is too narrow for a delivery truck.

M: 안녕하세요, Glenside 페인트 가게의 Robert입니다. 당신 집에 물건을 배달하기 위한 방문 날짜를 확인하려고 연락 드려요. 이번 주 금요일 오전에 집에 있으신가요? 시간 괜찮으신가요?
W: 미안하지만, 안 돼요. 그날 오전에 치과 예약이 있어요. 대신에 토요일에 일정을 잡아도 될까요?
M: 한번 볼게요… 좋아요, 저는 그날 아침 9시 30분에 가능해요. 그 시간에 괜찮나요?
W: 네, 고마워요. 그리고 Cremond 도로에 차를 주차해 주세요. 저희 집 바로 뒤에 있어요. 배달 트럭이 주차하기에는 길이 너무 좁기 때문에 저희 집 앞에 차를 댈 수가 없어요.

어휘 instead 대신에 narrow 좁은

1. Where does the man most likely work?
   (A) At a paint store
   (B) At a moving company
   (C) At a dental clinic
   (D) At a construction company

   남자는 어디에서 일할 것 같은가?
   (A) 페인트 가게에서
   (B) 이삿짐 회사에서
   (C) 치과에서
   (D) 건설회사에서

   해설 남자가 첫 대사에서 "this is Robert from Glenside paint shop ~" 페인트 가게라고 소개하므로 정답은 (A)이다.

2. Why is the woman unavailable on Friday?
   (A) She will go to a medical office.
   (B) She will paint her house.
   (C) She will have a lot of work.
   (D) She will have an appointment with her friend.

   왜 여자는 금요일에 시간이 안 되는가?
   (A) 그녀는 병원에 갈 것이다.
   (B) 그녀는 집에 페인트칠할 것이다.
   (C) 그녀는 일을 많이 할 것이다.
   (D) 그녀는 친구와 약속이 있을 것이다.

   해설 남자가 금요일에 방문해도 되는지 제안하자 여자가 "I have a dental appointment that morning." 오전에 치과에 가야 한다고 하므로 정답은 (A)이다.

3. What does the woman recommend for the man?
   (A) What to bring
   (B) Where to park
   (C) When to deliver
   (D) Where to paint

   여자는 남자에게 무엇을 제안하는가?
   (A) 가져오는 것
   (B) 주차하는 곳
   (C) 배달하는 때
   (D) 페인트칠하는 곳

   해설 대화 후반에 여자가 "I suggest that you park on Cremond Avenue, which is right behind my house." 집 뒤에 주차하라고 알려 주기 때문에 정답은 (B)이다.

Questions 4-6 refer to the following conversation.

W: Mr. Kim, **I know you wanted my company to design a new advertising campaign for your hair salon.** How do the customers like it so far?

M: Well… they like it but we're concerned about the location. **Since we relocated to the downtown area, we've started to feel the effects of competition.** Business hasn't been as good since then. I'd like to have something special in the commercial.

W: I understand. It would help if I got a better sense of what customers like about your company. That's something we can emphasize throughout the campaign.

M: Okay. **Patrons say they can change their trendy hair styles at a reasonable price** and get a consultation with experienced designers to meet their expectations in our shop. I'm sure no other salons in the area can offer that service.

W: 김 씨, 저희 회사가 당신 미용실의 새로운 광고를 디자인하기 원하셨다고 알고 있어요. 고객들은 지금까지 이 일에 대해 어떻게 생각하나요?
M: 음, 좋아해요. 그러나 단지 장소가 염려되네요. 저희가 시내로 이전한 이후에 경쟁의 영향을 느끼고 있어요. 그때 이후로 사업이 그만큼 잘 안돼요. 특별한 광고를 하면 좋겠어요.
W: 이해해요. 당신의 회사에 대해 고객들이 좋아하는 감각을 더 한다면 도움이 될 거예요. 그게 광고를 통해 우리가 강조할 수 있는 거죠.

M: 좋아요. 고객들은 우리 가게에서 저렴한 가격에 최신 유행 헤어 스타일로 바꿀 수 있고 기대를 맞추기 위한 경력 있는 디자이너들도 만날 수 있어서 좋다고 해요. 이 지역에서 이 서비스를 제공하는 어떤 미용실도 없다고 확신해요.

어휘 so far 지금까지   effect 영향   competition 경쟁   commercial 상업 광고   emphasize 강조하다   reasonable 합리적인   expectation 기대

4. What type of business does the man work for?
 (A) A beauty parlor
 (B) A real estate agency
 (C) An advertising agency
 (D) An equipment rental service

남자는 어떤 회사에서 일하는가?
(A) 미용실
(B) 부동산
(C) 광고 회사
(D) 장비 임대 서비스

해설 첫 여자 대사에서 "I know you wanted my company to design a new advertising campaign for your hair salon." 여자 회사에서 남자의 미용실 광고를 만들게 될 것을 알 수 있다. 따라서 남자의 회사는 (A) 미용실이다.

5. What is the man worried about?
 (A) Customers' complaints
 (B) An expensive location
 (C) An increase in competition
 (D) A shortage of funds

남자는 무엇에 걱정하는가?
(A) 고객의 불만
(B) 돈이 많이 드는 위치
(C) 경쟁의 증가
(D) 자금의 부족

해설 남자가 대사에서 "Since we relocated to the downtown area, we've started to feel the effects of the competition." 시내로 이전하고 나서 경쟁의 영향을 느낀다고 말하므로 위치의 불편함이 아니라 경쟁이 심화되는 것을 걱정하는 것을 알 수 있다. 정답은 (C)이다.

6. What does the man emphasize about the company?
 (A) The affordable prices
 (B) The number of branch offices
 (C) The user-friendly Web site
 (D) The trendy fashion styles

남자는 회사에 대해 무엇을 강조하는가?
(A) 합리적인 가격
(B) 지점의 개수
(C) 사용자 편의 웹 사이트
(D) 최신 유행의 패션 스타일

해설 남자가 "Patrons say they can change their trendy hair styles at a reasonable price ~." 고객들은 합리적인 가격으로 최신 유행 헤어스타일로 바꿀 수 있어서 좋아한다고 말하고 있다. (D)는 패션 스타일로 함정이고 (A)가 정답이다.

Questions 7-9 refer to the following conversation.

W: Excuse me, **I just heard an announcement saying that flight 102 to New York has been delayed for two hours.** But, I didn't get any message from you in advance. I think you should have told me the status of the flight ahead of time.

M: I'm so sorry, ma'am. Unfortunately, our company has been experiencing some technical problems with mobile updates for our passengers. So, we couldn't send you a text. **Would you like me to see if there's an earlier flight?**

W: Yes, **I have a very important meeting with our investors in New York** at four, so I have to go in a hurry.

W: 실례합니다. 뉴욕으로 가는 비행기 102편이 2시간 지연됐다는 안내 방송을 들었어요. 그러나 저는 사전에 당신 회사에서 어떠한 메시지도 받지 못 했어요. 당신들이 사전에 비행의 상태를 저에게 말해 줘야 하는 것 같은데요.
M: 정말 죄송합니다. 유감스럽게도 저희 회사가 승객들에게 휴대폰으로 소식을 전하는 데 기술적인 문제가 있어요. 그래서 당신에게 문자를 보낼 수 없었어요. 더 일찍 출발하는 항공편이 있는지 알아볼까요?
W: 네, 제가 4시 뉴욕에서 투자자들과 매우 중요한 회의가 있어서 서둘러서 가야 돼요.

어휘 status 상태   in advance/ahead of time 사전에   technical problem 기술적 문제   investor 투자자   in a hurry 서둘러

7. Where are the speakers?
 (A) On a flight
 (B) In an airport
 (C) In an office
 (D) At a train station

화자들은 어디에 있는가?
(A) 비행기 내에서
(B) 공항에서
(C) 사무실에서
(D) 기차역에서

해설 첫 대사에서 여자가 "I just heard an announcement saying that flight 102 to New York has been delayed for two hours." 비행기 지연 방송을 들었다고 하는 말을 추측하면 장소가 공항이라는 것을 알 수 있다. 따라서 정답은 (B)이다.

8. What does the man offer to do for the woman?
   (A) Cancel her flight
   (B) Give her money back
   (C) Upgrade her plane seat
   (D) Check the possible flights

   남자는 여자를 위해 무엇을 제공하는가?
   (A) 비행기를 취소하기
   (B) 돈을 돌려주기
   (C) 비행기 좌석을 업그레이드하기
   (D) 이용 가능한 비행기를 확인하기

   해설 여자가 비행기 지연에 대한 불만을 말하자 남자가 "Would you like me to see if there's an earlier flight?" 이용할 수 있는 비행편을 확인한다고 했으므로 정답은 (D)이다.

9. Why should the woman go to New York in a hurry?
   (A) To see her cousin
   (B) To tour the city
   (C) To meet some clients
   (D) To attend a workshop

   왜 여자는 뉴욕으로 빨리 가야 하는가?
   (A) 사촌을 보기 위해
   (B) 도시를 관광하기 위해
   (C) 고객들을 만나기 위해
   (D) 워크숍에 참석하기 위해

   해설 문제를 듣기 전에 질문을 보면 여자가 뉴욕에 빨리 가야 한다는 것을 알게 될 것이다. 후반에 여자 대사에서 "I have a very important meeting with our investors in New York ~." 투자자들을 만나러 가야 한다고 하므로 정답은 (C)이다.

Questions 10-12 refer to the following conversation.

W: **Thank you for agreeing to meet me for this interview.** The readers of Food World Magazine are eager to hear about your company's plans.
M: **We'll be opening some branches in Singapore soon.** We already have a hundred chains nationwide. So we expect to expand our business abroad.
W: All right. **So do you have any plans to open a restaurant in the European market?**
M: **Sure, we're planning on that for next year.**

W: 인터뷰를 위해 저를 만나는 일에 동의해 주셔서 감사해요. Food World Magazine 독자들은 당신의 회사 계획들을 듣고 싶어 해요.
M: 네, 저희는 곧 싱가포르에 몇 개의 지점들을 열 거예요. 이미 전국적으로 100개의 체인점들을 가지고 있어요. 그래서 해외로 사업을 확장하는 것을 기대하고 있죠.
W: 좋아요. 그러면 유럽 시장에 레스토랑을 열 계획이 있으세요?
M: 그럼요. 내년으로 계획하고 있어요.

어휘 be eager to ~을 하고 싶어 하다 nationwide 전국적으로 expand 확장하다

10. Who most likely is the woman?
    (A) A journalist
    (B) A restaurant manager
    (C) A potential applicant
    (D) A chef

    여자는 누구일 것 같은가?
    (A) 기자
    (B) 레스토랑 매니저
    (C) 가능성 있는 지원자
    (D) 요리사

    해설 여자가 초반에 "Thank you for agreeing to meet me for this interview." 인터뷰에 응해 줘서 감사하다고 하므로 여자의 직업이 (A) 기자임을 알 수 있다.

11. What is the main topic of the conversation?
    (A) New restaurant menus
    (B) The expansion of a business
    (C) An increase in sales
    (D) An article about food

    대화의 주제는 무엇인가?
    (A) 새로운 레스토랑 메뉴
    (B) 사업 확장
    (C) 매출 증가
    (D) 음식에 관한 기사

    해설 초반 대사에서 "we'll be opening some branches in Singapore soon." 해외에서도 지점을 연다는 내용이므로 (B)가 정답이다.

12. According to the man, what will happen next year?
    (A) European trips will be available.
    (B) An advertising campaign will start.
    (C) Many branches will be opened nationwide.
    (D) Business will start in the European market.

    남자에 따르면, 내년에는 무슨 일이 일어날 것인가?
    (A) 유럽 여행이 가능할 것이다.
    (B) 광고가 시작될 것이다.
    (C) 전국적으로 많은 지점들이 생길 것이다.
    (D) 사업이 유럽 시장에서 시작될 것이다.

    해설 여자의 마지막 대사에서 "So do you have any plans to open a restaurant in the European market?" 유럽 시장에 지점을 열 것이냐고 묻고 있고 남자가 긍정하므로 정답은 (D)이다.

DAY 9

1. 이유/원인

SPARTA Check-UP p.83

1. (C)　2. (B)　3. (C)　4. (B)　5. (C)　6. (D)

Questions 1-3 refer to the following conversation.

W: Diego, were you at the sales meeting yesterday? I couldn't make it because **I was on the phone with an important client.** Can you fill me in?

M: Okay, you got a copy of the meeting materials, right?

W: Yeah, but **the part about how to get money back for travel expenses was really complicated.** Do you know if there's more documents on that?

M: Oh, you can look at them electronically. You'll see… there's **a link to our internal Web site where you can find more details** on reimbursement procedures.

W: Diego, 어제 영업 회의에 있었어요? 중요한 고객과 통화 중이라서 참석할 수 없었어요. 저에게 알려 주겠어요?
M: 좋아요, 회의 자료 사본을 가지고 있죠, 그렇죠?
W: 네, 하지만 출장 경비를 돌려주는 방법이 너무 복잡했어요. 혹시 거기에 관한 더 많은 자료가 있나요?
M: 아, 컴퓨터로 볼 수 있어요. 우리 웹 사이트에 상환 과정에 대한 더 많은 정보가 링크되어 있어요.

어휘 fill somebody in ~에게 있는 일을 들려주다　materials 자료　complicated 복잡한　electronically 컴퓨터로　internal 내부의　reimbursement 상환

1. Why did the woman miss a meeting?
   (A) She was not feeling well.
   (B) She forgot the meeting time.
   (C) She was talking to a client.
   (D) She did not receive the invitation.

   왜 여자는 회의를 놓쳤는가?
   (A) 그녀는 몸이 안 좋았다.
   (B) 그녀는 회의 시간을 잊어버렸다.
   (C) 그녀는 고객과 대화 중이었다.
   (D) 그녀는 초대장을 받지 못했다.

   해설 여자가 회의에 못 간 이유를 묻는 질문에, 여자의 첫 대사에서 "I was on the phone with an important client." 고객과 통화 중이라서 회의에 못 갔다고 하므로 정답은 (C)이다.

2. What is the woman confused about?
   (A) The details of an assignment
   (B) A reimbursement process
   (C) The terms of a contract
   (D) A travel itinerary

여자는 무엇에 관해 혼란스러워 하는가?
(A) 업무의 세부 사항
(B) 상환 과정
(C) 계약 조건
(D) 여행 일정

해설 음원을 듣기 전에 질문을 먼저 파악하면 여자가 혼란스러워 할 것을 알 수 있다. 중반 여자 대사에서 "the part about how to get money back for travel expenses was really complicated." 비용을 다시 돌려주는 방법에 대해 혼란스러워 하는 것을 알 수 있다. 따라서 정답은 (B)이다. complicated-confused가 유의어임을 외워 두자.

3. According to the man, what should the woman do?
   (A) Restart a computer
   (B) Talk to the manager about the meeting
   (C) Refer to the electronic version of the data
   (D) Upgrade the Web site

   남자에 따르면, 여자는 무엇을 해야 하는가?
   (A) 컴퓨터를 다시 시작한다
   (B) 회의에 대해 매니저에게 말한다
   (C) 자료의 전자 버전을 참고한다
   (D) 웹 사이트를 업그레이드한다

   해설 우선 남자 후반 대사에서 집중하면 남자가 여자에게 "there's a link to our internal Web site where you can find more details ~." 회사 웹 사이트에 들어가서 필요한 정보를 확인하라고 말하고 있다. 따라서 (C)가 정답이다. electronic version이 웹 사이트인 것을 파악할 수 있어야 한다.

Questions 4-6 refer to the following conversation.

W: Excuse me, **there is a mistake on my receipt.** I was charged for two drinks, but I only ordered one.

M: Oh, I'm really sorry about that. I'll revise this right away and bring you a new bill.

W: Thank you. I have a question. **Does your restaurant offer a catering service?** I'm having a company retreat next month.

M: Sure, could you wait a few minutes? **I'll bring over the catering manager for you. She's talking to another customer.**

W: 실례합니다, 영수증에 실수가 있어요. 전 음료를 한 잔 주문했는데 두 잔으로 요금이 부과되었어요.
M: 아, 정말 미안합니다. 지금 당장 수정해서 새로운 영수증을 드릴게요.
W: 고마워요. 질문이 있는데요. 당신 레스토랑은 출장 연회 서비스도 가능한가요? 다음 달에 회사 단합 대회가 있거든요.
M: 물론이죠, 잠시만 기다려 주시겠어요? 제가 출장 연회 담당 매니저를 데리고 올게요. 그녀가 다른 고객과 이야기 중이거든요.

어휘 mistake 실수　charge 청구하다　revise 수정하다　catering service 출장 연회 서비스　company retreat 회사 단합 대회

4. What problem does the woman mention?
   (A) A meal is cold.
   (B) A bill is incorrect.
   (C) An order is not processed.
   (D) A menu item is no longer available.

   여자는 어떤 문제를 언급하는가?
   (A) 음식이 차갑다.
   (B) 영수증이 잘못되었다.
   (C) 주문이 진행되지 않았다
   (D) 한 메뉴를 더 이상 이용할 수 없다

   해설 여자가 말한 문제를 묻는 질문으로, 초반 여자의 대사에서 "there is a mistake on my receipt." 영수증에 실수가 있다고 말하고 있다. receipt은 bill로 대체할 수 있고 mistake는 incorrect로 바꿔 말할 수 있으므로 정답은 (B)이다.

5. What does the woman say she wants to do?
   (A) Speak to the chef
   (B) Fill out a comment card
   (C) Get some details about a service
   (D) Upgrade the catering order

   여자는 무엇을 하고 싶다고 말하는가?
   (A) 요리사에게 말하다
   (B) 의견 카드를 작성하다
   (C) 서비스에 관한 세부 설명을 듣다
   (D) 음식 공급을 개선하다

   해설 여자가 원하는 것을 들으려면 여자의 대사에 집중하면 된다. "Does your restaurant offer a catering service?" 출장 연회 서비스가 가능한지 묻고 있다. 서비스에 대한 정보를 원한다는 것을 짐작할 수 있으므로 (C)가 정답이다.

6. Why is the woman asked to wait?
   (A) A special dish takes time to cook.
   (B) Some food is being packaged.
   (C) There are so many customers.
   (D) A staff member is busy.

   왜 여자는 기다려 달라고 요청 받는가?
   (A) 특별 음식을 요리하는 데 시간이 걸린다.
   (B) 몇 개의 음식이 포장되고 있다.
   (C) 고객들이 많이 있다.
   (D) 직원이 바쁘다.

   해설 음원을 듣기 전에 문제를 미리 읽으면 대화 후반부에서 여자가 기다려야 한다는 것을 짐작할 수 있다. 남자가 후반에 "I'll bring over the catering manager for you. She's talking to another customer." 담당 매니저가 다른 고객과 대화하고 있어서 바쁘다는 내용이므로 정답은 (D)이다.

SPARTA Actual Test   p.84

| 1. (B) | 2. (D) | 3. (A) | 4. (B) | 5. (C) | 6. (D) |
| 7. (C) | 8. (A) | 9. (B) | 10. (B) | 11. (C) | 12. (D) |

Questions 1-3 refer to the following conversation.

M: Hello, you've reached the tech support office. How can I help you?
W: Hi, this is Angelina from the archive department. **I'm receiving a new computer next week,** and I'm wondering how I can back up the files on my current computer.
M: I'll stop by your desk to bring an external hard drive this afternoon. **I'll save your files to the hard drive and then transfer them to your new computer when you get it.**
W: Great! How long will it take to move all the files? I'm worried because I have to complete the employees' records. **The deadline is approaching soon.**
M: At least three hours, but it depends on how many files you have. I'll do my best.

M: 안녕하세요. 기술지원팀입니다. 무엇을 도와 드릴까요?
W: 안녕하세요. 기록보관부의 Angelina입니다. 다음 주에 새 컴퓨터로 받을 겁니다. 그래서 현재 제 컴퓨터에 있는 파일들을 어떻게 백업하는지 궁금해요.
M: 제가 오늘 오후에 외부 하드 드라이브를 가지고 당신 사무실에 들를 거예요. 당신의 파일을 하드 드라이버에 저장하고 그러고 나서 새 컴퓨터가 오면 그것들을 거기로 옮길 거예요.
W: 좋아요! 모든 파일을 옮기는 데 얼마나 걸리나요? 제가 직원들의 기록들을 마무리해야 해서 걱정되네요. 마감일이 곧 다가오고 있거든요.
M: 적어도 3시간 정도요. 그러나 당신이 가지고 있는 파일 개수에 따라 달라요. 최선을 다할게요.

어휘 archive department 기록보관부 current 현재의 external 외부의 deadline 마감일 approach 다가오다 depend on ~에 달려있다

1. According to the woman, what will happen next week?
   (A) She will move offices.
   (B) She will get a new device.
   (C) She will go to a workshop.
   (D) She will fix a computer.

   여자에 따르면, 다음 주에 무슨 일이 일어나는가?
   (A) 그녀는 새로운 사무실로 이사할 것이다.
   (B) 그녀는 새로운 기기를 가질 것이다.
   (C) 그녀는 워크숍에 갈 것이다.
   (D) 그녀는 컴퓨터를 고칠 것이다.

   해설 초반에 여자 대사에 집중하면 "I'm receiving a new computer next week." 다음 주에 컴퓨터를 교체한다고 하는 것은 새로운 기기를 가진다는 것이므로 (B)가 정답이다.

2. What will the man do?
   (A) Join a sports competition
   (B) Write code for a computer program
   (C) Rearrange some computers
   (D) Transfer some electronic files

   남자는 무엇을 할 것인가?
   (A) 스포츠 경기에 참여하다
   (B) 컴퓨터 프로그램 코드를 쓰다
   (C) 몇 개의 컴퓨터를 다시 배열하다
   (D) 전자 파일을 이동하다

   해설 여자가 파일 저장에 대해 걱정하니깐 남자가 "I'll save your files to the hard drive and then transfer them to your new computer when you get it." 하드 드라이버에 파일을 저장하고 나서 새 컴퓨터로 옮겨 준다고 하므로 정답은 (D)이다.

3. Why does the woman say she is concerned?
   (A) A work project is due.
   (B) A document is missing.
   (C) An employee is dissatisfied.
   (D) An assistant is taking time off.

   여자는 왜 걱정이 된다고 말하는가?
   (A) 업무 프로젝트를 마감일이 다가온다.
   (B) 서류가 없어졌다.
   (C) 직원이 불만스러워한다.
   (D) 조수가 휴식 중이다.

   해설 여자는 파일 백업을 일 때문에 빨리 끝내길 원한다. 여자의 대사에서 "The deadline is approaching soon." 마감일이 다가온다는 것을 알 수 있으므로 (A)가 정답이다.

Questions 4-6 refer to the following conversation.

M: Hi. **I'm looking for a hammer** but I can't find one. Aren't they in the gardening section?
W: No, they're over there in aisle five. If you follow me, I'll show you exactly where they are. Are you doing a little work?
M: Well, **last weekend I picked up a beautiful antique mirror at a garage sale** and now I need to hang it up. It's big and heavy so it's quite challenging. I had a hard time carrying it to my house in a wheelbarrow, even though it was only two blocks away.
W: You're kidding! Do you mean the garage sale on Oak Street? **We live right next to that house!**

M: 안녕하세요. 망치를 찾고 있는데요. 찾기 힘드네요. 그것들은 정원 용품 섹션에 있지 않나요?
W: 아니요. 그것들은 저기 5번 통로에 있어요. 따라오시면 어디에 있는지 정확히 보여 드릴게요. 약간의 수리를 하시려는 건가요?
M: 음, 지난주에 중고 물품 세일에서 아름다운 골동품 거울을 샀어요. 그래서 그것을 걸려고요. 크고 무거워서 꽤 도전 의식을 불러 일으켜요. 수레로 저희 집으로 가져왔는데 힘들었어요. 심지어 겨우 두 블록 떨어진 곳이었는데 말이죠.
W: 농담이죠! 설마 Oak Street에서 하는 중고 물품 세일을 말하는 건가요? 우리는 그 집 바로 옆에 살아요!

어휘 hammer 망치 antique 골동품 garage sale 중고 물품 세일 challenging 도전적인

4. What is the man unable to find?
   (A) An optical instrument
   (B) A hand tool
   (C) A protective device
   (D) Some cleaning gear

   남자는 무엇을 찾을 수 없는가?
   (A) 광학 기기
   (B) 손 도구
   (C) 보호 장치
   (D) 청소 장비

   해설 첫 대사에서 남자가 "I'm looking for a hammer." 망치를 찾고 있다고 한다. 그래서 정답은 (B)이다.

5. What did the man do last weekend?
   (A) He purchased a small vehicle.
   (B) He visited an art gallery.
   (C) He obtained an old object.
   (D) He worked in the garden.

   남자는 지난주에 무엇을 했는가?
   (A) 소형차를 샀다.
   (B) 미술관을 방문했다.
   (C) 오래된 물건을 구했다.
   (D) 정원에서 일했다.

   해설 남자가 "last weekend I picked up a beautiful antique mirror at a garage sale ~." 지난주에 골동품 거울을 샀다고 말하고 있다. 그래서 오래된 물건을 샀다는 내용의 (C)가 정답이다.

6. Why most likely is the woman surprised?
   (A) She has met the man before.
   (B) She thought the item was too heavy.
   (C) She was not aware of the announcement.
   (D) She also knows the place the man said.

   왜 여자는 놀라워하는가?
   (A) 남자를 전에 만나본 적이 있다.
   (B) 물건이 너무 무겁다고 생각했다.
   (C) 그 발표에 대해 알지 못 했다.
   (D) 그녀 역시 남자가 말한 장소를 안다.

   해설 후반에 여자가 garage sale에 대해 듣고 놀라면서 "We live right next to that house!" 바로 옆집에 산다고 말한다. 정답은 (D)이다.

Questions 7-9 refer to the following conversation.

M: Am I getting hard of hearing? **I seriously cannot hear anything she's saying. Either the volume is turned down too low or she speaks way too softly.** What's going on?
W: It isn't your problem. I also cannot hear her voice. I think someone forgot to turn on her microphone. Should we shout out that we can't hear her back here?
M: **I'm about to, even though it's not proper etiquette.**
W: No, wait. I'll go over and tell that man there. He looks like he works here.
M: That's a good idea.

M: 제가 잘 못 듣는 건가요? 그녀가 말하는 게 정말 들리지 않아요. 볼륨을 너무 낮췄거나 아니면 그녀가 너무 부드럽게 말하는 것이겠죠. 어떻게 진행되고 있는 건가요?
W: 당신의 문제가 아니에요. 저 역시 그녀의 목소리를 들을 수 없어요. 누군가가 그녀의 마이크 켜는 것을 잊어버린 것 같아요. 여기 뒤에서 잘 안 들린다고 소리칠까요?
M: 제가 막 하려는 참이었어요. 비록 적절한 에티켓은 아니지만요.
W: 아니요. 기다려요. 제가 저기 가서 저 남자에게 말할게요. 그는 여기에서 일하는 사람인 것 같아요.
M: 좋은 생각이에요.

어휘 turn down 낮추다 shout 소리치다 proper 적절한

7. Who are the speakers?
    (A) Patients at a hearing clinic
    (B) Passengers on an airplane
    (C) Members of an audience
    (D) Participants in a game

    화자들은 누구인가?
    (A) 청각 클리닉 환자들
    (B) 비행기 승객들
    (C) 청중들
    (D) 게임 참석자들

    해설 첫 대사에서 남자가 "I seriously cannot hear anything she's saying." 앞에서 강연하는 목소리를 들을 수 없다고 말하고 있다. 연설을 들으러 온 청중임을 알 수 있으므로 (C)가 정답이다.

8. What does the man say about the sound?
    (A) Confused
    (B) Disappointed
    (C) Delighted
    (D) Angry

    남자는 소리에 대해 뭐라고 하는가?
    (A) 혼란스러운
    (B) 실망하는
    (C) 아주 기뻐하는
    (D) 화나는

    해설 초반에 남자가 연설에 대해 "Either the volume is turned down too low or she speaks way too softly." 볼륨 때문인지 아니면 여자가 너무 부드럽게 말해서인지 혼란스러워 하기 때문에 정답은 (A)이다.

9. Why does the man hesitate to shout to the woman with the microphone?
    (A) The woman is too far away to hear him.
    (B) It would be impolite.
    (C) It would not do any good.
    (D) The woman has just turned her microphone up.

    왜 남자는 마이크로 연설하는 여자에게 소리치는 것을 주저하는가?
    (A) 남자 목소리를 듣기에는 여자가 너무 멀리 있다.
    (B) 무례한 것 같다.
    (C) 아무 이득이 없을 것 같다.
    (D) 방금 여자가 마이크 소리를 올렸다.

    해설 남자가 "I'm about to, even though it's not proper etiquette." 에티켓이 아니어서 소리치지 못 하는 것이므로 정답은 (B)이다.

Questions 10-12 refer to the following conversation.

M: Didn't we go over this an hour ago? It seems like I'm rereading the same pages. **We should really get some rest. I think we'd do a lot better sleeping on some of these ideas.**
W: I think so, too. I'm getting sleepy anyway. Why don't we get together first thing tomorrow morning?
M: That'll be good. Shall we have breakfast at Spicoli's? They're open at 7:00 A.M. And then let's start the work.
W: That is a good time, but I want to go to just around the corner here, at the Breakfast Nook. **I prefer their home-style pancakes.**
M: Okay, let's meet there at seven.

M: 한 시간 전에 이것을 검토하지 않았나요? 같은 페이지를 다시 읽는 것 같아요. 우리는 정말 쉬어야 할 것 같아요. 이런 생각들을 할 때 좀 자는 게 좋겠어요.
W: 그래요. 저는 어쨌든 자러 갈게요. 내일 오전에 만나서 제일 먼저 이 일을 하는 게 어때요?
M: 좋아요. Spicoli's에서 아침을 먹을까요? 오전 7시에 문을 열어요. 그러고 나서 일을 시작합시다.
W: 시간은 괜찮은데, 저는 여기 모퉁이를 돌고 있는 Breakfast Nook에 가고 싶어요. 그들의 홈 스타일의 팬케이크를 좋아하거든요.
M: 알았어요. 거기에서 7시에 봐요.

어휘 get some rest 쉬다 get together 만나다

10. What do the two speakers have in common?
    (A) Both are hungry.
    (B) Both are tired.
    (C) Both want to go to Spicoli's.
    (D) Both prefer home-style pancakes.

    화자들이 공통점은 무엇인가?
    (A) 둘 다 배고프다.
    (B) 둘 다 피곤하다.
    (C) 둘 다 Spicoli's에 가고 싶다.
    (D) 둘 다 홈 스타일 펜 케이크를 원한다.

    해설 대화 초반에 남자가 "We should really get some rest." 우리는 쉬어야겠다는 말로 피곤하다는 것을 짐작할 수 있다. (B)가 정답이다.

11. Why does the woman want to go to the Breakfast Nook?
    (A) It opens at 7 A.M.
    (B) She knows the owner.
    (C) She likes the food there.
    (D) It is cheaper than Spicoli's.

    왜 여자는 Breakfast Nook에 가고 싶어 하는가?
    (A) 오전 7시에 문을 연다.
    (B) 그녀는 가게 주인을 안다.
    (C) 그녀는 그곳 음식을 좋아한다.
    (D) Spicoli's 보다 싸다.

    해설 질문을 읽고 여자가 Breakfast Nook에 가고 싶어 할 것을 미리 알고 듣자. 이유는 "I prefer their home-style pancakes." 그 가게의 홈 스타일의 팬케이크를 먹고 싶기 때문이라는 것을 알 수 있다. 정답은 (C)이다.

12. What are the speakers going to do next?
    (A) Continue reading the same pages
    (B) Get a bite to eat
    (C) Continue their discussion
    (D) Get some rest

    화자들은 다음에 무엇을 할 것인가?
    (A) 같은 페이지를 읽는 것을 계속한다
    (B) 간단히 음식을 먹는다
    (C) 토론을 계속한다
    (D) 휴식을 가진다

    해설 마지막에 내일 만날 약속을 정하고 대화가 끝난다. 전체 흐름을 보면 두 사람은 쉬러 가는 것을 알 수 있어서 정답은 (D)이다.

2. 문제점

SPARTA Check-UP p.86

1. (B) 2. (A) 3. (C) 4. (D) 5. (C) 6. (D)

Questions 1-3 refer to the following conversation.

M: **I've reserved a business class seat for the 2:15 flight departing Cairo for Auckland.** Here's my passport and visa.
W: Thank you. On the way there you'll have stopovers in New Delhi and Singapore. Your seat will be 37-A, near the window. Do you have any bags you'd like to check?
M: No, just my laptop and a carry-on bag. I'm taking it on as carry-on luggage. Oh, and **I forgot to order a vegetarian meal for this trip.** Are there any still available?
W: **Just let a flight attendant know your preference** after you board and are seated. They'll take care of that for you. Okay, all your documents have been processed. Please proceed to your left to pass through security.

M: Auckland로 가기 위해 Cairo에서 출발하는 2시 15분 비행기 비즈니스 석을 예약했습니다. 여기 여권과 비자예요.
W: 고맙습니다. 가는 길에 New Delhi와 Singapore을 경유할 겁니다. 좌석은 37-A 창가입니다. 부치실 가방이 있나요?
M: 아니요. 그냥 노트북과 기내용 가방이요. 기내 수화물로 가져갈 거예요. 아, 그리고 이동 중 채식주의의 식사로 주문하는 것을 잊어버렸네요. 아직 가능합니까?
W: 탑승하고 나서 승무원에게 당신이 선호하는 것을 알려주면 됩니다. 그들이 신경을 쓸 거예요. 모든 서류가 처리되었습니다. 보안을 통과하기 위해 왼쪽으로 가시면 됩니다.

어휘 stopover 경유 carry-on luggage 기내용 짐
vegetarian 채식주의자 preference 선호
process 처리하다 proceed 이동하다 security 보안

1. What is the man's final destination?
   (A) Cairo
   (B) Auckland
   (C) New Delhi
   (D) Singapore

   남자의 최종 목적지는 무엇인가?
   (A) Cairo
   (B) Auckland
   (C) New Delhi
   (D) Singapore

   해설 첫 대사에서 "I've reserved a business class seat for the 2:15 flight departing Cairo for Auckland." 목적지는 Auckland이고 출발지는 Cairo인 것을 알 수 있다. 그래서 정답은 (B)이다.

2. What is the man concerned about?
   (A) Menu options
   (B) Arrival times
   (C) Baggage limits
   (D) Window seats

   남자는 무엇에 대해 걱정하는가?
   (A) 메뉴 선택 사항
   (B) 도착 시간
   (C) 수화물 제한
   (D) 창가 좌석

   해설 남자 대사에 집중해서 들으면 "I forgot to order a vegetarian meal for this trip." 채식주의 식사 주문하는 것을 잊어버려서 메뉴를 걱정하고 있음을 알 수 있다. 그래서 정답은 (A)이다.

3. What does the woman ask the man to do?
   (A) Submit additional documents
   (B) Pay another fee for heavy luggage
   (C) Talk to the aircraft cabin crew
   (D) Wait for security personnel to arrive

   여자는 남자에게 무엇을 하도록 요청하는가?
   (A) 추가적인 서류들을 제출하다
   (B) 무거운 짐을 위한 비용을 추가로 지불하다
   (C) 승무원과 말하다
   (D) 도착하는 보안 요원을 기다리다

   해설 후반에 여자는 "let a flight attendant know your preference ~." 남자의 문의에 대해 탑승하고 승무원에게 말하라고 한다. flight attendant라는 표현을 aircraft cabin crew로 대체한 것으로 정답은 (C)이다.

Questions 4-6 refer to the following conversation.

W: Thanks for visiting, Mr. Flynn. Your work crew did a good job painting the hallway of our building. It goes well with our other rooms. So could I ask a favor? As you can see, **the restroom on the 10th floor also needs to be painted because of leaking from the ceiling.** I know you are so busy.
M: Hmm… Actually, my team is fully scheduled this week. Is it urgent? **By when should I complete the work?**
W: To be honest, I hope you'll be able to take care of this soon.
M: All right. **I'll check our work schedule** again and let you know by the end of the day.

W: 방문해 주셔서 감사합니다. Flynn 씨. 당신의 작업반이 우리 빌딩 복도를 페인트칠을 잘 했어요. 다른 방들도 잘 진행되고 있고요. 그래서 제가 한 가지 부탁해도 될까요? 알다시피 천장 누수 때문에 10층 화장실을 페인트칠해야 합니다. 당신이 아주 바쁜 것은 알고 있어요.
M: 흠… 사실 우리 팀이 이번 주에 일정이 다 찼어요. 급한 일인가요? 언제까지 작업을 끝내야 하나요?
W: 솔직히 말하면 당신이 이 일을 빨리 맡았으면 좋겠어요.
M: 좋아요. 제가 다시 작업 일정을 확인해 보고 오늘까지 당신에게 알려 줄게요.

어휘 work crew 작업반 favor 부탁 leaking 누수 ceiling 천장 take care of~ ~을 신경 쓰다/돌보다

4. What problem does the woman mention?
   (A) A painting is blurry.
   (B) A restroom is dirty.
   (C) A job is incomplete.
   (D) A ceiling is damaged.

   여자는 무슨 문제를 언급하는가?
   (A) 그림이 흐리다.
   (B) 화장실이 더럽다.
   (C) 일이 완성되지 않았다.
   (D) 천장에 하자가 생겼다.

   해설 첫 여자 대사에서 "the restroom on the 10th floor also needs to be painted because of leaking from the ceiling." 천장 누수의 문제를 이야기하기 때문에 정답은 (D)이다.

5. What does the man ask the woman about?
   (A) A crew member's name
   (B) A start time
   (C) A completion date
   (D) Inexperienced workers

   남자는 여자에게 무엇에 관해 묻는가?
   (A) 작업반들의 이름
   (B) 시작 시간
   (C) 완성 날짜
   (D) 경험 부족한 노동자들

   해설 대화 중반에 남자가 "By when should I complete the work?" 언제까지 작업을 끝내야 하는지 묻고 있다. 따라서 (C)가 정답이다.

6. What does the man say he will do right away?
   (A) Check the work number
   (B) Contact the supplier
   (C) Finish some works
   (D) Adjust a schedule

   남자는 지금 당장 무엇을 한다고 말하는가?
   (A) 작업 수를 확인하기
   (B) 공급 업체에 연락하기
   (C) 어떤 작업을 마무리하기
   (D) 일정을 조정하기

   해설 후반 남자 대사에 집중하면 "I'll check our work schedule again ~." 다시 일정을 확인해 본다는 말은 일정을 조정해 보겠다는 의미하므로 정답은 (D)이다.

SPARTA Actual Test   p.87

| 1. (D) | 2. (B) | 3. (A) | 4. (C) | 5. (B) | 6. (B) |
| 7. (A) | 8. (C) | 9. (A) | 10. (B) | 11. (C) | 12. (B) |

Questions 1-3 refer to the following conversation.

M: Hello, Ms. Matsuda? I'm calling from TOP electronics store. **I'm so sorry, but the refrigerator you ordered was accidentally left off of this morning's delivery schedule.** We discovered the oversight after the delivery truck left.

W: Oh, no. **Three days from now, an inspection will be carried out in our restaurant.** So we need the refrigerator to be installed by tomorrow. Our refrigerator is too outdated.

M: Hmm… That doesn't leave us with much time. Please give me a second. **I'm going to contact my manager.** I think she'll be able to deal with this problem.

M: 안녕하세요, Matsuda 씨? TOP 전자 매장에서 연락 드려요. 주문하신 냉장고가 오늘 아침 배송 일정에 뜻하지 않게 빠져 버렸어요. 배송 트럭이 떠난 후에 실수를 알았습니다.
W: 아, 안 돼요. 지금부터 3일 뒤에 우리 레스토랑에 점검이 진행될 거예요. 그래서 내일까지 그것을 설치해야 해요. 우리 냉장고가 너무 오래됐어요.
M: 음… 우리에게 시간이 많이 없네요. 잠시만요. 제가 매니저에게 연락할게요. 그녀가 이 문제를 다룰 수 있을 거예요.

어휘 accidentally 뜻하지 않게 leave off ~을 빼다 oversight 실수 inspection 점검 deal with 다루다

1. What problem does the man mention?
  (A) Some defective items
  (B) The shortage of a product
  (C) A broken truck
  (D) A delivery error

남자는 무슨 문제를 언급하는가?
(A) 결함 있는 물건들
(B) 물건의 부족
(C) 고장 난 트럭
(D) 배송 실수

해설 남자의 첫 대사에서 "I'm so sorry, but the refrigerator you ordered was accidentally left off of this morning's delivery schedule." 오전 배송에 주문한 냉장고가 빠졌다고 말하기 때문에 정답은 (D)이다.

2. What does the woman say is planned in three days?
  (A) A product launch
  (B) An inspection
  (C) A cooking class
  (D) A product demonstration

여자는 3일 뒤에 어떤 계획이 있다고 말하는가?
(A) 제품 출시
(B) 점검
(C) 요리 수업
(D) 제품 시연회

해설 여자 대사에서 "Three days from now, an inspection will be carried out in our restaurant." 지금부터 3일 뒤에 점검이 있다고 걱정하고 있다. 정답은 (B)이다.

3. What does the man say he will do?
  (A) Call a supervisor
  (B) Install a device
  (C) Extend a warranty
  (D) Contact the woman's manager

남자는 그가 무엇을 할 것이라고 말하는가?
(A) 상사에게 전화하기
(B) 기기를 설치하기
(C) 보증 기간을 연장하기
(D) 여자의 매니저에게 연락하기

해설 남자가 후반에 "I'm going to contact my manager." 매니저에게 연락해서 문제를 해결하겠다고 말하므로 정답은 (A)이다. 여기에서 (D)를 조심하자. 연락하려는 사람은 여자의 매니저가 아니고 남자의 매니저이다.

Questions 4-6 refer to the following conversation.

M: Hi, Sarah. **How is the employee handbook for the new recruits coming along?** We're going to use it for the new employee orientation next week. So I'd like to look at it before this Friday.

W: Absolutely, no worries. Alice is revising the employee benefits section now to make it easier to understand.

M: Oh, good. Actually, **we had some questions from new employees last year about benefits program.** It'll be good to have everything stated clearly this time.

W: Yes, I knew that, so I wanted to have more information explaining those kind of things.

M: Thanks. **I think this orientation will be successful as planned and I'm delighted you have done a good job.**

M: 안녕하세요, Sarah. 신입 사원들을 위한 직원 안내서가 어떻게 진행되고 있어요? 우리는 다음 주에 있을 신입 사원 오리엔테이션에 그것을 사용할 거예요. 그래서 이번 주 금요일 전에 그것을 보고 싶어요.
W: 물론이죠, 걱정하지 마요. 지금 Alice가 이해하기 더 쉽게 직원 복지 부분을 수정 중이에요.
M: 오, 좋아요. 사실 작년에 복지 프로그램에 대해 신입 사원들에게서 질문들을 받았거든요. 이번에 모든 것이 명백히 규정되면 좋겠네요.
W: 네, 저도 알았어요. 이런 것들을 설명하기 위해 더 많은 정보를 추가하고 싶었거든요.
M: 고마워요. 이번 오리엔테이션이 계획한 대로 잘 될 거예요. 그리고 당신이 잘하고 있어서 기쁘네요.

어휘 employee handbook 직원 안내서 new recruit 신입 사원 employee benefits 복지 제도

4. What does the man ask the women about?
  (A) The training of new hires
  (B) The interview schedule of applicants
  (C) The status of manual materials
  (D) The location of an orientation

  남자는 여자에게 무엇에 관해 묻는가?
  (A) 신입 사원들의 교육
  (B) 지원자들의 인터뷰 일정
  (C) 설명서 자료의 상황
  (D) 오리엔테이션의 장소

  해설 남자가 첫 대사에서 "How is the employee handbook for the new recruits coming along?" 직원 안내서의 진행 상황을 묻고 있으므로 정답은 (C)이다.

5. According to the man, what was the problem with the employee handbook last year?
  (A) Some sections were missing.
  (B) Some information was not clear.
  (C) The printing was blurry.
  (D) It was sent to the wrong place.

  남자에 따르면, 작년에 직원 안내서의 문제가 무엇이었는가?
  (A) 몇 개의 섹션이 빠졌다.
  (B) 몇 개의 정보가 분명하지 않았다.
  (C) 인쇄가 흐리게 됐다.
  (D) 잘못된 장소로 보냈다.

  해설 여자가 안내서의 정보를 수정하고 있다고 말하자 남자가 "~ we had some questions from new employees last year about the benefits program." 작년에 복지에 대해 질문이 있었다고 말한다. 따라서 정보들이 명확하지 않았다는 것을 의미한다. 정답은 (B)이다.

6. What does the man say he is pleased about?
  (A) The flexible schedule
  (B) The favorable progress
  (C) The deadline extension
  (D) The approval process

  남자는 무엇에 대해 기뻐한다고 말하는가?
  (A) 자유로운 일정
  (B) 순조로운 과정
  (C) 마감일 연장
  (D) 승인 과정

  해설 대화 후반에 남자는 "I think this orientation will be successful as planned and I'm delighted you have done a good job." 계획대로 일이 잘 되고 있어서 기뻐하고 있다. 정답은 (B)이다.

Questions 7-9 refer to the following conversation.

W: Hi, David. I saw your email about the safety training at 11 A.M. this Thursday. **But I have to meet with clients at that time.**
M: Oh, I didn't know you had a meeting. How long will it take?
W: Around an hour. I have to negotiate the terms of the contract. **Is there any way that you could start the training later in the day?**
M: I don't think so. The rest of our team isn't available this afternoon. But if it's okay with you, **I can just email you the training materials to review on your own.** If you have any questions, contact me anytime.

W: 안녕하세요, David. 이번 주 목요일 오전 11시에 안전 교육에 관한 메일을 봤어요. 그러나 그 시간에 저는 고객을 만나야 해요.
M: 오, 당신이 회의가 있는 줄 몰랐어요. 회의가 얼마나 걸릴까요?
W: 한 시간 정도요. 계약 조건들을 협상해야 하거든요. 그날 교육을 늦게에 시작할 수 있는 방법이 있나요?
M: 아니요. 나머지 팀원들이 오후에 시간이 안 돼요. 그러나 괜찮다면 스스로 검토할 수 있도록 교육 자료들을 메일로 보내 줄게요. 질문이 있으면 언제든지 저에게 연락 주세요.

어휘 safety 안전 negotiate 협상하다 terms 조건 material 자료 review 검토하다

7. What is the woman's problem?
  (A) There is a scheduling conflict.
  (B) There are no projectors available.
  (C) A contract is incorrect.
  (D) A deadline has been moved up to Friday.

  여자의 문제는 무엇인가?
  (A) 일정이 겹친다.
  (B) 이용할 수 있는 프로젝터가 없다.
  (C) 계약서가 잘못되었다.
  (D) 마감일이 금요일로 앞당겨졌다.

  해설 여자가 교육 시간을 언급하면서 "But I have to meet with clients at that time." 그 시간에 고객과 약속이 있다고 말하고 있다. 일정이 겹치는 문제이므로 정답은 (A)이다.

8. What does the woman inquire about?
   (A) Negotiating the prices
   (B) Winning the contract
   (C) Putting off a training session
   (D) Arranging a teleconference

   여자는 무엇에 대하여 문의하는가?
   (A) 가격을 협상하는 것
   (B) 계약을 성사하는 것
   (C) 교육을 지연하는 것
   (D) 전화 회의를 준비하는 것

   해설 여자가 일정이 겹친다고 언급하면서 "Is there any way that you could start the training later in the day?" 교육을 늦게 시작해 달라고 요청하고 있다. 정답은 (C)이다.

9. What does the man say he will do?
   (A) Forward some documents
   (B) Review the materials
   (C) Speak with a supervisor
   (D) Contact a client

   남자는 무엇을 할 것이라고 말하는가?
   (A) 서류를 보내기
   (B) 자료를 검토하기
   (C) 상사와 말하기
   (D) 고객에게 연락하기

   해설 후반에 남자 대사에서 "I can just email you the training materials to review on your own." 교육 자료를 여자가 검토할 수 있게 보낸다는 내용을 확인할 수 있다. (B)는 여자가 해야 하는 행동으로 오답이고, 정답은 (A)이다.

Questions 10-12 refer to the following conversation.

W: Hi, **a patron returned an expensive designer suit this morning.** Do you know the reason he brought it back?
M: Actually, I do. The suit's label said the wrong size, and he bought it without trying it on. I checked the other suits on that same rack just now, and **I found out there are some more suits with the wrong label.** So, we need to check all the labels of the items at our store.
W: Okay. **I'll check the racks of the other types of suits.** Can you check the shirts and coats?

W: 안녕하세요. 단골 고객이 오늘 아침에 비싼 디자이너 정장을 반납했어요. 그가 가져온 이유를 알아요?
M: 사실 알아요. 정장 라벨이 잘못된 사이즈로 표기되어 있었고 그는 입지도 않고 구매했죠. 저는 방금 전에 같은 옷걸이에 걸려 있는 다른 정장들을 확인했어요. 그리고 잘못된 라벨이 있는 정장들이 있는 것을 발견했죠. 그래서 우리 가게 모든 상품들의 라벨을 확인해야 해요.
W: 좋아요. 제가 다른 종류의 정장들이 있는 옷걸이를 확인할게요. 당신은 셔츠와 코트를 확인해 주겠어요?

어휘 return 반납하다 rack 걸이 label 라벨

10. Where do the speakers most likely work?
    (A) At a furniture warehouse
    (B) At a retail store
    (C) At a supermarket
    (D) At a restaurant

    화자들은 어디에서 일할 것 같은가?
    (A) 가구 창고에서
    (B) 소매점에서
    (C) 슈퍼마켓에서
    (D) 레스토랑에서

    해설 첫 대사에서 여자가 "a patron returned an expensive designer suit this morning." 고객이 옷을 반납했다고 하고 있다. 화자들이 옷 가게에서 일한다는 것을 알 수 있으므로 (B)가 정답이다.

11. What is the problem?
    (A) Some merchandise is broken.
    (B) A receipt is missing.
    (C) The information on some labels is incorrect.
    (D) An order has not arrived.

    문제가 무엇인가?
    (A) 몇 개 상품이 고장 났다.
    (B) 영수증이 없어졌다.
    (C) 라벨에 있는 정보가 잘못됐다.
    (D) 주문이 도착 안 했다.

    해설 남자가 옷들을 확인해보니 "I found out there are some more suits with the wrong label." 라벨이 잘못 되었다고 한다. 따라서 정답은 (C)이다.

12. What will the speakers probably do next?
    (A) Mail a discount voucher
    (B) Inspect some labels
    (C) Talk to a store owner
    (D) Change a dinner appointment

    화자들은 아마도 다음에 무엇을 할 것인가?
    (A) 할인권을 메일로 보내기
    (B) 라벨을 검사하기
    (C) 가게 주인과 말하기
    (D) 저녁 약속을 바꾸기

    해설 후반에 여자가 "I'll check the racks of the other types of suits." 본인은 정장을 확인할 것이고 남자에게 셔츠와 코트를 확인하라고 말하고 있다. 정답은 (B)이다.

DAY 10

1. 제안/제공/요청

SPARTA Check-UP p.89

1. (C) 2. (B) 3. (B) 4. (A) 5. (D) 6. (A)

Questions 1-3 refer to the following conversation.

M: Hi, Ms. Rartez. I'm calling about your laptop computer case design you sent over last week. **I wanted to let you know that we should be able to manufacture them here** at our plastics factory next week.

W: Okay, I'm glad to hear that. To begin, we'd like to start with 1,000 cases and then hand them out to some field testers to get their feedback. **Can you tell me how much it would cost for that?**

M: **If you make them all the same pattern, it'll be cheaper for you.** Also we'll be able to complete them faster.

M: 안녕하세요, Rartez 씨. 지난주에 보내신 노트북 컴퓨터 케이스 디자인 때문에 연락 드려요. 우리가 다음 주에 여기 플라스틱 공장에서 그것들을 제조할 수 있다고 말씀 드리려고 합니다.
W: 네, 기쁘네요. 먼저 1000개 케이스를 시작했으면 해요. 그러고 나서 피드백을 받기 위해 검사자들에게 나눠주면 좋겠네요. 그것에 대해 얼마나 비용이 드는지 말해 주겠어요?
M: 만약에 모두 같은 모양으로 만든다면 더 싸게 드릴 수 있어요. 그리고 더 빨리 완성할 수 있습니다.

어휘 manufacture 제조하다 tester 검사자 pattern 모양

1. Where does the man most likely work?
 (A) At an electronics store
 (B) At a clothing distributor
 (C) At a manufacturing plant
 (D) At a computer manufacturer

남자는 어디서 일할 것 같은가?
(A) 전자 제품 가게에서
(B) 의류 유통 회사에서
(C) 제조 공장에서
(D) 컴퓨터 제조 업체에서

해설 첫 대사에서 "I wanted to let you know that we should be able to manufacture them here ~." 여자가 보낸 컴퓨터 케이스 디자인을 자신의 공장에서 만들 수 있다고 한다. (D)는 함정이고 케이스 제조 공장에 해당하므로 (C)가 정답이다.

2. What does the woman ask about?
 (A) The size of an order
 (B) The price quote
 (C) Customer survey results
 (D) Testers' feedback

여자는 무엇에 대해 물어보는가?
(A) 주문 사이즈
(B) 가격 견적
(C) 고객 설문조사 결과
(D) 검사자들의 피드백

해설 대화 중반에 여자가 "Can you tell me how much it would cost for that?" 얼마의 비용이 드는지 묻고 있다. 제품 견적을 묻는 것이므로 (B)가 정답이다.

3. What does the man recommend regarding the order?
 (A) Changing the pattern
 (B) Limiting pattern options
 (C) Calling a different supplier
 (D) Completing the form first

남자가 주문에 대해 추천하는 것은 무엇인가?
(A) 모양을 바꾸는 것
(B) 모양 선택을 제한하는 것
(C) 다른 공급 업체에게 연락하는 것
(D) 처음으로 양식을 작성하는 것

해설 후반에 남자 대사에 집중하면 "If you make them all the same pattern, it'll be cheaper for you." 같은 모양으로 만든다면 더 싸고 빠르게 할 수 있다는 내용을 들을 수 있다. (A)는 change를 넣은 함정이다. 모양을 바꾸지 못하게 선택을 제한하자는 의견을 말하므로 (B)가 정답이다.

Questions 4-6 refer to the following conversation.

W: Marco, this is my first time meeting a client overseas, and **I'm not sure how to reserve my flight.** Would you mind helping me out?

M: Sure, how much is your travel budget for the business trip? I need to know about that **because there's a limit on how much each person can be reimbursed. After you check that,** I'll be happy to show you the booking process.

W: Okay. One more thing... What about transportation to the airport?

M: Actually, **they pay for a cab to the airport if you leave from the office.**

W: Marco, 이번이 해외 고객과 처음 만나는 자리예요. 그리고 비행기 예약하는 방법을 잘 모르겠어요. 도와줄 수 있어요?
M: 물론이죠. 출장에 이동 예산이 얼마예요? 그걸 먼저 알아야 해요. 왜냐하면 각 사람마다 상환 받는 금액이 제한되어 있어요. 그것을 확인한 후에 제가 예약 과정을 보여 줄게요.
W: 좋아요, 한 가지 더요… 공항으로 가는 차량은 어때요?
M: 사실 만약에 당신이 사무실에서 나간다면 회사가 공항까지 가는 택시비를 지불해 줘요.

어휘 overseas 해외의 reimburse 배상하다 transportation 차량/운송

4. What does the woman need help with?
   (A) Making travel arrangements
   (B) Reserving a hotel
   (C) Locating an airport
   (D) Checking the travel budget

   여자가 도움이 필요한 일이 무엇인가?
   (A) 이동을 준비하는 것
   (B) 호텔을 예약하는 것
   (C) 공항 위치를 찾는 것
   (D) 이동 예산을 확인하는 것

   해설 첫 대사에서 여자가 "I'm not sure how to reserve my flight. Would you mind helping me out?" 비행기 예약하는 것을 모른다고 말하고 있다. 이동 준비에 도움이 필요한 것을 알 수 있다. 보통 여행이나 이동 준비는 비행기나 호텔을 예약하는 것에 해당하므로 (A)가 정답이다.

5. What does the man ask the woman for information about?
   (A) An itinerary
   (B) A deadline
   (C) A flight schedule
   (D) A cost

   남자는 여자에게 어떤 정보를 요청하는가?
   (A) 여행 일정
   (B) 마감일
   (C) 비행 일정
   (D) 비용

   해설 남자가 대화 중반에서 여자에게 출장 경비를 물어본다. "because there's a limit to how much each person can be reimbursed. After you check that, ~" 회사가 사람마다 주는 경비가 제한되어 있으니 비용을 확인하라고 한다. 그래서 정답은 (D)이다.

6. What does the man say is provided?
   (A) A free taxi ride
   (B) A meal voucher
   (C) Airport directions
   (D) Travel insurance

   남자가 무엇을 제공해 준다고 하는가?
   (A) 택시비
   (B) 식사권
   (C) 공항 길 안내
   (D) 여행 보험

   해설 후반에 "~ they pay for a cab to the airport if you leave from the office." 사무실에서 출발하면 회사가 택시비를 제공해 준다고 한다. 정답은 (A)이다.

SPARTA Actual Test   p.90

1. (A) 2. (D) 3. (A) 4. (A) 5. (D) 6. (C)
7. (A) 8. (B) 9. (A) 10. (A) 11. (B) 12. (D)

Questions 1-3 refer to the following conversation.

W: In short, Frank, you've been working hard here over the past year. So you're a valuable member of the department, which is why **you continuously receive outstanding performance evaluations from the company.**
M: I'm really satisfied with the opportunity to work here.
W: That's good to hear. We want you to have more responsibilities. **We're expanding the branch in Tokyo next year and we'd like you to oversee that branch.**
M: Really? That's wonderful. But I have to talk to my family first. By when should I make a decision?
W: How about meeting next week to discuss this?

W: 요컨대, Frank, 당신은 지난 몇 년간 여기에서 열심히 일했어요. 그래서 당신은 우리 부서의 소중한 멤버예요. 그게 당신이 우리 회사에서 뛰어난 업무 능력 평가를 지속적으로 받고 있는 이유이기도 하죠.
M: 저는 여기에서 일할 수 있는 기회에 매우 만족해요.
W: 반가운 말이네요. 그래서 우리는 당신이 더 많은 업무를 맡길 바라요. 우리는 내년에 도쿄 지점을 확장할 것이고 그 지점을 당신이 감독했으면 합니다.
M: 정말요? 흥분돼요. 그러나 제 가족에게 먼저 말을 해야 해요. 언제까지 결정해야 하나요?
W: 토론하기 위해 다음 주에 만나는 게 어때요?

어휘 valuable 소중한 outstanding 뛰어난 performance 업무 evaluation 평가 be satisfied with ~에 만족하다 opportunity 기회 responsibility 책임 expand 확장하다 oversee 감독하다 make a decision 결정하다

1. What does the woman say about the man's job performance?
   (A) He is a competent employee.
   (B) He always meets his deadlines.
   (C) He always has creative ideas for new projects.
   (D) He has increased company profits.

   여자는 남자의 업무 능력에 대해 뭐라고 말하는가?
   (A) 그는 능력 있는 직원이다.
   (B) 그는 항상 마감일을 잘 맞춘다.
   (C) 그는 항상 새로운 프로젝트에 창의적인 아이디어를 낸다.
   (D) 그는 회사 수익을 증가시켰다.

   해설 여자가 초반에 남자에게 "~ you continuously receive outstanding performance evaluations from the company." 그의 업무 능력을 높게 평가한다고 말한다. 그가 능력 있는 직원임을 의미하므로 정답은 (A)이다.

2. What does the woman ask the man to do?
   (A) Attend a trade show
   (B) Join a leadership council
   (C) Meet the client in Tokyo
   (D) Accept a new position

   여자는 남자에게 무엇을 하라고 요청하는가?
   (A) 무역 박람회에 참석하기
   (B) 지도부 위원회에 가입하기
   (C) 도쿄에서 고객을 만나기
   (D) 새로운 직책을 받아들이기

   해설 여자는 내년에 사업을 확장할 것이고 "~ we'd like you to oversee that branch." 남자에게 지점을 맡아 달라고 말하고 있다. 정답은 (D)이다.

3. What is the company planning to do next year?
   (A) Open a new overseas office
   (B) Expand the business hours
   (C) Meet the staff's family
   (D) Get feedback from employees

   회사는 내년에 무엇을 할 계획인가?
   (A) 새로운 해외 사무실을 연다
   (B) 영업 시간을 연장한다
   (C) 직원들의 가족을 만난다
   (D) 직원들로부터 피드백을 얻는다

   해설 대화 중반에 여자가 "We're expanding the branch in Tokyo next year ~." 내년에 도쿄 지점을 확장한다는 내용으로 해외 지점을 열 계획이라고 말하고 있다. 정답은 (A)이다.

Questions 4-6 refer to the following conversation.

M: Hi, Sunisa. **We should begin an advertising campaign for our Food Community Fair on television** and radio to attract more people. Unfortunately, many people in the area still aren't familiar with the event.
W: Actually, we probably cannot afford to do that. But **why don't you forward me a budget proposal?** I'll take a look at it and see if I can convince the board of directors.
M: Thank you. I'll put together the proposal right away. Just so you know, **from next Monday the local broadcasting network is offering a big discount** for first-time TV advertisers. It might be a great opportunity for us.

M: 안녕하세요, Sunisa. 우리는 음식 지역 박람회에 더 많은 사람들을 끌어모으기 위해 텔레비전과 라디오 광고를 시작해야 해요. 안타깝게도 지역에 많은 사람들이 이 행사에 친숙해하지 않아요.

W: 사실 저희는 그럴 여유가 없어요. 하지만 저에게 예산 기획안을 보내는 게 어때요? 제가 이사진들을 설득할 수 있는지 볼게요.
M: 고마워요. 지금 당장 기획안을 준비할게요. 단지 알아야 하는 게 다음주 월요일부터 지역 방송국이 첫 텔레비전 광고주들에게 큰 할인을 제공해요. 저희에게 멋진 기회가 될 거예요.

어휘 attract 끌다 be familiar with ~에 친숙하다 forward 보내다 convince 설득하다 put together 준비하다 broadcasting 방송 advertiser 광고주

4. What does the man recommend?
   (A) Advertising on television
   (B) Switching the day of an event
   (C) Conducting a survey
   (D) Entertaining people in the area

   남자가 추천하는 것을 무엇인가?
   (A) 텔레비전에 광고하는 것
   (B) 행사의 날짜를 바꾸는 것
   (C) 설문 조사를 하는 것
   (D) 지역 사람들을 즐겁게 하는 것

   해설 첫 남자 대사에서 "We should begin an advertising campaign for our Food Community Fair on television ~." 행사에 대한 텔레비전 광고를 시작해야 한다고 말하고 있다. 정답은 (A)이다.

5. What does the woman ask the man to do?
   (A) Communicate with employees
   (B) Reduce expenses
   (C) Attend a board meeting
   (D) Send a plan

   여자는 남자에게 무엇을 하라고 하는가?
   (A) 직원들과 의사소통하기
   (B) 지출을 줄이기
   (C) 이사회에 참석하기
   (D) 계획안을 보내기

   해설 남자가 광고를 해야 한다는 말에 여자가 금전적인 여유가 없다고 말하면서 "why don't you forward me a budget proposal?" 예산 기획안을 보내라고 한다. 따라서 (D)가 정답이다.

6. What does the man say will start on Monday?
   (A) A clearance sale
   (B) An important project
   (C) A special offer
   (D) A television show

   남자는 월요일에 무엇이 시작할 것이라고 말하는가?
   (A) 창고 정리 세일
   (B) 중요한 프로젝트
   (C) 특별 할인
   (D) 텔레비전 쇼

해설 대화 후반에 남자가 "from next Monday the local broadcasting network is offering a big discount ~." 월요일부터 지역 방송국에서 큰 할인이 있다는 내용으로 정답은 (C)이다.

Questions 7-9 refer to the following conversation.

M: Thanks for coming. My name is William. I'm the head of this department. We're very excited to work with you. **I was especially impressed with your skills in Web site design.**
W: It's nice to meet you, William. You said **I should start by looking over the company's various Web pages to find things to upgrade.**
M: Yes, and **we'd like you to present your creative ideas at our group meeting this Wednesday.**
W: Sure, I can do that on Wednesday.

M: 와 주셔서 고마워요. 제 이름은 William입니다. 이곳의 부서장입니다. 우리는 당신과 같이 일하게 되어서 정말 기뻐요. 특히 당신의 웹 사이트 디자인 기술이 인상 깊었어요.
W: 만나서 반가워요, William. 업그레이드할 곳을 찾기 위해 회사의 다양한 웹 페이지를 훑어 보는 것부터 시작하라고 말하셨죠.
M: 네, 그리고 우리는 당신이 이번 주 수요일에 있을 그룹 회의에서 창의적인 생각들을 제시했으면 좋겠어요.
W: 당연하죠, 수요일에 그렇게 할 수 있어요.

어휘 look over 검토하다 various 다양한 creative 창의적인

7. Who is the woman?
   (A) A Web designer
   (B) A salesperson
   (C) A department manager
   (D) The head of the sales department

   여자는 누구인가?
   (A) 웹 디자이너
   (B) 판매 사원
   (C) 부서장
   (D) 영업 부서장

   해설 화자에 직업은 대화 초반에 들으면, 남자가 "I was especially impressed with your skills in Web site design."라고 말한다. 여자의 웹 사이트 디자인 기술이 좋다고 말하고 있으므로 정답은 (A)이다. 또한 여자는 이제 막 회사에서 일을 시작하기 때문에 a new employee도 된다.

8. What has the woman been assigned to do?
   (A) Develop more efficient processes
   (B) Review online materials
   (C) Upgrade the computers
   (D) Reach financial goals

여자는 무슨 일을 할당 받는가?
(A) 더 효율적인 과정을 개발하기
(B) 온라인 자료들을 검토하기
(C) 컴퓨터를 업그레이드하기
(D) 재정적인 목표에 도달하기

해설 남자는 여자에게 "I should start by looking over the company's various Web pages to find things to upgrade." 먼저 다양한 웹 페이지를 검토하라고 한다. 정답은 (B)이다.

9. What does the man want the woman to do?
   (A) Share her comments
   (B) Select a group
   (C) Change the meeting time
   (D) Get familiar with other people

   남자는 여자가 무엇을 하기를 바라는가?
   (A) 의견을 나누기
   (B) 그룹을 선택하기
   (C) 회의 시간을 바꾸기
   (D) 다른 사람들과 잘 지내기

   해설 남자 대사에 집중하면 "we'd like you to present your creative ideas at our group meeting this Wednesday." 수요일 회의에서 창의적인 아이디어를 발표해 달라고 말하는 것을 들을 수 있다. 따라서 정답은 (A)이다.

Questions 10-12 refer to the following conversation.

W: Hello, this is Kale Industries. You have reached the front desk. How may I help you today?
M: Hi, my name is Martin Miller. **I bought the NCN Shredder last week, but it broke yesterday. I want to know if I can replace it with a new one.**
W: I'm sorry to hear that. You'll be happy to know that all purchases at our store have a one-year warranty. So please drop by, and **we will be happy to offer you a new shredder.**
M: What a relief! I was worried that I had lost my money. Is there anything else I need to bring with me?
W: Yes. Please bring your original receipt.
M: Sure! **I'll be there shortly.**

W: 안녕하세요, 여기는 Kale Industries입니다. 안내 데스크에 연결되었습니다. 무엇을 도와드릴까요?
M: 안녕하세요, 저의 이름은 Martin Miller입니다. 지난주에 NCN 파쇄기를 샀는데 어제 고장 났어요. 새로운 것으로 교체할 수 있는지 알고 싶어요.
W: 유감이네요. 저희 가게의 모든 물품은 1년 보증 기간이 있어요. 그래서 방문하시면 저희가 새 파쇄기로 기꺼이 제공하겠습니다.
M: 다행이네요! 돈을 날릴까 봐 걱정 했어요. 그밖에 제가 가져가야 할 게 있나요?
W: 네, 원래 영수증을 가져오세요.
M: 그럼요! 곧 거기로 갈게요.

어휘 shredder 파쇄기 drop by 들르다 shortly 곧

10. Why is the man calling?
    (A) **To inquire about a product**
    (B) To cancel an appointment
    (C) To confirm a client's schedule
    (D) To book a hotel

    남자는 왜 전화하는가?
    (A) 제품을 문의하기 위해
    (B) 약속을 취소하기 위해
    (C) 고객의 일정을 확인하기 위해
    (D) 호텔을 예약하기 위해

    해설 첫 남자 대사에서 "I bought the NCN Shredder last week but it broke yesterday. I want to know if I can replace it with a new one." 지난주에 파쇄기를 샀는데 부서져서 교체가 가능한지 문의하는 것을 파악할 수 있다. 정답은 (A)이다.

11. What does the woman offer to do?
    (A) Schedule a repair
    (B) **Provide a replacement**
    (C) Waive a service fee
    (D) Place an advertisement online

    여자는 무엇을 제공하는가?
    (A) 수리 일정 정하기
    (B) **교체품을 지급하기**
    (C) 서비스 요금을 면제하기
    (D) 온라인에 광고하기

    해설 여자가 제공하는 것은 "~ we will be happy to offer you a new shredder." 새로운 기계로 바꿔 준다고 하므로 정답은 (B)이다.

12. What will the man most likely do next?
    (A) Print a receipt
    (B) Purchase a magazine
    (C) Make a telephone call
    (D) **Visit a store**

    남자는 다음에 무엇을 할 것인가?
    (A) 영수증을 인쇄하기
    (B) 잡지를 구입하기
    (C) 전화하기
    (D) **가게 방문하기**

    해설 후반 대화에서 여자가 영수증 가지고 오면 물건을 바꿔 준다고 하니 남자가 "I'll be there shortly." 곧 가게로 가겠다고 한다. 정답은 (D)이다.

2. 미래/유추

SPARTA Check-UP p.92

1. (A) 2. (C) 3. (D) 4. (C) 5. (A) 6. (C)

Questions 1-3 refer to the following conversation.

M: Jenny, **some of our hotel's guests asked me** if we could get tickets for the opera performance tomorrow night. So, **I've contacted the ticket office several times, but nobody answered the phone.** I just got a recording.
W: Well, I've got a pamphlet about another musical performance happening tomorrow night at a different venue. You could ask them if they'd be interested in seeing that show instead. It also received good reviews.
M: Great! I'll ask them. If they want to go there, **I'll stop by your office** after lunch to get more information.

M: Jenny, 호텔 고객들 몇 명이 내일 밤에 있는 오페라 공연 티켓을 구할 수 있는지 물었어요. 그래서 몇 번이나 매표소에 전화했는데 아무도 안 받더군요. 단지 녹음 소리만 들려요.
W: 제가 내일 밤에 다른 장소에서 열리는 다른 음악 공연 팜플렛을 가지고 있어요. 그들에게 그 공연 대신에 관심이 있는지 물어 봐 주겠어요? 그 공연도 좋은 평가를 받았어요.
M: 좋아요! 제가 물어 볼게요. 만약에 그들이 거기에 가기를 원한다면 점심 시간 후에 정보를 얻으러 사무실에 들를게요.

어휘 several 몇몇의 venue 장소 review 논평 stop by 들르다

1. Where do the speakers work?
   (A) **At a hotel**
   (B) At a concert hall
   (C) At a phone company
   (D) At a playhouse

   화자들은 어디서 일하는가?
   (A) **호텔에서**
   (B) 콘서트 홀에서
   (C) 전화 회사에서
   (D) 극장에서

   해설 장소는 첫 대사에 집중하면 "some of our hotel's guests asked me ~." 화자들이 호텔에서 일하는 것을 알 수 있으므로 정답은 (A)이다.

2. What is the man concerned about?
   (A) No rooms are available at the hotel.
   (B) Tickets are sold out.
   (C) **Ticket agents have never answered the phone.**
   (D) Guests canceled their reservations.

남자는 무엇에 대해 염려하는가?
(A) 호텔에 방이 없다.
(B) 티켓이 매진되다.
(C) 매표소 직원이 전화를 안 받는다.
(D) 고객들이 예약을 취소했다.

해설 남자의 걱정거리는 남자 대사에 집중해서 들으면 된다. "I've contacted the ticket office several times, but nobody answered the phone." 매표소로 연락이 안 된다는 것을 이야기하므로 정답은 (C)이다.

3. What will the man do after lunch?
   (A) Stop by the ticket office
   (B) Send the pamphlet
   (C) Buy some tickets
   (D) Visit the woman's office

남자는 점심 시간 후에 무엇을 할 것인가?
(A) 매표소에 들른다
(B) 팜플렛을 보낸다
(C) 티켓을 산다
(D) 여자의 사무실에 방문한다.

해설 점심 후에 남자가 해야 할 일을 묻는 질문이다. 대화 후반에 남자가 "I'll stop by your office after lunch to get more information." 정보를 얻으러 여자의 사무실에 간다고 한다. 여기서 stop by만 듣고 (A)를 선택하면 안 된다. 항상 문제와 보기를 정확히 읽어야 한다. 그래서 stop by와 동일한 뜻을 가진 표현이 visit이기 때문에 정답은 (D)이다.

Questions 4-6 refer to the following conversation.

M: Linda, **have you used the new payroll software we created?** We sent the latest version to some of our clients so they could try it. If you have time, could you review their opinions about it?

W: I already gathered their feedback. **Many clients weren't satisfied with the speed.** They thought it was too slow to navigate some links. So I'm looking for what the problems are.

M: All right. However, the director asked me when he can see the final version of the program.

W: Don't worry. We'll finish the work on time. **We could be ready to introduce it next month.**

M: Linda, 우리가 만든 급여 소프트웨어를 사용해 봤어요? 우리는 몇 명의 고객에게 최신 버전을 보냈고 그들이 사용할 수 있었어요. 시간이 있다면 그 제품에 대한 고객들의 의견을 검토해 주겠어요?

W: 이미 그들의 후기를 봤어요. 많은 고객들이 속도에 만족을 못 하더라고요. 그들은 몇 개의 링크로 이동하는 것이 너무 느리다고 생각해요. 그래서 문제가 무엇인지 찾고 있어요.

M: 좋아요, 그런데 이사님이 언제 프로그램 최종 버전을 볼 수 있는지 물었어요.

W: 걱정 마요. 제시간에 끝낼 수 있어요. 다음 달에 그것을 소개할 수 있도록 준비할게요.

어휘 payroll 급여 provide 제공하다 latest 최신의 be satisfied with ~에 만족하다 navigate (웹 사이트를) 돌아다니다 final 최종적인 introduce 소개하다

4. What are the speakers discussing?
   (A) A payroll software error
   (B) A department reorganization
   (C) A new program
   (D) Clients' contracts

화자들은 무엇을 토론하고 있는가?
(A) 급여 소프트웨어 오류
(B) 부서 재편성
(C) 새로운 프로그램
(D) 고객의 계약들

해설 주제를 묻는 질문은 첫 대사에 집중하면 된다. 남자가 "have you used the new payroll software we created?" 급여 소프트웨어에 대해 이야기하자고 대화를 꺼내고 있다. 그래서 (C)가 정답이다.

5. What does the woman say about customers' comments?
   (A) The software speed needs to be faster.
   (B) A company should develop a new product.
   (C) Employees want more training.
   (D) Clients were satisfied.

고객의 의견들에 대해 여자는 뭐라고 말하는가?
(A) 소프트웨어 속도가 더 빠를 필요가 있다.
(B) 회사는 신상품을 개발해야 한다.
(C) 직원들은 더 많은 교육을 원한다.
(D) 고객들이 만족했다.

해설 미리 질문과 보기를 읽으면 대사가 나오기 전에, 여자가 고객의 의견에 대해 말한다는 것을 알 수 있다. 여자가 "Many clients weren't satisfied with the speed." 많은 고객들이 속도에 만족하지 못한다고 말하고 있다. 즉, 고객들은 속도가 더 빠르길 바란다는 것을 알 수 있다. 따라서 (A)가 정답이다.

6. What will happen next month?
   (A) Directors will meet with clients.
   (B) A new version will be delayed.
   (C) A product will be released.
   (D) A final payment will be made.

다음 달에 무슨 일이 일어날 것인가?
(A) 임원들이 고객들을 만날 것이다.
(B) 새로운 버전이 지연될 것이다.
(C) 제품이 출시될 것이다.
(D) 최종 결제가 끝날 것이다.

해설 다음 달에 일어나는 미래형 질문으로 후반 대사에 "We could be ready to introduce it next month." 다음 달에 제품이 출시된다는 것을 알 수 있다. release=introduce를 잘 기억해 두자. 정답은 (C)이다.

SPARTA Actual Test   p.93

1. (D) 2. (A) 3. (B) 4. (B) 5. (B) 6. (A)
7. (B) 8. (A) 9. (B) 10. (D) 11. (B) 12. (B)

Questions 1-3 refer to the following conversation.

W: You've reached Dook's Grill. What can I do for you?
M: Hello. **I'd like to make a dinner reservation for 10 to 12 people.**
W: Sure. We can accommodate the number of people you want. But, **we have an extra service charge for groups of 10 or more. Is that okay?**
M: No problem. Our company will pay for it. Please book the table this Friday at six.
W: Great. And you're in luck! **This Friday we'll have a live jazz band playing, starting at seven.** Many people really like it.

W: Dook's Grill입니다. 무엇을 도와드릴까요?
M: 안녕하세요. 10명에서 12명 정도의 저녁 식사를 예약하려고요.
W: 네, 원하는 인원수를 수용할 수 있어요. 하지만 그룹이 10명 이상일 때 추가 서비스 요금이 붙는데 괜찮으신가요?
M: 걱정하지 마세요. 저희 회사가 지불할 거예요. 금요일 6시에 예약해 주세요.
W: 좋아요. 그리고 운이 좋네요! 이번 주 금요일 7시에 시작하는 재즈 라이브 공연이 있어요. 많은 사람들이 좋아하는 공연이죠.

어휘 accommodate 수용하다

1. What are the speakers mainly discussing?
   (A) An itinerary
   (B) A room schedule
   (C) A dinner recipe
   (D) A dining reservation

   화자들은 주로 무엇에 대해 토론하는가?
   (A) 여행 일정
   (B) 방 사용 일정
   (C) 저녁 조리법
   (D) 저녁 예약

   해설 초반 대화에서 남자가 "I'd like to make a dinner reservation ~." 저녁 예약을 원한다고 말하므로 정답은 (D)이다.

2. What does the woman notify the man about?
   (A) An extra fee
   (B) A long wait
   (C) A lack of space
   (D) A limited menu

   여자는 남자에게 무엇에 대해 알려주는가?
   (A) 추가 요금
   (B) 오랜 대기
   (C) 장소의 부족
   (D) 제한된 메뉴

해설 여자가 "~ we have an extra service charge for groups of 10 or more. Is that okay?" 수용할 수 있는 방은 있는데 10명 이상이면 추가 요금을 내야 한다고 한다. 정답은 (A)이다.

3. According to the woman, what is scheduled for Friday evening?
   (A) A play
   (B) A musical performance
   (C) A movie screening
   (D) A cooking demonstration

   여자에 따르면, 금요일 저녁에 무슨 일정이 있는가?
   (A) 연극
   (B) 음악 공연
   (C) 영화 상영
   (D) 요리 시연회

   해설 후반에 여자 대사에서 "This Friday we'll have a live jazz band playing, starting at seven." 금요일 저녁에 재즈 공연이 있다고 하기 때문에 정답은 (B)이다.

Questions 4-6 refer to the following conversation.

M: Hi, I'm looking for the Campbell Four e-book reader. **Do you have any for sale?**
W: Not at the moment, I'm sorry to say. We sold our last one yesterday, and **the shipment of those readers that was expected today didn't arrive.** If you give me your e-mail address or phone number, I could get back to you as soon as the next shipment comes.
M: That'd be great. My number is 333-8989.
W: Okay, I'll put that in our customer file. **You'll receive a phone call when we get the new inventory.**

M: 안녕하세요. Campbell Four 전자책 단말기를 찾고 있는데요. 판매하고 있나요?
W: 지금은 아니에요. 죄송해요. 어제 마지막 한 대를 팔았어요. 오늘 오기로 한 그 회사 단말기 배송이 아직 도착하지 않았어요. 저에게 메일 주소나 전화 번호를 주시면 다음 배송이 오자마자 연락 드릴게요.
M: 좋아요. 제 번호는 333-8989입니다.
W: 알겠습니다. 고객 파일에 적어 놓을게요. 새로운 재고품이 도착하면 전화를 드릴게요.

어휘 e-book reader 전자책 단말기 for sale 판매 중 at the moment 지금 inventory 재고

4. What are the speakers discussing?
   (A) Product prices
   (B) Stock of an item
   (C) Business hours
   (D) Account data

화자들은 무엇을 토론하고 있는가?
(A) 제품 가격
(B) 물건의 재고
(C) 영업 시간
(D) 계정 정보

해설 대화 초반에 남자가 전자책 단말기를 찾고 있다고 말하면서 "Do you have any for sale?" 물건을 파는지 묻고 있다. 물건의 재고가 있는지 확인하는 내용이므로 정답은 (B)이다.

5. What is the problem?
   (A) An e-book reader is not functioning.
   (B) A delivery did not come.
   (C) An e-mail address is incorrect.
   (D) A phone call was not made.

   문제가 무엇인가?
   (A) 전자책 단말기가 작동되지 않는다.
   (B) 배송이 도착 안 했다.
   (C) 메일 주소가 정확하지 않다.
   (D) 전화가 걸려오지 않았다.

   해설 중반부의 여자가 "~ the shipment of those readers that was expected today didn't arrive." 오늘 오기로 한 배송이 안 왔다고 말하고 있다. 정답은 (B)이다.

6. What will the man receive?
   (A) A status update
   (B) An order form
   (C) A phone number confirmation
   (D) An inventory inspection

   남자는 무엇을 받을 것인가?
   (A) 상황 최신 정보
   (B) 주문 서식
   (C) 전화 번호 확인
   (D) 재고 점검

   해설 대화 후반에 남자가 찾는 물건이 도착하면 "You'll receive a phone call when we get the new inventory." 연락을 받을 것이라고 말하고 있다. 따라서 주문 상황에 대한 정보를 받는다는 내용으로 정답은 (A)이다.

Questions 7-9 refer to the following conversation.

W: Excuse me, sir, **but I think you're in my seat, 10A?**
M: I'll check my ticket. Hmm… No, it says that the seat number is right. 10A as well.
W: Well, this is the first floor. Are you sure you're on the right floor?
M: Let me see. Oh, sorry, **I'm 10A on the second floor.** I've put my bags under the chair. So **just give me a moment to get my belongings together.**
W: No problem. Take your time.

W: 실례합니다. 제 자리인 10A에 앉아 계신 것 같은데요?
M: 제 티켓을 확인해 볼게요. 흠… 아니요, 제 좌석 번호 10A가 역시 맞아요.
W: 음, 이곳은 1층이에요. 알맞은 층에 계신 것이 확실해요?
M: 확인할게요. 오, 죄송합니다 저는 2층 10A이네요. 좌석 아래에 제 가방이 있어요. 그래서 제 소지품을 챙기게 잠깐 시간을 주세요.
W: 그럼요, 천천히 하세요.

어휘 moment 잠깐 belongings 소지품

7. What are the speakers talking about?
   (A) A performance time
   (B) A seat assignment
   (C) A ticket price
   (D) A theater location

   화자들은 무엇에 대해 말하고 있는가?
   (A) 공연 시간
   (B) 좌석 배치
   (C) 티켓 가격
   (D) 극장 위치

   해설 첫 대화에서 여자가 "~ but I think you're in my seat, 10A?" 남자에게 자기 자리에 앉아 있다고 말하면서 대화가 시작된다. 정답은 (B)이다

8. What is the man's problem?
   (A) He was confused about the seat area.
   (B) He had the wrong ticket.
   (C) He doesn't know the woman well.
   (D) He lost his bags.

   남자의 문제는 무엇인가?
   (A) 그는 좌석 구역을 혼란스러워했다.
   (B) 그는 잘못된 티켓을 가지고 있었다.
   (C) 그는 여자를 잘 모른다.
   (D) 그는 그의 가방을 잃어버렸다.

   해설 여자가 남자의 좌석에 대해 층수를 확인해 보라고 하니 남자가 "Sorry, I'm 10A on the second floor." 자기 좌석은 2층이라고 말하고 있다. 남자는 좌석이 어디인지 혼란스러워했기 때문에 정답은 (A)이다

9. What does the man say he will do?
   (A) Arrange the chairs
   (B) Collect his possessions
   (C) Refund the ticket
   (D) Speak with an organizer

   남자는 무엇을 할 것이라고 말하는가?
   (A) 의자를 배열하기
   (B) 그의 소지품을 챙기기
   (C) 티켓을 환불하기
   (D) 주최자와 말하기

   해설 남자는 후반 대사에서 좌석을 옮기기 전에 "~ just give me a moment to get my belongings together." 짐을 먼저 챙긴다고 하기 때문에 정답은 (B)이다

Questions 10-12 refer to the following conversation.

W: Hello, **I'm calling about my mobile phone bill.** I haven't received last month's bill. I'm wondering what the problem is, since I already gave my new address when I moved two months ago. My name is Angela Nelson.
M: All right. I'll check it. Oh, I think we didn't update your account. Did you change your new address online by any chance?
W: Yes, I did it on your Web site.
M: Actually, **our Web site had some errors last month,** so your account has been affected. **I'll revise your contact information right now.** Sorry for the inconvenience.

W: 안녕하세요, 제 휴대폰 청구서 때문에 연락 드려요. 지난달에 영수증을 받지 못 했어요. 무슨 문제인지 궁금해요. 근데 제가 두 달 전에 이사할 때 새 주소를 이미 줬거든요. 제 이름은 Angela Nelson입니다.
M: 알겠습니다. 확인할게요. 아, 우리가 당신의 계정을 업데이트를 하지 않은 것 같은데요. 혹시 새 주소를 온라인에서 바꿨나요?
W: 네, 웹 사이트에서 했어요.
M: 사실, 지난달에 저희 웹 사이트에 약간의 오류가 있어서 당신의 계정이 영향을 받은 것 같아요. 지금 바로 연락처 정보를 수정할게요. 불편을 드려 죄송합니다.

어휘 by any chance 혹시라도   error 오류   affect 영향을 미치다

10. What type of business is the woman calling?
    (A) An Internet provider
    (B) A computer store
    (C) An accounting company
    (D) A phone company

여자는 어떤 회사에 연락하고 있는가?
(A) 인터넷 제공 업체
(B) 컴퓨터 가게
(C) 회계사
(D) 전화 회사

해설 첫 여자 대사에서 "I'm calling about my mobile phone bill." 휴대폰 영수증 때문에 연락을 줬다고 하기 때문에 정답은 (D)이다.

11. What does the man mention about the company?
    (A) They replaced their ID cards.
    (B) They had some system problems.
    (C) They moved last month.
    (D) They updated their Web site.

회사에 대해 남자는 무엇을 언급하는가?
(A) 신분증을 교체하였다.
(B) 몇 가지 시스템 문제들이 있었다.
(C) 작년에 이사를 했다.
(D) 웹 사이트를 업데이트했다.

해설 여자가 지난달 새 주소를 웹 사이트에서 변경했다고 하자 남자가 "our Web site had some errors last month ~." 지난달에 회사 웹 사이트에 오류가 있었다고 한다. 정답은 (B)이다.

12. What will the man probably do next?
    (A) Change the phone number
    (B) Update the account
    (C) Give contact information
    (D) Go to the convenience store

남자는 아마도 무엇을 할 것 같은가?
(A) 전화 번호를 바꾸기
(B) 계정을 업데이트하기
(C) 연락처 정보를 주기
(D) 편의점에 가기

해설 마지막 대화에서 "I'll revise your contact information right now." 연락 정보를 수정한다고 말한다. 따라서 정답은 (B)이다.

DAY 11

1. 방법/시간

SPARTA Check-UP　　　　p.95

| 1. (C) | 2. (A) | 3. (B) | 4. (B) | 5. (D) | 6. (B) |

Questions 1-3 refer to the following conversation.

M: Excuse me, **I couldn't help but overhear your conversation on the phone.** You're looking for the Moma Museum?

W: Yes, I am. I seem to have gotten off at the wrong stop. Could you help me, please? **I have to be there by 11:00** because I'll be attending a lecture at 11:30.

M: You've got the right stop. You just have the wrong exit. This is a big station with lots of exits. So, it's easy to get confused. **Here, follow me. I'll take you to the right exit.**

W: Oh, you don't have to go to all that trouble. Just point me in the right direction.

M: 실례합니다. 제가 어쩔 수 없이 우연히 통화 내용을 들었어요. Moma 박물관 찾고 있으세요?
W: 네, 제가 잘못된 역에서 내린 것 같아요. 도와주시겠어요? 저는 11시 30분에 강연에 참석하기로 해서 11시까지 거기로 가야 해요.
M: 맞는 역에서 내리셨어요. 단지 잘못된 출구로 나왔군요. 여기는 많은 출구가 있는 큰 역이거든요. 그래서 혼란스러워하기 쉬워요. 저를 따라 오세요. 제가 맞는 출구로 안내해 드릴게요.
W: 아, 폐를 끼칠 수 없죠. 단지 맞는 방향만 가르쳐 주세요.

어휘 overhear 우연히 듣다　wrong 잘못된　confused 혼란스러운　exit 출구

1. Who most likely are the speakers?
   (A) Former colleagues
   (B) Friends
   (C) Strangers
   (D) Neighbors

   화자들은 누구일 것 같은가?
   (A) 이전 동료들
   (B) 친구들
   (C) 낯선 사람들
   (D) 이웃들

   해설 첫 대사에서 남자가 "I couldn't help overhear your conversation ~." 우연히 대화를 들었다고 하면서 말을 걸고 있다. 따라서 서로 모르는 사람들이라고 볼 수 있다. 정답은 (C)이다.

2. When is the conversation taking place?
   (A) Before 11:00
   (B) At 11:00
   (C) At 11:30
   (D) After 12:00

   대화는 언제 일어나고 있는가?
   (A) 11시 전에
   (B) 11시에
   (C) 11시 30분에
   (D) 12시 후에

   해설 대화가 일어나는 시간을 묻는 질문으로 시간에 초점을 두고 들으면 여자가 "I have to be there by 11:00." 11시까지 가야 한다고 말한다. 따라서 대화가 일어나는 시점이 11시 전이라는 것을 알 수 있다. 정답은 (A) 이다.

3. What does the man offer to do?
   (A) Point the right direction
   (B) Guide her
   (C) Take her to the convention center
   (D) Draw a detailed map

   남자는 무엇을 제공하겠다고 하는가?
   (A) 맞는 방향을 알려 주다
   (B) 안내하여 데려가다
   (C) 사람들은 컨벤션 센터로 데리고 가다
   (D) 세부적인 지도를 그려 주다

   해설 후반에 남자가 "Here, follow me. I'll take you to the right exit." 직접 출구까지 안내해 준다고 말한다. 정답은 (B)이다. 특히 보기는 다 비슷한 상황을 보여주므로 항상 정확히 읽고 준비해야 한다.

Questions 4-6 refer to the following conversation.

M: Hi, Melanie. Since **it's your first day here** at the warehouse and we're about to receive a shipment, do you have any questions?

W: I learned a lot at the training this morning. It was very helpful, but **I'm not exactly sure about the inventory system. How do we keep track of the shipments we've unloaded?**

M: You just use the scanner here to scan each package as you unload it from the truck. Then place the package in the offloading zone.

W: Okay. I used a similar process at my previous job.

M: Good. If you have any more questions after today, **there's information on page 15 of your training instructions.**

M: 안녕하세요. Melanie. 여기 창고에서 일하는 첫날이고 우리는 곧 선적을 받을 것입니다. 질문 있나요?
W: 오늘 오전에 교육을 많이 받았어요. 매우 도움이 되더라고요. 그러나 재고 시스템에 대해 확실히 모르겠어요. 우리가 내리는 선적들을 어떻게 기록하나요?

M: 트럭에 내리는 각각 짐들을 여기 스캐너로 확인하면 돼요. 그리고 하역 구역에 짐을 두면 됩니다.
W: 알겠어요. 전 직장에서 비슷한 과정을 했어요.
M: 좋네요. 오늘 이후에 질문이 있으면 교육 설명서 15페이지에 정보가 있어요.

어휘 shipment 선적 helpful 도움이 되는 inventory 재고 keep track of ~을 기록하다 unload (짐을) 내리다 offloading 하역 previous 이전의

4. Who is the woman?
   (A) A delivery person
   (B) A new employee
   (C) A warehouse supervisor
   (D) A truck driver

   여자는 누구인가?
   (A) 배달원
   (B) 신입 사원
   (C) 창고 감독관
   (D) 트럭 운전사

   해설 첫 대사에서 남자가 여자에게 "it's your first day here at the warehouse ~." 당신 일하는 첫날이라고 말하고 있다. 여자는 새로운 직원임을 알 수 있다. 정답은 (B)이다. 여기서 남자의 직업은 창고 감독관이다.

5. What does the woman ask about?
   (A) Some delivery processes
   (B) A training schedule
   (C) Some manufacturing equipment
   (D) An inventory process

   여자는 무엇에 대해 묻는가?
   (A) 배달 과정
   (B) 교육 일정
   (C) 제조 장비
   (D) 재고 과정

   해설 여자 대사에 집중하면 "I'm not exactly sure about the inventory system. How do we keep track of the shipments we've unloaded?" 재고 시스템에 대해 잘 모르겠다고 하면서 어떻게 하는지 물어보고 있다. 정답은 (D)이다.

6. According to the man, how can the woman find additional information?
   (A) By contacting a supervisor
   (B) By checking a training manual
   (C) By visiting a Web site
   (D) By posting questions on a bulletin board

   남자에 따르면, 여자는 어떻게 추가 정보를 찾을 수 있는가?
   (A) 감독관에게 연락함으로써
   (B) 교육 설명서를 확인함으로써
   (C) 웹 사이트를 방문함으로써
   (D) 게시판에 질문들을 게시함으로써

해설 남자가 여자에게 정보는 찾는 방법을 말할 것을 미리 알고 듣자. 남자가 "~ there's information at page 15 of your training instructions." 교육 설명서에 정보가 있다고 말하고 있다 그래서 정답은 (B)이다. instruction=manual을 같이 외워 두자.

SPARTA Actual Test   p.96

| 1. (C) | 2. (D) | 3. (A) | 4. (B) | 5. (A) | 6. (C) |
| 7. (A) | 8. (C) | 9. (C) | 10. (C) | 11. (C) | 12. (C) |

Questions 1-3 refer to the following conversation.

M: The new development along the waterfront seems to be coming along. **I hear we may be able to move into our new offices by late fall.**
W: Really? That's not what I heard. I keep hearing it'll be more like early January. There were some problems installing the plumbing, I heard. Maybe that's just a rumor, though.
M: No, you heard right. There was a problem with that, but I just talked to Danny, and he says everything's fine now.
W: So **maybe we are moving in the fall.** That would be fantastic! **I'm looking forward to having more room.** Look at how cramped and crowded my work area is here.

M: 해안가를 따라 짓는 새로운 개발이 잘 되고 있는 것 같죠. 우리는 아마도 새로운 사무실로 늦가을까지 이사할 수 있을 것 같아요.
W: 정말요? 제가 들은 것과 다른데요. 1월 초일 것 같다고 들었어요. 배관 설치하는 데 문제가 있어요. 그냥 소문이겠지만요.
M: 아니요, 당신 말이 맞아요. 거기에 문제가 있었지만 방금 Danny와 이야기했는데 지금 모든 것이 괜찮대요.
W: 그러면 아마도 가을에 옮길 수 있겠네요. 멋져요! 더 많은 공간을 기대해요. 여기 사무실이 얼마나 좁고 복잡한지 보세요.

어휘 waterfront 해안가 plumbing 배관 rumor 소문 cramped 비좁은

1. What is the conversation about?
   (A) Going on a holiday in the fall
   (B) Remodeling the office
   (C) Relocating to a new venue
   (D) Moving some office furniture

   대화는 무엇에 대한 것인가?
   (A) 가을에 휴가를 가는 것
   (B) 사무실을 리모델링 하는 것
   (C) 새로운 장소로 이전하는 것
   (D) 사무실 가구를 옮기는 것

   해설 첫 대사에서 남자가 "I hear we may be able to move into our new offices by late fall." 사무실 이전에 대해 들었다고 하면서 대화를 시작한다. 정답은 (C)이다.

2. When does the woman want to move?
   (A) In early January
   (B) In late spring
   (C) Around the middle of next year
   (D) In late autumn

   화자들은 언제 이사하고 싶어 하는가?
   (A) 1월 초에
   (B) 늦봄에
   (C) 내년 중순쯤에
   (D) 늦가을에

   해설 후반에 여자가 "~ maybe we are moving in the fall. That would be fantastic!" 가을에 이사할 것이고 그 일로 기뻐하고 있다. 정답은 (D)이다.

3. What does the woman expect?
   (A) More space
   (B) A shorter commute
   (C) Better plumbing
   (D) Advice from Danny

   여자는 무엇을 기대하는가?
   (A) 더 많은 공간
   (B) 짧은 통근 거리
   (C) 더 나은 배관 시설
   (D) Danny의 조언

   해설 여자의 후반의 대사에서 사무실을 옮기는 데 환영하면서 "I'm looking forward to having more room." 더 많은 공간을 기대하고 있다. 정답은 (A)이다.

Questions 4-6 refer to the following conversation.

W: Hello, I'm Jessie Kim. **I'm calling about the position you posted on the Web site for a sales team leader.** I was told to call today to speak with Mr. Carson about it.
M: I'm Mr. Carson. Before we schedule an interview, could you tell me why you think you are suited to this position? You should know it is very stressful.
W: Well, I've worked as a sales representative for three years, and **12 months ago I was promoted to team leader.** I'm also good at managing people, and **I enjoy the challenge of motivating them to do their best.**

W: 안녕하세요, 저는 Jessie Kim입니다. 판매팀 팀장을 구한다는 웹 사이트에 게시된 공고를 보고 연락 드려요. 저는 Carson 씨와 그 일에 대해 오늘 통화할 수 있다고 들었어요.
M: 제가 Carson이고요. 면접을 하기 전에 당신이 왜 이 직책에 어울리는지 말해 주겠어요? 매우 스트레스가 많은 일이라는 것을 아실 거예요.
W: 음, 저는 3년 동안 판매 사원으로 일했어요. 12개월 전에는 팀장으로 승진했고요. 역시 저는 사람들을 관리하는 일을 잘합니다. 그들이 최선을 다할 수 있도록 동기 부여하는 도전을 좋아해요.

어휘 suit 어울리다 be good at ~에 잘하다 manage 관리하다 challenge 도전 motivate 동기를 부여하다

4. Why is the woman calling?
   (A) To sell a service
   (B) To ask about a job
   (C) To give business feedback
   (D) To complain about a Web site

   왜 여자는 전화하고 있는가?
   (A) 서비스를 팔기 위해
   (B) 일자리를 묻기 위해
   (C) 비즈니스 피드백을 주기 위해
   (D) 웹 사이트에 대해 불평하기 위해

   해설 여자 첫 대사에서 "I'm calling about the position you posted on the Web site for a sales team leader." 일자리를 위해 전화하는 것을 알 수 있다. 따라서 정답은 (B)이다.

5. How long has the woman been a supervisor?
   (A) For one year
   (B) For two years
   (C) For three years
   (D) For ten years

   얼마나 오랫동안 관리자로써 일하고 있는가?
   (A) 1년 동안
   (B) 2년 동안
   (C) 3년 동안
   (D) 10년 동안

   해설 여자의 경력을 말하는 부분에서 3년 동안 판매사원으로 일했고 그리고 "~ 12 months ago I was promoted to team leader." 12달 전 즉, 1년 전에는 리더로 승진했다고 하므로 정답은 (A)이다.

6. What does the woman say?
   (A) She is somewhat behind schedule.
   (B) She is prepared to make a purchase.
   (C) She likes motivating people.
   (D) She does not pressure her coworkers.

   여자는 뭐라고 말하는가?
   (A) 그녀는 약간 일정에 뒤처진다.
   (B) 그녀는 구입하려고 준비한다.
   (C) 그녀는 사람들에게 동기 부여하는 것을 좋아한다.
   (D) 그녀는 동료들을 압박하지 않는다.

   해설 여자 후반대사에서 "I enjoy the challenge of motivating them to do their best." 사람들에게 동기 부여하는 것을 좋아한다는 내용을 확인할 수 있다. 정답은 (C)이다.

Questions 7-9 refer to the following conversation.

W: **Has the new season's clothing been placed in the store window displays yet?** That has to be completed by this evening because customers will want to see those items tomorrow.
M: We're about 50 percent finished, but I don't think we can get everything done by the time we close at 9 o'clock. **Would you let the store staff work beyond their scheduled hours?** If so, **I'm sure they could finish the job by 11:30.**
W: Okay, **I'll permit it.** Bring me any paperwork I have to sign. And make sure everything's completed by midnight at the latest. Is Henry also supervising the staff who are doing the work? He has the most experience with displays.
M: Sure, we're working together.

W: 새 시즌의 옷들을 가게 진열대에 이미 진열했나요? 내일 고객들이 상품들을 보러 올 거라고 오늘 저녁까지 완성해야 해요
M: 거의 50 퍼센트 정도 끝냈어요. 그러나 가게 문닫는 9시까지 모든 것들을 끝낼 수는 없을 것 같아요. 직원들에게 초과 근무를 하게 할까요? 그렇게 하면 그들이 11시 30분까지 일을 끝낼 수 있을 거라고 확신해요.
W: 알았어요, 제가 허락할게요. 제가 사인할 서류를 가져다주세요. 그리고 늦어도 자정까지 모든 것을 반드시 끝내야 해요. Henry도 일하고 있는 직원들을 감독하고 있죠? 그는 물건 진열에 가장 경력이 많거든요.
M: 그럼요, 우리는 함께 일하고 있어요.

어휘 beyond ~이후 allow 허락하다 at the latest 늦어도

7. What are the speakers mainly discussing?
   (A) Creating a display
   (B) Fashion trends
   (C) Delivery dates
   (D) Designing a product

   화자들은 주로 무엇을 토론하고 있는가?
   (A) 진열하는 것
   (B) 패션 유행
   (C) 배달 날짜
   (D) 제품 디자인하는 것

   해설 첫 대사에서 여자가 "Has the new season's clothing been placed in the store window displays yet?" 새 시즌의 옷들을 진열하고 있는지 물었으므로 정답은 (A)이다.

8. When does the man say an assignment can be finished?
   (A) By 5:00
   (B) By 9:00
   (C) By 11:30
   (D) By midnight

남자는 언제 일을 끝낼 수 있다고 말하는가?
(A) 5시까지
(B) 9시까지
(C) 11시 30분까지
(D) 자정까지

해설 남자 대사에 집중하면 "I'm sure they could finish the job by 11:30." 11시 30분까지 끝낸다고 말하므로 정답은 (C)이다.

9. What does the woman agree to do?
   (A) Bring in more workers
   (B) Extend the store hours
   (C) Approve overtime
   (D) E-mail a supervisor

   여자는 무엇에 동의하는가?
   (A) 일하는 사람들을 더 데리고 오는 것
   (B) 영업 시간을 연장하는 것
   (C) 초과 근무를 승인하는 것
   (D) 감독관에게 이메일을 보내는 것

   해설 남자가 "Would you let the store staff work beyond their scheduled hours?" 직원들을 정규 시간보다 일을 더 하도록 해야 한다고 하니 여자가 "I'll permit it." 허락한다고 말한다. 정답은 (C)이다.

Questions 10-12 refer to the following conversation.

M: Hello, this is Whitley Station. How can I help you?
W: Hi, this is Kailey Westman. **I need to purchase three train tickets to travel from Birton to Campell with my family tomorrow.**
M: Certainly. We have a family special this week. If you purchase two tickets at full price, I can give you the third ticket at 50 percent off.
W: That's wonderful! Is that for round-trip or only one-way travel?
M: It applies to the round-trip ticket. If you choose only a one-way ticket, you need to pay full price.
W: Oh, okay. How can I pay?
M: **We accept either cash or credit card.**
W: **All right. I'll pay by credit card tomorrow in person.**

M: 안녕하세요, Whitley 역입니다. 무엇을 도와드릴까요?
W: 안녕하세요, 저는 Kailey Westman이고요, 내일 제 가족과 함께 여행을 위해 Birton에서 Campell까지 가는 티켓 3장을 사려고 하는데요.
M: 그렇군요. 이번 주에 가족 할인이 있어요. 만약에 티켓 2장을 사면 3번째 티켓을 50퍼센트 할인해 줘요.
W: 좋네요! 왕복이에요? 아니면 그냥 편도예요?
M: 그것은 왕복에 적용돼요. 만약에 편도만 사면 전액 다 지불해야 해요.
W: 아, 좋아요. 어떻게 지불하죠?
M: 현금이나 신용카드를 받아요.
W: 알았어요. 내일 직접 신용카드로 결제할게요.

어휘 family special 가족 할인 full price 전액 round-trip 왕복 one-way 편도

10. What are the speakers mainly discussing?
(A) The functions of a new product
(B) An annual charity event
(C) Travel arrangements
(D) A service schedule

화자들은 주로 무엇을 토론하는가?
(A) 신상품의 기능
(B) 연례의 자선 행사
(C) 여행 준비
(D) 서비스 일정

해설 초반 대사에서 여자가 "I need to purchase three train tickets to travel from Birton to Campell with my family tomorrow." 가족과 여행하기 위해 티켓을 구입하고 싶다고 말하고 있다. 여행 준비에 대해 말하므로 정답은 (C)이다.

11. Who most likely is the woman?
(A) A lawyer
(B) A train conductor
(C) A customer
(D) A telephone operator

여자는 누구일 것 같은가?
(A) 변호사
(B) 기차 차장
(C) 고객
(D) 전화 교환원

해설 여자의 이름이 대화 초반에 나온다. 여자가 기차 티켓을 문의한다는 것을 알 수 있다. 따라서 여자는 고객이라고 볼 수 있다. (C)가 정답이다.

12. How will the woman probably pay for the purchase?
(A) By mailing a check
(B) By paying cash
(C) By using her credit card
(D) By making a deposit

여자는 아마 어떻게 지불할 것 같은가?
(A) 수표를 우편으로 보냄으로써
(B) 현금을 지불함으로써
(C) 신용카드를 사용함으로써
(D) 예금함으로써

해설 대화 후반에 여자가 지불 방법을 물었고 남자가 "We accept either cash or credit card."라고 하니 여자가 내일 직접 들려서 "I'll pay by credit card tomorrow."라고 했으므로 정답은 (C)이다.

2. 특정 세부

SPARTA Check-UP p.98

1. (C) 2. (B) 3. (B) 4. (C) 5. (C) 6. (D)

Questions 1-3 refer to the following conversation.

M: Karen, I want to buy a present for my sister's birthday. **Do you have any suggestions on clothing stores?** I always like your fashion style.
W: Actually, Max, Branson's department store is having a great sale right now.
M: I went there, but I couldn't find anything for my sister and the things I like are expensive.
W: What about J.K. Bell? I've got a coupon for 30 percent off your whole purchase there valid from this Saturday.
M: I'd like to check it out. But won't you use the coupon?
W: **You can use it as many times as you want during the one-week period.** So just take it, and if I need it back, I'll let you know.
M: That's very kind of you! **I'll give it back on Monday after I make my purchases.**

M: Karen, 그래서 저의 여동생 생일 선물을 사려고 하는데 제안할 만한 옷가게가 있어요? 저는 항상 당신의 패션 스타일을 좋아해요.
W: Max, 사실 지금 Branson's 백화점에서 큰 할인을 하고 있어요.
M: 거기 갔는데 여동생 위한 것들을 찾을 수 없었어요. 그리고 제가 마음에 드는 것들은 비싸더라고요.
W: 그럼 J.K. Bell은 어때요? 사실 저 이번 주 토요일부터 쓸 수 있는 전품목 30% 할인 쿠폰을 가지고 있어요.
M: 제가 가져가고 싶은데 그 쿠폰을 사용 안 할 거예요?
W: 일주일 동안 원하는 만큼 얼마든지 사용할 수 있어요. 그러니 가지고 있어요. 만약에 제가 필요하면 알려 줄게요.
M: 친절하네요! 월요일에 물건을 사고 돌려줄게요.

어휘 suggestion 제안 valid 유효한 period 기간

1. What does the man want to know?
(A) How to get good deals on suits
(B) What styles to wear to the office
(C) Where to buy some clothes
(D) When the latest fashions arrive in stores

남자는 무엇을 알고 싶어 하는가?
(A) 정장을 좋은 가격으로 거래하는 방법
(B) 사무실에서 입는 스타일
(C) 옷을 사는 장소
(D) 가게에 최신 패션 옷들이 도착하는 시간

해설 첫 남자 대사에서 남자가 "Do you have any suggestions on clothing stores?" 여동생 선물을 살 수 있는 옷가게를 제안해 달라고 한다. 정답은 (C)이다.

2. What does the woman say about her J.K. Bell coupon?
   (A) It is for 30 percent off only on Saturday.
   (B) It can be used multiple times.
   (C) She plans on using it.
   (D) She doesn't want to use it anymore.

   여자는 J.K. Bell 쿠폰에 대해 뭐라고 말하는가?
   (A) 토요일만 30% 할인이다.
   (B) 여러 번 사용될 수 있다.
   (C) 그녀는 그것을 사용할 계획이다.
   (D) 그녀는 더 이상 사용하고 싶어 하지 않는다.

   해설 남자가 여자에게 쿠폰 사용 안 할 건지 물었고 여자가 "You can use it as many times as you want during the one-week period." 일주일 동안 원하는 만큼 쓸 수 있다고 한다. 그래서 many times=multiple times이므로 (B)가 정답이다.

3. What will the man do on Monday?
   (A) Wear some new clothes
   (B) Return the coupon
   (C) Buy some items
   (D) Visit J.K. Bell again

   남자는 월요일에 무엇을 할 것인가?
   (A) 새 옷을 입는다
   (B) 쿠폰을 돌려준다
   (C) 물건을 산다
   (D) J.K. Bell에 다시 간다

   해설 후반에 남자는 "I'll give it back on Monday after I make my purchases." 월요일에 구매하고 다시 돌려 준다고 말한다. give back=return으로 정답은 (B)이다.

Questions 4-6 refer to the following conversation.

W: Hello, Rapido Machines Incorporated. How may I help you?
M: **My company is interested in installing a couple of vending machines in our office downtown, do you offer lower prices for a bulk purchase?**
W: Yes, but only on orders of six machines or more. And there's a two-year warranty on most of our newer models. I can arrange for a representative to visit you to discuss your options if you would like.
M: I'd prefer to see some prices first. **Could you e-mail me some information on prices, please?** After we look them over, we'll decide whether we want to go forward with an in-person meeting.

W: 안녕하세요, Rapido 기계 회사입니다. 무엇을 도와 드릴까요?
M: 시내에 있는 저희 사무실 내에 두 대의 자판기를 설치하고 싶은데요. 대량 구매하면 저렴한 가격으로 제공하나요?
W: 네, 그러나 단 기계를 6개 이상 주문해야 합니다. 그리고 대부분 새 모델들은 2년의 보증 기간이 있습니다. 당신이 원하는 조건들을 이야기 할 수 있게 직원 한 명을 방문하게 할게요.
M: 저는 가격을 먼저 보고 싶어요. 가격 정보를 저에게 메일로 보내 주겠어요? 우리가 검토한 후에 대면 회의를 진행할지 결정할게요.

어휘 a couple of 두 개의 install 설치하다 vending machine 자판기 warranty 보증 bulk purchase 대량 구매 representative 대표자, 직원 look over 검토하다 in person 직접 go forward with 진행하다

4. Why is the man calling?
   (A) To place an order
   (B) To request a catalog
   (C) To get information
   (D) To make a payment

   남자는 왜 전화하는가?
   (A) 주문하기 위해
   (B) 카탈로그를 요청하기 위해
   (C) 정보를 얻기 위해
   (D) 지불하기 위해

   해설 첫 대사에서 남자가 "My company is interested in installing a couple of vending machines in our office downtown." 회사 안에 기계를 설치하는 데 관심이 있다고 말한다. 제품 정보를 얻기 위해 전화한 것으로 볼 수 있다. 정답은 (C)이다.

5. What is the man interested in?
   (A) Machine maintenance
   (B) Long warranties
   (C) Product discounts
   (D) The latest models

   남자는 무엇에 관심이 있는가?
   (A) 기계 보수
   (B) 긴 보증기간
   (C) 제품 할인
   (D) 최신 모델들

   해설 남자가 첫 대사에서 제품에 관심 있다고 말하면서 "~ do you offer lower prices for a bulk purchase?" 대량 구매하면 저렴한 가격으로 제공하는지 묻고 있다. 정답은 (C)이다.

6. What does the man ask about?
   (A) Options
   (B) A meeting time
   (C) An e-mail address
   (D) A quote

   남자는 무엇에 대해 요청하는가?
   (A) 선택 사항들
   (B) 회의 시간
   (C) 메일 주소
   (D) 견적

해설 후반 남자 대사에서 "Could you e-mail me some information on prices, please?" 메일로 가격 정보를 요청하는 내용을 확인할 수 있다. 따라서 정답은 (D)이다.

SPARTA Actual Test p.99

| 1. (A) | 2. (B) | 3. (C) | 4. (B) | 5. (A) | 6. (D) |
| 7. (B) | 8. (B) | 9. (C) | 10. (D) | 11. (C) | 12. (A) |

Questions 1-3 refer to the following conversation.

M: Hi, Melanie. Thanks for coming here so quickly. One of the servers for this company event is out sick today. **Also, we haven't finished preparing the catering service yet.**

W: You're welcome. But, **I was in such a rush that I forgot my apron.**

M: Oh, you don't have to worry about that. I always carry some extras in the car.

W: Great. So, what kind of event is this?

M: It's a luncheon for the workers at the university administration facility. We've never catered here before, and **if it goes well, I think we'll get more work from them in the future.**

M: 안녕하세요, Melanie. 이렇게 빨리 와 주셔서 고마워요. 이 회사 행사의 종업원 중에 한 사람이 아파서 못 나왔어요. 아직 출장 연회 서비스 준비도 끝내지 못했는데 말이죠.
W: 천만에요. 그러나 제가 급히 오는 바람에 앞치마를 잊어버렸어요.
M: 오, 걱정할 필요 없어요. 저는 항상 차에 여분을 가지고 다니거든요.
W: 좋아요. 그래서 이번에는 무슨 종류의 행사인가요?
M: 대학교 행정 시설에 일하는 사람들을 위한 오찬이에요. 전에 한번도 여기에서 한 적이 없어요. 만약에 잘 준비되면 앞으로 그들과 더 많은 일을 할 것 같아요.

어휘 catering service 출장 연회 서비스 such a rush 급하게 apron 앞치마 extra 여분 luncheon 오찬 administration facility 행정 시설

1. What kind of business do the speakers work for?
 (A) A catering company
 (B) A restaurant
 (C) A university
 (D) A laundry service

화자들은 어떤 종류의 회사에서 일하는가?
(A) 출장 음식 서비스 업체
(B) 레스토랑
(C) 대학교
(D) 세탁소

해설 첫 대사에서 남자가 여자를 환영하면서 "~ we haven't finished preparing the catering service yet." 출장 음식 서비스 준비를 못 끝냈다고 한다. 따라서 정답은 (A)이다.

2. What did the woman forget to bring?
 (A) A mobile phone
 (B) A work apron
 (C) Some medicine
 (D) A wallet

여자는 무엇을 가져오는 것을 잊어버렸는가?
(A) 핸드폰
(B) 앞치마
(C) 약
(D) 지갑

해설 여자가 "I was in such a rush that I forgot my apron." 급히 오느라 앞치마를 안 가져왔다고 한다. 정답은 (B)이다.

3. What does the man mention about the event?
 (A) It is a charity fundraiser.
 (B) It has been catered several times.
 (C) It will be able to lead to more business.
 (D) Its attendees are well known.

남자는 행사에 대해 무엇을 언급하는가?
(A) 자선 모금행사이다.
(B) 몇 번 출장 음식을 제공했다.
(C) 더 많은 비즈니스를 이끌 수 있다.
(D) 참석자들이 유명하다.

해설 대화 후반에 남자가 행사를 언급하면서 "~ if it goes well, I think we'll get more work from them in the future." 준비를 잘하면 미래에 더 많은 일이 들어올 거라고 한다. 정답은 (C)이다.

Questions 4-6 refer to the following conversation.

M: Excuse me, I'm looking for a DSL camera. I've never used one before, but I'm planning to go backpacking next month. So I want to take a lot of nice pictures. **Could you make some suggestions?**

W: Sure. It'll help to know what your specific needs are and how much you'd like to spend.

M: Well, I plan to use it mostly during holidays. I have a couple of trips by myself coming up, and **I'd like to record my experiences to hold onto my memories.** So I want a camera with a good selfies feature and that is easy to operate for basic users.

W: In that case, I'd recommend the Dixcon 90. **It is the best product for the basics.** If you buy it today, I can give you 20 percent off of the regular price. Don't miss this opportunity.

M: Wow! Okay, I'll take it.

M: 실례합니다. DSL 카메라를 찾고 있는데요. 전에 한번도 사용해 본 적이 없어요. 그런데 다음 달에 배낭 여행을 갈 계획이에요. 그래서 멋진 사진들을 많이 찍고 싶어요. 추천해 주겠어요?

W: 그럼요. 특별히 원하는 조건과 얼마를 지불할 것인지 알면 도움이 될 것 같네요.
M: 음, 거의 휴가 동안 사용할 계획이에요. 두 번 정도 혼자 여행을 갈 것이고 추억들을 간직하기 위해 경험들을 기록하고 싶어요. 그래서 셀프 촬영 기능이 있고 초보자들이 사용하기 쉬운 카메라를 원해요.
W: 이런 경우에는 Dixcon 90을 추천합니다. 기본적인 것들을 위한 가장 좋은 상품이죠. 오늘 사면 원래 가격에 20퍼센트 할인해 드릴 수 있어요. 이런 기회를 놓치지 마세요.
M: 와우! 좋아요. 그것으로 가져갈게요.

어휘 specific 구체적인 record 기록하다 experience 경험 memory 기억 selfies feature 셀프 촬영 기능 basics 기초, 기본

4. What does the man want the woman to do?
   (A) Change a camera
   (B) Recommend a product
   (C) Explain a feature
   (D) Plan a backpacking trip

   남자는 여자에게 무엇을 원하는가?
   (A) 카메라를 바꾸기
   (B) 상품을 추천하기
   (C) 특징을 설명하기
   (D) 배낭 여행을 계획하기

   해설 첫 대사에서 남자가 배낭 여행을 위한 카메라를 찾고 있다고 말하면서 "Could you make some suggestions?" 추천을 요청한다. 따라서 정답은 (B)이다.

5. What does the man say he will do with the camera?
   (A) Document his trips
   (B) Teach a class
   (C) Record music
   (D) Make a commercial

   남자는 카메라로 무엇을 할 것인가?
   (A) 여행을 기록하기
   (B) 수업을 가르치기
   (C) 음악을 녹음하기
   (D) 광고를 만들기

   해설 남자가 여행하는 내내 카메라를 쓸 계획이라서 "I'd like to record my experiences to hold onto my memories." 추억을 위해 기록하고 싶다고 말하고 있다. 정답은 (A)이다.

6. What is a feature of the Dixcon 90?
   (A) It has a long battery life.
   (B) It is for experts.
   (C) It is a new model.
   (D) It is easy to operate.

   Dixcon 90의 특징은 무엇인가?
   (A) 수명이 긴 배터리를 가지고 있다.
   (B) 전문가를 위한 것이다.
   (C) 새로운 모델이다.
   (D) 사용하기 쉽다.

해설 남자가 사용하기 쉬운 것을 원한다고 하고 여자가 "It is the best product for the basics." 기본적인 것들을 위한 가장 좋은 제품이라고 말한다. 정답은 (D)이다.

Questions 7-9 refer to the following conversation.

W: **Welcome to part of the new hires orientation at SBC TV.** My name's Cindy Guards, and **I'm in charge of this orientation here at the television news studio.** I'll show you around and then introduce you to your manager.
M: Thanks. I'm really excited to work in the news industry. This is a new aspect of camera work for me.
W: Great! Now, here is your workspace. All of the other cameramen work in this office, too.
M: **I like this area. It has a very nice and quiet working atmosphere.**
W: Yes, we try to keep this part of the building quiet so that employees with offices here can focus on their work.

W: SBC TV 신입 사원 오리엔테이션에 오신 것을 환영합니다. 저는 Cindy Guards입니다. 여기 텔레비전 뉴스 스튜디오에서 이 오리엔테이션을 담당하고 있어요. 저는 이곳을 보여 주고 여러분을 담당 부장님께 소개할 것입니다.
M: 고마워요. 뉴스 분야에 일하게 되어 정말 흥분돼요. 이곳은 저에게는 카메라의 새로운 측면이에요.
W: 좋아요! 자, 여기가 당신이 일할 곳이에요. 모든 촬영진들도 이 사무실에서 일해요.
M: 이곳이 마음에 들어요. 멋지고 조용한 직장 분위기네요.
W: 네, 이 사무실의 직원들이 일에 집중할 수 있도록 저희는 건물의 이 공간을 조용하게 유지하려고 노력하고 있어요.

어휘 in charge of ~을 담당하는 introduce 소개하다 aspect 측면 atmosphere 분위기 focus on ~에 집중하다

7. What does the company most likely produce?
   (A) Television advertisements
   (B) TV news
   (C) Camera devices
   (D) Musical instruments

   회사는 무엇을 제작할 것 같은가?
   (A) 텔레비전 광고
   (B) TV 뉴스
   (C) 카메라 기기
   (D) 악기

   해설 첫 대사에서 여자가 자기 소개하면서 "I'm in charge of this orientation here at the television news studio." 텔레비전 뉴스 스튜디오를 책임지고 있다고 한다. 정답은 (B)이다.

8. Who most likely is the man?
(A) An HR manager
(B) A new employee
(C) An announcer
(D) A marketing director

남자는 누구일 것 같은가?
(A) 인사과 부장
(B) 신입 사원
(C) 아나운서
(D) 마케팅 부장

해설 대화의 첫 시작에서 여자가 "Welcome to part of the new hires orientation at SBC TV." 신입 사원 오리엔테이션에 오신 것을 환영한다고 말한다. 남자가 신입 사원임을 알 수 있다. 정답은 (B)이다.

9. What does the man like about his work area?
(A) It has a good location.
(B) It is clean.
(C) It is not noisy.
(D) It is nicely decorated.

그의 작업 공간에 대해 남자는 무엇을 좋아하는가?
(A) 좋은 위치를 가졌다.
(B) 깨끗하다.
(C) 시끄럽지 않다
(D) 멋지게 장식되어 있다.

해설 여자가 사무실을 보여 주고 나서 남자가 "I like this area. It has very nice and quiet working atmosphere." 조용한 분위기가 마음에 든다고 말한다. 정답은 (C)이다.

Questions 10-12 refer to the following conversation.

M: Hi, Nancy. This is Kevin Myers in the training department. Something has come up, **so I'm going to have to change my reservation for the company conference room from Friday morning to tomorrow afternoon. Is there an opening then?**

W: Let's see... I see here in the schedule that it's available from 1:30 to 5:00 P.M. on Thursday. Would that be okay?

M: That'll be perfect. **The presentation won't begin until two, but I'm sure some people will show up early.** Thanks, Nancy. You've been a big help.

M: 안녕하세요, Nancy. 교육부의 Kevin Myers인데요. 갑자기 일이 생겨서 회사 회의실 예약을 금요일 오전에서 내일 오후로 바꿔야 할 것 같아요. 그때 비어 있을까요?

W: 볼게요... 일정에 목요일 오후 1시 30분부터 5시까지 가능하네요. 괜찮나요?

M: 완벽해요. 발표가 2시에 진행되지만 몇 사람들은 일찍 올 거예요. 고마워요, Nancy. 큰 도움이 됐어요.

어휘 training department 교육부 opening 빈자리 show up 나타나다

10. Why does the man call the woman?
(A) To cancel a reservation
(B) To sign up for a training session
(C) To ask about the participants
(D) To change his room booking

왜 남자는 여자에게 전화를 하는가?
(A) 예약을 취소하기 위해
(B) 교육에 등록하기 위해서
(C) 참석에 대해 묻기 위해
(D) 방 예약을 변경하기 위해

해설 대화 초반에 남자가 "I'm going to have to change my reservation for the company presentation room from Friday morning to tomorrow afternoon. Is there an opening then?" 회의실 예약일을 변경하고 싶다고 한다. 정답은 (D)이다.

11. What time will the meeting begin?
(A) 10:00 A.M.
(B) 1:30 P.M.
(C) 2:00 P.M.
(D) 5:00 P.M.

회의는 몇 시에 시작할 것인가?
(A) 오전 10시
(B) 오후 1시 30분
(C) 오후 2시
(D) 오후 5시

해설 여기서 1시 30분부터 5시까지는 회의실을 사용할 수 있는 시간이고 회의가 시작하는 시간은 "The presentation won't begin until 2:00." 2시이다. 정답은 (C)이다.

12. What does the man say about the presentation?
(A) Some people may arrive in advance.
(B) He expects a large audience.
(C) No admission fee will be charged.
(D) He will give the presentation directly.

남자는 그의 발표에 대해 뭐라고 말하는가?
(A) 어떤 사람들은 일찍 도착할 것이다.
(B) 그는 많은 관객을 예상한다.
(C) 입장료가 없다.
(D) 그는 직접 발표할 것이다.

해설 남자가 발표를 2시에 한다고 했지만 본인이 한다고 말한 것은 아니다. (D)을 조심하자. 남자는 "I'm sure some people will show up early." 일찍 오는 사람들이 있다고 말했다. 정답은 (A)이다.

DAY 12

1. 3인 대화

SPARTA Check-UP p.101

1. (C) 2. (A) 3. (D) 4. (A) 5. (C) 6. (D)

Questions 1-3 refer to the following conversation with three speakers.

W1: Orlen and Luisa, I wanted to stop by and say hello. Welcome to Han Pharmaceuticals. Actually, **we interviewed a lot of experienced candidates. But you are the most qualified for our company.**

M: I really appreciate it. And while we're here, **I'm wondering how to enter the time sheets on the Web site that the payroll department asked me to do by the end of today.** Who can show me how?

W2: Sorry, **I'm supposed to go to the main laboratory in a few minutes for an overview of my project with my manager.**

W1: Oh, you don't need to do that today. It has been postponed to Friday because of some software system errors. What about meeting after lunch? I can give you a hand.

M: That's a relief. Okay, let's get together then.

W1: Orlen과 Luisa, 저는 안부를 전하러 잠깐 들렀어요. Han 제약회사에 오신 것을 환영합니다. 많은 경력 있는 지원자들을 인터뷰했는데 당신들이 가장 자격을 갖춘 사람이었어요.

M: 정말 고마워요. 그리고 여기 있는 동안 오늘까지 경리과에서 저에게 요청했던 일인데 웹 사이트에 어떻게 근무 시간을 기록해야 하는지 알고 싶어요. 누가 저에게 그 방법을 말해 줄 수 있나요?

W2: 미안해요. 저는 프로젝트 개요를 위해 부장님과 몇 분 뒤에 실험실로 가야 해요.

W1: 오, 오늘 할 필요는 없어요. 소프트웨어 시스템 오류로 금요일까지 지연되었어요. 내일 점심 시간 후에 만나는 게 어때요? 도와 드릴게요.

M: 다행이네요. 좋아요. 그때 만나요.

어휘 stop by 들르다 experienced 경력 있는 qualified 자격을 갖춘 laboratory 실험실 overview 개요

1. Who most likely are Orlen and Luisa?
   (A) Pharmacists
   (B) Head managers
   (C) New employees
   (D) Accountants

   Orlen과 Luisa는 누구일 것 같은가?
   (A) 약사
   (B) 책임자
   (C) 신입 사원
   (D) 회계사

해설 첫 대사에서 여자가 Orlen과 Luisa에게 말을 걸고 인사한다. 그 다음에 "we interviewed a lot of experienced candidates. But you are the most qualified for our company." 많은 지원자들을 인터뷰했지만 당신들이 가장 적합하다고 말하는 내용을 확인할 수 있다. 따라서 두 사람은 이 회사의 신입 사원임을 알 수 있으므로 정답은 (C)이다.

2. What does the man want to review with the women?
   (A) Recording procedures for working hours
   (B) Experiment results
   (C) Laboratory equipment
   (D) A time schedule

   남자는 여자들과 무엇을 검토하고 싶어 하는가?
   (A) 근무 시간 기록 절차
   (B) 실험 결과
   (C) 실험실 장비
   (D) 시간 계획표

해설 남자 대사에 집중하면 남자가 여자들에게 "I'm wondering how to enter the time sheets on the Web site that the payroll department asked me to do by the end of today." 웹 사이트에 근무 시간 기록하는 방법을 모르겠다고 말하고 있다. 그래서 (A)가 정답이다.

3. Why is Luisa unable to help Orlen?
   (A) A computer system is down.
   (B) A main laboratory has been closed.
   (C) Her project was rejected.
   (D) She has a meeting with her manager.

   왜 Luisa는 Orlen을 도와줄 수 없는가?
   (A) 컴퓨터 시스템이 중지되다.
   (B) 주요 실험실이 닫혔다.
   (C) 그녀의 프로젝트가 거절됐다.
   (D) 그녀의 부장과 회의가 있다.

해설 이미 문제를 파악 할 때 Luisa가 남자를 도와주지 못한다는 것을 알고 여자 대사에 집중하면 Luisa가 "I'm supposed to go to the main laboratory in a few minutes for an overview of my project with my manager." 프로젝트 때문에 부장을 만나야 된다고 하고 있다. 따라서 정답은 (D)이다.

Questions 4-6 refer to the following conversation with three speakers.

M1: Hello, and welcome to the Ace Hotel. How can I help you?

W: Hi, I'm Jane Kennedy from Fran Development Corporation. **I reserved your large convention hall for this afternoon.** My colleague and I want to get everything ready before the two o'clock start time.

M1: Ah, yes. I see your name right here on the list. **I'll just check your identification.**
W: All right. Here you are. That's it?
M2: Wait. **We reserved 100 chairs, but we're going to need five more.**
W: You're right. Would it be possible to have more chairs in the hall?
M1: Of course. I'll get in touch with maintenance and ask them to deliver the chairs right away.

M1: 안녕하세요, Ace 호텔에 오신 것을 환영합니다. 무엇을 도와드릴까요?
W: 안녕하세요, 저는 Fran 개발 회사의 Jane Kennedy입니다. 저는 오늘 오후에 큰 컨벤션 홀을 예약했어요. 저의 동료와 저는 시작 시간 2시 전에 모든 것이 준비되기를 원합니다.
M1: 아, 네. 목록에 당신 이름이 보이네요. 단지 당신의 신원만 확인하면 됩니다.
W: 좋아요. 여기 있어요. 이게 다인가요?
M2: 잠깐만요. 우리는 100개의 좌석을 예약했는데 5개가 더 필요할 거예요.
W: 맞아요. 홀에 더 많은 의자가 수용 가능한가요?
M1: 확인해 볼게요. 제가 관리부에 연락해서 지금 당장 의자들을 가져다 달라고 요청할게요.

어휘 identification 신분 possible 가능한 get in touch with ~와 연락을 취하다

4. What is the conversation mainly about?
 (A) An auditorium reservation
 (B) A redecorated hall
 (C) A restaurant recommendation
 (D) A hotel location

대화는 무엇에 관한 것인가?
(A) 강당 예약
(B) 실내 장식된 홀
(C) 레스토랑 추천
(D) 호텔 위치

해설 주제를 묻는 질문으로, 초반 대사에 집중하면 호텔 직원인 남자가 무슨 도움이 필요한지 물으니 여자가 "I reserved your large convention hall for this afternoon." 오후에 컨벤션 홀을 예약했다고 시작 시간 전에 준비되기를 원한다고 한다. hall 대신 auditorium을 써서 정답은 (A)이다.

5. What does the woman need to show?
 (A) A security badge
 (B) A revised schedule
 (C) A form of identification
 (D) A business address

여자는 무엇을 보여줄 필요가 있는가?
(A) 보안증
(B) 수정된 일정
(C) 신분증
(D) 사업 주소

해설 대화 중반에 호텔 직원인 남자가 여자에게 "I'll just check your identification." 신분만 확인하면 된다고 하고 있다. 정답은 (C)이다.

6. What do the visitors ask for?
 (A) A reimbursement
 (B) Hall decorations
 (C) Maintenance
 (D) More items

방문객들은 무엇을 요청하는가?
(A) 상환
(B) 홀 장식
(C) 유지 보수
(D) 더 많은 물건들

해설 대화 중반에 한 남자 방문객이 "we reserved 100 chairs but we're going to need five more." 100개 의자에서 5개가 더 필요할 것이라고 한다. 따라서 정답은 (D)이다.

SPARTA Actual Test   p.102

| 1. (A) | 2. (B) | 3. (D) | 4. (C) | 5. (B) | 6. (A) |
| 7. (A) | 8. (C) | 9. (B) | 10. (A) | 11. (B) | 12. (D) |

Questions 1-3 refer to the following conversation with three speakers.

W: Okay, Mr. Gupta, **did the doctor want you to make another appointment?**
M1: Yes, but I'll have to check my schedule first.
W: You know, **from now, you can make an appointment on our homepage. Just make an account.** Also, you can view the available times on the Web site.
M1: Great. How do I register for an account?
W: Tommy deals with all registrations. Tommy, can you help Mr. Gupta sign up for a patient account on our Web site?
M2: Absolutely. If you have a smartphone, you can download our app. Or **I can offer you a user manual to set it up.**
M1: I can do it now on my phone.
M2: Okay, let me see your phone. I'll help you right away.

W: 좋아요, Gupta 씨, 선생님이 당신과 예약해야 한다고 했나요?
M1: 네, 그런데 제 일정을 먼저 확인해야 해요.
W: 지금부터 저희 홈페이지에서 예약할 수 있어요. 계정만 만들면요. 그러면 웹 사이트에서 예약 가능한 시간을 볼 수 있어요.
M1: 좋네요. 어떻게 계정을 등록하나요?
W: Tommy가 모든 등록을 담당하고 있어요. Tommy, 웹 사이트에 Gupta 씨가 환자 계정을 등록하도록 도와주겠어요?

M2: 물론이죠. 혹시 스마트폰이 있으면 우리 앱을 다운받을 수 있어요. 아니면 설치할 수 있게 이용자 설명서를 드릴게요.
M1: 제 휴대폰으로 지금 할 수 있어요.
M2: 알았어요 제가 휴대폰을 볼게요. 바로 도와드릴게요.

어휘 account 계정 view 보다 register/sign up for 등록하다 deal with ~을 다루다 user manual 사용자 설명서

1. Where most likely are the speakers?
   (A) At a medical office
   (B) At a bank
   (C) At an electronics store
   (D) At a phone company

   화자들은 어디에 있는 것 같은가?
   (A) 병원에
   (B) 은행에
   (C) 전자 상가에
   (D) 전화 회사에

   해설 첫 대사에서 여자가 "~ did the doctor want you to make another appointment?" 의사가 예약해야 한다고 했는지 묻고 있다. 병원에서 하는 대화임을 알 수 있으므로 (A)가 정답이다.

2. According to the woman, why should Mr. Gupta open an account?
   (A) To view a presentation
   (B) To make an advance appointment
   (C) To cancel an appointment
   (D) To give some feedback

   여자에 따르면, 왜 Gupta 씨는 계정을 만들어야 하는가?
   (A) 발표를 보기 위해
   (B) 사전 예약하기 위해
   (C) 예약을 취소하기 위해
   (D) 피드백을 주기 위해

   해설 여자가 "from now, you can make an appointment on our homepage. Just make an account." 홈페이지에 가서 계정을 만들면 예약이 가능하다고 말하고 있다. 정답은 (B)이다.

3. What does Tommy offer to give to Mr. Gupta?
   (A) A smart phone
   (B) A receipt
   (C) A registration fee
   (D) A set of instructions

   Tommy는 Gupta 씨에게 무엇을 주는가?
   (A) 스마트폰
   (B) 영수증
   (C) 등록비
   (D) 설명서

   해설 대화 후반부에 Tommy가 "I can offer you a user manual to set it up." 설명서를 준다고 말하고 있다. 정답은 (D)이다.

Questions 4-6 refer to the following conversation with three speakers.

W: Thanks for dropping by, Ibrahim and Sam. **The board of directors decided to purchase new computers,** so someone from MJ Technologies is coming tomorrow to deliver and install them.
M1: Wow, that's good news. We need to have the latest equipment to improve working efficiency.
W: I agree. So, Ibrahim, I'll need your maintenance department staff to help with the installation.
M1: No problem. I'll send three people over to assist.
W: Thanks.
M2: Is there a training session for my security personnel to use the new computers?
W: Sure, **MJ Technologies said they can do the training next Tuesday.** Is that okay for your team?
M2: Of course. How about 11 o'clock?
W: **I'll email MJ right away to see if that works for them.**

W: Ibrahim과 Sam. 방문해 주셔서 고마워요. 이사진들이 새 컴퓨터를 교체하는 일을 결정해서 MJ Technologies의 사람들이 그것들을 배달하고 설치하러 올 거예요.
M1: 와, 좋은 소식이네요. 작업 효율성을 개선하기 위해 최신 장비가 필요해요.
W: 저도 동의해요. 그래서 Ibrahim, 관리부 직원들이 설치하는 일을 도와주셨으면 해요.
M1: 당연하죠. 도울 사람으로 3명을 보낼게요.
W: 고마워요.
M2: 새 컴퓨터 사용하는 일로 저희 보완 직원들을 위한 교육이 있나요?
W: 당연하죠. MJ Technologies가 다음주 화요일에 교육이라고 말했어요. 당신 팀 일정은 괜찮나요?
M2: 물론이죠. 11시는 어때요?
W: 제가 그때 가능한지 MJ로 메일을 지금 바로 보낼게요.

어휘 improve 개선하다 efficiency 효율성 assist 돕다 security personnel 보안 직원

4. What is the woman announcing?
   (A) A design has been repaired.
   (B) Some employees will be hired.
   (C) Some equipment will be set up.
   (D) A board meeting will take place soon.

   여자는 무엇을 알리고 있는가?
   (A) 디자인이 고쳐졌다.
   (B) 몇 명의 직원들이 고용될 것이다.
   (C) 장비가 설치될 것이다.
   (D) 이사회가 곧 열릴 것이다.

   해설 여자 첫 대사에서 "The board of directors decided to purchase new computers ~." 이사진들이 컴퓨터 교체를 결정했다는 내용을 확인할 수 있다. 장비가 설치된다는 내용의 (C)가 정답이다.

5. What is being arranged for next week?
   (A) A board meeting
   (B) **A device training**
   (C) A company luncheon
   (D) A job interview

   다음주에 무엇이 마련될 것인가?
   (A) 이사회
   (B) 기기 교육
   (C) 회사 오찬
   (D) 일자리 면접

   해설 남자 2가 새 컴퓨터 교육이 있는지 물었고 여자가 "MJ Technologies said they can do the training next Tuesday." 다음 주 화요일에 교육이 있다고 한다. 정답은 (B)이다.

6. What does the woman say she will do?
   (A) **Confirm a time**
   (B) Check her e-mail
   (C) Visit MJ Technologies
   (D) Review a proposal

   여자는 무엇을 할 것이라고 말하는가?
   (A) 시간 확인하기
   (B) 메일을 확인하기
   (C) MJ Technologies를 방문하기
   (D) 기획안을 검토하기

   해설 후반에 남자 2가 교육 받을 시간으로 11시가 어떤지 물어 보니 여자가 "I'll e-mail MJ right away to see if that works for them." 그 시간에 되는지 물어 본다고 한다. 정답은 (A)이다.

Questions 7-9 refer to the following conversation with three speakers.

M1: Sylvia, Tom, as you know, **our plant recently purchased five new machines** to fill a special order. However, you know we cannot use those machines until after passing the inspection. As heads of our safety department, do you know when the inspection will be conducted?

W: Tom and I were talking about that yesterday. Tom, **did you have a chance to schedule an inspection?**

M2: Yes, I spoke to the inspectors. They are coming tomorrow afternoon.

W: Oh, that's good. **Let me send out an e-mail to the whole team.**

M1: Sylvia, Tom, 당신들도 알다시피 우리 공장이 최근에 특별 주문을 채우기 위해 새 기계를 5개 구입했잖아요. 그런데 우리는 점검을 통과한 후에 이 기계들을 사용할 수 있어요. 보안부의 부장들로서 언제 점검할 건가요?

W: Tom과 저는 어제 그 일에 대해 이야기했어요. Tom, 점검을 위한 일정을 정했나요?

M2: 네, 점검자들과 말했어요. 그들은 내일 오후에 온대요.

W: 아, 좋아요. 제가 전 직원들에게 메일을 보낼게요.

어휘 plant 공장 recently 최근에 special order 특별 주문 pass 통과하다 conduct 실행하다 inspector 검사자 whole 전체의

7. Where do the speakers work?
   (A) **At a factory**
   (B) At a tool rental shop
   (C) At a laundry service
   (D) At an auto-repair shop

   화자들은 어디서 일하는가?
   (A) 공장에서
   (B) 장비 대여점에서
   (C) 세탁소에서
   (D) 정비소에서

   해설 첫 대사에서 "our plant recently purchased 5 new machines ~." 우리 공장이라고 말했으므로 정답은 (A)이다.

8. What does the woman ask Tom about?
   (A) Extending operation hours
   (B) Hiring more workers
   (C) **Setting up an inspection**
   (D) Replacing some tools

   여자는 Tom에게 무엇에 관하여 물었는가?
   (A) 운영 시간을 연장하는 것
   (B) 더 많은 직원들을 고용하는 것
   (C) 점검을 정하는 것
   (D) 도구를 교체하는 것

   해설 여자 대사에서 "~ did you have a chance to schedule an inspection?" 점검 일정을 정했는지 묻고 있다. 정답은 (C)이다

9. What does the woman say she will do?
   (A) Distribute safety reminders
   (B) **Send a notification electronically**
   (C) Update an email account
   (D) Inspect the factory

   여자는 무엇을 할 것이라고 말하는가?
   (A) 안전 수칙들을 나눠 주기
   (B) 컴퓨터로 공지를 보내기
   (C) 메일 계정을 업데이트하기
   (D) 공장을 점검하기

   해설 마지막 여자 대사에서 "Let me send out an e-mail to the whole team." 점검 일정을 직원들에게 메일로 보낸다고 하고 있다. 정답은 (B)이다.

Questions 10-12 refer to the following conversation with three speakers.

M: Hi, Naomi. **I'd like to introduce you to our new designer, Ms. Larson.**
W1: Nice to meet you.
W2: Nice to meet you, too.
M: She'll meet the rest of the design members later today. But I wanted to introduce you now since I believe you live pretty close to each other. Naomi, **I know you were looking for someone to carpool with.**
W1: Yes. Ms. Larson, where do you live?
W2: 314 West 45th Street.
W1: Oh! That's the neighborhood where I live! Would you be interested in sharing a ride with me?
W2: Of course. That'd be great. **Can I get your contact number so that we can talk about it later today?**

M: 안녕하세요, Naomi. 새 디자이너인 Larson 씨를 소개할게요.
W1: 만나서 반가워요.
W2: 저도 만나서 반가워요.
M: 오늘 이따가 나머지 디자인 팀원들을 만날 거예요. 그러나 서로 꽤 가까운 거리에 살고 있다고 알고 있어서 지금 당신에게 소개하고 싶었어요. Naomi, 카풀 할 사람을 찾고 있다고 들었어요.
W1: 네, Larson 씨. 어디에서 살아요?
W2: 314 West 45번가요.
W1: 오! 제가 사는 동네예요. 저와 같이 차를 타고 가는 일에 관심이 있나요?
W2: 물론이죠. 좋아요. 오늘 나중에 이야기할 수 있게 제가 연락처를 받아도 될까요?

어휘 pretty 꽤 neighborhood 동네 be interested in ~에 관심이 있다 share rides/carpool 함께 타고 가다

10. What department do the speakers work in?
    (A) Design
    (B) Public relations
    (C) Human resources
    (D) Marketing

    화자들은 무슨 부서에서 일하는가?
    (A) 디자인
    (B) 홍보부
    (C) 인사과
    (D) 마케팅

    해설 첫 대사에서 남자가 "I'd like to introduce you to our new designer, Ms. Larson." 디자인 직원을 소개한다고 하므로 정답은 (A)이다

11. What does the man suggest that the women do?
    (A) Look for a colleague
    (B) Drive to work together
    (C) Share a workspace
    (D) Move to a new neighborhood

    남자는 여자들에게 무엇을 제안하는가?
    (A) 동료를 찾는 것
    (B) 함께 차로 출근하는 것
    (C) 작업 공간을 나누는 것
    (D) 새 동네로 이사하는 것

    해설 남자가 여자에게 "I know you were looking for someone to carpool with." 카풀 할 사람을 찾고 있다고 말하면서 함께 차로 출근하는 것을 제안하고 있다. 정답은 (B)이다.

12. What does Ms. Larson ask for?
    (A) A contract
    (B) A password
    (C) A business card
    (D) A telephone number

    Larson 씨는 무엇을 묻는가?
    (A) 계약서
    (B) 비밀번호
    (C) 명함
    (D) 전화 번호

    해설 마지막에 여자 2가 "Can I get your contact number so that we can talk about it later today?" 여자 1에게 연락처를 묻고 있다. 정답은 (D)이다.

2. 의도 파악

SPARTA Check-UP p.104

| 1. (B) | 2. (D) | 3. (B) | 4. (A) | 5. (D) | 6. (B) |

Questions 1-3 refer to the following conversation.

M: Ellen, I just read the e-mail about the meeting. **I can't believe it. I've been waiting a week to discuss several important things with the group!**
W: Yeah, and **Mr. Lee just called it off without setting a new date.**
M: Do you know what's up?
W: No. But I haven't seen Mr. Lee at the office since last Friday, and I know he's not scheduled for any business trips right now. **I just hope he's feeling okay.**

M: Ellen, 회의에 대한 메일을 방금 읽었어요. 믿을 수 없네요. 저는 그룹에서 중요한 안건들을 토론하기 위해 일주일을 기다렸어요!
W: 네, 그리고 이 씨가 새로운 날짜 정하지 않고 방금 취소했어요.

M: 무슨 일인지 알아요?
W: 아뇨. 그런데 지난 금요일 이후에 사무실에서 이 씨를 본적이 없어요. 그리고 그는 현재 어떠한 출장 일정도 안 잡혀 있다고 알고 있어요. 저는 그저 그가 괜찮기를 바라요.

어휘 several 몇몇의 call off 취소하다

1. Why is the man upset about the meeting?
   (A) The boss rescheduled it.
   (B) It was canceled suddenly.
   (C) It took place without him.
   (D) Several people did not attend.

   왜 남자는 회의에 대해 속상해하는가?
   (A) 상사가 일정을 다시 짰다.
   (B) 갑자기 취소됐다.
   (C) 그 없이 회의를 했다.
   (D) 몇 사람이 참석하지 않았다.

   해설 첫 남자 대사에서 "I can't believe it. I've been waiting a week to discuss several important things with the group!" 회의에서 중요한 안건들을 이야기하려 했다고 말하고 있다. 그 다음 여자가 회의가 취소됐다고 하기 때문에 회의가 취소되어 기분이 심란해하는 것을 알 수 있다. 그래서 정답은 (B)이다.

2. What does the man mean when he says, "Do you know what's up"?
   (A) He has some news to share.
   (B) He is asking how the woman is today.
   (C) He wonders about the state of finance.
   (D) He wants to hear an explanation.

   남자가 "무슨 일인지 아세요"라고 말할 때 의도하는 것은 무엇인가?
   (A) 그는 공유할 소식들이 있다.
   (B) 그는 오늘 그녀가 어떤지 묻고 있다.
   (C) 그는 재정 상황에 대해 궁금하다.
   (D) 그는 설명을 듣고 싶어 한다.

   해설 회의가 갑자기 취소됐다고 들은 뒤 남자가 바로 "Do you know what's up?" 무슨 일인지 물어보고 있다. 그 일에 대해 설명을 듣는 것을 원하는 것이다. (D)가 정답이다.

3. What does the woman suggest about Mr. Lee?
   (A) He was very busy.
   (B) He could be out sick.
   (C) He is away seeing clients.
   (D) He went on vacation last Friday.

   그녀는 이 씨에 대해 뭐라고 말하는가?
   (A) 그는 매우 바빴다.
   (B) 그는 아파서 결근한 것 같다.
   (C) 그는 항상 고객들을 만나고 있다.
   (D) 그는 지난주 금요일에 휴가를 갔다.

   해설 후반 여자 대사에서 지난 금요일부터 이 씨가 안 보였고 출장도 안 갔다고 말하고 있다. "I just hope he's feeling okay." 그가 괜찮기를 바란다는 것으로 그가 아프다는 뜻을 전달하고 있다. 따라서 (B)가 정답이다.

Questions 4-6 refer to the following conversation.

M: Alice, **I just heard that you will lead the orientation for new employees** in the legal department. It's a good opportunity for you.
W: It is. I'm doing it **Tuesday after lunchtime**. Can I ask a favor? I was wondering if you might sit in on this first class and give me some feedback afterward, because you are the most experienced lawyer in our firm.
M: Oh, I'm really sorry. **I'm going to go on an important business trip on Monday.** I won't be back until Wednesday. But maybe I can participate in your next class. When's the second class?
W: Thank you. Next Tuesday.

M: Alice, 법무부의 신입 사원들을 위한 오리엔테이션을 당신이 이끈다고 방금 들었어요. 당신에게 좋은 기회네요.
W: 화요일 점심 이후에 해요. 그런데 부탁 하나 해도 될까요? 저는 당신이 첫 수업에 앉아 있다가 나중에 저에게 피드백 줬으면 좋겠어요. 왜냐하면 당신이 우리 회사에서 가장 경력 있는 변호사잖아요.
M: 오, 정말 죄송해요. 월요일에 중요한 출장을 갈 예정이에요. 그래서 수요일에 돌아올 거예요. 그러나 아마 다음 수업에는 참석할 수 있을 것 같아요. 두 번째 수업이 언제죠?
W: 고마워요. 다음주 화요일이에요.

어휘 opportunity 기회 afterward 후에 participate in ~에 참석하다

4. What is the woman doing on Tuesday?
   (A) Training new hires
   (B) Distributing legal documents
   (C) Moving to a new department
   (D) Going on vacation

   화요일에 여자는 무엇을 할 것인가?
   (A) 신입 사원들을 교육하는 것
   (B) 법률 자료들을 나눠주는 것
   (C) 새로운 부서로 이동하는 것
   (D) 휴가를 가는 것

   해설 남자가 첫 대사에서 "I just heard you will lead the orientation for new employees." 오리엔테이션한다는 소식을 들었다고 말하고 나서 여자가 화요일에 한다고 대답했다. 정답은 (A)이다. 여기에서 new employees=new hires를 외워 두자.

5. Why does the woman say "you are the most experienced lawyer in our firm"?
   (A) To praise the man's ability
   (B) To revise a mistake
   (C) To remind a colleague of a new procedure
   (D) To explain a request

여자가 "당신이 우리 회사에서 가장 경력 있는 변호사잖아요"라고 말할 때 의도한 것은 무엇인가?
(A) 그의 능력을 칭찬하기 위해
(B) 실수를 수정하기 위해
(C) 새로운 절차를 동료에게 알려 주기 위해
(D) 요청을 설명하기 위해

해설 대화에서 여자가 남자에게 자신이 이끄는 수업에 참석하라고 하면서 부가적인 설명으로 "You are the most experienced lawyer in our firm." 인용 문장을 말하고 있다. 그래서 정답은 (D)이다.

6. What will the man do on Monday?
   (A) Send some forms
   (B) Travel on company business
   (C) Participate in some negotiations
   (D) Attend the next class

   남자는 월요일에 무엇을 할 건인가?
   (A) 양식을 보낸다
   (B) 출장을 간다
   (C) 몇 가지 협상에 참여한다
   (D) 다음 수업에 참석한다

해설 대화 후반에 남자가 "I'm going to go on an important business trip on Monday." 월요일에 출장 간다고 말하므로 정답은 (B)이다.

SPARTA Actual Test p.105

| 1. (B) | 2. (B) | 3. (A) | 4. (B) | 5. (D) | 6. (C) |
| 7. (B) | 8. (A) | 9. (D) | 10. (A) | 11. (B) | 12. (B) |

Questions 1-3 refer to the following conversation.

W: Hey, Albert. I haven't seen you around much lately. Are you working on a new assignment or something?
M: No. **They've got me traveling weekly now that I'm in the sales department.** There's still a lot to learn, but so far the relationships I'm forming with our customers are very rewarding.
W: Oh, that's right! It's quite a change for you.
M: Yes, but a good one. I'm much happier now coming to work each day. **The hotels and time away from family is already tiring me out**, but now, I like that my work is different every day.

W: 이봐요, Albert. 최근에 당신을 못 본 것 같은데요. 새로운 일이나 다른 일을 하고 있어요?
M: 아니요. 일주일 출장 갔다 왔어요. 제가 지금 판매부에 있거든요. 여전히 배울 게 많지만 지금까지 제가 고객들과 만든 관계들이 매우 보람 돼요.
W: 오, 맞아요! 그게 꽤 당신에게 변화가 되겠네요.
M: 네, 그러나 좋은 것은요. 저는 매일 일하러 오는 것이 지금 정말 행복해요. 가족들과 떨어져 있는 시간과 호텔 생활들이 벌써 지쳤지만 지금 매일 제 업무가 달라서 좋아요.

어휘 lately 최근에 relationship 관계 form 구성하다 rewarding 보람 있는 quite 꽤

1. Why hasn't the woman seen the man lately?
   (A) He is busy with projects.
   (B) He started a new position.
   (C) He is training a coworker.
   (D) He traveled to many countries.

   왜 여자는 최근에 남자를 못 봤는가?
   (A) 그는 프로젝트에 바쁘다.
   (B) 그는 새로운 일을 시작하였다.
   (C) 그는 동료를 교육하고 있다.
   (D) 그는 많은 나라들을 여행 다녔다.

해설 여자가 남자를 최근에 못 봤다고 말하자, 남자가 "They've got me traveling weekly now that I'm in the sales department," 현재 판매부에서 일하고 있다고 한다. 새로운 일을 시작한 것을 알 수 있다. 따라서 정답은 (B)이다.

2. What does the woman mean when she says, "Oh, that's right"?
   (A) She is looking forward to working with the man.
   (B) She agrees with the man's situation.
   (C) She remembers her time working in sales.
   (D) She failed to finish her assignment on time.

   여자가 "오, 맞아요"라고 말할 때 의도하는 것은 무엇인가?
   (A) 그녀는 남자와 일하는 것을 기대하고 있다.
   (B) 그녀는 남자의 상황에 동의한다.
   (C) 그녀는 판매부에서 일한 시간을 기억한다.
   (D) 그녀는 제시간에 일을 끝내는 것을 실패했다.

해설 남자가 판매부에서 새로운 일을 시작했다고 하자 여자가 "Oh, that's right."이라고 말하고 "It's quite a change for you." 당신에게 변화가 되겠다고 말한다. 남자의 말에 동의를 표한 의미이므로 정답은 (B)이다.

3. What doesn't the man like about his job?
   (A) Staying in hotels
   (B) Working with his coworkers
   (C) Getting to know clients
   (D) Learning new things

   남자는 그의 업무에 대해 무엇을 좋아하지 않는가?
   (A) 호텔에 머무는 것
   (B) 그의 동료들과 일하는 것
   (C) 고객들을 알아 가는 것
   (D) 새로운 것들을 배우는 것

해설 후반 남자 대사에서 "The hotels and time away from family is already tiring me out, ~" 호텔 생활이 지쳤다고 말하고 있다. 정답은 (A)이다.

Questions 4-6 refer to the following conversation.

W: Mr. Collins, **I heard you just opened your own bakery.** How's the business doing?
M: Great so far! More and more people are coming to buy our baked goods. And **next week there's going to be a feature about us in Health Food magazine. I'm really looking forward to that.**
W: Congratulations! That should help you attract a lot of customers.
M: I think so. The reporter is going to mention our facilities and atmosphere. Also, the article will focus more on our special popular goods, like the tart we offer.
W: That's nice. I haven't tried your tart.
M: **From 11 everyday,** you can try it at our store.
W: Okay, maybe I'll come by tomorrow.

W: Collins 씨, 얼마 전에 빵집을 열었다는 소식을 들었어요. 사업은 잘 진행되고 있어요?
M: 지금까지는 좋아요! 점점 더 많은 사람들이 빵을 사러 오고 있어요. 그리고 다음 주에 Health Food 잡지에 특집 기사로 실릴 거예요. 정말 기대하고 있어요.
W: 축하해요! 그것이 많은 고객들을 모으는 데 도움이 되겠네요.
M: 저도 그렇게 생각해요. 기자가 저희 시설과 분위기를 언급할 거예요. 그리고 기사에 우리가 제공하는 타르트 같은 특별한 인기 있는 특별 빵을 초점을 맞출 거예요.
W: 멋져요. 타르트는 안 먹어 봤어요.
M: 매일 11시부터 저희 가게에서 드실 수 있어요.
W: 좋아요. 그러면 내일 들를게요.

어휘 bakery 빵집　more and more 점점 더 많은　feature 특집 기사　attract 끌다　come by 들르다

4. What did the man recently do?
   (A) He wrote an article.
   (B) He started a business.
   (C) He won an award.
   (D) He published a book.

   남자는 최근에 무엇을 했는가?
   (A) 그는 기사를 썼다.
   (B) 그는 사업을 시작했다.
   (C) 그는 상을 받았다.
   (D) 그는 책을 출판했다.

   해설 첫 대화에서 여자가 "I heard you just opened your own bakery." 남자에게 새로 문을 연 빵집에 대해 말을 꺼내고 있다. 따라서 남자가 새 사업을 시작했다는 것을 알 수 있다. 정답은 (B)이다.

5. What is the man looking forward to?
   (A) Some baked goods
   (B) A cash prize
   (C) A radio interview
   (D) A magazine article

   남자는 무엇을 기대하고 있는가?
   (A) 제과
   (B) 상금
   (C) 라디오 인터뷰
   (D) 잡지 기사

   해설 남자가 "next week there's going to be a feature about us in Health Food magazine." 다음 주에 특집 기사가 잡지에 실릴 것이라고 말하면서 기대하고 있다. 따라서 정답은 (D)이다.

6. Why does the man say, "you can try it at our store"?
   (A) To give an assignment
   (B) To suggest a different time
   (C) To extend an invitation
   (D) To express dissatisfaction

   왜 남자는 "저희 가게에 오셔서 드실 수 있어요"라고 말하는가?
   (A) 업무를 주기 위해
   (B) 다른 시간을 제안하기 위해
   (C) 초대하기 위해
   (D) 불만을 표현하기 위해

   해설 여자가 타르트를 안 먹어 봤다고 하자, 남자가 "From 11 everyday, ~" 매일 11시 이후에 음식을 제공한다고 말한다. 초대하려는 의도로 보이므로 정답은 (C)이다.

Questions 7-9 refer to the following conversation.

W: **We're about to leave to provide food for the event at the Medison Architecture firm,** but we don't have enough dishes. Where can I find some?
M: Oh, no. **I ordered some from our supplier three days ago, but they haven't arrived yet.** This is the third time this has happened.
W: I think we should cancel that order. I'll stop by the store on the way to buy more. We don't have time because we're supposed to start setting up our tables at Medison Architecture by ten.
M: Okay. **I'll call the vendor to cancel it** and next time we'll just find another supplier.
W: I think you're right.

W: Medison 건축 회사 행사를 위한 음식을 제공하러 가려고 하는데요. 그런데 접시들이 충분하지 않아요. 어디에 있나요?
M: 오, 안 돼요. 이미 3일 전에 공급 업체로부터 주문했는데 아직 도착하지 않았어요. 이런 일이 일어난 게 이번이 3번째예요.

W: 주문을 취소해야 할 것 같아요. 제가 물건 더 사러 가는 길에 가게를 들를게요. 왜냐하면 10시까지 Medison 건축 회사에 테이블 설치를 시작하려면 시간이 없거든요.
M: 알았어요. 회사에 전화해서 취소한 다음 다른 업체를 찾아 볼게요.
W: 당신 말이 맞는 것 같네요.

어휘 provide 제공하다 architecture firm 건축 회사 on the way 도중에 vendor 판매회사 supplier 공급 업체

7. Where do the speakers most likely work?
    (A) At an architecture firm
    (B) At a catering company
    (C) At a supermarket
    (D) At a medical clinic

    화자들은 어디에서 일하는 것 같은가?
    (A) 건축 회사에서
    (B) 출장 연회 업체에서
    (C) 슈퍼마켓에서
    (D) 병원에서

    해설 여자가 "We're about to leave to provide food for the event at the Medison Architecture firm, ~." 회사 행사를 위해 음식을 제공하러 이제 가야 한다고 말하고 있다. 화자들이 일하는 곳이 출장 연회 업체임을 알 수 있다. 정답은 (B)이다.

8. Why does the man say, "This is the third time this has happened"?
    (A) He is very disappointed with a vendor.
    (B) He does not agree with an idea.
    (C) He knows when the items are delivered.
    (D) He is satisfied with a supplier.

    왜 남자는 "이런 일이 일어난 게 이번이 3번째예요"라고 말하는가?
    (A) 그는 판매 회사에 매우 실망했다.
    (B) 그는 그 생각에 동의하지 않는다.
    (C) 그는 그들이 언제 배달할지 안다.
    (D) 그는 공급 업체에 만족한다.

    해설 남자가 "I ordered some from our supplier three days ago but they haven't arrived yet." 3일 전에 이미 주문했는데 아직 안 왔다고 말하고 있다. 공급 업체에 실망감을 표현하고 있으므로 정답은 (A)이다.

9. What will the man most likely do next?
    (A) Call the architecture firm
    (B) Speak with a manager
    (C) Stop by the store
    (D) Call off the order

    남자는 다음에 무엇을 할 것 같은가?
    (A) 건축 회사에 전화하기
    (B) 부장과 말하기
    (C) 가게에 들르기
    (D) 주문을 취소하기

    해설 후반에 남자 대사에서 "I'll call the vendor to cancel it ~." 회사에 전화해서 취소한다고 말하고 있다. 정답은 (D)이다.

Questions 10-12 refer to the following conversation.

M: Hi, Sarah. Our supervisor said you are in charge of training our new employees.
W: Yeah. Actually, the training begins next Monday. But I still have a lot of work to prepare the training documents. I haven't had any time to do other tasks.
M: Well, I've already completed my work. Can I give you a hand?
W: Thanks a lot! Could you bring the employee name tags from the security office for the new hires? I already requested them last week, but I haven't been informed about them yet.
M: Of course. I'll go there right away.

M: 안녕하세요, Sarah. 저희 상사가 당신이 신입 사원들을 교육하는 일을 담당한다고 말했거든요.
W: 네, 사실 교육은 다음주 월요일에 시작해요. 그러나 여전히 교육 자료를 준비할 게 너무 많네요. 다른 업무를 할 시간이 없어요.
M: 음, 저는 이미 제 일을 끝냈어요. 도와 드릴까요?
W: 정말 고마워요! 보안 사무실에 가서 신입 사원들을 위한 사원증을 가져다주겠어요? 제가 이미 지난주에 신청했는데 아직 아무 소식이 없네요.
M: 물론이죠. 지금 당장 거기로 갈게요.

어휘 task 업무 name tag 명찰 new hire 신입 사원

10. What are the speakers talking about?
    (A) Training materials
    (B) A job interview
    (C) New employees
    (D) Sales figures

    화자들은 무엇에 대해 말하는가?
    (A) 교육 자료
    (B) 일자리 면접
    (C) 새로운 직원들
    (D) 매출액

    해설 대화 초반에 여자가 "I still have a lot of work to prepare the training documents." 준비해야 할 교육 서류들이 많다고 하고 있다. 정답은 (A)이다.

11. What does the man imply when he says, "I've already completed my work"?
    (A) He wants comments on an assignment.
    (B) He wants to offer assistance.
    (C) He would like to leave for the day.
    (D) He wants to train new hires.

    남자가 "저는 이미 제 일을 끝냈어요"라고 말할 때 의도하는 것은 무엇인가?
    (A) 그는 과제에 대한 의견을 원한다.
    (B) 그는 도움을 주고 싶어 한다.
    (C) 그는 일찍 퇴근하고 싶어 한다.
    (D) 그는 신입 사원들을 교육하고 싶어 한다.

해설 여자가 일이 많다고 하니, 남자가 자신의 일을 끝냈다고 하면서 "Can I give you a hand?" 도움이 필요한지 묻고 있다. 정답은 (B)이다.

12. What will the man most likely do next?
 (A) Call the security office
 (B) Take care of the request
 (C) Contact the new hires
 (D) Make name tags

남자는 다음에 무엇을 할 것 같은가?
(A) 보안 사무실에 전화하기
(B) 요청을 처리하기
(C) 신입 사원들에게 연락하기
(D) 명찰을 만들기

해설 후반 여자가 "Could you bring the employee name tags to the security office for the new hires?" 신입 사원들을 위한 사원증을 가져와달라고 요청하니 남자가 "I'll go there right away." 지금 당장 가서 한다고 말한다. 따라서 정답은 (B)이다.

3. 시각 자료

SPARTA Check-UP pp.107-108

1. (B) 2. (C) 3. (D) 4. (C) 5. (A) 6. (B)

Questions 1-3 refer to the following conversation and price list.

M: Hi, Tina. It's lunchtime. Why are you still working?
W: I'm not working. I'm looking for a used car on this Web site. **Train ticket fares have gone up again, and a car actually works out cheaper in the long run.**
M: I see. Well, how about this one? It's only three years old.
W: **It's almost six thousand dollars!** This one here looks good enough, and **it's the cheapest I've found so far.**
M: So, are you going to call the dealer? Someone else might get it before you.
W: **I'll need to go home and ask my husband, Mike, first.** He knows exactly how much we can afford to spend.

M: 안녕하세요, 티나. 지금 점심시간이에요. 왜 아직도 일하고 있어요?
W: 일하는 거 아니에요. 웹 사이트에서 중고차를 보고 있어요. 기차표 요금이 계속 오르고 있어서 장기적으로 자동차가 더 저렴하다는 계산이 나와요.
M: 그렇군요. 음, 이건 어때요? 3년밖에 안 됐어요.
W: 거의 6000달러 정도네요! 이것으로 충분히 좋을 것 같고 지금까지 본 것 중에 제일 싸네요.

M: 그럼 딜러에게 전화할 거예요? 누군가 당신이 사기 전에 그것을 살 수 있어요.
W: 먼저 집에 가서 남편인 마이크에게 물어봐야 해요. 그가 지출할 여유가 얼마나 있는지 정확히 알거든요.

어휘 used car 중고차 in the long run 장기적으로 so far 지금까지 afford 여유가 되다

Model	Price
Candon	$7500
Zester	$6500
Promo	$5900
Santa	$9900

모델	가격
Candon	$7500
Zester	$6500
Promo	$5900
Santa	$9900

1. Why does the woman want to buy a car?
 (A) To drive to the train station
 (B) To save money
 (C) To enjoy her weekends
 (D) To get a driver's license

왜 여자는 차를 사고 싶어 하는가?
(A) 기차역으로 운전하기 위해
(B) 돈을 절약하기 위해
(C) 주말마다 놀기 위해
(D) 운전 면허증을 따기 위해

해설 여자 대사를 보면 "Train ticket fares have gone up again, and a car actually works out cheaper in the long run." 기차표 가격이 오르고 있고 차를 사는 것이 장기적으로 볼 때 교통비가 더 싸다고 말하는 내용을 확인할 수 있다. 따라서 (B)가 정답이다.

2. Look at the graphic. What vehicle is the woman most interested in?
 (A) Candon
 (B) Zester
 (C) Promo
 (D) Santa

표를 보시오. 그녀는 어떤 차량에 관심 있는가?
(A) Candon
(B) Zester
(C) Promo
(D) Santa

해설 음원을 듣기 전에 먼저 표를 확인하면 모델명과 가격에 집중해서 들어야 한다는 것을 알 수 있다. 중반부에 여자가 "It's almost six thousand dollars! This one here looks good enough and it's the cheapest I've found so far." 거의 6000 달러이고 가장 저렴하다고 말하고 있다. 따라서 6000 달러에 가까운 (C)가 정답이다.

3. What will the woman do later?
   (A) Look on another Web site
   (B) Borrow some money
   (C) Contact the car dealer
   (D) Consult her spouse

   여자는 나중에 무엇을 할 것인가?
   (A) 다른 웹 사이트를 보기
   (B) 돈을 빌리기
   (C) 차 딜러와 연락하기
   (D) 배우자와 상의하기

   해설 후반에 남자가 차를 빨리 사는 게 좋을 것 같다고 하자, 여자가 "I'll need to go home and ask my husband, Mike, first." 집에 가서 마이크에게 물어본다고 말한다. 마이크가 여자의 남편임을 알 수 있다. 따라서 정답은 (D)이다.

Questions 4-6 refer to the following conversation and coupon.

W: Hi there. My name is Amy, and I'll be your server for today. Can I start you off with a drink right away?
M: **Did I make it in time to use this coupon?**
W: Sure, there's **a little time left**. And if **I put in your whole drink order** now, the coupon will work for all of them.
M: That's great. Thanks. So I'll be here for a while. I want to order an orange juice, an iced tea, and a coffee. I'll take the orange juice first.
W: Of course. Any appetizers?
M: Before I order, I'd like to use your free Wi-Fi for my work, **but I don't have the password.**
W: Oh, give me just a second, and I'll come right back with that information and your drink.

W: 안녕하세요. 저는 Amy입니다. 그리고 오늘 당신의 웨이트리스입니다. 음료부터 바로 시작할까요?
M: 이 쿠폰을 사용하기 위해 제때 온 게 맞나요?
W: 그럼요, 시간이 조금 남았어요. 만약 제가 지금 당신의 음료를 모두 주문 받는다면 이 쿠폰을 모든 음료들에 쓸 수 있어요.
M: 좋아요, 고마워요. 그럼 여기 잠시 있을게요. 오렌지 주스와 아이스 티 그리고 커피를 주문할게요. 오렌지 주스를 먼저 주세요.
W: 물론이죠. 에피타이저는요?
M: 주문하기 전에 제 일 때문에 무료 와이파이를 사용하고 싶은데 비밀번호가 없어요.
W: 아, 잠시만요. 그 정보와 당신의 음료를 가지고 바로 돌아올게요.

어휘 server 웨이터, 웨이트리스 for a while 잠시 동안 password 비밀 번호

Aunt Sally's
Join us for Happy Hour,
and get 1/2 off drinks!
* Happy Hour is 2-4 P.M.
Monday - Thursday
Expires 5/15

앤트 샐리스
특별한 할인 시간대에 함께 하세요.
그리고 50% 음료 할인을 받으세요!
* 할인 시간은 오후 2~4시입니다.
월요일 ~ 목요일
5월 15일까지 사용 가능

4. Look at the graphic. Why is the man questioning the validity of his coupon?
   (A) It is a Friday.
   (B) It is only for drinks.
   (C) It is just before 4 P.M.
   (D) It is May 14.

   시각 자료를 보시오. 왜 남자는 쿠폰의 유효함을 물어보는가?
   (A) 금요일이다.
   (B) 음료수만 된다.
   (C) 4시 바로 전이다.
   (D) 5월 14일이다.

   해설 여자가 음료를 주문 받으려고 하자 남자가 "Did I make it in time to use this coupon?" 쿠폰을 사용해도 되는지 묻는다. 여자가 "Sure, there's a little time left." 시간이 약간 남아서 사용 가능하다고 말한다. 쿠폰 사용 시간이 4시까지라서 남자가 그 시간 전에 온 것을 알 수 있다. 정답은 (C)이다.

5. What will the woman do for the man?
   (A) Apply a discount to all drinks
   (B) Bring a free appetizer
   (C) Give him another coupon
   (D) Make the orange juice without ice

   여자는 남자를 위해 무엇을 할 것인가?
   (A) 모든 음료에 할인을 적용하기
   (B) 무료 에피타이저를 가져오기
   (C) 다른 쿠폰을 주기
   (D) 얼음 없이 오렌지 주스를 만들기

   해설 여자가 "~ if I put in your whole drink order now, the coupon will work for all of them." 지금 주문한 모든 음료를 이 쿠폰으로 쓸 수 있다고 말한다. 그래서 여자는 남자를 위해 주문하는 모든 음료를 할인해 준다고 말하고 있다. 따라서 정답은 (A)이다.

6. What does the man need to do his work?
(A) A bigger table
(B) A code
(C) A private room
(D) A computer

남자는 일을 하기 위해 무엇이 필요한가?
(A) 더 큰 테이블
(B) 비밀 번호
(C) 개인 방
(D) 컴퓨터

해설 남자는 에피타이저를 주문하기 전에 일을 하기 위해 무료 와이파이가 필요하다고 말한다. 하지만 "I don't have the password." 비밀 번호가 없다고 한다 password=code이므로 정답은 (B)이다.

SPARTA Actual Test — pp.109-110

1. (C) 2. (D) 3. (C) 4. (C) 5. (A) 6. (B)
7. (C) 8. (B) 9. (A) 10. (D) 11. (C) 12. (D)

Questions 1-3 refer to the following conversation and schedule.

M: Hi, Amanda. At tonight's ceremony, Ms. Watana will be presenting the award for Sale Agent of the Year. **Do you know if you are on the recipient list?**
W: I wish I knew, but I have been waiting to see the list. Anyway, according to this schedule, there are four speakers coming tonight, right?
M: Yeah, **the CEO of the Ban Group will speak at nine. You know he always speaks last.** I think he likes to listen to others before he gives the final speech.
W: I think so, too. **I need to hurry back to the office.** I want to get my work done before tonight.

M: 안녕하세요, Amanda. 오늘밤 시상식에서 Watana 씨가 올해 판매 사원 상을 받을 거예요. 당신도 혹시 수상자 목록에 있는지 아세요?
W: 저도 알았으면 좋겠네요. 저도 목록을 보려고 기다리고 있어요. 어쨌든 이 일정표에 따르면 오늘밤에 4명의 연설자들이 있죠, 그렇죠?
M: 네, Ban Group의 CEO가 9시에 연설을 할 거예요. 당신도 알지만 그는 항상 마지막에 말하더라고요. 제 생각에는 그가 마지막 연설하기 전에 다른 연설자들의 말을 듣는 것을 좋아하는 거 같아요.
W: 맞아요. 저는 사무실로 빨리 가야 돼요. 오늘밤 전에 끝내야 할 일이 있거든요.

어휘 recipient 수상자 final 마지막의 hurry 서두르다

Annual Sales Agent Awards Ceremony	
Time	Presenter
6:00 P.M	Chris Watana
7:00 P.M	Megan Drummond
8:00 P.M	Jamal Megumi
9:00 P.M	Garcia Pierre

연례 판매 사원 시상식	
시간	발표자
오후 6시	Chris Watana
오후 7시	Megan Drummond
오후 8시	Jamal Megumi
오후 9시	Garcia Pierre

1. What does the man want to know?
(A) If a presentation will be delayed
(B) If a budget list has been printed
(C) If the woman will receive an award
(D) If a desk will be purchased

남자는 무엇을 알고 싶어 하는가?
(A) 발표가 지연이 될 것인지
(B) 예산 목록이 인쇄됐는지
(C) 여자가 상을 받는지
(D) 책상이 구입될 것인지

해설 남자가 "Do you know if you are on the recipient list?" 수상자 목록에 여자가 있는지 묻고 있다. 남자는 여자가 상을 받는지 알고 싶어하므로 정답은 (C)이다.

2. Look at the graphic. Which CEO is the man referring to?
(A) Chris Watana
(B) Megan Drummond
(C) Jamal Megumi
(D) Garcia Pierre

도표를 보시오. 남자가 어떤 CEO를 언급하는가?
(A) Chris Watana
(B) Megan Drummond
(C) Jamal Megumi
(D) Garcia Pierre

해설 남자가 "~ the CEO of the Ban Group will speak at nine." 9시에 연설하는 CEO라고 했으므로 정답은 (D)이다.

3. What will the woman do next?
(A) Make a meal
(B) Try on a dress
(C) Go back to work
(D) Leave a message

여자는 다음에 무엇을 할 것인가?
(A) 식사하기
(B) 드레스를 입어 보기
(C) 일하러 돌아가기
(D) 메시지를 남기기

해설 대화 후반에 여자가 화제를 바꾸면서 "I need to hurry back to the office." 사무실로 돌아가서 일해야 한다고 말한다. 정답은 (C)이다.

Questions 4-6 refer to the following conversation and schedule.

W: Hi, Tom. I hope you're ready for your presentation today. **I can't find the draft for my speech,** and the science conference starts at eight this morning.
M: Sorry to hear that. Yes, **I did have a chance to review some material last night.** Do you need some help finding your draft? We can search your office together.
W: No, that's all right. I already looked everywhere. I'm going to call the organizer and ask him to delay my presentation for an hour. **Maybe I can switch with Mr. West.** That will give me time to reprint the details and look them over.
M: That's a good idea. I'll see you there later.

W: 안녕하세요. Tom. 오늘 발표 준비가 잘 되기를 바라요. 제 연설 원고를 찾을 수 없어요 그리고 과학 학회는 오늘 아침 8시에 시작하고요.
M: 안 됐네요. 네, 저는 지난밤에 자료들을 검토했어요. 원고를 찾는 일을 도와 드릴까요? 당신 사무실에서 함께 찾아요.
W: 아니요, 괜찮아요. 이미 다 찾아 봤어요. 저는 주최자에게 전화해서 제 발표를 한 시간 지연해 달라고 그에게 요청하려고 해요. 아마도 West 씨와 바꿀 수 있을 것 같아요. 그러면 세부 사항들을 다시 인쇄할 수 있고 그것들을 검토할 수 있을 거예요.
M: 좋은 생각이네요. 나중에 거기에서 봐요.

어휘 draft 원고 organizer 주최자 switch 바꾸다 reprint 다시 인쇄하다

45th Science Conference	
Golan Towers 1st Floor	
Time	Presenter
8:00 A.M.–8:50 A.M.	Lucy Hynam
9:00 A.M.–9:50 A.M.	Derrick West
10:00 A.M.–10:50 A.M.	Paula Collins
11:00 A.M.–11:50 A.M.	Samantha Smith

45주년 과학 학회	
Golan Towers 1층	
시간	발표자
오전 8시 ~ 8시 50분	Lucy Hynam
오전 9시 ~ 9시 50분	Derrick West
오전 10시 ~ 10시 50분	Paula Collins
오전 11시 ~ 11시 50분	Samantha Smith

4. Why is the woman concerned?
   (A) She thinks a printer is broken.
   (B) She didn't send her résumé.
   (C) She lost the draft for a speech.
   (D) She forgot about an appointment.

왜 여자는 걱정하는가?
(A) 그녀는 프린터가 고장 났다고 생각한다.
(B) 그녀는 이력서를 보내지 않았다.
(C) 그녀는 연설의 원고를 잃어버렸다.
(D) 그녀는 약속을 잊어버렸다.

해설 대화 초반에 여자가 "I can't find the draft for my speech." 연설 원고를 찾을 수 없다고 말하고 있다. 즉, 잃어버렸다는 내용으로 정답은 (C)이다.

5. What did the man do last night?
   (A) Went over his talk
   (B) Checked his flight schedule
   (C) Went to a store
   (D) Wrote an e-mail

남자는 지난밤에 무엇을 했는가?
(A) 그의 연설을 검토했다
(B) 비행 일정을 확인했다
(C) 가게에 갔다
(D) 메일을 적었다

해설 남자 대사에서 "I did have a chance to review some material last night." 지난밤에 자료들을 검토했다고 하므로 정답은 (A)이다.

6. Look at the graphic. What time will the woman probably give her presentation?
   (A) 8:00 A.M.
   (B) 9:00 A.M.
   (C) 10:00 A.M.
   (D) 11:00 A.M.

도표를 보시오. 여자는 발표를 아마 몇 시에 할 것 같은가?
(A) 오전 8시
(B) 오전 9시
(C) 오전 10시
(D) 오전 11시

해설 여자가 주최자에게 연설을 한 시간 지연해 달라고 요청할 것이라면서 "Maybe I can switch with Mr. West." 아마 West 씨와 바꿀 수 있을 것이라고 말하고 있다. 표를 보면 West 씨는 9시에 연설하므로 정답은 (B)이다.

Questions 7-9 refer to the following conversation and map.

M: Good morning. **I passed by here on my way to work yesterday and saw you have some plots available in Highgate.** I wonder if you could show me a brochure or something.
W: No problem, sir. Here is a layout of the site. There are currently four plots available, all at the same price.
M: Hmm… I didn't realize it was so close to the main road. It wouldn't be good for my young children.
W: What about one of the plots set back from the road?
M: **Those trees may block the sun there, but the other plot looks perfect.** Could we take a look now? **If it's as good as it looks, I could have the money ready tomorrow.**
W: Really? Wow! I'll show you right now.

M: 안녕하세요. 어제 출근 길에 여기를 지나다가 Highgate에 이용할 수 있는 땅들이 좀 있는 것을 봤어요. 저에게 책자나 어떤 자료들을 보여 주실 수 있는지 궁금해요.
W: 그럼요. 이게 장소의 배치도예요. 현재는 4개의 작은 땅이 이용 가능하고 모두 같은 가격입니다.
M: 흠… 큰 도로와 너무 가까운 곳에 있는지 몰랐네요. 그건 저희 아이들에게 안 좋을 것 같아요.
W: 도로 뒤에 있는 작은 땅 중에 하나는 어때요?
M: 나무들이 거기에서 햇빛을 막고 있어요 그러나 다른 쪽 작은 땅은 완벽해요. 지금 봐도 될까요? 만약에 좋아 보이면 내일 돈을 준비해 둘게요.
W: 정말요? 왜! 지금 당장 보여 드릴게요.

어휘 pass by ~의 옆을 지나가다 plot 작은 땅 currently 현재 block 막다

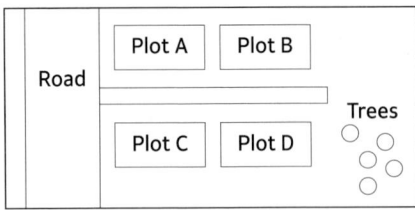

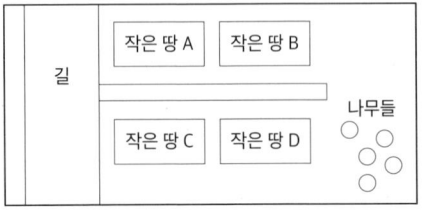

7. Where did the man learn about the land for sale?
   (A) On the Internet
   (B) On the radio
   (C) In the shop window
   (D) From a colleague

남자는 땅을 판다는 것을 어디서 알았는가?
(A) 인터넷에서
(B) 라디오에서
(C) 진열장 유리에서
(D) 동료로부터

해설 남자가 초반에 "I passed by here on my way to work yesterday and saw you have some plots available in Highgate." 어제 지나가는 길에 봤다고 말하고 있다. 보기 중에 가능한 것은 (C)밖에 없다.

8. Look at the graphic. Which plot is the man interested in?
   (A) Plot A
   (B) Plot B
   (C) Plot C
   (D) Plot D

표를 보시오. 남자는 어떤 작은 땅에 관심 있는가?
(A) 작은 땅 A
(B) 작은 땅 B
(C) 작은 땅 C
(D) 작은 땅 D

해설 남자가 큰 도로 근처의 땅은 아이들에게 좋지 않을 것이라고 말하고 있다. 그 다음, "Those trees may block the sun there, but the other plot looks perfect." 작은 땅 D는 햇빛을 가려서 안 된다고 말하고 있다. 따라서 남자가 관심 있는 땅은 작은 땅 B이다. 정답은 (B)이다.

9. What is the woman surprised by?
   (A) The speed of a decision
   (B) The occupation of the man
   (C) The opinion of the man's colleague
   (D) The location of a car

여자는 무엇에 놀라워하는가?
(A) 결정의 속도
(B) 남자의 직업
(C) 남자 동료의 의견
(D) 차의 위치

해설 후반 대화에서 남자가 "If it's as good as it looks, I could have the money ready tomorrow." 땅을 보고 마음에 들면 내일 바로 산다고 말하자, 여자가 놀라워 한다. 남자의 빠른 결정에 놀라워하는 것으로 볼 수 있으므로 정답은 (A)이다.

Questions 10-12 refer to the following conversation and map.

M: Melissa, **I've been asked to reposition the desks on our floor** because the B Team keeps complaining about the windows being behind them. **They say it's hard to see their computer screens with the reflections from outside.**
W: Why don't you put them by the door so the windows aren't a problem?
M: They don't like the distraction of people coming and going.
W: Okay, I've got it. **They're the ones who print the most documents, so put them next to the photocopier.** That would be convenient and take care of all their complaints.

M: Melissa, B 팀 사람들이 뒤에 있는 창문에 대해 계속 불평해서 이 층의 책상들의 위치를 바꾸라고 요청 받았어요. 그들은 밖에서 들어오는 빛의 반사로 컴퓨터 화면을 보기가 힘들다고 말해요.
W: 창문이 문제가 되지 않게 사람들을 문 옆에 두는 건 어때요?
M: 그들은 오고 가는 사람들로 일을 방해 받는 것을 좋아하지 않아요.
W: 좋아요, 이해했어요. 그들은 대부분의 서류들을 인쇄하니 복사기 옆에 앉게 해요. 그러면 편리함도 얻고 그들의 불평도 처리할 수 있네요.

어휘 reposition 위치를 바꾸다 reflection (빛)반사 distraction 주의 산만 convenient 편리한

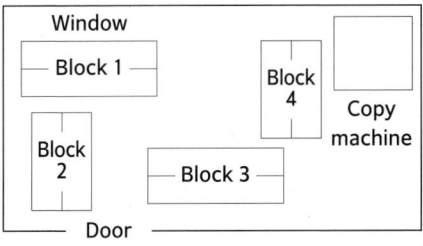

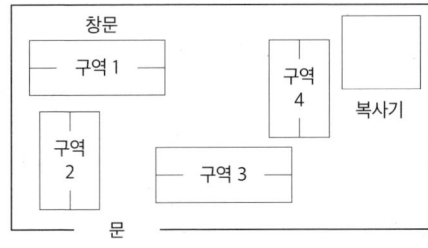

10. What has the man been asked to do?
    (A) Assign new projects
    (B) Schedule a window cleaner
    (C) Research new computers
    (D) Rearrange the office layout

남자는 무엇을 하라고 요청 받았는가?
(A) 새로운 프로젝트를 배정하는 것
(B) 창문 청소 일정을 잡는 것
(C) 새 컴퓨터를 조사하는 것
(D) 사무실 레이아웃을 재배치하는 것

해설 남자가 "I've been asked to reposition the desks on our floor ~." 이 층의 책상의 위치를 바꾸는 것을 요청 받았다고 말하고 있다. 정답은 (D)이다.

11. What is the B Team's problem with their current desk location?
    (A) They dislike the breeze.
    (B) They are bored with it.
    (C) The sunlight bothers them.
    (D) The view outside is distracting.

현재 책상 위치로 인한 B 팀의 문제는 무엇인가?
(A) 그들은 미풍을 좋아하지 않는다.
(B) 그들은 지루해한다.
(C) 햇빛이 그들을 방해한다.
(D) 밖의 전망이 집중을 방해한다.

해설 남자 대사에서 "They say it's hard to see their computer screens with the reflections from outside." B 팀이 밖에서 들어오는 빛의 반사로 컴퓨터 화면을 보기 힘들다고 말하고 있다. 정답은 (C)이다.

12. Look at the graphic. Where does the woman finally think the B Team should be put?
    (A) In Block 1
    (B) In Block 2
    (C) In Block 3
    (D) In Block 4

시각 자료를 보시오. 여자는 B 팀을 어디에 두어야 한다고 제안하는가?
(A) 구역 1
(B) 구역 2
(C) 구역 3
(D) 구역 4

해설 대화 후반에 여자가 "They're the ones who print the most documents, so put them next to the photocopier." 그들이 인쇄 작업을 많이 하니 복사기 옆이 편할 것 같다고 말하고 있다. 정답은 (D)이다.

DAY 13

1. 주제/목적

SPARTA Check-UP p.119

1. (D)　2. (B)　3. (A)　4. (A)　5. (C)　6. (B)

Questions 1-3 refer to the following excerpt from a meeting.

There's some important news about yesterday's meeting in Washington. **Board members voted in favor of investing 32 million dollars from this year's budget <u>into building a factory</u>** in New York. As you know, **we have been unable to <u>meet many customer orders</u> for several months.** The new factory, which will operate with the latest equipment, will enable us to meet all orders. I want to reassure those of you working here at our headquarters that your jobs will mainly be unchanged. When the factory construction work goes forward, however, **some of you may have to <u>meet with various personnel from our engineering department</u>.**

어제 워싱턴에서 진행한 회의에서 중요한 소식이 있습니다. 이사진들이 뉴욕에 공장을 세우는 데 올해 예산을 3200만 달러를 투자하는 것에 찬성했습니다. 알다시피 우리는 몇 달 동안 많은 고객들의 주문을 맞출 수가 없었습니다. 최신 장비와 함께 가동되는 새 공장은 모든 주문을 맞출 수 있습니다. 저는 여기 본사에 있는 여러분들의 일에 변화가 없을 것을 자신있게 말씀드립니다. 그러나 공장의 공사가 진전될 때 여러분 중 몇 명은 기술부의 다양한 직원들을 만나야 할 수도 있습니다.

어휘 board members 이사　vote 투표하다　in favor of ~에 찬성하여　operate 가동되다　reassure 안심시키다　go forward 진전되다　various 다양한　personnel 직원들

1. What is the main subject of the talk?
   (A) A product launch
   (B) An itinerary
   (C) Research results
   (D) A new facility

   담화의 주제는 무엇인가?
   (A) 제품 출시
   (B) 여행 일정
   (C) 연구 결과들
   (D) 새로운 시설

   해설 첫 지문에서 "Board members voted in favor of investing 32 million dollars from this year's budget into building a factory ~." 이사진들이 새로운 공장을 짓는 일에 찬성했다고 말한다. 따라서 A new factory=A new facility로 정답은 (D)이다.

2. According to the speaker, why is a change being made?
   (A) There were few customers.
   (B) Orders have not been met.
   (C) Equipment was damaged.
   (D) The budget was limited.

   화자에 따르면, 왜 변화가 일어나는가?
   (A) 고객이 적었다.
   (B) 주문을 맞추지 못 했다.
   (C) 장비가 손상됐다.
   (D) 예산이 제한되었다.

   해설 새로운 공장을 짓는 것이 변화이고 그 이유는 "we have been unable to meet many customer orders for several months". 고객들의 주문량을 맞추지 못 했기 때문이므로 정답은 (B)이다.

3. What does the speaker say about some employees?
   (A) They will probably meet engineers.
   (B) They will delay the construction.
   (C) They will be transferred to the engineering department.
   (D) They will be promoted soon.

   화자는 몇몇 직원들에 대해 뭐라고 말하는가?
   (A) 그들은 아마도 기술자들을 만날 것이다.
   (B) 그들은 공사를 지연할 것이다.
   (C) 그들은 기술부로 이동할 것이다.
   (D) 그들은 곧 승진할 것이다.

   해설 화자는 후반에 "some of you may have to meet with various personnel from our engineering department." 기술부 직원들을 만나야 할 수도 있다고 하므로 (A)가 정답이다.

Questions 4-6 refer to the following advertisement.

Are you having trouble sleeping? **Then come to the renowned <u>Cypress Sleeping Center for help</u> from our professional experts.** You'll spend the night at our clinic, and our medical staff will monitor your sleep patterns with the latest equipment in the sleep laboratory. The data we collect from these sessions can help improve your sleep. However, if you don't want to stay overnight in a sleep lab, don't worry. **We have a day program in our clinic that can perform the studies during the day.** All you need is an appointment for four hours. **For more information, look at our Web site,** www.cypresssleepcenter.or.kr. Don't lose another night's sleep again. To make an appointment, please call our center at 777-9191 or visit our Web site. Thank you.

당신은 불면의 밤을 보내고 있습니까? 그러면 전문가들이 도움을 주는 유명한 Cypress 수면 센터로 오십시오. 우리 병원에서 밤을 보내면 저희 의료 직원들이 수면 실험실에서 최신 장비로 당신의 수면 패턴을 모니터할 것입니다. 이 시간에 모은 데이터들은 당신의 수면이 향상되도록 도울 수 있습니다. 그러나 만약에 수면 실험실에서 하루를 머물지 못 한다면, 걱정 마세요. 우리는 낮 동안 연구할 수 있는 낮 프로그램이 있습니다. 당신이 할 일은 4시간 동안 예약하는 일입니다. 더 많은 정보를 원한다면 우리 웹 사이트 www.cypresssleepcenter.or.kr를 보세요. 다시는 밤의 수면을 잃어 버리지 마세요. 예약을 원한다면 저희 센터 777-9191로 전화하시거나 웹 사이트를 방문하시면 됩니다. 고맙습니다.

어휘 renowned 유명한 expert 전문가 sleep laboratory 수면 실험실 collect 모으다 session 기간 overnight 하룻밤 perform 행하다 during the day 낮 동안

4. What is being advertised?
   (A) A medical clinic
   (B) A bookstore
   (C) A bed
   (D) A sports center

무엇이 광고되고 있는가?
(A) 병원
(B) 서점
(C) 침대
(D) 스포츠 센터

해설 담화의 초반부에 잠에 대한 문제를 제기하면서 "Then come to the renowned Cypress Sleeping Center for help from our professional experts." 전문가가 있는 수면 센터로 오라고 말하고 있다. 따라서 수면 전문 병원의 광고임을 알 수 있으므로 정답은 (A)이다.

5. According to the speaker, what special option is available?
   (A) An online cancelation system
   (B) Complimentary training
   (C) Daytime appointments
   (D) Reduced fees

화자에 따르면, 어떤 특별 옵션이 가능한가?
(A) 온라인 취소 시스템
(B) 무료 교육
(C) 낮 시간 예약
(D) 할인된 요금

해설 지문에서 만약에 하룻밤을 병원에서 못 잔다면 "We have a day program in our clinic that can perform the studies during the day." 특별히 낮 프로그램도 있다고 소개하고 있다. 따라서 정답은 (C)이다.

6. How can the listeners get more information?
   (A) By attending the training
   (B) By visiting the homepage
   (C) By contacting the service center
   (D) By looking at the manual

청자들은 어떻게 더 많은 정보를 얻을 수 있는가?
(A) 교육에 참석함으로써
(B) 홈페이지를 방문함으로써
(C) 서비스 센터에 연락함으로써
(D) 설명서를 봄으로써

해설 보통 광고에서 추가 정보를 얻는 방법은 후반에 단서가 많이 나온다. 여기에서 "For more information, look at our Web site ~." 추가 정보를 원하면 웹 사이트를 보라고 말하고 있다. 따라서 정답은 (B)이다.

SPARTA Actual Test   p.120

| 1. (A) | 2. (C) | 3. (C) | 4. (C) | 5. (A) | 6. (B) |
| 7. (C) | 8. (A) | 9. (B) | 10. (D) | 11. (C) | 12. (C) |

Questions 1-3 refer to the following excerpt from a meeting.

I have good news, so I called everyone for this meeting. **We made an agreement with Broadway Theater** to remodel the theater for the next season. **They want us to design a more attractive and fancy interior for the audience.** So they have given us a list of interior design layouts that they based on feedback from the audience. I'll hand them out. **Let's take a look at them and determine the best design plan for this project.**

좋은 소식이 있어서 모든 사람들을 회의에 불렀습니다. 우리는 다음 시즌을 위해 극장 리모델링하는 일로 Broadway Theater와 계약을 맺었습니다. 그들은 우리가 관객을 위해 극장을 더 매력적이고 화려하게 디자인하기를 원합니다. 그래서 그들은 청중들의 피드백을 기반한 인테리어 디자인 레이아웃 목록을 우리에게 제공하였습니다. 제가 그것들을 나눠 줄게요. 살펴보고 프로젝트를 계획하는 데 있어 최선의 디자인을 결정해 봅시다.

어휘 made an agreement 계약을 맺다 attractive 매력적인 fancy 화려한 determine 결정하다

1. What does the speaker announce?
   (A) A new contract
   (B) A new play
   (C) A renewed agreement
   (D) A company merger

화자는 무엇을 발표하는가?
(A) 새로운 계약
(B) 새로운 연극
(C) 갱신 계약
(D) 회사 합병

해설 화자가 좋은 소식이 있다고 전하면서 "We made an agreement with Broadway Theater ~." 극장과 계약을 맺었다고 말하므로 정답은 (A)이다.

2. According to the speaker, what has Broadway Theater requested?
   (A) Extra seats
   (B) Colorful lights
   (C) A nice-looking interior
   (D) Clothing design

   화자에 따르면, Broadway Theater에서 무엇을 요청했는가?
   (A) 여분의 좌석
   (B) 다채로운 조명
   (C) 멋진 인테리어
   (D) 의복 디자인

   해설 담화 중반에 "They want us to design a more attractive and fancy interior for the audience." 멋지고 화려한 디자인을 원한다고 하고 있다. 정답은 (C)이다.

3. What will the listeners do next?
   (A) Update their schedule
   (B) Distribute an expense report
   (C) Discuss a project plan
   (D) Call some clients

   청자들은 다음에 무엇을 할 것인가?
   (A) 일정을 업데이트하기
   (B) 지출 보고서를 배포하기
   (C) 프로젝트 계획을 토론하기
   (D) 일부 고객에게 전화하기

   해설 담화 후반에 "Let's take a look at them and determine the best design plan for this project." 프로젝트 계획을 위해 최고의 디자인을 정하자고 말하고 있다. 정답은 (C)이다.

Questions 4-6 refer to the following voicemail message.

Hi, Sofia, this is Daniel from reception downstairs. **Could you come down here as soon as possible, please?** I have a package addressed to you. The sender's name is Stephen Wong from Sun Talk Corporation, and the package is marked as urgent. The delivery person, James, has it at the desk, but **unfortunately only you can sign for it**; otherwise, it can't be received. It's 10:35 now. **If you can't come within the next 15 minutes, James will have to take it with him** and come back later. I hope to hear from you soon. Thanks.

안녕하세요, Sofia 씨, 아래층에 있는 접수처의 Daniel입니다. 가능한 한 빨리 여기로 오실 수 있으신가요? 제가 당신 앞으로 온 소포를 가지고 있습니다. 보낸 사람 이름은 Sun Talk Corporation의 Stephen Wong이고, 소포는 급한 것으로 표시되어 있습니다. 배달원 James 씨가 소포를 가지고 데스크에 있어요. 하지만 안타깝게도 당신만이 이 소포에 서명할 수 있습니다. 그렇지 않으면 소포를 받을 수 없어요. 지금 10시 35분이니까 15분 안에 올 수 없다면 James 씨는 소포를 가지고 가서 나중에 다시 와야 합니다. 당신에게 연락이 곧 오길 바랍니다. 감사합니다.

어휘 urgent 긴급한 reception 접수처 downstairs 아래층 addressed to ~의 앞으로 보내다

4. What is the main purpose of this message?
   (A) To get a schedule
   (B) To receive an update
   (C) To request a visit
   (D) To ask about a product

   이 메시지의 주된 목적이 무엇인가?
   (A) 일정을 얻기 위해
   (B) 최신 정보를 받기 위해
   (C) 방문을 요청하기 위해
   (D) 제품에 대해 묻기 위해

   해설 메시지 초반에 화자가 청자에게 "Could you come down here as soon as possible, please?" 아래층으로 내려오라고 요청하고 있다. 따라서 정답은 (C)이다.

5. What is Sofia asked to do?
   (A) Provide a signature
   (B) Call a delivery person
   (C) Meet Stephen Wong
   (D) E-mail Sun Talk Corporation

   Sofia 씨는 무엇을 요청 받았는가?
   (A) 서명하기
   (B) 배달원에게 전화하기
   (C) Stephen Wong을 만나기
   (D) Sun Talk Corporation으로 이메일 보내기

   해설 청자가 요청 받는 것을 묻는 질문이다. 화자는 "only you can sign for it." Sofia의 사인이 필요하다고 하고 있다. 따라서 정답은 (A)이다.

6. According to the speaker, how long will James remain at the front desk?
   (A) For 10 minutes
   (B) For 15 minutes
   (C) For 30 minutes
   (D) For 35 minutes

   화자에 따르면, James는 안내 데스크에 얼마나 머물 것인가?
   (A) 10분 동안
   (B) 15분 동안
   (C) 30분 동안
   (D) 35분 동안

   해설 현재 배달원이 있는데 "If you can't come within the next 15 minutes, James will have to take it with him ~." 15분 내로 안 오면 다시 소포를 가져간다고 하고 있다. 따라서 정답은 (B)이다.

Questions 7-9 refer to the following announcement.

Good morning, everyone. **We hope you've been enjoying the conference on medical science this week. Tomorrow, in addition to our workshops and presentations, you can go to one of the sites we suggested after leaving the convention center.** There is a list of the medical centers in the area. You can tour one of the local hospitals on the list. These tours are free, and we expect them to be very popular. But we have limited seats on the buses, so **please be sure to register ahead of time at the front desk by the entrance.**

좋은 아침입니다. 여러분. 이번 주에 여러분들은 의학 학회를 즐기길 바랍니다. 내일은 워크숍과 발표와 더불어 컨벤션 센터를 나오고 나서 우리가 제안한 장소들 중 한 곳으로 이동하게 됩니다. 지역의 의료 센터 목록이 있습니다. 여러분들은 지역 병원 중 한 곳을 투어할 수 있습니다. 이 투어는 무료이며 매우 인기 있을 것으로 예상합니다. 그러나 버스 좌석 수의 제한이 있으므로 입구 앞에 프런트 데스크에 미리 등록해 주시길 바랍니다.

어휘 medical science 의학 conference 학회 in addition 더불어 limited 제한된 ahead of time 미리 entrance 입구 focus group 포커스 그룹(특정 조사를 위해 소수의 대표로 뽑아 이뤄진 그룹)

7. At what event is the announcement being made?
   (A) A book signing
   (B) A product launch
   (C) A professional conference
   (D) A charity fundraiser

   어떤 행사에 대해 발표하고 있는가?
   (A) 책 사인회
   (B) 제품 출시
   (C) 전문 학회
   (D) 자선 기금 모금 행사

   해설 담화 초반에 "We hope you've been enjoying the conference on medical science this week." 의학 학회인 것을 알 수 있으므로 정답은 (C)이다.

8. What does the speaker suggest that some listeners do tomorrow?
   (A) Go on a tour
   (B) Attend an opening ceremony
   (C) Participate in a focus group
   (D) Make a list

   화자는 일부 청자에게 내일 무엇을 하라고 제안하는가?
   (A) 견학 가기
   (B) 개회식에 참석하기
   (C) 포커스 그룹에 참여하기
   (D) 목록을 만들기

해설 담화 중반부에 "Tomorrow, ~ you can go to one of the sites we suggested after leaving the convention center." 내일은 센터를 떠나서 제안된 장소들 중에 한 곳으로 갈 것이라고 하고 있다. 따라서 정답은 (A)이다.

9. What are the listeners instructed to do?
   (A) Use a different entrance
   (B) Sign up early
   (C) Complete a questionnaire
   (D) Sit in a designated seat

   청자는 무엇을 하도록 지시 받는가?
   (A) 다른 입구를 이용하기
   (B) 조기 등록하기
   (C) 설문지 작성하기
   (D) 지정석에 앉기

   해설 담화 후반에 버스 좌석이 제한되어 있어서 "~ please be sure to register ahead of time at the front desk by the entrance." 미리 등록하라고 요청하고 있다. 따라서 정답은 (B)이다.

Questions 10-12 refer to the following news report.

This is Naomi Leslie, your reporter for KMD News, **reporting live this week from the Global Motor Show.** Throughout the week, I'll be showing you some of the latest vehicles on display here. Right now, I'm standing in front of the latest car from Ambiquest, the Speedo 30. What's really special about this vehicle is its revolutionary design. **Ambiquest has developed an environmentally friendly material for the inside and outside of the car.** If you're coming to the motor show this week, **be sure to check out this car at the Ambiquest booth in aisle one.**

이번 주에 KMD News의 기자인 Naomi Leslie이 Global Motor 쇼에서 생방송으로 알려드립니다. 일주일 내내 저는 여기에 있는 최신 차량의 일부들을 보여 드릴 것입니다. 저는 지금, Ambiquest의 최신 기종인 Speedo 30 앞에 서 있습니다. 혁신적인 디자인으로 정말로 특별하죠. Ambiquest는 자동차 내부와 외부를 위해 친환경 소재를 개발하였습니다. 이번 주 모터쇼에 오신다면 1번 통로의 Ambiquest 부스에서 이 차종을 확인하세요.

어휘 throughout 내내, ~동안 revolutionary 혁신적인 environmentally friendly 친환경의 aisle 통로

10. What product is the reporter discussing?
    (A) A laptop computer
    (B) A mobile phone
    (C) A radio
    (D) An automobile

    기자는 어떤 제품을 말하고 있는가?
    (A) 노트북
    (B) 휴대 전화
    (C) 라디오
    (D) 자동차

해설 뉴스 초반에 "~ reporting live this week from the Global Motor Show." 기자가 모터쇼에 있다는 것을 알 수 있으므로 정답은 (D)이다.

11. What is unique about the product?
    (A) Its logo design
    (B) Its reasonable price
    (C) Its material
    (D) Its size

    제품에 대해 독특한 점은 무엇인가?
    (A) 로고 디자인
    (B) 합리적인 가격
    (C) 소재
    (D) 크기

    해설 Ambiquest의 회사는 혁신적인 디자인으로 "Ambiquest has developed an environmentally friendly material for the inside and outside of the car." 친환경적인 소재를 개발했다고 한다. 그래서 정답은 (C)이다.

12. What does the speaker suggest some listeners do?
    (A) Call a customer service number
    (B) Replace older parts
    (C) Stop by a sales booth
    (D) Visit a Web site

    화자는 일부 청자에게 무엇을 제안하는가?
    (A) 고객 서비스 번호로 전화하기
    (B) 오래된 부품을 교체하기
    (C) 판매 부스에 들르기
    (D) 웹 사이트를 방문하기

    해설 후반에 "~ be sure to check out this car at the Ambiquest booth in aisle one." 자동차를 보러 부스에 오라고 하고 있다. 따라서 정답은 (C)이다.

2. 장소/직업

SPARTA Check-UP p.122

1. (B) 2. (B) 3. (C) 4. (D) 5. (C) 6. (D)

Questions 1-3 refer to the following talk.

Good morning to all board members, **and thank you for coming to this meeting.** As you know, our residential project has been delayed, but we need to complete it within two months. To speed up the process, **we're thinking of recruiting a team of temporary workers.** We will post an advertisement online and in the newspapers with a list of requirements. Construction experience, willingness to work in a team, and customer service skills are the qualifications we need. **If you have ideas about other requirements that are essential for our job, please share them with the group**.

이사님들, 좋은 아침입니다. 그리고 회의에 와 주셔서 감사합니다. 알다시피 우리의 주거 건축 사업이 연기되었습니다. 하지만 우리는 두 달 내로 완성해야 합니다. 진행 속도를 높이기 위해서 임시 근로자들 한 팀 정도를 고용해야 할 것 같습니다. 필수 조건을 넣어서 신문과 온라인에 광고할 것입니다. 건설 경험, 팀에서 일할 의지, 고객 서비스 기술들이 우리가 필요로 하는 자격들입니다. 만약에 우리 일에 필수적인 다른 조건들을 생각하고 있다면 그룹과 같이 공유합시다.

어휘 residential project 주거 건축 recruit 채용하다 temporary 임시의 requirement 필수 조건 willingness 기꺼이 하는 마음, 의지 qualification 자격 essential 필수적인 share 공유하다

1. Where is the talk most likely taking place?
   (A) In a school
   (B) In a conference room
   (C) In a fitness center
   (D) In a department store

   담화는 어디서 일어나고 있는가?
   (A) 학교에서
   (B) 회의실에서
   (C) 헬스장에서
   (D) 백화점에서

   해설 담화 첫 지문에서 "~ thank you for coming to this meeting." 회의에 와 주셔서 감사하다고 말하고 있다. 따라서 장소가 회의실임을 짐작할 수 있으므로 (B)가 정답이다.

2. What does the speaker plan to do?
   (A) Organize an event
   (B) Hire employees
   (C) Make a manual
   (D) Conduct a survey

   화자는 무엇을 하려고 계획하는가?
   (A) 행사를 준비하다
   (B) 직원들을 고용하다
   (C) 설명서를 만든다
   (D) 설문조사를 실시하다

   해설 공사의 일정이 지연돼서 진행을 빨리 하기 위해 "~ we're thinking of recruiting a team of temporary workers." 임시 직원들을 더 고용할 것을 생각한다고 말한다. recruit=hire, worker=employee로 대체되므로 정답은 (B)이다.

3. What does the speaker ask the listeners to do?
   (A) Apply for a job
   (B) Register for a seminar
   (C) Share their suggestions
   (D) Leave the office early

화자는 청자들에게 무엇을 하라고 요청하는가?
(A) 일자리에 지원하다
(B) 세미나에 등록하다
(C) 그들의 의견들을 공유하다
(D) 일찍 퇴근하다

해설 담화 후반에 "If you have ideas about other requirements that are essential for our job, please share them with the group." 청자들에게 아이디어가 있다면 그것들을 같이 나누자고 한다. 그래서 ideas가 suggestions으로 대체될 수 있으므로 정답은 (C)이다.

Questions 4-6 refer to the following excerpt from a meeting.

Please come in and have a seat. **Mariko Angelo will be a guest speaker** at the monthly departmental meeting. Mariko has already become quite popular as a special business broadcaster on the radio station ANZ. Some of you may also have read his book, *The Development of Quality Manufacturing*. Mariko will give a speech about some of the challenges car producers like ours are facing. **He will be speaking about business strategies, managing the performance of personnel, and dealing with possible risks**. This information is in the handout that you received before coming in. At the end of his presentation, you'll have time to ask any questions. To start, **please help yourselves to cookies, tea, and coffee** at the back of the room.

들어와서 앉으세요. Mariko Angelo 씨가 매월 부서 회의에 초청 연사가 될 것입니다. Mariko 씨는 이미 ANZ 라디오 방송국 특별 비즈니스 방송인으로 꽤 유명합니다. 여러분 중 몇 명은 이미 그의 책 The Development of Quality Manufacturing을 읽었을 수도 있겠네요. Mariko 씨는 자동차 생산 회사의 도전에 대해 연설할 것입니다. 우리가 겪고 있는 것과 같은 것이죠. 그는 사업 전략과 직원들의 실적 관리와 발생 가능한 위험들을 처리에 대해 말할 거예요. 이 정보는 여러분이 들어오시기 전에 받았던 유인물에 있습니다. 그의 프레젠테이션 끝날 쯤에 질문할 수 있는 시간을 가질 겁니다. 우선 방 뒤쪽에 준비된 커피와 차, 쿠키를 마음껏 드세요.

어휘 departmental 부서의 broadcaster 방송인 challenge 도전 producer 생산회사 performance 실적 strategy 전략 personnel 직원들 deal with 처리하다 risk 위험 handout 유인물

4. Who is this talk most likely for?
   (A) University students
   (B) City officials
   (C) Reporters
   (D) Company employees

담화는 누구를 위한 것인가?
(A) 대학생들
(B) 공무원들
(C) 기자들
(D) 회사 직원들

해설 청자들의 직업을 묻는 질문이다. 첫 담화에서 "Mariko Angelo will be a guest speaker at the monthly departmental meeting." 부서별 회의의 초청 연사를 소개하고 있다. 따라서 듣는 사람들은 회사 직원이므로 (D)가 정답이다.

5. What subject will Mariko Angelo talk about?
   (A) Managing radio stations
   (B) Planning events
   (C) Solving operational problems
   (D) Writing business strategy books

Mariko Angelo는 무슨 주제에 대해 말할 것인가?
(A) 라디오 방송국을 경영하는 것
(B) 행사를 계획하는 것
(C) 운영상의 문제점들을 해결하는 것
(D) 사업 전략 책들을 쓰는 것

해설 담화 중반에 Mariko 씨가 여러 주제에 대해 이야기한다고 말한다. "He will be speaking about business strategies, managing the performance of personnel, and dealing with possible risks." 전반적으로 회사 운영에 필요한 주제를 말할 것을 알 수 있다. 그리고 dealing with은 solve로 대체되고 possible risks은 problems로 대체될 수 있기 때문에 정답은 (C)이다.

6. What are listeners asked to do next?
   (A) Pick up brochures
   (B) Ask questions
   (C) Send strategies
   (D) Have refreshments

청자들은 다음에 무엇을 하라고 요청 받는가?
(A) 안내 책자를 가져오다
(B) 질문을 하다
(C) 전략을 보내다
(D) 다과를 먹다

해설 미래/유추는 항상 담화 후반에 집중한다. (B)는 프레젠테이션 끝나고 질문을 하기 때문에 함정이고, 후반에 "~ please help yourselves to cookies, tea, and coffee at the back of the room." 간단한 다과를 먼저 먹으라고 말하고 있다. 따라서 정답은 (D)이다.

SPARTA Actual Test — p.123

| 1. (C) | 2. (A) | 3. (B) | 4. (B) | 5. (C) | 6. (B) |
| 7. (C) | 8. (B) | 9. (A) | 10. (B) | 11. (B) | 12. (C) |

Questions 1-3 refer to the following talk.

We're now in the town of Delft. Where we stand now is where the original town center was rebuilt after a gunpowder explosion in 1654. **You may recognize this area from the Vermeer painting we saw yesterday.** This is the exact same spot. First of all, we're going to visit the place where William of Orange is buried, which is in the New Church. After that, we'll head over to the Museum Lambert van Meerten to have a look at what Delft is famous for—its pottery. After lunch, feel free to go shopping on your own. **I'm handing out a list of shops that we recommend for purchasing the best in Delft pottery.** Just remember to be back here by 4:30 P.M.

우리는 지금 Delft 도시에 있습니다. 우리가 지금 서 있는 곳은 1654년에 화약 폭발 후 본래 번화가가 재건된 곳입니다. 어제 보았던 Vermeer의 그림에서 이 지역을 발견할 수 있어요. 정확히 같은 지점이거든요. 우선 우리는 New Church에서 William of Orange가 묻힌 곳을 방문할 것입니다. 그 후에 도자기로 유명한 Delft를 보기 위해 Lambert van Meerten 박물관으로 향합니다. 점심 식사 후에 혼자 쇼핑하러 가셔도 괜찮습니다. Delft 최고의 도자기를 구입할 수 있는 추천 상점 목록을 나누어 드리겠습니다. 오후 4시 30분까지 여기로 돌아오는 것을 잊지 마세요.

어휘 town center 번화가 gunpowder explosion 화약 폭발 exact 정확한 pottery 도자기 hand out 나눠 주다

1. Who is the speaker?
   (A) A Delft businessman
   (B) A potter
   (C) A tour guide
   (D) A tourist visiting Delft for the first time

   화자는 누구인가?
   (A) Delft 사업가
   (B) 도예가
   (C) 여행 가이드
   (D) Delft를 처음 방문한 관광객

   해설 첫 담화 시작이 "We're now in the town of Delft." Delft 마을에 있다고 하면서 장소 설명을 시작한다. 여기서 화자가 가이드임을 알 수 있으므로 정답은 (C)이다.

2. What did the visitors see yesterday?
   (A) A work of art
   (B) New Church
   (C) A shopping center
   (D) A pottery shop

   어제 방문자들은 무엇을 보았는가?
   (A) 예술 작품
   (B) 새 교회
   (C) 쇼핑 센터
   (D) 도자기 가게

   해설 화자는 현재 관광하는 장소에 대해 설명하면서 "You may recognize this area from the Vermeer painting we saw yesterday." 어제 본 그림에서 나왔던 장소라고 설명하고 있다. 따라서 정답은 (A)이다.

3. At the end of the talk, what does the speaker distribute?
   (A) A history of Delft
   (B) Shopping tips
   (C) A small piece of pottery
   (D) Discount coupons for pottery

   이야기가 끝나면 화자는 무엇을 배포하는가?
   (A) Delft의 역사
   (B) 쇼핑 정보
   (C) 작은 도자기 조각
   (D) 도자기 할인 쿠폰

   해설 담화 후반에 "I'm handing out a list of shops that we recommend for purchasing the best in Delft pottery." 도자기를 살 수 있는 가게 목록을 나눠 준다고 말하고 있다. 따라서 정답은 (B)이다.

Questions 4-6 refer to the following announcement.

Good morning, everyone, and welcome to Pearl Academy. **Since I created the academy many years ago,** it has been my privilege to sponsor the annual management seminar for business students. **This year, we will feature twenty speakers from around the world,** including Jason West. Mr. West will share his ideas on how to make your company a resounding success. All participants will receive a detailed schedule of the week's activities. If you wish to attend this special event, **please fill in the application form in front of you and give it to me after this explanatory meeting.** I am looking forward to seeing many of you at this event.

여러분, 안녕하세요. Pearl Academy에 오신 것을 환영합니다. 수년 전에 제가 아카데미를 설립한 이후 경영학 학생들을 위해 연례 경영 세미나를 후원할 수 있어서 영광이었습니다. 올해 우리는 Jason West를 비롯하여 전 세계의 20명의 강연자들이 특별 구성될 것입니다. West 씨는 회사를 어떻게 굉장한 기업으로 만들었는지에 대한 아이디어를 공유할 거예요. 모든 참가자는 주간 활동에 대한 세부적인 일정을 받게 될 것입니다. 혹시 특별 행사에 참석하고 싶다면 이 설명회 이후에 여러분 앞에 있는 신청서를 작성해서 제출하세요. 저는 행사에서 여러분들을 만나기를 기대하고 있습니다.

어휘 privilege 영광 feature 특색을 이루다 resounding 굉장한 explanatory meeting 설명회

4. Who most likely is the speaker?
   (A) A city official
   (B) A school founder
   (C) A salesperson
   (D) A hotel staff member

   화자는 누구인가?
   (A) 시 공무원
   (B) 학교 설립자
   (C) 영업 사원
   (D) 호텔 직원

   해설 담화 초반에 화자가 "Since I created the academy many years ago ~." 수년 전에 아카데미를 설립했다고 말한다. 따라서 정답은 (B)이다.

5. What is mentioned about the management seminar?
   (A) It serves complimentary beverages.
   (B) It will last for one day.
   (C) It has some speakers invited from overseas.
   (D) It will start tomorrow afternoon.

   경영 세미나에 관해 언급된 내용은 무엇인가?
   (A) 무료 음료를 제공한다.
   (B) 하루 동안 진행된다
   (C) 해외에서 온 초청 강연자들이 있다.
   (D) 내일 오후에 시작한다.

   해설 화자가 세미나에 대해 설명하면서 "This year, we will feature twenty speakers from around the world, ~." 올해에는 전세계의 강연자들이 있다고 말하고 있다. 따라서 정답은 (C)이다.

6. What does the speaker suggest that listeners do?
   (A) Arrive at the academy early
   (B) Submit a form
   (C) Review a schedule for an event
   (D) Access a company's Web site

   화자는 청자에게 무엇을 제안하는가?
   (A) 일찍 아카데미에 도착하기
   (B) 신청서를 제출하기
   (C) 행사 일정을 검토하기
   (D) 회사 웹 사이트에 들어가기

   해설 담화 후반에 "~ please fill in the application form in front of you and give it to me after this explanatory meeting." 신청서를 작성해서 설명회가 끝난 후에 제출하라고 말하고 있다. 따라서 정답은 (B)이다.

Questions 7-9 refer to the following talk.

Good evening, and **thank you for gathering at this office for this special meeting.** As you know, our year-end car sales have been critically low due to rising gas prices. This has placed a significant strain on company resources, and we can no longer sustain full-time employees. For this reason, **we've decided to change from full-time to part-time employees.** This change will go into effect at the end of this month and will impact your earnings. If you feel that this change will not work out for you, we'll give you a reference letter to help you find more work elsewhere. **To write the letter, we will need to know your address.** Please give me this information after the meeting if this pertains to you. Then I will give you more information.

안녕하세요. 특별 회의를 위해 사무실에 모여 주셔서 고맙습니다. 여러분도 알다시피 가스 가격 상승으로 인하여 연말 자동차 판매가 매우 저조합니다. 이것이 회사 자원에 큰 부담이 되고 있으며 저희는 더 이상 정규 직원을 고용할 수 없습니다. 이러한 이유로 풀 타임 직원에서 파트 타임 직원으로 변경하기로 결정했습니다. 변경 사항은 이번 달 말에 발효되며 여러분의 소득에 영향을 줄 것입니다. 이러한 변경 사항이 여러분께 맞지 않는다고 생각된다면 저희는 여러분이 다른 곳의 일자리를 찾을 수 있게 추천서를 드릴 것입니다. 추천서를 쓰기 위해 저희는 여러분의 주소를 알아야 합니다. 이 사안과 관련 있다고 여겨진다면 회의 이후에 주소 정보를 저에게 주시길 바랍니다. 그럼 더 많은 정보를 제공해 드리겠습니다

어휘 critically 매우 year-end 연말의 strain 부담 no longer 더 이상 sustain 지탱하다 go into effect 시행되다 impact 영향을 주다 earnings 소득 reference letter 추천서 pertains to ~에 관련 있다

7. Where is the talk taking place?
   (A) At a university
   (B) At a stadium
   (C) At an office
   (D) At a library

   담화는 어디에서 일어나고 있는가?
   (A) 대학에서
   (B) 경기장에서
   (C) 사무실에서
   (D) 도서관에서

   해설 담화 첫 시작에 "~ thank you for gathering at this office for this special meeting." 사무실에 모여 줘서 감사하다고 말하고 있다. 따라서 정답은 (C)이다.

8. What change does the speaker mention?
   (A) The location of a booth
   (B) The form of employment
   (C) The date of an interview
   (D) The way to submit a report

화자는 어떤 변화를 언급하는가?
(A) 부스의 위치
(B) 고용 형태
(C) 인터뷰 날짜
(D) 보고서 제출 방법

해설 회사의 실적이 저조하여 "we've decided to change from full-time to part-time employees." 풀 타임 직원들을 파트 타임 직원으로 바꾸기로 결정했다는 내용이다. 정답은 (B)이다.

9. What does the speaker ask listeners to do?
   (A) Provide some personal information
   (B) Send an application form by mail
   (C) Write a reference letter
   (D) Bring a discount coupon

   화자는 청자에게 무엇을 요청하는가?
   (A) 개인 정보를 제공하기
   (B) 우편으로 신청서 보내기
   (C) 추천서를 작성하기
   (D) 할인 쿠폰을 가져 오기

해설 후반에 화자는 청자들에게 다른 일자리를 구하기 위해 추천서를 요청하고 싶다면 "To write the letter, we will need to know your address." 주소를 알려달라고 하고 있다. 따라서 정답은 (A)이다.

Questions 10-12 refer to the following recorded message.

You have reached RT Transportation Corporation. Please choose one of the following options. If you are calling to report damage to a rail line, please hang up and dial 983-555-5561. For train schedules and a list of stations, please press 1. **For information on fares and monthly passes, please press 2.** For ticket refunds, please press 3. For information about employment opportunities, please press 4. You can find more information about the services we offer at www.rtcorporationonline.co.ca. **If you wish to speak to a customer service representative, please call back during regular office hours.** Thank you.

RT 운수 회사에 연결되었습니다. 다음 옵션 중 하나를 선택해 주십시오. 철도 손상 보고의 경우 전화를 끊고 983-555-5561로 전화하십시오. 기차 운행 일정 및 역 목록은 1번을 누르십시오. 운임 및 월 통행권에 대한 정보는 2번을 누르십시오. 티켓 환불은 3번을 누르십시오. 고용 기회에 관한 정보는 4번을 누르십시오. 저희가 제공하는 서비스에 대한 더 많은 정보는 www.rtcorporationonline.co.ca에서 찾으실 수 있습니다. 고객 서비스 담당자와 통화하려면 일반 업무 시간에 다시 전화해 주시길 바랍니다. 고맙습니다.

어휘 hang up 전화를 끊다   fare 요금   monthly passes 한달 정기권   employment opportunity 고용 기회   refund 환불

10. What type of business has the listener called?
    (A) A news organization
    (B) A transportation company
    (C) A recruitment agency
    (D) A utilities center

    청자는 어떤 회사에 전화하였는가?
    (A) 뉴스 기관
    (B) 운수 회사
    (C) 취업 정보 업체
    (D) 공익 사업 센터

해설 메시지의 첫 시작이 "You have reached RT Transportation Corporation." 운수 회사에 전화했다고 하므로 정답은 (B)이다.

11. How can the listener get information on prices?
    (A) By dialing another number
    (B) By pressing two
    (C) By pressing four
    (D) By visiting a Web site

    청자는 어떻게 가격 정보를 얻을 수 있는가?
    (A) 다른 번호로 전화를 걸어서
    (B) 2번을 눌러서
    (C) 3번을 눌러서
    (D) 웹 사이트를 방문해서

해설 메시지에서 "For information on fares and monthly passes, please press 2." 운임 및 월 통행권에 대한 정보는 2번을 누르라고 말하므로 정답은 (B)이다.

12. Why is this message being heard?
    (A) Customer service representatives are busy.
    (B) The Web site address has changed.
    (C) The office is currently closed.
    (D) Office hours have been extended.

    왜 이 메시지가 나오는가?
    (A) 고객 서비스 상담원이 바쁘다.
    (B) 웹 사이트 주소가 변경되었다.
    (C) 사무실은 현재 닫혀 있다.
    (D) 근무 시간이 연장되었다.

해설 메시지가 남겨지고 있는 이유를 묻는 질문이다. 이런 질문은 보통 앞에 나오는데, 이렇게 뒤에 등장한 이유는 관련 내용이 뒤에 언급되기 때문이다. "If you wish to speak to a customer service representative, please call back during regular office hours." 후반에 고객 상담원 연결을 원하면 업무 시간에 다시 전화하라는 말하고 있다. 현재 회사가 업무 종료했음을 알 수 있으므로 정답은 (C)이다.

DAY 14

1. 이유/원인

SPARTA Check-UP　　　　p.125

1. (D) 2. (A) 3. (C) 4. (D) 5. (D) 6. (A)

Questions 1-3 refer to the following broadcast.

Good morning, you're listening to local news from WZA Radio. City officials have reported that **last weekend's fundraising charity concert** at Riverside Park was a huge success. **More than $30,000 was raised for the creation of a new city public library downtown.** Even though **the original event was rescheduled due to heavy rain**, attendance was higher than expected. However, the city still needs to raise another $20,000 before construction can begin on the new facility. For more information, or to make a donation, please visit the city's library donation Web site.

좋은 아침입니다. 당신은 WZA 라디오 지역 뉴스를 듣고 있습니다. 공무원들이 지난 주말에 Riverside 공원에서 한 자선 모금 콘서트가 큰 성과를 이루었다고 보고했습니다. 3만 달러 이상의 금액이 시내에 새로운 공공 도서관을 설립하기 위한 자금으로 모였습니다. 폭우로 인해 기존 행사 일정을 다시 잡았음에도 불구하고 참석자가 예상보다 더 많았습니다. 하지만 시는 새 시설 공사를 시작하기 전에 2만 달러 여전히 더 모아야 됩니다. 더 많은 정보를 원하거나 기부를 하고 싶다면 시 도서관 기부 웹 사이트를 방문하세요.

어휘 fundraising 자선 모금　charity 자선 단체　raise funds 자금을 모으다　creation 창작　original 원래의　donation 기부

---

1. What event took place last weekend?
(A) An art exhibit
(B) An opening ceremony
(C) An outdoor flea market
(D) A live performance

지난 주말에 어떤 행사가 있었는가?
(A) 미술 전시회
(B) 개업식
(C) 야외 벼룩 시장
(D) 라이브 공연

해설 초반 담화에서 "~ last weekend's fundraising charity concert ~."라고 말한다. 라이브 공연은 즉, 콘서트이므로 (D)가 정답이다.

2. Why is the city raising money?
(A) To construct a library
(B) To build a new city hall
(C) To reopen a museum
(D) To create a monument

왜 시는 돈을 모으는가?
(A) 도서관을 짓기 위해
(B) 새 시청을 짓기 위해
(C) 박물관을 다시 열기 위해
(D) 기념비를 만들기 위해

해설 음원을 듣기 전에 질문을 읽었다면 시가 돈을 모금한다는 정보를 알 수 있다. "More than $30,000 was raised for the creation of a new city public library downtown." 도서관을 짓기 위해 3만 달러 이상을 모았다고 말하고 있으므로 정답은 (A)이다. 대체되는 표현 construct=build=create을 기억해 두자.

3. Why was the event rescheduled?
(A) Expensive tickets
(B) An inconvenient location
(C) Inclement weather
(D) Low attendance

왜 행사 일정을 다시 잡았는가?
(A) 비싼 티켓들
(B) 불편한 위치
(C) 악천후
(D) 낮은 참석률

해설 음원을 듣기 전에 질문을 미리 읽는다면 일정이 다시 잡힌 내용이 나올 것을 사전에 알 수 있는 문제이다. "~ the original event was rescheduled due to heavy rain ~" 폭우 때문에 변경됐다고 말하고 있다. 그래서 (C)가 정답이다. 지문에 thunderstorm, foggy, snowstorm 등과 같은 날씨들이 나오면 정답은 inclement/bad/poor/severe weather 등으로 나온다.

Questions 4-6 refer to the following tour information.

Now, we'll stop at this spot for about five hours. **The spectacular view from this side of the mountain is one of my favorites in the area.** Also, you can see the beautiful village of Winsor and try local cuisine, which is popular with tourists. **Winsor used to be an important port town where many products were traded.** Merchants used to stop in Winsor to buy and sell their goods as they traveled along the sea. Okay, **let's get off the bus and start.**

자, 이제 우리는 약 5시간 동안 이 장소에 있을 것입니다. 산의 이쪽에서 보이는 멋진 경치는 이 지역에서 제가 가장 좋아하는 것 중에 하나입니다. 또한 Winsor의 아름다운 마을을 볼 수 있고, 관광객들에게 잘 알려진 지역 요리도 맛볼 수 있습니다. Winsor는 많은 물건들이 거래된 중요한 항구 도시였습니다. 상인들은 바다를 돌아다니면서 물건들을 사고 팔기 위해 Winsor에 방문했습니다. 그럼, 버스에서 내려서 시작합시다.

어휘 spot 장소　spectacular 장관을 이루는　port 항구　trade 거래하다　get off 내리다

4. Why has the tour bus stopped?
   (A) To let the tourists go to a shopping spot
   (B) To put gas in the bus
   (C) To pay a toll
   (D) To see a view that the guide pointed out

   왜 관광 버스는 멈췄는가?
   (A) 쇼핑 장소를 관광객들에게 알려 주기 위해
   (B) 버스에 주유를 하기 위해
   (C) 통행료를 내기 위해
   (D) 가이드가 언급한 경치를 보기 위해

   해설 우선 이 담화가 투어인 것을 알고 문제를 보자. 초반에 "The spectacular view from this side of the mountain is one of my favorites in the area." 가이드가 좋아하는 멋진 장소 중에 하나라고 한다. 그래서 정답은 (D)이다.

5. According to the speaker, why is Winsor historically important?
   (A) A famous author lived there.
   (B) It is the oldest town in the country.
   (C) An important battle took place there.
   (D) It used to be a center of trade.

   화자에 따르면 왜 Winsor는 역사적으로 중요한가?
   (A) 유명한 작가가 살았다.
   (B) 나라에서 가장 오래된 도시이다.
   (C) 중요한 전투가 일어났다.
   (D) 무역의 중심지였다.

   해설 Winsor에 대해 소개할 때 가이드는 "Winsor used to be an important port town where many products were traded." 무역의 중요한 항구 도시였다고 말하므로 정답은 (D)이다.

6. What will the listeners do next?
   (A) Take a tour
   (B) Take a group picture
   (C) Get on the bus
   (D) Watch a documentary

   청자는 다음에 무엇을 할 건인가?
   (A) 관광하기
   (B) 그룹사진 찍기
   (C) 버스에 타기
   (D) 다큐멘터리 보기

   해설 후반에 관광 장소에 대한 간단한 설명 후에 "~ let's get off the bus and start." 내려서 시작하자고 한다. 따라서 관광하자는 내용이므로 정답은 (A)이다.

SPARTA Actual Test   p.126

| 1. (D) | 2. (D) | 3. (A) | 4. (D) | 5. (A) | 6. (A) |
| 7. (D) | 8. (C) | 9. (C) | 10. (A) | 11. (B) | 12. (B) |

Questions 1-3 refer to the following telephone message.

Hello, Ms. Matsuda, this is Luisa Monica from Burnado Publishing House. **First of all, I'd like to congratulate you on how well your book is selling.** In fact, it's been one of the best-selling books this year. Also, **we'd like to have a second edition of your novel at the end of this year.** And so we want to talk about it with you. If you are interested in this, we'll advertise the new release as soon as possible. **Please get back to me so we can discuss more details, like the scheduling for new readings.** Thank you.

안녕하세요, Matsuda 씨, Burnado 출판사의 Luisa Monica입니다. 우선 당신의 책이 잘 팔고 있는 일을 축하하고 싶네요. 사실은 올해 베스트 셀러 중 하나예요. 또한, 저희는 올해 말에 당신의 소설 제 2판을 출간하고 싶습니다. 그래서 우리는 그것에 대해 당신과 이야기하고 싶어요. 이 일을 흥미롭게 생각하신다면 우리는 가능한 한 빨리 신간 광고를 할 거예요. 새 책에 대한 일정과 같은 세부 사항에 대해 논의할 수 있게 제게 연락 주세요. 고맙습니다.

어휘 congratulate 축하하다   novel 소설   new release 신간   detail 세부 사항

1. Why does the speaker congratulate Ms. Matsuda?
   (A) She started a publishing company.
   (B) She finished the research project.
   (C) She won the Best Author prize.
   (D) Her novel is very popular.

   화자는 왜 Matsuda 씨를 축하하는가?
   (A) 그녀는 출판사를 시작하였다.
   (B) 그녀는 연구 프로젝트를 마쳤다.
   (C) 그녀는 최고의 작가상을 받았다.
   (D) 그녀의 소설이 매우 인기가 있다.

   해설 초반에 화자는 "First of all, I'd like to congratulate you on how well your book is selling." 그녀의 책이 정말 잘 팔린다고 언급한다. 따라서 책이 인기 있는 것을 알 수 있으므로 정답은 (D)이다

2. What does the speaker want to have happen at the end of this year?
   (A) A television show will begin.
   (B) A book signing will take place.
   (C) A new film will be introduced.
   (D) A new edition will be published.

올해 말에 화자는 무슨 일이 생기길 바라는가?
(A) 텔레비전 쇼가 시작될 것이다.
(B) 책 사인회가 있을 것이다.
(C) 새로운 영화가 소개될 것이다.
(D) 새 증보판이 출판될 것이다.

해설 화자는 중반부에 "~ we'd like to have a second edition of your novel at the end of this year." 올해 말에 청자의 책을 증쇄하고 싶다고 말하고 있다. 따라서 정답은 (D)이다.

3. Why is the listener asked to return the call?
    (A) **To discuss more particulars**
    (B) To talk about the grand opening
    (C) To schedule an interview
    (D) To confirm an itinerary

왜 청자가 다시 연락하라고 요청 받는가?
(A) 더 자세한 내용을 토론하기 위해
(B) 개점에 대해 이야기하기 위해
(C) 면접 일정을 잡기 위해
(D) 여행 일정을 확인하기 위해

해설 화자는 다시 연락 달라고 하면서 "Please get back to me so we could discuss more details, like the scheduling for new readings." 새 책의 일정에 대해 자세히 대화하자고 말한다. 따라서 정답은 (A)이다.

Questions 4-6 refer to the following report.

An increasing number of companies are reducing the amount of space they use in order to save money. Some have closed their cafeterias or lounges and are encouraging employees to bring their lunches to work or eat at nearby restaurants. **This is despite a new study that found personnel very much appreciate company cafeterias and lounges.** The study confirmed that relaxing with coworkers and supervisors—without having to leave the building—makes employees feel more confident and comfortable in their departments. Perhaps most importantly, the study found that there is a higher level of worker productivity in companies with dining or rest areas. **The study emphasized the fact that technology companies, which commonly have cafeterias that serve food for free or at discounted prices, have employees that perform very efficiently.**

돈을 절약하기 위해 사용하는 공간을 줄이는 기업들이 늘어나고 있습니다. 일부 기업들은 구내 식당 또는 라운지를 폐쇄하고, 직원들이 직장으로 점심 식사를 가지고 오거나 근처 식당에서 식사하는 것을 권장하고 있습니다. 직원들이 회사 식당과 라운지를 매우 고맙게 여긴다는 새로운 연구 결과에도 불구하고 말이죠. 건물을 떠나지 않고 동료들과 관리자들이 함께 하는 휴식은 직원들에게 자신의 부서에서 보다 자신감 있고 편안함을 느끼게 한다는 연구 결과가 확인되었습니다. 가장 중요한 것은, 식사 가능하고 휴식할 수 있는 구역이 있는 회사가 높은 수준의 생산성을 갖는다는 것입니다. 연구는 일반적으로 무료나 할인된 가격으로 음식을 제공하는 구내 식당을 보유하고 있는 기술 회사에 매우 높은 성과를 내는 직원들이 있다는 점을 강조했습니다.

어휘 cafeteria 구내 식당 encourage 권장하다 confirm 사실임을 보여주다 supervisor 관리자 productivity 생산성 emphasize 강조하다 commonly 일반적으로

4. According to the report, what are some companies doing to save money?
    (A) Hiring fewer personnel
    (B) Reorganizing departments
    (C) Holding smaller business luncheons
    (D) **Reducing some space**

보고서에 따르면, 일부 회사들은 돈을 절약하기 위해 무엇을 하고 있는가?
(A) 소수의 직원들 고용하기
(B) 부서들 재조직하기
(C) 중소기업들의 오찬 열기
(D) 공간 줄이기

해설 담화 초반에 "An increasing number of companies are reducing the amount of space they use in order to save money." 많은 기업들이 돈을 절약하기 위해 공간을 줄이고 있다고 하므로 정답은 (D)이다.

5. What does the speaker state employees appreciate?
    (A) **Work facilities**
    (B) Business travel
    (C) Personnel training
    (D) Restaurant meals

화자는 직원들이 무엇을 고맙게 생각한다고 말하는가?
(A) 직장 시설들
(B) 출장
(C) 직원 교육
(D) 식당 식사

해설 화자는 중반부에 "This is despite a new study that found personnel very much appreciate company cafeterias and lounges." 회사 직원들이 구내 식당과 라운지를 사용하는 일을 고맙게 여긴다고 하므로 정답은 (A)이다.

6. Why does the speaker mention technology companies?
    (A) **To cite a highly productive place**
    (B) To explain why IT investment is expensive
    (C) To show how science improves foods
    (D) To explain how technology can be used in dining areas

화자가 기술 회사에 대해 언급하는 이유는 무엇인가?
(A) 매우 생산적인 회사를 인용하기 위해
(B) 왜 IT 투자가 비싼지 설명하기 위해
(C) 어떻게 과학이 음식을 개선하는지 보여주기 위해
(D) 어떻게 기술이 식사 장소에서 사용될 수 있는지 설명하기 위해

해설 담화 후반에 이러한 시행을 한 기술 회사를 예로 들어 설명한다. "The study emphasized the fact that technology companies, which commonly have cafeterias that serve food for free or at discounted prices, have employees that perform very efficiently." 구내 식당을 사용하는 직원들이 업무 성과가 크다고 말하므로 정답은 (A)이다.

Questions 7-9 refer to the following excerpt from a meeting.

Before we begin today's meeting, **I'd like to apologize for all of the confusion about the meeting room.** I just found out about it. Actually, I didn't know the original room was already reserved by another department. So thank you for being so flexible and coming to this room instead of room 15. **The reason we are here is to finalize the survey questions we're working on. We can only use this room for the next half hour,** so let's start right away. I think we should keep our discussion of the survey to no more than 20 minutes.

오늘 회의를 시작하기 전에 회의실에 혼란에 대해서 사과하고 싶습니다. 저는 방금 알게 되었습니다. 사실 저는 원래 회의하기로 했던 방을 이미 다른 부서에서 예약한 것을 몰랐습니다. 그래서 유연하게 대처해서 15호실 대신에 이 방에 와 주셔서 감사합니다. 저희가 여기에 모인 이유는 우리가 작업하고 있는 설문 조사의 질문을 마무리하기 위해서예요. 저희는 이 방을 다음 30분 동안만 사용할 수 있어요. 그러니 바로 시작합시다. 저는 설문조사 대한 논의를 20분 내로 할 수 있을 거라 생각합니다.

어휘 confusion 혼란 flexible 융통성 있는 conclude 마무리하다 survey 설문조사

7. Why does the speaker apologize to the listeners?
   (A) He was confused about a meeting time.
   (B) He chose an inconvenient date.
   (C) He forgot to attend the meeting.
   (D) He made a last-minute change.

왜 화자는 청자에게 사과하는가?
(A) 회의 시간을 혼란스러워했다.
(B) 불편한 날짜를 선택했다.
(C) 회의에 참석하는 것을 잊었다.
(D) 마지막에 변경했다.

해설 담화 초반부에 화자는 "I'd like to apologize for all of the confusion about the meeting room." 급하게 바꾼 회의실에 대해 사과를 하므로 정답은 (D)이다.

8. What is the purpose of the meeting?
   (A) To organize a department outing
   (B) To change the agenda
   (C) To prepare a questionnaire
   (D) To agree on a commission

회의의 목적은 무엇인가?
(A) 부서 야유회를 조직하기
(B) 의제를 변경하기
(C) 설문조사를 준비하기
(D) 위원회에 동의하기

해설 초반에 회의실의 혼란에 대해 사과하면서 "The reason we are here is to finalize the survey questions we're working on." 모인 이유가 작업하고 있는 설문 조사에 대해 말하기 위해서라고 말하므로 정답은 (C)이다.

9. Why does the speaker want the meeting to be short?
   (A) He has to leave for a business trip.
   (B) He wants to have enough time for a presentation.
   (C) The meeting room is only available for a limited time.
   (D) A buyer requested a prompt response.

왜 화자는 회의를 짧게 하길 원하는가?
(A) 그는 출장을 떠나야 한다.
(B) 그는 발표를 위한 충분한 시간을 갖고 싶어 한다.
(C) 회의실은 단지 제한된 시간만 허용된다.
(D) 구매자가 즉각적인 응답을 요구하였다.

해설 회의를 빨리 진행하려는 이유로, "We can only use this room for the next half hour, ~" 회의실을 30분밖에 사용할 수 없어서라고 말하고 있다. 따라서 정답은 (C)이다.

Questions 10-12 refer to the following telephone message.

Hello, Ms. Denby. **This is Milton Reynolds, director of human resources** at Watson Printing Company. **I'm calling to let you know that your résumé has been approved.** We are particularly impressed by your extensive experience in print advertising production in the publishing industry. As you know, we're eager to fill the position with someone who's got fresh talent in newspaper advertising. **Please get back to me about when you are available for an interview.** I'll be conducting the interview together with one of our HR directors, Sandra Gilbert. Thanks.

안녕하세요, Denby 씨. Watson 인쇄 회사의 인사 부장인 Milton Reynolds입니다. 당신의 이력서가 승인되었음을 알려 드리고자 합니다. 우리는 특히 출판업계의 인쇄 광고 제작에 대한 당신의 폭 넓은 경험에 깊은 인상을 받았습니다. 알다시피 우리는 신문 광고에 새로운 재능을 가진 사람을 그 자리에 채우고 싶습니다. 언제 면접이 가능한지 연락 주세요. 인사부 책임자 중 한 명인 Sandra Gilbert 씨와 함께 면접을 진행할 예정입니다. 감사합니다.

어휘 particularly 특히 impressed 인상 깊은 talent 재능 approve 승인하다 be eager to ~을 하고 싶어 하다 fresh 새로운 conduct 하다

10. Why does the speaker call Ms. Denby?
  (A) She has applied for a job.
  (B) Her proposal has been approved.
  (C) Her interview was successful.
  (D) The position has already been filled.

화자가 Denby 씨에게 전화하는 이유는 무엇인가?
  (A) 그녀는 일자리에 지원했다.
  (B) 그녀의 제안이 승인되었다.
  (C) 그녀의 인터뷰는 성공적이었다.
  (D) 일자리가 이미 채워졌다.

[해설] 화자는 초반에 "I'm calling to let you know that your résumé has been approved." 청자의 이력서가 통과되었다고 말하고 있다. 따라서 그녀가 일자리에 지원했음을 알 수 있으므로 정답은 (A)이다.

11. Who is Milton Reynolds?
  (A) A newspaper writer
  (B) A personnel director
  (C) A candidate
  (D) A vice president

Milton Reynolds는 누구인가?
  (A) 신문 기자
  (B) 인사 부장
  (C) 지원자
  (D) 부사장

[해설] Milton Reynolds는 화자이다. "This is Milton Reynolds, director of human resources ~." 자기 소개하는 부분에서 인사 부장이라고 말하므로 정답은 (B)이다.

12. Why does the speaker ask Ms. Denby to return the call?
  (A) To correct some information
  (B) To schedule an interview
  (C) To conduct a survey
  (D) To give some directions

화자는 왜 Denby 씨에게 연락을 달라고 요청하는가?
  (A) 정보를 고치기 위해
  (B) 면접 일정을 잡기 위해
  (C) 설문 조사를 하기 위해
  (D) 지시하기 위해

[해설] 메시지 후반에 "Please get back to me about when you are available for an interview." 화자는 인터뷰 가능한 시간을 알려 달라고 한다. 따라서 정답은 (B)이다.

2. 문제점

SPARTA Check-UP p.128

1. (D) 2. (C) 3. (D) 4. (A) 5. (C) 6. (D)

Questions 1-3 refer to the following announcement.

Good afternoon, and thanks for waiting for me. I work on the 6th floor at the stadium; **unfortunately, the elevator near my office isn't installed yet.** Okay, let's begin the tour. Once the renovation is completely finished, this basketball arena will be the largest one in the country. The court and the locker rooms are completed, so we'll see those areas. Also, there is a gift shop on the second level, **but we aren't displaying any merchandise in it right now**, so there isn't much to see there. Now, **I'd like to give a special greeting to the delegates from Sky Financial Institute who are here with us** today. They made investments to bring a professional basketball team to Belmont.

안녕하세요, 기다려 주셔서 감사합니다. 저는 경기장 6층에서 일합니다. 불행히도, 제 사무실 근처 엘리베이터가 아직 설치되지 않았습니다. 그래도 투어를 시작합시다. 일단 보수 공사가 완전히 끝나면 이 농구 경기장은 이 나라에서 가장 큰 경기장이 될 것입니다. 코트와 탈의실은 완료되어서, 그곳을 보게 될 것입니다. 또한 2층에 선물 가게가 있지만 지금은 상품들을 진열하지 않습니다. 그래서 거기에는 볼 게 없어요. 자, 오늘 우리를 방문한 Sky 금융기관의 대표자들에게 특별한 환영을 보내 주시길 바랍니다. 그들은 Belmont 전문 농구팀을 데려오는 일에 투자했습니다.

[어휘] stadium/arena 경기장 delegate 대표 greeting 인사 invest 투자하다

1. What problem does the speaker mention?
  (A) A renovation will be delayed.
  (B) The shipment has not arrived.
  (C) The elevator is broken again.
  (D) The elevator isn't set up.

화자가 언급한 문제가 무엇인가?
  (A) 보수 공사가 지연될 것이다.
  (B) 배송이 도착하지 않았다.
  (C) 엘리베이터가 다시 고장 났다.
  (D) 엘리베이터가 설치 안 됐다.

[해설] 지문 초반에 "~ unfortunately, the elevator near my office isn't installed yet." 엘리베이터가 설치되어 있지 않다고 말하고 있다. install과 동의어인 set up을 같이 외워 두자. 그리고 unfortunately 뒤에는 무조건 문제점에 관한 내용이 나온다. 따라서 정답은 (D)이다.

2. What does the speaker say about the gift shop?
  (A) It is on the 6th floor.
  (B) It is completed.
  (C) It is not stocked with items.
  (D) It is having an opening event.

화자는 선물 가게에 대해 뭐라고 하는가?
(A) 6층에 있다.
(B) 완성됐다.
(C) 물건들이 채워지지 않았다.
(D) 개업 행사를 하고 있다.

해설 중반부에 선물 가게에 대해 말하면서 "~ we aren't displaying any merchandise in it right now, ~" 현재 물건이 진열되지 않았다고 말하고 있다. merchandise=item, display=stock로 대체되는 표현이므로 정답은 (C)이다.

3. Who does the speaker welcome as special guests?
   (A) Athletes
   (B) Sports magazine reporters
   (C) Stadium architects
   (D) Financial experts

화자는 특별 게스트로서 누구를 환영하는가?
(A) 운동선수들
(B) 스포츠 잡지사 기자들
(C) 경기장 건축가들
(D) 재정 전문가들

해설 지문 후반 "I'd like to give a special greeting to the delegates from Sky Financial Institute who are here with us today." 금융 기관에서 대표자들이 왔다고 하므로 정답은 (D)이다.

Questions 4-6 refer to the following telephone message.

Hello, **this is Anand Patel from Ace Furniture Store.** This message is for Ms. Jiang. I'm calling regarding the order we received from you at our online shop last Friday. We will be able to deliver the bed and frame you ordered this afternoon. Unfortunately, **we currently do not have the matching bedside table in stock.** If you would prefer that the bedside table be shipped with other furniture together, you should wait for about a week. **Please call me back directly at extension 550 to** let me know what you want to do. Sorry for the inconvenience.

안녕하세요, 저는 Ace 가구점의 Anand Patel입니다. Jiang 씨에게 메시지를 남깁니다. 지난주 금요일에 온라인 샵에서 주문하신 것과 관련하여 연락 드립니다. 저희는 당신이 주문하신 침대와 프레임을 오늘 오후에 배송할 수 있습니다. 유감스럽게도 어울리는 침대 옆 탁자가 재고에 현재 없습니다. 만약에 다른 가구와 같이 침대 옆 탁자가 배송되길 원한다면 일주일 정도 기다리셔야 합니다. 원하시는 것이 있다면 내선번호 550으로, 제게 바로 연락 주세요. 불편을 드려 죄송합니다.

어휘 regarding ~에 관련하여 currently 현재 extension 내선 번호 inconvenience 불편

4. Where does the caller probably work?
   (A) At a retail store
   (B) At a bed factory
   (C) At an Internet provider
   (D) At a shipping company

전화하는 사람은 어디에서 일하는가?
(A) 소매점에서
(B) 침대 공장에서
(C) 인터넷 제공업체에서
(D) 배송 업체에서

해설 전화 메시지에서 화자의 직업은 자신의 이름을 말한 다음에 나온다. 여기서도 "~ this is Anand Patel from Ace Furniture Store." 가구점에서 전화한다고 말하므로 (A)가 정답이다.

5. What problem is mentioned about the order?
   (A) The Web site is currently unavailable.
   (B) The payment has not been completed.
   (C) An item is out of stock.
   (D) A table was damaged in transit.

주문에 대해 무슨 문제가 언급되는가?
(A) 웹 사이트를 현재 이용할 수 없다.
(B) 지불이 완료되지 않았다.
(C) 물건이 품절이다.
(D) 식탁이 수송 중에 파손되었다.

해설 문제를 미리 읽으면 주문 문제 때문에 전화를 건다는 것을 알 수 있다. "~ we currently do not have the matching bedside table in stock." 침대 옆 탁자의 재고가 없다고 하기 때문에 (C)가 정답이다.

6. Why does the caller ask the listener to call him later?
   (A) To talk about the shipping method
   (B) To renew the contract
   (C) To cancel the order
   (D) To inform him of her preference

전화하는 사람은 왜 청자에게 나중에 전화 달라고 하는가?
(A) 배송 방법에 대해 말하기 위해
(B) 계약을 갱신하기 위해
(C) 주문을 취소하기 위해
(D) 선호를 알려 주기 위해

해설 전화 메시지에서 청자에게 요구하는 내용은 항상 후반에 나온다. 여기에서도 "Please call me back directly at extension 550 to let me know what you want to do." 원하는 바를 말해달라고 하고 있다. 따라서 청자의 선호하는 바를 알려 달라는 (D)가 정답이다.

SPARTA Actual Test

p.129

1. (D)	2. (A)	3. (A)	4. (B)	5. (D)	6. (C)
7. (D)	8. (D)	9. (A)	10. (A)	11. (C)	12. (D)

Questions 1-3 refer to the following telephone message.

Hello, **this is Diego from the accounting department.** I'm calling to let you know that **we have not yet received all of your receipts from June.** So we're not able to complete the expense report until you provide the necessary information from your business trips. As you know, the completion date is always the first day of the month, and it is now June 5. I know this is only your first time doing this since you have worked at the company, so **I'd be happy to go over the process for submitting receipts with you.** When you have time, please come to my office as soon as possible. Thanks.

안녕하세요, 회계부의 Diego입니다. 6월부터 귀하의 영수증을 아직 받지 못해서 연락 드립니다. 그래서 귀하가 출장에서 얻은 필수 정보들을 제공할 때까지 저희는 지출 보고서를 완성할 수 없어요. 알다시피 완성 날짜는 항상 달의 첫 번째 날이며 지금은 6월 5일입니다. 저는 당신이 이 회사에서 일하신 이후로 이번이 처음인 것으로 알고 있어요. 그래서 영수증을 제출하는 과정을 기꺼이 설명해 드리겠습니다. 시간이 있을 때 가능한 한 빨리 제 사무실로 와 주세요. 감사합니다.

어휘 receipt 영수증 expense 비용 submit 제출하다

1. What area does the speaker work in?
   (A) Information technology
   (B) Human resources
   (C) Purchasing
   (D) Accounting

   화자는 어디에서 일하고 있는가?
   (A) 정보 기술
   (B) 인사
   (C) 구매
   (D) 회계

   해설 화자가 본인 소개를 하면서 "Hello, this is Diego from the accounting department." 회계부라고 말하므로 정답은 (D)이다.

2. What problem does the speaker mention?
   (A) A deadline has not been met.
   (B) An employee has been absent.
   (C) A business trip is over budget.
   (D) A contract has been canceled.

   화자 어떤 문제에 대해 언급하는가?
   (A) 마감일을 맞추지 않았다.
   (B) 직원이 결근했다.
   (C) 출장 예산이 초과되었다.
   (D) 계약이 취소되었다.

   해설 화자가 전화한 이유는 "~ we have not yet received all of your receipts from June." 6월까지의 영수증을 못 받았다고 말하고 있다. 마감일을 맞추지 못한 문제점이므로 정답은 (A)이다.

3. What does the speaker offer to do?
   (A) Explain a procedure
   (B) Review a budget for next month
   (C) Contact a director
   (D) Reimburse an expense

   화자는 무엇을 제안하는가?
   (A) 절차를 설명하기
   (B) 다음 달 예산을 검토하기
   (C) 책임자에게 연락하기
   (D) 경비를 상환하기

   해설 청자가 이번 일이 처음이기 때문에 "I'd be happy to go over the process for submitting receipts with you." 화자는 영수증 제출 과정을 설명해 주겠다고 말한다. 따라서 정답은 (A)이다.

Questions 4-6 refer to the following telephone message.

Hi, this is Rachel from Maru Furnishings. I just heard back from our factory manager about the sofa you ordered from us last week. **It seems that our supplier recently stopped making the grey leather you'd selected.** So I searched for another color similar to the one you wanted. But they are slightly different designs and colors. **Why don't I mail you a few samples**, and you can take a look and let me know what you think? I'm sorry for the inconvenience.

안녕하세요, Maru Furnishings의 Rachel입니다. 지난주에 귀하가 주문한 소파에 대해 공장 매니저에게서 방금 들었습니다. 최근에 공급 업체가 당신이 선택한 회색 가죽 생산을 중단한 것 같습니다. 그래서 귀하가 원했던 비슷한 다른 색을 찾았어요. 하지만 약간 다른 디자인과 색상입니다. 제가 몇 가지 샘플을 메일로 보내 드리고, 귀하가 샘플을 보고 어떤지 저에게 알려 주시겠어요? 불편을 끼쳐서 죄송합니다.

어휘 supplier 공급 업체 leather 가죽 slightly 약간

4. What is the speaker calling about?
   (A) Canceling an order
   (B) Reporting a problem
   (C) Designing some furniture
   (D) Recycling a sofa

   화자는 무엇에 대해 전화하는가?
   (A) 주문을 취소하는 것
   (B) 문제점을 보고하는 것
   (C) 가구를 디자인하는 것
   (D) 소파를 재활용하는 것

313

해설 초반에 "It seems that our supplier recently stopped making the grey leather you'd selected." 청자가 선택한 가죽 생산이 중단됐다는 소식을 알려 주고 있다. 따라서 정답은 (B)이다.

5. What problem does the speaker mention?
   (A) Some leather was damaged.
   (B) A supplier has relocated.
   (C) A shipment is delayed.
   (D) A material was discontinued.

   화자는 어떤 문제를 언급하는가?
   (A) 가죽이 손상되었다.
   (B) 공급 업체가 이전하였다.
   (C) 배송이 지연된다.
   (D) 재료 생산이 중단되었다

   해설 초반에 "It seems that our supplier recently stopped making the grey leather ~." 가죽 생산이 중단되어서 제품 공급이 어렵다는 내용이 언급된다. 앞에 4번과 동시에 답을 체크해야 하는 유형으로 빠르고 정확한 판단이 필요하다. 그래서 정답은 (D)이다.

6. What does the speaker offer to do?
   (A) Refund a purchase
   (B) Waive a shipping fee
   (C) Send some product samples
   (D) Meet with a customer

   화자는 무엇을 제공하는가?
   (A) 구매 환불하기
   (B) 배송료 면제하기
   (C) 제품 샘플 보내기
   (D) 고객과 만나기

   해설 후반에 화자가 비슷한 가죽을 찾았지만 "Why don't I mail you a few samples, ~?" 샘플을 보낼테니 확인해 달라고 말하므로 정답은 (C)이다.

Questions 7-9 refer to the following telephone message.

Hi, Trisha, this is Kessler calling. I know you're scheduled to work the day shift today at five o'clock, but **one of the servers called in sick today. So I wanted to see if you would be able to work the night shift, too**. Can you work after 5 P.M.? If you could do so, you will get paid double. I know it is really hard to work a double shift, so **I'll let you leave early instead of staying until midnight** like the rest of the dinner staff. Please let me know as soon as possible if you can work that shift as well. Thanks.

안녕하세요, Trisha 씨. 저는 Kessler입니다. 당신이 오늘 5시에 낮 근무하실 계획이라고 알고 있는데요. 근데, 오늘 서빙하는 사람 중에 한 명이 아파서 출근하지 않았어요. 그래서 Trisha 씨가 야간 근무도 하실 수 있는지 알고 싶어요. 5시 이후에 일할 수 있나요? 일을 하실 수 있다면 두 배의 수당이 지급될 거예요. 저도 2교대로 근무 하는 것이 정말 힘들다는 것을 알아요. 그래서 오후 식당 직원들처럼 자정까지 있는 것 대신에 Trisha 씨는 일찍 퇴근하게 해 줄게요. 교대 근무가 가능하다면 가능한 한 빨리 알려 주세요. 감사해요.

어휘 shift 교대 근무 call in sick 전화로 병결을 알리다

7. Where does the speaker most likely work?
   (A) In a medical clinic
   (B) At a hotel
   (C) In a plant
   (D) At a dining establishment

   화자는 어디에서 일하는가?
   (A) 병원에서
   (B) 호텔에서
   (C) 공장에서
   (D) 식당에서

   해설 메시지 초반에 "~ one of the servers called in sick today." 서빙하는 사람이 아파서 출근하지 못했다고 하면서 청자에게 대신 근무를 해 달라고 요청하고 있다. 여기에서 server는 식당에서 일하는 사람으로 장소가 식당임을 알 수 있다. 그래서 정답은 (D)이다.

8. What problem does the speaker report?
   (A) A menu has been changed on short notice.
   (B) A reservation has been overbooked.
   (C) Some equipment is malfunctioning.
   (D) A business is short staffed.

   화자는 어떤 문제에 대해 말하는가?
   (A) 메뉴가 갑자기 변경되었다.
   (B) 초과 예약되었다.
   (C) 일부 장비가 오작동하고 있다.
   (D) 일손이 부족하다.

   해설 메시지 초반에 "~ one of the servers called in sick today. So I wanted to see if you would be able to work the night shift, too." 서빙하는 사람이 아파서 청자에게 대신 근무해 달라고 부탁하고 있다. 결국 직원 부족하다는 문제를 말하므로 정답은 (D)이다.

9. What will the speaker allow the listener to do?
   (A) Leave work early
   (B) Take a day off
   (C) Request reimbursement
   (D) Trade a shift next time

화자는 청자에게 무엇을 허락할 것인가?
(A) 일찍 퇴근하기
(B) 하루 쉬기
(C) 환급 요청하기
(D) 다음 교대 근무와 바꾸기

해설 화자는 청자가 일을 대신해 준다면 "I'll let you leave early instead of staying until midnight ~." 자정까지 일을 하는 대신에 일찍 퇴근하게 해 준다고 하므로 정답은 (A)이다.

Questions 10-12 refer to the following talk.

As a museum director, **I'd like to welcome you to this month's board of directors meeting.** Let's begin with some promising news. As you know, we've offered annual tours at the museum for some time. But **the cost involved with the maintenance of the audio players has been an ongoing problem. So last month we tested a new way to deliver the audio to the visitors**. Museum visitors were instructed to download a special application on their smartphones. They were able to listen to the entire audio tour on their own mobile phones. If we decide to use this new method, it could save us a great deal of money.

박물관 책임자로서 이번 달 이사회 회의에 오신 것을 환영합니다. 좋은 소식으로 시작하겠습니다. 알다시피 우리는 한동안 박물관에서 연례 투어를 제공했습니다. 그러나 오디오 플레이어의 유지 관리와 관련된 비용이 지속적인 문제였어요. 그래서 지난달에 우리는 방문자들에게 오디오를 전달하는 새로운 방법을 실험했죠. 박물관 방문객들에게 스마트폰에 특별 애플리케이션을 다운로드 받으라고 요청했어요. 그들은 자신의 휴대폰으로 전체 오디오 투어를 들을 수 있었습니다. 이 새로운 방법을 사용하기로 결정하면 저희는 많은 비용을 절약할 수 있을 것입니다.

어휘 promising 유망한 annual 연례의 ongoing 지속적인
deliver 주다 entire 전체의 application 애플리케이션

10. Who most likely are the listeners?
    (A) Executives
    (B) Visitors
    (C) Maintenance workers
    (D) Sales personnel

청자는 누구일 것 같은가?
(A) 간부들
(B) 방문자들
(C) 정비 직원들
(D) 영업 직원들

해설 담화 초반에 "I'd like to welcome you to this month's board of directors meeting." 이사회에 오신 것을 환영한다고 말하고 있다. 청자들이 이사진인 것을 알 수 있으므로 정답은 (A)이다.

11. What problem does the man mention?
    (A) The insufficient information for employee training
    (B) The difficulty of attracting more visitors
    (C) The high cost of maintaining equipment
    (D) The complaints about an advertisement

남자는 어떤 문제에 대해 언급하는가?
(A) 직원 교육을 위한 부족한 정보
(B) 더 많은 방문자를 유치하는 어려움
(C) 장비 유지의 비싼 비용
(D) 광고에 대한 불만들

해설 담화 중반에 "~ the cost involved with the maintenance of the audio players has been an ongoing problem." 오디오 플레이어를 유지하는 비용이 계속 문제가 된다고 하므로 정답은 (C)이다.

12. According to the speaker, what happened last month?
    (A) Some clients toured an audio manufacturer.
    (B) Some additional financing was secured.
    (C) A security system was installed.
    (D) A new audio delivery method was tested.

화자에 따르면, 지난달에 무슨 일이 일어났는가?
(A) 일부 고객이 오디오 제조업체를 견학했다.
(B) 일부 추가 자금을 확보하였다.
(C) 보안 시스템이 설치되었다.
(D) 새로운 오디오 전달 방법을 실험하였다.

해설 "So last month we tested a new way to deliver the audio to the visitors." 오디오를 전달하는 새로운 방법을 실험했다고 하므로 정답은 (D)이다.

DAY 15

1. 제안/제공/요청

SPARTA Check-UP p.131

1. (B) 2. (C) 3. (C) 4. (D) 5. (C) 6. (A)

Questions 1-3 refer to the following introduction.

Thank you for attending the Local Business Seminar. **I'm happy to introduce our first guest speaker, Sophie Moore. She's the founder of Moore Accounting Firm.** Her company specializes in tax preparation and has many branches nationwide. **Recently, she published the book** How to Manage Your Tax Wisely, which is a best-seller. Today she'll share some tips on the strategies she used when she started her firm ten years ago working from her home. As you know, if you have questions for our speaker, **you should raise your hands** after the speech. She'll answer any questions you have. Without further delay, please help me welcome Sophie Moore.

지역 비즈니스 세미나에 참석해 주셔서 감사합니다. 저는 첫 초청 연사인 Sophie Moore 씨를 소개하려 합니다. 그녀는 Moore 회계사의 설립자입니다. 그녀의 회사는 세금 준비를 전문으로 하고 있으며 전국적으로 많은 지점들을 가지고 있습니다. 최근에는 베스트셀러인 "현명하게 세금을 관리하는 방법"이라는 책을 출간했습니다. 오늘 그녀는 10년 전에 재택 근무로 회사를 시작하면서 사용했던 전략에 관한 조언을 공유할 것입니다. 알다시피 연사에게 질문이 있다면 연설 후에 손을 드세요. 그녀는 어떤 질문에도 답을 드릴 것입니다. 더 지체하지 않고, Sophie Moore 씨를 환영해 주세요.

어휘 founder 설립자 specializes in ~을 전문으로 하다 tax 세금 nationwide 전국적인 raise 올리다

1. What field does Sophie Moore work in?
 (A) Event planning
 (B) Accounting
 (C) Tourism
 (D) Financial loans

Sophie Moore는 무슨 분야에서 일하는가?
(A) 행사 계획
(B) 회계
(C) 관광
(D) 금융 대출

해설 특정 인물에 관련된 내용은 그 이름 앞 뒤에 힌트가 있다. 여기에서도 초반에 "I'm happy to introduce our first guest speaker, Sophie Moore. She's the founder of Moore Accounting Firm." 이름 뒤에 회계사 설립자라는 내용이 나오므로 정답은 (B)이다.

2. What has Sophie Moore recently done?
 (A) Started her own business
 (B) Worked from home
 (C) Wrote a book
 (D) Published an article

Sophie Moore는 최근에 무엇을 했는가?
(A) 그녀의 사업을 시작했다
(B) 집에서 일했다
(C) 책을 썼다
(D) 기사를 발표했다

해설 질문의 키워드는 recently로, (A) 10년 전에 사업을 시작했다는 내용은 함정이다. 지문에서 "Recently, she published the book ~." 책을 출간했다고 말하므로 정답은 (C)이다.

3. What does the speaker request that listeners do?
 (A) Take a handout before they leave
 (B) Submit their questions in writing
 (C) Put their hands up for inquiries
 (D) Divide into small discussion groups

화자는 청자들에게 무엇을 하라고 요청하는가?
(A) 떠나기 전에 유인물을 가져가기
(B) 서면으로 질문을 제출하기
(C) 질문하고 싶다면 손을 들기
(D) 소규모 토론 그룹으로 나누기

해설 후반에 "~ you should raise your hands after the speech." 연설 후에 손을 들고 질문하라고 말하므로 정답은 (C)이다. (B)는 질문을 하는 것은 맞지만 용지를 제출하라는 내용이 함정이다.

Questions 4-6 refer to the following announcement.

Before we open our restaurant today, I want to talk about some seasonal menu changes. I just heard from the corporate headquarters that **there will be new nuts and berry drinks on the dessert menu starting next week.** One of the new drinks is called "Healthy Nuts Delight". I've got some samples of it here for everyone to try. Now, a number of different syrup flavors such as peanut or hazelnut can be added to this drink, so **I'd like to ask you to be extra careful when you're preparing customers' orders.** We want to make sure they get exactly what they want.

오늘 레스토랑을 열기 전에 계절 메뉴 변화에 대해 말하고자 합니다. 저는 회사 본사로부터 다음 주부터 디저트 메뉴에 견과류와 베리 음료들이 들어갈 것이라는 소식을 방금 들었습니다. 새로운 음료 중에 하나는 "Healthy Nuts Delight"라고 불립니다. 모든 사람들이 먹을 수 있는 몇 개 샘플이 있어요. 지금 땅콩이나 헤이즐넛 같은 다른 많은 시럽 맛들이 이 음료에 첨가될 것입니다. 저는 당신들이 고객의 주문을 받을 때 각별히 주의하기를 요청합니다. 저희는 그들이 원하는 것을 정확하게 만들고 싶습니다.

어휘 seasonal 계절적인 headquarters 본사 flavor 맛
exactly 정확하게

4. Who most likely is the speaker?
(A) A customer
(B) A waiter
(C) A food critic
(D) A restaurant manager

화자는 누구일 것 같은가?
(A) 고객
(B) 웨이터
(C) 음식 비평가
(D) 레스토랑 매니저

해설 첫 지문에서 "Before we open our restaurant today, I want to talk about some seasonal menu changes." 레스토랑 열기 전에 메뉴 변화에 대해 말할 것이라고 언급하기 때문에 웨이터보다는 레스토랑 매니저라고 봐야 한다. 따라서 (D)가 정답이다.

5. According to the speaker, what will happen next week?
(A) A new oven will be installed.
(B) The headquarters will be relocated.
(C) New menu items will be upgraded.
(D) Seasonal dishes will be removed.

화자에 따르면, 다음 주에 무슨 일이 일어날 것인가?
(A) 새로운 오븐이 설치될 것이다.
(B) 본사가 이전할 것이다.
(C) 새로운 메뉴들이 개선될 것이다.
(D) 계절 요리가 없어질 것이다.

해설 다음 주에 일어날 일을 언급할 것이라고 음원이 나오기 전에 미리 기억해 두자. "~ there will be new nuts and berry drinks on the dessert menu starting next week." 디저트 메뉴에 새로운 음료가 나올 것이라고 한다. 메뉴가 업그레이드 된다는 내용의 (C)가 정답이다.

6. What does the speaker instruct listeners about?
(A) Taking orders carefully
(B) Cleaning the dining hall
(C) Setting the table neatly
(D) Taking inventory daily

화자는 청자들에게 무엇에 대해 지시하는가?
(A) 주의 깊게 주문을 받는 것
(B) 식당을 청소하는 것
(C) 깔끔하게 테이블을 차리는 것
(D) 매일 재고 정리하는 것

해설 후반에 화자가 청자들에게 "~ I'd like to ask you to be extra careful when you're preparing customers' orders." 주문을 받을 때 더 조심하라고 요청하고 있으므로 (A)가 정답이다.

SPARTA Actual Test p.132

| 1. (D) | 2. (B) | 3. (A) | 4. (B) | 5. (B) | 6. (C) |
| 7. (D) | 8. (D) | 9. (C) | 10. (C) | 11. (B) | 12. (C) |

Questions 1-3 refer to the following telephone message.

Hello, my name is Maria Santos, and I'm a manager at Bernard Bakery. Last week, I ordered a new oven because the oven we are using is not working properly, but **I have not yet received it despite the fact that I had paid an additional fee for express service**. I checked your Web site, but **it shows that the delivery was already made to our shop yesterday. This is clearly a mistake.** We need the oven urgently. **Please return my phone call as soon as possible with any information you have about my order.** My telephone number is 337-9090.

안녕하세요. Maria Santos입니다. 저는 Bernard Bakery의 매니저예요. 지난 주에 우리가 사용하고 있는 오븐이 제대로 작동되지 않아서 새 오븐을 주문했어요. 근데 특급 택배 서비스로 추가 비용을 지불했는데도 아직까지 오븐을 받지 못 했습니다. 저는 당사의 웹 사이트를 확인했지만 어제 배달이 저희 가게로 이미 완료되었다고 나타나더군요. 이것은 분명히 실수예요. 저희는 오븐이 급하게 필요해요. 주문 정보를 확인하고 가능한 한 빨리 연락해 주세요. 전화 번호는 337-9090입니다.

어휘 despite 임에도 불구하고 express service 특급 속달 서비스
fee 요금 properly 제대로 mistake 실수

1. What is the purpose of the message?
(A) To repair an oven
(B) To ask for directions
(C) To change an additional order
(D) To complain about a late delivery

메시지의 목적은 무엇인가?
(A) 오븐을 수리하기 위해
(B) 길을 묻기 위해
(C) 추가 주문을 변경하기 위해
(D) 늦은 배달에 대해 불평하기 위해

해설 화자는 "I have not yet received it despite the fact that I had paid an additional fee for express service." 빠른 배송비까지 추가로 지불하고 오븐은 주문했는데, 아직 못 받았다고 말하므로 정답은 (D)이다.

2. Why does the speaker mention a Web site?
(A) It is currently inaccessible.
(B) It has incorrect information.
(C) It is confusing to find the information.
(D) It needs to be upgraded.

화자는 왜 웹 사이트를 언급하는가?
(A) 현재 접근할 수 없다.
(B) 잘못된 정보를 가지고 있다.
(C) 정보를 찾는 것이 혼란스럽다.
(D) 업그레이드가 필요하다.

해설 배송이 안 와서 웹 사이트 들어가니 "~ it shows that the delivery was already made to our shop yesterday. This is clearly a mistake." 이미 배송됐다고 나오는데, 이것은 잘못된 정보라고 말하므로 정답은 (B)이다.

3. What is the listener asked to do?
   (A) Call the woman back
   (B) Revise a manual
   (C) Confirm the number
   (D) Print some information

   청자는 무엇을 해야 하는가?
   (A) 다시 전화하기
   (B) 설명서를 수정하기
   (C) 번호를 확인하기
   (D) 더 많은 정보를 출력하기

해설 후반에 "Please return my phone call as soon as possible with any information you have about my order." 주문을 확인하고 빨리 연락을 달라고 하므로 정답은 (A)이다.

Questions 4-6 refer to the following broadcast.

And now we have an FM Radio 10 public service announcement. Next Monday afternoon, **the Carson Community Center is holding a free workshop for people who want to practice public speaking skills.** The workshop will give you speaking tips for presentations, lectures, interviews, and more. **Attendees are also invited to stay afterwards for a networking event with workshop lecturers** to ask questions they might have. But there is limited space, so **please be sure to enroll beforehand.** You can sign up by calling the center at 333-7080 or visiting their Web site at carsoncommunity.org.

이제 FM 라디오 10의 공익 광고 시간입니다. 다음 주 월요일 오후 Carson Community Center는 대중 연설 기술을 훈련하고자 하는 사람들을 위한 무료 워크숍을 개최할 것입니다. 워크숍은 여러분에게 프레젠테이션, 강의, 인터뷰 등에 필요한 말하기 조언들을 제공할 것입니다. 참석자들은 또한 이후에 워크숍 강사와 진행하는 교류 행사에 참여해서 궁금한 점을 질문할 수 있습니다. 그러나 공간이 한정되었으므로 반드시 미리 등록하시길 바랍니다. 333-7080으로 전화하시거나 carsoncommunity.org 웹 사이트를 방문하시면 등록할 수 있습니다.

어휘 public service announcement 공익 광고 attendee 참석자 tip 조언 afterwards 이후에 beforehand 사전에

4. What is the topic of the workshop?
   (A) Interview strategies
   (B) Speaking techniques
   (C) Leadership skills
   (D) Writing practice

   워크숍 주제는 무엇인가?
   (A) 인터뷰 전략
   (B) 말하기 기술
   (C) 리더십 기술
   (D) 작문 연습

해설 화자는 무료 워크숍을 알리면서 "~ the Carson Community Center is holding a free workshop for people who want to practice public speaking skills." 대중 연설 기술을 훈련하고 싶은 사람들을 위한 것이라고 말하고 있다. 따라서 정답은 (B)이다.

5. What can participants do after the workshop?
   (A) Receive a free meal coupon
   (B) Meet capable lecturers
   (C) Register for another workshop
   (D) Attend an awards banquet

   워크숍 후에 참가자들은 무엇을 할 수 있는가?
   (A) 무료 식사 쿠폰을 받기
   (B) 능력 있는 강사 만나기
   (C) 다른 워크숍 등록하기
   (D) 시상식 참석하기

해설 후반부에 워크숍 이후에 "Attendees are also invited to stay afterwards for a networking event with workshop lecturers ~." 강사와 만나서 교류를 한다는 내용이 있다. 따라서 정답은 (B)이다.

6. What does the speaker encourage the listeners to do?
   (A) Refer a friend
   (B) Call the radio station
   (C) Register ahead of time
   (D) Process a payment

   화자는 청자에게 무엇을 하도록 권하는가?
   (A) 친구를 추천하기
   (B) 라디오 방송국에 전화하기
   (C) 사전 등록하기
   (D) 지불 처리하기

해설 공간이 제한되어 있으므로 화자는 "~ please be sure to enroll beforehand." 미리 등록하라고 말하고 있다. 따라서 정답은 (C)이다.

Questions 7-9 refer to the following telephone message.

Hi, Ms. Larson. This is Sam from the Westwood Library. **I'm calling to let you know that the book you wanted to check out, *Business Ethics*, has been returned and is now available.** We'll put it aside for you for three days, but **feel free to call if you need additional time**. The number is 666-7789. And keep in mind that the library is now on summer hours, so **we close at 6 P.M. instead of 7 P.M.** Thanks, Ms. Larson, and have a nice day.

안녕하세요, Larson 씨. Westwood 도서관의 Sam입니다. 저는 당신이 대출하려는 책인 Business Ethics이 반납되었으며 현재 대출 가능하다는 것을 알려드리고자 합니다. 우리는 3일 동안 당신을 위해 책을 따로 보관하지만 만약에 추가적으로 시간이 필요하면 언제든지 전화하십시오. 전화번호는 666-7789입니다. 그리고 도서관은 현재 여름 시간대로 오후 7시가 아닌 오후 6시에 문을 닫는 것을 명심하세요. Larson 씨, 고맙습니다. 좋은 하루 보내세요.

어휘 check out 대출하다 put aside 따로 떼어 놓다
keep in mind 명심하다 instead of ~ 대신에

7. Why does the speaker call Ms. Larson?
   (A) To offer her a membership card
   (B) To ask her to return some reading materials
   (C) To invite her to a book club
   (D) To notify her that a book is available

   왜 화자는 Larson 씨에게 전화하는가?
   (A) 회원 카드를 제공하기 위해
   (B) 책들을 반납하라고 요청하기 위해
   (C) 북 클럽에 초대하기 위해
   (D) 대출 가능한 책이 있음을 알리기 위해

   해설 화자가 전화한 이유는 "~ the book you wanted to check out, Business Ethics, has been returned and is now available." 청자가 원하는 책이 반납되어서 그 책이 대출 가능하다는 것을 알리기 위해 전화한 것이다. 따라서 정답은 (D)이다.

8. What can Ms. Larson request?
   (A) A free voucher
   (B) A receipt
   (C) A discounted price
   (D) A little extra time

   Larson 씨는 무엇을 요청할 수 있는가?
   (A) 무료 상품권
   (B) 영수증
   (C) 가격 할인
   (D) 약간의 추가 시간

   해설 화자는 기본 3일 정도 책을 따로 보관하고 그 이후에 "~ feel free to call if you need additional time." 시간이 더 필요하면 언제든지 전화하라고 한다. 따라서 정답은 (D)이다.

9. What does the speaker remind the listener about?
   (A) An e-mail address
   (B) Opening hours
   (C) Reduced operating hours
   (D) Parking permission

   화자는 청자에게 무엇을 알려 주는가?
   (A) 메일 주소
   (B) 문 여는 시간
   (C) 운영 시간 단축
   (D) 주차 허가

   해설 후반에 여름 시간대라서 "~ so we close at 6 P.M. instead of 7 P.M." 7시가 아닌 6시에 닫는다고 말하고 있다. 운영 시간이 단축됐기 때문에 정답은 (C)이다.

Questions 10-12 refer to the following excerpt from a meeting.

The last agenda point at today's meeting is the free wireless Internet service that we are now offering at Qwanta Airlines. Most of our competitors offer an Internet service, but it's not free. They charge passengers to use it. So **I think that allowing free Internet access will ultimately attract many passengers in the future.** Now, **I'd like all of you to take a few minutes to look over a report on the expected budget** for the following year and provide your views on whether this makes sense for our budget.

오늘 회의에서 마지막 안건은 우리가 현재 Qwanta Airlines에 제공하는 무료 무선 인터넷 서비스입니다. 저희 회사의 경쟁 업체 대부분은 인터넷 서비스를 제공하지만 무료는 아닙니다. 그들은 승객에게 인터넷 사용료를 부과합니다. 그래서 저는 무료 인터넷 접속을 허용하는 것이 궁극적으로 미래에 많은 승객들을 유치하게 될 것이라고 생각합니다. 자, 저는 여러분 모두가 다음 해 예상되는 예산 보고서를 살펴 보고 우리 예산에 적합한지 여러분의 의견을 밝혀 주시기를 바랍니다.

어휘 agenda 안건 wireless 무선의 competitor 경쟁사
ultimately 궁극적으로 following year 다음 해

10. What is being discussed?
    (A) Luggage restrictions
    (B) Food quality
    (C) A free service
    (D) An Internet provider

    무엇이 논의되고 있는가?
    (A) 수하물 제한
    (B) 식품 품질
    (C) 무료 서비스
    (D) 인터넷 제공 업체

    해설 담화 초반에 "The last agenda point at today's meeting is the free wireless Internet service ~." 회의 안건으로 무료 무선 인터넷 서비스에 대한 안건이라고 말하고 있다. 정답은 무료 서비스인 (C)이다.

11. What does Qwanta Airlines want to do in the future?
(A) Reduce ticket prices
(B) Expand the passenger base
(C) Add international destinations
(D) Upgrade a computer system

Qwanta Airlines는 앞으로 무엇을 하고 싶어 하는가?
(A) 티켓 가격을 낮추기
(B) 승객 층을 확대하기
(C) 국제선을 추가하기
(D) 컴퓨터 시스템을 업그레이드하기

해설 화자는 회의 중에 "~ I think that allowing free Internet access will ultimately attract many passengers in the future." 무료 인터넷 서비스가 미래에 많은 승객들을 끌어 올 수 있다고 하고 있으므로 정답은 (B)이다.

12. What are the listeners asked to review?
(A) A marketing video
(B) An employee survey
(C) A budget report
(D) A contract

청자들은 무엇을 검토해야 하는가?
(A) 마케팅 비디오
(B) 직원 설문 조사
(C) 예산 보고서
(D) 계약서

해설 후반에 화자는 "I'd like all of you to take a few minutes to look over a report on the expected budget ~." 예상되는 예산을 살펴 보라고 하고 있다. 따라서 정답은 (C)이다.

2. 미래/유추

SPARTA Check-UP p.134

1. (A) 2. (D) 3. (A) 4. (B) 5. (D) 6. (B)

Questions 1-3 refer to the following introduction.

Thank you for coming to this retirement ceremony for our president, Jane Kennedy. **I'd like to say a big thank you to Jane for her 30 years of dedication to this company.** She has accomplished so much during her time here. Most of all, she played a key role in our company's international growth. When she started working here, we were a very small company that had only a few offices in Australia. Since then, **she has extended the business to over ten overseas countries** and managed them. Now, we'd like to invite Jane to the stage. **We'll give her a plaque** to express our appreciation.

우리 사장님, Jane Kennedy 은퇴식에 와 주셔서 감사합니다. 저는 30년 동안 회사에 헌신하신 Jane에게 큰 감사의 말을 전하고 싶습니다. 그녀는 여기에서 매우 많은 성과를 내었어요. 무엇보다도 그녀를 회사의 국제 성장에 중요한 역할을 했죠. 그녀가 여기에서 일을 시작할 때 호주에 딱 몇 개의 사무실밖에 없는 작은 회사였어요. 그 이후로 그녀는 10개국 이상의 해외에서 사업을 확장했고 경영했습니다. 지금 Jane을 무대로 모실게요. 감사함을 표현하기 위한 감사패를 드리려고 합니다.

어휘 retirement 은퇴 dedication 헌신 accomplish 성취하다 most of all 무엇보다도 international 국제적인 growth 성장 deliver 전달하다 plaque 감사패 express 표현하다

1. Why is the event being held?
(A) To show gratitude to a company executive
(B) To introduce a new president
(C) To attract more customers
(D) To launch a new product

왜 행사가 열리고 있는가?
(A) 회사 간부에게 감사하기 위해
(B) 새로운 사장님을 소개하기 위해
(C) 더 많은 고객을 끌기 위해
(D) 신상품을 출시하기 위해

해설 초반에 사장인 Jane의 은퇴식임을 말하면서 "I'd like to say a big thank you to Jane for her 30 years of dedication to this company." Jane이 회사에 헌신해 줘서 고맙다고 말하고 있다. 여기에서 president는 회사 간부에 해당하므로 정답은 (A)이다. 그리고 (B)는 introduce를 이용한 함정이다.

2. What did Jane Kennedy achieve?
(A) She developed a product.
(B) She won a big contract.
(C) She accomplished more efficient processes.
(D) She expanded a company internationally.

Jane Kennedy는 무엇을 이루었는가?
(A) 그녀는 상품을 개발하였다.
(B) 그녀는 큰 계약을 체결하였다.
(C) 그녀는 더 효율적인 과정들을 이루었다.
(D) 그녀는 국제적으로 회사를 확장하였다.

해설 Jane에 대해 말하면서 처음에는 작은 사무실로 시작했다고 말한다. 그리고 중반에 "~ she has extended the business to over ten overseas countries ~." 10개국 이상의 해외에서 사업을 확장했다고 말하고 있으므로 정답은 (D)이다.

3. What will most likely happen next?
(A) A plaque will be presented.
(B) A short video will play.
(C) A short speech will be given.
(D) Refreshments will be served.

다음에 무슨 일이 일어날 것 같은가?
(A) 감사패가 수여될 것이다.
(B) 짧은 비디오가 상영될 것이다.
(C) 짧은 연설을 할 것이다.
(D) 다과가 제공될 것이다.

해설 대화가 끝나고 일어날 일은 거의 후반에 나온다. 마지막 말에 "We'll give her a plaque ~." 감사패를 전달하려고 한다고 말하고 있다. 따라서 정답은 (A)이다.

Questions 4-6 refer to the following talk.

Welcome to Gershwin Theater. **Thank you for volunteering to help make costumes** for our next production, *Witches*. Because **this musical has so many interesting characters**, we'll have to work hard to get ready for opening night on May 2. The characters each have different outfits, so there will be a lot of work for all of us. **The dress rehearsal in complete costume is only four weeks away**, so we'll need everything done by then. But if you have something come up during this time, don't hesitate to tell me in advance. Let's start now.

Gershwin 극장에 오신 것을 환영합니다. 다음 작품 *Witches* 의상 제작에 자원해 주셔서 고맙습니다. 이 뮤지컬은 정말 많은 등장 인물들이 있기 때문에 5월 2일 첫 공연일을 준비하기 위해 열심히 일해야 합니다. 모든 등장 인물들은 각 다른 복장을 입어요. 그래서 우리가 할 일이 많아요. 완성된 복장들을 입은 의상 리허설은 딱 4주 정도 남았네요. 그래서 우리는 그때까지 모든 것을 완성해야 할 것입니다. 그러나 만약에 이 시간 동안 당신에게 사정이 생긴다면 망설이지 말고 저에게 미리 말하세요. 이제 시작합시다.

어휘 character 등장 인물 opening night 첫날밤
outfit/costume 복장 hesitate 망설이다

4. Who is the intended audience for the talk?
   (A) Theater audience members
   (B) Garment makers
   (C) Ticket agents
   (D) Stage actors

   담화가 의도한 청자는 누구인가?
   (A) 극장 관객
   (B) 의상 제작자
   (C) 매표원
   (D) 무대 배우

해설 담화 초반에서 "Thank you for volunteering to help make costumes for our next production." 뮤지컬의 제작에 자원해 줘서 감사하다고 언급한 내용이 있다. 따라서 청자는 의상 제작자인 (B)이다. 자칫 처음 들리는 "Thank you for ~."만 듣고 (A)를 선택하지 않도록 조심하자.

5. What does the speaker mention about the performance?
   (A) It lasts very long.
   (B) It already has everything set.
   (C) It has been delayed.
   (D) There are various characters.

화자는 공연에 대해 뭐라고 말하는가?
(A) 매우 오랫동안 지속된다.
(B) 모든 것이 이미 준비되었다.
(C) 지연되었다.
(D) 다양한 등장 인물들이 있다.

해설 공연에 대해 설명하면서 "~ this musical has so many interesting characters." 많은 등장 인물들이 나온다고 하므로 정답은 (D)이다.

6. What will happen in a month?
   (A) A concert
   (B) A dress rehearsal
   (C) A fashion show
   (D) A first musical opening

   한 달 뒤에 무슨 일이 일어날 것인가?
   (A) 콘서트
   (B) 의상 리허설
   (C) 패션쇼
   (D) 첫 뮤지컬 공연

해설 지문에서 "The dress rehearsal in complete costume is only four weeks away." 4주는 한 달을 말하므로 한 달 뒤에 리허설을 한다는 것을 알 수 있다. 따라서 정답은 (B)이다.

SPARTA Actual Test   p.135

1. (A)	2. (B)	3. (B)	4. (C)	5. (A)	6. (D)
7. (B)	8. (D)	9. (B)	10. (D)	11. (C)	12. (B)

Questions 1-3 refer to the following recorded message.

Hello, you've reached the customer service center at JK Logistics. **We specialize in international shipping services.** We're happy to announce that **starting September 1 we're finally offering shipping services to Mexico.** Before that, note that if you are planning to ship to any location overseas, you must provide proof of ownership. **Your call may be recorded, and the recording could be used for quality-control or training purposes.** Thank you.

안녕하세요, JK Logistics의 고객 서비스입니다. 저희는 국제 운송 서비스를 전문으로 하고 있습니다. 마침내 9월 1일부터 멕시코 배송 서비스를 제공할 것을 알리게 되어서 매우 기쁩니다. 그 전에 해외로 출하를 계획한다면 소유권 증명서를 제공하셔야 합니다. 귀하의 전화가 녹음될 수 있으며 녹음은 품질 관리 또는 교육 목적으로 사용될 수 있습니다. 고맙습니다.

어휘 reach (특히 전화로) 연락하다 overseas 해외

1. What type of facility is the message about?
   (A) A shipping company
   (B) A law firm
   (C) A university
   (D) A library

   메시지는 어떤 기관에 대한 것인가?
   (A) 운송 회사
   (B) 법률 회사
   (C) 대학교
   (D) 도서관

   해설 화자는 회사를 소개하면서 "We specialize in international shipping services." 국제 배송을 전문으로 한다고 말하고 있다. 따라서 정답은 (A)이다.

2. What will the company do beginning on September 1?
   (A) Win the contract
   (B) Provide service to a new country
   (C) Offer free shipping
   (D) Hire more employees

   9월 1일부터 회사는 무엇을 할 것인가?
   (A) 계약하기
   (B) 새로운 나라에 서비스를 제공하기
   (C) 무료 배송을 제공하기
   (D) 더 많은 직원을 고용하기

   해설 메시지에서 9월 1일부터 "~ we're finally offering shipping services to Mexico." 멕시코에서도 배송 서비스가 가능하다고 하기 때문에 정답은 (B)이다.

3. What does the speaker indicate about the call?
   (A) It will be transferred to a different department.
   (B) It will be recorded for future use.
   (C) It will take several minutes until a representative answers.
   (D) It will be answered promptly.

   화자는 통화에 대해 무엇을 언급하는가?
   (A) 다른 부서로 옮겨질 것이다.
   (B) 향후 서비스를 위해 기록될 것이다.
   (C) 상담원이 대답할 때까지 몇 분 걸릴 것이다.
   (D) 즉시 답변될 것이다.

   해설 메시지 마지막에 "Your call may be recorded, and the recording could be used for quality-control or training purposes." 더 나은 서비스를 위해 통화가 녹음된다고 하고 있다. 정답은 (B)이다.

Questions 4-6 refer to the following excerpt from a meeting.

Good morning. **Congratulations on creating such a successful marketing campaign** for our Nato Gelato ice cream. We've dramatically increased this product's sales since the launch of the television commercial. So I'd like you to expand this marketing campaign to our other products as well, like cookies. According to the market research, **many customers really like the images of the families eating together that they saw in the commercials.** So to keep the success going, I'd like to discuss this concept and share some ideas for our other products. We'll have a meeting at this time next week. Before then, **please send me some opinions by the end of the week.**

좋은 아침입니다. Nato Gelato 아이스크림 마케팅 캠페인의 성공을 축하합니다. TV 광고의 출시 이후 제품의 매출이 급격히 증가했습니다. 그래서 이런 마케팅 캠페인을 다른 제품으로도 확장하시기 바랍니다. 예를 들면 쿠키 같은 것으로요. 시장 조사에 따르면, 많은 고객들은 광고에 가족이 함께 식사하는 모습이 나오는 것을 정말 좋아한다고 합니다. 그래서 성공을 지속하기 위해 이 컨셉에 대해 토론하고 다른 제품에 대한 아이디어를 공유하고 싶습니다. 다음 주 이 시간에 회의를 가질 예정이며 이번 주까지 몇 가지 의견들을 제게 보내 주십시오.

어휘 dramatically 급격히   launch (상품을) 출시하다   expand 확장하다   commercial 상업광고

4. Who is the speaker congratulating?
   (A) Advertisers
   (B) A new business partner
   (C) Marketing personnel
   (D) Food scientists

   화자는 누구를 축하하는가?
   (A) 광고주들
   (B) 새로운 비즈니스 파트너
   (C) 영업 사원들
   (D) 식품 과학자들

   해설 화자가 "Congratulations on creating such a successful marketing campaign ~." 성공적인 마케팅 캠페인을 축하한다고 말하고 있다. 듣는 사람들이 영업 사원임을 알 수 있으므로 정답은 (C)이다.

5. According to the speaker, what do customers like about the commercial?
   (A) The scene with families
   (B) The various flavors
   (C) The celebrities
   (D) The background music

화자에 따르면, 고객은 광고에 대해 무엇을 좋아하는가?
(A) 가족 장면
(B) 다양한 맛
(C) 유명 인사들
(D) 배경 음악

해설 시장 조사에서 "~ many customers really like the images of the families eating together that they saw in the commercials." 많은 고객들이 가족들이 함께 식사하는 장면을 좋아한다고 하므로 정답은 (A)이다.

6. What most likely will listeners do by Friday?
   (A) Meet candidates
   (B) Send the products
   (C) Check some sales figures
   (D) Forward some ideas

청자가 금요일까지 할 일은 무엇입니까?
(A) 후보자 만나기
(B) 제품 보내기
(C) 일부 매출액 확인하기
(D) 아이디어를 보내기

해설 담화 후반에 청자들에게 "please send me some opinions by the end of the week." 이번 주까지 의견들을 보내라고 하므로 정답은 (D)이다.

Questions 7-9 refer to the following radio broadcasting.

Hello, listeners. I'm Judy McAuley with *Book Time*. Today **we'll be hearing from writers appearing at this weekend's Hawskbury Literature Festival.** Later in the show, my guests will include mystery author Susan Snell and German novelist Klaus Bender. To get us started, I'm delighted to welcome the festival's guest of honor, Vince Rathbone, two-time winner of the National Poetry Award. Vince has published a dozen acclaimed volumes of verse, and **this year released his first novel**, *Childhood in South Africa*. He'll read a couple of new poems for us. **But first, the traffic news with Barbara Kim after the commercial break.**

안녕하세요, 청취자 여러분. 저는 Book Time의 Judy McAuley입니다. 오늘 우리는 이번 주말에 Hawskbury 문학 축제에 출연하는 작가들의 이야기를 듣게 될 거예요. 행사의 후반부에는 미스터리 작가 Susan Snell과 독일 소설가 Klaus Bender가 게스트로 참여할 예정입니다. 시작하면서 저는 이번 축제의 영광의 게스트이자 National Poetry Award를 두 번이나 수상한 Vince Rathbone 씨를 환영하고 싶습니다. Vince는 십여 편의 호평을 받는 시들을 출판했으며 올해는 남아공에서 첫 번째 책인 Childhood in South Africa를 발표했습니다. 그는 우리를 위해 몇 가지 새로운 시를 읽어줄 거예요. 하지만 먼저, 광고 후에 Barbara Kim의 교통 방송을 진행합니다.

어휘 appear 나타나다 author 작가 novelist 소설가 dozen 다수의, 12개의 acclaimed 칭찬(갈채, 환호, 호평)을 받고 있는 verse 시

7. What is the speaker doing?
   (A) Introducing a weekend event
   (B) Interviewing writers
   (C) Reviewing best-selling books
   (D) Providing book rankings

화자는 무엇을 할 것인가?
(A) 주말 행사 소개하기
(B) 작가 인터뷰하기
(C) 베스트 셀러 도서 검토하기
(D) 서적 순위 제공하기

해설 라디오 프로그램에 진행자가 "~ we'll be hearing from writers appearing at this weekend's Hawskbury Literature Festival." 이번 주말 문학 축제에 출연하는 작가들의 이야기를 듣겠다는 것은 화자가 그들을 인터뷰한다는 뜻으로 볼 수 있다. 따라서 정답은 (B)이다.

8. What did Vince Rathbone do earlier this year?
   (A) Won an award
   (B) Founded an organization
   (C) Started a festival
   (D) Published a book

Vince Rathbone는 올해 초에 무엇을 했는가?
(A) 상을 받았다
(B) 기관을 설립했다
(C) 축제를 시작했다
(D) 책 출판했다

해설 올해 초에는 "~ this year released his first novel ~" 첫 책을 출시 했다고 말한다. 따라서 정답은 (D)이다.

9. What will listeners hear next?
   (A) A traffic update
   (B) An advertisement
   (C) An author interview
   (D) A poetry reading

청자는 다음에 무엇을 들을 것인가?
(A) 교통 소식
(B) 광고
(C) 저자 인터뷰
(D) 시 낭송

해설 방송 후반에 "But first, the traffic news with Barbara Kim after the commercial break." 광고 후에 교통 방송이 있다고 했으므로 광고를 먼저 들을 것이다. 따라서 정답은 (B)이다.

Questions 10-12 refer to the following announcement.

Before we start today's presentation, I'd like to say a few words. **There has been a slight change in the schedule,** so **you might want to make a note of it on the program with your invitation.** Actually, the first speaker, Dr. Rhonda Collins, will be starting off the program as planned, but she will be immediately followed by Dr. Wong. But the rest of the schedule will be conducted as scheduled. After a 20-minute break, Dr. Collins will give a speech. We have some time now, so **please help yourselves to some coffee, tea, and some snacks** at the back of the hall.

오늘 발표를 시작하기 전에 할 말이 있어요. 일정이 약간 변경되었으므로 프로그램이 적힌 초대장에 함께 메모하셔도 좋습니다. 사실 첫 번째 연설자인 Rhonda Collins 박사가 계획대로 프로그램을 시작할 예정이지만 Wong 박사 직후에 계속 하게 되었어요. 나머지 일정은 계획대로 진행될 것입니다. 20분간 휴식을 취한 후 Collins 박사께서 연설할 것입니다. 우리는 잠시 시간이 있습니다. 따라서 홀 뒤쪽에 있는 커피와 차, 간식을 즐겨 주시길 바랍니다.

어휘 be immediately followed by 직후에 ~이 계속되다
conduct 안내하다

10. Why is the announcement being made?
    (A) To distribute a program to the audience
    (B) To award a prize to some speakers
    (C) To close the presentation session
    (D) To notify the audience of some schedule changes

왜 안내하고 있는가?
(A) 청중에게 프로그램을 나눠 주기 위해
(B) 몇 명의 연설자들에게 상을 수여하기 위해
(C) 발표 세션을 마무리하기 위해
(D) 청중에게 일정 변경 사항을 알리기 위해

해설 안내 초반에 "There has been a slight change in the schedule ~." 일정이 변경되었다고 발표되고 있다. 정답은 (D)이다.

11. What have the attendees received?
    (A) Postcards
    (B) Business cards
    (C) Printed invitations
    (D) Meal vouchers

참석자들은 무엇을 받았는가?
(A) 우편 엽서
(B) 명함
(C) 인쇄 된 초대장
(D) 식사권

해설 화자는 변경된 일정에 대해 말하면서 "~ you might want to make a note of it on the program with your invitation." 청자들이 받은 초대장에 메모하라고 한다. 이미 청자들이 초대장을 가지고 있다는 의미를 나타낸다. 따라서 정답은 (C)이다.

12. What will the listeners probably do next?
    (A) Ask questions about the presentation
    (B) Get some refreshments
    (C) Sign their names on a sheet
    (D) Make some cake

청자들은 다음에 무엇을 할 것인가?
(A) 발표 내용에 대해 질문한다
(B) 약간의 간식을 먹는다
(C) 용지에 이름을 적는다
(D) 케이크를 만든다

해설 안내를 마무리 하면서 "please help yourselves to some coffee, tea, and some snacks ~." 커피와 스낵을 먹으라고 안내한다. 정답은 (B)이다.

DAY 16

1. 방법/시간

SPARTA Check-UP p.137

1. (B) 2. (A) 3. (C) 4. (B) 5. (D) 6. (B)

Questions 1-3 refer to the following speech.

Just a short six months ago, we started a new project on this site. Now here we are on this beautiful fall day about to make history. **The Arts City Center will officially open its doors this Saturday with a performance by the Royal City Ballet.** Today, though, we're here to honor those who made this center possible. To all the workers who worked so many hours to complete this construction, I'm really grateful to you. **To the residents and the city council who supported us from the start**, I also give my heartfelt thanks. Now, could I have the scissors, please, to cut this ribbon and declare the Arts City Center open?

딱 6개월 전에 우리는 이 현장에서 새 프로젝트를 시작하였습니다. 지금 우리는 역사를 만들기 위해 이 아름다운 가을날에 이곳에 있습니다. 예술의 전당은 Royal City 발레단 공연과 함께 이번 주 토요일에 문을 엽니다. 오늘 우리는 센터를 이용할 수 있게 한 분들에게 이 영광을 기리기 위해 이 자리에 있습니다. 공사를 마무리하기 위해 매우 많은 시간을 작업한 모든 인부들에게 큰 감사를 드립니다. 처음부터 우리를 후원해 주신 시의회와 주민들에게도 진심으로 감사 드립니다. 자, 이제 제가 리본을 자르고 예술의 전당 개방을 선언해도 되겠습니까?

어휘 site 현장 | history 역사 | Arts City Center 예술의 전당 | resident 주민 | one's heartfelt thanks 마음으로부터 감사 | declare 선언하다

---

1. What happened half a year ago on the site?
(A) The museum was renovated.
(B) Construction began.
(C) The Arts City Center was demolished.
(D) A ballet was performed.

6개월 전에 이 현장에서 무슨 일이 있었는가?
(A) 땅이 구매되었다.
(B) 공사가 시작되었다.
(C) 예술의 전당이 철거되었다.
(D) 발레가 공연되었다.

해설 첫 지문에서 바로 6개월 전에 새 프로젝트를 시작했다고 말한다. 그리고 "Just a short six months ago, we started a new project on this site." 예술의 전당이 개방된다고 했으므로 6개월 전에 한 프로젝트는 센터 공사를 의미한다. 따라서 정답은 (B)이다.

2. What will the first visitors to the new center be able to enjoy?
(A) Dancing
(B) Singing
(C) A play
(D) A magic show

첫 방문객들은 새로운 센터에서 무엇을 즐길 수 있는가?
(A) 춤
(B) 노래
(C) 연극
(D) 마술 쇼

해설 지문에서 "The Arts City Center will officially open its doors this Saturday with a performance by the Royal City Ballet," 토요일에 발레 공연과 함께 공식적으로 개방된다고 말하고 있다. 정답은 (A)이다.

3. How did local citizens view the center?
(A) By managing the facility regularly
(B) By doubting its success
(C) By supporting it enthusiastically
(D) By showing indifference

어떻게 시민들은 센터를 바라봤는가?
(A) 정기적으로 시설을 관리함으로써
(B) 성공을 의심함으로써
(C) 적극적으로 후원함으로써
(D) 무관심을 보임으로써

해설 이 담화는 화자가 공사에 참여해 준 사람들에게 감사를 전하고 있다. 지문 후반에 "To the residents and the city council who supported us from the start, ~" 후원한 주민들에게 감사하다고 전하고 있다. 따라서 정답은 (C)이다.

Questions 4-6 refer to the following report.

A spokesperson for Nickson Automotive company made an announcement at a press conference this morning. **The company is reducing production at its engine plant in Potland City.** The factory provides more than 300 jobs to local residents. However, declines in market demand have led to a partial closure of the plant. **Since the plant's foundation a decade ago**, it has had a maximum capacity of 40 units per day. Unfortunately, it has never operated at full capacity, and production was continuously decreased to 20 and **now only 15 per day**. A spokesperson said production will be reduced to ten each day from next month.

Nickson 자동차 회사 대변인이 오늘 아침에 기자 회견에서 발표했습니다. Potland 시의 엔진 공장에서 생산량이 감소하고 있습니다. 그 공장은 지역 주민들에게 300개 이상의 일자리를 제공하고 있습니다. 그러나 시장 수요의 감소가 공장의 부분적인 폐업을 이끌었습니다. 10년 전에 공장 설립한

이후로 하루에 40개의 최대 용량을 만들었습니다. 불행히도 전체 용량으로 가동되지 못 해서 생산량이 지속적으로 20개까지 감소했고 지금은 단지 매일 15개를 생산하고 있습니다. 대변인은 다음 달에 하루에 10개로 줄 것이라고 말했습니다.

어휘 spokesperson 대변인 reduce 줄이다 production 생산량 decline 감소 market demand 시장 수요 foundation 설립 maximum capacity 최대 용량 continuously 지속적으로 per day/each day 하루에

4. What is the main topic of the report?
   (A) The opening of a new assembly plant
   (B) Production cuts at a local factory
   (C) An increase in the number of jobs
   (A) A merger of two corporations

   보고서의 주제는 무엇인가?
   (A) 새로운 조립 공장의 개관식
   (B) 지역 공장의 생산량 감소
   (C) 일자리 수의 증가
   (A) 두 회사의 합병

   해설 주제는 담화 초반에 나온다. Nickson 회사가 기자회견에서 "The company is reducing production at its engine plant in Potland City." Potland 시의 생산량이 감소되고 있다고 발표했다. reduce=cut, plant=factory이므로 정답은 (B)이다.

5. When was the plant built?
   (A) three years ago
   (B) five years ago
   (C) seven years ago
   (D) ten years ago

   공장은 언제 세워졌는가?
   (A) 3년 전
   (B) 5년 전
   (C) 7년 전
   (D) 10년 전

   해설 공장이 세워진 시기를 묻는 질문으로 담화 중반에 "Since the plant's foundation a decade ago, ~." 10년 전 설립된 이후라고 말하고 있다. a decade=10 years로 정답은 (D)이다.

6. How many units are now produced each day at the factory?
   (A) 10
   (B) 15
   (C) 20
   (D) 40

   현재 공장에서 몇 개의 엔진이 생산되는가?
   (A) 10
   (B) 15
   (C) 20
   (D) 40

   해설 수를 묻는 문제는 보기의 수가 거의 지문에서 그대로 나오기 때문에 음원을 듣기 전에 정확히 질문을 파악해야 한다. 질문에서 현재 생산량을 묻고 있으므로 "~ now only 15 per day." 정답은 (B)이다.

SPARTA Actual Test p.138

| 1. (A) | 2. (B) | 3. (C) | 4. (C) | 5. (A) | 6. (B) |
| 7. (D) | 8. (C) | 9. (C) | 10. (A) | 11. (C) | 12. (D) |

Questions 1-3 refer to the following telephone message.

Hi, this is a message for Cindy Guard. **This is Sam, the owner of the apartment building** on George Street. You were very interested in the two-bedroom unit I showed you yesterday and said you needed a day to think it over. Well, I'm calling because I just showed the same place to someone else today, and she'd like to rent this apartment right away. But **I prefer you as a tenant because it sounds like you plan to rent the apartment for longer. If I don't hear from you by tomorrow before noon,** I'm going to have to offer it to this other party. So if you're still interested, let me know what you'd like to do. My number is 556-9090.

안녕하세요, Cindy Guard에게 남기는 메시지입니다. 저는 George Street에 있는 아파트 주인인 Sam입니다. 당신은 제가 어제 보여 준 방 2개 있는 집에 매우 관심이 있으셨고, 하루 정도 생각할 시간이 필요하다고 말씀하셨습니다. 오늘 같은 장소를 다른 사람에게 보여 주었는데 그녀가 지금 당장이라도 이 아파트를 임대하고 싶어 해서 연락을 드립니다. 그러나 저는 당신이 더 장기간 아파트를 임대할 계획인 것 같아서 당신을 더 세입자로 원합니다. 만약에 내일 정오 전까지 당신에게서 연락을 받지 못한다면 다른 사람에게 이 집을 제공할 것입니다. 그래서 여전히 관심이 있으시다면 원하는 바를 알려 주세요. 제 번호는 556-9090입니다.

어휘 owner 주인 think over ~를 심사숙고하다 tenant 세입자 party (소송 계약 등의) 당사자

1. Who is the speaker?
   (A) A landlord
   (B) A tenant
   (C) A building manager
   (D) A hotel receptionist

   화자는 누구인가?
   (A) 집주인
   (B) 세입자
   (C) 건물 관리자
   (D) 호텔 접수 담당자

   해설 화자 소개에서 "This is Sam, the owner of the apartment building ~." 아파트 주인이라고 언급하므로 정답은 (A)이다.

2. Why does the speaker prefer to work with Cindy Guard?
(A) She is a celebrity.
(B) She wants to have a longer contract.
(C) She does not want to reduce the rent.
(D) She is familiar with the area.

화자 Cindy Guard와 함께 하는 것을 선호하는 이유는 무엇인가?
(A) 그녀는 유명 인사이다.
(B) 그녀는 더 장기 계약을 원한다.
(C) 그녀는 집세를 낮추고 싶어 하지 않는다.
(D) 그녀는 그 지역을 잘 알고 있다.

해설 화자는 다른 사람이 이 집을 원하지만 청자를 선호하는 이유는 "I prefer you as a tenant because it sounds like you plan to rent the apartment for longer." 청자가 더 오랫동안 아파트를 임대하고 싶어 하기 때문이다. 따라서 정답은 (B)이다.

3. When is the deadline for Cindy Guard to make a decision?
(A) This morning
(B) This evening
(C) Tomorrow morning
(D) Tomorrow evening

Cindy Guard의 결정 기한은 언제인가?
(A) 오늘 아침
(B) 오늘 저녁
(C) 내일 아침
(D) 내일 저녁

해설 화자는 청자에게 "If I don't hear from you by tomorrow before noon, ~." 내일 정오 전까지 답을 달라고 말하고 있다. 따라서 정답은 (C)이다.

Questions 4-6 refer to the following introduction.

Good morning, everyone. As you know, today is the first day of our training program for new employees. **This is a four-day program** in which **you'll learn the basics of what you need to know to achieve excellence as an employee of Naeil Travel.** Today and tomorrow, we're going to focus on common subjects to every position in the company, including our regulations for how to deal with customers and the public. And then you'll be divided into groups for more specialized training. During these sessions, I'll be training those of you as tour agents in the travel agency and as employees in the accounting and personnel divisions. **Now, I'll pass out the material. So please take one and hand the rest on.**

모두 좋은 아침이에요. 여러분들도 알다시피 오늘은 신입 사원들을 위한 교육 프로그램의 첫날입니다. Naeil Travel의 직원으로서 탁월함을 얻기 위해 알아야 하는 기초를 배우는 4일 프로그램입니다. 오늘과 내일, 고객과 대중과 거래하는 방법에 대한 규정을 포함하여 회사 내의 모든 직책에 공통된 주제를 중점으로 할 것입니다. 그런 다음 더 전문화된 교육을 위해서 그룹으로 나눌 예정입니다. 이 과정에서, 여러분은 관광업 종사자이자 회계부와 인사부 직원으로서 교육을 받으실 것입니다. 이제 자료들을 나눠 줄게요. 하나를 가지고 나머지는 전달해 주시길 바랍니다.

어휘 excellence 뛰어남, 탁월함 achieve 달성하다, 성취하다 corporate 기업의 divided into ~으로 나누다 pass out 나눠 주다 hand 건네다

4. How long will the training program last?
(A) One day
(B) Two days
(C) Four days
(D) Seven days

교육 프로그램은 얼마나 진행되는가?
(A) 1일
(B) 2일
(C) 4일
(D) 7일

해설 화자가 초반에 "This is a four-day program ~." 4일 프로그램이라고 하므로 정답은 (C)이다.

5. Who will the speaker give specialized training to?
(A) Travel agents
(B) Personnel executives
(C) Visitors
(D) Office clerks

화자는 누구에게 전문 교육을 제공하는가?
(A) 여행사 직원들
(B) 인사 간부들
(C) 방문객들
(D) 사무원들

해설 화자는 신입 사원 교육 프로그램을 설명하면서 "~ you'll learn the basics of what you need to know to achieve excellence as an employee of Naeil Travel." 여행사의 직원이라고 언급하므로 현재 교육을 받고 있는 사람들은 여행사 직원임을 알 수 있다. 정답은 (A)이다.

6. What will happen next?
(A) The listeners will tour the office.
(B) Handouts will be distributed.
(C) A slide show will be presented.
(D) The listeners will visit a Web site.

다음에 어떤 일이 일어날 것인가?
(A) 청중이 사무실을 견학할 것이다.
(B) 유인물이 배포될 것이다.
(C) 슬라이드 쇼가 발표될 것이다.
(D) 청중은 웹 사이트를 방문할 것이다.

해설 후반에 "Now, I'll pass out the material. So please take one and hand the rest on. 자료들을 나눠 준다고 말하므로 정답은 (B)이다.

Questions 7-9 refer to the following talk.

Good morning, everyone. Welcome to Fantasy Ocean Tours. My name is Samuel, and I'll be your guide. Before the tour, I'd like to give you brief instructions to help you **for the full eight-hour tour**. First, we'll meet after breakfast at 9:00 A.M. at the Fantasy Ocean Tours dock and get on the tour boat. Then we'll give you a brief safety orientation on the way to Ayers Rock, **an absolutely gorgeous spot for swimming and snorkeling.** For two hours, you will be able to enjoy activities in the water. At noon, we'll come back to the boat for an hour lunch break. After that, **we'll enjoy one and a half hours of cruising** before the trip back to the dock. Now have a full breakfast first and have fun.

여러분 안녕하세요. Fantasy Ocean Tours에 오신 것을 환영합니다. 저의 이름은 Samuel이고 여러분들의 가이드예요. 투어를 시작하기 전에 8시간 투어에 도움이 되는 간단한 설명을 드리려고 합니다. 먼저 우리는 Fantasy Ocean Tours 선착장에서 오전 9시에 아침 식사한 후에 만나서 투어 보트에 탈 예정입니다. 그러고 나서 정말 멋진 장소인 Ayers Rock으로 가는 길에 수영과 스노클링을 하기 위한 간략한 안전 오리엔테이션을 받을 것입니다. 2시간 동안 여러분들은 물 속에서 즐거운 활동을 즐기게 됩니다. 오후에는 보트로 돌아와서 1시간 동안 점심 시간을 가질 거에요. 그 후에 부두로 돌아가기 전에 1시간 반 동안 유람선 여행을 즐길 거고요. 지금은 먼저 아침 식사를 든든히 하시길 바랍니다.

어휘 brief 간단한 dock 부두 activities 활동
cruising 유람선 여행

7. How long is the tour?
(A) three hours
(B) four hours
(C) six hours
(D) eight hours

투어는 얼마나 걸리는가?
(A) 3시간
(B) 4시간
(C) 6시간
(D) 8시간

해설 초반에 투어를 소개하면서 "~ for the full eight-hour tour." 8시간 투어라고 말하므로 정답은 (D)이다.

8. What can the listeners enjoy at Ayers Rock?
(A) Fishing
(B) Sunbathing
(C) Snorkeling
(D) Boating

청자들은 Ayers Rock에서 무엇을 즐길 수 있는가?
(A) 낚시
(B) 일광욕
(C) 스노클링
(D) 보트 타기

해설 Ayers Rock로 가는 길에 "~ an absolutely gorgeous spot for swimming and snorkeling." 수영과 스노클링 안전 교육을 한다고 말하므로 정답은 (C)이다.

9. How long is the afternoon cruise?
(A) 30 minutes
(B) 60 minutes
(C) 90 minutes
(D) 120 minutes

오후 유람선 여행은 얼마나 걸리는가?
(A) 30분
(B) 60분
(C) 90분
(D) 120분

해설 화자는 "~ we'll enjoy one and a half hours of cruising ~." 한 시간 반 동안 유람선을 탄다고 하므로 정답은 (C) 90분이다.

Questions 10-12 refer to the following telephone message.

Hi, Kevin. This is Nina from Cabello Technologies. **I'm calling about the training workshop you're giving next week on business ethics.** I have three more employees who want to attend. I would appreciate it **if you could prepare extra copies of the workshop materials for them.** Also, a budget meeting will be held from 9:30 to 10:00 in the same room where the workshop is taking place. **The workshop doesn't start until 10:30**, so we'll have enough time to get ready for it. I anticipate being ready to let participants in 15 minutes before the workshop starts. If you have any questions or suggestions, please let me know. Thank you.

안녕하세요, Kevin. Cabello Technologies의 Nina입니다. 다음 주에 진행하실 기업 윤리의 교육 워크숍에 관해 알려 드리고자 전화 드립니다. 워크숍에 참석하고 싶은 직원이 3명 더 있어요. 당신이 워크숍 자료를 추가로 준비할 수 있다면 정말 감사하겠습니다. 또한 워크숍이 진행되는 방에서 9시 30분부터 10시까지 예산 회의가 열릴 예정이에요. 그래서 워크숍은 10시 30분이 되어야 시작합니다. 그래서 저희는 워크숍을 준비하기 위한 충분한 시간을 가질 것입니다. 워크숍이 시작되기 15분 전에 참석자들이 준비되어 있을 것으로 예상돼요. 혹시 질문이나 제안 사항이 있으시다면 알려 주세요. 고맙습니다.

어휘 ethics 윤리 anticipate 예상하다 suggestion 제안

10. What is the workshop about?
(A) Doing business ethically
(B) Managing time efficiently
(C) Presenting information clearly
(D) Thinking strategically

워크숍은 무엇에 관한 것인가?
(A) 사업을 윤리적으로 하는 것
(B) 효율적으로 시간을 관리하는 것
(C) 정보를 명확하게 제시하는 것
(D) 전략적으로 생각하는 것

해설 담화 초반에 워크숍의 주제를 말하는데 "I'm calling about the training workshop you're giving next week on business ethics." 기업 윤리에 대한 것이라고 말하므로 정답은 (A)이다.

11. What is the listener asked to do?
(A) Change the workshop time
(B) Attend a meeting
(C) Make some additional copies
(D) Submit a list of participants

청자는 무엇을 하라고 요청 받는가?
(A) 워크숍 시간을 변경하기
(B) 회의에 참석하기
(C) 추가 복사하기
(D) 참가자 목록을 제출하기

해설 화자가 청자에게 "~ if you could prepare extra copies of the workshop materials for them." 추가 자료를 복사해 달라고 요청하고 있다. 따라서 정답은 (C)이다.

12. When is the workshop scheduled to begin?
(A) 9:30 A.M.
(B) 10:00 A.M.
(C) 10:15 A.M.
(D) 10:30 A.M.

워크숍 일정은 언제부터 하는가?
(A) 오전 9시 30분
(B) 오전 10시
(C) 오전 10시 15분
(D) 오전 10시 30분

해설 워크숍 시간은 "The workshop doesn't start until 10:30, ~." 10시 30분 되어야 시작한다고 하므로 정답은 (D)이다.

2. 특정 세부

SPARTA Check-UP
p.140

1. (D)　2. (C)　3. (D)　4. (D)　5. (A)　6. (B)

Questions 1-3 refer to the following tour information.

During this special tour of Sanwa laptop manufacturing plant, I'll show you exactly how our scientists and engineers develop our laptop computers, as well as how our production team manufactures the final products. Sanwa has become one of the leading companies in the electronics industry, and we always try our best to create innovative and state-of-the-art products. When we finish the tour, **you'll have the opportunity to hear from Jamal Megumi, one of our best scientists here at Sanwa**. Dr. Megumi will talk about some of our newest research and products. **Please remember that photography is prohibited during the tour**, as it bothers our workers. Now let's get started!

Sanwa 노트북 제조 공장의 특별한 투어를 하는 동안에 저는 저희 과학자들과 기술자들이 어떻게 노트북을 개발하고 제품팀이 어떻게 마지막 제품을 제조하는지 정확히 보여 드리겠습니다. Sanwa는 전자 산업 분야에서 일류 회사들 중에 하나입니다. 그리고 우리는 혁신적인 최신 제품을 만들기 위해 항상 최선을 다하고 있어요. 투어가 끝날 때 Sanwa에서 최고의 과학자 중에 한 명인 Jamal Megumi의 연설을 들을 기회를 가질 거예요. Megumi 박사는 우리의 최신 연구와 제품들에 대해 말할 것입니다. 기억하세요, 투어하는 동안 직원들에게 방해가 되지 않게 사진 촬영을 금지합니다.

어휘 leading 선두적인 electronics industry 전자산업 innovative 혁신적인 state-of-the-art 최신 기술의 prohibit 금하다 bother 방해하다

1. What product will listeners learn about on the tour?
(A) Mobile phones
(B) Batteries
(C) Pottery
(D) Computers

청자들은 투어에서 무슨 제품에 대해 배울 것인가?
(A) 휴대폰
(B) 배터리
(C) 도자기
(D) 컴퓨터

해설 담화 첫 부분에 "During this special tour of Sanwa laptop manufacturing plant, ~." 노트북 제조 공장 투어라고 언급하므로 정답은 (D)이다.

2. Who is Jamal Megumi?
   (A) A tour guide
   (B) A news reporter
   (C) A scientist
   (D) A plant supervisor

   Jamal Megumi 누구인가?
   (A) 투어 가이드
   (B) 뉴스 기자
   (C) 과학자
   (D) 공장 감독관

   해설 음원을 듣기 전에 Jamal Megumi 이름이 나올 것을 예상하자. 담화 후반부에 투어 끝날 때 "~ you'll have the opportunity to hear from Jamal Megumi, one of our best scientists here at Sanwa." 소개하고 나서 바로 과학자라고 언급하므로 정답은 (C)이다. 특정 인물의 직업을 묻는 질문은 이름을 잘 기억하고 들으면 이름 앞이나 뒤에서 단서가 나온다.

3. What are the listeners told about the tour?
   (A) Oversized bags are prohibited.
   (B) The size of a group is limited.
   (C) Pre-registration is required.
   (D) Taking pictures is not allowed.

   청자들은 투어에서 무엇을 지시 받는가?
   (A) 너무 큰 가방들은 금지된다.
   (B) 그룹 사이즈가 제한된다.
   (C) 사전 등록이 요구된다.
   (D) 사진 찍는 것이 허락 안 된다.

   해설 담화 후반에 청자들에게 "Please remember that photography is prohibited ~." 사진 촬영을 금지한다고 말하므로 정답은 (D)이다. "Please remember ~." 표현을 기억하자. 바로 뒤에 정답 표현이 많이 나온다.

   Questions 4-6 refer to the following announcement.

   Good evening, and **welcome to Better Life in Health, a weekly program devoted to keeping listeners up to date on the latest health trends. Today's guest speaker is Dr. Rhonda Collins, a renowned health trainer** nationwide. I'm eager for you to hear about her recent research study on the beneficial effects of exercise like walking and cycling. **Did you know that walking and cycling have certain impacts that help you to lose weight?** Dr. Collins will be explaining this benefit, and a lot more, in detail. But first, we'll hear a short commercial.

   안녕하세요. "건강을 위한 더 나은 인생"에 오신 것을 환영합니다. 최신 건강 트렌드 소식을 청취자들에게 꾸준히 전달하는 한주간의 프로그램입니다. 오늘의 게스트는 전국적으로 유명한 헬스 트레이너 Rhonda Collins 박사입니다. 걷기와 자전거 타기 같은 운동의 유익한 효과에 관한 최근 그의 연구에 대해 알려 드리고 싶습니다. 걷기와 자전거 타기가 체중을 감량하는 데 확실한 영향을 준다는 것을 알고 있나요? Collins 박사님이 좀 더 세부적으로 좋은 점들을 설명할 거예요. 그러나 먼저 짧은 광고부터 듣겠습니다.

   어휘 devote to ~에 전념하는 nationwide 전국적인 eager 열렬한 beneficial 유익한 effects 효과 impact 영향 explain 설명하다

4. Who most likely is the speaker?
   (A) A health trainer
   (B) A research assistant
   (C) A renowned nutritionist
   (D) A radio show host

   화자는 누구일 것 같은가?
   (A) 헬스 트레이너
   (B) 연구 조수
   (C) 유명한 영양사
   (D) 라디오 쇼 진행자

   해설 화자의 직업은 담화 앞부분을 집중해서 들으면 된다. 여기에서는 직접 본인을 소개하지 않지만 "~ welcome to Better Life in Health, a weekly program devoted to keeping listeners up to date on the latest health trends." 라디오 프로그램 소개와 함께 화자가 라디오 프로그램 진행자임을 알 수 있다. 따라서 정답은 (D)이다.

5. What is Dr. Collins's specialty?
   (A) Workouts
   (B) Sports broadcasting
   (C) Health food
   (D) Food distribution

   Collins 박사의 전문 분야는 무엇인가?
   (A) 운동
   (B) 스포츠 중계
   (C) 건강 음식
   (D) 식품 유통

   해설 진행자가 Collins 박사를 소개하면서 뒤에 바로 "Today's guest speaker is Dr. Rhonda Collins, a renowned health trainer ~." 유명한 헬스 트레이너라고 하므로 전문 분야는 운동과 관련 있다. 정답은 (A)이다.

6. What is the advantage of the exercise mentioned?
   (A) It is easy to follow.
   (B) It can help your diet.
   (C) It can make you slept well.
   (D) It gains muscle tissue.

   운동의 장점이 무엇이라고 언급되는가?
   (A) 따라하기 쉽다.
   (B) 다이어트에 도움을 준다.
   (C) 잠을 잘 잘 수 있다.
   (D) 근육이 증가한다.

[해설] 화자가 Collins 박사를 소개하고 "Did you know that walking and cycling have certain impacts that help you to lose weight?" 그가 연구한 걷기와 자전거 타기가 체중을 감량하는 데 효과가 있다고 하므로 정답은 (B)이다.

SPARTA Actual Test   p.141

| 1. (B) | 2. (D) | 3. (A) | 4. (A) | 5. (D) | 6. (B) |
| 7. (C) | 8. (D) | 9. (D) | 10. (B) | 11. (D) | 12. (A) |

Questions 1-3 refer to the following news report.

Good morning, I'm Benjamin Smith for Radio 105.5. In today's business news, we'll announce an innovation in the automobile industry. **The Auto Kindy Company, a local manufacturer of automotive parts,** has just invented a new type of brakes for vehicles. These brakes are made from a special lightweight material that cools down more quickly after use, **which means these brakes will last much longer than ordinary brakes in the market.** Auto Kindy, which was founded just ten years ago, will demonstrate their new brakes at the **annual international trade expo in September** before bringing them to the market the following month. Stay tuned for further news after the commercial breaks.

좋은 아침입니다. 라디오 105.5의 Benjamin Smith입니다. 오늘의 비즈니스 뉴스에선 자동차 산업의 혁신에 대해 알려 드릴 것입니다. 자동차 부품을 생산하는 현지 제조업체인 Auto Kindy Company는 새로운 차량용 브레이크를 발명했습니다. 이 브레이크는 특수 경량 재료로 만들어져 브레이크 사용 후 더 빨리 냉각되는데, 이것은 시중의 일반 브레이크보다 훨씬 오래간다는 것을 의미합니다. 10년 전에 설립된 Auto Kindy는 다음 달에 시중에 출시하기 전인 9월에 개최되는 International Trade Expo에서 새로운 브레이크를 선보일 예정입니다. 광고 후에 더 많은 뉴스들이 나오니 채널 고정하세요.

[어휘] innovation 혁신 industry 산업 lightweight 가벼운 demonstrate 시연하다 stay tuned 채널 고정하다

1. What type of business is being discussed?
(A) A repair shop
(B) An auto parts manufacturer
(C) A car manufacturer
(D) An advertising agency

Auto Kindy는 어떤 회사인가?
(A) 정비소
(B) 자동차 부품 제조 업체
(C) 자동차 제조 업체
(D) 광고 대행사

[해설] 담화 초반에 회사를 소개하면서 "The Auto Kindy Company, a local manufacturer of automotive parts, ~." 자동차 부품 업체라고 하므로 정답은 (B)이다.

2. According to the speaker, what is special about a new product?
(A) It is made of recycled materials.
(B) It has various models.
(C) It was introduced a decade ago.
(D) It is made to last longer.

화자의 말에 따르면, 신제품의 특별한 점은 무엇인가?
(A) 재활용 재료로 만들어졌다.
(B) 다양한 모델을 가지고 있다.
(C) 10년 전에 소개되었다.
(D) 오랫동안 지속되도록 만들어졌다.

[해설] 뉴스 중간에 제품의 특징으로 "~, which means these brakes will last much longer than ordinary brakes in the market." 시장에 나온 제품보다 더 오래 지속된다고 하고 있다. 정답은 (D)이다.

3. According to the speaker, what will take place in September?
(A) An industry trade show
(B) An advertising campaign
(C) An opening ceremony
(D) A 10th anniversary party

화자에 따르면, 9월에 무슨 일이 일어날 것인가?
(A) 산업 무역 박람회
(B) 광고 캠페인
(C) 개회식
(D) 10주년 창립 기념 행사

[해설] 뉴스에서 "~ will demonstrate their new brakes at the annual international trade expo in September ~." 9월에는 국제 무역 박람회에서 제품 시연회를 한다고 한다. 따라서 정답은 (A)이다.

Questions 4-6 refer to the following announcement.

Attention, shoppers. Today is the first day of our clearance sale event. **This is being held in the event hall on the 10th floor.** All items are now on sale starting from as little as one dollar. **We've got great deals on home appliances, clothing, cookware, and more.** Also, we'll host a special Christmas event, **so from now until November 30, we are accepting submissions for a Christmas tree design contest.** This is a wonderful opportunity to take home a cash prize of 1000 dollars. Please visit the information desk or our Web site for details. Thank you for shopping at Judis Department Store.

고객 여러분께 안내 말씀 드립니다. 오늘은 재고 정리 세일 첫날입니다. 10층 이벤트 홀에서 열리고 있습니다. 1달러도 안 되는 저렴한 가격부터 판매하는 모든 품목들이 현재 세일 중입니다. 가전 제품, 의류, 조리 기구 등을 싸게 살 수 있습니다. 또한 저희는 특별한 크리스마스 행사를 주최할 예정입니다. 그래서 지금부터 11월 30일까지 크리스마스 트리 디자인 공모

전의 신청을 받고 있습니다. 1000달러의 상금을 탈 수 있는 멋진 기회입니다. 자세한 내용은 안내 데스크나 웹 사이트에 방문하여 주십시오. Judis 백화점에서 쇼핑해 주셔서 고맙습니다.

어휘 clearance sale 창고 정리 세일 great deal 상당량
home appliances 가전 제품 cookware 조리 기구
submission 제출 cash prize 상금

4. Where is the announcement being made?
   (A) At a department store
   (B) At a clothing store
   (C) At an appliance store
   (D) At a cookware store

   안내는 어디서 하는가?
   (A) 백화점에서
   (B) 옷 가게에서
   (C) 전자 제품 매장에서
   (D) 조리 기구 가게에서

   해설 안내 초반에 장소가 드러나지 않는다. 얼핏 들리는 our clearance sale event 창고 정리 세일만 듣고도 알 수가 없다. 그 뒤에 "We've got great deals on home appliances, clothing, cookware, and more." 가전 제품과 옷, 조리도구 등을 다 파는 곳은 백화점일 것이다. 따라서 정답은 (A)이다.

5. What can customers find on the 10th floor?
   (A) A cooking demonstration
   (B) Christmas trees
   (C) Refreshments
   (D) Products on sale

   고객들은 10층에서 무엇을 발견할 수 있는가?
   (A) 요리 시연
   (B) 크리스마스 트리
   (C) 다과
   (D) 할인 제품

   해설 담화 중반부에 "This is being held in the event hall on the 10th floor." 창고 정리 세일이 10층에서 진행된다고 한다. 따라서 10층에 할인된 제품이 있다는 것이므로 정답은 (D)이다.

6. What are listeners encouraged to do by November 30?
   (A) Design women's clothing
   (B) Enter a contest
   (C) Make a 1000-dollar contribution
   (D) Fill out surveys

   11월 30일까지 청자들이 무엇을 하도록 권장되는가?
   (A) 여성복을 디자인하기
   (B) 공모전에 응모하기
   (C) 1000달러를 기부하기
   (D) 설문지를 작성하기

   해설 행사로 11월 30일까지 "~ we are accepting submissions for a Christmas tree design contest." 콘테스트 디자인을 받는다고 한다. 정답은 (B)이다.

Questions 7-9 refer to the following excerpt from a meeting.

As you all know, **I'm leaving my position at the restaurant this month**, so I'm really pleased to announce today that we've found someone to take over my position. Let me introduce your new executive chef, Steve Suh. Steve has worked at Illua Hotel for the last ten years, **where he received high praise for his creative cooking**. Also, he won the Best Chef Award last year. He has tried using modern technology to transform traditional dishes, and many of his new methods have been featured in Best Cooking magazine. **Steve will begin training with me from today.** Please welcome him.

여러분 모두가 알다시피, 저는 이번 달에 식당에서 떠나게 되었습니다. 그래서 오늘 제 자리를 대신할 사람을 찾았다는 사실을 발표하게 되어 정말 기뻐요. 새로운 총주방장 Steve Suh를 소개할게요. Steve는 Illua 호텔에서 지난 10년간 근무하면서 창의적인 요리로 많은 칭찬을 받았어요. 또한 작년에 최우수 요리사 상도 받았죠. 그는 그의 요리에서 전통적인 요리법을 바꾸기 위해 현대적인 기술을 시도하였고, 그의 새로운 방법들이 Best Cooking 잡지에 실렸습니다. Steve는 오늘부터 나와 함께 교육을 시작할 거예요. 그를 환영해 주세요.

어휘 leave the position 직책을 떠나다 take over 인계 받다
executive chef 총주방장 praise 칭찬 creative 창의적인
transform 변형시키다 method 방법 feature 특집 기사에 실리다

7. Where do the listeners most likely work?
   (A) At a magazine publisher
   (B) At a culinary school
   (C) At a restaurant
   (D) At a hotel

   청자들이 일하는 곳은 어디일 것 같은가?
   (A) 잡지사에서
   (B) 요리 학교에서
   (C) 식당에서
   (D) 호텔에서

   해설 화자는 "I'm leaving my position at the restaurant this month." 이번 달에 레스토랑을 떠난다고 말하고 있다. 그리고 그를 대신할 사람을 소개하고 있다. 따라서 청자들도 레스토랑에서 일하는 것을 알 수 있다. 정답은 (C)이다.

8. What does Steve Suh specialize in?
   (A) Hosting cooking demonstrations
   (B) Excellent customer service
   (C) Publishing many recipes
   (D) Innovative cooking skills

Steve Suh는 무엇을 전문으로 하는가?
(A) 조리 시범 실시
(B) 우수한 고객 서비스
(C) 많은 조리법 출판
(D) 혁신적인 조리 기술

해설 화자를 대신할 Steve Suh를 소개하면서 "~, where he received high praise for his creative cooking." 창의적인 요리에 높은 칭찬을 받았다고 하고 있다. 따라서 정답은 (D)이다.

9. What will Steve Suh do from today?
   (A) Open another restaurant
   (B) Finalize a certificate program
   (C) Write an article
   (D) Train for a position

   Steve Suh는 오늘부터 무엇을 할 예정인가?
   (A) 다른 식당을 열기
   (B) 인증서 발급 마무리하기
   (C) 기사를 쓰기
   (D) 해당 직무를 교육하기

   해설 담화를 마무리하면서 "Steve will begin training with me from today." 오늘부터 교육을 시작할 것이라고 한다. 정답은 (D)이다.

Questions 10-12 refer to the following excerpt from a meeting.

I'm so pleased that the company is very proud of our team for winning the Ericson Appliances account. **This means we'll be creating all of the print, radio, and television advertisements for this client's new campaign.** But before the hard work begins, **the director would like to celebrate with a nice dinner soon.** I've arranged some possible times for the event, and I'd like your opinions. I'll send you an e-mail soon with the details. **Please let me know by the end of the day which one you like the most.**

회사에서 Ericson Appliances 거래를 획득한 우리 팀을 매우 자랑스러워한다니 기쁜 일입니다. 이는 우리가 고객의 새로운 캠페인을 위한 인쇄물, 라디오 및 TV 광고를 모두 만들게 될 것을 의미합니다. 하지만 힘든 일이 시작되기 전에 이사님이 곧 멋진 저녁 식사로 축하하고 싶어 하십니다. 행사 가능한 시간을 마련해 놓았는데 여러분의 의견을 듣고 싶어요. 자세한 내용을 메일로 곧 보내 드릴게요. 언제가 제일 좋은지 퇴근 전까지 알려 주세요.

어휘 be proud of ~을 자랑스러워하다 account 거래 possible 가능한

10. What kind of business do the listeners most likely work for?
    (A) An accounting firm
    (B) An advertising agency
    (C) An appliance store
    (D) A radio station

청자들은 어떤 회사에서 일할 것 같은가?
(A) 회계사
(B) 광고 대행사
(C) 전자 제품 매장
(D) 라디오 방송국

해설 화자는 초반에 거래를 따낸 것이 기쁘고, "This means we'll be creating all of the print, radio, and television advertisements for this client's new campaign." 모든 광고를 만들 수 있다고 말한다. 따라서 광고 회사를 말하므로 정답은 (B)이다.

11. According to the speaker, what does the director want to do?
    (A) Sign a contract
    (B) Have a meeting
    (C) Begin work immediately
    (D) Hold a celebration

화자에 따르면, 감독은 무엇을 하고 싶어 하는가?
(A) 계약을 체결하기
(B) 회의하기
(C) 작업을 즉시 시작하기
(D) 축하 행사하기

해설 본격적으로 일하기 전에 "~ the director would like to celebrate with a nice dinner soon." 축하하기 위해 멋진 저녁을 함께 하려고 한다고 전하고 있다. 따라서 정답은 (D)이다.

12. What should the listeners do by the end of the day?
    (A) Express their time preferences
    (B) Change the dinner menu
    (C) Design a room layout
    (D) Request a vacation

청자들은 오늘까지 무엇을 해야 하는가?
(A) 시간 선호도를 표현하기
(B) 저녁 메뉴를 변경하기
(C) 객실 레이아웃을 디자인하기
(D) 휴가를 요청하기

해설 담화를 마무리하면서 "Please let me know by the end of the day which one you like the most." 원하는 시간을 말해 달라고 하고 있다. 정답은 (A)이다.

DAY 17

1. 의도 파악

SPARTA Check-UP　　p.143

1. (B)　2. (C)　3. (B)　4. (B)　5. (D)　6. (A)

Questions 1-3 refer to the following excerpt from a meeting.

Welcome to this company all-staff meeting. **I'd like to announce that we've finally completed <u>the prototype of our new mobile</u>**, the AXZ model. I'm very proud of all of you, especially the product development team. **They really worked hard night and day.** <mark>Few people are capable of such innovative design.</mark> Since we are now ready to present it to the market, we'll bring it to the International Electronic Expo in Indonesia next April. If you're planning on going to that show, **please be sure to <u>fill out your travel requests and submit them to your manager</u>.**

임직원 회의에 오신 여러분을 환영합니다. 저희의 새 휴대폰 AXZ 모델 원형이 마침내 완성된 것을 알려 드립니다. 저는 여러분 모두가 자랑스러워요. 특히 상품개발팀이요. 그들은 정말 밤낮으로 열심히 일했어요. 이런 혁신적인 디자인을 할 수 있는 사람은 거의 없어요. 우리는 그것을 시장에 선보일 준비가 되었기 때문에 내년 4월에 인도네시아의 International Electronic Expo에 그것을 가져갈 거예요. 만약에 여러분이 그 쇼에 갈 계획이라면 출장 요청서를 작성하시고 각자 팀장에게 제출하세요.

어휘 prototype 원형　be proud of ~을 자랑스러워 하다　night and day 밤낮으로　be capable of ~할 수 있다　innovative 혁신적인　fill out 작성하다　submit 제출하다

1. What is the talk about?
   (A) Sales goals
   (B) A new device
   (C) A camera prototype
   (D) An advertising campaign

   담화는 무엇에 관한 것인가?
   (A) 판매 목표
   (B) 새로운 기기
   (C) 카메라 원형
   (D) 광고 캠페인

   해설 초반의 회의에서 "I'd like to announce that we've finally completed the prototype of our new mobile." 새 휴대폰의 모델 원형이 완성됐다고 이야기하고 있다. new mobile을 new device로 볼 수 있다. 정답은 (B)이다.

2. Why does the speaker say, "Few people are capable of such innovative design"?
   (A) She wants to design the product with her colleagues.
   (B) She agrees with her supervisor.
   (C) She acknowledges employees' hard work.
   (D) She wants to delay a project.

   화자는 왜 "혁신적인 디자인을 할 수 있는 사람은 거의 없어요"라고 말하는가?
   (A) 그녀는 동료들과 함께 제품을 디자인하고 싶어 한다.
   (B) 그녀는 상사 의견에 동의한다.
   (C) 그녀는 직원들의 노고를 인정한다.
   (D) 그녀는 프로젝트를 연장하고 싶어 한다.

   해설 새로운 모델을 만든 상품개발팀을 칭찬하면서 "They really worked hard night and day." 밤낮으로 일했다고 한다. 따라서 그들의 노고를 인정한다는 의미이므로 정답은 (C)이다.

3. What does the speaker instruct listeners to do next?
   (A) Submit a sales report
   (B) Send a request
   (C) Travel to Indonesia
   (D) Fill out a survey

   화자는 청자들에게 다음에 무엇을 하라고 하는가?
   (A) 판매 보고서를 제출하기
   (B) 요청서를 보내기
   (C) 인도네시아로 여행 가기
   (D) 설문지를 작성하기

   해설 후반에 Expo를 소개하면서 관심 있는 사람은 "~ please be sure to fill out your travel requests and submit them to your manager." 요청서를 작성해서 제출하라고 하고 있다. 정답은 (B)이다. (A)와 (C) 동사의 함정을 조심하자.

Questions 4-6 refer to the following instructions.

Good morning. I'm Susan Kim, and I'll be your instructor for today's cooking class. It's easy to get your clothes dirty while cooking, so **please make sure you wear an apron. You can find some in the closet at the back of the room.** This introductory class runs for two weeks. Then you can move up to an intermediate class if you really enjoy cooking. But <mark>room is limited.</mark> So **let me know if you think you might be interested.** Okay, please prepare and check all the ingredients and cookware. **Now, let's take a look at some of <u>the best examples of previous student cooking</u>.**

안녕하세요. 저는 Susan Kim이고요. 저는 오늘 요리 수업의 강사입니다. 요리하는 동안 옷이 쉽게 더러워져요. 그러니 반드시 앞치마를 착용하세요. 앞치마는 방 뒤에 있는 옷장 안에서 찾을 수 있어요. 기초 수업은 2주

동안 진행됩니다. 그 다음은 요리를 정말 좋아하신다면 중급 수업으로 올라갈 수 있어요. 그러나 공간이 제한되어 있어요. 만약에 관심이 있다면 저에게 알려 주세요. 좋아요, 그럼 모든 재료와 조리 도구들을 준비하고 확인하세요. 자, 이제 이전 학생들 최고 요리의 견본들을 봅시다.

어휘 apron 앞치마 introductory 입문자를 위한 intermediate 중급의 ingredient 재료 cookware 조리 도구 previous 이전의

4. What is available at the back of the room?
   (A) A list of ingredients
   (B) Protective clothing
   (C) Refreshments
   (D) Cookware

   방 뒤 쪽에서 무엇을 이용할 수 있는가?
   (A) 재료 목록
   (B) 보호용 옷
   (C) 다과
   (D) 조리 도구

   해설 요리 수업 전에 더러워질 수 있으니 "~ please make sure you wear an apron. You can find some in the closet at the back of the room." 앞치마를 착용하라고 하면서 앞치마는 방 뒤에 있는 옷장에 있다고 설명한다. 여기서 apron을 보호용 옷으로 제시한 (B)가 정답이다.

5. What does the speaker imply when she says, "room is limited"?
   (A) A class will meet in a bigger room.
   (B) A building will be renovated.
   (C) Students should correct mistakes.
   (D) Students should make a decision quickly.

   화자가 "공간이 제한되어 있어요"라고 말할 때, 의도하는 것은 무엇인가?
   (A) 수업은 더 큰방에서 할 것이다.
   (B) 건물이 보수될 것이다.
   (C) 학생들은 실수를 고쳐야 한다.
   (D) 학생들은 빨리 결정해야 한다.

   해설 기초 수업 다음으로 중급 수업을 소개한다 그리고 공간이 제한된다고 말한다. 따라서 수강생을 많이 받을 수 없으니 수강할지 빨리 결정해 달라고 말하는 내용의 (D)가 정답이다

6. What will the listeners do next?
   (A) View sample cooking
   (B) Watch a demonstration
   (C) Pay a tuition fee
   (D) Meet a famous chef

   청자들은 다음에 무엇을 할 것인가?
   (A) 샘플 요리는 본다
   (B) 시연회를 본다
   (C) 수업료를 지불한다
   (D) 유명한 요리사를 만난다.

해설 후반에 "Now, let's take a look at some of the best examples of previous student cooking." 이전의 요리 견본을 보자고 하고 있다. 따라서 (A)가 정답이다. take a look을 view로, example을 sample로 바꿔서 쓸 수 있다는 것을 알아야 한다.

SPARTA Actual Test p.144

| 1. (B) | 2. (A) | 3. (D) | 4. (A) | 5. (C) | 6. (A) |
| 7. (B) | 8. (A) | 9. (C) | 10. (B) | 11. (D) | 12. (A) |

Questions 1-3 refer to the following excerpt from a meeting.

Thank you for coming to the meeting. I'm very pleased to see all of you. I'd like to discuss **Mojo, a woman's clothing brand we will start selling in our stores next month.** As you know, our stores bring in younger shoppers nowadays. With recent fashion trends, the marketing department has discovered that customers aged 20 to 28 prefer styles that come in a lot of different colors. We chose Mojo as a new vendor for this very reason. Please look at the color selection in these samples and then tell me what you think. Next, You-Jin from the finance department will review the expected costs and profit estimates.

회의에 참석해 주셔서 감사합니다. 저는 여러분 모두를 만나서 매우 기쁩니다. 다음 달에 우리 매장에서 판매하기 시작할 여성 의류 브랜드 Mojo에 대해 이야기하려고 합니다. 알다시피 저희 가게는 요즘 더 젊은 쇼핑객들을 끌어들입니다. 최근 패션 유행으로 마케팅 부에서 20세에서 28세 사이의 고객들이 다양한 색상으로 제공되는 스타일을 선호한다는 사실을 발견했습니다. 우리는 바로 이러한 이유로 Mojo를 새 공급 업체로 선택했습니다. 이 샘플들의 색상 선택 항목을 보고 생각하는 바를 알려 주세요. 그런 다음, 재무부의 유진이 예상 비용과 이익 추정치를 논평할 것입니다.

어휘 discover 발견하다 vendor 판매회사 finance 재정의 estimate 추정치

1. What kind of product does Mojo produce?
   (A) Jewelry
   (B) Clothing
   (C) Art supplies
   (D) Shoes

   Mojo는 무슨 종류의 상품을 생산하는가?
   (A) 보석
   (B) 옷
   (C) 미술 용품
   (D) 신발

   해설 화자는 처음에 Mojo를 소개하면서 "Mojo, a woman's clothing brand we will start selling in our stores next month." 여성 의류 브랜드라고 말하므로 정답은 (B)이다.

2. Why does the speaker say, "Please look at the color selection in these samples"?

(A) **To support a decision**
(B) To assign a task
(C) To come up with the design
(D) To introduce a new skill

화자는 왜 "이 샘플들의 색상 선택 항목을 살펴 보세요"라고 말하는가?
(A) **결정을 지지하기 위해**
(B) 업무를 할당하기 위해
(C) 디자인을 생각하기 위해
(D) 새로운 기술을 소개하기 위해

[해설] 화자는 "We chose Mojo as a new vendor for this very reason." 샘플 색상을 새 공급 업체를 선택한 이유로 제시하고 있다. 따라서 정답은 (A)이다.

3. What will You-Jin do?

(A) Present competitor data
(B) Conduct a survey
(C) Introduce an advertising technique
(D) **Show financial information**

유진은 무엇을 할 것인가?
(A) 경쟁사의 자료를 보여 주기
(B) 설문조사 실시하기
(C) 광고 기술을 소개하기
(D) **재정적인 정보를 보여 주기**

[해설] 후반에 "You-Jin from the finance department will review the expected costs and profit estimates." 재정부에 있는 유진이 재정과 관련된 정보를 논한다고 한다. 따라서 정답은 (D)이다.

Questions 4-6 refer to the following excerpt from a meeting.

I'm very pleased to tell everyone that **the interior details of the office have been completed**, so construction is scheduled to start next week. **I've reviewed the new floor plan for a few days, but I've had a lot of assignments this week.** So it's been delayed to announce officially. I know you're probably eager to see where you'll be sitting. I think **those of you in the marketing department are going to be excited with the design you will have in your work areas.** Now, if you have any questions about the renovation project, please ask me.

여러분에게 사무실 인테리어의 세부 사항들이 마무리되었다고 알려 드리게 되어 기쁩니다. 그래서 다음 주에 공사가 시작될 예정입니다. 며칠 동안 새로운 평면도를 검토해 봤는데, 저는 이번 주에 업무가 많았어요. 그래서 공식적으로 발표가 지연되었어요. 저는 당신이 어디에 앉게 될지 알고 싶어 한다는 거 알아요. 마케팅부에 있는 여러분들은 작업 공간에 적용될 디자인에 대해 기뻐하실 것 같네요. 자, 만약 사무실 개조 계획에 대해 질문이 있다면 저에게 물어 보세요.

어휘 construction 공사 floor plan 평면도

4. What is the speaker talking about?

(A) **Refurbishing an office**
(B) Designing a company logo
(C) Delaying a construction schedule
(D) Remodeling a restaurant

화자가 말하고 있는 것은 무엇인가?
(A) **사무실을 개조하기**
(B) 회사 로고를 디자인하기
(C) 시공 예정을 지연하기
(D) 식당을 개조하기

[해설] 담화 초반에 화자가 "~ the interior details of the office have been completed." 사무실의 인테리어 디자인이 완성됐다고 말하고 있다. 정답은 (A)이다.

5. Why does the speaker say, "but I've had a lot of assignments this week"?

(A) To complain about his project
(B) To ask for help
(C) **To make an excuse**
(D) To thank colleagues

화자는 왜 "하지만 저는 이번 주에 업무가 많았어요"라고 말하는가?
(A) 프로젝트에 대해 불평하기 위해
(B) 도움을 청하기 위해
(C) **변명하기 위해**
(D) 동료들에게 감사하기 위해

[해설] 사무실 공사가 완공되면서 화자는 직원들 자리 배치를 검토했다고 말한다. 화자가 업무가 많아서 발표가 지연되었다고 말하므로 변명하기 위한 의도로 볼 수 있다. 정답은 (C)이다.

6. What does the speaker think the marketing staff will like?

(A) **The design of a work area**
(B) The type of lighting
(C) The variety of computer programs
(D) The size of an office

화자는 마케팅 직원들이 무엇을 좋아할 것이라고 생각하는가?
(A) **작업 공간의 디자인**
(B) 조명의 종류
(C) 다양한 컴퓨터 프로그램
(D) 사무실의 크기

[해설] 화자는 후반에 "~ those of you in the marketing department are going to be excited with the design you will have in your work areas." 마케팅 직원들이 작업 공간의 디자인을 보면 기뻐할 것이라고 하고 있다. 정답은 (A)이다.

Questions 7-9 refer to the following advertisement.

Does your fitness tracker take too much effort to use? **Well, not anymore with the Health Monitor, which is worn around your wrist like a watch.** With most wearable devices, you have to push a button in the middle of your exercise routine to access your heart rate tracker or to see how many calories you've burned. Who wants to do that? **The Health Monitor will automatically display these features on its screen** so you can see this information easily without interrupting your workout. Plus, **the price of a Health Monitor has been reduced by 10 percent for the next month** in honor of its debut on the market. So order one now.

건강 추적기를 사용하는 데 너무 많은 노력이 드나요? 자, 손목에 시계처럼 차는 Health Monitor는 더 이상 힘들지 않습니다. 대부분의 착용이 가능한 기기들은 심박수 추적기를 사용하거나 얼마나 많은 칼로리를 소모하였는지 보기 위해 운동 중에 버튼을 눌러야 합니다. 누가 그것을 하고 싶어 하겠어요? Health Monitor는 이러한 기능들이 자동으로 화면에 표시되므로 운동을 중단하지 않고도 정보를 쉽게 볼 수 있어요. 게다가 다음 달 동안 Health Monitor의 출시를 기념하여 가격이 10%까지 인하하였습니다. 지금 하나 주문하세요.

어휘 wearable 착용이 가능한 burn 태우다 interrupt 중단하다 debut 출시

7. What is the Health Monitor?
   (A) A television program
   (B) A wearable device
   (C) A medical Web site
   (D) A fitness center

Health Monitor는 무엇인가?
(A) TV 프로그램
(B) 착용 가능한 장치
(C) 의료 웹 사이트
(D) 헬스 클럽

해설 초반에 제품에 대해 설명하면서 "Well, not anymore with the Health Monitor, which is worn around your wrist like a watch." 손목에 차는 시계와 같아서 착용할 수 있는 장치라고 말한다. 따라서 정답은 (B)이다.

8. What does the speaker mean when she says, "Who wants to do that"?
   (A) A task is inconvenient.
   (B) A project requires more volunteers.
   (C) An event is no longer popular.
   (D) An application period has begun.

화자가 "누가 그것을 하고 싶어 하겠어요"라고 말할 때, 의도한 것은 무엇인가?
(A) 작업이 불편하다.
(B) 프로젝트는 더 많은 자원 봉사자를 필요로 한다.
(C) 행사는 더 이상 인기 없다
(D) 원서 접수 기간이 시작되었다

해설 다른 제품들은 칼로리 소모를 확인하기 위해 버튼을 눌러야 한다고 말한다. 누구도 하고 싶지 않은 불편한 일이라는 말을 강조하려는 의도로 볼 수 있다. "The Health Monitor will automatically display these features on its screen ~." 이 제품은 자동 스크린에 나온다고 이야기하므로 정답은 (A)이다.

9. Why are listeners encouraged to order now?
   (A) Some stores are closing.
   (B) Tickets are almost sold out.
   (C) A product is temporarily discounted.
   (D) A deadline has been changed.

청자들은 왜 지금 주문하도록 권유 받는가?
(A) 일부 매장이 문을 닫았다.
(B) 표가 거의 매진되었다.
(C) 상품이 일시적으로 할인되다.
(D) 제출 기한이 변경되었다.

해설 후반에 "~ the price of a Health Monitor has been reduced by 10 percent for the next month ~." 출시 기념으로 10 퍼센트 할인을 알리면서 지금 주문하라고 하므로 정답은 (C)이다.

Questions 10-12 refer to the following advertisement.

I needed to get back in shape, but after three knee surgeries, I couldn't work out the way I used to. That's why I use the Flex Trainer 100. It's a low-impact workout that's easy on my knees, legs, and back, yet it still gives me a full workout. Here's how it works: **The treadmill moves both forward and up and down.** This provides enough resistance to benefit all your muscle groups. All it takes is one 30-minute workout three to four times a week, and you'll see the results in three months or less. **I just lost eight pounds and five percent of my body fat in only one month with the Flex Trainer 100.** You can too. Just call 777-8282 to order the Flex Trainer 100 today.

다시 건강해지려고 했는데 무릎 수술을 세 번 하고 나니 예전처럼 운동을 할 수가 없었죠. 그래서 Flex Trainer 100을 사용해요. 무릎, 다리와 등에 작은 충격을 주는 운동이지만 그래도 운동량이 많아요. 여기에 작동하는 방법이 있어요: 러닝머신이 앞으로 나아가면서 위아래로 움직입니다. 이것은 여러분의 모든 근육에 이로운 충분한 저항력을 제공합니다. 일주일에 서너 번씩 30분 정도만 운동하면 3개월 이내에 결과를 보게 될 거예요. 제가 Flex Trainer 100으로 불과 한 달 만에 8파운드와 체지방 5%를 감량했어요. 당신도 할 수 있어요. 777-8282로 전화하면 오늘 Flex Trainer 100을 주문할 수 있습니다.

어휘 get back in shape 건강해지다 surgery 수술 low-impact 충격이 적은 workout 운동 treadmill 러닝머신

10. Who is the advertisement aimed at?
    (A) People who dislike treadmill exercises
    (B) People who cannot train too hard
    (C) Professional body builders
    (D) Judges of sports game

    광고는 누구를 겨냥한 것인가?
    (A) 러닝머신 운동을 싫어하는 사람
    (B) 열심히 운동할 수 없는 사람
    (C) 전문적인 보디 빌더
    (D) 스포츠 경기 심판자

    해설 첫 지문에서 "I needed to get back in shape, but after three knee surgeries, I couldn't work out the way I used to." 수술 후 예전처럼 운동할 수 없었다고 말하면서 광고를 시작한다. 정답은 (B)이다.

11. What does the woman mean when she says, "Here's how it works"?
    (A) She will explain her job.
    (B) She has found what she was looking for.
    (C) She has bad knees.
    (D) She will demonstrate a product.

    여자가 "여기에 작동하는 방법이 있어요"라고 말할 때 의도하는 것은 무엇인가?
    (A) 그녀는 자신의 일을 설명할 것이다.
    (B) 그녀는 찾고 있던 것을 찾았다.
    (C) 그녀는 무릎이 안 좋다.
    (D) 그녀는 제품을 설명할 것이다.

    해설 화자가 "The treadmill moves both forward and up and down." 제품에 대해 설명하고 있으므로 정답은 (D)이다.

12. What does the woman emphasize about this product?
    (A) It can help with weight loss.
    (B) It can be used anywhere.
    (C) It can gain the user body fat.
    (D) It is durable.

    여자는 제품에 대해 무엇을 강조하는가?
    (A) 더 많은 살을 뺄 수 있다.
    (B) 어디서든 사용할 수 있다.
    (C) 살이 찔 수 있다.
    (D) 지속성이 있다.

    해설 화자가 사용해 보고 "I just lost eight pounds and five percent of my body fat in only one month with the Flex Trainer 100." 몸무게와 체지방을 감량했다고 말하고 있다. 정답은 (A)이다.

2. 시각 자료

SPARTA Check-UP   pp.146-147

1. (C) 2. (B) 3. (D) 4. (A) 5. (C) 6. (B)

Questions 1-3 refer to the following excerpt from a meeting and chart.

Thank you for staying late today. **We're going to talk about the accounting reports.** The graph shows our sales output as percentages of the quarterly goals that were set before the first quarter. As you can see, the first through the third quarters were above 100 percent, which is great. However, the fourth-quarter sales were below 80 percent. We need to find out the cause of this in order to recover sales in the next quarter. **But before doing this, I want to discuss the quarter with the highest percentage.** I think we should share ideas about what factors contributed to the sales output during that quarter. **Let me say my opinions first**, and after that I will welcome any questions you may have.

오늘 늦게까지 있어 주셔서 감사합니다. 저는 회계 보고서에 대해 말하려고 합니다. 그래프는 1분기 전에 정한 분기별 목표의 퍼센트로써 매출 생산량을 보여 줍니다. 보다시피 1분기에서 3분기까지 100 퍼센트가 넘어섰습니다. 대단하죠. 그러나 4분기 매출이 80 퍼센트 아래로 떨어졌어요. 저희는 다음 분기에 매출을 되찾기 위해 이 원인을 알아내야 합니다. 하지만 먼저 가장 높은 퍼센트 분기에 대해 토론하고자 합니다. 무슨 요소들이 이 분기 동안 매출 생산에 기여했는지 의견을 공유해야 할 것 같아요. 제 의견을 먼저 말할게요. 그러고 나서 여러분들의 질문을 받겠습니다.

어휘 output 생산량 quarterly 분기별의 goal 목표 cause 원인 recover 되찾다 factor 요소

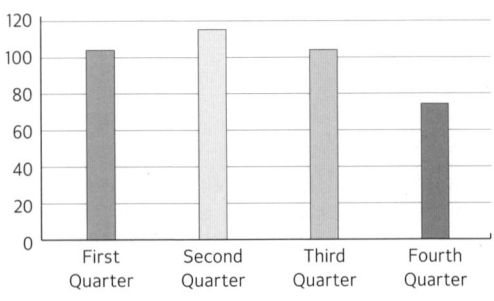

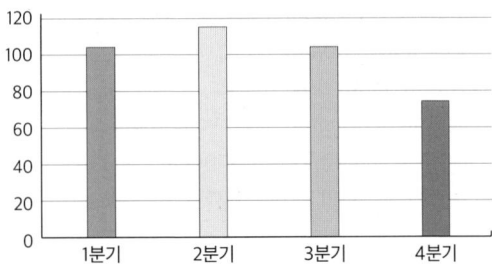

1. What is the purpose of the meeting?
   (A) To introduce a new accountant
   (B) To arrange a meeting date
   (C) To review financial information
   (D) To prepare for a merger

   회의의 목적은 무엇인가?
   (A) 새로운 회계사를 소개하기 위해
   (B) 회의 날짜를 정하기 위해
   (C) 재정적인 정보를 검토하기 위해
   (D) 인수를 준비하기 위해

   해설 회의 목적은 항상 초반에 말한다. 초반에 "We're going to talk about the accounting reports." 회계 보고서에 대해 이야기하자고 한 것은 재정적인 정보를 말하자는 뜻이므로 정답은 (C)이다. account가 들린다고 (A)를 선택하지 않도록 하자.

2. Look at the graphic. What quarter will the speaker talk about first?
   (A) First quarter
   (B) Second quarter
   (C) Third quarter
   (D) Fourth quarter

   그래프를 보시오. 화자는 어떤 분기를 먼저 말할 것인가?
   (A) 1분기
   (B) 2분기
   (C) 3분기
   (D) 4분기

   해설 그래프가 나오면 항상 가장 높은 것부터 순서대로 정리해 두자. 회의 중반에 "But before doing this, I want to discuss the quarter with the highest percentage." 가장 높은 퍼센트를 먼저 다루자고 한다. 정답은 (B)이다.

3. What will the speaker most likely do next?
   (A) Leave the office
   (B) Share customers' opinions
   (C) Ask questions
   (D) Give his ideas

   화자는 다음에 무엇을 할 것 같은가?
   (A) 퇴근하다
   (B) 고객의 의견들을 나누다
   (C) 질문하다
   (D) 그의 생각을 말하다

   해설 후반에 화자가 "Let me say my opinions first, ~." 본인의 의견을 먼저 말하고 청자들에게 질문을 받는다고 한다. 그래서 정답은 (D)이다.

Questions 4-6 refer to the following telephone message and blueprint.

Hi, Heidi. This is Jake Vincent. **I've been thinking about what you said the other day.** I know you suggested that we put the new laundry room next to the dining room, but **I'd really like to have it on the end of that row instead, by the garage.** So if you wouldn't mind figuring that into the plans, I'd appreciate it. Anyway… um… I just wanted to tell you that. **I look forward to meeting with you on Friday to discuss start dates** and how things will proceed from one part of the project to the next.

안녕하세요, Jake. 저는 Heidi Vincent입니다. 당신이 일전에 말한 것에 대해 계속 생각해 봤어요. 당신이 새 세탁실을 식당 옆에 넣자고 제안한 것으로 알고 있어요. 그러나 저는 그 대신에 세탁실을 차고 옆이고, 그 줄의 맨 끝 방에 정말 넣고 싶거든요. 그래서 계획이 이렇게 변화하는 것을 언짢아하지 않으시면 감사하겠습니다. 어쨌든… 음… 그냥 이 일을 말씀 드리고 싶었어요. 시작 날짜와 프로젝트의 다음 단계의 어떤 부분을 진행할 건지 대화하기 위해 금요일의 만남을 기대할게요.

어휘 the other day 일전에 laundry room 세탁실 figure into ~의 틀에 맞게 변화하다 proceed 진행하다

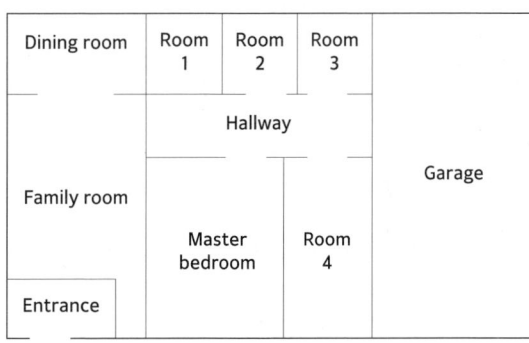

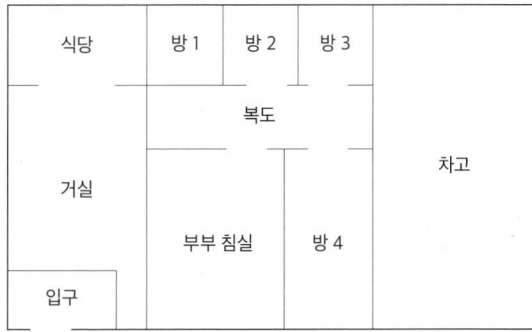

4. Why is the speaker calling?
   (A) To share a decision
   (B) To set up an appointment
   (C) To request some information
   (D) To hire the listener

화자는 왜 전화하는가?
(A) 결정을 알려주기 위해
(B) 약속을 정하기 위해
(C) 정보를 요청하기 위해
(D) 청자를 고용하기 위해

해설 초반에 화자는 "I've been thinking about what you said the other day." 세탁실 위치에 대한 청자가 제안한 것을 생각해 봤고 본인이 원하는 위치에 넣고 싶다고 말한다. 그래서 청자의 제안을 거절하면서 본인이 결정한 것을 알려 주려는 목적으로 (A)가 정답이다.

5. Look at the graphic. Where does the speaker plan to put her new laundry room?
(A) Room 1
(B) Room 2
(C) Room 3
(D) Room 4

시각 자료를 보시오. 화자는 어디에 새 세탁실을 두고 싶어 하는가?
(A) 방 1
(B) 방 2
(C) 방 3
(D) 방 4

해설 화자가 원하는 세탁실 위치는 "I'd really like to have it on the end of that row instead, by the garage." 차고 옆이자 그 줄의 끝 방에 두고 싶다고 한다. 따라서 정답은 (C)이다. 방 1은 청자가 원하는 위치이므로 오답이다.

6. What will the speaker and the listener do on Friday?
(A) Draw up a blueprint again
(B) Talk about a schedule
(C) Choose materials for a project
(D) Discuss an estimate for a job

화자와 청자는 금요일에 무엇을 할 것인가?
(A) 설계도를 다시 만들 것이다
(B) 일정에 대해 이야기할 것이다
(C) 프로젝트 자료들을 선택할 것이다
(D) 일을 위한 견적을 토론할 것이다

해설 화자가 후반에 "I look forward to meeting with you on Friday to discuss start dates ~." 금요일에 만나서 시작 날짜에 대해 이야기하자고 한다. 따라서 (B)가 정답이다.

SPARTA Actual Test
pp.148-149

| 1. (B) | 2. (C) | 3. (A) | 4. (D) | 5. (B) | 6. (A) |
| 7. (A) | 8. (C) | 9. (B) | 10. (C) | 11. (D) | 12. (A) |

Questions 1-3 refer to the following telephone message and list.

Hi, Angela. This is Darren getting back to you about the symposium, which is only three weeks away. **It looks like we can't attend it for $469 anymore. But if you sign up right now**, we won't miss the next deadline. **I want you to do it because the theme for this year's symposium is along the same lines as the work you're doing these days.** Also, it would be beneficial for you to attend the optional events like the exhibitors' forum. Many companies are working on devices and tools that aren't on the market yet, and **getting a hands-on demonstration of how they work can be invaluable.**

안녕하세요. Angela 씨. Darren입니다. 3주 후에 열릴 심포지엄에 대해 다시 연락 드려요. 우리는 더 이상 469달러로 참석할 수 없을 것 같습니다. 하지만 지금 바로 등록하면 다음 마감일을 놓치지 않을 거예요. 올해 심포지엄의 주제가 요즘 당신이 하는 작업과 같은 맥락이기 때문에 등록하셨으면 해요. 또한 전시자 포럼과 같은 선택적인 행사에 참석하는 것도 유익할 거예요. 많은 기업들이 아직 시중에 나와 있지 않은 장치와 도구들을 개발하고 있으며, 매우 유용한 기기 작동법을 직접 시연하고 있어요.

어휘 symposium 심포지엄 학술 토론회 hands-on 직접 해 보는 beneficial 이로운 optional 선택적인 invaluable 매우 유용한

Registration	Fee
Early-bird registration	$469
Regular registration	$519
Late registration	$619
Registration at the door	$800

등록	비용
조기 등록	469달러
일반 등록	519달러
늦은 등록	619달러
접수대 등록	800달러

1. Look at the graphic. During which registration period should the listener sign up?
(A) Early-bird registration
(B) Regular registration
(C) Late registration
(D) Registration at the door

도표를 보시오. 청자는 어떤 등록 기간에 신청해야 하는가?
(A) 조기 등록
(B) 일반 등록
(C) 늦은 등록
(D) 접수대 등록

[해설] 화자가 초반에 "It looks like we can't attend it for $469 anymore. But if you sign up right now, ~." 469달러로는 더 이상 등록할 수 없다고 한다. 그래서 조기 등록 시기가 지난 것을 알 수 있다. 따라서 지금은 일반 등록에 적용됨을 추측할 수 있다. 정답은 (B)이다.

2. Why does the speaker want the listener to attend the symposium?

    (A) To represent their company
    (B) To learn about giving presentations
    (C) To hear talks related to her work
    (D) To check out the venue

    화자는 왜 청자가 심포지엄에 참석하기를 원하는가?
    (A) 회사를 대표하기 위해
    (B) 발표에 대해 배우기 위해
    (C) 업무 관련 이야기를 듣기 위해
    (D) 장소를 확인하기 위해

[해설] 화자는 참석하라고 권하는 이유가 "I want you to do it because the theme for this year's symposium is along the same lines as the work you're doing these days." 요즘에 청자들이 하고 있는 일과 관련되므로 꼭 참여하라고 한다. 정답은 (C)이다.

3. What does the speaker suggest the listener do at the symposium?

    (A) Check out products offered by various businesses
    (B) Invite some of the presenters to dinner
    (C) Host one of the optional events
    (D) Join the symposium committee

    화자는 청자에게 심포지엄에서 무엇을 하라고 제안하는가?
    (A) 여러 업체에서 제공하는 제품을 확인한다
    (B) 일부 발표자를 저녁 식사에 초대한다
    (C) 선택적 행사 중 하나를 주최한다
    (D) 심포지엄 위원회에 참여한다

[해설] 화자는 후반에 많은 기업체들이 제품들을 개발하고 있으며 "~ getting a hands-on demonstration of how they work can be invaluable." 그들이 하는 시연회에 참석하는 게 매우 유용할 것이라고 말하고 있다. 정답은 (A)이다.

Questions 4-6 refer to the following telephone message and map.

Hi, this is Joan Winter returning your call. Yes, **you're right that my neighborhood was recently built,** so you can't find my address on the GPS yet. Anyway, if you know where Gray's Fitness is on Stonebridge Road, I'm right behind that. Just drive north on Donald Road and take a right on Barberry Avenue. **My house is on the corner of Barberry and Brandywine.** If you hit Stonebridge, you've gone too far. **I'm so excited for my new tree to be delivered!**

안녕하세요. 저는 Joan Winter입니다. 제게 전화하셨죠. 네, 우리 동네가 최근에 지어졌다는 당신 말이 맞아요. 그래서 아직 GPS에서 주소를 찾을 수 없어요. 어쨌든 Gray's Fitness가 Stonebridge Road에서 어디에 있는지 아신다면 저는 바로 그 뒤에 있어요. Donald Road에서 북쪽으로 운전한 다음 Barberry Avenue에서 오른쪽으로 가시면 돼요. 저희 집은 Barberry와 Brandywine의 모퉁이에 있어요. Stonebridge에 이르면 너무 멀리 가신 거예요. 저는 새 나무가 배달되어서 정말 신나요!

어휘 neighborhood 동네 hit 닿다, 이르다

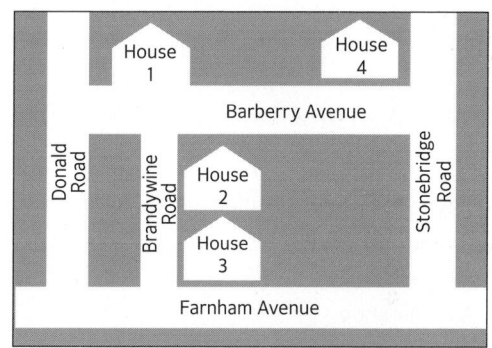

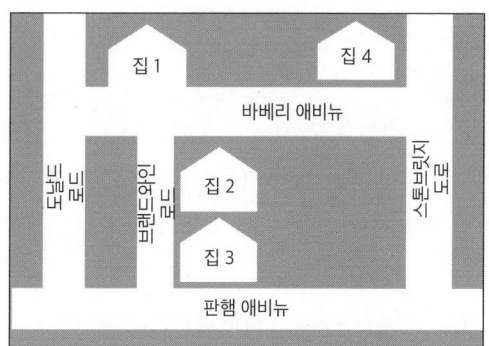

4. What is indicated about the speaker?

    (A) She does not own a GPS.
    (B) She is a very private person.
    (C) She is a member at Gray's Fitness.
    (D) She lives in a newly constructed area.

    화자에 대해 언급되는 것은 무엇인가?
    (A) 그녀는 GPS를 소유하고 있지 않다.
    (B) 그녀는 매우 사적인 사람이다.
    (C) 그녀는 Gray's Fitness의 회원이다.
    (D) 그녀는 새로 건설된 지역에 산다.

[해설] 대화 초반에 "you're right that my neighborhood was recently built, ~." 화자가 사는 동네가 최근에 지어졌다고 하므로 정답은 (D)이다.

5. Look at the graphic. Where does the speaker live?
   (A) In House 1
   (B) In House 2
   (C) In House 3
   (D) In House 4

   시각 자료를 보시오. 화자는 어디에서 사는가?
   (A) 집 1에서
   (B) 집 2에서
   (C) 집 3에서
   (D) 집 4에서

   해설 대화 중반부에 "My house is on the corner of Barberry and Brandywine." 화자가 사는 위치는 집 2인 (B)이다.

6. What type of business is the speaker calling?
   (A) A plant nursery
   (B) A fitness club
   (C) A repair shop
   (D) An electronics store

   화자가 전화하는 곳은 어떤 사업을 하고 있는가?
   (A) 식물종묘업
   (B) 헬스 클럽
   (C) 수리 공장
   (D) 전자 제품 매장

   해설 후반에 화자가 "I'm so excited for my new tree to be delivered!" 집에 나무가 배달되어서 기쁘다고 한다. 현재 청자가 나무를 배달하러 오는 것을 알 수 있다. 그래서 정답은 (A)이다.

Questions 7-9 refer to the following announcement and route map.

Ladies and gentlemen, Cross Rail would like to apologize for the delay of all trains this morning. Please be aware that services bound for Ryehill have been canceled until further notice. Passengers traveling on the Northern Line to Farnham and beyond will experience only short delays and should wait on the platform. **The cancellations are due to the high winds earlier this morning, which have led to a fallen tree on the line between Oxbridge and Hope. A replacement bus service has been put into operation and will begin running shortly.** Passengers wishing to make use of the service are advised to wait at the South Exit. Your train ticket is valid for the journey.

신사 숙녀 여러분. Cross Rail은 오늘 아침 모든 열차가 연착된 것에 대해 사과 드립니다. Ryehill 행 기차편은 추가 공지가 있을 때까지 취소되었음을 알려 드립니다. 북부 노선에서 Farnham 방면으로 가는 승객들은 짧은 지연으로 승강장에서 기다려 주셔야 합니다. 오늘 이른 아침에 불었던 강풍으로 인해 Oxbridge와 Hope 사이에 있는 나무가 쓰러졌고 그로 인해 운행이 취소되었습니다. 대체 버스 서비스가 가동되었고 곧 운행을 시작할 것입니다. 이 서비스를 이용하고자 하는 승객들은 남쪽 출구에서 기다리세요. 기차표는 이 이동에 유효합니다

어휘 cancelation 취소 replacement 대체 operation 운행 journey 이동 be valid for 유효하다

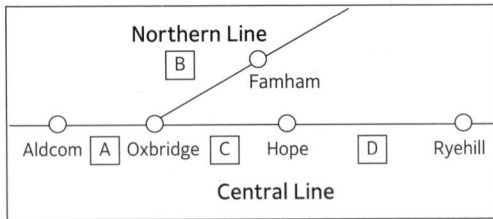

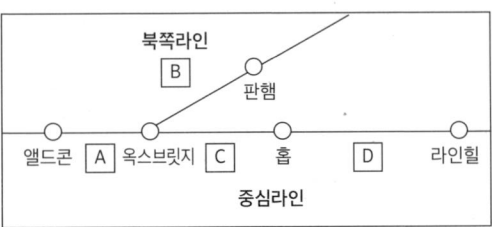

7. According to the speaker, what was the cause of the incident?
   (A) Bad weather
   (B) An employee error
   (C) An electrical fault
   (D) An animal

   화자에 따르면, 이 사건의 원인은 무엇인가?
   (A) 악천후
   (B) 직원 실수
   (C) 전기 고장
   (D) 동물

   해설 열차에 대해 취소 방송을 하면서 그 원인이 "The cancellations are due to the high winds earlier this morning, ~" 아침에 불었던 강풍 때문이라고 하므로 정답은 (A)이다.

8. Look at the graphic. Where did the incident occur?
   (A) Position A
   (B) Position B
   (C) Position C
   (D) Position D

   시각 자료를 보시오. 그 사건은 어디서 발생했는가?
   (A) A 위치
   (B) B 위치
   (C) C 위치
   (D) D 위치

해설 날씨로 인해 "~ which have led to a fallen tree on the line between Oxbridge and Hope." Oxbridge와 Hope 사이 선로에 나무가 쓰러졌다고 한다. 그래서 사건이 일어난 곳은 (C)이다.

9. What should passengers bound for Ryehill do?
(A) Wait on the platform
(B) Take a bus
(C) Go to the information desk
(D) Use an alternative train line

Ryehill 행 승객들은 어떻게 해야 하는가?
(A) 승강장에서 대기한다
(B) 버스를 탄다
(C) 안내 데스크로 간다
(D) 다른 열차 노선 이용한다

해설 문제의 해결 방안으로 "A replacement bus service has been put into operation and will begin running shortly." 대체 버스를 운행한다고 말하고 있다. 정답은 (B)이다.

Questions 10-12 refer to the following telephone message and instructions.

Hello. **This is Valeria Lopez calling from Dr. Hellman's office.** It is concerning your consultation this morning at the clinic. I need to inform you of an important mistake on your prescription instructions. **The dosage for Fantex should be half of what is stated.** The dosage of Fantex and Tydol should always be the same. We are so sorry. If you have already taken Fantex, you don't have to take any more today. **Please get back to me at reception within the next two hours** to confirm this message. If you do not, Dr. Hellman will have to visit your home this evening.

안녕하세요. Hellman 병원의 Valeria Lopez입니다. 오늘 아침 병원에서 상담한 것에 관한 내용입니다. 처방전에 중요한 실수가 있었어요. Fantex의 복용량은 적힌 양의 절반이어야 합니다. Fantex와 Tydol의 양은 항상 같아야 해요. 정말 죄송합니다. 이미 Fantex를 복용했다면 오늘 더 이상 복용하지 마십시오. 이 메시지를 확인하시고 2시간 이내에 접수처로 전화 주십시오. 그렇지 않으면 Hellman 박사님이 오늘 저녁 댁에 방문해야 합니다.

어휘 prescription 처방전 mistake 실수 dosage 복용량 confirm 확인하다

Medicine	Dosage
Aspirin	2
Tydol	3
Vitamin B12	4
Fantex	6

약	복용량
Aspirin	2
Tydol	3
Vitamin B12	4
Fantex	6

10. Who most likely is the caller?
(A) A doctor
(B) A patient
(C) A clinic receptionist
(D) A pharmaceutical sales representative

전화한 사람은 누구인가?
(A) 의사
(B) 환자
(C) 병원 접수원
(D) 제약 회사 영업 사원

해설 화자는 자기소개에서 "This is Valeria Lopez calling from Dr. Hellman's office." Hellman 병원에서 전화했다고 소개한다. 따라서 화자는 병원 접수원으로 정답은 (C)이다.

11. Look at the graphic. Which quantity is no longer accurate?
(A) 2
(B) 3
(C) 4
(D) 6

도표를 보시오. 어느 양이 더 이상 정확하지 않은가?
(A) 2
(B) 3
(C) 4
(D) 6

해설 화자는 처방전이 잘못되었다고 말하고 있다. "The dosage for Fantex should be half of what is stated." Fantex을 명시된 것의 반으로 줄여야 한다고 말하므로 정답은 (D)이다.

12. What is the listener asked to do?
(A) Contact the caller
(B) Wait at home
(C) Visit a client
(D) Send some medicine

청자는 무엇을 하라고 요청 받는가?
(A) 전화 건 사람에게 연락하기
(B) 집에서 기다리기
(C) 고객 방문하기
(D) 약을 좀 보내기

해설 화자가 메시지를 받고 "Please get back to me at reception within the next two hours ~." 바로 연락을 달라고 하고 있다. 따라서 정답은 (A)이다.

DAY 18 | 심화 학습

1. 선택 의문문

SPARTA Actual Test p.157

1. (B)	2. (A)	3. (A)	4. (B)	5. (C)	6. (B)
7. (C)	8. (B)	9. (A)	10. (C)	11. (A)	12. (B)
13. (A)	14. (A)	15. (B)			

1. Did you say you wanted to buy a raincoat or an umbrella?

(A) No, it was on sale.
(B) I already have an umbrella.
(C) It's raining.

비옷을 산다고 했어요? 아니면 우산을 산다고 하셨어요?
(A) 아니요, 그것은 세일 중이었어요.
(B) 이미 우산을 가지고 있어요.
(C) 비 와요.

해설 비옷을 산다고 했는지 아니면, 우산을 산다고 했는지 묻는 질문으로, (A) No의 오답이고 (C) raincoat–umbrella를 이용한 연상의 함정이다. (B)는 이미 우산이 있다는 내용으로 정답이다.

어휘 raincoat 비옷

2. Do you want to take a rest or keep working?

(A) Let's have a break in 20 minutes.
(B) To keep up with the demand.
(C) Sure, I'll take it.

쉬겠어요? 아니면 계속 일하시겠어요?
(A) 20분 뒤에 쉽시다.
(B) 수요를 따라잡기 위해서요.
(C) 그럼요, 가지고 갈게요.

해설 쉴지 계속 일할지 묻는 질문으로, (B) keep을 이용한 함정이고 (C) take을 이용한 함정이다. (A) A or B 중 A를 선택한 정답이다.

어휘 take a rest/break 쉬다 keep up with ~을 따라잡다 demand 수요

3. Is the annual report due on Tuesday or Wednesday?

(A) Actually, the deadline has been postponed until Friday.
(B) You should report it to your immediate supervisor.
(C) It's due to arrive at 10 A.M.

연례 보고서가 화요일까지인가요? 아니면 수요일인가요?
(A) 사실 마감일이 금요일까지로 지연되었어요.
(B) 직속 상사에게 그것을 보고해야 해요.
(C) 10시에 도착할 예정이에요.

해설 마감일이 화요일인지 수요일인지 묻는 질문에, (B) report와 (C) due 단어를 쓴 함정, (A) 금요일까지 연장되었다는 뜻으로 C를 선택한 정답이다.

어휘 postpone 지연하다 immediate 직속의

4. Would you like to take a bus or the subway?

(A) It's a lot faster.
(B) I'd take a cab.
(C) It's just across the street.

버스를 탈 거예요? 아니면 지하철을 탈 거예요?
(A) 그것이 훨씬 빨라요.
(B) 택시를 탈 거예요.
(C) 길 건너편에 있어요.

해설 어떤 교통수단을 탈지 묻는 질문에, (A)는 주어 It을 알 수 없기 때문에 오답인데 여기에서는 It 대신에 수단을 선택해야 한다. (C) 위치의 오답이고, (B) 택시를 선택한 내용으로 동질성의 정답이다.

어휘 faster 더 빠른 cab 택시

5. Would you like to see a physician today or tomorrow?

(A) To have a physical checkup.
(B) Today is Thursday.
(C) Whenever he is available.

내과 의사를 오늘 만날 거예요? 아니면 내일 만날 거예요?
(A) 건강 검진을 받기 위해서요.
(B) 오늘이 목요일이에요.
(C) 그가 가능할 때 언제든지요.

해설 병원에 가는 때를 묻는 질문에, (A)는 이유를 말해 오답이고 (B)는 요일을 묻는 게 아니므로 오답이다. (C) 언제든지 상관없다는 내용으로 정답이다.

어휘 physician 내과 의사 physical checkup 건강 검진

6. Do you prefer to work the morning or afternoon shift next Sunday?

(A) Sure, I'd be happy to.
(B) Actually, I have something that morning.
(C) Either red or black.

다음주 일요일에 오전 교대 근무를 원해요? 아니면 오후를 원해요?
(A) 그럼요, 기꺼이 할게요.
(B) 사실 그날 아침에 일이 있어요.
(C) 빨간색이나 검은색 둘 중에 하나요.

해설 오전 근무할지 오후에 할지 묻는 질문에, (A) Sure가 들어가서 오답, (C) either 함정으로 색깔과 전혀 상관없는 내용이다. 여기서 "Either one is okay."처럼 대답을 해야 정답이 된다. (B) 오전에 일이 있다는 말은 오후 근무를 원한다는 뜻이므로 A or B 중 B를 선택한 정답이다.

7. Would you like this to be delivered, or would you rather pick it up?

   (A) Pick me up at the Downtown station, please.

   (B) By the end of the day.

   (C) I'll drop by tomorrow.

   배달을 원하세요? 아니면 직접 가져가시겠어요?
   (A) Downtown 역에서 저를 데려가 주세요.
   (B) 오늘까지예요.
   (C) 내일 잠깐 들를게요.

   해설 물건을 어떻게 가져갈지 묻는 선택 의문문에 (A)는 pick up의 함정, (B)는 질문과 관련 없는 대답이다. (C) 내일 들른다는 말은 직접 가지러 간다는 뜻이므로 A or B 중 B를 선택한 정답이다.

   어휘 drop by 들르다

8. Should I send the report to Mr. Andrew by e-mail in advance or give it to him at the next meeting?

   (A) I wasn't able to find it.

   (B) Let's ask him.

   (C) About the sales figures.

   Andrew 씨에게 사전에 이메일로 보고서를 보내야 하나요? 아니면 다음 회의에서 그에게 직접 줘야 하나요?
   (A) 그것을 찾을 수 없었어요.
   (B) 그에게 물어 봅시다.
   (C) 매출액에 대해서요.

   해설 그에게 보내는 방법을 물어 본 질문에, (A)와 (C)는 질문과 상관 없는 대답으로 오답이다. (B)는 선택하기 전에 먼저 그에게 물어 보자는 내용으로 정답이다.

9. Do you prefer to have the meeting in the morning or late afternoon next Tuesday?

   (A) Okay, see you there.

   (B) Let me check my schedule first.

   (C) Today is Monday.

   다음주 화요일 아침에 회의할까요? 아니면 늦은 오후에 할까요?
   (A) 좋아요, 거기에서 봐요.
   (B) 일정 먼저 확인할게요.
   (C) 오늘은 월요일이에요.

   해설 회의하는 때를 묻는 질문에, (A) 긍정의 오답이고 (C)는 정답과 관련 없는 요일의 오답이다. (B) 일정을 먼저 확인해 보고 말해 준다는 내용으로 정답이다.

10. Should we leave the documents here, or does Mr. Jackson need them?

    (A) As much as you like.

    (B) Leave the door open.

    (C) He's going to use them soon.

    서류를 여기에 둘까요? 아니면 Jackson 씨가 필요로 할까요?
    (A) 얼마든지 원하는 만큼이요.
    (B) 문을 열어 두세요.
    (C) 그는 곧 그것들을 사용할 거예요.

    해설 서류를 어디에 둘지 묻는 질문에, (A)는 질문과 관련 없는 오답이고 (B)는 질문에 나온 단어 leave의 함정이다. (C)는 Jackson 씨가 필요하다는 말로 A or B 중 B를 선택한 정답이다.

    어휘 as much as ~만큼

11. May I use the photocopier, or are you still using it?

    (A) Sorry, but it'll take a few more minutes.

    (B) I don't know how to use it.

    (C) Ten copies, please.

    복사기 사용해도 되나요? 아니면 계속 사용하실 건가요?
    (A) 미안한데, 시간이 더 걸릴 것 같아요.
    (B) 어떻게 사용하는지 몰라요.
    (C) 10장 복사해 주세요.

    해설 복사기 사용해도 되는지 묻는 질문에, (B)와 (C)는 질문에 나온 photocopier을 이용한 연상의 함정이다. (A)는 여전히 사용 중이라는 내용으로 정답이다.

12. Do we have enough tables for the party, or should we add some more?

    (A) No, it's more than twenty people.

    (B) I guess we don't need any more.

    (C) I met only a few people.

    파티에 충분한 테이블이 있나요? 아니면 추가로 더 넣어야 하나요?
    (A) 아니요, 20명 이상의 사람들이 있어요.
    (B) 더 이상 필요하지 않을 것 같아요.
    (C) 단지 몇 명의 사람들만 만났어요.

    해설 테이블 개수가 더 필요한지 묻는 질문에, (A)는 No의 오답이고 (C)는 party를 이용한 함정이다. (B)는 더 필요하지 않는다는 말로 A or B 중 A를 선택한 정답이다.

    어휘 enough 충분한 add 추가하다

13. Would you like to try the new restaurant across the street, or would you rather go to the cafeteria?

    (A) How about the Indian restaurant in the next building today?

    (B) They serve very good food.

    (C) I'd love to.

    길 건너편 레스토랑을 원해요? 아니면 구내 식당으로 갈래요?
    (A) 오늘은 옆에 있는 인도 식당은 어때요?
    (B) 그들은 맛있는 음식을 제공해요.
    (C) 정말 하고 싶어요.

    해설 밥은 먹는 장소를 선택하라는 질문에, (B) restaurant-food을 이용한 연상의 함정이고 (C) 무엇을 원하는지 알 수 없으므로 오답이다. (A)는 다른 곳에 가서 먹자는 A or B 중 C를 선택한 정답이다.

14. Would you like to have soup or salad with that?
    (A) What kind of soup do you have?
    (B) It's delicious.
    (C) This dressing is fine.

    함께 먹을 수프를 원하세요? 아니면 샐러드를 원하세요?
    (A) 어떤 종류의 수프가 있나요?
    (B) 맛있어요.
    (C) 이 드레싱이 좋아요.

    해설 음식을 선택하라는 질문에, (B)는 It이 무엇인지 몰라서 오답이다. (C)는 질문의 샐러드와 관련된 함정이다. (A) 수프의 종류를 듣고 선택하겠다는 내용으로 질문에 적절한 정답이다.

15. Shall we drive to the museum or take a train?
    (A) I've already completed the training.
    (B) Whichever is fastest.
    (C) I came by car.

    박물관으로 운전해서 갈까요? 아니면 기차로 갈까요?
    (A) 이미 교육을 끝냈어요.
    (B) 가장 빠른 것이면 뭐든 좋아요.
    (C) 차로 갔어요.

    해설 교통 수단을 묻는 질문에, (A) train-training을 이용한 유사 발음의 함정이고 (C) 질문과 시제 불일치다. (B) 빠른 것이면 어떤 것이든 상관 없다는 내용으로 정답이다.

    어휘 whichever 어느 것이든 fastest 가장 빠른

2. 평서문

SPARTA Actual Test   p.159

1. (A)	2. (B)	3. (C)	4. (B)	5. (A)	6. (A)
7. (B)	8. (A)	9. (A)	10. (B)	11. (A)	12. (A)
13. (B)	14. (C)	15. (A)			

1. Here are ten copies of the report.
   (A) Jimmy's joining us, too.
   (B) The copy machine in room 203.
   (C) Two cups of coffee, please.

   여기 복사한 종이가 10장 있습니다.
   (A) Jimmy가 역시 함께 할 거예요.
   (B) 203호 방의 복사기요.
   (C) 커피 2잔 주세요.

   해설 복사한 것을 건네주는 말에, (B)와 (C)는 유사 발음의 함정으로 오답이다. (A)는 Jimmy가 참석한다는 말로 복사가 더 필요하다는 뜻을 밝힌 정답이다.

2. Excuse me, I have an appointment with Dr. Burner.
   (A) He made a very good point.
   (B) Go to the 5th floor.
   (C) You can find it at the pharmacy.

   실례합니다. Burner 박사님과 예약이 있어요.
   (A) 그는 좋은 지적을 했어요.
   (B) 5층으로 가세요.
   (C) 약국에서 그것을 찾을 수 있어요.

   해설 의사와 예약이 있다는 말에, (A) appointment-point 유사 발음의 함정이고 (C) Doctor를 이용한 연상의 함정이다. (B)는 5층으로 가면 Burner 박사를 만날 수 있다는 내용으로 정답이다.

   어휘 make a point ~을 주장하다 pharmacy 약국

3. The plant supervisor is taking the day off tomorrow.
   (A) It is located on the third floor.
   (B) He had a good holiday.
   (C) Is anybody covering for him?

   공장 감독관은 내일 쉴 거예요.
   (A) 3층에 있어요.
   (B) 그는 멋진 휴가를 보냈어요.
   (C) 그를 대신 할 사람은요?

   해설 공장 감독관이 내일 쉴 거라는 말에, (A) 질문에 맞지 않는 대답이고 (B) 질문과 시제가 맞지 않는 오답이다. (C) 내일 감독관을 대신할 사람에 대해 묻는 말로 질문에 적합한 정답이다.

   어휘 cover for ~을 대신하다

4. Diego has been promoted to director of the product development team.
   (A) It was working properly.
   (B) That's good to hear. He is very competent.
   (C) Are we planning to launch a new product?

   Diego는 제품개발팀 팀장으로 승진했어요.
   (A) 잘 작동했어요.
   (B) 좋은 소식이네요. 그는 매우 실력이 있잖아요.
   (C) 새로운 상품을 출시할 계획인가요?

   해설 동료의 승진 소식에, (A) product을 이용한 연상의 함정이고 (C) product development을 이용한 연상의 함정이다. (B) 그의 승진에 동의하는 내용으로 정답이다.

   어휘 properly 적절히 competent 실력이 있는 launch 출시하다

5. I have some opinions on your project proposal.
   (A) That was quick.
   (B) The products are very popular.
   (C) To give you some feedback.

   당신의 프로젝트 기획안에 대한 의견이 있어요.
   (A) 빠르네요.
   (B) 제품들은 매우 인기 있어요.
   (C) 피드백을 드리기 위해서요.

해설 프로젝트에 대한 의견이 있다는 말에, (B) 질문과 상관 없는 답변이고 (C) 의견을 달라는 말이 아니므로 오답이다. (A) 기획안을 생각보다 빨리 확인했다는 내용으로 정답이다.

어휘 opinion/feedback 의견 quick 빠른 popular 인기 있는

6. I'm afraid I won't be able to meet the deadline.
   (A) Do you need some help?
   (B) I'm afraid of narrow spaces.
   (C) I want to take a break.

   유감스럽지만 마감일을 맞출 수가 없을 것 같아요.
   (A) 도움이 필요해요?
   (B) 좁은 공간이 안타깝네요.
   (C) 휴식을 가지고 싶어요.

   해설 마감일을 맞출 수 없다고 말하니, (B) I'm afraid을 이용한 함정이고 (C) 상황과 맞지 않는 대답이다. (A) 도움이 필요한지 묻는 내용으로 정답이다.

   어휘 meet the deadline 마감일을 맞추다 narrow 좁은

7. There isn't enough capacity in Room B.
   (A) He's capable of leading his team.
   (B) We'll have to book another room then.
   (C) We have enough room.

   B호실에 충분한 정원을 수용할 수 없어요.
   (A) 그는 팀을 이끌 수 있어요.
   (B) 그러면 다른 방을 예약할게요.
   (C) 우리는 충분한 공간을 가지고 있어요.

   해설 현재 B호실에 정원을 수용할 수 없다고 문제를 말하니, (A) He가 누구인지 알 수 없고 (C) 질문과 전혀 다른 대답이다. (B) 다른 방을 예약한다는 내용으로 정답이다.

   어휘 capacity 수용력 capable 할 수 있는

8. I've never been to the headquarters in Rome.
   (A) Maybe you'll be surprised to see the building.
   (B) In order to protect your head.
   (C) We arrived there at a quarter to ten.

   로마에 있는 본사에 전혀 가 본 적이 없어요.
   (A) 아마도 본사 건물을 보면 놀라실 거예요.
   (B) 머리를 보호하기 위해서요.
   (C) 우리는 10시 15분전에 거기에 도착했어요.

   해설 로마 본사에 한번도 가 본 적 없다는 말에, (B)와 (C)는 headquarters-head-quarter 유사 발음의 함정으로 오답이다. (A)는 실제로 보면 더 놀랄 거라는 말로 정답이다.

   어휘 headquarters 본사 protect 보호하다

9. I thought Mr. Tompson's plan would work out well.
   (A) Can you tell me the reason?
   (B) We'll keep to the agreement.
   (C) Yes, I need to work late today.

Tompson 씨의 계획이 잘 진행될 거라고 생각했어요.
(A) 그 이유를 말해 주겠어요?
(B) 우리는 합의서를 유지할 거예요.
(C) 네, 오늘 늦게까지 일해야 돼요.

해설 그의 계획이 잘 진행될 거라고 의견을 말하니, (B)는 plan을 이용한 연상 함정이고 (C) 질문에 나온 단어 work을 이용한 함정이다. (A)는 그렇게 생각하는 이유를 말해 달라는 내용으로 정답이다.

어휘 work out 잘 진행되다 agreement 합의서

10. The shoes I ordered online have finally arrived.
    (A) Yes, it's in alphabetical order.
    (B) What caused the delay?
    (C) Right in front of your desk.

    온라인에서 주문한 신발이 마침내 도착했어요.
    (A) 네, 알파벳 순서로 있어요.
    (B) 배송이 지연된 원인이 뭐예요?
    (C) 당신의 책상 바로 앞에요.

    해설 주문한 상품이 마침내 도착했다고 말하니, (A)는 질문에 나온 단어 order을 이용한 함정이고 (C)는 질문과 전혀 맞지 않은 대답이다. (B)는 지연된 이유가 뭔지 반문하는 내용으로 정답이다.

11. I don't know how to operate this new sewing machine.
    (A) I'm not familiar with it.
    (B) The demonstration was successful.
    (C) To make a pattern on the fabric.

    새로운 재봉틀 작동법을 몰라요.
    (A) 저도 익숙하지 않아요.
    (B) 시연회가 성공이었어요.
    (C) 천에 무늬를 만들기 위해서요.

    해설 기계 사용법을 모른다는 말에, (B)는 질문의 how to operate을 이용한 연상의 함정으로 시제와 맞지 않다. (C)는 sewing machine의 의미를 이용한 연상의 함정이다. (A)는 모른다 답변으로 정답이다.

    어휘 sewing machine 재봉틀 be familiar with ~에 익숙하다 demonstration 시연회 pattern 무늬 fabric 직물

12. I'm sending this package to Mexico.
    (A) Let me measure the size.
    (B) About three hundred kilometers.
    (C) When are we going to get there?

    멕시코로 이 소포를 보낼 거예요.
    (A) 사이즈를 잴게요.
    (B) 약 300 킬로미터요.
    (C) 언제 거기로 갈 건가요?

    해설 소포를 보낸다는 말에, (B)와 (C)는 send/Mexico을 이용한 거리의 함정이고, (A)는 먼저 사이즈를 재겠다는 말로 질문에 적절한 정답이다.

13. We should use this room while ours is being painted.
(A) You look good in white.
(B) Okay, when will the painting be finished?
(C) Everything will be moved by tomorrow.

페인트칠할 동안에 이 방을 사용해야 해요.
(A) 흰색이 잘 어울려요.
(B) 좋아요, 언제 페인트칠하는 거 끝나요?
(C) 모든 것들을 내일까지 옮겨야 돼요.

[해설] 페인트칠하는 동안 다른 장소를 사용해야 한다는 말로, (A)는 paint-white를 이용한 연상 함정이고 (C)는 paint-room을 이용한 연상 함정이다. (B)는 언제 작업이 끝나는지 묻는 내용으로 질문에 적합한 정답이다.

[어휘] while ~하는 동안

14. I don't think I can make it to the farewell party.
(A) How many people are in your party?
(B) I have an important meeting.
(C) That's too bad.

송별회에 못 갈 것 같아요.
(A) 일행이 몇 명인가요?
(B) 중요한 회의가 있어요.
(C) 유감이네요.

[해설] 파티에 못 간다는 말에, (A) party을 이용한 연상 함정이고 (B) 질문과 맞지 않은 답변이다. (C) 참석 못해서 유감이라는 내용으로 정답이다.

[어휘] farewell party 송별회 important 중요한

15. There's nothing I can do about it.
(A) Oh, no. Don't say such a thing!
(B) I didn't find any.
(C) Right, nothing to eat in the refrigerator.

그것에 대해 제가 할 수 있는 것은 아무것도 없어요.
(A) 아, 안돼요. 그런 말을 하지 마요!
(B) 어떤 것도 찾지 않았어요.
(C) 맞아요, 냉장고에는 먹을 것이 아무것도 없어요.

[해설] 할 수 있는 것이 아무것도 없다는 말로, (B)는 질문과 전혀 맞지 않은 대답이고 (C) 질문에 나온 단어 nothing을 이용한 함정이다. (A)는 부정적인 말을 하지 말라는 말로 질문에 적합한 정답이다.

DAY 19 | 심화 학습

1. 의도 파악

SPARTA Actual Test pp.162-163

1. (D)	2. (C)	3. (B)	4. (D)	5. (A)	6. (A)
7. (D)	8. (C)	9. (A)	10. (C)	11. (A)	12. (B)
13. (B)	14. (C)	15. (D)	16. (C)	17. (D)	18. (A)

Questions 1-3 refer to the following conversation.

M: Wow! **There are so many people on the train.** Is this train always so crowded?
W: Not really. It seems to be the baseball championship this afternoon. **Let's move to the back of the train.** Maybe there will be a lot of vacant seats there.
M: Thanks for coming with me, by the way. I need to buy a new shirt and tie for my lecture, and **I'm not very good at shopping for clothes.** Also, I'm not familiar with this city. Can you help me?
W: Don't worry. I know some great clothing stores downtown.

M: 와! 기차에 사람이 너무 많아요. 이 기차는 항상 이렇게 붐벼요?
W: 아니요. 오늘 오후에 야구 챔피언십이 있거든요. 기차 뒤쪽으로 갑시다. 아마도 거기는 빈 좌석이 많이 있을 거예요.
M: 어쨌든 저와 같이 가 주셔서 고마워요. 제 강의를 위한 셔츠와 타이를 사야 해요. 저는 옷을 쇼핑하는 것을 잘 못하거든요. 이 도시도 익숙하지 않고요. 도와주시겠어요?
W: 걱정하지 마세요. 시내에 멋진 옷 가게를 알아요.

[어휘] vacant 비어 있는 lecture 강의 be good at ~을 잘하다

1. Where is the conversation taking place?
(A) At a shopping mall
(B) On the platform
(C) In a baseball stadium
(D) On a train

대화는 어디서 일어나고 있는가?
(A) 쇼핑몰에서
(B) 승강장에서
(C) 야구 경기장에서
(D) 기차에서

[해설] 첫 대사에서 남자가 "There are so many people on the train." 기차에 사람이 많다고 말을 꺼내고 있다. 따라서 정답은 (D)이다.

2. Why does the woman say, "It seems to be the baseball championship this afternoon"?
(A) To extend an invitation
(B) To see the baseball game
(C) To give an explanation
(D) To sit in an empty seat

왜 여자는 "오늘 오후에 야구 챔피언십이 있거든요"라고 말하는가?
(A) 초대장을 보내기 위해
(B) 야구 경기를 보기 위해
(C) 설명하기 위해
(D) 빈 좌석에 앉기 위해

해설 첫 대사에서 남자가 기차에 사람이 많다고 언급하면서 항상 이렇게 많은지 물어본다. 그래서 여자가 야구 챔피언십이 있어서 사람이 많다고 알려 주고 있다. 따라서 정답은 (C)이다.

3. What is the man concerned about?
(A) Tickets
(B) Clothes
(C) A lecture
(D) Family

남자가 염려하는 것은 무엇인가?
(A) 티켓
(B) 옷
(C) 강의
(D) 가족

해설 후반 남자 대사에서 강의에 옷이 필요하다고 하면서 "I'm not very good at shopping for clothes." 옷 쇼핑을 잘못하니 도와달라고 말하는 것을 확인할 수 있다. 따라서 정답은 (B)이다.

Questions 4-6 refer to the following conversation.

M: Olivia, **have you reviewed the questionnaire** we did last week?
W: Not yet. What were the results? Were there any problems about our medical clinic here?
M: Well, **almost all patients pointed out that they wanted more time to talk to the doctors during their visits.** They usually spend about 10 minutes with their doctor. So I think our clinic needs to extend the counseling time for them.
W: That would require important changes to our scheduling process. **But we're not able to revise it ourselves.** It'll be up to the members of the board to decide.

M: Olivia, 지난주에 실시한 설문지를 검토했어요?
W: 아직이요. 결과가 어때요? 우리 병원에 대해 문제가 있나요?
M: 글쎄요. 대부분의 환자들은 방문해서 의사와 이야기하는 시간을 더 가지고 싶다는 의견으로 몰렸어요. 그들은 보통 의사와 10분 정도 시간을 보내요. 그래서 그들을 위해 상담 시간을 연장할 필요가 있는 것 같아요.
W: 그것은 우리 일정 절차에 중요한 변화들을 요구하는데요. 그러나 우리가 수정할 수는 없어요. 이사진들에게 달려 있어요.

어휘 questionnaire 설문지 results 결과 patients 환자 extend 연장하다 counseling 상담 revise 수정하다 be up to ~에 달려 있다

4. What are the speakers mainly discussing?
(A) A job opening
(B) A new product
(C) A medical clinic location
(D) Some survey results

화자들은 주로 무엇에 대해 이야기하는가?
(A) 일자리
(B) 신상품
(C) 병원 위치
(D) 설문조사 결과

해설 첫 대사에서 남자가 "~ have you reviewed the questionnaire we did last week?" 설문 조사 결과를 봤는지 묻고 나서 세부적으로 대화하므로 정답은 (D)이다.

5. According to the man, what is the problem?
(A) Meeting times with the doctor are short.
(B) Doctors need to have more experience.
(C) Patients wait for a long time to see the doctors.
(D) It is hard to make an appointment.

남자에 따르면, 문제가 무엇인가?
(A) 의사와 만남 시간이 짧다.
(B) 의사들은 더 많은 경험이 필요하다.
(C) 환자들은 의사를 보기 위해 오래 기다린다.
(D) 예약하는 데 힘들다.

해설 설문조사에 따르면 "~ almost all patients pointed out that they wanted more time to talk to the doctors during their visits." 환자들이 의사들과 더 많은 시간을 보내고 싶어 한다고 한다. 따라서 정답은 (A)이다.

6. What does the woman imply when she says, "That would require important changes to our scheduling process"?
(A) She doubts a change will be implemented.
(B) She thinks more employees should be hired.
(C) She needs more time to decide.
(D) She believes some data is incorrect.

여자가 "그것은 우리 일정 절차에 중요한 변화들을 요구하는데요"라고 말할 때 의도한 것은 무엇인가?
(A) 그녀는 이 변화가 실행될지 의심스럽다.
(B) 그녀는 새로운 직원들이 고용되어야 한다고 생각한다.
(C) 그녀는 결정하는 데 더 많은 시간을 필요로 한다.
(D) 그녀는 데이터가 잘못됐다고 생각한다.

해설 남자가 의사와 대면하는 시간을 늘렸으면 한다고 말하자 여자가 일정 절차에 변화가 필요한데 "But we're not able to revise it ourselves." 우리가 수정할 수 없다고 말한다. 즉, 그 변화가 실행될지 의심하는 의도이므로 정답은 (A)이다.

Questions 7-9 refer to the following conversation.

M: Min, **I'm thinking about our itinerary for the banking convention in London. It's a week away.**
W: Well, our team is taking the same flight. So it would be better to ride together from the company to the airport. But we'll be gone for several days, **so the cost of parking at the airport would be really high.**
M: I think so. **We'd better take a taxi to save money. It costs only 30 dollars.**
W: You're right. I'll talk to the other team members who we're going with.

M: Min, 런던에 있는 금융 컨벤션을 위한 여행 일정을 생각했는데 일주일 남았더라고요.
W: 그럼, 저희 팀은 같은 비행기를 탈 거예요. 그래서 회사에서 공항까지 함께 타고 가는 게 좋을 것 같은데요. 그런데 저희가 며칠 동안 떠나 있어서 공항 내 주차 비용이 정말 클 거예요.
M: 저도 그렇게 생각해요. 돈을 아끼기 위해 택시를 타는 게 좋을 것 같아요. 요금이 딱 30달러거든요.
W: 당신 말이 맞네요. 제가 우리와 같이 갈 멤버들에게 말할게요.

어휘 itinerary 여행 일정 banking 금융 save money 돈을 아끼다

7. What does the man say will take place in seven days?
   (A) An awards ceremony
   (B) A staff meeting
   (C) A grand opening celebration
   (D) A professional conference

남자는 7일 뒤에 무슨 일이 일어날 거라고 말하는가?
(A) 시상식
(B) 직원 회의
(C) 개장 축하 행사
(D) 전문적인 학회

해설 첫 대사에서 남자가 "I'm thinking about our itinerary for the banking convention in London. It's a week away." 런던에 있는 학회 일정을 생각했는데 일주일이 남았다고 한다. 그래서 정답은 (D)이다.

8. What does the woman say she is concerned about?
   (A) Public transportation
   (B) A missed deadline
   (C) A parking fee
   (D) A connecting flight

여자는 무엇에 대해 걱정한다고 말하는가?
(A) 대중 교통
(B) 놓친 마감일
(C) 주차비
(D) 연결 항공편

해설 여자가 공항에 같이 갈 것을 말하면서 "~ so the cost of parking at the airport would really be high." 공항 주차비가 클 것을 걱정한다고 하므로 정답은 (C)이다.

9. Why does the man say, "It costs only 30 dollars"?
   (A) To make a suggestion
   (B) To express appreciation
   (C) To complain about a price
   (D) To save time

왜 남자는 "요금이 딱 30달러거든요"라고 말하는가?
(A) 제안하기 위해
(B) 감사하기 위해
(C) 가격에 불평하기 위해
(D) 시간을 절약하기 위해

해설 남자가 공항까지 "We'd better take a taxi to save money." 택시 타는 게 나을 것 같다고 하면서 요금이 30달러임을 말한다. 즉, 택시를 타자는 제안으로 정답은 (A)이다.

Questions 10-12 refer to the following conversation.

M: Mitchell, **do you know which transportation goes to the Woodberry shopping mall?** There'll be a big sale this weekend. So I want to go there this Saturday to shop for reasonably priced items.
W: Really? **Can you join me and my husband as well?** He has a van.
M: Oh, great! Should I eat before I go, or are you planning to have dinner together afterwards?
W: I know a great restaurant next to the mall. **I'll just call the restaurant and book a table for three people.**
M: That sounds great. Thanks!

M: Mitchell, 어떤 교통 수단이 Woodberry 쇼핑몰로 가는지 알아요? 이번 주말에 큰 세일이 있다고 해서요. 저렴한 가격에 쇼핑하러 이번 주 토요일에 가려고요.
W: 정말요? 저와 저의 남편과 함께 가실래요? 그가 승합차가 있거든요.
M: 아, 좋아요! 가기 전에 뭐 좀 먹어야 하나요? 아니면 그 뒤에 저녁을 먹을 계획인가요?
W: 쇼핑몰 옆에 훌륭한 레스토랑을 알아요. 제가 전화해서 3명 테이블을 예약할게요.
M: 좋아요. 고마워요!

어휘 transportation 교통 수단 afterwards 그 뒤에

10. What are the speakers mainly discussing?

(A) A restaurant reservation

(B) A café opening

(C) A mall trip

(D) Shopping items

화자들은 주로 무엇에 대해 토론하는가?
(A) 레스토랑 예약
(B) 카페 개업
(C) 쇼핑몰 이동
(D) 쇼핑 물건

해설 첫 대사에서 남자가 "~ do you know which transportation goes to the Woodberry shopping mall?" 쇼핑몰로 가는 교통 수단을 물어보면서 대화가 진행되므로 정답은 (C) 쇼핑몰 이동이다.

11. Why does the woman say, "He has a van"?

(A) To offer the man a ride

(B) To confirm that a delivery can be made

(C) To explain a parking rule

(D) To identify that her husband is a good driver

왜 여자는 "그가 승합차가 있거든요"라고 말하는가?
(A) 남자에게 탈 차량을 제공하기 위해
(B) 배달될 수 있는지 확인하기 위해
(C) 주차 규정을 설명하기 위해
(D) 그녀의 남편이 모범 운전사라는 것을 확인하기 위해

해설 여자는 남자에게 "Can you join me and my husband as well?" 그녀의 남편과 쇼핑몰에 같이 가자고 제안하면서 남편에게 차가 있다고 한다. 결국 차량을 제공하기 위해 한 말로 정답은 (A)이다.

12. What does the woman say she will do?

(A) Buy discount tickets

(B) Contact a dining establishment

(C) Cancel a reservation

(D) Change the number of people

여자는 무엇을 할 것이라고 말하는가?
(A) 할인 티켓을 사기
(B) 식당에 연락하기
(C) 예약을 취소하기
(D) 사람들의 수를 바꾸기

해설 후반에 여자가 좋은 식당을 안다고 하면서 "I'll just call the restaurant and book a table for three people." 3명 자리를 예약을 한다고 하므로 정답은 (B)이다.

Questions 13-15 refer to the following conversation with three speakers.

W1: Before I leave the office, **I want to check if you booked room 510 for next month's conference.**

M: I did, and I purchased a new projector because last year **many participants of this meeting complained that they couldn't see the visual materials clearly.**

W1: Good job! What else do we need to consider about the meeting?

W2: Well, the accounting team asked to add some new reimbursement procedures to this agenda.

W1: Hmm... It might be too late to include them.

M: Actually, I haven't forwarded the agenda yet. **We still have some time.**

W1: In that case, I'll keep my comments short to make time for them.

W1: 제가 퇴근하기 전에 당신이 다음 달 회의를 위해 510호실을 예약했는지 확인하려고요.
M: 했어요. 그리고 새로운 프로젝터를 샀어요. 왜냐하면 작년에 이 회의 많은 참석자들이 시각 자료들을 또렷하게 볼 수 없다고 불평했거든요.
W1: 잘했어요! 회의에 대해 그밖에 무엇을 고려해야 할까요?
W2: 음, 회계팀이 이번 회의 안건에 새로운 상환 절차들을 추가로 넣는 것을 요청했어요.
W1: 음… 그것들을 넣기에는 너무 늦었어요.
M: 사실 아직 회의 안건을 안 보냈어요. 시간이 좀 있어요.
W1: 그러면 시간을 내서 짧은 의견을 쓸게요.

어휘 visual 시각의 clearly 또렷하게 accounting team 회계팀 reimbursement 상환 procedure 절차 too ~ to... 너무 ~해서 …할 수 없다 make time 시간을 내다

13. What is the conversation mainly about?

(A) Creating a brochure

(B) Preparing for a meeting

(C) Installing some speakers

(D) Upgrading a room

대화는 주로 무엇에 대해 이야기하는가?
(A) 브로셔를 만드는 것
(B) 회의를 준비하는 것
(C) 스피커를 설치하는 것
(D) 방을 업그레이드하는 것

해설 첫 대사에서 여자 1이 "I want to check if you booked room 510 for next month's conference." 남자에게 회의실을 예약했는지 묻는 것은 회의 준비에 관해 묻는 것이므로 (B)가 정답이다.

14. What did the man receive complaints about?

(A) A space was small.
(B) A meeting started late.
(C) Equipment had poor visual quality.
(D) A projector was out of order.

남자는 무엇에 대해 불평들을 받았는가?
(A) 공간이 작았다.
(B) 회의를 늦게 시작했다.
(C) 장비에 좋지 못한 시각 품질이 있었다.
(D) 프로젝터가 고장 났다.

해설 먼저 남자가 불평을 받았다는 것을 읽고 나서 듣도록 하자. 남자가 "~ many participants of this meeting complained that they couldn't see the visual materials clearly." 작년에 프로젝터가 잘 안 보여서 고객들이 불평을 했다고 하므로 정답은 (C)이다.

15. What does the man imply when he says, "I haven't forwarded the agenda yet"?

(A) He has been too busy to finish an assignment.
(B) He made a big mistake.
(C) An agenda needs to be approved.
(D) A change is still possible.

남자가 "아직 회의 안건을 안 보냈어요"라고 말할 때 의도한 것은 무엇인가?
(A) 그는 너무 바빠서 일을 끝낼 수 없었다.
(B) 그는 큰 실수를 했다.
(C) 회의 안건은 승인이 필요하다.
(D) 변화가 여전히 가능하다.

해설 회계부의 요청 건을 넣기에는 너무 늦었다고 말하자 남자가 회의 안건을 안 보냈으니 "We still have some time." 시간이 있다고 말한다. 따라서 (D)가 정답이다.

Questions 16-18 refer to the following conversation.

W: Excuse me, **I'm looking for some ingredients to make pancakes.** My friend recommended this supermarket because it has a good selection. Could you tell me which aisle I should go to?
M: Sure. You should go to aisle H.
W: Great. Honestly, I've never made them before. So **I'm concerned about it.**
M: Not too worry. If you choose any pancake's ingredients, you can see the information on the back of the box.
W: Okay, thanks!
M: Also, if you have our membership card, you can have 20% off today. But if you don't, **I could take you to the customer service desk so you can sign up for one.**
W: I don't have a membership card yet, so I'd appreciate that.

W: 실례합니다. 팬케이크를 만들 재료들을 찾고 있는데요. 제 친구가 이 슈퍼마켓이 좋은 물건을 가지고 있다고 추천했거든요. 어느 통로로 가야 하는지 말해 주시겠어요?
M: 그럼요. H 통로로 가시면 돼요.
W: 좋아요. 솔직히 전에 이것을 만든 적이 전혀 없거든요. 그래서 걱정이 돼요.
M: 너무 걱정하지 마세요. 만약에 팬케이크 재료를 선택하신다면 그 정보는 박스 뒤에 있어요.
W: 오, 고마워요!
M: 또한 만약에 회원 카드가 있으면 오늘 20 퍼센트 할인을 받을 수 있어요. 그러나 없으시면 제가 등록하실 수 있게 고객 서비스 데스크로 안내해 드릴게요
W: 아직 회원 카드가 없어요. 정말 감사합니다.

어휘 ingredient 재료 aisle 통로 sign up for ~에 등록하다

16. Where most likely are the speakers?

(A) At a café
(B) At a gift shop
(C) At a supermarket
(D) At a fitness club

화자들은 어디에 있을 것 같은가?
(A) 카페에
(B) 선물가게에
(C) 슈퍼마켓에
(D) 헬스장에

해설 첫 대사에 집중하면 여자가 "I'm looking for some ingredients to make pancakes." 팬케이크 재료를 찾고 있다고 하므로 정답은 (C)이다.

17. What does the woman mean when she says, "I've never made them before"?

(A) She is surprised that the recipe was easy.
(B) She is apologizing for making a mistake.
(C) She doesn't know how to find the section.
(D) She is hoping to receive instructions.

여자는 "전에 이것을 만든 적이 전혀 없거든요"라고 말할 때 의도하는 것은 무엇인가?
(A) 그녀는 요리법이 쉽다는 것에 놀랐다.
(B) 그녀는 실수한 일을 사과하고 있다.
(C) 그녀는 구역을 어떻게 찾는지 모른다.
(D) 그녀는 설명서 받는 것을 바라고 있다.

해설 여자는 팬케이크를 만들 재료를 찾고 있다고 말하고 만들어 본 적이 없다고 한다. 그래서 조리법을 알고 싶어 하는 의도가 담겨 있으므로 정답은 (D)이다.

18. Where will the speakers most likely go next?

(A) **To a customer service desk**
(B) To a checkout counter
(C) To a reception desk
(D) To a parking lot

화자들은 다음에 어디로 갈 것 같은가?
(A) 고객 서비스 데스크로
(B) 계산대로
(C) 접수처로
(D) 주차장으로

해설 대화 후반에 남자는 여자에게 회원 카드 혜택을 말하면서 "I could take you to the customer service desk so you can sign up for one." 혹시 없으면 고객 서비스 데스크에서 만들 수 있다고 한다. 여자는 회원 카드가 없다고 하면서 고객 서비스 데스크로 이동할 것을 알 수 있다. 정답은 (A)이다.

2. 시각 자료

SPARTA Actual Test pp.166-167

| 1. (B) | 2. (C) | 3. (A) | 4. (A) | 5. (C) | 6. (B) |
| 7. (C) | 8. (C) | 9. (B) | 10. (A) | 11. (B) | 12. (D) |

Questions 1-3 refer to the following conversation and list.

M: Hi, Mary. **I e-mailed you a copy of the order form for some office supplies.**
W: Yeah, I just received it. I'm looking at the form now.
M: What do you think of those prices?
W: Um … $4.00, $7.00, $5.00, and $3.00… **Is it only 5 dollars? It's a heavily discounted price, isn't it?**
M: Yes, it's about half price.
W: Okay. **Why don't we order ten in advance then?**
M: That's a good idea. I'll fill out the purchase request form and **then get permission from our manager.**

M: 안녕하세요, Mary. 사무 용품에 대한 주문서를 이메일로 보냈어요.
W: 네, 방금 받았어요. 지금 주문서를 보고 있어요.
M: 이 가격들에 대해 어떻게 생각해요?
W: 음… 4달러, 7달러, 5달러, 3달러… 겨우 5달러요? 큰 할인이네요, 그렇죠?
M: 네, 반값이에요.
W: 좋아요. 그러면 10개를 미리 주문하는 게 어때요?
M: 좋은 생각이네요. 제가 구매 요청서를 작성하고 매니저에게 허락을 받을게요.

어휘 office supplies 사무 용품 half price 반값 in advance 사전에 permission 허락

Order Form - Morning Stationery	
A4 Copy Paper (500 sheets)	$4.00
A3 Copy Paper (500 sheets)	$7.00
Printer Black Ink	$5.00
Plastic Folders (20 pack)	$3.00

주문서 – Morning Stationery	
A4 용지 (500장)	4달러
A3 용지 (500 장)	7달러
프린터 블랙 잉크	5달러
비닐 폴더 (20 팩)	3달러

1. What does the man say he has done?
(A) Made a copy
(B) Sent information
(C) Fixed a copy machine
(D) Ordered some office supplies

남자는 그가 무엇을 했다고 말하는가?
(A) 복사했다
(B) 정보를 보냈다
(C) 복사기를 고쳤다
(D) 사무 용품을 주문했다

해설 첫 남자 대사에서 "I e-mailed you a copy of the order form for some office supplies." 사무 용품 주문서를 보냈다고 한다. 따라서 정보를 보냈다는 뜻의 정답은 (B)이다.

2. Look at the graphic. Which item will they order more of?
(A) A4 Copy Paper
(B) A3 Copy Paper
(C) Printer Black Ink
(D) Plastic Folders

시각 자료를 보시오. 그들은 어떤 물건을 더 주문할 것인가?
(A) A4 용지
(B) A3 용지
(C) 프린터 블랙 잉크
(D) 비닐 폴더

해설 여자는 주문서 가격들을 보면서 "Is it only 5 dollars? It's a heavily discounted price, isn't it?" 5달러 물건이 큰 할인인 것을 알고 "Why don't we order 10 in advance then?" 10개를 미리 주문하자고 하므로 정답은 (C)이다.

3. What does the man mention about the purchase form?
(A) It needs approval.
(B) It should be sent to the supplier.
(C) It is easy to fill out.
(D) It needs to be done together.

남자는 구매 양식에 대해 뭐라고 언급하는가?
(A) 승인이 필요하다.
(B) 공급 업체에 보내야 한다.
(C) 작성하기 쉽다.
(D) 함께 할 필요가 없다.

해설 후반 대사에서 남자가 직접 구매 양식을 작성하고 "~ then get permission from our manager. "매니저의 허락을 받는다고 하므로 정답은 (A)이다.

Questions 4-6 refer to the following conversation and schedule.

W: I just heard that Samuel Ferguson might not be here in time for his presentation. So if he is late, it will affect the start times of the presenters who follow him.
M: Really? That's a serious problem.
W: **We've only reserved the room until 5:00 P.M. So I don't want to be delayed.**
M: I see, and **we need to get out of here right after the event to take our flight back to London.** Why don't we switch the second and third speakers?
W: It's not possible. Steve Kim hasn't arrived yet, and his speech is longer than the others. **We'll have to swap "Running an Online Business" with "Using Social Networks".**
M: I think Tom James will agree because it will mean he can leave earlier.

W: 방금 Samuel Ferguson가 발표하러 제때 여기로 못 올 것 같다는 소식을 들었어요. 그래서 만약에 그가 늦으면 그 이후에 하는 발표자들의 시작 시간에 영향을 미칠 것 같아요.
M: 정말요? 심각한 문제네요.
W: 저희는 딱 오후 5시까지 방을 예약했거든요. 그래서 지연이 되면 안 돼요.
M: 알겠어요. 그리고 런던으로 돌아가는 비행기를 타려면 행사 끝나자마자 여기에서 나가야 해요. 두 번째와 세 번째 연설자를 바꾸는 게 어때요?
W: 그건 불가능해요. Steve Kim은 아직 도착 안 했어요. 그리고 그의 연설은 다른 사람들보다 더 오래 걸려요. "온라인 비즈니스 운영"과 "소셜 네트워크 이용"을 바꿔야 할 것 같아요.
M: Tom James가 동의할 것 같아요. 왜냐하면 그는 일찍 떠날 수 있으니까요.

어휘 affect 영향을 미치다 serious 심각한 get out of 나가다 switch 바꾸다 swap 바꾸다

Sales Marketing - Theodore Grant	11:00 A.M. - Noon
Lunch	Noon - 1:00 P.M.
Running an Online Business - Samuel Ferguson	1:00 P.M. - 2:00 P.M.
Time Management - Steve Kim	2:00 P.M. - 4:00 P.M.
Using Social Networks - Tom James	4:00 P.M. - 5:00 P.M.

판매 마케팅 - Theodore Grant	오전 11:00 - 정오
점심	정오 - 오후 1:00
온라인 비즈니스 운영 - Samuel Ferguson	오후 1:00 - 2:00
시간 관리 - Steve Kim	오후 2:00 - 4:00
소셜 네트워크 이용 - Tom James	오후 4:00 - 5:00

4. What does the woman say about the presentations?
(A) There may not be enough time.
(B) There are no tickets left.
(C) They are being held on a weekend.
(D) They have been rated highly.

여자는 발표에 대해 뭐라고 말하는가?
(A) 충분한 시간이 없다.
(B) 남아있는 티켓이 없다.
(C) 주말에 열린다.
(D) 높게 평가되었다.

해설 대화 초반에 한 발표자가 늦을 것이라고 하면서 여자가 "We've only reserved the room until 5:00 P.M. So I don't want to be delayed." 5시까지 방의 예약이 잡혀 있고 지연되면 안 된다고 말한다. 따라서 정답은 (A)이다.

5. What does the man say the speakers will do after the event?
(A) Reserve a hotel room
(B) Meet a client
(C) Take a flight
(D) Give a speech

행사 후에 남자는 무엇을 할 것이라고 말하는가?
(A) 호텔을 예약하기
(B) 고객을 만나기
(C) 비행기를 타기
(D) 연설하기

해설 남자가 "~ we need to get out of here right after the event to take our flight back to London." 런던에 돌아가는 비행기를 타려면 행사 후에 바로 나가야 된다고 하므로 정답은 (C)이다.

6. Look at the graphic. Who will most likely speak last?
(A) Theodore Grant
(B) Samuel Ferguson
(C) Steve Kim
(D) Tom James

도표를 보시오. 누가 마지막으로 말할 것 같은가?
(A) Theodore Grant
(B) Samuel Ferguson
(C) Steve Kim
(D) Tom James

해설 결국은 여자가 후반에 "We'll have to swap 'Running an Online Business' with 'Using Social Networks'." '온라인 비즈니스 운영'과 '소셜 네트워크 이용' 강의를 바꾸자고 한다. 따라서 마지막 강의는 (B)이다.

Questions 7-9 refer to the following conversation and sign.

M: Maria, our restaurant is going to attend the community festival next week, so **it is a great opportunity to get some nice publicity. Also, we can make many customers interested in our restaurant.**
W: Yeah, it's certainly a good promotion. What is your shift this festival?
M: **I plan to be at the festival's opening day.** Luckily, the weather should be warm and sunny. Are you working at the festival?
W: No, I'm not scheduled at that time. However, **I'll be there helping my cousin**, who has a small flower shop. She needs assistance for her booth.

M: Maria, 저희 레스토랑이 다음 주 지역 축제에 참석할 거예요. 그래서 이번이 좋은 홍보를 할 멋진 기회예요. 또 우리 레스토랑에 관심 있는 많은 고객들도 데리고 올 수 있고요.
W: 네, 확실히 좋은 홍보가 될 거예요. 이번 축제에 당신의 근무 시간대는 어때요?
M: 저는 축제 첫날에 갈 계획이고요. 운이 좋게도 날씨가 따뜻하고 화창하던데요. 축제 때 일하시나요?
W: 아니요, 그때는 일정이 안 잡혔어요. 그런데 작은 꽃가게를 하는 제 사촌을 거기에서 도와주려고요. 부스에서 도움이 필요하거든요.

어휘 community 지역 publicity/promotion 홍보 cousin 사촌 booth 부스

Ashifield Community Festival

October from the 9th to the 16th
For 8 days
Enjoy local food and shopping!

Ashifield 지역 축제

10월 9일에서 16일까지
8일 동안
지역 음식과 쇼핑을 즐기세요!

7. What does the man say about the festival?
(A) It can be delayed because of the weather.
(B) It will be moved to a bigger location.
(C) It is a good chance to attract many people.
(D) His restaurant will not attend.

남자는 축제에 대해 뭐라고 말하는가?
(A) 날씨 때문에 지연될 수 있다.
(B) 더 큰 장소로 이동할 것이다.
(C) 많은 사람들을 끌어들이는 데 좋은 기회이다.
(D) 그의 레스토랑은 참석 안 할 것이다.

해설 남자가 이번 지역 축제에 참석하는 것이 "~ it is a great opportunity to get some nice publicity. Also, we can make many customers interested in our restaurant." 레스토랑에 고객들을 끌어들이는 데 좋은 기회라고 말하므로 정답은 (C)이다.

8. Look at the graphic. When will the man work at the festival?
(A) On October 7
(B) On October 8
(C) On October 9
(D) On October 16

시각 자료를 보시오. 남자는 언제 축제에서 일할 것인가?
(A) 10월 7일
(B) 10월 8일
(C) 10월 9일
(D) 10월 16일

해설 여자가 축제에서 일할 것인지 묻자 남자가 "I plan to be at the festival's opening day." 첫날에 일한다고 하므로 정답은 (C)이다.

9. What does the woman say she will do?
(A) Post an ad on the Web site
(B) Help her relative
(C) Prepare some food
(D) Deliver some flowers

여자는 무엇을 할 것이라고 말하는가?
(A) 웹 사이트에 광고하기
(B) 친척을 도와주기
(C) 음식을 준비하기
(D) 꽃을 배달하기

해설 대화 후반에 여자가 축제에 있는 이유로 "I'll be there helping my cousin." 사촌을 도와야 한다고 말한다. 정답은 (B)이다.

Questions 10-12 refer to the following conversation and graph.

W: I've been looking at our bill from the paper supplier. **We're spending too much on paper. I think it's wasteful.** Take a look at this graph; it shows how much each department is using.

M: I see, but the training department can't reduce it because they have to print out a lot of materials and things.

W: You're right, but look at this one. **I think if we gave them all tablet computers, we could cut down this 500-dollar amount.**

M: **It'll cost more in the short run, though.**

W: I know, but it's not just about money. **Can you get in touch with James? I'd like to hear his opinion.**

M: Sure. I'll contact him right away.

W: 종이 공급 업체에서 온 영수증을 보고 있는데요. 저희가 너무 많은 종이를 쓰고 있어요. 너무 낭비인 것 같아요. 그래프를 보세요. 각 부서가 얼마나 많은 종이를 쓰는지 보여 줘요.
M: 알겠어요. 그러나 교육부는 종이를 줄일 수 없어요. 왜냐하면 그들은 많은 자료들을 인쇄해야 하거든요.
W: 맞아요. 이것을 보세요. 우리가 그들 모두에게 태블릿 컴퓨터를 줬다면 500달러를 줄일 수 있었을 거예요.
M: 그렇지만 단기적으로는 비용이 더 들어요.
W: 알아요. 그러나 단지 돈에 관한 것은 아니에요. James에게 여기로 오라고 연락해 주실래요? 그의 의견을 듣고 싶어요.
M: 물론이죠. 제가 지금 당장 그에게 연락할게요.

어휘 wasteful 낭비하는 reduce 줄이다 in the short run 단기적으로 keep in touch 연락하다 opinion 의견

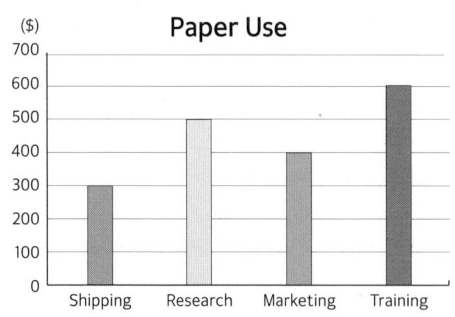

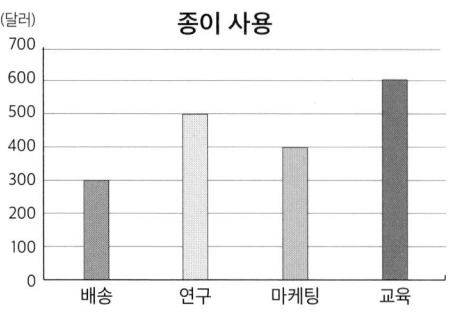

10. What are the speakers talking about?
    (A) **A waste of stationery items**
    (B) A billing problem
    (C) Moving to another department
    (D) A staff training event

    화자들은 무엇에 대해 말하는가?
    (A) 문구류의 낭비
    (B) 영수증 문제
    (C) 다른 부서로 이동
    (D) 직원 교육 행사

    해설 대화 초반에 여자가 "We're spending too much on paper. I think it's wasteful." 많은 종이를 쓰고 있다면서 문제점을 지적한다. 그래서 정답은 (A)이다.

11. Look at the graphic. Which department does the woman suggest giving the tablet computers to?
    (A) Shipping
    (B) **Research**
    (C) Marketing
    (D) Training

    그래프를 보시오. 여자는 어떤 부서에게 태블릿 컴퓨터를 제공해야 한다고 제안하는가?
    (A) 배송
    (B) 연구
    (C) 마케팅
    (D) 교육

    해설 여자 대사에 집중하면 "I think if we gave them all tablet computers, we could cut down this 500-dollar amount." 500달러 종이를 쓴 부서에게 컴퓨터를 줬다면 500달러를 절약했을 것이라고 한다. 정답은 (B)이다.

12. What is the man asked to do?
    (A) Check a price
    (B) Explain a process
    (C) Purchase the tablets computers
    (D) **Contact a colleague**

    남자는 무엇을 하도록 요청 받는가?
    (A) 가격 확인하기
    (B) 과정을 설명하기
    (C) 태블릿 컴퓨터를 구매하기
    (D) 동료와 연락하기

    해설 대화 후반에 여자가 남자에게 "Can you get in touch with James?" James에게 연락해 달라고 부탁한다. 따라서 (D)가 정답이다.

DAY 20 | 심화 학습

1. 의도 파악

SPARTA Actual Test pp.170-171

1. (B)	2. (C)	3. (B)	4. (B)	5. (A)	6. (D)
7. (D)	8. (B)	9. (B)	10. (B)	11. (D)	12. (D)
13. (A)	14. (C)	15. (D)	16. (C)	17. (B)	18. (A)

Questions 1-3 refer to the following telephone message.

Hello, this is a message for Ms. Mirasol Santos. **This is Clint Freeman from City Dry Cleaners.** I'm calling to let you know that your pantsuit will not be available tomorrow morning as I told you. **There was a power outage in the shop** so there was nothing we could do. We will make sure it is given high priority tomorrow morning and can guarantee it will be ready for you by 2 P.M. To compensate for your inconvenience, **you will be given a coupon for a 50% discount on your next order.** Thank you for your continued patronage, and we hope you have a great day.

안녕하세요, Ms. Mirasol Santos 씨에게 보내는 메시지입니다. City 드라이 클리닝의 Clint Freeman입니다. 제가 말했던 대로 내일 아침에 바지 정장을 찾을 수 없음을 알려 드리려고 전화합니다. 가게에 정전이 있어서 우리가 할 수 있는 일이 없었습니다. 내일 아침에 우선적으로 진행되고 오후 2시까지는 준비가 될 것이라고 확신합니다. 고객님의 불편을 보상하기 위해 다음 주문에 50% 할인 쿠폰을 제공할 예정입니다. 저희 가게를 애용해 주셔서 감사합니다. 좋은 하루 보내시길 바랍니다.

어휘 pantsuit 바지 정장 power outage 정전 priority 우선 순위 guarantee 보장하다 patronage 애용 compensate 보상하다

1. Where does the speaker most likely work?
   (A) At a clothing store
   (B) At a dry-cleaning shop
   (C) At a fashion design studio
   (D) At a railroad company

   화자는 어디서 일할 것 같은가?
   (A) 옷 가게에서
   (B) 드라이 클리닝 가게에서
   (C) 패션 디자인 스튜디오에서
   (D) 철도 회사에서

   해설 화자 소개에서 "This is Clint Freeman from City Dry Cleaners."라고 말하므로 정답은 (B)이다.

2. What does the speaker mean when he says, "there was nothing we could do"?
   (A) He did not have enough information.
   (B) The problem was too complicated.
   (C) The situation was out of his control.
   (D) He did not act quickly enough.

   화자가 "우리가 할 수 있는 일이 없었습니다"라고 말할 때 의도한 것은 무엇인가?
   (A) 그는 충분한 정보가 없었다.
   (B) 문제가 너무 복잡했다.
   (C) 상황이 그의 통제에서 벗어났다.
   (D) 그가 충분히 빨리 행동하지 않았다.

   해설 화자가 주문을 못 맞춘 이유는 "There was a power outage in the shop ~." 정전 때문이라고 말하면서 그가 통제할 수 있는 상황이 아니라고 한다. 따라서 정답은 (C)이다.

3. What will the listener receive?
   (A) A refund
   (B) A discount voucher
   (C) A new item
   (D) An explanation

   청자는 무엇을 받을 것인가?
   (A) 환불
   (B) 할인 쿠폰
   (C) 새 물건
   (D) 설명

   해설 사과의 뜻으로 "~ you will be given a coupon for a 50% discount on your next order." 다음 주문 때 쓸 수 있는 50 퍼센트 쿠폰을 준다고 한다. 따라서 정답은 (B)이다.

Questions 4-6 refer to the following excerpt from a speech.

I believe that this year's Sydney Fun Run was the most successful race yet. **One reason for that was the extra funding we received from our sponsor** at Max Athletics. And I would like to express my appreciation to event planners for making that deal. **Next year, we'll hold our first Camper River boat race.** I'm sure this team is very capable of handling this event. Nevertheless, we really need to plan this carefully. **If the event doesn't go well in the first year,** we won't have another opportunity next time.

저는 올해의 Sydney Fun Run가 가장 성공적인 경기였다고 생각합니다. 그 이유 중 하나는 Max Athletics의 후원자에게서 받은 추가 자금 때문이었습니다. 그러한 거래를 성사한 행사 기획자들에게 감사를 표하고 싶습니다. 내년에는 Camper River 보트 경주를 처음 개최할 예정입니다. 저는 이 팀이 행사를 매우 잘 수행할 것이라고 확신합니다. 그렇지만 우리는 정말 신중하게 계획해야 합니다. 첫해에 행사가 잘 진행되지 않는다면 우리에게 또 다른 기회가 없을 것입니다.

어휘 successful 성공적인 race 경기 funding 자금 sponsor 후원자 event planners 행사 기획자 capable 유능한 appreciation 감사

4. What does the speaker thank organizers for?
   (A) Publicizing a product launch
   (B) Obtaining corporate sponsorship
   (C) Evaluating a performance
   (D) Reviewing a proposal

   화자는 주최자들에게 무엇을 감사하는가?
   (A) 제품 출시를 홍보한 것
   (B) 기업 후원을 받은 것
   (C) 성과를 평가하는 것
   (D) 제안서를 검토하는 것

   해설 담화 초반에 "One reason for that was the extra funding we received from our sponsor ~." 스폰서에게 후원을 받게 한 주최자에게 감사하다고 전하고 있다. 정답은 (B)이다.

5. What kind of event will be provided next year?
   (A) A boat competition
   (B) A theatrical production
   (C) A clearance sale
   (D) A marathon race

   내년에 어떤 종류의 행사가 제공될 것인가?
   (A) 보트 경기
   (B) 연극 제작
   (C) 창고 정리 세일
   (D) 마라톤 경주

   해설 화자는 "Next year, we'll hold our first Camper River boat race." 내년에는 보트 경기가 있다고 한다. 정답은 (A)이다.

6. What does the speaker mean when she says, "we won't have another opportunity next time"?
   (A) They should request a policy change.
   (B) Another team will be in charge next year.
   (C) The project's budget is limited.
   (D) The event's success is very important.

   화자가 "다음에 또 다른 기회가 없을 것입니다"라고 말할 때 의도한 것은 무엇인가?
   (A) 그들은 정책 변경을 요청해야 한다.
   (B) 내년에 다른 팀이 담당할 것이다.
   (C) 프로젝트의 예산이 제한되어 있다.
   (D) 행사의 성공은 매우 중요하다.

   해설 후반에 화자는 경기의 중요성을 언급하면서 "If the event doesn't go well in the first year, ~." 첫해에 행사가 잘 안 될 것을 염려하고 있다. 그만큼 첫 행사가 중요하다는 의미로 정답은 (D)이다.

Questions 7-9 refer to the following talk.

Good morning, everyone. Before we start work today, I'd like to make a short announcement. Today a very important guest will be visiting us. His name is Jonathan Banks, and **he is here to talk about a business partnership with our president.** Although he's never been here before, you'll know him when you see him. He's very tall and always wears a black suit with a red tie. I'd like to ask that you not visit the president's office on the 10th floor between two o'clock and four o'clock during the discussion.

모두들, 좋은 아침입니다. 오늘 업무를 시작하기 전에 짧은 발표를 하고 싶습니다. 오늘 매우 중요한 손님이 우리를 방문할 것입니다. 그의 이름은 Jonathan Banks이며 그는 우리 회장님과 사업 파트너십에 대해 이야기 하려고 여기 오실 것입니다. 그는 전에 여기 온 적이 없지만 여러분들이 그를 만나면 누군지 알 것입니다. 그는 키가 크고 빨간 넥타이에 검은 옷을 항상 입습니다. 논의 중인 2시와 4시 사이에 10층에 있는 회장실 방문을 허용하지 않습니다.

어휘 guest 초대 손님 be allowed to ~하는 것이 허용되다

7. What is the purpose of Mr. Banks's visit?
   (A) He is enjoying a vacation.
   (B) He is visiting relatives.
   (C) He is inspecting a factory.
   (D) He is negotiating a deal.

   Banks 씨의 방문 목적은 무엇인가?
   (A) 그는 휴가를 즐기고 있다.
   (B) 그는 친척을 방문하고 있다.
   (C) 그는 공장을 검사하고 있다.
   (D) 그는 거래를 협상 중이다.

   해설 화자는 Banks 씨가 오는 이유로 "he is here to talk about a business partnership with our president." 사장님과 사업 파트너십에 관해 이야기하러 온다고 한다. 즉, 거래를 협상 중이므로 정답은 (D)이다.

8. What does the speaker mean when she says, "you'll know him when you see him"?
   (A) Mr. Banks is very friendly.
   (B) Mr. Banks is very easy to recognize.
   (C) Mr. Banks should be familiar to the employees.
   (D) Mr. Banks is very well-known.

   화자가 "그를 만나면 누군지 알 것입니다"라고 말할 때 의도한 것은 무엇인가?
   (A) Banks 씨는 매우 친절하다.
   (B) Banks 씨는 매우 쉽게 알아볼 수 있다.
   (C) Banks 씨는 직원들에게 익숙하다.
   (D) Banks 씨는 매우 유명하다.

해설 화자는 이 말을 하면서 그의 생김새를 설명한다. "He's very tall and always wears a black suit with a red tie." 그는 항상 검정 양복에 빨간 넥타이를 착용하기 때문에 쉽게 알아볼 수 있다고 한다. 따라서 정답은 (B)이다.

9. What are listeners instructed to do?
   (A) Use only the back elevator
   (B) Refrain from bothering the company president
   (C) Try out a new line of briefcases
   (D) Discuss marketing ideas

   청자는 무엇을 지시 받았는가?
   (A) 뒤쪽 엘리베이터만 사용하기
   (B) 회사 회장님 방해하지 않기
   (C) 새로운 서류 가방을 사용해 보기
   (D) 마케팅 아이디어 논의하기

   해설 화자는 청자들에게 "I'd like to ask that you not visit the president's office ~." 사장실 방문하는 것을 허락하지 않는다는 내용으로 정답은 (B)이다.

Questions 10-12 refer to the following telephone message.

Hi, Rob. It's Elizabeth. The president decided to have a booth for KM Electronics at the trade show in Beijing in August, and **he wants us to make the arrangements for a visual display.** I know I said we really need to focus on researching customer satisfaction this week, **but he said it's a top priority.** So, it wasn't my idea. Anyway, I'll meet the design team this afternoon to talk about some opinions for the display at the trade fair. But in the meantime, **could you get in touch with the show organizers to get a booth** and ask them to recommend a good location? If you have any questions, call me anytime. Thanks.

안녕하세요, Rob. Elizabeth예요. 회장님이 8월 베이징에서 열리는 무역 박람회에서 최신 KM Electronics 부스를 하기로 결정했고 잘 보이는 전시를 하기를 원하십니다. 저는 우리가 이번 주에 고객 만족도를 조사하는 데 정말 집중해야 한다고 말씀 드렸지만 회장님은 전시회가 최우선이라고 말씀하셨어요. 그래서 이건 제 생각이 아니에요. 무역 박람회의 전시에 대한 의견을 이야기하기 위해 저는 오늘 오후에 디자인팀을 만날 거예요. 하지만 그동안에 당신이 박람회 주최자와 연락해서 부스를 마련하고 좋은 장소를 추천해 달라고 요청해 주겠어요? 질문이 있으면 언제든지 연락 줘요. 고마워요.

어휘 customer satisfaction 고객 만족도   top priority 최우선

10. Why is the speaker calling?
    (A) To sign up for a fashion show
    (B) To request help for a project
    (C) To book a ticket
    (D) To travel to Beijing

    화자는 왜 전화하는가?
    (A) 패션쇼에 등록하기 위해
    (B) 프로젝트에 대한 도움을 요청하기 위해
    (C) 티켓을 예약하기 위해
    (D) 베이징으로 여행 가기 위해

    해설 화자는 청자에게 "~ he wants us to make the arrangements for a visual display." 회장님이 전시하기를 원하니 같이 하자고 한다. 따라서 정답은 (B)이다.

11. Why does the speaker say, "So, it wasn't my idea"?
    (A) She acknowledges a colleague deserves to be promoted.
    (B) She would like to listen to others' opinions.
    (C) She wants to introduce the design team.
    (D) She understands a change is inconvenient.

    왜 화자는 "제 생각이 아니에요"라고 말하는가?
    (A) 그녀는 동료가 승진할 자격이 있음을 인정한다.
    (B) 그녀는 다른 사람의 의견을 듣고 싶다.
    (C) 그녀는 디자인 팀을 소개하려고 한다.
    (D) 그녀는 변화가 불편하다고 생각한다.

    해설 화자는 다른 중요한 일이 있지만 회장님이 "~ but he said it's a top priority." 부스 진열을 먼저 하라고 했다고 말한다. 화자는 이 지시가 불편하다고 생각했다고 볼 수 있다. 정답은 (D)이다.

12. What is the listener asked to do?
    (A) Contact the company president
    (B) Organize a show
    (C) Change a location
    (D) Reserve a booth

    청자는 무엇을 하라고 요구 받는가?
    (A) 회사 회장에게 연락하기
    (B) 쇼를 구성하기
    (C) 위치를 변경하기
    (D) 부스를 예약하기

    해설 메시지 후반에 "~ could you get in touch with the show organizers to get a booth ~?" 청자에게 박람회 주최자에게 연락해서 부스를 신청하라고 요청하고 있다. 정답은 (D)이다.

Questions 13-15 refer to the following excerpt from a meeting.

Thank you for inviting me to the city council meeting. I'm so glad that you're considering us to meet the **energy needs of your area. My company, Energy Orlsen, specializes in saving the energy you use.** We provide renewable energy to residential areas by choosing to install our solar panels on the roof so you can power your entire house with reasonable clean energy. And many other areas have already signed up. I know you have a lot of questions, **but first, please look at the screen at the front of the room.**

You'll see a short video about what our company has achieved.

저를 회의에 초대해 주셔서 감사합니다. 저는 여러분이 우리 지역의 에너지 필요성을 충족하기 위해 고려해 주셔서 기쁩니다. 저의 회사인 Energy Orlsen은 에너지 절약 전문 회사입니다. 우리는 태양열 패널의 지붕 설치를 정함으로써 주거 지역에 재생 에너지를 공급하기 때문에 합리적인 청정 에너지로 모든 집에 전력을 공급할 수 있습니다. 그리고 많은 다른 지역들은 이미 가입하였습니다. 저에게 하실 질문이 많은 줄 알지만 우선 앞의 스크린을 봐 주시기 바랍니다. 저희 회사가 달성한 일에 대한 짧은 비디오를 보게 될 것입니다.

어휘 specialize in ~을 전문으로 하다 renewable 재생 가능한 residential 거주의 sign up 가입하다, 계약하다

13. What industry does the speaker work in?
(A) **Renewable energy**
(B) Computer technology
(C) Publishing
(D) Real estate

화자는 어떤 분야에서 일하고 있는가?
(A) 재생 에너지
(B) 컴퓨터 기술
(C) 출판
(D) 부동산

해설 화자가 회사를 소개할 때 "Energy Orlsen, specializes in saving the energy you use." 에너지 절약을 전문으로 하고 있다고 말한다. 따라서 에너지 회사임을 알 수 있으므로 정답은 (A)이다.

14. What does the speaker imply when he says, "many other areas have already signed up"?
(A) He is worried about the limited seats.
(B) He expects an industry to start changing.
(C) **The listeners should select his company.**
(D) The listeners should hurry to register.

화자가 "많은 다른 지역들은 이미 가입하였습니다"라고 말할 때 의도한 것은 무엇인가?
(A) 그는 제한된 좌석에 대해 걱정하고 있다.
(B) 그는 산업이 변화할 것으로 기대한다.
(C) **청자들은 그의 회사를 선택해야 한다.**
(D) 청자들은 등록을 서둘러야 한다.

해설 화자는 회사가 합리적인 가격에 에너지를 공급하고 있어서 다른 지역들이 본인의 회사를 선택했다고 한다. 청자들도 같은 선택을 하라는 뜻으로 말했음을 알 수 있다. 따라서 정답은 (C)이다.

15. What will the listeners do next?
(A) See a recent movie
(B) Ask questions
(C) Join a product demonstration
(D) **Watch a video**

청자들은 다음에 무엇을 할 것인가?
(A) 최신 영화 보기
(B) 질문하기
(C) 제품 시연에 동참하기
(D) **비디오 보기**

해설 후반에 "~ but first, please look at the screen in front of the room. You'll see a short video ~." 방 앞에 있는 스크린을 보자고 말한다. 정답은 (D)이다.

Questions 16-18 refer to the following telephone message.

Good afternoon. **This is Alice from the accounting division.** I'm reviewing some paperwork for your new employee, Mr. Vanna. He didn't fill out the reimbursement request form for his business trip last week. He only submitted the receipts he used. So I can't finish entering him into the payment system until I get that information. I have to take care of this by the end of the day so he can get paid tomorrow. You are his immediate supervisor. **Can you send Mr. Vanna to my office as soon as possible?** I know he is still having training. This form is only one page, though. Thank you.

안녕하세요. 회계 부서의 Alice입니다. 신입 사원 Vanna 씨에 대한 서류들을 검토하고 있는데요. Vanna 씨는 지난주 출장에 대한 환급 요청서를 작성하지 않았어요. 그가 사용한 영수증들만 제출했네요. 그래서 저는 그 정보를 얻을 때까지 결제 시스템에 입력할 수 없어요. 제가 오늘까지 이것을 처리해야 Vanna 씨가 내일 돈을 받을 수 있어요. 당신은 그의 직속 상사죠. Vanna 씨을 최대한 한 빨리 저의 사무실로 보낼 수 있나요? 저는 그가 아직 교육을 받고 있다고 알고 있어요. 이 양식은 단 한 페이지입니다. 감사합니다.

어휘 division 부서 payment system 결제 시스템 take care of 처리하다 immediate supervisor 직속 상사

16. Which department does the speaker work for?
(A) Human resources
(B) Publicity
(C) **Accounting**
(D) Sales

화자는 어떤 부서에서 일하고 있는가?
(A) 인사부
(B) 홍보부
(C) **회계부**
(D) 영업부

해설 화자의 소개에 "This is Alice from the accounting division." 회계부라고 하므로 정답은 (C)이다.

17. What does the speaker ask the listener to do?
(A) Pay for a business trip
(B) Send an employee to her office
(C) Check the receipts
(D) Lead an orientation

화자는 청자에게 무엇을 부탁하는가?
(A) 출장 비용을 지불하기
(B) 직원을 사무실로 보내기
(C) 영수증을 확인하기
(D) 오리엔테이션을 진행하기

해설 화자는 "Can you send Mr. Vanna to my office as soon as possible?" 직원을 사무실로 바로 보내달라고 요청하고 있다. 정답은 (B)이다.

18. What does speaker mean when she says, "This form is only one page"?
(A) A task should not take long.
(B) A policy has been changed.
(C) A form should be shortened.
(D) Some information is missing.

화자가 "이 양식은 단 한 페이지입니다"라고 말할 때 의도한 것은 무엇인가?
(A) 업무는 오래 걸리지 않는다.
(B) 정책이 변경되었다.
(C) 서식이 짧아야 한다.
(D) 일부 정보가 없어졌다.

해설 화자는 Vanna 씨가 교육 중인 것을 알지만 보내 달라고 요청한다. 이 말을 하는 것은 작성해야 할 양식이 짧아서 오래 걸리지 않을 것이라는 의미이다. 정답은 (A)이다.

2. 시각 자료

SPARTA Actual Test pp.174-175

| 1. (A) | 2. (C) | 3. (B) | 4. (B) | 5. (B) | 6. (B) |
| 7. (D) | 8. (C) | 9. (B) | 10. (C) | 11. (D) | 12. (B) |

Questions 1-3 refer to the following talk and floor plan.

Thank you for participating in a short meeting this morning. **I'm very pleased that our department store has increased its number of shoppers.** So I'd like to talk about the change of location. I've received a lot of suggestions for a location to display the artwork. A lot of employees suggested right next to the entrance, **but I want to keep that area for jewelry, which is always a popular item.** Instead, **I think those items should be at the back of the store, beside the furniture.** Many customers who buy furniture are often interested in artwork for their home decorations. Do you have any questions?

오늘 아침 간단한 회의에 참석해 주셔서 감사합니다. 저희 백화점의 쇼핑객이 늘어나서 정말 기쁩니다. 그래서 저는 장소의 변화에 대해 이야기하고 싶습니다. 저는 미술 작품을 전시하는 장소에 대해 많은 제안을 받았습니다. 많은 직원들이 입구 바로 옆을 제안했지만 저는 보석이 항상 인기 있기 때문에 그 자리를 유지하게 하고 싶습니다. 대신에 저는 미술 작품들이 가구 옆이자 가게 뒤쪽에 있어야 한다고 생각합니다. 가구를 사는 많은 고객들은 종종 집 장식을 위한 미술 작품에 관심을 갖잖아요. 질문 있나요?

어휘 artwork 미술 작품 entrance 입구 decorations 장식

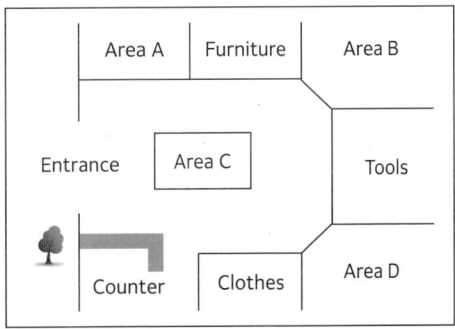

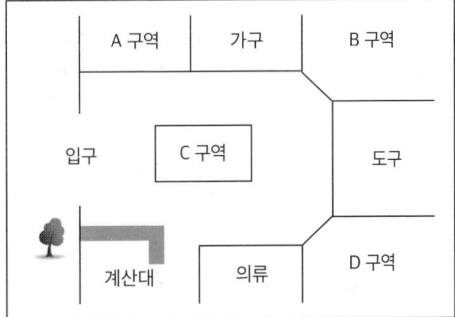

1. Where does the speaker work?
(A) At a department store
(B) At an art gallery
(C) At a furniture manufacturer
(D) At an apartment office

화자는 어디에서 일하는가?
(A) 백화점
(B) 미술관
(C) 가구 제조업체
(D) 아파트 사무실

해설 담화 초반에 "I'm very pleased that our department store has increased its number of shoppers." 백화점 쇼핑객이 늘어나서 기쁘다고 말한다. 정답은 (A)이다.

2. Which item is popular at the store?
(A) Clothes
(B) Artwork
(C) Jewelry
(D) Furniture

상점에서 인기 있는 항목은 무엇인가?
(A) 옷
(B) 미술 작품
(C) 보석
(D) 가구

해설 화자는 "~ but I want to keep that area for jewelry, which is always a popular item." 보석이 항상 인기 있는 품목이라서 위치를 바꾸고 싶지 않다고 말한다. 그래서 정답은 (C)이다.

3. Look at the graphic. Where should artwork be displayed?
   (A) In Area A
   (B) In Area B
   (C) In Area C
   (D) In Area D

   시각 자료를 보시오. 미술 작품이 어디에 전시되어야 하는가?
   (A) A 구역에
   (B) B 구역에
   (C) C 구역에
   (D) D 구역에

   해설 중후반에 "I think those items should be at the back of the store beside the furniture." 가구점 옆이자 가게 뒤쪽에 두고 싶다고 말한다. (B)가 정답이다.

Questions 4-6 refer to the following talk and list.

I reviewed the surveys we conducted last week **about where to spend the clinic's budget surplus.** You should know that if we don't spend our entire budget this year, we will probably receive a smaller budget next year. I think this is **an opportunity to do something that will make the clinic a more inviting environment.** So **I've decided to replace the new carpet in the waiting room for our patients.** It is very important to make a good impression for the clinic. Now, take a look at some samples from the manufacturer. **Please tell me what you think.** It'll be helpful for selecting something suitable.

지난주에 우리가 실시한 진료소의 예산 흑자를 어디에 쓸 것인지에 관해 실시한 설문 조사를 검토했습니다. 올해 예산을 다 쓰지 않으면 아마도 내년에는 예산을 더 적게 받게 될 거예요. 지금이 바로 진료소를 더 매력적인 환경으로 만들 수 있도록 무언가를 할 수 있는 기회라고 생각해요. 그래서 저희는 환자를 위한 대기실의 카펫을 새 카펫으로 교체하기로 했어요. 이 진료소에 대해 좋은 인상을 주는 것이 매우 중요합니다. 이제 제조 업체의 샘플들을 살펴 봅시다. 여러분이 생각하는 것을 말해 주세요. 어울리는 것을 선택하는 데 도움이 될 거예요.

어휘 budget surplus 예산 흑자 inviting 매력적인 patient 환자 impression 인상 suitable 어울리는

Joan Winter	New wallpaper in the lobby
Clem Roger	New carpet in the waiting area
Steve Jone	New lighting in the examination room
Dave Townsend	New furniture for the office

Joan Winter	로비에 새 벽지
Clem Roger	대기실에 새 카펫
Steve Jone	검사실에 새 전등
Dave Townsend	사무실에 새 가구

4. What is the talk about?
   (A) Attracting more patients
   (B) Decorating a healthcare facility
   (C) Reducing a budget
   (D) Relocating a clinic

   담화는 무엇에 대한 것인가?
   (A) 더 많은 환자를 끌어들이는 것
   (B) 의료 시설을 장식하는 것
   (C) 예산을 감축하는 것
   (D) 진료소 이전하는 것

   해설 화자는 초반에 "~ about where to spend the clinic's budget surplus." 예산 흑자를 어디에 쓸 건지에 대한 설문 조사를 검토했다고 한다. 화자 생각에는 "~ an opportunity to do something that will make the clinic a more inviting environment." 진료소를 매력적인 환경으로 만들 기회라고 하므로 정답은 (B)이다.

5. Look at the graphic. Whose opinion will most likely be accepted?
   (A) Joan Winter's
   (B) Clem Roger's
   (C) Steve Jone's
   (D) Dave Townsend's

   도표를 보시오. 누구의 의견이 받아들여질 가능성이 가장 큰가?
   (A) Joan Winter의 것
   (B) Clem Roger의 것
   (C) Steve Jone의 것
   (D) Dave Townsend의 것

   해설 화자는 "I've decided to replace the new carpet in the waiting room ~." 대기실의 새 카펫 교체를 결정했다고 한다. 정답은 (B)이다.

6. What does the speaker ask the listeners to do?
   (A) Make some samples
   (B) Provide some opinions
   (C) Measure a waiting area
   (D) Wear suits

화자는 청자들에게 무엇을 요청하는가?
(A) 몇 개의 샘플을 만들기
(B) 의견을 제시하기
(C) 대기실 치수를 재기
(D) 정장을 입기

해설 후반에 화자가 "Please tell me what you think." 청자들이 생각하는 것을 말해 달라고 요청한다. 따라서 정답은 (B)이다.

Questions 7-9 refer to the following announcement and schedule.

Good morning, everyone. I hope **you'll enjoy these sessions today at this year's Convention on Mobile Game Development.** Our company is proud to include many capable guest speakers today for amateur game developers like you. I have an announcement that there is one change to today's schedule. Unfortunately, Olly Whitfield can't join us today because she is sick. So **Chris Watana will substitute for Olly Whitfield.** He'll give a speech on designing platform software that can be used to create many different games. Also, **remember to hand in your opinion forms by the end of the day.** All those who submit these forms will automatically be entered into a contest for 1000 dollars cash.

여러분, 좋은 아침입니다. 오늘 열린 올해 모바일 게임 개발에 대한 컨벤션에서 이 세션들을 즐겁게 보시길 바랍니다. 저희 회사는 귀하와 같은 아마추어 게임 개발 업체들을 위해 많은 유능한 초청 연사들을 오늘 초빙하게 되어 자랑스럽습니다. 오늘 일정에 변경 사항이 하나 있습니다. 안타깝게도, Olly Whitfiel은 아파서 오늘 저희와 함께 할 수 없게 되었습니다. 그래서 Chris Watana가 Olly Whitfield를 대신하게 될 것입니다. 그는 다양한 많은 게임들을 만드는 데 사용하는 플랫폼 소프트웨어의 디자인에 대해 연설할 것입니다. 또한 오늘까지 귀하의 의견 양식 제출을 잊지 마십시오. 이 양식을 제출하는 모든 사람들은 자동으로 1000 달러를 받기 위한 콘테스트에 참가하게 될 것입니다.

어휘 capable 유능한 give a speech 연설하다 substitute 대신하는 사람 automatically 자동으로

November 5th	Presenter
Session 1	Sam Black
Session 2	Greta Grimes
Session 3	Olly Whitfield
Session 4	Helen Chang

11월 5일	발표자
세션 1	Sam Black
세션 2	Greta Grimes
세션 3	Olly Whitfield
세션 4	Helen Chang

7. Who most likely is the audience of this event?
(A) Photojournalists
(B) Mobile phone sellers
(C) Graphic designers
(D) Mobile game developers

행사의 관객은 누구인가?
(A) 사진 기자
(B) 휴대 전화 판매인
(C) 그래픽 디자이너
(D) 모바일 게임 개발자

해설 화자가 오늘의 세션을 소개하면서 "~ you'll enjoy these sessions today at this year's Convention on Mobile Game Development." 주제가 모바일 게임 개발이므로 여기에 참석하는 사람들은 (D) 모바일 게임 개발자들이다.

8. Look at the graphic. Which session has been changed?
(A) Session 1
(B) Session 2
(C) Session 3
(D) Session 4

도표를 보시오. 어떤 세션이 수정되었는가?
(A) 세션 1
(B) 세션 2
(C) 세션 3
(D) 세션 4

해설 세션 변경은 "Chris Watana will substitute for Olly Whitfield." Chris가 Olly 대신하게 되므로 수정되는 곳은 (C)이다.

9. How can listeners enter a contest?
(A) By submitting a work sample
(B) By giving some feedback
(C) By making a deposit
(D) By moderating a session

청자는 어떻게 대회에 참가할 수 있는가?
(A) 작업 샘플을 제출함으로써
(B) 피드백을 제공함으로써
(C) 입금함으로써
(D) 세션에서 사회를 봄으로써

해설 화자는 후반에 "~ remember to hand in your opinion forms by the end of the day." 오늘까지 당신의 의견을 제출하라고 한다. 따라서 정답은 (B)이다.

Questions 10-12 refer to the following telephone message and calendar.

Hi, Jeff, this is your assistant, Tina. I'm calling to let you know about the date of your radio show on Music Bank, which is a very popular radio program. **I think we should schedule it for the day after the concert because only that day is possible before Sunday's fan meeting. The producers sent me the questions they want to ask you** during the interview. I'll e-mail them to you right now. I know you'll be so tired after the concert, but would you be alright flying out first thing in the morning to get to the interview? I'm sorry the flight is so early, but it's the only one that will get you there on time. However, **there is no official schedule for next week. You can take a rest.**

안녕하세요, Jeff, 당신의 조수 Tina입니다. 매우 인기 있는 라디오 프로그램인 Music Bank의 라디오 쇼 날짜를 알려 드리려고 전화했습니다. 일요일 팬 미팅 전에만 가능하기 때문에 콘서트 다음 날로 일정을 잡아야 할 것 같아요. 프로듀서가 인터뷰에서 묻고 싶은 질문을 저에게 보냈어요. 지금 메일로 보내 드릴게요. 콘서트가 끝난 후에 너무 피곤하실 건 알지만 인터뷰하기 위해 아침에 첫 비행기를 타고 가 주시겠어요? 비행이 너무 이른 시간이어서 죄송합니다만 제시간에 도착할 수 있는 게 이것뿐입니다. 하지만 다음 주 공식 일정이 없으니 좀 쉴 수 있을 거에요.

어휘 official 공식적인

Mon	Photo shoot for new album
Tue	
Wed	Interview for *Time Magazine*
Thu	
Fri	Concert
Sat	
Sun	Fan meeting

Mon	새 앨범 사진 촬영
Tue	
Wed	타임 잡지사 인터뷰
Thu	
Fri	콘서트
Sat	
Sun	팬 미팅

10. Look at the graphic. On which day does the speaker want to schedule a radio show?
(A) Tuesday
(B) Thursday
(C) Saturday
(D) Sunday

도표를 보시오. 화자는 어느 날로 라디오 프로그램 일정을 계획하고 있는가?
(A) 화요일
(B) 목요일
(C) 토요일
(D) 일요일

해설 화자는 라디오 일정을 "I think we should schedule it for the day after the concert." 콘서트 이후에 잡아야 한다고 한다. 콘서트가 금요일이니 (C)가 정답이다.

11. What will the speaker send to the listener?
(A) Some music programs
(B) A flight schedule
(C) An itinerary
(D) A list of questions

화자는 청자에게 무엇을 보낼 것인가?
(A) 음악 프로그램
(B) 비행 일정
(C) 여행 일정
(D) 질문 목록

해설 화자가 청자에게 "The producers sent me the questions they want to ask you ~." 제작자가 예상 질문들을 보냈다고 하면서 그것을 청자에게 전달할 것을 알 수 있다. 정답은 (D)이다.

12. What does the speaker offer to do?
(A) Delay a flight
(B) Give the listener a break
(C) Change the interview
(D) Give the listener a concert ticket

화자는 무엇을 하겠다고 제안하는가?
(A) 비행을 지연시키기
(B) 휴식을 제공하기
(C) 인터뷰를 변경하기
(D) 콘서트 티켓을 주기

해설 청자에게 이번 주 일정이 촉박하지만 다음 주는 "~ there is no official schedule for next week. You can take a rest." 공식적인 일정을 잡지 않았으니 쉴 수 있다고 한다. 정답은 (B)이다.

실전 모의고사 정답

1. (C)	2. (D)	3. (A)	4. (B)	5. (C)	6. (A)
7. (C)	8. (C)	9. (B)	10. (A)	11. (A)	12. (C)
13. (B)	14. (C)	15. (B)	16. (C)	17. (C)	18. (B)
19. (B)	20. (C)	21. (C)	22. (C)	23. (B)	24. (C)
25. (C)	26. (A)	27. (C)	28. (A)	29. (B)	30. (C)
31. (B)	32. (B)	33. (A)	34. (C)	35. (A)	36. (B)
37. (A)	38. (A)	39. (C)	40. (D)	41. (B)	42. (D)
43. (C)	44. (D)	45. (A)	46. (C)	47. (B)	48. (A)
49. (A)	50. (B)	51. (C)	52. (C)	53. (A)	54. (D)
55. (C)	56. (C)	57. (B)	58. (D)	59. (A)	60. (B)
61. (C)	62. (A)	63. (C)	64. (D)	65. (D)	66. (B)
67. (A)	68. (A)	69. (A)	70. (C)	71. (C)	72. (B)
73. (D)	74. (B)	75. (B)	76. (C)	77. (B)	78. (A)
79. (C)	80. (D)	81. (A)	82. (B)	83. (C)	84. (D)
85. (B)	86. (C)	87. (D)	88. (A)	89. (C)	90. (B)
91. (D)	92. (B)	93. (A)	94. (B)	95. (A)	96. (B)
97. (A)	98. (A)	99. (C)	100. (B)		

books.english.co.kr

ANSWER SHEET

실전 모의고사

LISTENING (PART I ~ IV)

books.english.co.kr